读客® 商业思想文库

收罗最成功的经营实践、最具影响力的商业思想

贼 巢

美国金融史上最大内幕交易网的猖狂和覆灭

所有金融犯罪都是这个案件的缩小版、删减版或复制版

[美]詹姆斯·B.斯图尔特 著

张万伟 译

目 录

引子 / 1

上部 违法

1. 华尔街之星 / 13
2. 莱文的秘密 / 58
3. 套利人的游戏 / 87
4. 捕食者的集会 / 108
5. 交易与欺诈 / 134
6. 白衣骑士 / 160
7. 珠联璧合，还是狼狈为奸 / 203
8. 最后的盛宴 / 243

下部 追捕

9. 冰山一角 / 271
10. "大鱼"还在后面 / 309
11. 骑士落马 / 353
12. 不安的华尔街 / 409
13. 突破米尔肯阵营 / 439
14. 最糟糕的交易 / 471
15. 法网恢恢 / 501

尾声 / 533

耶稣进了神的殿,赶出殿里一切做买卖的人,推倒兑换银钱之人的桌子和卖鸽子之人的凳子。

对他们说,经上记着说,我的殿必称为祷告的殿,你们倒使它成为贼巢了。

《圣经·马太福音》(21:12~13)

1985年年末,一场犯罪正在华尔街渐入高潮……

纽约,基德尔·皮博迪公司(Kidder, Peabody & Co.)

　　马丁·西格尔(Martin Siegel),投资银行家
　　拉尔夫·德农西奥(Ralph DeNunzio),首席执行官
　　阿尔·戈登(Al Gordon),董事长
　　约翰·T. 罗奇(John T. Roche),总裁
　　罗伯特·克兰茨(Robert Krantz),法律顾问
　　理查德·威格顿(Richard Wigton),套利部主管
　　蒂莫西·泰伯尔(Timothy Tabor),套利人
　　彼得·古德森(Peter Goodson),并购部主管
　　约翰·戈登(John Gordon),投资银行家
　　哈尔·里奇(Hal Ritch),投资银行家

纽约,伊万·F. 布斯基公司(Ivan F. Boesky Corporation)

　　伊万·F. 布斯基(Ivan F. Boesky),套利人
　　斯蒂芬·康韦(Stephen Conway),投资银行家
　　兰斯·莱斯曼(Lance Lessman),研究部主管
　　迈克尔·达维多夫(Michael Davidoff),交易部主管
　　里德·内格尔(Reid Nagle),首席财务官
　　斯特拉格·穆拉迪恩(Setrag Mooradian),首席会计师

洛杉矶比弗利山，德崇公司（Drexel Burnham Lambert Inc.）

迈克尔·R. 米尔肯（Michael R. Milken），高收益债券部主管
洛厄尔·米尔肯（Lowell Milken），律师
理查德·桑德勒（Richard Sandler），律师
詹姆斯·达尔（James Dahl），销售员
加里·温尼克（Gary Winnick），销售员
沃伦·特雷普（Warren Trepp），交易部主管
泰伦·佩泽尔（Terren Peizer），交易员
卡里·穆尔塔什（Cary Maultasch），交易员
查尔斯·瑟恩纳（Charles Thurnher），会计
洛兰·斯珀奇（Lorraine Spurge），行政人员
莉萨·安·琼斯（Lisa Ann Jones），交易助理

纽约，德崇公司

丹尼斯·B. 莱文（Dennis B. Levine），投资银行家
弗雷德·约瑟夫（Fred Joseph），首席执行官
唐纳德·恩格尔（Donald Engel），会计
斯蒂芬·温罗思（Stephen Weinroth），投资银行家
戴维·凯（David Kay），并购部联席主管
利昂·布莱克（Leon Black），并购部联席主管

纽约，高盛公司（Goldma, Saches & Co.）

　　罗伯特·弗里曼（Robert Freeman），套利部主管
　　罗伯特·鲁宾（Robert Rubin），未来的联席首席执行官
　　弗兰克·布罗森斯（Frank Browsens），套利人
　　戴维·布朗（David Brown），投资银行家

纽约，拉扎德兄弟公司（Lazard Freres）

　　罗伯特·威尔吉斯（Robert Wilkis），投资银行家
　　兰德尔·西克拉（Randall Cecola），分析师
　　费利克斯·罗哈廷（Felix Rohatyn），投资银行家

纽约，希尔森·雷曼兄弟公司（Shearson Lehman Brothers）

　　艾拉·索克洛夫（Ira Sokolow），投资银行家
　　J.汤米尔逊·希尔三世（J. Tomilson Hill III），并购部联席主管
　　史蒂夫·沃特斯（Steve Waters），并购部联席主管
　　彼得·所罗门（Peter Solomon），投资银行家

巴哈马群岛，罗伊银行（Bank Leu）

　　伯恩哈德·梅耶（Bernhard Meier），银行家
　　布鲁诺·普勒彻（Bruno Pletscher），银行家

纽约，美林公司（Merrill Lynch & Co.）

斯蒂芬·哈默曼（Stephen Hammerman），总法律顾问
理查德·德鲁（Richard Drew），合规部副总裁

主要投资人

卡尔·伊坎（Carl Icahn），企业狙击手、环球航空公司未来的董事长
约翰·穆赫伦（John Mulheren），杰米证券公司负责人
亨利·克拉维斯（Henry Kravis），KKR公司负责人

纽约，沃切尔·利普顿·罗森·卡茨律师事务所（Wachtell, Lipto, Rosen & Katz，高盛的法律顾问）

马丁·利普顿（Martin Lipton），合伙人
伊兰·赖克（Ilan Reich），合伙人
劳伦斯·佩德威兹（Lawrence Pedowitz），合伙人

宝维斯律师事务所（Paul, Weiss, Rifkind, Wharton & Garrison，迈克尔·米尔肯和丹尼斯·莱文的法律顾问）

阿瑟·利曼（Arthur Liman），合伙人
马丁·弗鲁门鲍姆（Martin Flumenbaum），合伙人

纽约，威廉斯·康诺利律师事务所（Williams & Connolly，迈克尔·米尔肯的法律顾问）

爱德华·贝内特·威廉斯（Edward Bennett Williams），合伙人
罗伯特·利特（Robert Litt），合伙人

纽约，卡希尔·戈登·林德尔律师事务所（Cahill, Gordon & Reindel，德崇公司的法律顾问）

欧文·施奈德曼（Irwin Schneiderman），合伙人
托马斯·柯宁（Thomas Curnin），合伙人

纽约、华盛顿，法朗克律师事务所（Fried, Frank, Harris, Shriver & Jacobson，布斯基的法律顾问）

哈维·皮特（Harvey Pitt），合伙人
利昂·西尔弗曼（Leon Silverman），合伙人

纽约，马奇·罗斯·格思里·亚历山大·伏登律师事务所（Mudge Rose Guthrie Alexander & Ferdon，西格尔的法律顾问）

杰德·拉科夫（Jed Rakoff），合伙人
奥德丽·斯特劳斯（Audrey Strauss），合伙人

纽约，罗宾逊·雷克·利勒尔·蒙哥马利公司（Robinso, Lake, Lerer & Montgomery，迈克尔·米尔肯的公关顾问）

 琳达·罗宾逊（Linda Robinson），合伙人
 肯尼思·利勒尔（Kenneth Lerer），合伙人

纽约，美国联邦检察官办公室（United States Attorney's Office）

 鲁道夫·朱利安尼（Rudolph Giuliani），联邦检察官
 贝尼托·罗马诺（Benito Rommano），朱利安尼的副手、未来的联邦检察官
 查尔斯·卡伯里（Charles Carberry），助理检察官、未来的反诈骗处主管
 布鲁斯·贝尔德（Bruce Baird），助理检察官
 约翰·卡罗尔（John Carroll），助理检察官
 杰斯·法德拉（Jess Fardella），助理检察官

华盛顿特区，证券交易委员会（Securities and Exchange Commission）

 约翰·沙德（John Shad），主席
 加里·林奇（Gary Lynch），执法处负责人
 约翰·斯图克（John Sturc），加里·林奇的助手
 里奥·王（Leo Wang），律师
 彼得·索南萨尔（Peter Sonnenthal），律师

引子

马丁·A.西格尔匆忙穿过华盛顿特区的国家机场，走进机场大巴东边门口的一个电话亭。多年来，电话亭，尤其是机场的电话亭成了他事实上的办公室。由于经常长时间出差，他不得不抛妻别子，四处奔波。但是，作为全美最重要的投资银行家，正是这种充满压力的生活让他有了今天的成就。

1986年5月12日是普普通通的一天。上午，马丁·西格尔从纽约飞到了华盛顿，去拜访一个重要的客户——马丁·玛丽埃塔公司（Martin Marietta），该公司是美国最重要的国防项目承包商。几年前，西格尔曾经帮助该公司打赢了一场本迪克斯公司（Bendix Corporation）发起的恶意收购战，这一交易奠定了西格尔的星路历程，也使他成为美国最受欢迎的收购战略专家之一。

对玛丽埃塔公司的拜访进展十分顺利，只出现了一个不和谐的小插曲——该公司的董事长托马斯·波纳尔（Thomas Pownall）最近正被一起内幕交易案搞得不得安宁。波纳尔要为保罗·萨尔（Paul Thayer）作证，萨尔是里根政府的国防部副部长，因为涉嫌泄露绝密消息进行内幕交易而被指控。他把从著名的啤酒生产商安海斯－布希公司（Anheuser-Busch）一位董事长那里获得的消息告诉了许多人，其中还包括他在达拉斯的情妇。波纳尔同美国企业界的多数人一样,听到这个消息都十分震惊。萨尔在国防部任职时,波纳尔经常同他有生意往来,并且两人还成了好朋友。波纳尔对西格尔说:"真是让人难以置信啊,是吧?"

西格尔点了点头,接着迅速把萨尔的话题放到了一边。

西格尔38岁,英俊潇洒、皮肤黝黑、身强体壮,活脱脱一个电影明星。最近他刚刚加盟德崇公司(Drexel Burnham Lambert Inc.),一家实力强大的垃圾债券公司。他满怀雄心壮志,立志跳过龙门,成为更加耀眼的明星。

此刻,西格尔刚刚拨通了他纽约办公室的电话。时间刚过2点45分,他想了解一下股市的行情。他喜欢时不时地通过电脑和电话等信息传递工具了解最新的情况。

他的秘书凯茜接起电话,迅速简要汇报了一下情况,然后开始在当天需要回复的电话上作标记。突然,西格尔办公室门外的道琼斯股市行情自动收报机上响起了急促的铃声,这是重要消息即将发布的标志。

凯茜立即走到收报机旁边,刚一看到标题就吃惊地吸了一口冷气。她大声读道:"美国证券交易委员会指控德崇公司的员工进行内幕交易。"

当凯茜等待收报机继续显示时,西格尔意识到,他那个近乎完美的世界崩溃了。他一生努力工作所获取的一切全都完了。当年早些时候,他从基德尔·皮博迪公司跳槽到德崇公司时所赚取的350万美元的酬金和200万美元的分红全都消失了,他同迈克尔·米尔肯的垃圾债券赚钱机器联手进行暴利的收购兼并活动黄了,马丁·玛丽埃塔、固特异和利尔·西格勒公司(Lear Siegler)等蓝筹客户没了,位于康涅狄格州海滩带网球场和游泳池的豪宅换人了,曼哈顿高级住宅区格雷西广场(Gracie Square)四居室的公寓易主了,来往于曼哈顿的直升机飞了,自己在报纸和杂志上的光辉形象黯然失色了。

突然,西格尔眼前闪现出了伊万·布斯基的身影。布斯基是一个套利人，曾经是西格尔的密友和导师。一想到他，西格尔猛地感到一阵惊恐，他想到，布斯基可能会希望他遭人暗杀。

当收报机继续显示时，凯茜惊呼道："哦，天哪！是丹尼斯，丹尼斯·莱文，他被捕了！"

西格尔让秘书继续读下去："美国证券交易委员会指控德崇公司的常务董事丹尼斯·莱文涉嫌五年来利用投资银行家身份，根据没有公开的信息买卖证券，进行内幕交易。"她继续念道："德崇公司声称将会全力配合证券交易委员会的调查工作……"

丹尼斯·莱文是个投资银行家，办公室就在西格尔的隔壁。西格尔一下子惊出了一身冷汗，脑子里只想到一件事情：一把枪已经顶在了他的头上，扳机已经扣动，但是出乎意料的是，子弹打死的不是他，而是丹尼斯·莱文，身体超重、贪婪无比、自吹自擂、百无一用的丹尼斯·莱文。

在德崇公司位于比弗利山的办公室，此时正是美国东部时间接近正午之时，是交易日中最繁忙的时候。迈克尔·米尔肯坐在一个巨大的"X"形交易台的中间，他忠实的交易员和销售员坐在周围紧张地忙碌着。他一边贪婪地浏览着电脑屏幕上的交易数据，一边抓起两个正响着的电话，一个耳朵听一个。

这里是新经济秩序的中心点，米尔肯所创造的垃圾债券帝国的首都。当莱文的消息通过电报传来时，其中一位交易员大喊道："嘿，迈克尔，快看这个！"仅仅在数周前，莱文还首次参加了米尔肯组织的空前成功的1986年垃圾债券大会，这是一次"掠夺者的盛会"。会议期间，莱文主持了一场关于收购兼并的早餐会。正在打电话的米尔肯停顿了一下，扫视了一下电脑屏幕上的消息，然后继续工作，就好像什么事情也没有发生一样。其中一位交易员耸耸肩说："就像汽车遭遇过严重车祸之后，你先慢慢地开了几天，然后就又可以高速行驶了。"没有什么能够阻挡得了德崇公司的惊人力量。

具有传奇色彩的套利人伊万·布斯基从他位于第五大道办公室的会议室里走出来，沿着大厅往前走，几个雇员紧随其后。突然，布斯基的一位交易员杰弗里·亨尼希（Jeffrey Hennig）从办公室中冲了出来，手中挥舞着一张电报纸的复印件，朝着布斯基大喊："你看到关于丹尼斯·莱文的消息了吗？"

布斯基突然停了下来，转过身来问："哪个丹尼斯？"

亨尼希回答道："莱文，在这里。"他把证券交易委员会指控莱文的消息给布斯基看。

布斯基迅速地看了看，然后又还了回去，说道："我从来没有听说过他。"然后，他立即转身走了。

几年后，回想当天的情景，西格尔意识到自己错了。杀死莱文的子弹也杀死了他，还杀死了伊万·布斯基和迈克尔·米尔肯。

这颗子弹也击碎了企业并购的狂潮，打破了华尔街有史以来最暴利的圈钱活动，暴露了金融界前所未有的最大的犯罪阴谋。贪婪的十年（Greed Decade）可能还能苟延残喘四年的时间，但是从1986年5月12日开始，它的命运已经注定了。

在美国金融市场和金融机构发生的这类犯罪活动，从20世纪70年代中期就已经开始了，但是其数量和范围直到现在仍然很难弄清楚。历史上曾经发生过许多金融犯罪活动，从"火车大劫案"（Great Train Robbery）到股票操纵阴谋案等。在这些犯罪活动的推动下，美国制定了各项证券法。但是同它相比，这些犯罪活动全都相形见绌。犯罪分子获取的非法收益数量之大，让多数行外人都很难想象。

丹尼斯·莱文仅仅是一条小鱼，连他都承认在内幕交易中获得了1,260万美元的非法收益。伊万·布斯基被罚款和没收的资产金额高达1

亿美元,但是,现在还没有人敢说这就是他近年来非法收益的总数。此外,还有迈克尔·米尔肯,他的犯罪活动比单纯的内幕交易更为复杂,更富有想象力,更有野心。1986年,米尔肯从一家多年从事非法活动的公司所获得的薪水和红利就高达5.5亿美元。当他最后承认六起大罪时,他同意缴纳6亿美元的罚金,这个数字比美国证券交易委员会一整年财务预算的数额还要大。

这些事件都不是毫无联系的。以米尔肯为首的阴谋犯罪活动规模之大、影响之深,是其他犯罪活动所无法相比的。20世纪80年代,华尔街上的金融犯罪活动十分猖獗。几乎每一个涉嫌丑闻而被指控的被告都心怀不满,因为只有一个倒霉蛋被指控,而其他许多犯有同样罪行的人却逍遥法外,这太不公平了。对犯罪活动保持沉默,使得它们在华尔街上生根发芽,滋生蔓延。甚至在那些最富有、最受人尊敬的机构,犯罪活动也颇为猖獗,许多犯罪分子却都得到了庇护。

然而,只注意到个别犯罪者的非法所得,可能会一叶障目,不见泰山。在这场犯罪狂潮之中,有的公司甚至连整个的所有权都在无人见证的情况下被迅速转手了,包括那些家喻户晓的公司,如康乃馨(Carnation)、比阿特丽斯(Beatrice)、通用食品(General Foods)和戴蒙德·沙姆洛克(Diamond Shamrock)等,全都在孕育犯罪活动的非法收购兼并中消失了。

其他公司,如联合石油公司(Unocal)和联合碳化物公司(Union Carbide),虽然得以幸存,但是也受到了沉重的打击。数以千计的工人失业,许多公司债务缠身,利润被用来支付高昂的利息,有些公司甚至被迫破产或者重组。债券持有者和股民损失惨重。贪婪并不是酿成这一悲剧的唯一缘由。这都是贪婪同市场权力共同密谋的巨大代价,而这种权力既不受自由市场正常监管和制衡机制的约束,也不受法律法规处罚的威慑。

这些犯罪活动不仅仅对国家财政造成巨大的影响,对国家执法能力和司法制度提出了挑战，也是对构成文明社会基础的正义感和公平竞争的挑战。如果有人认为自己非常富有，势力很大，因而可以不受法律约束，那么他没有夸张——在20世纪80年代中期的华尔街上，你可以找到一大堆这样的人。如果在美国，金钱可以买到正义的话，米尔肯和德崇公司就愿意花这笔钱，并且，他们也确实这样做了。他们聘请收费高昂、经验丰富、势力强大的律师和公关顾问，并且取得了惊人的成功，极大地转移了公众的注意力，使审判变成了对政府律师和检察官的审问，而不是对犯罪分子的指控。

但是，他们还是失败了，因为一些政府的律师毫不计较微薄的薪水，辛苦地加班工作，任劳任怨，全力以赴揭露这些丑闻，尤其是曼哈顿美国检察官办公室的查尔斯·卡伯里和布鲁斯·贝尔德，以及美国证券交易委员会的执法处负责人加里·林奇（Gary Lynch）。不过，他们的努力并没有取得彻底的胜利。十年的执法不严导致华尔街上的犯罪活动泛滥成灾，有时甚至使他们无法应对。并不是每个犯罪分子都被起诉，时常也有漏网之鱼。但是，他们也取得了极大的成功，一些主要的犯罪分子被起诉并判刑，证券法的威严得以恢复，这也是美国司法制度的胜利。

本书详细描述了这些金融盗贼的故事，包括他们如何统治华尔街，怎样达到财富、权力和名誉的顶峰，以及他们怎么被发现并受到司法的审判。尽管对他们的指控已经引起了公众的密切关注，但是本书所描述的内容许多都是从未公开过的。米尔肯、布斯基、西格尔和莱文，因供认不讳，坦白认罪，被减少了指控，并避免了公开审判。本书是根据四年来的报道而完成的，作者进行了大量的采访，查阅了无数的文件。在一个据称为自由资本主义大唱赞歌的时代，本书所记录的故事实际上展现了美国的金融市场是如何从内部开始腐败，以及如何遭到犯罪分子蓄意破坏的。

在最基本的层面上，美国的资本主义始终繁荣昌盛，这是因为每一个人，无论贫富贵贱，都目睹了市场的优越性——进取、创新、勤劳和才智。证券法的实施，为每个人提供了追求财富的公平赛场，有助于保护经济的发展进程，确保市场的诚实，鼓励投资活动。违反证券法的犯罪活动，并不是无受害者的犯罪。当内幕交易者因为贿赂某人获取商业机密而获得暴利时，当价格被操控，大量的股票被秘密囤积时，我们对市场公平的信心就会被击碎。因此，我们都是受害者。

上部
违法

1. 华尔街之星

1971年8月,刚刚从哈佛商学院毕业的马丁·西格尔来到了基德尔·皮博迪位于曼哈顿的总部报到。在学校期间,他是班里年龄最小的一个。那天早上,23岁的西格尔在大厅里走来走去,浏览着墙上悬挂的照片,有亨利·基德尔、弗朗西斯·皮博迪、阿尔伯特·R.戈登以及其他人。地上铺着的具有东方风情的地毯,已经略显破旧。他竭力要把这个名门望族和权力金钱结合而成的奇怪而又陌生的世界印在脑海中。

他没有时间胡思乱想。和新婚妻子甚至连行李都没有打开,他就全身心地投入在一个日夜运作的项目上,目的是从联邦国民抵押协会(Federal National Mortgage Association)获取一些新的承销业务。西格尔在该项目上的搭档几乎没有给他留下什么印象,他只是大概记得他叫西奥多·罗斯福四世或者五世,具体是哪个他都没有搞明白。

1971年,美国深陷越战的泥潭之中,反战的呼声高涨,很少有优秀学生就读商学院,更不要说到华尔街去了。西格尔是哈佛商学院中,他那一班的优秀毕业生之一,几乎可以选择任何一家大投资银行和证券公司。他申请的22家公司,全都对他很感兴趣。

基德尔·皮博迪公司的总资产大约只有3,000万美元，勉强跻身于全美国20家大投资公司之列。在等级森严的华尔街，它只能算是第二等级，或者叫"主要"等级。排在它前面的是那些"特级"精英公司，如所罗门兄弟、第一波士顿银行、摩根士丹利、美林以及高盛。

尽管1971年的变革之风十分强劲，但是华尔街仍然分裂为两大派："犹太人"和"白人盎格鲁-撒克逊新教徒"（White Anglo-Saxon Protestant, WASP）。早些时候，当一些大公司和银行公开歧视犹太人时，华尔街却已经十分看重价值和进取精神。像高盛公司、雷曼兄弟公司和库恩·洛布公司（历史上就是由德国犹太人贵族的后裔创建的）等已经加入了最著名的WASP派，这些公司还包括摩根士丹利（J.P.摩根金融帝国的一个分支）、第一波士顿银行、狄龙·里德公司（Dillon Read）和布朗兄弟哈里曼公司（Brown Brothers Harriman）等。多少有点奇怪的美林公司，一度曾经被认为是"天主教"公司。基德尔·皮博迪公司仍然坚守着WASP的阵营，西格尔是其金融部门中雇用的第一位犹太人。

西格尔在寻找一种丰富多彩和激动人心的生活，只有投资银行能够提供这种机会，因为它要对发行的每只新股做出迅速的市场裁决，或者宣布一场大收购活动。他把目标锁定在三家公司：高盛、希尔森·海登斯通（Shearson Hayden Stone）和基德尔·皮博迪。高盛公司人力资源部的工作人员给他打电话，问他如果该公司打算雇用他，他是否会接受，西格尔没有明确答复。希尔森·海登斯通公司给他的年薪最高——24,000美元。

基德尔·皮博迪公司给他的年薪只有16,000美元，但是西格尔看到了这里的独特机会。该公司的员工年龄都比较大，并且有许多优质的蓝筹股客户。西格尔心想自己在这里可以迅速爬到公司的顶层。

基德尔·皮博迪公司的"贵族血统"，也是吸引西格尔的因素之一。它是美国历史最悠久的投资银行之一，1865年成立于波士顿，当时正是内战结束前夕。公司成立初期，该公司为修建铁路的狂潮融资，主要客户是艾奇逊·托皮卡·圣塔菲铁路公司（Atchison Topeka & Santa Fe）。其客户还包括两大业界巨人：美国钢铁公司和美国电话电报公司。

现代的基德尔·皮博迪公司由阿尔伯特·H.戈登掌控，他是波士顿一位富有皮革商的儿子，毕业于哈佛大学商学院。1929年，当该公司在市场崩溃中濒临破产之时，年轻的戈登——当时是高盛公司的债券销售员——将自己的10万美元注入公司。1931年，他又同两个合伙人一起将公司买下。

戈登十分喜爱运动，精力充沛，温文尔雅，不屈不挠。他将公司的总部从波士顿搬到了华尔街，并开始开拓新的客户。同许多竞争对手相比，他有一个非常明显的优势，那就是基德尔·皮博迪公司的声誉，在经历了市场的大崩溃之后，该公司仍然备受赞誉。

市场崩溃和大萧条的震动在国会中掀起了改革之风，从1932年开始，参议院一连举行多次听证会，由特别法律顾问费迪南德·佩科拉负责推动。在听证会上，佩科拉严词诘问华尔街一些主要的投资银行，使美国公众了解了内幕交易、操纵股价和通过所谓的投资信托公司而牟取暴利是怎么回事。多数被揭露的问题都涉及信息被少数受益人获得，而多数投资人都毫不知情。这些信息不仅仅直接影响到股票的价格，如兼并价格或者收购报价，而且对业内人士还有更加微妙的益处，例如判断报价和询价之间的实际价差，或者了解买入大量股票的买主的身份和背后的动机。

听证会引发了公众的极大震动，群情激奋。国会通过了两项具有历史意义的法案——《1933年银行法》（即《格拉斯-斯蒂格尔法案》）和《1934年证券法》，并且成立了一个新的联邦机构——证券交易管理委员会，以确保法案的执行。国会认为新证券法的执行十分重要，因此还制定了相关的刑事法规。

通过把银行业与证券承销、融资和股票、债券和其他证券的发行分开，证券法为现代投资银行业的发展搭建了舞台。在戈登的领导下，基德尔·皮博迪公司集中精力开展证券承销业务，并率先在美国各大城市开设分支机构。正如戈登所说的，这是"推销你的成功之路"。

在基德尔·皮博迪公司的发展历史上，它大部分情况下都是一个被牢牢控制的合伙公司，戈登个人拥有公司的大部分所有权和利润。

20世纪60年代，公司进行股份制改造时，所有权几乎没有改变，戈登只不过成了该公司最大的股东。在向公司的管理人员分配股权方面，他十分吝啬。

在戈登的谨慎领导下，基德尔·皮博迪公司的发展即使称不上惊人，也可以说是十分成功的。为了避免再次出现资本危机，戈登坚持要求公司的管理人员把他们的收益再投入公司中。因此，在1969年交易量和利润急剧下滑，华尔街深受打击之时，该公司因为有充足的资金，得以躲过一劫。公司的副总裁拉尔夫·德农西奥（Ralph DeNunzio）是纽约证券交易所的副主席，帮助安排了像古德博迪公司（Goodbody & Co.）和杜邦公司（du Pont）这样的老牌公司的合并事宜。1971年，也就是西格尔从哈佛商学院毕业的那一年，德农西奥升为纽交所的主席。

同基德尔·皮博迪公司的历代领导人相比，马丁·西格尔的出身十分普通。他的父亲和叔叔在波士顿开了三家鞋店，依靠美国供应商供货，主要客户为中下层消费者。在20世纪60年代后期和70年代初期，许多连锁店从全国性的广告和低价的外国商品之中大为受益，导致他们家的鞋店受到极大的打击，生意十分惨淡。西格尔非常痛苦，他从来没有见过像父亲这样辛苦工作却收益甚微的人。他从小在波士顿的郊区内蒂克（Natick）长大，当时，几乎见不到父亲，因为他一周七天全都在忙碌，甚至晚上也常常待在市里加班。和班上同学的父亲不同，西格尔的父亲从来没有陪他一起打过球。

西格尔在学校不太擅长体育，而且他上学也比较早，因此在身体发育方面明显落后于班上其他同学。然而，进入中学以后，他的学习成绩却十分突出。当时，他的理想是当一名宇航员。中学还没有毕业，他就升入了伦斯勒理工学院（Rensselaer Polytechnic Institute），成为家里第一个大学生。他的学习成绩依然十分优秀，甚至在兼职工作期间也是如此。1968年，他开始攻读化学工程专业的硕士学位。他明白，如果在公司的实验室做一名默默无闻、辛苦工作的工程师的话，他永远也不可能发家致富，因此，他申请了哈佛商学院，并且被录取，于1969年9月进入该校学习。

20世纪60年代后期席卷美国校园的骚动对西格尔几乎没有什么影响，但是，在1970年美国入侵柬埔寨和俄亥俄州国民警卫队在肯特州立大学枪杀学生事件发生之后，西格尔也被卷入了反战运动之中。他在哈佛参加了一次反战静坐示威活动，并且还抽了几次大麻。然而，当学生们想办法取消当年的期末考试时，他感觉十分生气。不管怎么说，他设法参加了考试，在家中完成答卷，然后把试卷邮寄给老师。

他的毕业论文写的是如何解决父亲鞋店经营困境的问题。他的解决方案是：鞋店应该转型，专卖高档精品，服务于那些富有、时尚的女性，以避免市场日益加剧的竞争。西格尔的父亲原则上同意了这一方案，但是他的叔叔是专门负责商店采购的，突然得了心脏病。尽管他的父亲没有零售时尚产品的眼光或者天赋，但是西格尔的论文还是得了个"A+"。

1970年7月4日，西格尔同贾尼丝·瓦尔结婚。贾尼丝是罗切斯特大学音乐系的学生，他们是在两年前相识的。在西格尔加入基德尔·皮博迪公司之后，他们就搬到了纽约，在曼哈顿东72街租了一套一居室的简陋公寓，租金每月212美元。

西格尔天生对华尔街和投资银行有一种感觉，正如他所预测的，他的精力和动力会给基德尔·皮博迪公司带来一股新风。德农西奥当时是该公司的首席运营官，他似乎很早就注意到了这个新员工。德农西奥的背景也很普通，似乎也更喜欢朴实自然的销售和交易人员，而不是那些上层的投资银行家。

西格尔开始从事一些并购交易，因为基德尔·皮博迪公司的其他人都不愿意卷入这一业务。恶意收购会导致声名狼藉，会给人们留下不良的印象，代表收购者的一方尤其会面临这种局面，有时还会使其他的客户疏远。许多WASP投资银行和律师事务所宁愿把这些工作让给其他的公司，其中许多都是犹太人的公司。

但西格尔对此却毫不在乎。他的第一笔收购生意来临时，《威廉姆斯法》正好刚刚通过，该法案详细规定了新的程序，以保护股东的利益不受恶意收购的损害。这次收购是基德尔·皮博迪公司长期的客户——海湾西方公司（Gulf Western）的董事长查尔斯·布鲁多恩，他打算收购大西洋与太平洋茶叶公司（Atlantic & Pacific Tea Co.），不过收购没有成功。布鲁多恩同德农西奥的关系很密切，他十分欣赏西格尔的工作。德农西奥又指派西格尔负责另外一个重要的客户——宾夕法尼亚州中央铁路公司的维克托·帕尔米耶里。1974年，由于大家都对收购和兼并缺乏专门的知识，因而，西格尔编写了一本相关教材，供公司内部人员使用，受到了同事们的广泛好评。加入公司刚两年的时间，西格尔就被提升为公司的助理副总裁。

随着西格尔事业的飞黄腾达，他生活中的麻烦也接踵而至。他父亲的生意继续恶化，几乎每周末他都要飞到波士顿帮助父亲。他的婚姻也出了问题。贾尼丝在纽约的歌剧院演唱，希望在音乐事业上有所成就，而西格尔却对歌剧一点都不感兴趣，很少支持她的工作。1975年2月，两人分居了。

不久之后，他父亲鞋店业务的主要贷款银行撤走了资金。罗伯特·西格尔的公司申请破产，这位47岁的零售商曾经豪情万丈、精力充沛，现在却成了一个一蹶不振、潦倒没落之人。他试着销售房地产，但是没有成功；他也试过房屋修缮工作，无果而终；最后，他在西尔斯公司找到了一份销售屋顶材料的工作。西格尔紧张地关注着父亲，因为他的父亲似乎要放弃自己的生活了。他注意到，年迈的父亲开始通过儿子和女儿们去体会生活，而这是他以前从来没有时间顾及的。

西格尔总是担心类似的事情可能会在自己的身上发生，他发誓永远不要成为一个穷困潦倒的人。

在父亲的鞋店倒闭之后，西格尔全身心地投入工作中，常常一周工作上百个小时。追随着公司名义上的领导戈登，他也喜欢上了体育运动。当时，公司里有一位同事曾经是全美摔跤运动员，名叫斯科特·克里斯蒂，推荐他到纽约运动俱乐部参加健身养生运动。有一次，克里斯蒂、西格尔和约翰·戈登（阿尔伯特·戈登的儿子）在公司的走廊里站着闲聊，西格尔夸口说，可以在一分钟内做50个俯卧撑。克里斯蒂捏了捏西格尔的肱二头肌，然后满腹疑虑地说："来吧，马蒂，让我们见识见识。"于是，西格尔立即趴到地上，开始做了起来，身上还穿着衬衫，系着领带。果然，不到一分钟的时间他就做了50个俯卧撑。

英俊潇洒的马丁·西格尔成了基德尔·皮博迪公司的"金童"。他买了一辆阿尔法·罗密欧敞篷跑车，在距长岛不远的度假胜地火岛购买了一座海滨别墅。他变得十分喜爱交际，并且在社交场合游刃有余，应对自如。相貌平平、不善交际的德农西奥精明地意识到西格尔在招徕和培养客户方面具有特殊的天赋，而这正是他自己最大的缺陷。1974年，他提升西格尔为副经理，很快，西格尔就直接向德农西奥汇报工作。1975年圣诞节前后，基德尔·皮博迪公司的客户古尔德公司（Gould Inc.）打算以现金收购一家阀门制造商，德农西奥指派西格尔和富有传奇色彩的拉扎德兄弟公司的金融家费利克斯·罗哈廷一同工作。当时，罗哈廷是被收购方的代理人。最初，西格尔比较谨慎和含蓄，因为他对罗哈廷十分敬畏。后来，在会议期间，罗哈廷起身道歉，要去洗手间。西格尔心想："天哪，他也是普通人啊！"因此，西格尔想自己也能够成为一个像罗哈廷一样的传奇人物。

1976年4月，收购方律师约瑟夫·弗洛姆——世达律师事务所的创始人之一——邀请西格尔参加一个专门的小组讨论会，并且在会上就"识别收购目标"方面作一个报告。西格尔感觉十分荣幸，尽管他知道成为专家并不是一件难事。任何人，只要在《威廉姆斯法》实行之后处理过收购事务，哪怕只有一起，也都有资格被称为专家。

当西格尔同其他参与者一起开会时，他感觉更加幸运，因为参会者都是业内的领军人物：所罗门兄弟公司著名的投资银行家伊拉·哈里斯、高盛公司迅速崛起的新星罗伯特·鲁宾、赫顿公司（E.F. Hutton）的负责人约翰·沙德、著名的代理律师阿瑟·龙、证券交易委员会的律师西奥多·莱文、法朗克律师事务所著名的收购律师阿瑟·弗莱舍，以及沃切尔·利普顿·罗森·卡茨律师事务所（以下简称沃切尔律师事务所）的创始人马丁·利普顿。马丁·利普顿就坐在西格尔的右手边，是弗洛姆公司在收购业务上的主要竞争对手。

从整体上来看，小组讨论会谈论的内容囊括了恶意收购这个新兴的领域，这个领域要改变美国公司的面貌，改变到一个人们做梦也想象不到的程度。美国的工业已经经历了不同的合并时期，最近的一次就是在20世纪60年代。当时，多元化的时尚导致许多大公司走向合并，主要方式是在大牛市期间通过股票提供资金。那些并购大都是友好的。早期，摩根时代的许多垄断公司都是通过无数的合并发展起来的。有些合并是受到大金融家强迫的。这种合并全都无法同出现于70年代中期而蓬勃发展于80年代的恶意收购潮同日而语，然而，它们都有一个关键的相似之处：为在股票市场获利提供了巨大的商机。

西格尔发现，在其他人发言时，利普顿迅速地记着笔记。然后，当轮到哈里斯发言时，利普顿把笔记推到了他的面前，哈里斯几乎就是照着利普顿的笔记在念。西格尔恍然大悟，原来并购"俱乐部"就是这样运转的啊。

在西格尔发言后，利普顿一直等到别人都走后，找到了他，对他的发言赞叹不已。随后，两人经常讨论并购策略，并交换信息和意见。他们俩是很不般配的一对：西格尔英俊潇洒、魅力迷人，利普顿则是身材肥胖、头发稀落，鼻子上架着一副厚重的深色镜框眼镜。但是，西格尔认为利普顿是该领域的专家，业务娴熟，因此他向利普顿虚心求教，渴望获得他的指点。

利普顿和弗洛姆同他们的客户制定了一种新的、利润丰厚的聘用定金协议：如果哪家公司想在自己成为恶意收购目标之后聘请他们的话，就必须每年向律师支付一笔巨额的定金；一旦他们的客户被利普顿或者弗洛姆公司的另一个客户攻击时，收购方同意预先放弃利益冲突，因为他们明白律师会保护目标公司。

尽管有些执业律师还在缩头缩脑，但许多大公司都同利普顿和弗洛姆公司签订了协议。这些律师严格按照小时计费，甚至应急费也免除了，因为他们不一定必须工作，利普顿和弗洛姆公司的聘用定金更像是保险单。律师公会不太喜欢这种预先放弃冲突的办法，但是利普顿和弗洛姆的客户却似乎毫不在乎，由此可见利普顿和弗洛姆的影响是多么巨大。

西格尔开始想，基德尔·皮博迪公司也应该考虑开展类似的业务。到1976年的小组讨论会时，他已经确信，兼并的狂潮会一直继续下去，甚至还要不断扩展。一些大的竞争对手，如摩根士丹利、所罗门兄弟、第一波士顿银行，都已经在并购业务方面获得了显赫的声誉。西格尔认为，基德尔·皮博迪公司可以在应对并购方面有所建树。

他开始拜访潜在的公司客户，推销他所谓的"基德尔·皮博迪公司的并购应对产品"。他声称，按照《威廉姆斯法》的规定，被恶意收购的一方需要在短短的七天之内做出反应，因此公司最好预先制定精心准备的应对战略。这就意味着，客户可以先交一笔预订金，以确保预先做好充分的准备，一旦遭到恶意收购，就能获得基德尔·皮博迪公司的服务，就像给利普顿和弗洛姆公司支付的定金一样。利普顿把西格尔引荐给并购方面的领军人物，并借自己的威望帮助西格尔实现其计划。

西格尔真正飞黄腾达是在1977年5月，当时，《商业周刊》刊登了一篇文章，把他誉为应对并购的最重要的专家。文章介绍了他几次成功的大宗业务，最后写道，他英俊潇洒，被认为是"影星葛丽泰·嘉宝的情人"。这篇文章还附载了西格尔的一张照片。突然之间，西格尔不断收到女士们希望与他约会的邀请。西格尔十分吃惊，这篇文章在杂志上并不是重头，但是却迅速产生了这么大的影响力。基德尔·皮博迪公司的复印机开足马力，复印这篇文章，然后向公司潜在的客户发送。

从1977年开始，西格尔每年都要亲自拜访200~300个客户。他的目标客户是那些中等规模的公司（最具代表性的就是那些年销售额在1亿~3亿美元之间的公司），大的投资银行一般不太愿意为这些公司提供充分的服务，而且它们也很容易受到较大公司恶意收购的威胁。最后，他开拓了250家公司，这些公司每年向基德尔·皮博迪公司支付的保证金都在6位数以上。

他主要的竞争对手就是高盛公司。该公司的规模更大，实力更强，它也把应对兼并业务作为自己的专长，并大力发展，只不过缘由有所不同。当时，高盛制定了一项政策，避免为恶意收购方服务。由于在华尔街拥有一些最让人羡慕的优质大客户，它不想冒险疏远这些客户，而去代表任何可能被认为是掠夺者的人。为这些稳定的客户提供传统的投资银行服务是为该公司带来丰厚利润的生计。

西格尔喜欢与高盛争夺客户。1977年，高盛当时负责兼并收购业务的主管彼得·萨克斯飞到西海岸去拜访伊瓦可公司（Ivac Corporation）的董事长史蒂夫·佐藤。伊瓦可公司是一家医疗设备生产商，刚刚被高露洁公司盯上，成为被恶意收购的目标。据这位董事长称，高盛一直在吹嘘自己的"高盛威力"。当西格尔去拜见佐藤时，他大部分时候都是在倾听佐藤讲述公司的目标。这位董事长是日裔，尽管西格尔从来没有吃过生鱼片，但是这次，却在佐藤的家中陪他吃寿司。在把业务交给西格尔之后，佐藤告诉他："我不相信你真的在听我讲，但是高盛公司的人全都是告诉我他们有多伟大。"

西格尔发现，最有效的策略是让高盛先去表演，它一般会特别强调，如果目标公司被卖掉了，它会帮着要到最好的价格。然后，西格尔再插手进来，力劝对方说："找我吧，我会尽力帮你们保持独立，击退恶意收购。我想让你们成为我未来的客户。"实际上，由于多数公司处于劣势之中，最终都还是被卖掉了。西格尔的销售常常无法同高盛的规模、实力和信誉相抗衡，但是西格尔所传达的信息常常能够说服目标公司的管理层，使他们认为他是真心为他们的利益考虑——而不是像高盛那样，只想着如果被卖掉之后，自己能赚取多少投资银行服务费。

1977年，西格尔发明了一种高超但是却很有争议的策略来应对恶意收购，而且这种方法还赢得了几十家公司的经理们对他的垂青——这就是"金色降落伞法"（Golden parachute）。它实际上是一种公司高层管理人员的高薪雇用合同，规定公司在被兼并时，收购方要向管理人员支付一笔不菲的遣散费。在实际应用中，它能给公司的管理人员带来巨大的收益。

德农西奥对西格尔的成功感到十分激动，尽管西格尔经常到处出差，并且他也很少见到他。德农西奥效仿戈登对基德尔·皮博迪公司实行家长式管理，通常都是单独设置薪水和奖金。1976年，西格尔挣到了十多万美元，这在当时可是一大笔钱，特别是对一个年仅28岁的年轻人来说，这真是不少啊。

1977年，西格尔成为基德尔·皮博迪公司的董事，是该公司有史以来，除老板阿尔伯特·戈登之外最年轻的一位董事。

不久之后，德农西奥把西格尔叫进他的办公室。他说："马蒂，你还是个单身汉。"德农西奥说完停顿了一下，西格尔被弄得一头雾水，不知所措。他继续说："你买了一辆阿尔法·罗密欧敞篷跑车，还在火岛买了一座别墅。这可有点太过了啊。"他是什么意思？西格尔心想，他的意思可能是自己的生活方式对基德尔·皮博迪公司的客户来说有点太张扬了吧，或者也许是与公司其他的董事相比来说的吧。但是德农西奥没有明确表达自己的意思，因此，西格尔也不敢肯定。

德农西奥接着说："在格林尼治我家对面，有一座很不错的房子在出售。"格林尼治在康涅狄格州最高档的郊区，是WASP和白人最多的地方，也是乡间俱乐部和传统的保守派聚集的地方。那里居住的都是西格尔所认识的最为乏味、古板、刻薄的人。此外，他也不能设想住在德农西奥的眼皮底下，尽受他的监督。

但是，西格尔还是去看了看那座房子。之后，他跳上那辆显眼的跑车，沿着95号州际公路一直开。半个小时之后，他来到了韦斯特波特。然后，他用付费电话给一位房产经纪人打电话。他考虑把火岛的别墅卖掉。经纪人带着他到城北小河边的一座旧房子看房，西格尔非常喜欢，就把它买了下来，并花费了几个周末来收拾整理。

西格尔告诉德农西奥，他听从了他的建议，在康涅狄格州买了一座房子，不过不是在格林尼治，而是在韦斯特波特。西格尔开玩笑地说："我们之间的距离只有半小时的车程，这已经近得不能再近了。"

后来，当他搬到海边一座更豪华的别墅时，他把这座房子卖给了哥伦比亚广播公司（CBS）的新闻节目主持人丹·拉瑟。

在西格尔买下康涅狄格州那座房子之后不久，有一天，他的秘书告诉他，一个叫伊万·布斯基的人给他打过电话。当时，西格尔在并购方面的声望正在迅速崛起，有许多套利人给他打电话，他知道布斯基就是其中一个。此外，他还获悉布斯基也是基德尔·皮博迪公司的一个交易客户。因此，他回了这个电话。

布斯基对市场十分敏感，在并购策略和股票囤积战略方面知识渊博，这给西格尔留下了深刻的印象。尽管实际上并没有真正见过面，但是两人竟然成了好朋友。在华尔街这个特殊的世界里，亲密的朋友关系完全可以靠电话建立和培养。渐渐地，西格尔把布斯基看作一个可以商讨战略、交换观点和信息的人。他需要从套利人中获取这种信息，在基德尔·皮博迪公司没有套利人供他求教。该公司传统上一直避免从事套利业务，也没有这种部门。德农西奥和戈登都认为套利人声名狼藉，四处刺探内幕消息，只会引发公司内部的利益冲突。

但是，对任何从事并购业务的投资银行家来说，像布斯基这样的套利人的作用日益变得重要。历史上，套利人都是利用不同市场上的价差获利，如伦敦和纽约市场。这是一种稳健的、几乎毫无风险的交易，但是利润也很小。然而，到了后来，他们的胆子越来越大。最开始，他们大量购买已经公布的被收购对象的股票，把赌注压在交易成功上；后来，他们开始购买他们预测将会成为收购目标的公司的股票。如果预测准确的话，利润就会十分丰厚。

评估这些被大量购入的、谣传或者真实的目标公司股票的收益率，是西格尔的主要工作之一。套利人也是消息来源之一，从提供线索到其他方面的策略他们都有，他们还能提供即将发生收购的小道消息，以便吸引应对收购的客户。

套利人喜欢走极端，容易激动，世故老道，富于进攻性，而且几乎全都追求快速获利。他们在股市的开市和收市之间最为繁忙，在此期间，他们不停地对着电话高声叫喊，进行报价，往电脑上敲打股票代码，时不时地扫视一下屏幕上不断变化的数据，向每一位能够想到的潜在消息来源打电话刺探内幕消息。下班后，他们喜欢到酒吧狂饮一番，放松放松，比如哈利酒吧（Harry's），就在距基德尔·皮博迪公司不远的汉诺威广场；或者，如果他们当天的运气不错，大赚了一笔的话，就会到曼哈顿的高级餐厅奢侈一回。

1979年的一天，西格尔向布斯基透露，自己坠入了爱河。他的恋情有可能会成为基德尔·皮博迪公司的一个小丑闻。

在20世纪70年代末期，第一批商学院的女毕业生纷纷到华尔街求职。简·戴·斯图尔特第一天到基德尔·皮博迪公司上班，就在该公司的金融部办公室引起了轰动，赢得了很高的回头率。她毕业于哥伦比亚大学商学院，聪明漂亮、金发碧眼、身材苗条、风度翩翩、衣着时髦，不过已经结婚。

基德尔·皮博迪公司长期以来都有一个不成文的规定——禁止办公室恋情。办公室恋情曾经破坏过一个投资银行家的职业生涯。但是1978年年底，斯图尔特和丈夫离了婚；不久之后，西格尔和斯图尔特就开始一起打网球了；到1979年8月，他们已经同居了。当同事们试图提醒他时，他置之不理，并且称，他对办公室政治没有丝毫兴趣，根本不在乎此事对他在公司的事业有何影响。

当公司金融部的主管亨利·凯勒获悉此事后，他向德农西奥汇报，提醒他去干涉此事，阻碍这种恋爱关系。然而，德农西奥无动于衷，根本没有去干涉。其实，公司里很多人都不知道，德农西奥的儿子戴维也在和公司内部职员谈恋爱。德农西奥对此事的容忍反映了时代的变化，也显示了西格尔的巨大影响力。德农西奥似乎还有点如释重负的感觉，因为西格尔单身的日子屈指可数了。

斯图尔特在巴尔的摩的一些朋友和亲戚警告她不要与犹太人结婚，即使像西格尔这样没有宗教信仰的人也不行。但是，她固执任性，毫不退却，坚持与西格尔相爱。甚至她的一些男同事也不怀好意地推测，她在利用商业头脑来铺就自己的婚姻阶梯。1981年5月，她与西格尔悄悄地结了婚，然后开始计划在韦斯特波特购买一座更大的新房子。

在西格尔和简结婚之后不久，布斯基打电话邀请他们到自己位于韦斯特切斯特县的家中做客。这是布斯基第一次邀请西格尔夫妇到自己家中做客。同时被邀请的还有金融家西奥多·福斯特曼和他的女友，他把布斯基看作他合伙关系中的投资者。西格尔决定带上自己的一份置业计划，让布斯基夫妇给参谋一下。

按照布斯基指示的路线，西格尔夫妇从曼哈顿一直向北开，大约行驶了45分钟，途中经过贝德福德和克斯科山等几个高档社区。这一地区十分广阔，到处都是大庄园，山上森林密布，郁郁葱葱，甚至还有一些独立战争之前的房屋。许多大房子从公路上是看不到的。布斯基的庄园十分庞大，占地200英亩，别墅在庄园的最后面，客人从大门进来后，沿着像迷宫一样的车道蜿蜒前行，有时甚至会迷路。

西格尔夫妇一直开车来到几根大柱子和警卫室之间，然后停了下来。西格尔走到警卫面前，先自我介绍了一番，然后办理了进门手续。突然，他吃惊地发现警卫的腰间挎着一把深黑色的手枪。

当西格尔夫妇走进房子时，他们充满了敬畏。在铺满了鹅卵石的庭院后面，高耸着一座巨大的乔治王朝风格的别墅。这所房产先前的主人是露华浓（Revlon）的创始人查尔斯·雷夫森。再往前走，穿过一个布置整齐的花园，里面点缀着希腊的雕塑，西格尔夫妇来到一个运动场，一边是一个大型室内游泳池，另一边是一个下沉式的室内壁球场。旁边有一个网球场，网球场还带有透明的圆顶，在冬天，充气后就可以成为室内球场。

布斯基的妻子西玛·布斯基到门口迎接西格尔夫妇。她妩媚动人、十分健谈、皮肤浅黑，而且热情好客，待人友好，很快就给西格尔夫妇留下了深刻的印象。她带领他们穿过古朴典雅的房间，墙上贴着漂亮的壁纸，地上铺着珍稀的奥比松地毯，屋里摆着昂贵的古典家具。在西格尔这个外行看来，墙上的装饰品就是严肃的艺术品。确实如此，西玛喜欢收藏美国绘画和古董。然后，他们继续穿过花园和运动场，这里的地毯上绣着大大的"IFB"（伊万·F.布斯基的英文缩写）字母组合图案。

布斯基是一个慷慨的主人，他衣着得体，总是穿着一身黑色的西装和白衬衫，衬托着他棕褐色的皮肤。有人曾经问他，为什么每天都穿着同样的衣服，他回答说："我的生活中已经有太多的事情需要决定了。"布斯基银黄色的头发修剪得整整齐齐，分向一边。他的颧骨高凸，眼睛深邃，使他看起来很有紧迫感，甚至还有几分憔悴。但是在饭间，他却很轻松，和蔼可亲，不停地招呼客人吃菜，而自己却吃得很少。

简提到了他们的置业计划，西玛立即大声说："你们一定要买个厨房大的,待会儿我带你们看看我的厨房。"布斯基家的厨房比西格尔夫妇位于曼哈顿的整个公寓都要大。布斯基家的富裕给西格尔留下了深刻的印象。西格尔心中暗想,布斯基在套利业务上所取得的成功肯定比他想象的还要大。西格尔决定不要把随身带来的置业计划给布斯基看了,他的这个计划现在看似乎有点儿太寒酸,不值一提。

饭后,西格尔把布斯基拉到一边,然后说他注意到门口的警卫身上带着枪。

布斯基回答说:"都装着子弹的,干我这一行,需要注意安全啊。"

在曼哈顿金融区伊万·F. 布斯基公司的办公室里,研究部的主管兰斯·莱斯曼(Lance Lessman)从办公桌后面向外看去。他看到老板布斯基在拐角办公室那张铺着玻璃的办公桌后面,眼睛在不停地扫来扫去,先是盯着交易室,看看交易的情况,里面正在执行他的买卖命令,然后,他又朝莱斯曼的研究部看了看。

突然,布斯基的眼睛盯着他不动了。

莱斯曼桌子上的内线电话响了起来。

布斯基大喊道:"谁在买进?"

莱斯曼迅速朝电脑屏幕看去,看了看各只股票的价格和成交量的变化,以便发现是什么引起了老板的关注。

"谁在买进?"布斯基实际上是在尖叫,"你怎么都不知道?"

现在,整个办公室的内线电话都响了。

每个桌子上都有一个小喇叭和中央控制台相连,由布斯基自己控制,他可以和任何人单独讲话,也可以打开所有的喇叭,向所有人讲话。现在,他接通了每个人桌上的喇叭。

"快点汇报,快点汇报。"他反复地喊道,声音不断提高,语气也越来越急促,"谁在买进?我现在就要知道,谁在买进?"

最近,布斯基的脾气比平常更暴躁。1981年年初的几个星期前,布斯基突然宣布了一个决定,震惊了整个公司:他要把伊万·F.布斯基公司变现,取走他所有的利润。

"亨特白银恐慌事件"(Hunt Silver Panic)以及它所引发的股市猛跌对布斯基造成了重创,他决定把剩余的利润变现。他想趁机利用合伙人可以享受的有利的长期资本收益税率,将利息变现。但是为了得到这种利率,他需要有人接管公司,让公司继续运营下去。最近,他逼着两个高级助手接管公司,并且承担所有的债务。他们根本不愿意,拒绝了,他立即把他们炒了。在短短一年的时间里,他就失去了两名得力的助手——交易主管和研究主管。

几乎没有人真的认为布斯基会长期远离套利行业。尽管受到了"亨特白银恐慌事件"的打击,但他仍然是一位相当成功的人。1975年,伊万·F.布斯基创办公司时,注册资金只有70万美元,而且还是从岳父母那里借来的。现在,该公司的资产已经增长到了近9,000万美元。套利就是布斯基的生活。他用自己的收入购买了韦斯特切斯特的庄园,并在曼哈顿购买了一套房产。他还买了一辆豪华轿车,雇了一个司机,每天早上送他上班。他的努力最终还赢得了岳父的尊敬,只不过多少有点勉强,因为他认为自己的女儿是屈身下嫁给他的。

布斯基似乎对岳父鄙视他的家庭背景和出身感觉很不屑。在同纽约的同事们谈话时,他常常吹嘘自己的经历和背景。他常常暗示自己中学毕业于克兰布鲁克学校(Cranbrook),这是他老家底特律郊外一所著名的私立学校,大学毕业于密歇根大学。其他人都认为他是在哈佛上的大学,因为布斯基是好几个哈佛俱乐部的成员。他说他的父亲在底特律经营熟食连锁店。

布斯基的童年时代,全家住在一座宽敞的都铎风格的房子里,这座房子位于一个当时被认为是中高档的社区中。事实上,伊万的父亲威廉于1912年从俄罗斯移民过来,经营着几个小酒吧,名叫"黄铜铁轨"(Brass Rail),而不是熟食店(那是他叔叔的生意)。为了追求利润,酒吧引进了裸体舞和脱衣舞。但是，在许多人看来，酒吧加速了该社区的衰落。

在上学期间，布斯基的兼职工作很努力。他在卡车上卖过冰激凌，他的执照只能在晚上7点之前销售，但他在7点后依旧在卖，因此常常被当地的警察抓获。他确实在克兰布鲁克上过学，但是只上了两年，并没有毕业。他在那里的学习成绩也不出众，但是他在摔跤方面却很优秀。为了降低重量级别，他常常忍饥挨饿，刻苦训练，甚至能一次连续做500个俯卧撑。他常常同最好的朋友在体育馆训练，这个人是来自伊朗的交换学生，名叫哈桑·维基利（HuShang WeKili）。在二年级时，布斯基作为一名出色的摔跤运动员赢得了学校的克雷格奖杯（Craig trophy）。

布斯基常常用摔跤来比喻他作为套利人的工作。1984年，在接受《大西洋月刊》的记者康妮·布鲁克采访时，他说："摔跤和套利都属于单项运动，成功与否全靠自己的行动，做得如何一眼就能看出来。"在摔跤中，他甚至发现了生活的哲理："有许多次，我都真的想要放弃了，但是我没有。我想，使我鼓起勇气的就是我从（摔跤）中学到的东西……在生活中，人们会遇到许多挫折和打击，有时，人们会感觉失望、灰心丧气和痛苦，并且放弃了，但是我却没有。"

布斯基在为自己新的套利业务选择徽标时，把在克兰布鲁克获得的摔跤奖杯的图案刻在了上面，图案是两个古希腊人，赤身裸体地在摔跤场比赛。这后来成了伊万·F.布斯基公司的标志，布斯基对此十分自豪。但是，并不是人人都很喜欢这个标志。有一位雇员评论说："它看起来有点像是恺撒宫中的东西。"

后来，布斯基从克兰布鲁克学校转到了底特律城内的芒福德中学（Mumford High）。他从来没有从大学正式毕业过。他在底特律的韦恩州立大学、密歇根大学和东密歇根学院上过学，但是在即将毕业前夕，他去了伊朗，部分是因为他的好朋友维基利。确切地说，布斯基在伊朗做了什么是一个谜。他后来声明自己是为美国新闻总署工作的，教伊朗人英语，但是在新闻总署当时的人事档案中并没有伊万·布斯基的任何记录。后来，在认识西格尔之后不久，他告诉西格尔，他实际上是中央情报局派驻伊朗的秘密特工。

从伊朗回来后，布斯基到底特律法律学院学习，这是一所名不见经传的学校，没有学历也可以入学。中间，他又辍学两次。5年后，即1964年，他终于毕业了。当布斯基23岁时，他的父亲让他成了家中酒吧的合伙人。然而，当他向多家律师事务所求职时，全都被拒绝了。

布斯基断断续续的经历竟然吸引了一位名叫西玛·西尔伯斯坦的富家小姐，她的父亲本是底特律的一位房地产开发商，十分富有。据同事们说，是西玛先爱上了布斯基，1960年6月他们相识后，她就开始追他了。西玛的一个亲戚是联邦地区法院的法官，雇用布斯基当了一年的书记员。不久之后，布斯基和西玛就结婚了，并生下了第一个孩子比利。一次，布斯基在克兰布鲁克摔跤队的队友——现供职于纽约贝尔斯登公司（Bear Stearns）——向他谈及套利一事，他听后也决定到华尔街发财。同事们回忆说，布斯基感觉底特律太小了，限制了他的雄心壮志。

布斯基的岳父帮他和西玛在公园大道租了一套高档公寓。布斯基在罗斯柴尔德公司（L. F. Rothschild）当了一年的实习生，然后转到了第一曼哈顿银行（First Manhattan）工作，第一次实际从事套利业务。后来，他又转到了卡尔布·沃里斯公司（Kalb Voorhis）。在一次套利业务中，他让公司损失了2万美元，被辞退了。公司对这么点儿损失就大动干戈，让他十分不屑。在短暂的失业之后，他还做了一次风险投资。后来，他加入了纽约证券交易所的一个小公司，爱德华兹·汉利公司（Edwards & Hanly）。令人惊奇的是，他虽然只有这么短暂的职业经历，经验也很有限，业绩也很一般，但是该公司竟然委托他负责筹办和管理套利部门。

布斯基几乎突然之间就在套利这个小世界引起了轰动。他最大限度地利用杠杆手段，不断差价买进，把爱德华兹·汉利公司的微薄资金增加到了100万美元，甚至200万美元，足以时不时地对某只股票的价格产生实际影响。他被认为大胆而又无畏。有一次，由于抛售一只短期股票，而这只股票在他卖前并没有实际被公司买入（这样可以进一步提高他的杠杆率），最后，他被证券交易委员会制裁，并罚款1万美元。布斯基的一些策略对该公司造成了不利影响。到1975年时，公司破产了。

由于厌倦了四处找工作，布斯基决定自己开办一个公司，专门开展套利业务。他在《华尔街日报》上刊登广告，寻求投资者，并鼓吹套利的潜在收益。这一举动让同行们大吃一惊，因为他们从来都不希望受到别人的关注，害怕引来更多的竞争。布斯基大方地分配收益，把55%分给投资者，自己只留45%，但是，他让投资者负担95%的损失。他没有吸收到足够的资金来实现自己的雄心壮志，是他岳父母的钱支撑他继续开展业务。

1975年，从伊万·F.布斯基公司开业第一天开始，布斯基就乘坐豪华轿车去上班。如果他需要快递什么东西，他会毫不犹豫地叫私人快递公司。他按照自己认为的华尔街成功金融家的形象穿着打扮：特有的三件套黑色西装，整齐的白衬衫，从马甲的口袋中垂下来的金表链，看起来就像一个菲巴特卡帕学会（Phi Beta Kappa）的重要成员一样。

布斯基在公司上却一点也不浪费。公司的办公室设在白厅大街一座破旧古老的办公楼里，只有一个房间，并且非常小，因此，一位股票交易审计员还要求他搬到一个更大的房子里。他讨厌员工们离开办公桌去吃午饭，因此他自己出钱帮他们订购盒饭，然后送到办公室里，每份5美元。

他雇用的第一批雇员中有一个会计，负责公司的事务部门。他叫斯特拉格·穆拉迪恩，是一位亚美尼亚移民的儿子，曾经在奥本海姆-阿佩尔-迪克逊会计师事务所（Oppenheim, Appel & Dixon）工作过，这家事务所专门从事套利会计业务。尽管穆拉迪恩并没有告诉布斯基，他曾经因为违反资本运营要求而受到过严厉处罚，并且这使他找工作十分困难，但是他一直十分感激布斯基雇用他，给了他一个机会。

布斯基告诉员工们每天早上7点钟就必须准时开始工作，此时，他自己的豪华轿车也正好停到办公楼门口。如果布斯基有事不去办公室，他就会在7点01分打电话过去，如果无人应答，他就会暴跳如雷。几年后的一次，布斯基往办公室里打电话时，适逢举行消防演习，没有人立即接电话。第二天，每个人的办公桌上都出现了一张小纸条，上面写着："昨天下午3点15分，我往办公室打电话，但是打了23次，才有人接电话。我知道当时正在举行消防演习。当然，我不希望你们冒着生命危险，但是，我对那些留下来的人深表感谢。"

布斯基不喜欢让员工们休假，哪怕是一天也不行。在感恩节后的那个星期五，大部分曼哈顿办公室里都只剩下了骨干职员，并且他也从来不到办公室去，但是他却要求公司里的其他人必须来上班。布斯基常常打电话检查员工的出勤情况，有时，对一个员工他甚至可以检查十几次，其他员工还以为布斯基也来上班了。布斯基也拒绝在星期五下午3点之前给员工发工资，一定要等到3点以后，但这时银行已经关门了。当员工向他抱怨时，他解释说，他不想让大家在中午跑出去取钱存钱，但是大家怀疑他是想侵吞存款在周末所产生的额外利息。

几乎从公司刚一成立开始，布斯基就喜欢冲着员工大喊。几次之后，穆拉迪恩请布斯基不要这样大喊了，但是布斯基却回答说："我是老板，我有权大喊。"布斯基常常让穆拉迪恩工作到晚上九点、十点钟。有一次，穆拉迪恩的妻子发现都凌晨5点半了他还没有睡觉，一直在干布斯基给他安排的工作。穆拉迪恩告诉他的妻子："他不会老让人熬夜的。"但是，几年过去了，布斯基给他的睡眠时间似乎越来越少，要求却越来越苛刻。他最喜欢打电话问穆拉迪恩复杂的问题，穆拉迪恩只好说："我尽快给你回复。"布斯基会回答说："我等着。"

布斯基有时会在家里上班。他在院子中一条路的路灯上贴了一个标志，上面写着"华尔街"，旁边就是他的办公室，里面有几张写字台，并且配备了所有的电子化交易市场和通信工具，他需要这些东西与市场一直保持联系。西玛对穆拉迪恩说："你相信吗？布斯基总是穿着西装到他家里的办公室中办公。"

一天早上，布斯基的员工到办公室上班时发现一只小狗在屋子里跑来跑去。这只小狗本来是布斯基买来送给西玛的，要给她一个惊喜，但是她不喜欢，禁止把小狗带回家，因此布斯基只好把它带到了办公室中，晚上和周末则由他的司机约翰尼·雷照料它。很快，布斯基就离不开这只小狗了，他甚至去和投资人开会时也带着它。

就在一周后的一天，研究部主管莱斯曼和其他人听到从布斯基办公室传来一声尖叫。他们立即跑过去，发现布斯基的脸色十分难看，小狗看着也很迷惑不解。在布斯基的办公桌前一尘不染的米色地毯上有一堆脏兮兮、发出异味的东西，正是小狗的"杰作"，看来它还没有受过训练。布斯基把地毯收拾干净。从那以后，再也没有人见过那只小狗。

布斯基还有一些其他的特点，比如说，在饮食习惯方面。有时候，他似乎什么都不吃，就像当初为了摔跤而控制体重一样。早餐，他只喜欢吃一种牛角面包。他先是一点一点地吃，然后会整个地吃。一位同事回忆说，有一次他在布斯基吃面包时说："伊万，瞧你的吃相。"布斯基似乎吃了一惊，立即把手中的面包放下。

布斯基常常邀请那些可能的投资人到他的办公室吃饭。一天下午，迅捷美国公司（Rapid-American Corporation）的总裁梅苏莱姆·里克里斯（Meshulam Riklis）受到邀请，前来吃午餐。布斯基让手下人事先打电话，了解里克里斯喜欢吃什么，然后他从21俱乐部订购了一桌丰盛的饭菜。在吃饭时，布斯基却苦恼地发现，里克里斯似乎不太喜欢桌上的食物。

里克里斯解释说："几个小时后，我要去健身房锻炼，我请了个私人教练。"

布斯基说："干吗要锻炼身体？放松一下，多吃点。"

里克里斯顿了一下然后说："伊万，你根本不知道同一个比你小得多的女人结婚是怎么回事。"（里克里斯的妻子皮亚·佐多拉比克里克斯年轻很多，他曾经出资帮助她踏上电影之路）但接下来里克里斯却吃得十分快乐，并给布斯基的公司投资了500万美元，而布斯基则只吃了几颗葡萄。

正如布斯基所发誓的，他在1981年年初就"退休"了，把他在伊万·F. 布斯基公司的利息变现。由于没能成功说服手下的高级员工接管公司（多数都被炒了鱿鱼或者自动离职了），他只好聘用了一个来自摩根士丹利公司的套利人史蒂夫·罗伊斯，把公司转给了他，公司也被改名为贝德福德合伙公司（Bedford Partners）。新公司最大的股东是西玛，她把自己原来在布斯基公司的800万美元的股份滚动到了这个重组的公司里。尽管布斯基在贝德福德公司没有一分投资，但是他每天都要和罗伊斯通电话，常常是一天6~8次，告诉罗伊斯如何做出投资决定，就好像公司仍然由他负责一样。

随后，布斯基立即开始着手筹集资金，建立一个新的套利公司——伊万·F. 布斯基股份公司。新公司是一个股份公司，同有限责任的合伙公司不同，它的股权结构更加复杂，股份被分为普通股和优先股。投资者得到的都是优先股，利润主要被分配给了普通股股东（主要是布斯基），而损失则主要由优先股股东承担。

布斯基把莱斯曼留了下来，他是原公司雇员中留下的少数几个人之一。他们一起四处奔波寻找投资。他们坐着布斯基的豪华轿车，拜会了许多富商大贾。除了根据在先前合伙人关系中投资人的表现分配利润，布斯基还提供了一个独特的优惠条件：他直接对投资者负责。他许诺向投资者传递市场信息，供他们免费使用。

尽管布斯基给先前的投资人赚取了高额的回报，但是这次筹款活动还是不太成功。有一天，莱斯曼大胆地向布斯基建议，利润和损失的分配方式不合理，阻止了潜在的投资人。莱斯曼说："这种交易招人讨厌。"布斯基听了之后就瞪着他，很不高兴。

莱斯曼也想把自己的一些钱投入新公司中，他告诉布斯基，他最近大概继承了50万美元，想把它投进公司。布斯基给他的条件同外面的投资人一样苛刻，莱斯曼抗议道："我是给你工作的啊，为什么我不能得到我挣得的那份利润呢？"

布斯基紧绷着脸，声音也变了。他冷冷地说："我不需要你那恶心的50万美元。"

莱斯曼驳斥道："那你干吗要我25%的利润？"

布斯基一边尖叫着"滚出去"，一边把莱斯曼赶出办公室，"砰"的一声把门关上了。

最后，新公司于1981年开始运营，总共筹集到了不足4,000万美元的资金，远少于布斯基所希望的。公司成员包括布斯基、莱斯曼，还有迈克尔·大卫杜夫（Michael Davidoff），此人是从贝德福德合伙公司雇用过来的交易员。公司在曼哈顿的法朗克律师事务所一间闲置的办公室办公。布斯基主要的律师史蒂夫·弗雷丁就是该事务所的合伙人之一。尽管在这样狭小的地方，布斯基也喜欢吹嘘，称只有自己才了解这一行的一切事项。他甚至对自己的雇员都要小心提防。

根据指示，莱斯曼要回答罗伊斯的电话，并且同他分享自己的研究结果。一天深夜，罗伊斯打电话来询问某一只股票，他说："伊万想了解你的看法。"莱斯曼在自己的电脑上找出这只股票，然后告诉了罗伊斯。不久之后，布斯基就给莱斯曼打电话，莱斯曼顺便提到罗伊斯打电话并询问了对某一只股票的看法，他回答了罗伊斯的问题。沉默了一会儿，布斯基大声斥责道："就凭这我都应该把你炒了！不要再泄露任何看法了！"

莱斯曼回答说："我当时认为罗伊斯在公司里。"话还没有说完，布斯基就把电话挂断了。

没过几天，罗伊斯又给莱斯曼打电话，还是咨询对一只股票的看法。莱斯曼拒绝了，说布斯基命令他不能说出去。过了一会儿电话又响了，是布斯基打来的，他又责怪莱斯曼没有回答罗伊斯的问题。后来，罗伊斯又打电话问布斯基对马拉松石油公司的看法，这是当时的一个收购目标，属于高度敏感的情报。莱斯曼为了避免左右为难，给罗伊斯透露了一些信息，但是只讲了一些皮毛，没有透露公司的真实立场。

然后，布斯基又从宴会上给他打来电话。莱斯曼自豪地告诉布斯基罗伊斯又向他打探消息，不过他故意误导了罗伊斯。布斯基大喊道："你这个蠢货！你要让我成为骗子啊！"实际上，布斯基自己有时也会向罗伊斯提供前后矛盾的错误信息。莱斯曼头都大了，为什么布斯基要向掌管他妻子钱财的公司说谎呢？

不久之后的一个晚上，莱斯曼不得不给布斯基家中打电话，布斯基的大儿子比利接的电话。

莱斯曼疲惫不堪地说："我是兰斯，你爸爸真把我累坏了。"

比利的回答给莱斯曼留下了深刻印象。比利闷闷不乐地说："别想真正了解我的父亲，他完全就是个疯子。"

I.W.伯纳姆二世领着他新招聘的公司金融部主管弗雷德里克·H.约瑟夫，穿过德崇公司拥挤的交易大厅。这是1974年的一天，约瑟夫第一天上班。伯纳姆解释说，他想让约瑟夫立即去见一个人，这个人可能会帮助约瑟夫实现他新加入公司时立下的宏图壮志。

约瑟夫时年41岁，体格健壮，头发灰白，曾经是一个业余的拳击运动员。在应聘德崇公司金融部主管时他大胆地声称："给我15年时间，我会让公司像高盛那样强大和成功。"

这在当时看起来似乎有点儿荒唐可笑，考虑到该公司在华尔街的地位，要实现这个抱负简直就是一场革命。

1974年，高盛在华尔街名列前茅，而德崇的年总收入只有120万美元，资本十分薄弱，而且股市还在下跌。尽管德崇公司名声显赫，但是它只能勉强挤进华尔街二流公司之列。

德崇公司实质上是由伯纳姆公司（Burnham & Co.）和历史悠久的德雷克塞尔·费尔斯通公司（Drexel Firestone）几个残存小公司合并而成的。伯纳姆公司是一家专门从事零售业的经纪公司，1935年，由哈珀酒厂（I.W.Harper）创始人的孙子图比·伯纳姆创办。德雷克塞尔·费尔斯通公司的历史可以追溯到显赫的费城德雷克塞尔家族，这是一家公开反对犹太人经营的J.P.摩根帝国的公司。

1971年，伯纳姆公司同德雷克塞尔公司合并，这是一场奇怪的合并。伯纳姆公司大部分为犹太人，依靠销售技巧为生。与其正相反的是，德雷克塞尔却是一家老牌的公司，一直就对推销战略十分讨厌，由于受更加主动的营销网络的影响，公司的客户在逐渐减少。德雷克塞尔公司现在蹒跚而行，主要靠自己主承销商的声望和历史地位来支撑。图比·伯纳姆寻求同德雷克塞尔公司合并，主要就是想借助它的声望提升自己，以吸引更多的承销工作。

在仍然具有俱乐部性质的华尔街，合并的公司要想生存下去，高盛和摩根士丹利的许可和好意必不可少。为此，伯纳姆去拜访了这两家公司的董事长。他们同意合并，但是提出了一个要求：无论公司的权力如何分配，德雷克塞尔这个高贵的名字必须放在前面。德雷克塞尔·伯纳姆公司（德崇公司）就此诞生了。

现在，虽然这两个公司已经合并了，但是各自的职员仍然避免见面，即使合并已经三年了，仍然如此。当伯纳姆领着约瑟夫从公司走过时，他说，在合并时，当他第一次去见德雷克塞尔公司的负责人时，他问公司200多名员工中有几个犹太人，被告知只有3个。伯纳姆说，今天要让约瑟夫见的就是其中一个，他的名字叫迈克尔·米尔肯。

约瑟夫同米尔肯握了握手。这是一个热情的年轻人，身材修长，眼睛深陷。约瑟夫不免会想，像米尔肯这样的人怎么会加盟德雷克塞尔·费尔斯通公司，但是米尔肯在其他方面没有给他留下深刻的印象。他们并不是直接在一起工作。约瑟夫负责较高档次的投资银行业务，而米尔肯负责可转换债券业务和非投资级别的证券业务,该部门后来被称为"高收益部门"。他向伯纳姆公司的一位资深交易员埃德温·坎特负责,如果牵涉到了资金问题,他就直接向伯纳姆汇报。

米尔肯总是抱怨说自己被德雷克塞尔公司那些古板的WASP当作二等公民对待。为了鼓励米尔肯,伯纳姆让他创建了半自治的债券销售部门。1975年,他授权米尔肯自主安排奖金,以充分调动员工的工作积极性。同华尔街的许多公司一样,德崇公司薪水也很低,员工的收入主要靠奖金来弥补。而米尔肯安排的奖金总是非常慷慨。米尔肯及其团队为公司创造的利润,他们可以留下35%。米尔肯有权自己给手下人分配奖金,他自己留下多少都行。另外,伯纳姆还给米尔肯额外一笔"中间人佣金",只要是米尔肯或者他手下人为公司带来的业务,由此而获得的利润的15%~30%归他们所有。因此,伯纳姆把35%的利润给了实际从事这些工作的员工,30%给了那些带来客户的员工,公司只留下剩余的35%作为办公经费和供股东分配。给米尔肯部门的这种奖励,在公司里是一个被严守的秘密。

在两人第一次见面之后的一年中,约瑟夫与米尔肯之间的了解不断增加,主要是因为米尔肯渴望通过约瑟夫找到新的潜在的金融业务,获取中间人佣金,并给约瑟夫提成。

约瑟夫不是势利小人,但是他开始以为米尔肯同伯纳姆公司的众多交易员一样,都是只懂得利用手腕进行交易,除此以外一窍不通的人。

约瑟夫出生于一个普通的家庭,在波士顿的一个蓝领社区罗克斯伯里长大的,父亲是一个出租车司机。约瑟夫的父母都是正统的犹太教徒,但是他却获得奖学金,进入哈佛学院(Harvard College)学习,后来又到哈佛商学院攻读。他曾经在赫顿公司工作过,上司是约翰·沙德(后任美国证券交易委员会主席),四年后他就成了该公司的合伙人。后来,他加入了希尔森公司,帮助安排同海登斯通公司的合并谈判,合并之后被任命为公司首席运营官,是公司的第二把手。

同希尔森公司相比，德雷克塞尔公司差很大一个档次，但是约瑟夫之所以跳到这里，是因为他想重新开始从事实际的投资银行业务。并且，他还梦想着能够白手起家，创建一个强大的公司。约瑟夫目睹了华尔街上的众多变革，因而，他相信几乎一切老旧的东西都很脆弱，最终会被淘汰的。但是，在德雷克塞尔公司，他的起点很低。该公司的金融部有19名员工，约瑟夫一上任，就裁掉了7个。在约瑟夫上任的第一年，金融部的全部奖金只有1.5万美元。

约瑟夫感觉自己必须重新审视一下公司的整体文化。到公司之后不久，他在纽约世贸中心顶层的世界之窗餐厅举行了新员工的年度聚餐。他感觉，在向这些新的投资银行家灌输成功动力的同时，也必须要他们树立诚实的信念。他警告这些人说："你们可能会受到诱惑。"他指出他们会接触到许多机密信息，关于客户的商业计划、股票和债务出售、合并计划等。他说："如果你们抵制不住诱惑，向别人透露消息的话，肯定会被抓住。我敢保证，这肯定会受到惩罚的。在德雷克塞尔公司，我们是绝对不允许你们这样做的。"

在同米尔肯首次见面之后不久，约瑟夫就明白了为什么伯纳姆急着安排他们俩见面。米尔肯不仅仅是公司的一名普通的交易员，实际上，他是公司的高薪员工之一。他从1973年的200万美元起步，创造的收益率高达100%，每年给自己和手下人赚到的钱就接近100万美元。他所做的业务，约瑟夫知之甚少，并且也很讨厌，认为那些业务虽然收益高，却都只是没有评级的债券。

美国的债券市场主要由两大评级机构主宰——穆迪评级公司和标准普尔评级公司。多年来，它们一直评价固定收益投资的风险以指导投资者。这些投资的价值由债券的发行者在债券到期时支付所许诺的利息和偿还本金的能力来决定。像AT&T和IBM等蓝筹公司的债券一般被标准普尔公司评定为AAA级。公司的偿还能力比较差或者有其他问题的话，就会被评定为相应较低的等级。如果公司的风险比较高，它发行的债券就不会被评级。公司的债务利率随着市场利率而波动,市场利率又是根据美国财政部的国债和其他公司发行的债券的风险而定的。因此,债券等级越低,公司为了吸引投资者所需要支付的利率就越高。

在20世纪70年代中期,信用等级低和没有评级的债券并不是很多。它们很难销售,也太影响发行公司的声誉,因此一般主流、顶级的公司都不爱发行;而大投资银行也不感兴趣,投资者也基本上不碰这些债券。大多数发行这些高收益债券的公司都是因为陷入困境而不得不这么做(在华尔街的术语中,这种公司被称为"折翼天使")。但米尔肯却对华尔街这种无人问津的债券非常感兴趣。

和约瑟夫不同,米尔肯出生于一个富裕的中上层家庭。他的家乡位于加利福尼亚州的恩西诺,这是一个靠近旧金山北部圣费尔南多山谷的小城镇,聚集了大量的犹太人,在米尔肯家附近就有一个犹太人的教堂。和南加利福尼亚其他地区一样,这里的发展速度同样很快。米尔肯的父亲是一位会计,他从10岁就开始帮助父亲工作,后来还帮着填写纳税申报单。从一年级开始,米尔肯就因为能口算复杂乘法而使同学们大为惊奇。

小学毕业后,米尔肯到凡奈斯(Van Nuys)附近的伯明翰中学上学,1964年毕业。这里的学生几乎都来自中产阶级白人家庭,他们的父母大多都同米尔肯的父母一样,是从工业发达的中西部和东部地区迁移至此的。他们喜欢运动,酷爱冲浪,留着蓬松的发型,狂热喜爱"海滩男孩"乐队,经常在城里到处飙车。米尔肯精力充沛,比多数人都学习认真,渴望被同学认可。他被选为啦啦队的队长,下一个目标就是成为体育明星。在学生会中,他是一个积极分子,在同学中最受欢迎。他和一个漂亮、活泼的同学约会,她叫洛丽·安妮·哈克尔(Lori Anne Hackel),是他在七年级的社会学课中结识的。他的同班同学中有后来成为电影明星的莎莉·菲尔德(Sally Field)和好莱坞超级经纪人迈克尔·奥维茨(Michael Ovitz)。

从伯明翰中学毕业，米尔肯进入加州大学伯克利分校学习，这对他的生活是一个突然转变。到1968年毕业前，伯克利分校都是学生反战运动和反传统文化运动的中心。在中学时，米尔肯沉浸在主流文化的熏陶之中，而到了这里突然无法适应。当加入兄弟会不再流行之时，他却突然加入了一个主要的犹太人兄弟会SAM（Sigma Alpha Mu）。他不喝酒，不抽大麻，也不吸迷幻药（LSD）。他主修商业管理而不是更流行的社会学或者心理学，并且学习也很努力。他被推荐参加了菲巴特卡帕学会。他的社交不多，业余时间大多是与同在伯克利分校读书的女友洛丽一起度过。毕业后，他们就立即结婚了。

不久之后，米尔肯和洛丽搬到了费城，在那里，他进入宾夕法尼亚州大学著名的沃顿商学院学习。在上学期间，他利用夏天和业余时间到德雷克塞尔·费尔斯通公司的费城分公司从事兼职工作。他以全A的优秀成绩毕业，留在了德雷克塞尔·费尔斯通公司，经常往来于费城郊区的樱桃山和位于曼哈顿的该公司总部之间。他似乎对华尔街的论资排辈，尤其是公司的声望很不在意，甚至对著名的摩根士丹利或者高盛公司也一点都不熟悉。

传统上，前途光明的商学院毕业生进入的应该是投资银行的金融部门，而不是销售和营销部门，米尔肯对此很不以为然。在德雷克塞尔·费尔斯通公司，他先是从研究工作起步，后来要求去从事销售和营销工作。在工作中，他几乎专门从事低等级和没有评级的债券，这成为他的标志性业务。

几年后，米尔肯在德雷克塞尔·费尔斯通公司不断创造奇迹，被认为是个"天才"，可以从公认的所谓"垃圾债券"中发现潜藏的利润。但是，米尔肯从不掩饰一个事实，那就是他对低等级债券的兴趣也是别人培养的。W.布拉多克·希克曼对低等级债券和没有评级的债券进行过开创性的研究，米尔肯在伯克利上大学时就读过他的著作。希克曼对1900~1943年期间的公司债券表现进行了详细的分析，最后得出一个结论：和投资蓝筹股、高等级的债券相比，对低等级债券进行多元化的长期投资回报率更高，而且风险更小。随后，希克曼对1945~1965年的债券研究得出了同样的结论。

后来，米尔肯，这位天才的销售员在与约瑟夫进行早期交流时，不断宣传他在高收益债券方面的投资思想。约瑟夫的兴趣被激发起来，还弄了一本希克曼的书来研究。米尔肯常说，低等级债券的唯一问题就是缺乏流动性。德崇公司的客户仍然不愿意把资金投到收益高的债券，但是，米尔肯开始取得了一些进展。他仔细地研究了大量低等级债券的发行者，谨慎挖掘其中潜在的商业前景，用来消除投资者的戒心和疑虑。最让约瑟夫吃惊的是，米尔肯似乎对不同债券发行者的神秘消息都很了解，并且又能预测公司在债券到期时偿还本金和利息的能力。

这是一项艰巨的工作。华尔街上几乎还没有什么公司对此作过研究，这些公司的研究部门主要聚焦在交易活跃的股票上。米尔肯就这样进行着自己的研究，带着装满研究报告和其他数据的公文包在樱桃山上四处奔波。他利用自己的研究发现说服投资者投资他看中的高收益债券，而结果往往表明，这些债券的价值事先的确被投资者低估了。

米尔肯的一些准客户也是德崇公司潜在的客户。拥有大量资金的保险公司，尤其渴望投资利润丰厚的业务。约瑟夫和米尔肯一起四处奔波，不断宣扬高收益债券的投资信条。每到一个客户那里，米尔肯就会发表一番他的观点：债券市场风险太高，多元化投资组合可以获得更好的回报，随着更多公司注意到这一发现，低等级债券的流动性不断提高，并且收益也会大大超过风险溢价。这是一个简单而又有效的发现。渐渐地，他们的努力起作用了。

米尔肯早期成功开发的客户都是一群保险公司的富豪，多数都是犹太人，没有一个是华尔街上的精英。他们不担心低等级债券的缺点，他们喜欢米尔肯的新想法。索尔·斯坦伯格、梅苏莱姆·里克里斯和卡尔·林德纳都成了他最早的追随者，其中林德纳甚至还去影响更多的人。林德纳来自辛辛那提，但他不是犹太人。由于他们的年度收益都达到或者超过米尔肯的预测，他们全都成了米尔肯的坚定支持者，也成了德崇公司的忠实客户。对米尔肯来说，他不在乎这些人的背景：林德纳连中学都没有毕业，还是证券交易委员会的调查对象，在辛辛那提备受挤压，被华尔街上的许多人不屑一顾；斯坦伯格夺取了诚信保险公司（Reliance Insurance Co.）的控股权，并企图恶意收购金融巨头化学银行，激怒了银行界和投资银行联盟；里克里斯开始是一个贫穷的以色列移民，一有钱就去看电影和喝酒。他们都曾无数次受到华尔街的冷落和拒绝，他们也从不会忘记是米尔肯把他们当作客户来挖掘。

到1977年初，米尔肯已经取得了惊人的业绩，控制了高收益债券市场25%的份额。他的公司成为唯一一家为了提高市场流通性而积极做市的公司。（做市商是市场流通的关键，他们向证券持有者保证，无论持有者什么时候想出售证券变现，他们都会购买。反之，做市商也可以将持有的证券再次出售，赚取买卖之间的差价。纽约证券交易所和纳斯达克的场外交易市场就是机构化的做市组织，提供除上市价格之外的服务。）其他的银行，如高收益债券的市场领先者雷曼兄弟公司，会承销一些新发行的债券，并管理自己以前承销过的一些债券，但是这种服务主要是针对现有的客户；其他的公司对积极做市不太感兴趣。

因此，米尔肯实际上成了高收益债券的"市场"。他的记忆力超强，债券是谁拥有的、谁发行的、出价多少、到期收益率多少以及谁想购买，他都了如指掌。逐渐地，他的客户对他的研究和敏锐的市场意识变得十分信任，甚至到了言听计从的程度——他怎么指导，他们就怎么投资。他们对市场的公开价格毫不在乎，也不在意米尔肯赚取价差，只要他们能赚钱就行。除米尔肯和他的少数几位同事以外，没有人了解这种市场的价格结构（包括不断提高和买卖利差）。

米尔肯可以尽情发展，为所欲为，因为这个市场几乎完全无人监管。他的交易活动几乎完全属于所谓的"二次发行"。在这样的交易中，一个大型保险公司可以决定大笔抛售它从原始发行公司那里购买的债券，它可以卖给德崇公司，然后由该公司再卖给自己的债券购买人。这种发行不用在证券交易委员会登记，也没有公开的上市价格可供参考。垃圾债券市场就是早期的美国金融边缘市场，由强者主导弱者的大体公平。

一天，德崇公司位于曼哈顿下城办公室的一个销售人员加里·温尼克帮自己的一个客户从米尔肯那里购买了一些债券，而温尼克只挣到了1个点的1/8的利差。（1个点就是债券面值的1%。因此，如果利差是100万美元的话，1个点的1/8就是1,250美元。）后来，温尼克发现米尔肯的利差实际上是30个点，而他自己就独吞了利差的29.875个点。温尼克对此十分愤怒，他很震惊米尔肯如此贪婪。毕竟，他们都是同事，他竟然也这么苛刻。因此，温尼克去找米尔肯的上司坎特进行投诉，但是坎特置之不理。到1976年时，温尼克终于明白：米尔肯为公司赚了大钱，没有人敢管他。

对米尔肯来说，债券交易只是另一种交易，能够从交易对手那里挤出的收益越多越好。在随后的几年中，米尔肯的同事们在交易台上惊奇而又高兴地看到他从其他交易对手那里一点点地榨取利润。只有在交易中，这种超级本领才能被用来榨取利润，并立即获得满足。很少有人能够胜过米尔肯，因为他是只有在具备了超级本领之后才冒险下赌注的。如果有人能够胜过他，他就会找到这个人，将其收至麾下，为自己效劳。例如，沃伦·特雷普原来是添惠公司（Dean Witter）固定收益部门的交易主管，有一次在卖空房地产投资信托证券时，交易的另一方是米尔肯的一个手下。这些证券的价格猛跌，给米尔肯造成了巨大的损失，而特雷普则大获全胜。米尔肯命令手下人去添惠公司查找此人是谁，然后把他挖到了德崇公司。于是，特雷普就成了米尔肯的交易主管。

随着米尔肯业务的增长，约瑟夫的业务也在不断增长，只是速度没有那么惊人。约瑟夫立即开始提升德崇公司投资银行业务人员的水平，他聘用了他原来在希尔森公司招募的几个人员，其中就有约翰·基西克、赫伯特·巴彻勒、弗雷德·麦卡锡、约翰·索特和戴维·凯，他让这些人负责一个刚成立的并购业务部。约瑟夫还雇来了一个名叫利昂·布莱克的哈佛商学院毕业生，这个圆脸的年轻人很傲慢，而且刚愎自用。布莱克的父亲是联合商标（United Brands）公司的负责人，当他在哈佛商学院读书时，他的父亲因为丑闻暴露而从办公室的窗户跳楼自杀了。

为了使德崇公司在吸引投资银行业务方面树立自己的优势，约瑟夫决定把目标定位于一些被大投资银行不屑一顾的新兴业务或者小公司上。德崇公司把研究范围扩大到了场外交易的股票，尽管这种研究工作并不能给公司带来立竿见影的收益，但这个团队竭尽全力开拓业务，到1977年时，金融部的奖金总额已经达到了100万美元。

1977年的某一天，约瑟夫给米尔肯打电话解释说，公司的一个客户得州国际（Texas International）需要筹集资金，但是该公司的债务已经很高了，不能得到投资评级。因此，他们想让德崇公司帮助公开发行一种高收益的债券，负责承销并直接在市场上向公众出售。换句话说，这是一种原始债券，和德崇公司的主流业务"二次发行"不同。米尔肯说他可以试一试。

米尔肯轻松地就卖出了3,000万美元的债券，并收取了3%的高价承销费。当年，米尔肯一口气又帮助无法通过其他机构筹集到资金的公司发行了6支债券。大概在同一时间，他开始兜售投资高收益共同基金的想法，允许小投资者参与垃圾债券的多元化投资组合。米尔肯的低等级债券流动的梦想就要实现了。一场金融界革命已经蓄势待发，而且就在那些曾经对低等级债券不屑一顾的华尔街精英的鼻子底下。

同时，曾经被米尔肯"坑"过的温尼克已经根据坎特的要求调到公司高等级债券业务处工作，他也买卖米尔肯的一些高收益债券产品，并且迅速成为德崇公司在低等级债券领域之外业绩最好的销售人员。他工作非常努力，每天都工作很长时间。一个星期五的晚上，他向米尔肯提到，自己和妻子周末要到韦斯特切斯特看房子。米尔肯神秘兮兮地说："什么也别买。"不久之后，他让温尼克跟着他干——到遥远的加利福尼亚比弗利山附近的世纪城（Century City）工作。

当时，米尔肯两岁的儿子格雷戈里体弱多病，米尔肯的父亲还患有癌症。他之所以决定搬迁，想要一个健康的气候，想离家人和儿时的朋友近一些只是因素之一，但绝不仅仅是因为这些。米尔肯的成功已经与德崇公司的关系很小，而德崇公司的成功却同米尔肯密不可分，这已经成了不争的事实。倒霉的伯纳姆已经成了公司徒有其名的总裁，除了日渐无利可图的零售经纪领域之外，他一窍不通。他最精明的一招就是促成公司的合并，认识到了米尔肯的潜力，并对米尔肯实施了长期的束缚。坎特的影响力甚至更小，他是一个过气的交易员，被新一代人开发出来的电脑运算和复杂战略搞得不知所措。

米尔肯没有兴趣掺和他们的事。

何不搬到其他地方呢？这样既可以利用德崇公司作为保护伞，还能有效地实现由自己完全控制的自主操作。因此，米尔肯向温尼克和其他人透露，他已经打算利用加利福尼亚这块基地，把垃圾债券业务扩展到几乎每一个赢利的领域——从承销、交易到收购、兼并。垃圾债券是一种新的筹资方式——资金可以用于投资银行传统业务的任何方面。只要他安排的奖金制度仍然保持原样，公司里没人敢有任何异议，公司利润的大部分都将在他的控制之下。他在纽约的员工要比公司其他部门的人挣的钱多很多，因此他们全都自愿跟他一起搬走。

米尔肯和他的家人在家乡恩西诺购买了一座房子。1978年，米尔肯在世纪城星光大道的几间小办公室里开始办公，共有15名德崇公司的员工，包括温尼克。

由于办公室太小了，米尔肯不得不和交易主管特雷普挤在一间办公室里。在交易日，米尔肯整天听着交易员和销售员的嘈杂声。

在米尔肯的控制下，每个人都遵照他的标准去做。每天早上4点半（纽约，即美国东部时间7点半）准时上班，一直工作到晚上8点（纽约11点）才下班。电话声此起彼伏。在米尔肯的桌子上放着两部电话，常常是正在接听一个电话时，另一个就响了起来，只好两个电话一块儿接。交易厅中嘈杂无比，不断有人大声提问和发表评论。在市场闭市后（加利福尼亚时间下午1点，纽约时间下午4点），米尔肯就开始参加会议，从一个会议室到另一个会议室，穿梭不断。会议室里挤满了客户，都希望直接见到他。

米尔肯有时也提前到办公室。当他的员工们在早上4点半来上班时，常常在办公桌上发现他的留言，上面写好了他们当天的工作日程。

1981年，米尔肯发现了一个和特雷普的销售技能不相上下的销售员，此人叫詹姆斯·达尔。从表面上看，他和米尔肯或者德崇公司的其他人基本没有共同之处。他是一个WASP，出生于迈阿密的一个中低产阶级家庭，父亲是一位工作努力的房产经纪人。他以优异的成绩从佛罗里达州立大学毕业，并获得了奖学金，继续到该大学的商学院攻读MBA。达尔英俊潇洒，一头金发，眼睛碧绿，皮肤黝黑，颇有"海滩男孩"的气质，脸上常常露出迷人的微笑。

米尔肯以前很少关注过这些特点，但是他的同事们说他似乎被达尔身上具备而他缺乏的特点所吸引，就好像他雇用达尔就是专门为了表明，他能吸引那些至少看起来像美国梦化身的人。米尔肯与达尔进行了一连串的谈话，先是在洛杉矶，然后在纽约广场饭店的早餐上。米尔肯问起了达尔的家庭情况，他的妻子，他打算要几个孩子，以及他业余时间都干什么，他的家庭背景，他父亲的工作，等等。但是他从来没有问达尔在哪里上的学，或者他的学业如何。

很显然，米尔肯已经认定达尔具备他所需要的基本条件：真正渴望赚钱、强烈的家庭价值观。当时，达尔正处于失业之中，他之前在花旗银行、雷曼兄弟公司和第一宾州银行（First Penn Bank）一家附属贸易机构工作过，后来又去了西部贸易公司（Trading Company of West）。之后，他回到了佛罗里达，一个朋友把他引荐给了米尔肯。尽管达尔的一些雇主交易记录不好，但是达尔自己的工作却很出色，在第一宾州银行的附属机构，他赚到了45万美元。米尔肯给他的薪水是每月2万美元，并许诺以后提拔他为二把手。

米尔肯对达尔的要求和其他员工一样，要求他要有绝对的忠诚和奉献精神，不能离开办公室去吃饭，每天由公司供应早饭、午饭，常常也供应晚饭。为了防止分神，米尔肯雇用了几名妇女帮助员工打理生活，如洗衣服、跑邮局和照看宠物等。达尔刚刚加盟之后不久，还处于调整适应状态，在一个周五闭市后，他打算离开办公室。

米尔肯严厉地问道："你去哪里？"

达尔回答说："我累了，想回家去看研究报告。"

米尔肯十分吃惊，达尔的精力竟然这么差。他说："在这儿看，等看完再回去休息。"达尔只好顺从地回到办公桌前。

还有一次，达尔在获悉母亲被诊断为癌症后想离开办公室前去探望。米尔肯又问道："你去哪里？"

达尔说他很担心，因为他的姨妈和舅舅都是死于癌症，他想去看看自己的母亲。米尔肯不耐烦地问道："你什么时候回来？"言语间没有表现出一丝的关心或者同情。

几年后，达尔的妻子早产，孩子刚出生两个小时就夭折了。第二天，心力交瘁的达尔仍然坚持上班，因为他知道米尔肯不会注意到他的悲伤。他已经听说，米尔肯不会过问工作之余的任何事情。

没有人有太多的私人生活。颇具讽刺意味的是，尽管米尔肯嘴上说要大家忠于婚姻和重视家庭观，但是这种紧张乏味的工作环境却使大家远离了家庭，并且引发了交易员和女秘书之间的桃色事件。特雷普就和米尔肯的行政助理珍妮特之间发生过这样的事情，米尔肯似乎一直被蒙在鼓里，直到他们宣布订婚他才知道。

有一位秘书还在日记中详细记述了同多位男同事在办公室里发生性关系的事情，其中记述最详尽、最多的就是她如何同一位销售员口交和吸毒的事。这种事情十分常见。有些交易助理甚至隆胸，而费用却由德崇公司的销售员和交易员承担。

1984年米尔肯的生日那天，员工们请了一个脱衣舞娘来表演，为他祝寿。她来的时候正值交易时间。她绕着米尔肯的办公桌边跳边脱，然后靠在米尔肯的身上，在他面前晃动着丰满的乳房。正在这时，米尔肯的电话响了，是一位客户想做一个交易。为了摆脱这位脱衣舞娘，米尔肯只好拿着话筒躲到了桌子底下。脱衣舞娘也跟着他跪到了桌子底下，直到他打完电话为止。

米尔肯很少同办公室的其他人员来往，也很少与他的妻子和孩子们（两个儿子和一个女儿）在一起。但是，他会参加孩子们的重要体育活动和学校的活动，并指导儿子所在的篮球队打球。有一次，全家人到夏威夷度假，米尔肯在宾馆订了三个套房，一个给自己和洛丽，一个给孩子们，一个留做他办公用。在度假时，他每天从夏威夷时间的凌晨3点一直工作到早上8点，这一段时间正好是纽约股市开市的时候。

在上班期间，米尔肯很少因非生意原因出去吃午饭，每年只有一个例外，那就是结婚纪念日，米尔肯会带着妻子出去吃午饭。他通常都在办公桌上吃午饭，多数都是快餐。他似乎从来都不锻炼身体，即使在下班时间，也都待在家中的办公室里。如果有人往他家打电话，甚至在午夜和周末，他也会立即接听的。他很少参加聚会，即使偶尔参加一次，他也感觉局促不安，很不自然。在生日聚会上，他大部分时候都是和孩子们在一块儿玩。

米尔肯是个过分的完美主义者，对员工的要求苛刻得近乎无情。他对一项交易会一遍又一遍地盘查，哪怕很小的一个问题也不放过。他会翻来覆去地问一个问题，一直纠缠那个交易员，直到问得交易员表示某个地方自己做错了或犯傻了。但是有一次，特雷普以实例向米尔肯证明自己在五项有争议的交易中做得很对，他对米尔肯说"别再挑我的刺儿了"。在大多数情况下，米尔肯都是在吹毛求疵。

有一次，达尔问米尔肯，为什么他经常批评而从来不表扬。米尔肯厉声回答说："每天哪有时间坐在这里互相吹捧，我们不需要谈论成功，只需要谈论失败。"

在这种环境下，在别的地方看似普通的友好姿态也显得令人难以忘怀。有一次，当温尼克在准备一次难得的意大利之旅时，米尔肯给他写了一封信，祝他一路顺风、旅途愉快。当他们搬到洛杉矶时，米尔肯扩大了个人贷款的范围，几乎使每一个员工都能得到贷款，以便买套好房子。当达尔和他的妻子在棕榈泉庆祝结婚纪念日时，米尔肯给他们举办了一场盛大的宴会，并送给他们一张贺卡，上面写道："结婚纪念日快乐！迈克尔和洛丽贺上。"有一次，办公室一位后勤工作人员的哥哥患重病，米尔肯到医院探望，并且资助其治病。

米尔肯在交易中总是贪婪地榨取利润，特雷普对此十分吃惊，他不得不经常提醒米尔肯按照相关原则，证券交易商只能加价5%。米尔肯对市场的影响太大，以至于他常常试图加价25%。作为交易主管的特雷普，其职责之一就是签署交易单据。当他看到单据上的加价幅度太高时，他就会把它推给米尔肯。但是，米尔肯仍然会把交易做成，他会找别人伪造特雷普的签名，而特雷普根本不知道是谁。

至少有四次，当特雷普认为交易严重违规时，就以辞职相威胁。他同米尔肯大声争吵，每一次米尔肯都会退让。米尔肯很讨厌解雇员工，因为他知道任何人只要一离开就会透露他的秘密，揭露他"圈钱之术"的范围和成功之处。

压力导致大家产生各种生理或心理问题，程度各异。彼得·阿克曼最初是一个交易员，有一次被米尔肯训得哭起来。他后来就不干交易工作，转而进行客户开发，更像是米尔肯的助手。他因为总是阿谀奉承米尔肯而招致其他人的嫉恨，大家给他起了个外号叫"闻屁虫"，因为正如一个同事所说的，"他的鼻子总是在迈克尔的屁股下嗅来嗅去"。

特雷普开始抽烟，一天四包。另一名交易员开始喜欢嚼橡皮筋，还有一个养成了酗酒的恶习。布鲁斯·纽伯格，被许多同事认为是个天才的交易专家，也患上了高血压，不得不服用降压药。有一天，纽伯格在打电话时，电话声音突然消失了，他气得歇斯底里地大喊大叫，最后却发现是自己把电话线给嚼断了。

温尼克被大家认为患上了办公室忧郁症，因为他总是认为自己得了脑瘤和其他严重的疾病，有时，他还到圣地亚哥的斯克瑞普斯研究所（Scripps Institute）去检查。

情况最糟糕的可能就是卡里·穆尔塔什了，他患了严重的心理疾病，不得不去看心理医生。米尔肯允许他回到纽约，担任米尔肯同德崇公司总部的联络人——实际上就是米尔肯的耳目。他在那里继续为米尔肯处理交易工作，每天下班时，他都会遵照米尔肯的指示把交易记录全部销毁，因此在纽约的人没有一个知道米尔肯详细的交易情况。

米尔肯不喜欢手下的交易员和营销员利用时间自己做交易。正是由于这个原因，他把员工组成不同的投资合伙人关系，让他们利用他提供的各种投资机会进行投资。他禁止进行私人交易，但是允许员工们在合伙人关系中按照分配的配额进行投资。在办公室内，员工们根据在合伙关系中所分配的配额，加入"A队"或者"B队"。有些受到优惠的员工，如阿克曼，甚至可以得到合伙人的股份作为奖金的一部分。在有些情况下，米尔肯为员工提供了大量的个人贷款，这样，他们就可以把他们的配额全都用来投资。

在达尔到加利福尼亚州上班之后不久，米尔肯邀请他到自己位于恩西诺的家中做客。米尔肯也少有地休息了一下，和达尔在水池边闲聊。米尔肯告诉达尔，合伙人关系会使他变得富有，但是他也警告达尔不要太奢侈浪费，并告诉他不要买大房子，至少现在不要，以后会有大量的时间和金钱来做这些事情。

这种许诺只能算是口头承诺，因为对合伙信息的接触是严格限制的。没有人提前知道这些钱会被投到哪里。办公室的电脑运行程序是经过特殊改造的，只有米尔肯一个人知道合伙人的交易活动。

当然，所有这些活动的补偿都是金钱。尽管他们的收入还没有达到20世纪80年代中期的高水平，但是这已经是华尔街大多数同行收入的5倍了。例如，达尔在抵达洛杉矶第二年，收入就超过了100万美元。1982年，米尔肯自己的收入惊人，高达4,500万美元，但是在当时，除他以外，没有人知晓。

然而，大家都遵守米尔肯的告诫，外人几乎都不知道他们的收入有多高。特雷普买了一辆白色的劳斯莱斯敞篷跑车，但是米尔肯不让他开着上班。米尔肯自己生活也相对比较朴素。他的妻子每年都穿着同样简朴的黑色丝绒礼服参加圣诞晚会，他自己开的车是一辆有点破旧的黄色奔驰车，在开了8万英里时，卖给了达尔。当米尔肯和德崇公司的一位重要客户，著名的企业家阿曼德·哈默（Armand Hammer）到他的办公室参观时，米尔肯用塑料杯为他冲咖啡，而办公室的墙上也只是挂了几幅装裱好的奥运会海报。

米尔肯按照自己的意愿行事，在好莱坞社交圈，米尔肯故意表现出一副普普通通的样子，不给别人留下印象，甚至在生意和业务圈子里也是如此。他阅读的东西几乎全都是研究报告、招股说明书和其他的金融文件。在同事们看来，他是一个完全不谙世事的人，对艺术、文学、政治几乎一窍不通，甚至对时事问题，如果不是和他直接相关的，也一概不知。

温尼克、达尔和其他一些交易员都读过罗伯特·鲁德鲁姆（Robert Ludlum）于1979年出版的惊险小说《恐怖黑手》（*The Matarese Circle*）。他们惊奇地发现米尔肯和书中的一个主人公十分相像。这本书是鲁德鲁姆的代表作，描写了一个跨国公司征服世界的故事，内容怪异，情节曲折，引人入胜。构思这一阴谋的是一个聪明能干、野心勃勃的金融家，他一心想着征服世界。他的名字叫盖德龙（Guiderone），但是在书中他从头到尾都被称为"牧羊人"，因为他出生于一个科西嘉的牧羊人家庭。他的追随者全都十分忠诚，甚至愿意为了实现他征服世界的梦想而牺牲自己的生命。

书中的一个人物说："我听说过他，他是一位现代的卡内基或者洛克菲勒，不是吗？"

另一人回答说："更厉害，更厉害。没有人能够同盖德龙相抗衡。他是巨人，一位工业和金融帝国真正的仁慈君王……我想你们可以称他为'美国梦的真实写照'。"

米尔肯在比弗利山的门徒们也开始称他为"牧羊人"，这个绰号竟然流传开来。温尼克把鲁德鲁姆的这本小说送给了米尔肯，想看看米尔肯会有什么反应，是否会看出自己和书中的主人公有相似之处。但是据他观察，米尔肯从来都没有读这本书。

对比弗利山的许多员工来说，当米尔肯的弟弟洛厄尔于1979年加入这里的德崇分部，他们的办公室生活更加恶化了。洛厄尔曾经是一位律师，是洛杉矶的艾尔·马尼拉律师事务所（Irell and Manella）的合伙人，专门研究税法。米尔肯同他的弟弟既有激烈的竞争关系（米尔肯似乎总是想在网球场上打败他），又有保护关系。据同事们讲，洛厄尔到这里来，是为了帮助米尔肯监管所有的合伙人投资活动，并帮助他处理税务事宜。但是，在办公室的其他人看来，米尔肯在这项工作上只相信自己的直系亲属。

洛厄尔与他哥哥一样是个不甘平庸的人，但他对人从来都是冷冰冰的，这还不如米尔肯，米尔肯有时对人还表现出一点热情。在那些随心所欲、无拘无束的交易员看来，他既冷若冰霜，又让人讨厌恶心。洛厄尔基本不与其他人交流，他在办公室里单独加了一扇门与外面隔开，这样就可以不用从交易室经过。以德崇公司的标准来看，他的办公室极其奢华，完全超标了，里面用专门定做的木条装饰，并摆放着昂贵的艺术品。除了米尔肯以外，如果其他人走进洛厄尔的办公室里，他会立即夸张地把桌子上的资料合上捂住。有几个交易员故意嘲笑他，也模仿他的动作，无论何时，只要洛厄尔一走近他们的办公桌，他们就把桌上的东西也合上。他们还经常嘲讽洛厄尔，最典型的就是当洛厄尔转过身时，他们也双手叉住胯部，模仿洛厄尔紧张时的一种习惯性动作。

洛厄尔从不放过任何一个赚钱的机会，他帮助把德崇公司西海岸的办事处从世纪城搬到了比弗利山一座由他和米尔肯共同拥有的房子里。这是一项精明的投资，公司租用他们的房子，他们除了可以收租金外，在税收上还能获益。而且这里的地理位置又很不错，有升值的空间。街的另一头就是著名的比弗利山威尔希尔酒店，还有许多时尚精品店，如阿玛尼和毕扬。

现在，这里成了德崇公司的办事处，虽然周围繁荣奢华，魅力迷人，但是就米尔肯而言，办公室里的风格却和这些毫无关系。米尔肯在办公室里摆放了一张巨大的"X"形交易桌，他坐在中间，手下人分坐在四边，桌子上配备着最先进的通信工具。办公室的装修却很简单，只有地址——比弗利山威尔希尔大道9560号——显示出了它的独特身份。

洛厄尔到这里后，给大约12名员工每人发了一个密封好的白色信封，里面是他们的贷款明细，包括米尔肯给他们的住房贷款数额、累计利息以及当期偿还的要求。从那时起，洛厄尔就被看成了米尔肯的财务主管，办公室里的其他人也开始恶意传播洛厄尔的小道消息，包括他和妻子的私生活。

1981年的一个下午，米尔肯正在交易桌前工作时，突然昏倒在地。特雷普、达尔、温尼克和身边的其他人都惊恐万分，害怕他们的老板突发心脏病。他们立即把洛厄尔叫了过来。洛厄尔从他的办公室里出来，看了看失去知觉、昏倒在地的米尔肯，然后转身回到自己的办公室，一句话没说就把门关上了。大家全都目瞪口呆，面面相觑。过了一会儿，米尔肯自己醒了过来，这次神秘事件没有对他造成长期的影响。

虽然办公室的生活非常紧张，但与在米尔肯的带领下所挣得的钱相比，却显得微不足道，不值一提。米尔肯明确表示，要让每一位员工每年挣到的钱逐渐增多。大体上来说，米尔肯的手下人发现米尔肯身上确实有让他们喜欢的东西。

奇怪的是，无论他们中的大多数人能够赚多少钱，他们都很清楚地发现，仅仅金钱已经无法吸引米尔肯了，在他看来，金钱的作用很有限。有一天，米尔肯在同温尼克闲聊时说，他的梦想之一就是让他的净资产增加到现在的10倍，比如从30亿美元增加到300亿美元。说完，他转头望着从世纪城一直到洛杉矶西部，再到太平洋沿岸的广阔区域，然后问道："你认为把从这儿到海边的建筑全都买下来要多少钱呢？"

米尔肯可能认识到，只要继续控制高利润的二次发行和垃圾债券的新股发行，这些目标就能够实现。在洛杉矶，他开发了一个垃圾债券客户网，远远超过了他早期在纽约的客户数。其中，同他关系最为亲近的是哥伦比亚储蓄与信贷银行（Columbia Savings and Loan）的负责人托马斯·斯皮格尔。

斯皮格尔非常崇拜米尔肯，与米尔肯一样，他也是个工作狂。在同米尔肯结识之后不久，斯皮格尔就在办公室的墙上贴满了他同米尔肯以及洛丽的照片，有在饭店吃饭时照的，有在聚会上照的。

查尔斯·基廷是林肯储蓄与信贷（Lincoln Savings and Loan）的负责人，他是米尔肯的另一关键联系人。基廷和米尔肯经常谈论家庭问题，两人都很重视家庭关系，认为这是生活中唯一真实的东西。

但是，同米尔肯关系最为亲近的可能是人寿保险公司（Life Insurance Co.）的执行总裁弗雷德·卡尔。卡尔十分聪明，是最早赞同米尔肯的垃圾债券理论的人之一，很早就成了米尔肯的热情支持者。让办公室其他人吃惊的是，米尔肯在每周五下午都会检查卡尔和德崇公司的投资组合，然后，他问都不问卡尔，就直接在这两个账户之间进行交易。相比之下，他同美国金融公司（Financial Corporation of America）的负责人查理·克纳普之间的关系十分糟糕,他也毫不掩饰地说他是一个"蠢货"。

米尔肯不满意只能通过大型的储蓄信贷银行和保险公司获取惊人的购买力,尤其是现在联邦政府解除了管制,使得储蓄和信贷业务方面出现了许多新机会。垃圾债券本身利润丰厚,但是它可以发挥更大的力量。米尔肯清楚地看到美国的金融环境即将发生什么样的变化。他从卡尔·林德纳和索尔·斯坦伯格等客户那里听到了这些消息。赚大钱的机会就在于争取公司的控制权,并进行兼并收购,而且似乎还逐渐出现了一种新的变体:杠杆收购(或称融资并购),它可以把一个公有的公司进行私有化。在米尔肯看来,这种方式似乎更有利可图——控制了公司就会获得权力。

米尔肯在悄悄地培育自己的金融网络,并致力于把它变成一个巨大的印钞机,很明显,他重新进入收购领域是早晚的事。米尔肯常常告诉特雷普,没有他不能做的交易,没有哪个公司可以强大到不害怕他的实力。他用坚定的语气告诉特雷普:"我们要拿通用汽车公司、福特公司和IBM公司开刀,让它们胆战心惊、坐卧不安。"

2. 莱文的秘密

在花旗银行位于曼哈顿的总部，罗伯特·威尔吉斯扫视着拥挤的房间，他以前从来没有见过这么多年轻的WASP聚集在一起。难道他们都像大马哈鱼按照本能洄游到上游一样被吸引到了银行业吗？1977年的欢迎酒会更加深了他的孤独感和差异感。他刚刚同花旗银行的董事长握过手，此人就是大名鼎鼎的，富有传奇色彩的沃尔特·瑞斯顿（Walter Wriston）。但是瑞斯顿几乎都没有怎么注意他，就忙着看下一个新员工塑料胸卡上的名字。威尔吉斯叹了口气，然后回到吧台，又要了一杯酒。

这时，他发现有一个人似乎比他更加与周围格格不入。那个人独自站在那里，和其他多数人都不一样，其他人看起来都像是常春藤盟校的前运动员，而他身材肥胖，留着长发，蓄着黑胡子。威尔吉斯往前走了一些，看到他的胸卡上印着：丹尼斯·莱文。

威尔吉斯问道："你这个可爱的犹太小伙儿在这里干什么呢？"接着，两个人开始聊了起来，但是却发现他们除了都是犹太人这一点外，几乎没有其他的共同之处。威尔吉斯身材高挑，尽管还没有明确的目标，但是他以前的经历却令人十分羡慕。在加入花旗银行久负盛名的国际银行部之前,他从事过备受瞩目的国际贷款业务,他还曾经在世界银行工作过。他在美国财政部工作过一个夏天,主要从事重大经济问题的研究。威尔吉斯精明老练,阅历丰富,曾经在国外生活过,去过许多地方。他毕业于哈佛大学,妻子是一位出生于古巴的美国人。他精通五种外语:法语、德语、意大利语、阿拉伯语和希伯来语。

莱文同他形成了鲜明的对比。莱文在花旗银行一个叫作"公司咨询"的部门工作,甚至他自己都没有弄明白这是干什么的,但是他却有大量的自由时间,可以悄悄地做些其他的工作。莱文出生于纽约皇后区一个中产犹太人家庭,很少四处旅游。他在纽约城市大学的巴鲁克学院(Baruch College)学习,学习成绩平平。

莱文和威尔吉斯发现彼此共同语言比较多。他们的办公室都在公园大道399号花旗集团总部的大楼里,隔着大厅斜对着。威尔吉斯猜想他可能会经常见到莱文,因为在他的身上有一种东西,能够立即给人留下深刻的印象,这就是"热情",也许是一种几乎可以明确感知的想被人们喜欢的渴望之情。

威尔吉斯的猜测很快就被证实了。在接下来的一周,一天早上,莱文很早就来到了威尔吉斯的办公室,问他在忙什么。威尔吉斯还没有来得及回答,莱文就说:"我们去喝杯咖啡吧!"

威尔吉斯回答说:"不行,我要把这个东西送给一个客户。"

莱文说:"哦,去你妈的客户!"然后,他不怀好意地笑了笑,转身走了。

威尔吉斯十分震惊。他是一个极其负责的人。他经常想,这是他所受的正统的希伯来教育作用的结果。他是在巴尔的摩长大的,从小一直接受这种教育。

第二天,莱文又来了,这次提出的建议更过分。他说:"我们吃完午饭后溜出去吧。"威尔吉斯更加震惊。莱文补充说:"你知道你也很烦工作。"

威尔吉斯确实很烦他的工作，并且对自己生活和事业的方向举棋不定。他已经28岁了（比莱文大3岁），在就读斯坦福大学商学院之前，他从来没有想过要到华尔街工作。在政治上，他一直是左派，但是他仍然认为自己是一个十足的自由主义者。大学毕业后，他在波士顿的公立学校中教过残疾儿童。

他起初是想获得高薪的工作才申请商学院的，但是一入学，他就讨厌商学院。他很生气自己到这里来，感觉像被出卖了一样。他的会计学差点不及格，并且他也很鄙视班上的同学，认为他们"居然都是想当会计师"的"白痴"。他担心自己会成为一个依赖他人的寄生虫。尽管他最后适应得很好，但是这段经历对他的自我形象是一个打击。

他1977年毕业时，他的妻子怀孕了，他的母亲正在办离婚，经济上也很困难，他也成了个穷光蛋。同学们都在找高薪的工作，当花旗银行为他提供了一份工作时，他立即抓住了这个机会。实际上，他对国际金融业务具体是做什么的只有一个模糊的概念。

但是迄今为止，花旗银行的工作氛围令人厌恶。这家大银行就像是一个穿西装打领带的军营，他在这里接受新兵训练，到处都是规章制度，几乎一举一动都有具体的规定。他的工作环境冷漠无情，除了丹尼斯·莱文外，没有人表示过希望与他交往的兴趣——但是莱文的兴趣又太强烈了。

有时，莱文也不断说些奉承话，他虚情假意地问道："你真的上的是哈佛，那你还愿意和我说话吗？"有时，他又阴险地问道："你知道，在这个充满敌意的WASP的环境中，我们俩是仅有的犹太人啊。"有时，他挑衅地大喊大叫："去他妈的制度！去他妈的老板！"有时，他说话又很富有哲理。他问道："你知道你的问题吗，威尔吉斯？你对生活的'灰色'地带担心太多，这就是我们的不同之处。我有明确的目标，而你却没有。"

威尔吉斯很少遇到像莱文这样对个人职业生涯如此煞费苦心的

人。莱文说他在巴鲁克学院上学时,读到了一本名为《金融家》(*The Financiers*)的书,主要是介绍投资银行业运营情况的。书中所描述的银行家的生活方式深深地打动了他,他们拥有的昂贵的西服、量身定做的礼服和豪车别墅,令他垂涎不已。莱文以前从来都不知道还有这样一个行业。

莱文生长于纽约皇后区一个叫贝赛德的社区,这里全都是千篇一律的砖砌的平房。他是三个兄弟中最小的一个,他曾有个妹妹,在5岁时不幸夭折了,他的母亲悲痛欲绝,患上心脏病,此后一直都没有恢复过来。莱文的父亲菲利普从事销售铝材和乙烯板材的工作。菲利普·莱文不信任银行,不想在银行留下金融交易的记录,因为他认为这些记录可以被国内税务局用来对付他。他甚至都没有银行账户,一生中积蓄的钱都藏在了床底下。

莱文在中学时一点儿也不出众,不过他却在一小撮朋友中很受欢迎。毕业后,他和其中的一些人在皇后区到处闲逛。然后,他不想在这里混日子了,于是就申请到免学费的巴鲁克学院读书。入学后不久,他就非常出名了,因为他几乎每天都是穿着短上衣、系着领带去上课。他总是讨好那些上课的教授,他确信与这些人"接触"对打开华尔街的大门十分必要。在大四时,莱文申请了华尔街的每一家投资银行,但是全都被拒绝了。他把这完全归因于自己缺乏"白人的血统",心中十分痛苦。

而威尔吉斯却完全不同,他认为自己有文化、有知识,他主要的兴趣是读书。他从来没有因为自己是犹太人而感觉受到歧视,也不认为周围的世界充满了敌意。不过,他很同情莱文。当莱文还在上大学时,莱文的母亲就突然去世了,威尔吉斯的父亲也是在他上大学时去世的。莱文反复地强调一点,他和威尔吉斯一块儿干,肯定能够成功的。尽管威尔吉斯有妻子埃尔莎,并且还新添了一个小女儿,但他还是感觉很孤独。

有一天,莱文告诉威尔吉斯,他遇到了一个年轻女子,名叫劳丽·斯可尔尼克,并且说他想"拥有她"。威尔吉斯后来参加了他们的婚礼。劳丽是一个金发碧眼、和蔼可亲的犹太人,她说她相信"传统"的婚姻:莱文挣钱养家糊口,她在家里操持家务。她说话带着纽约城的口音。威尔吉斯感觉他们的婚礼有点儿低俗,但是他没有把这种印象告诉莱文。据他所知,莱文的大部分朋友都吸毒。莱文和他的朋友圈子同威尔吉斯和他哈佛的朋友圈子简直是天壤之别。

很奇怪的是,这种感受似乎只是增加了他对莱文的同情。威尔吉斯不知怎么会感觉到他是在拯救莱文。他们一起外出得更加频繁了,莱文经常向威尔吉斯诉说自己内心深处的想法和雄心壮志。一天晚上,他有点儿神秘兮兮地对威尔吉斯说:"我确信有投机的内幕途径,关键是得有信息。"他也经常告诉威尔吉斯他自己的梦中之梦:在9月12日看到9月13日的《华尔街日报》,具备这种超人的能力,该是多么的幸福啊!

威尔吉斯对莱文的这些奇思怪想很少当真。莱文在寻找信息途径方面似乎没有取得什么进展。第二年,当莱文和威尔吉斯这一批新员工见习期满,接受考核时,莱文没有得到晋升,这一点儿也不足为奇,因为他的工作态度恶劣,而且经常旷工;而威尔吉斯却被晋升了,并且获得了到初级管理人员餐厅就餐的资格,不用再到普通员工自助餐厅吃饭了。莱文对此十分生气,他不断祈求威尔吉斯把他当作客户带到管理人员餐厅吃饭。后来,莱文还让威尔吉斯违反银行的规定,给他弄一张饭卡,这样不用威尔吉斯的带领,他自己就可以到管理人员餐厅吃饭了。尽管有些战战兢兢,但威尔吉斯还是给他弄来了一张。

在花旗银行没有得到升职后不久,莱文打算到其他银行工作,于是又向纽约的25家投资银行提出了申请。这次,一家银行雇用了他,这就是美邦·哈里斯·厄珀姆公司(Smith Barney, Harris Upham & Co.,即美邦银行)。在到该公司上班第一周,他就给威尔吉斯打电话,透露了一只股票的内幕信息。

莱文坚决地说:"买进它,不要问任何问题。"威尔吉斯买了几百股,不久之后,这只股票就猛涨。

莱文说："你看，鲍勃，我会关照你的。"

莱文搜集内幕信息的机会不久就被切断了，因为他被派到了公司驻巴黎的办事处工作。威尔吉斯很羡慕这份差使，实际上他很想到国外工作，而巴黎正是最佳之选。莱文对到国外工作却兴趣很少或根本没兴趣。在法国，他从事欧洲债券工作，向欧洲的客户销售公司发行的欧洲债券，这就需要他在欧洲各国到处出差，拜访其金融重镇。他和劳丽住在巴黎第16区福煦大街一套宽敞的公寓里，这是公司的房产。在此期间，莱文经常给威尔吉斯打电话，在电话中，他总是不断发牢骚，尤其抱怨他的妻子。

莱文诉苦说："她老是妨碍我的工作。"劳丽突然被从纽约的舒适生活中拉到了巴黎，在这里感觉十分孤独。她痛苦不堪，最后住进了医院。莱文自己也更不高兴了，他因为无法在纽约总部参加"交易流程"而感到十分沮丧。尽管莱文作为公司的一位初级雇员只能做一些数据分析的工作，但是他却向威尔吉斯吹嘘说他几乎知道办公室里正在进行的每一项交易。他还说他已经掌握了倒看同事办公桌上文件的能力。

威尔吉斯也离开了花旗银行，转到了布莱斯·伊斯曼·狄龙（Blyth Eastman Dillon）公司，这是一家老牌的WASP公司，正在组建一个新的国际商业银行。威尔吉斯以为这个新部门会为第三世界国家的发展项目提供资助，但是，后来因为公司内部的权力斗争，整个事情都泡汤了。威尔吉斯向莱文抱怨说他没有到海外去，没有实现他所渴望的事情。莱文反驳威尔吉斯，劝他放弃国际工作机会，转到并购业务上。

莱文生气地说："我不明白，你为什么想管第三世界的事？"然后，他换了种口气继续说："鲍勃，你是我的朋友，我只想让你过得好。你太天真了。华尔街会吃掉你的，没有人会关心你这些左派的屁事儿，他们只是利用你。你要为自己、为家人考虑考虑。你要多帮帮你的妈妈。"最后，他说："我是你唯一可以信任的人。"

但是，不久之后，威尔吉斯就把莱文的建议抛至脑后，在拉扎德兄弟公司的国际部谋到了一个职位，这是一个很小但是名气却很大的公司，它最著名的银行家是费利克斯·罗哈廷。莱文继续指责威尔吉斯的职业之路，不过，他越来越多地把注意力放在了自己在美邦·哈里斯·厄珀姆公司的发展上。

无论莱文什么时候从巴黎回到纽约，他都会去拜访J.汤米尔逊·希尔三世（J.Tomilson Hill III），鼓动他让自己到并购部工作。希尔是从第一波士顿银行跳槽到美邦·哈里斯·厄珀姆公司的。第一波士顿银行是从事并购业务的最大的公司之一。希尔温文尔雅，受过良好的教育，身穿裁剪得体的名牌服装，头发从前往后梳着，油光可鉴。他给人的印象是十分冷淡，甚至有些傲慢，但是他给客户的印象却是经验丰富、效率高、非常专业。当他加入美邦公司时，该公司刚刚和哈里斯·厄珀姆合并。历史上，美邦公司一直在零售经纪和研究业务方面实力很强。同伯纳姆公司一样，这些业务的利润也经历了急剧的下滑。哈里斯·厄珀姆在市政债券融资和免税债券业务方面比较强。这两个公司都没有正式的金融部，更没有并购部。希尔被挖过来，就是为了让他组建一个并购部。

希尔需要为他的新部门招兵买马，他发现莱文身上有哈佛和斯坦福毕业生身上所不具备的优点。在他看来，那些毕业生自以为是天之骄子，骄傲自满，不太好用。他认为莱文是一个活跃积极、不达目的誓不罢休的人。莱文上的是城市大学，希尔想，如果他上的是哈佛大学或斯坦福大学，他一定会做得更好。莱文身上有一股希尔所称的"综合魅力"。

希尔向莱文巴黎办事处的上司调查了他的情况，他们称他是一个很有进取心、"热切渴望"成功、很有抱负的人。他们说他性格外向，喜欢新的业务，似乎天生善于同客户打交道。他会毫不犹豫地拿起电话同老客户们联络感情，或者和新客户套近乎。他的优点太具有吸引力了。

最后，1979年夏天，希尔满足了莱文的愿望，把他从巴黎调回了纽约，加入了并购部。莱文欣喜若狂，他和威尔吉斯到曼哈顿的一家酒店庆祝。莱文问威尔吉斯："谁请客？你请啊？好的，服务员，来一瓶1971年的大宝庄园。"莱文迫不及待地想炫耀他刚学到的法国高级葡萄酒的知识。当他们举杯庆祝莱文的归来时，莱文把身子靠近威尔吉斯，故弄玄虚地说："我现在可以像大人物一样玩了。"

威尔吉斯问："什么意思？"

莱文说："亏你还是上过哈佛的人，怎么这么不开窍啊。难道你不能猜一猜吗？我给你个提示。欧洲有什么山？"莱文故意停顿了一下，因为威尔吉斯满脸困惑不解的样子。最后，莱文自己把秘密说了出来："鲍勃，我都弄好了，我开了个瑞士银行账户。"

威尔吉斯还是不太明白，他认为只有黑帮大佬才有瑞士银行账户。因此，他问道："那怎么了？"

莱文拒绝再说什么了，他似乎对威尔吉斯的缺乏兴趣感到很失望。他说："如果你还不懂，我就不再多说什么了。"

然而，莱文有一个很明显的不足，就是他的数学运算能力很差。他一开始在并购部门工作，这个问题就凸显出来了。并购工作需要详细计算贴现现金流。对于通常的大宗交易，为了得到准确的价格，必须对企业各个部分的价值进行评估。这种工作大部分都是由并购部的初级员工承担的，但是希尔发现，莱文总是按照固定的方式组织自己的团队，以便其他人总是不得不做计算工作。莱文能说会道，巧舌如簧，在这个刚成立的部门十分抢眼。但是希尔逐渐感觉到莱文是个——用自己的话来说——"牛皮大王"。

希尔悄悄地四处打听，试图弄清楚各项交易都是由谁完成的。在莱文这里，他获悉多数计算工作都是一个名叫艾拉·索克洛夫的哈佛商学院的暑期实习生完成的。同莱文一点不像，索克洛夫十分沉稳，工作认真，极其负责。索克洛夫渴望给人留下好印象，因此很容易被莱文利用。为了完成莱文安排的工作,他常常加班到深夜,有时周末也不休息,但是却从不抱怨。

希尔最终把莱文找来,告诉他,"你别骗我",并告诉他,如果他不掌握基本的数学计算能力,就不能在这个部门得到晋升。

莱文反驳道:"但是我的角色更重要,你说的那种工作任何人都能做。"

希尔坚持说:"丹尼斯,你这是'不会爬就想跑'。你必须付出努力才行,许多专业人士在危机中之所以能够快速反应,聪明决策,就是因为他们在10~15年前付出了心血,废寝忘食地研究过数据。"

但是,莱文基本上对他的劝告置之不理。当年,在核发奖金时,希尔告诉他,他的收入大概是10万美元,其中包括薪水。丹尼斯十分生气,因为这个工资水平在他那一级别的人中并不是最高的。希尔告诉他:"丹尼斯,你这样做可不像一个想学东西的人啊,你似乎认为这个世界上都是傻子,可惜你完全错了。"

莱文向威尔吉斯抱怨说,美邦·哈里斯·厄珀姆公司到处都是一些平庸的白人,对他根本不重视,尤其是他的上司希尔。莱文告诉威尔吉斯:"希尔是个'反犹太分子'。"

威尔吉斯回答说:"那不可能,他只是不太喜欢你。"

莱文似乎对自己的奖金耿耿于怀,他不断找到希尔,问希尔是否会对他进行重新评估,问自己是否能够改正毛病,并找出他不能快速晋升的原因。尽管莱文比部门中其他的人更让希尔费心,但是总体上来看,希尔认为莱文的这种做法还是对的,说明莱文很有进取心。希尔相信,并购这项业务需要有主动性、进取心的人。使他多少有点担心的是,莱文喜欢夸大自己的技能和贡献。

接下来,莱文取得了一个他认为的胜利。当部门其他人都致力于研究数据表时,莱文开始集中精力研究他所谓的"识别机会"。一天下午,他冲进希尔的办公室,手上拿着一些股票行情记录纸,因为他注意到某个公司的股票似乎异乎寻常地活跃。他告诉希尔："我们打电话，让他们加强防守吧，这家公司看起来要被收购了。"

希尔作了一些研究，得出结论——这家公司看起来确实有点儿被低估了，可能会成为被收购的目标。他给该公司打电话，建议它采取一些措施，以应对恶意收购。尽管美邦·哈里斯·厄珀姆公司没有被该公司聘用，但是希尔开始定期同这家公司的高层人士交流，帮助它找出其股价和交易量剧烈波动的原因。后来，果然有人要收购该公司，莱文欣喜若狂。尽管美邦·哈里斯·厄珀姆公司没有受雇去做反收购工作，但是却被聘请研究该报价是否代表了公司的真正价值。这是相对比较轻松的工作。这个工作给美邦·哈里斯·厄珀姆公司挣到了25万美元，这全都归功于莱文的早期发现。

莱文现在认为自己是个利润的中心，他开始不断地关注股市的波动，寻找类似的异常交易，因为这可能是公司兼并的预先征兆。他不断纠缠着希尔，要求获得更多的奖金，并且强调他现在新角色的重要性正在不断提高。

然而，在下一次发奖金时，他还是没有得到同级别中的最高奖金，因此他更加生气了。而且希尔说他没有被提升为副经理，并坦率地告诉他："我很失望，你还没有完全成长为一个真正的投资银行家。"

对莱文来说，这种经历只是增强了他的想法，在公司里如果不采用不同寻常的手段，他永远也不可能实现自己的雄心壮志。正如他经常对威尔吉斯所说的，他认为每个人都是在利用内幕消息获得成功，都在游戏中作弊。他们经常一起吃午饭，或者在中央公园散步。莱文常常借机对威尔吉斯谈起美邦·哈里斯·厄珀姆公司巴黎办事处的秘密，他说那里所有的合伙人几乎都有日内瓦银行的账户，并且常常在周末到瑞士度假。他还声称，就连希尔也同狄龙·里德公司的一个投资银行家交换内幕消息。莱文相信希尔也有一个秘密交易账户。莱文还夸口说："如果我把知道的都说出去的话，希尔就会被搞下台。"不过，他并没有详细说明。（希尔从来没有被指控采用任何方式透露机密信息。）

一天下午，当他们一起散步时，莱文问威尔吉斯能否向他透露一下拉扎德兄弟公司进行的悬而未决交易的信息，这可以帮他识别目标，为美邦·哈里斯·厄珀姆公司招徕业务。他继续说，或者他可以用这些信息在瑞士的账户里交易，不会被发现的。只要莱文所在的公司没有牵涉进去，就不会有人怀疑莱文预先获得了交易信息。他停顿了一下，看了看威尔吉斯的反应，然后继续说："你也可以利用我从美邦·哈里斯·厄珀姆公司获得的信息进行交易，这很容易的。你所需要的就是建立一个账户。你可以变富，然后离开华尔街。你可以去尼泊尔，当一个和尚，这不正是你想要的吗？"

现在，莱文关于瑞士账户的所有暗示全都水落石出了。在某种程度上，威尔吉斯已经明白了是怎么回事，但是现在他不愿意再琢磨这些了，他问莱文是否利用内幕消息在瑞士账户做交易。莱文点了点头，盯着威尔吉斯的眼睛，然后继续说，在从巴黎回来之前，他刚刚用不到4万美元在日内瓦的百达银行（Pictet & Cie）开了一个账户。从那以后，他用这个账户在美邦·哈里斯·厄珀姆公司做了四次交易，不过数目都很小，以免引起注意。尽管如此，他账户里的钱已经增加到了10万美元。

威尔吉斯有点担心。他知道，在拉扎德兄弟公司和美邦·哈里斯·厄珀姆公司，员工如果开设经纪人账户而没有告诉公司，会被解雇的。只有公开账户才能受到有关部门的监管。因此，毫无疑问，内幕交易是违法的。威尔吉斯说："丹尼斯，这是非法的，我很害怕。"

不过，莱文还是精明地认识到把秘密透露给威尔吉斯不会有什么风险，反而会让威尔吉斯觉得和你更亲近了：你把这种足以毁灭自己的秘密都告诉了他，说明你很信任他。现在，莱文的命运就掌握在威尔吉斯的手中，威尔吉斯感觉受宠若惊。再者，另一种想法也在威尔吉斯的头脑中挥之不去。不论是原来的布莱斯、花旗银行，还是现在的拉扎德公司，他都不喜欢。也许，他真的可以像朋友所建议的那样变富，然后永远离开华尔街。

在一次散步时，威尔吉斯问起了莱文的交易收益。他问："你不公开交易怎么缴税呢？"

莱文很高兴地意识到，威尔吉斯已经上钩了。威尔吉斯的思想已经从这种方案的道德问题上转移到了被抓住的风险上。

莱文大声说："你这个傻瓜！你根本就不用缴税，这就是诱人的地方，你所需要的就是开一个账户。我给你详细解释一下吧。"然后，他就仔细地把整个程序讲了一遍，如何开设空壳公司，如何进行匿名交易，以及加勒比海地区银行的保密规定等。许多瑞士银行都在这里开设分支机构，因此，它们也遵循瑞士的保密法。

这似乎都很容易。一连几个星期，威尔吉斯满脑子里都是莱文的建议。他在为自己找借口。他认为，确实如此，华尔街上的每个人似乎都在利用内幕消息为自己牟取私利，这又有什么真正的伤害呢？难道他每天在做的"合法工作"，不就是为了让那些投资银行家中饱私囊，而很少或者根本就没有考虑过社会效益吗？

莱文的方案似乎天衣无缝。他的交易是匿名的，而且他也不做任何能够直接追踪到他或者他公司的交易。当然，威尔吉斯必须信任莱文，但是莱文难道不信任他吗？一旦他们一起实施这个方案，他们的命运就被拴在了一起，只能荣辱与共、同舟共济。在不断地掂量风险和回报之后，威尔吉斯发现，风险似乎可以忽略不计。1979年11月，威尔吉斯劝说埃尔莎到巴哈马度假。她更喜欢到迈阿密去，因为那里聚集了大量的古巴移民。威尔吉斯把所有的存款，共计4万美元，全都取了出来，然后塞到一个手提箱中，乘飞机抵达拿骚。他们在巴哈马待的几天，天气一直很恶劣。

如果这趟家庭度假的旅行是个失败的话，其真正的使命却很容易就完成了。威尔吉斯严格遵照莱文的指示，注册了一个巴哈马的公司，起名为鲁珀尔。他用了一个化名，自称为"格林先生"。公司的主管和董事会成员都是威尔吉斯任命的，注册资金就是他带去的4万美元现金。他走访了三家瑞士大银行的办事处，最后在瑞士信贷银行开设了账户。没有一个人对他的安排表示怀疑。到度假结束时，威尔吉斯也安排好了一切，用莱文的话来说，就是"准备就绪了"。

威尔吉斯在拉扎德兄弟公司的国际部工作，对公司金融或者并购业务很少关注过。现在，他开始同其他的投资银行家建立联系，倾听他们的谈话，然后把听到的一切消息转告给莱文。反过来，莱文也把美邦·哈里斯·厄珀姆公司的消息转告给威尔吉斯。

威尔吉斯最初十分紧张不安，害怕这种方案的薄弱环节，就是他同莱文的关系可能被发现。因此，莱文建议他们用暗语联络，打电话或者留言时用化名。威尔吉斯成了"艾伦·达比"，有时莱文也用这个名字，或者用"迈克·施瓦茨"。用暗语很有趣，使他们的内幕交易蒙上了一层恶作剧的色彩。他们在谈话中大量使用暗语，足以让任何人听到都会感觉很滑稽可笑。

莱文用"达比先生"的化名给威尔吉斯打电话，他说："你好，鲍勃，我们来谈谈公司业务吧。"公司业务指的就是交易方案。"我在慢慢吃珠宝"意味着莱文正在一点点买进珠宝公司的股票。"达信（Textron）看起来很不错"意味着威尔吉斯应该多注意那方面的情况，并且多给莱文收集点额外的信息。

一些暗语还展示了他们一定的聪明才智。证券交易委员会执法处的负责人约翰·费德斯被称为"空调"，因为他的姓与"空调"发音接近；莱文的仇敌希尔被称为"三根棍儿"，因为他自命不凡地在自己的名字后面加了个罗马数字"III"，而这个字看起来就很像三根棍儿。

拉扎德公司比美邦·哈里斯·厄珀姆公司的并购业务更加活跃。现在，莱文再三地尝试到那里工作。威尔吉斯尽最大努力帮助他，甚至帮着他模拟面试。尽管莱文被拉扎德公司面试了几次，但是没有人对他感兴趣。这种拒绝只是增强了他利用该公司信息进行交易的欲望。他告诉威尔吉斯:"他们看不起我,我要让他们大出血。"

莱文对威尔吉斯提供的信息量很不满意。1980年5月,他给威尔吉斯打电话,在说了一番暗语之后,他提到"沃利说拉扎德公司很忙"。威尔吉斯大吃一惊。当年早些时候,莱文向他透露说他正在沃切尔律师事务所培养一个线人。莱文常常吹嘘说他和威尔吉斯的关系才刚刚开始,他设想组建一个信息网络,参与者要包括主要投资银行的业务员,以及至少两家从事兼并业务的大律师事务所的人员。这两家律师事务所是沃切尔和世达律师事务所。莱文推想,信息来源越是五花八门,他们的内幕交易就越不可能模式化,他们挣的钱也就越多。

威尔吉斯想知道"沃利"是否已经被莱文拉下了水,但是他明白这种事情不能在电话中问。莱文继续说:"我们要忙起来了。"他既然已经知道拉扎德公司正在操作一项业务,就想让威尔吉斯去弄清楚此项业务是什么。他甚至威逼威尔吉斯闯到拉扎德的办公室去翻文件,他说:"这很容易,翻翻办公桌就行了。"

威尔吉斯听到后吓得浑身发抖。他坚持说:"我不能做这事,太危险了。"

莱文不耐烦地说:"那我自己做了,我今晚到你的办公室去。"

当天晚上8点,莱文来了。这是一个周五的晚上,拉扎德公司空无一人。莱文似乎很轻松,他开始搜索办公室,翻看桌子上的文件,打开办公桌的抽屉和文件,检查工作日志。他甚至还在合伙人路易斯·帕穆特的办公室里欣赏了一会儿他的古巴雪茄烟。

当莱文在办公室里搜寻时,威尔吉斯被派到门口放风,他焦虑地看着入口处,吓得浑身颤抖。如果有人进来了,他怎么解释呢?突然,他听到门上有动静,看到把手被扭动了,他的心怦怦直跳。他小声喊道"丹尼斯",想给莱文发个警报。但是,进来的只是一个清洁工,她从他们身边走过,根本没有留意他们。

最后,莱文找到了他想要的东西:一份关于埃尔夫阿奎坦公司(Elf

Aquitaine)收购克尔·麦吉公司(Kerr-McGee)公司的文件草案。埃尔夫阿奎坦公司是一家法国的石油巨头,克尔·麦吉公司也是一家大石油公司。如果交易成功了,这将是有史以来最大的收购案,也给利用内幕交易的人提供了获取巨大利润的机会。莱文迅速将文件复印了一份,然后把它放回原处。莱文笑着说:"看吧,就这么容易。"说着,他就和威尔吉斯一起走出办公室过周末去了。

莱文对他在拉扎德公司的收获十分兴奋。除了获得埃尔夫阿奎坦公司的收购文件,他还发现并复印了该公司的座位图,图上标注了拉扎德公司每个投资银行家的具体座位。现在,只要"沃利"稍稍提示一下拉扎德公司的某位业务员在从事一项秘密的交易,他就能准确地找到那个人的办公桌,从而找到有关收购目标和收购者的文件,并最大限度地缩短窃取的时间。莱文相信,他就要把"沃利"完全争取过来了。

伊兰·赖克匆忙穿过曼哈顿的大陆军广场(Grand Army Plaza)。广场饭店前面的广场上热闹非凡,到处都是周六出来购物的人。赖克在广场酒店的彩旗下面站定,热风迎面扑来。尽管才3月底,但是风已经有些热了。

赖克焦虑地走来走去,不知道自己这样做会带来什么结果。他是沃切尔律师事务所的律师,到这里工作还不到一年,但是他的薪水已经超过4万美元,几乎比纽约其他和他资历相同的人挣的钱都要多。他为什么要拿自己的事业来冒险呢?他还没有来得及细想,莱文已经来了。莱文满脸是笑,一个劲儿地要他放心,甚至还询问了里克的家庭情况。

两个人穿过第59大街,走进中央公园,走到一个小湖边,在长凳上坐下。面前是一个滑冰场,人们正在那里滑冰。远处是若隐若现的酒店,周围的树木和草丛刚刚变绿。

赖克前几天在电话里已经向莱文许诺提供一个内幕消息,但是现在莱文并没有催促他。莱文只是向赖克保证,该方案万无一失,并且在利用赖克提供的消息进行交易时,所用的账户绝对不会出现赖克的名字。他给了赖克2万美元,说他会采用他自己正在使用的交易策略。无论何时赖克需要现金,只要给莱文说一声,莱文就会把钱送过去。

赖克似乎已经被说服了。他告诉了莱文一个秘密收购计划:有人要收购美国的大石油公司克尔·麦吉。赖克并没有参与该项目,但是该交易的规模十分巨大,在沃切尔律师事务所引起了极大的关注和议论。它将成为第一起高达10亿美元的恶意收购。沃切尔律师事务所正在同拉扎德公司合作,后者被埃尔夫阿奎坦公司聘用来研究收购克尔·麦吉公司的可能性。现在,这项交易似乎正在进行之中。赖克认为莱文听到这个消息会欣喜若狂。

但是赖克错了,莱文听到这个消息后,心平气和地把胳膊放在了长椅上,身子朝赖克靠了靠,然后面带微笑地看着赖克,轻轻地说:"我知道。"他滔滔不绝地把从拉扎德公司偷来的文件中的信息说了出来,以证明他比赖克所掌握的信息还要多。

赖克十分吃惊,他心想,莱文说每个人都在传播内幕消息,看来他是对的。莱文接着对赖克说,赖克提供的关于克尔·麦吉公司的消息确实对他们很有用,但是他必须做得更好些。他要谨慎小心,但是要尽量努力获取一些没有被传播的内幕消息。

莱文的手段很高超。当莱文离开公园时,赖克发誓说,他要证明给自己的新伙伴看。他下次要带来更多、更有用的信息。一旦赖克下定决心做什么事,他几乎总能做到。

赖克一直都是个争强好胜的人,不断努力以超过他的哥哥耶隆·赖克。例如,哥伦比亚大学的法学评论就是一个例子。耶隆比伊兰大一岁半,当他在哥伦比亚法学院学习时,因为一年级的成绩优秀而被选为著名的《法律评论》的编辑。伊兰的成绩也很好,但是比不上耶隆,因此他参加了为那些没有因成绩而入选的学生组织的写作竞赛。但是,他还是没有被选中。一年后,他上二年级时,经过艰苦努力,他再次参加写作比赛。在耶隆的帮助下，他终于被选上了。

同威尔吉斯一样，伊兰·赖克也是出生于一个正统的犹太人家庭。他的父亲出生于波兰，第二次世界大战前移民到了以色列，1950年又移民到了美国，职业是一名验光师；他的母亲是一位哲学博士，在城市大学教英文，全家都在中产阶级犹太人聚集的布鲁克林区的米德伍德过着舒适的生活。赖克中小学上的都是正统的犹太学校，每天有半天是学习宗教。宗教和学习成绩是犹太家庭最为重视的。

赖克不善于交际。在哥伦比亚大学读书期间，他交友很少，周末都在家中度过。他学习很努力，基本上没有时间参加课外活动。大一之后，他交的女朋友和他分手了，他非常痛苦，甚至想自杀，因此不得不去看心理医生。他同家人逐渐疏远了，也抛弃了正统的犹太人价值观，但是却没有找到任何明确的可以替代的东西。

当赖克第一次遇到莱文时，他刚刚到沃切尔律师事务所工作。1979年10月，他在该事务所工作还不到一个月的时间，就被安排接手一项水泥公司的收购工作，这是一起互惠收购，收购方为另一家水泥公司。这种并购案的工作程序都是例行性的。沃切尔代表收购方的投资银行，美邦·哈里斯·厄珀姆公司。在谈判休息的间隙，赖克注意到美邦·哈里斯·厄珀姆公司的一个人不断地同一起工作的十多位律师和业务员握手、聊天，似乎他认识每一个人。最后，他来到了赖克的面前，说道："你好，我是丹尼斯·莱文。"

几个月后，也就是1980年3月，赖克接到了一个电话，奇怪地发现是莱文打来的。莱文在电话中邀请说："你好，伊兰，我是丹尼斯·莱文，我想请你吃午饭。"赖克感觉受宠若惊，因为还从来没有人邀请他吃过午饭呢。

赖克这顿饭吃得很高兴，他喜欢讨论交易，而莱文似乎在洗耳恭听，并不时称赞他对并购工作判断准确，聪明敏锐。莱文跟赖克谈自己的家庭背景、自己的妻子和在美邦·哈里斯·厄珀姆公司受到的挫折。

莱文的话引起了赖克的共鸣，赖克刚刚结婚，他理解莱文的家庭背景，而且他在沃切尔律师事务所也常常感觉备受打击，不被赏识。

莱文告诉了赖克他的雄心壮志：他计划迅速赚到1,000万~2,000万美元，然后开设自己的公司，也许能够成为企业的狙击手，专门从事强行收购业务。然后，他将雇用像赖克一样的律师和像他自己一样的投资银行家为他工作。

赖克问道："你怎么才能挣到这么多钱呢？"

莱文向前靠了靠说："信息可以挣到许多钱，看看那些套利人，他们就在利用信息进行交易。再看看那些投资银行家，每个人都在这么做。"他停顿了一下，然后继续说："沃切尔真是一个情报交换所，那里有许多很有价值的信息。如果你同我一起分享的话，你就可以挣到很多钱。"

莱文说话的语调突然变了，赖克严肃地看着莱文。他知道莱文想要的是什么，他也知道这是犯罪活动。他不太认真地反对说，他在律师事务所的资历太浅，接触不到太多莱文所需要的信息。他希望莱文放弃这个话题，他不想失去他这个新朋友。但是莱文坚持说赖克很有价值，而且这个方案几乎没有什么风险。

赖克最后让步了，说："让我考虑考虑吧。"

莱文常常给赖克打电话，向他保证自己知道瑞士银行的保密规定，以及通过外国代理人账户进行匿名交易的技巧。赖克仍然反对，因为他知道即使是代理人账户，至少有一张纸上也要填写真实户名。莱文听到这点后，主动表示愿意用自己的名字给赖克开设一个账户。后来，他们又在一起吃了次午饭，饭间，莱文不断奉承赖克的交易能力。他又反复强调"每个人都在这么做"，并且还不断利用他拉拢威尔吉斯时说过的话，称希尔就在利用其他人透露的信息进行内幕交易。莱文声称："我翻过他的桌子，找到了几本希尔的交易记录，这可以证明这一点。"

那一周的最后一两天，赖克听说了埃尔夫阿奎坦公司收购克尔·

麦吉公司的计划。他给莱文打电话说:"我得到了一个你会感兴趣的东西。"莱文提醒他不要在电话中多说什么。莱文在分析了威尔吉斯和赖克的信息后,认为自己可以很有把握地下赌注了,因此购买了克尔·麦吉公司的股票。具有讽刺意味的是,法国政府不同意埃尔夫阿奎坦公司这么大规模地恶意收购一个美国公司,因此兼并没有成功,于是克尔·麦吉公司的股票开始下跌,莱文不得不忍痛割肉,抛售股票。整个事情使赖克感到更加焦虑不安,他感觉必须做点事情弥补莱文的损失。

莱文利用百达银行的账户进行了其他交易,尽管数量都很少,但是全都和并购活动明显相关。就在莱文和赖克在中央公园见面之后不久,百达银行审查了他的交易活动,发现交易的模式十分明显:总是正好在并购案宣布之前买进股票。因此,银行命令莱文停止交易,并且注销账户。但是银行没有把自己的怀疑上报有关当局,而莱文也毫不费力就把账户上的资金转走了。

1980年的美国阵亡将士纪念日,莱文飞到了巴哈马。就像他建议威尔吉斯所做的那样,他也走访了除瑞士信贷之外的几家银行,理由很明显,他不想让任何人把他和威尔吉斯的交易进行对比。最后,他选择了瑞士最古老的银行——罗伊银行(Bank Leu International),该银行最近才开始拓展国际业务,热切渴望向从事美国证券交易的外国富豪提供服务。

莱文仔细推敲了他的计划。他礼貌而又坚定地告诉银行的工作人员,他要通过对方付费电话下达交易指示。他要用"戴蒙德先生"(Diamond,钻石)的化名进行交易(戴蒙德是他母亲的姓氏),并且这个账户只能用这个化名开立。他想要银行快速、高效地执行指示,而且要把这些指示传达给不同的经纪人。他只希望通过当面或者对方付费电话同银行联系,除此之外,不同银行进行其他联系。所有的交易记录和账单必须保存在银行里。银行会接受这些条件吗?

当然,银行接受了。然后,莱文填写了一份开户申请表,上面填写了他的真实姓名和地址——东57街225号，以及职业——银行业务员，代理人是他的父亲。最后，他签上自己的真实名字，并在申请表上附上了一张护照相片的复印件，以便他取现时银行职员辨认他。即使按照瑞士的银行标准，莱文对个人隐私的要求也似乎有点极端了。在莱文开户后，罗伊银行的一位管理人员让·皮埃尔·弗雷斯在他的资料上写了一份备忘录，指出"戴蒙德先生"似乎对"安全问题过于关注"，因此要密切关注他账户里的交易。几天后，莱文将12.89万美元的资金分两次转入他在罗伊银行的账户上。其中只有一半是他在百达银行注销账户里的资金，这也说明他之前通过内幕交易获得的利益还不算丰厚；另外的6万美元来自他的父亲菲利普，他父亲把这些钱从床下取出来，以"贷款"的形式贷给了儿子。

莱文的第一笔大交易在几个月后出现了。赖克渴望着在莱文心中重塑自己，于是向他透露了一项肯定会发生的交易，这是一项互惠交易，要在9月进行。沃切尔的一个客户杰斐逊国民人寿保险公司（Jefferson National Life Insurance）要被一家更大的保险公司收购。莱文记住了这个消息，然后在9月24日，他几乎取出了罗伊银行账户里所有的资金，购买了杰斐逊公司的8,000股股票。正如赖克所预料的，两天后，收购方案正式发布，杰斐逊公司的股价猛涨，莱文立即清仓，一下子就赚到了15万美元以上。

这些交易并没有干扰莱文在美邦·哈里斯·厄珀姆公司的本职工作。他不断缠着希尔给他安排更多的并购交易，最后，希尔把公司的一个老客户泰勒公司（Tyler Corporation）收购信实环球公司（Reliance Universal Inc.）的业务交给了他。莱文完全无视公司的规定，在交易被宣布的前一周，也就是1981年4月7日，明目张胆地购买了信实公司的5,000股股票。在这宗交易中，他获利4.5万美元。

赖克迅速成为莱文最有价值的消息源，他不断向莱文提供可靠的信息，总是不断打电话请莱文吃午饭。有时，他们会在餐馆见面；有时，他们手里拿着比萨饼，沿着市中心繁忙的人行道边吃边谈。莱文喜欢这种安排，当他在进行私自交易时，他感觉毫无限制，可以自由购买。他的获利不断增加，他也把大多数这种信息透露给了威尔吉斯。

不过，赖克仍然举棋不定。有一次，莱文邀请他到自己家中参加聚会，还说参与该"游戏"的其他人也会参加。赖克听到后十分生气，他说他不想认识其他人，也不想让他们认识他。他担心莱文会变得粗心大意。在此之前，他已经从他们关于收购的谈话中认识到，他的这个伙伴并不怎么聪明。

莱文感觉赖克很不情愿，他试图把赖克往这个阴谋中拉得更深一些。他鼓励赖克自己建立一个交易账户，并且催促他把账户中积累的利润取走。有一次，莱文告诉威尔吉斯，他打算取出一捆百元钞票，在同赖克吃午饭时塞给他。

莱文想让赖克见识一下现钞，以鼓励和刺激他一下。

赖克继续抵制着，但是莱文对他的依赖越来越小了。1981年夏天，莱文在拉拢同伙方面取得了更大的进展。艾拉·索克洛夫是一位有很进取心的年轻业务员，曾经在美邦·哈里斯·厄珀姆公司做过暑期实习生，并在莱文手下工作过。现在，他已经从哈佛毕业，进入雷曼兄弟·库恩·洛布公司工作。该公司在并购领域比较活跃。莱文故伎重演，也邀请他一起吃午饭。

他使出了拉拢赖克和威尔吉斯时的手段。莱文强调"每个人"都在利用内幕消息进行交易，而且他的交易方案滴水不漏，绝对安全。他向索克洛夫提供了同赖克一样的交易安排。索克洛夫提供信息，莱文处理交易，然后两人共同获利。索克洛夫对雷曼公司分派工作的制度十分厌倦，而且他从在莱文手下做实习生时就对他很尊重，因此他是莱文最容易争取的"皈依者"，很乐意同莱文合作，并开始向他提供信息。

有一次吃饭时，索克洛夫向莱文汇报说，他有一个好朋友是位律师，在高盛公司的抵押贷款部工作，他想把他也拉拢过来。莱文听到要在高盛公司发展线人，激动不已。他向索克洛夫许诺说，给他的这位朋友也分一份利润，但是告诫他不要泄露这位朋友的身份，甚至连他也不要泄露。索克洛夫这位朋友的代号是"戈尔迪"。戈尔迪将会证明是一个更有成效的消息源，大肆从高盛公司内部搜寻信息，发现可能的并购线索。莱文借此嘲笑威尔吉斯，并指出他们圈子中的其他成员是在多么有成效地努力工作。莱文向威尔吉斯说："雷曼的那位兄弟真是太棒了！他忠诚奉献，坚守承诺，工作努力。"接着又讽刺了一句："不像你啊。"

1981年晚些时候，莱文实现了向往已久的职业突破。

雷曼兄弟公司并购部的负责人埃里克·格里切（Eric Gleacher）正要面试莱文，他看了一眼莱文的简历，多少有点儿高兴地发现莱文不是常青藤的热门人物。格里切是一个为人热情、工作努力的银行家，毕业于西伊利诺伊大学。

莱文前来面试时，身穿高档的黑色条纹西装（按照威尔吉斯的指导）。面试中，他直截了当地说："我想到一个比美邦·哈里斯·厄珀姆更好的公司工作。美邦是一个二流公司，而雷曼兄弟却是一家很有影响力的大公司。我一直都想从事并购业务，但是从未找到过这样的工作。"格里切又看了一眼简历，注意到他几乎模式化的犹太人城市生活背景。莱文继续说："我去花旗银行只是为了获得进入华尔街的通行证。"

莱文的坦率给格里切留下了深刻的印象。雷曼兄弟有一个传统，那就是在用人方面不拘一格，该公司也因为甘愿冒险而自豪。例如，格里切曾经招聘过《纽约时报》的记者斯蒂文·拉特纳。在格里切看来，拉特纳毫无投资银行的工作经历，但是最后却成了一颗闪耀的明星。雷曼兄弟公司在雇用格里切时就是一个冒险，因为他并不是从商学院毕业的。

雷曼兄弟公司急于扩充并购部。莱文至少还有一些经验，而且是索克洛夫推荐的。雷曼兄弟公司打算先让他试用一段时间，给他开出了最低的薪水，年薪不到5万美元。如果他表现优秀的话，可以再给他多发些奖金；如果不行的话，他至少也可以做些常规的工作。格里切没有觉得这种安排有什么不妥之处。然而经过格里切面试之后，莱文还接受了该部门其他几个人的面试。最后，格里切提议让他担任副经理一职，这是他在美邦·哈里斯·厄珀姆公司梦寐以求却未能得到的。莱文迫不及待地接受了这个职位。

他立即把换工作的消息告诉了威尔吉斯。他不担心与索克洛夫在一个公司工作有什么问题，他们仍然需要索克洛夫去接触莱文所不能参与的工作。他告诉威尔吉斯说，他要"给希尔难堪"，一想到这一点他就心花怒放。当最后摊牌时，他让步了，因为他知道，并购是个很小的圈子，对任何人都不能过河拆桥。他来到希尔的办公室，坐下来，然后简单地说他要辞职，要到雷曼兄弟公司工作。希尔对此既不吃惊也不关心。在他们之前就莱文的奖金进行过坦率的交谈之后，希尔并不真的希望莱文继续留任。他没有提出挽留莱文，只是祝他以后顺利。

几周之前的10月30日，莱文刚刚去了一趟巴哈马，飞机票是由美邦·哈里斯·厄珀姆公司报销的。他在巴拿马开立了一个代理人公司"戴蒙德控股公司"，并且以该公司的名义在罗伊银行又开了一个账户，保密要求比第一次的还要严格。从表面上，根本看不出莱文是该公司的受益人。他把自己个人账户中不断增加的资金转移到了这个新公司的账户中。他也趁机取出了3万美元的现金，都是百元的大钞，并把这些钱塞到一个塑料购物袋中带回了美国。他随身带着这些钱，到饭店吃饭、购物、打车和买礼物。这些钱似乎给了他信心。他告诉威尔吉斯，这是他的"零花钱"。

格里切喜欢捉弄新员工。在莱文到雷曼公司上班之后不久，格里切把他喊到自己的办公室里，说公司的一个客户打算进行一次有史以来最大的收购活动。莱文从来没有听说过收购目标。格里切想让莱文找到一个类似的收购案例。莱文困惑不解，他在办公室里跑来跑去，疯狂地寻求帮助。突然，格里切出现在办公室的门口。他对手下人要求很严格，有军人的气概，因而被称为"上校"。他看了看手表，然后大声说："你还有30分钟，丹尼斯。你必须完成这项工作，这很关键。"

半个小时后，莱文满脸通红、汗流浃背，看起来有点垂头丧气。他向格里切汇报说，他没能找到类似的案例，甚至没有识别出目标公司或者它的业务范围。当他向格里切汇报时，几个投资银行家悄悄地聚集到了格里切的办公室门外。格里切大喊道："真的吗，莱文？这点事你都不会做吗？"

听到这句话，在门口旁听的同事们突然哈哈大笑起来，其中声音最大的是彼得·所罗门，他是雷曼公司的合伙人，他的办公室就在莱文的隔壁。原来这项所谓的收购案是格里切编造出来的。

莱文同其他人一起笑了笑，只是向威尔吉斯抱怨了一番。仅仅几个月后，莱文就成了雷曼公司并购部的"小丑"。格里切得出结论：莱文在传统的投资银行业务上根本不行，他的分析能力很差，不会从复杂的交易中归纳出整体结构，甚至缺乏组织能力。他的缺陷甚至比在美邦·哈里斯·厄珀姆公司更突出。而这里的交易常常都更大，也更频繁。

在雷曼公司，年轻的业务员要靠资历较老者分配工作。办公室里的许多人常常是傲慢自大，老练世故。而莱文与他们不同，他和蔼可亲，经常讲些黄色笑话，渴望获得大家的喜爱，因此他带来了一股新鲜的空气，很受大家欢迎，有几个同事称他为"Bubeleh"，这是犹太人常用的意第绪语中的一个词，意思相当于英语中的"Sweetie-pie"（意为开心果）。他不断地跑来跑去，给其他的同事冲咖啡或者苏打水。虽然很受欢迎，但还是没有人给他安排工作。

在莱文到雷曼公司上班四个月后，有个消息开始流传：雷曼要从另一个公司挖来一个并购部的主管作为公司的合伙人，而这个人正是汤姆·希尔。莱文听到这个消息后,气急败坏,抓起桌子上的一个笔记本使劲摔到了墙上。当天晚上,他和威尔吉斯说起这事时,仍然怒气冲冲。他发誓要"毁"了希尔。

希尔对莱文的印象仍然不好,他从来不让莱文参加他的任何交易。但是,他很器重索克洛夫,并告诫他要注意同莱文的关系。索克洛夫反过来却提醒莱文要"小心"希尔。

接着,赖克来解救莱文了。1982年8月初的一天,他打电话给莱文,邀请他一起吃午饭,这就说明他又有信息了。他们见面后,赖克向莱文解释说,沃切尔公司将要代表一个私人投资集团——戴森·基斯纳·莫兰公司(Dyson-Kissner-Moran Corporation),收购位于西雅图的克莱顿公司(Criton Corporation)。

莱文迅速跑回公司,直接找到了格里切,似乎就要爆炸一样。他告诉格里切,他从股市行情记录带上发现,克莱顿公司的股票十分活跃,这说明有人即将对它发起收购风暴。格里切对此表示怀疑,雷曼公司的其他人都还没有听说这个消息。克莱顿公司的交易量是要比以前大,但是还没有到非常惊人的程度。莱文坚持说:"我们必须着手应对,肯定会有收购的。"格里切耸了耸肩,告诉莱文继续关注下去,并且自己也会同克莱顿公司进行联系。

使格里切大吃一惊的是,莱文凯旋而归。克莱顿公司正要派遣自己的总法律顾问到纽约去约见投资银行,商讨可能的应对措施。莱文给公司联系成了一桩业务。

现在,格里切要认真对待此事了。他与克莱顿公司的总法律顾问见了面,接下了这项业务。格里切、莱文以及索克洛夫三人负责处理这项交易,其中索克洛夫负责估算工作。三人一同飞到了西雅图,去见该公司的董事长。后来,格里切还单独会见了收购方的负责人约翰·莫兰。利用雷曼公司的估算,格里切想法使对方大大地提高了报价,达到了每股46美元。克莱顿公司对这个价格很满意,就同意了收购。交易就此公布。仅仅一天的时间，雷曼公司就得到了250万美元的投资银行服务费，这都直接来自莱文的消息。

突然之间，莱文从一个小丑变成了英雄。格里切专门给莱文配备了一台电脑终端机，这样他就可以随时查看众多股票的交易情况。他可以立即得到股市的信息，不用再麻烦地去看记录纸了。莱文的电话线也增加到了30英尺长，这样他在打电话时可以到处走动，拓宽了他的套利人圈子和交易情报的其他潜在来源。莱文也不用再从事他所憎恨的分析工作，从而可以利用时间去开拓新客户。这也招致了与他资历相当的同事对他的嫉恨，但是莱文却从来没有这么高兴过。他正在投资银行业开拓一种新的机会：利用信息招徕客户。

莱文从克莱顿公司的交易中还有其他收获。在距交易被宣布之前一周的8月17日，甚至在劝说格里切争取克莱顿公司这个客户之前，莱文就买进了该公司的2.7万股股票，从中获利212,628美元，这是他赚得最多的一次。

莱文很快就领会到了克莱顿公司一案的成功含义。他告诉威尔吉斯，"游戏"的绝妙在于它可以取得双赢：一方面，他可以自己利用信息进行交易；另一方面，他还可以给雷曼公司带来利润。

莱文的明星地位依赖于他的信息圈子，然而伴随而来的也有问题。赖克是第一个动摇者，他在惊恐和悔恨中受尽了折磨。

接着，赖克在公司里又受到了一次震动。1981年9月初一个星期三的早上，沃切尔律师事务所召开了一次全体会议，宣布了一项令人震惊的决定：该事务所37岁的合伙人卡罗·弗洛伦蒂诺因涉嫌内幕交易被逮捕了，同时也被该事务所开除了。弗洛伦蒂诺在赫顿银行用自己的名字开设了一个账户，利用在事务所获得的信息进行交易，非法获利高达60万美元。

赖克知道，他和莱文的安排比这要复杂很多，但是这个消息仍然使他十分恐惧。他决定停止向莱文传递信息，他甚至还故意误导了莱文两次，希望他因损失很多而停手。在一次吃饭时，赖克讽刺莱文说："这可能没有什么风险，但是也可能会徒劳无功。"不过，莱文不想停手，他向赖克保证，他们要吸取教训，再接再厉。赖克只好尽量不给他打电话。终于，1982年8月，赖克向莱文摊牌，他想退出，而且以前莱文硬塞给他的钱也全都不要了。但是，他向莱文保证，会继续和他做朋友的。

莱文向威尔吉斯抱怨说："你相信吗？沃利要退出！"

威尔吉斯建议："不要强迫他，随他去吧。"赖克和莱文继续一起吃午饭，但是他们俩之间的信息交流没有了。

不久之后，莱文自己也被吓了一跳。那年的夏天，罗伊银行的让·皮埃尔·弗雷斯告诉莱文，银行的经纪人收到了美国证券交易委员会的质询书，要求查询"戴蒙德先生"账户的股票交易情况。莱文对这种质询毫不在意，认为这只是例行检查。弗雷斯感觉"戴蒙德先生"许多股票的购买时间十分怪异，但是他并没有去干涉他。现在，他建议"戴蒙德先生"把交易的速度放慢一些，购买的范围扩大一些，至少暂时要这样做。莱文对这些建议置之不理，他相信账户的保密性十分严格。此后不久，他就大量购买克莱顿公司的股票，并从中大赚了一笔。

威尔吉斯的开户银行瑞士信贷也从经纪人那里得到消息，美国证券交易委员会对威尔吉斯的交易也持怀疑态度，并下发了质询书。银行通知了威尔吉斯，威尔吉斯又把这个消息告诉了莱文。莱文说："让他们造假，这都是例行检查。"但是，瑞士信贷银行没有无动于衷，也不像罗伊银行那样好说话。该银行巴哈马分行的董事长约瑟夫·莫格给威尔吉斯打电话，告诉他银行建议他放弃保密权。听到这个建议，威尔吉斯吓坏了。他说他要到巴哈马银行去见银行的负责人。

莫格是一个传统的瑞士银行家，身材高大，冷酷严厉。他是巴哈马银行的负责人。当威尔吉斯来找他时，他把威尔吉斯的交易记录放在了面前的桌子上。

他严厉地说："你是在雷曼兄弟公司工作？"威尔吉斯的股票交易同

雷曼公司的相互关系十分明显。

威尔吉斯闷闷不乐地回答："不是。"

莫格停了一下说："那可真是奇怪。你所有的交易并不怎么样啊，是吧？"确实，威尔吉斯利用内幕消息进行交易的能力很差，最后总是赔钱，只有很少一部分投资赢利。莫格把资料合了起来，然后看着威尔吉斯说："你到别处开户吧。"

威尔吉斯惊恐万分。他取出4万美元的现金，并让银行把剩余的钱电汇给自己。他不想再和瑞士银行有任何牵连了。整个方案都很疯狂，他是在拿自己的事业、声誉冒险。如果把这些钱投入债券中，他可以赚到同样多的钱，债券的回报率高达16%。他有妻子和两个孩子，他不想整日活在恐惧和焦虑之中。他也决定向莱文摊牌。

回到纽约后，他给莱文打电话，并罕见地到莱文的办公室去找他。他匆忙地走进莱文的办公室，满脸焦虑不安，然后关上门，坐了下来。"完了，丹尼斯，糟透了。这是违法的，我真不适合干这事。"说着，他的眼泪几乎都快要流下来了。

莱文很平静，他说："鲍勃，这太糟糕了。这种游戏对我很顺利啊，到现在我已经赚到100万美元了。我可是实现了自己的梦想啊。"莱文把身子向办公桌靠了靠，然后问道："你在拉扎德公司怎么样，他们对你好吗？"当然，莱文知道问题的答案。威尔吉斯在公司里很不受欢迎，他在国际部工作，而公司最赚钱的却是金融部和并购部。他的自尊在一点点地减少。

莱文继续说道："这个游戏很有意思，鲍勃，也很容易啊。政府很愚蠢，里面都是一些没有脑子的人。他们只会虚张声势，自欺欺人。"莱文估计自己的话对威尔吉斯产生了影响，因此他把身子又靠了回去，拉开了办公桌的抽屉，从里面取出一个小本子扔给了威尔吉斯，并且说道："到开曼群岛去。"

这是一本简明的飞机时刻表，威尔吉斯看了看它，又看了看莱文。

他们的关系已经发生了改变。莱文现在似乎镇定自若，非常自信，而威尔吉斯似乎需要他的点拨。

一周后，威尔吉斯飞到了开曼群岛，他在加拿大丰业银行（Bank of Nova Scotia）开了一个新账户，用的还是"鲁珀尔公司"这个化名，并在账户中存入了8.6万美元的现金。

3. 套利人的游戏

中央公园和哥伦比亚大道之间的西67街是曼哈顿最漂亮的街区，两边是修剪整齐的树木和草坪。这条街上有一家纽约的老字号餐馆，名叫艺人餐馆（Café des Artistes）。1976年的一天，伊万·布斯基来到这家餐厅见一位年轻的华尔街交易员，此人名叫约翰·穆赫伦（John Mulheren），这是他们第一次见面。考虑到餐厅的上流品位和传统特色，到这里的男顾客几乎都是西装革履，系着领带，当然，布斯基也不例外。

穆赫伦来了，他身穿一件浅色的针织马球衫和一条卡其布裤子。他身材高大，浅黄色的头发有点儿蓬松，脸上透出爱尔兰人和蔼可亲的神态。他27岁，看起来像是一个发育太快的大学生。他在美林公司面试时也是这身随意的打扮，这已经成了他的标志。现在他在美林公司协助创建一个套利部门。招聘他到美林公司的人，也就是他现在的上司萨利姆·B."桑迪"·路易斯。路易斯曾经试图迫使穆赫伦今天晚上穿上西装来见自己口中所谓的天才人物布斯基，但是穆赫伦对此置若罔闻，仍然我行我素。穆赫伦和妻子南希走进宾客盈门的餐厅，来到路易斯和他妻子以及布斯基和西玛的身边，然后坐下。布斯基之所以对穆赫伦感兴趣，是因为他在套利行业所采用的新技巧。在短短几年时间内，穆赫伦就成了华尔街最聪明的股票期权交易员之一，而布斯基对这一领域基本上一无所知。股票期权交易比利用价差购买股票能产生更大的"贷杠"效应（leverage）。布斯基就像只馋猫追鱼一样追寻着"贷杠"，他对穆赫伦战略中所蕴含的巨大潜力十分着迷。

穆赫伦是位股权交易和分析的奇才。他毕业于罗诺克学院（Roanoke College），这是弗吉尼亚州一所小规模的文科学校。大学期间，他主修政治科学，学业平平。毕业后，他就到了华尔街工作，因为他的妻子给华尔街一家公司（现在已经不存在了）的高管照看小孩。他一参加工作，就开发出了一套股权分析程序，受到了同事们的交口称赞。把他招进美林公司的是路易斯和该公司的董事长唐纳德·里甘（Donald Regan）。唐纳德·里甘后来出任里根总统的白宫办公室主任和财务部长。

穆赫伦对布斯基也很感兴趣。他一直认为自己是一个不墨守成规、有点离经叛道的人。当餐厅的服务员过来请他们点菜时，布斯基说他还没有想好，让其他人先点。等轮到布斯基时，他说："每道主菜都来一份。"服务员听得惊呆了，手中的笔也悬在了半空中。布斯基又重复了一遍："把每一道主菜都来一份。"

穆赫伦看了看布斯基的妻子，轻轻抬了抬眉毛。西玛还在继续聊天，好像什么都没有发生一样。穆赫伦心中暗想，难道富人们都是这样吃饭的吗？

上菜时，服务员推着一个小车来到了他们身边。上面放着当天的八种特色菜。布斯基仔细地看了看，把小车转了一圈，每种都品尝了一口。他选择了一种，然后把其他的都放了回去。

布斯基只吃了一点点，穆赫伦很庆幸这次不是他付账。

但是这次饭后，布斯基和穆赫伦却建立起了一种亲密的业务和朋友关系。一年后，穆赫伦和南希在他们家乡新泽西州的拉姆森补办婚礼，受到邀请的嘉宾有500人，布斯基也参加了。穆赫伦夫妇也参加了布斯基大儿子和女儿的成人仪式。

在这次饭后不久，路易斯就开始同布斯基合作——但是，不到一年的时间，两人就闹翻了，布斯基命令路易斯从他的办公室出去。他们争吵的原因是一笔25万美元的盈利。布斯基给穆赫伦打电话，问他该怎么办。穆赫伦说："伊万，把钱给他，又能怎么着呢？"

布斯基想了一会儿，然后说："不行，这不是钱的问题，这是原则问题。"

穆赫伦回答说："别跟我抱怨，钱就是你的原则。"

然而，不久之后，25万美元对布斯基和穆赫伦似乎都微不足道了。美国有史以来最大的一股收购狂潮即将来临，这股狂潮将给他们带来做梦都想不到的财富。

在这次狂潮中，人们疯狂购买现有的公司，而不是创建新公司。对此，许多人从经济的角度进行了解释，但是还有可能是金融和心理的原因。在整个20世纪70年代，投资者都在关注公司的收益和相应的价格与收益比（市盈率），并把它作为衡量公司价值的尺度。由于越战和欧佩克（OPEC）的原因，通货膨胀率很高，经济受到很大的破坏，税率居高不下，利率也不断增加，公司的利润越来越少。因此，股价一直很低，而通货膨胀却把公司收益性资产的价值推到了很高的水平。

与低价资产相对的，是政府税法在债务利息支付方面非常慷慨——公司的股息不减免，但是债务利息支付却全部免除。这样，用贷款购买资产就意味着可以把许多成本转移给联邦政府。1980年，罗纳德·里根当选总统后，向金融市场传达了一个强有力的信息："什么都可以。"里根政府推出了许多举措，其中之一就是司法部撤销了对IBM近10年的垄断指控。在这个无拘无束的资本主义新时期，"做大"显然不再是个问题了。因此，在像石油这样已经形成寡头垄断的行业，突然可以实现规模经济了，而在卡特政府时期，这种事连想都不要想。

真正激发收购狂潮的是赚钱，通过买卖公司赚大钱。前财政部长威廉·西蒙（William Simon，1974~1977年的美国财政部长）在1982年购买了吉布森礼品公司（Gibson Greetings），在16个月后出售，一下子获利7,000万美元（收益为当初投资的100倍）。这一收购案成了华尔街的热点话题。突然之间，"现金流"取代了奇怪的、过时的"收益"概念，成了估价的代名词。企业狙击手开始出现，他们买下一个公司，大幅削减成本，并无情地拆分，然后将资产出售，获取暴利。除买卖公司之外，最好的职业就是投资银行家、律师或者套利人，他们在资金换手的过程中收取中介费，但是风险却要低很多。

1981年，杜邦公司收购了美国第9大石油公司康诺克（Conoco），收购价高达78亿美元，从此以后，公司并购的狂潮真正到来。这一交易是当时最大的并购案，参与竞争的公司多达四家——顶点石油公司（Dome Petroleum）、美孚石油公司、西格拉姆公司（Seagram Co.）和杜邦公司。这一收购需要大量的律师和投资银行家，几乎华尔街的每一家大公司都参与了进来。这对套利人来说真像做梦一样：当5月恶意收购开始时，康诺克公司的股价每股不到50美元，顶点公司的出价为65美元，随后一直猛涨。到了8月，杜邦公司最终脱颖而出时，其出价已经达到了每股98美元。

对一个套利人来说，这样的交易几乎万无一失，不会损失一分钱，而布斯基的表现更是惊人。他让自己的法律顾问，法朗克律师事务所的斯蒂芬·弗雷丁率领手下的律师，组成一个团队专门研究这一收购交易中的法律问题，包括与美孚公司有关的复杂的反托拉斯问题。他不断地同穆赫伦和其他套利人通电话，密切关注着该公司股票的交易量和交易模式，发现接下来可能出现更高的报价。经过仔细分析，他充分地利用每一条信息，把刚刚成立不久的布斯基公司的全部资金投入康诺克公司的股票上，将财务杠杆率用到了极致。如果他这次算计失误，公司就可能会倒闭。不过最终结果显示，仅仅通过这项交易，布斯基的资金就翻了一倍，赚到了近4,000万美元的利润。这对布斯基和他的同事来说，都是一次激动人心的经历。

穆赫伦在新环境中也是得心应手，他总是梦想着赚大钱，并希望别人说他是靠"诚实致富"的。他的梦想似乎已经实现了，甚至在从康诺克获得暴利之前就已经实现了。

在美林公司，穆赫伦不到30岁就成了百万富翁。1980年，他在新泽西州拉姆森的高档社区买了一座维多利亚式的水边豪宅。穆赫伦的母亲说自己的儿子买房子花钱太多了。穆赫伦说："如果你不知道我有多少钱，你怎么知道我花钱太多了呢？"

她惊叫道："这房子要40万美元啊，太多了！"

穆赫伦转到了斯皮尔·利兹·凯洛格公司（Spear, Leads & Kellogg），这是纽约证券交易所最大的专业公司，在股票交易和套利业务上也很活跃。该公司在曼哈顿下城百老汇一个律师俱乐部的旧址办公。穆赫伦把自己的交易桌直接摆放在了一个巨大的哥特式彩色玻璃窗户下面。

他沉湎于金钱游戏的快乐中。他慷慨解囊，捐钱给他的母校罗诺克大学、当地的慈善机构和其他向他提出请求的慈善机构。他制定了一条原则：如果有人要他捐助，他就捐助，不会问任何问题。穆赫伦和妻子收养了5个孩子，其中3个有学习障碍。他买下了一个海边的度假别墅，并在弗吉尼亚州的山区购买了6,000英亩的农场，放养了一大群北美野牛。他还在劳德戴尔堡购买了一座冬季住的房屋。有时，他会乘坐豪华的私人游艇到华尔街上下班，把船停在南街码头。他打猎、收藏古董、滑雪、玩水上摩托。到20世纪80年代初期，他已经赚到了无数的钱，连他自己也说不清是多少，这些钱全由会计师和律师打理。他只是告诉他们，如果发现他花钱太快的话，就阻止他，但是他们从来没有这么做过。

穆赫伦也对自己在套利和交易行业的标新立异、独树一帜感到十分高兴。他喜欢与套利人斗争，认为多数套利人都很胖，并且很懒惰，他还常常夸口说，"可以把他们当午餐来吃掉"。他最喜欢的小把戏，就是在大的市场决定即将宣布之前半个小时大量买进或者卖出，比如反托拉斯法庭判决同意或者撤销合并案之前。实际上，穆赫伦也不知道结果是什么，但是这种突然结果常常和他的判断一致，因此许多人都认为他事先获得了消息。许多套利人对此都很佩服，尤其是布斯基，他会在电话中屏住呼吸问道："你发现了什么？你知道了什么？"

穆赫伦则平静地回答道："什么也没有，我只是和大家玩玩猫捉老鼠的游戏。"

布斯基就会大叫道，"你这个疯子"，然后挂断电话。这时，穆赫伦就会哈哈大笑起来。

当市场疲软的时候，穆赫伦喜欢大量抛售股票，他知道这样会进一步拉低股价，让其他持有大量股票的套利人备受折磨。其他的套利人会纷纷给他打电话，刺探消息。一般情况下，他都置之不理。然后，他就等其他人在恐慌中纷纷减仓时，立即杀回来，以更低的价格重新买进。

穆赫伦恪守一个原则：从来不同投资银行家交往。他认为这些人都傲慢自大、自命不凡，对他毫无用处。他们只会对他撒谎，而谎言毫无价值；或者给他内幕消息，但这又是违法的。有一次，他看到一个留言，说西格尔给他打电话了，但是他没有理会。此外，他也避免同媒体接触。

布斯基是个例外，他是穆赫伦经常交流信息的几个业内人士之一。他们几乎天天通话，穆赫伦也常常给布斯基打电话。几乎从他们第一次见面起，穆赫伦就想让布斯基对他产生好感。尽管穆赫伦外表给人叛逆的感觉，但是他实际上总想获得大家的喜爱。给布斯基提供信息使他感觉很好。随着时间的流逝，穆赫伦成了大宗股票交易人，因此他常常能够识别出大买主和大卖主。这对套利人是珍贵的信息，因为买主的身份常常可以透露出这是恶意的兼并还是一般的收购。例如，如果买主是某个州的养老基金，那就不可能是恶意收购。此外，布斯基还要依靠穆赫伦在股权方面的技能进行交易。作为回报，布斯基把自己的大部分交易都交给穆赫伦供职的公司，让他的公司赚取交易佣金。布斯基也成了穆赫伦所在公司最大的客户。

然而，他们的谈话很少涉及私事。布斯基认为每个人都是受到一个东西的激励：金钱。偶尔，布斯基也会提起自己的孩子——他最小的儿子，是一对双胞胎，同穆赫伦收养的孩子一样，也有学习障碍，但是他从来不讨论他真正关心生活中的什么。

但是布斯基很体贴周到。一个星期五，布斯基的妻子带着孩子们到佛罗里达州去了。穆赫伦给布斯基打电话时，布斯基坚持要派车来接穆赫伦，把他带到自己位于克斯科山的家中吃饭。其他客人有曼哈顿的政界人士安德鲁·斯坦（Andrew Stein）、作曲家朱尔·斯坦（Jule Stein）、喜剧演员艾伦·金（Alan King）以及他们的妻子。穆赫伦是一个汽车迷，因此，布斯基带他到自己的车库去参观自己的新车——一辆劳斯莱斯银云系列的敞篷跑车，这辆车的旁边还停放着一辆老式的劳斯莱斯幻影系列豪华轿车。

还有一次，穆赫伦的婚姻遇到了严重的问题，他向布斯基透露说想离婚。布斯基说："不要离婚，为什么不找我的老朋友哈桑·维基利谈谈呢？我从14岁就认识他了，我们一起去上学，关系很好。"穆赫伦约维基利在广场饭店的棕榈厅见面。维基利身材高挑，彬彬有礼，很像欧洲人。他了解了一下穆赫伦的婚姻和个人生活，然后安慰穆赫伦说："夫妻之间的冲突是难免的，有比离婚更好的办法。"穆赫伦接受了他的建议。

1982年5月，T.布恩·皮肯斯，一个一流的企业狙击手，对另外一家大型石油公司的城市服务公司（Cities Service）发起了恶意收购，它似乎要成为第二个康诺克公司。几周后，海湾石油公司（Gulf Oil）作为城市服务公司的"白衣骑士"出手拯救该公司，报价为每股63美元。都市服务公司接受了海湾石油公司的报价，逃脱了皮肯斯的魔爪。布斯基筹集了相当于自己公司总资产的资金——7,000万美元（其中90%都是贷款），全都投到了城市服务公司的股票上，信心百倍地等待重温康诺克的美梦。正如研究部的主管兰斯·莱斯曼所说的，这是一笔"把老底儿都押上"的交易。

8月6日，星期五，当天晚些时候，莱斯曼看见布斯基匆忙走出办公室，脸上带着惊恐的神色。他告诉莱斯曼，他刚刚听到了一个传言，称海湾石油公司出于对反托拉斯法的考虑，放弃了收购城市服务公司。纽约证券交易所刚刚闭市，但是对城市服务公司的交易是在太平洋证券交易所（东部时间下午4点半才闭市）和所谓秘密的"第三市场"进行交易，出现了不祥的征兆，每股股价已经下跌到了4~8美元。

办公桌上的麦克风全都响了起来，布斯基大喊道："全都打起精神，开足马力。"交易员们立即行动起来，疯狂地给西海岸的股票做市商打电话，为布斯基手上的大量股票寻找买主，或者进行套期保值。正在此时，股票记录纸上传来了消息，确认了这个可怕的传言：海湾石油公司退出了！没有人愿意购买。布斯基的大量资金被套住了，价值已经开始猛跌。更糟糕的是，追加保证金的通知纷至沓来，要求全额返还借来购买股票的资金。

布斯基的公司陷入了严重的危机，即使它将持有的其他股票全部变现，也远远不够支付追加的保证金。更糟糕的是，布斯基还从银行借了2,000万美元的无担保贷款：大通银行500万美元，化学银行500万美元，还有两家欧洲银行共1,000万美元。这些贷款，无论什么原因，只要银行一通知，就必须立即偿还。而且，这些银行几乎肯定会立即获悉布斯基陷入危机的消息。还有纽约证券交易所和美国证券交易委员会，它们也会来找麻烦的。尽管最后的一切很大程度上要看周一股市开市时城市服务公司的股价，但是布斯基很有可能会破产，并且会被指控违反了资金使用规定。布斯基的公司可能会被清算。

当布斯基当天晚上离开办公室去和律师与会计召开紧急会议时，他的脸色苍白，不过却表现出罕有的镇静。他的情绪使莱斯曼很担心，当天晚上他给布斯基在克斯科山的家中打了电话。使他吃惊的是，布斯基似乎很镇定，挫折中仍不失高雅。布斯基说："这就是游戏，它就是这样玩的。"莱斯曼竭力想安慰他，并指出这次投资已经是板上钉钉的事：海湾石油公司违反托拉斯法的问题不足挂齿，这只是他们改变主意的借口。莱斯曼说："这就像你决定过马路一样。绿灯亮了，你开始走，但是突然一幢大楼倒塌下来砸到了你。"布斯基似乎很喜欢这个比喻，他让西玛也来接电话，莱斯曼又重复了一遍。

周一的早晨，城市服务公司的股票被停止交易，因为出现了"不均衡报盘"，卖主太多，而没有买主。纽约证券交易所不打算让这只股票重新交易，他们要等到其价格达到能够吸引买主时才开始交易。而它的价格在很大程度上又取决于布斯基的做法——他是否会迫于还贷的压力大量抛售，把股价压得更低呢？在布斯基的办公室里，人人都充满焦虑和担忧。除了城市服务公司的股票外，其他的全都被变现了。每个人都在股市行情自动收报机旁走来走去，并不断地注视着各自的电脑屏幕，等着开盘价格。开盘价格指示牌上的价格不断下跌，从50美元到45美元，然后更低。他们知道，一旦跌到30美元以下，一切就全完了。

布斯基和他公司的命运已经到了千钧一发的地步，他开始着手进行"外交斡旋"。陪同他的有他的法律顾问弗雷丁、外聘的会计斯蒂芬·奥本海姆和塞特拉格·穆拉迪恩。他首先拜访了四家银行，力劝或者说是乞求他们不要收回贷款。这是一项微妙的使命，因为他不能表现得过分恐慌，让银行担心他的还款能力而收回贷款使他破产。布斯基的表现非常出色，他镇定自若、巧舌如簧，并且相信城市服务公司的投资最终会获得回报。他在设法争取时间。

然后，他们到了证券交易所，去见那些监管人员。

其中一位官员问道："如果这只股票的开盘价是45美元，你打算怎么办？"

穆拉迪恩迅速计算了一番，然后回复说："没有问题。"

"40美元呢？"

穆拉迪恩承认："有点吃紧。"

"30美元呢？"

穆拉迪恩看到布斯基对该官员的专横口气和反复盘问感到很恼怒。穆拉迪恩也被激怒了，生气地说："如果股票都以0美元开盘，我们就都不用做生意了，华尔街上所有的人也都不用做生意了。"这位官员简短地告诉他们，他们必须符合交易所的资金要求，不会受到任何的特殊照顾。

他们回到布斯基的办公室里等待。最后，距当天收市只剩30分钟时，城市服务公司的股票开盘了，开盘价为30美元，是海湾公司出价的一半还不到。在这样一个价格上，没有人知道布斯基是否会破产，但是情况肯定是非常严峻的。布斯基必须割肉抛售。和以前的许多次一样，他这次又濒临失败的边缘。

他想，自己只有一个人可以求助了：约翰·穆赫伦。与大多数套利人一样，穆赫伦也购买了城市服务公司的大量股票，但是他有先见之明，把大部分股票都通过期权交易进行了套期保值，因此他的情况没有布斯基这么糟糕。布斯基在周一下午三四点钟给穆赫伦打了个电话。

布斯基严肃地说："我们遇到了大麻烦，你能帮我们一下吗？"

穆赫伦回答说："是吗，什么大麻烦？我知道你损失了一点儿。"虽然布斯基的大部分交易都是通过穆赫伦供职的斯皮尔·利兹·凯洛格公司进行的，布斯基也是该公司最大的客户，但是穆赫伦并不了解布斯基的具体交易情况，这是公司的机密。

布斯基并没有详细说明麻烦的深度，他只是说："我要抛售股票了。"穆赫伦认为，城市服务公司的股票在现在这个水平看起来很有吸引力，因此，在向公司的相关人员咨询之后，他接手了100万股。布斯基听到穆赫伦要买这么多后，反而有点儿犹豫了，但是后来还是出于需要同意以每股不到30美元的价格卖给了他40万股。

不到一个小时，布斯基又给穆赫伦打来了电话。他说："我们又遇到大麻烦了。"他要求在闭市后与穆赫伦和他所在的斯皮尔·利兹·凯洛格公司的合伙人见一见。"想想我怎样才能摆脱目前的困境，满足证券交易所的要求，因为他们说我不符合他们的要求。"布斯基的声音听起来有点儿绝望了。

穆赫伦同意了："好的，我看看能帮你做些什么。"

穆赫伦同几个合伙人谈了谈，他们都很担忧。布斯基持有大量的股票，如果他垮台了，就可能引发抛售的恐慌，这也可能损害斯皮尔·利兹·凯洛格公司的利益。布斯基是他们最大的客户，他们也不愿意袖手旁观，眼看着他破产。

大概在下午4点半左右，布斯基、奥本海姆、弗雷丁和穆拉迪恩来到了斯皮尔·利兹·凯洛格公司，随同而来的还有证券交易所的一位官员。

奥本海姆问穆赫伦："难道你不能摆平这件事情吗？"

穆赫伦回答说："我不知道怎么弄。"

奥本海姆继续说："我倒是有个办法，就在这个包里。"说着，他转向了布斯基。

奥本海姆打开了公文包，取出一把日本的剖腹刀，递给了布斯基。布斯基却笑不出来。

经过三个小时的紧急磋商，他们最终草拟了一个解决方案。穆赫伦设计了一套复杂的期权交易，把城市股票公司股价进一步下跌所造成的任何损失都转移给了斯皮尔·利兹·凯洛格公司，这样一来，布斯基就不用再抛售剩下的股票，从而减少了市场进一步抛售的压力；作为回报，布斯基以后在城市服务公司的股票上获得的任何收益，一半以上归穆赫伦所有。证券交易所的官员认为，这种安排可以避免布斯基被迫抛售股票以变现，并且也符合资金要求。

穆赫伦和布斯基对城市服务公司股票的价值一直很有信心，这最终证明是正确的。尽管海湾公司退出了，但是皮肯斯却在"继续玩"。正如华尔街的业内人士常说的，哪个公司一旦被盯上了，除了投降或者寻找救世主外，基本上没有其他出路了。仅仅在两个星期后，西方石油公司（Occidental Petroleum）就宣布插手收购，并开出了每股58美元的价格，引发了股价的猛涨。最终，穆赫伦和斯皮尔·利兹·凯洛格公司在拯救布斯基的计划中获益近1,000万美元，穆赫伦在公司被称为英雄。据估计，这场危机使布斯基损失了2,400万美元，大概为其公司资产的1/3。

这场失败似乎使布斯基老实了点儿。当月月底，他和穆赫伦在查看账目时说："你知道，这样的月份会教你学得谦逊。"他让穆拉迪恩把该项交易的相关记录收集起来，放到一个文件夹里，并贴上标签"查特酒"。他告诉穆拉迪恩不要同其他人说起这个文件夹，但是他从来也没有再提起过这事，到最后，穆拉迪恩把它给扔了。

然而，在城市服务公司上的溃败对布斯基确实影响很大。他对穆赫伦深怀感激之情，认为这种帮助才是最真诚的友谊。事后，他给穆赫伦打电话说："我不敢相信你真能帮我。"不久之后，布斯基就问穆赫伦，是否可以出任他孩子的信托基金的共同受托人。穆赫伦同意了，很显然，这种提议表达了一种敬意。穆赫伦感觉很好，很自豪，正如他所说的，自己是"一个正直的人"。

但是布斯基濒临失败的边缘并不是仅此一次。他肯定已经感觉到自己的气数该尽了，甚至他的岳父岳母也不能容忍他再出现这样的崩溃，尤其是拿着他们的钱玩火。使布斯基快要抓狂的是，这并不是他的错，谁也没有预料到海湾石油公司会突然变卦。布斯基的推理自始至终都是正确的，但是他几乎被超出他控制能力之外的东西给摧毁。

在城市服务公司股票暴跌的那个星期五的晚上（8月6日），布斯基在克斯科山上的家中举行了一次晚宴，这是早就安排好的。来宾包括穆赫伦以及他所在公司的几个合伙人和他们的妻子。大家在喝完鸡尾酒之后，开始纷纷议论市场的危机。穆赫伦说："我希望这只股票不会崩溃，否则我们都要玩完。"西玛插话说："我希望这种事情永远都不要再发生。"她还以强调的语气重复了一遍:"永远不再发生。"

穆赫伦知道,布斯基公司的大部分资金都是西玛的,因此感觉她可能不会让布斯基继续冒险,把这么多钱全都投入一只股票上。

但是布斯基有其他的想法。"永远不再发生,"好啊,还是有办法去控制甚至消除风险的。套利与摔跤不同,不会有裁判在他旁边跑来跑去督促他执行规定。他会再次站起来的,并且会永远站起来。

在接下来的一周,甚至在西方石油公司出价收购城市服务公司解救套利人之前,布斯基就给马丁·西格尔打了电话。

布斯基说:"你好,马蒂。"他的声音听起来很轻松、随意,完全没有显露出他刚刚经历过大风大浪,把公司从崩溃的边缘拯救回来。"你该考虑加入哈佛俱乐部了。我们到那里喝杯酒,行吗?"

1982年6月的一天,西格尔邀请布斯基到他的家中打网球。西格尔的家位于一个名叫绿色庄园的高档社区,这是他和妻子简设计建造的,刚刚完工。房子很有现代感,墙壁用灰色木板装饰,两层楼高的巨大落地窗十分气派,隔着窗户可以看到池塘的风景,还能隔音。最近,西格尔喜欢上了水上摩托,常常在池塘上玩。院子的另一边是西格尔常用的一些娱乐设施以及他的网球场,就在池塘边上,掩映在一些松树之中。

一辆粉红色的劳斯莱斯汽车拐进了车道之中,在停车场停下,布斯基面带微笑地从车上下来,背上还背着网球拍。西格尔奇怪地注意到,布斯基还带着一个皮包,就是欧洲男人常常带的那种,这个皮包与布斯基的气质一点儿也不相符。西格尔对布斯基的新车赞不绝口,布斯基说:"这是西玛送给我的。"

西格尔同时邀请过来和布斯基打球的还有企业狙击手塞缪尔·海曼和另外一位商人。海曼原来是个检察官,后来转行成了一个成功的房地产开发商,现在正在留意并购方面的业务。海曼也住在绿色庄园,是西格尔的邻居,他家是一座巨大的乔治风格的石材别墅。他还有一架直升机，用院中的草坪作为停机坪，常常搭载着西格尔到曼哈顿去。

那天下午，他们四个人打了一场单循环比赛，最后海曼赢了。尽管布斯基肯定是最差的一个，但他却是个很有风度的输家。让西格尔吃惊的是，布斯基似乎热切渴望自己的儿子成为网球明星，甚至还专门给他聘请了一个教练。

饭后，其他人先走了，西格尔陪着布斯基走到他的车上，两人还有事情要谈。西格尔非常担心基德尔·皮博迪公司的财务状况，更确切地说，是担心他的兼并业务。华尔街的交易变得越来越大，基德尔·皮博迪公司的客户主要是中等规模的公司，而现在，它们似乎有点落后了。1981年，西格尔听说联合技术公司（United Technologies）打算收购开利公司（Carrier Corporation），但是当他去为开利公司提供应对计划时，该公司却转向了摩根士丹利公司，他们认为摩根士丹利比基德尔·皮博迪公司更有实力。

更糟糕的是，西格尔感觉自己正在被律师马丁·利普顿和约瑟夫·弗洛姆所领导的并购俱乐部边缘化。利普顿仍然在用自己的方式指引客户，他把客户送到自己的律师事务所，但是，这些都不是真正的大交易。西格尔还害怕弗洛姆和例如第一波士顿银行或摩根士丹利这样的公司合作不好而把自己挤出去。西格尔问弗洛姆问题是什么，弗洛姆说："他们想和他们的传统投资银行家合作。"西格尔把自己的忧虑告诉了布斯基。

布斯基问道："来给我工作怎么样？可以考虑考虑。"

尽管西格尔不断向布斯基诉苦，但是他仍然是基德尔·皮博迪公司毫无争议的年轻明星，他也成了该公司招募优秀商学院毕业生的标杆。每年暑期，商学院的实习生到基德尔·皮博迪公司工作，都要到西格尔位于康涅狄格州的新房玩一天，这已经成了年度盛会，他们在那里游泳、冲浪、打网球，最后是一顿丰盛的晚宴。

那年的春天，西格尔的妻子刚刚生下他们的第一个孩子，是个女儿。年仅34岁的西格尔拥着娇妻爱女，住着豪宅大院，这里几乎就是一个独立的乡村俱乐部。因此，这很明显传递了一个信息："快加入基德尔·皮博迪公司吧，你也能过上马丁·西格尔的生活。"

在公司的组织结构中，西格尔仍然是公司金融部的职员，但是实际上，他现在直接向德农西奥回报，已经使其他人黯然失色。德农西奥似乎更喜欢这种安排，不过其他人却感觉很不平衡。

1981年年底，德农西奥叫西格尔核算奖金。西格尔的薪水只有8万美元，因此，大部分都要靠奖金来弥补。德农西奥问道："你想要什么？你认为你应该得到什么？"

西格尔实际上在想，自己应该得到基德尔·皮博迪公司的一部分股份，但是他没有告诉德农西奥他的想法。德农西奥拥有该公司7%的股份，是除阿尔·戈登之外最大的个人股东。德农西奥决定公司的股票买卖，这种对公司所有权结构的控制是他权力的最终来源。但是德农西奥在给西格尔奖励股权方面却很吝啬，宁愿把股权分配给能力较差，但是资历更深、更忠诚的员工。因此，为了计算出自己应得的合理补偿，西格尔看了看公司的业绩和自己的贡献，然后算出了德农西奥的股份收益，自己提出了同样的数量。

在1981年，这个数字是52.6万美元，德农西奥全部给了他，连问都没有问。这使西格尔成了公司薪水最高的员工，也是唯一一位拥有"叫车账户"的人——无论什么时候，只要他想要，车子和司机都可以召之即来。

然而，西格尔的焦虑仍然不断增加。除了担心并购业务和基德尔·皮博迪公司业绩的下滑，他的个人开支似乎也在猛增。康涅狄格州的土地和房产几乎花了他75万美元。现在，简又成了全职太太，在家带孩子，而且他们还要在曼哈顿购买一套更大的公寓。西格尔和简要找一套三居室或者四居室的公寓，并且要遵照德农西奥的要求，小区的环境要符合基德尔·皮博迪公司的身份，必须在第五大道、公园大道或者萨顿广场（Sutton Place）。很显然，符合条件的公寓至少要100万美元。突然之间，西格尔觉得一年挣50万美元还是不够花，自己的收支很难保持平衡，虽然他的收入实际上已经堪称丰厚了。

他也感到了巨大的工作压力。一场激烈、高风险的恶意收购常常使他高度紧张，他常常要每周工作上百个小时。突然之间，他会突然感觉意志消沉，一到晚上九点、十点钟就想睡觉。他也有点儿轻度过敏，开始吃一种叫奈奎尔（Nyquil）的药物，而且药量还在日益增加。每期交易结束时，他都会变得更加紧张，担心这是否是最后一个。

当布斯基打电话邀请西格尔时，他的感觉正是这样的。

纽约城的哈佛俱乐部大楼是西44号大街上著名的标志性建筑，由麦金·米德·怀特公司（McKim Mead & White）设计。该俱乐部只接受哈佛大学的毕业生、教职员工或者是受聘人员，但却是一个独立于哈佛大学的组织。布斯基通过最不可思议的方式获得了入会的资格：他向哈佛最不知名的研究生院——公共卫生学院捐赠了大笔钱，被任命为学院的监事会成员，成了受聘人员。

布斯基对能够和哈佛扯上关系感觉非常自豪。哈佛俱乐部的墙上镶嵌着黑色的饰板，悬挂着庄严的肖像，地上铺着东方风情的地毯，窗户上挂着深红色的窗帘，整个都透出一种尊贵之气，这正是布斯基所渴望的。然而，西格尔对此却没有留下任何印象，他推开大门，走进了最受欢迎的烧烤室。

布斯基坐在角落一张昏暗的桌子旁，西格尔几乎没有看到他。坐下后，西格尔要了一杯啤酒，他的酒量并不大。布斯基东拉西扯地聊着，谈论他喜欢的壁球，鼓励西格尔也学学壁球，这样他们就可以在哈佛俱乐部一起打球。接着，布斯基开始谈起西格尔的经济压力。他像以前一样，鼓励西格尔敞开心扉，谈谈自己的焦虑、并购业务、基德尔·皮博迪公司的不足以及自己的巨大开支。布斯基又提出了工作邀请，但是西格尔仍然婉辞了。布斯基接着说："我可以给你做些投资，也许可以帮帮你的父亲。"

西格尔回答说："我一直以来几乎都是你的顾问，客户要为这种服务支付很多钱的。"他觉得他可以在为基德尔·皮博迪公司工作的同时，做布斯基某种形式的编外顾问，赚点儿外快贴补家庭开支。这很简单。实际上，他以前也为布斯基提供过各种各样关于并购交易很有见地的战略，他自己的和其他人的都有。布斯基同意了，西格尔的见地很有价值，布斯基愿意向西格尔支付酬金。接着，布斯基把谈话引向了最为致命的一步。

他说："如果你提前给出某项交易的有关信息，使我有大量时间主动应对，我也付钱。"

在某种程度上，西格尔知道这个建议可不太妥当。以他的经验和专业技能，他能识别出可能的收购目标，他知道哪种公司容易受到袭击。另外，毫无疑问，他们在越线操作。坦率地说，布斯基就是在要求得到内幕消息。他们甚至讨论布斯基按照西格尔提前透露的内幕消息进行交易，同实际报价太接近的话，可能会引起怀疑。西格尔说："我想，年底再讨论报酬问题。"布斯基点了点头。

事情到此为止，他们没有再谈钱或者布斯基给西格尔的支付方式，而是将谈话转向了其他的方面。他们喝完杯中的酒，然后在44街外面握手告别。

西格尔越想布斯基的安排，就越觉得这很有意义。他的建议真的值许多钱，而布斯基的信息和帮助对他的客户也很重要。他常常需要布斯基摆摆姿态，对某只股票制造一些购买的压力，引起价格变动，甚至锁定某个公司，软化其立场，从而为西格尔的某个客户发动突袭制造时机。如果他打算同摩根士丹利和第一波士顿银行这样的巨头竞争，就需要一个优势。

而且这种冒险似乎也毫无风险。西格尔不做任何交易,也没有交易记录可以查到他。布斯基也不会被抓住,他是城里最大、最成功的套利人。他什么交易都做,无论西格尔给他什么消息,他都能把它掺杂到其他消息中。政府永远也不能证明一个专业的套利人在用内幕消息进行交易,当然也难以证实布斯基是这样做的。布斯基是一个非常精明的人,不会冒任何风险。

西格尔没有立即接受布斯基的邀请。1982年8月26日,就是他们在哈佛俱乐部见面之后几天,本迪克斯公司在狡猾奸诈的威廉·艾吉的率领下,对最大的国防项目承包商马丁·玛丽埃塔公司发起了恶意收购,出价为15亿美元。

西格尔受到马丁·玛丽埃塔公司的聘请,组织应对措施。

本迪克斯公司的出击吸引了媒体的广泛关注,这是因为艾吉是个家喻户晓的人物,他和玛丽·坎宁安的办公室恋情和婚姻被公开,并引发了媒体的高度关注。但是,更重要的是,这场斗争迅速变成了最不受约束、最为艰苦的兼并与反兼并战,主要是因为西格尔对马丁·玛丽埃塔公司的拯救战略非常大胆。在这场战斗中,西格尔被媒体和兼并圈内人士奉为天才。他的地位在并购俱乐部中不再下跌,反而开始回升。基德尔·皮博迪公司突然之间上升到利普顿·弗洛姆收购事务推荐名单的首位。

西格尔采用了一种创新的应对技巧,现在被称为最大胆的应对战略——"帕克曼式防御"(PacMan Defense),因一种曾经非常流行的游戏(PacMan,吃豆人)而得名。在"帕克曼式防御"中,被收购目标以守为攻,试图把袭击者吞掉。这种方法实际上并不是西格尔发明的,但是在此之前,华尔街上很少有人听说过,也从来没有人在这么大规模的交易中使用过。

西格尔警告艾吉,除非本迪克斯公司放弃收购,否则马丁·玛丽埃塔公司将以牙还牙,反过来收购本迪克斯公司。

西格尔知道,为了让这个计谋发挥效用,他必须向艾吉和整个业界展示这种威胁绝不是虚张声势。

一天下午，西格尔正在准备反击策略，突然想起了和布斯基在哈佛俱乐部的谈话。这是一个千载难逢的机会！他现在比以前更需要布斯基的帮助。一般来说，在收购交易中，因为预期的成本增加和收益流失，收购方的股价会下跌，而被收购方的股价会上升。因此，本迪克斯公司的股价只要一出现上升迹象，就会发出一个明确的信息：有异常情况发生。西格尔希望出现一些购买行动，将本迪克斯公司的股价和成交量推高。要使艾吉确实感到威胁，最好的办法就是利用套利者，尤其是像布斯基这样的，去恶意地大量囤积本迪克斯公司的股票。同时，西格尔还可以为布斯基做一些事情。

西格尔给布斯基打电话。他清了一下嗓子，然后用神秘的口气说："我的意见是，我们要玩次'吃豆人'"。他们要买进本迪克斯公司的股票。打完电话，他也担心了片刻，他不应该冒险在电话中透露这种敏感信息，如果布斯基的电话被窃听了怎么办？但是，他很快就沉浸在激动人心的战斗之中。当他看行情记录单时，本迪克斯公司的股票出现了瞬时大量购买的迹象，股价也正如他所期望的开始上涨。很快，华尔街和媒体就开始纷纷猜测，马丁·玛丽埃塔公司即将发动反击。

每个人都已经相信时，艾吉仍然不为所动，他拒绝退却，并且迫使马丁·玛丽埃塔公司用它15亿美元的出价对发出的威胁进行弥补，这也迫使本迪克斯公司的股价涨得更高。这次竞争使得双方都元气大伤，本迪克斯公司更是千疮百孔，诱发了联合公司（Allied Corporation）和联合技术公司的收购大战，最后，联合公司胜出。如果说有胜利者的话，那就是马丁·玛丽埃塔公司，它虽然在财务上被严重削弱，但是最终摆脱了被收购的威胁，维护了独立性，成为胜利者。因此，西格尔得到了公司的感谢和公众的赞扬。

在本迪克斯公司的股票上，布斯基赚到了12万美元。以他的交易规模来说，这只是微不足道的一笔收益。但是，这有更重要的象征意义——这种交易已经证明是毫无风险的。

当西格尔在年底给布斯基打电话，要求支付15万美元的"分红"时，布斯基立即同意了。西格尔计算了一下，他每年的生活开支，包括孩子的保姆费、管家费等，大概为8.5万美元。在本迪克斯公司一案之后，西格尔没有再给布斯基任何内幕消息，他也不知道布斯基在本迪克斯公司的股票上赚了多少钱。但是，他认为他当年的贡献，包括他给布斯基的合法建议，大概价值15万美元。他感觉这好像是在同德农西奥商量自己的奖金一样。

布斯基问道："你想以什么方式给你？"

西格尔回答说："现金。"

布斯基说："这可有点儿麻烦，用别的方法行吗？我给你投资吧，比如投资房地产。"

西格尔坚持要现金，他不想再麻烦了，也不希望被追查到。

布斯基勉强同意了："给我一些时间，我来想办法。"

几周后，圣诞假期已经过了。西格尔跳上一辆出租车，赶到了广场饭店。下车后，他通过东边的旋转门进入饭店。这是1983年的一个下午，按照布斯基的指示，西格尔在酒店装饰华丽的休息厅中等着，他们没有敢到隔壁的棕榈厅见面，过一会儿，弦乐四重奏乐队要在那里演奏乐曲，为女士们喝茶助兴。西格尔四处张望一下，发现了那个"送钱的人"，这时西格尔突然打了个冷战。

那个人就像间谍小说中的人物一样，皮肤黝黑，身强体壮。布斯基说他在伊朗见识过特工，还说他自己就是中央情报局的特工。西格尔能相信他吗？

大厅里没有太多的人，送钱的人很容易就认出了西格尔，然后小心翼翼地走了过来。

当他靠近西格尔时，压低声音说："红灯。"

西格尔按照布斯基的指示回答："绿灯。"然后，那个人就把手提箱交给了西格尔。

西格尔直接回到他位于东72街的公寓，关上门，放下手提箱，匆忙打开。里面是码放得整整齐齐的百元美钞，用恺撒宫酒店赌场的彩带捆着。

西格尔盯着这些钞票。一切顺利，没有出现任何麻烦。这些钱现在都是他的了，全是他挣的。他应该感到很棒啊！但是，他却很难受，坐了下来，双手支头，等着这种感觉过去。

4. 捕食者的集会

米尔肯的秘书苏·科克伦接到一个电话，只听一个熟悉的声音在命令她："快给我接米尔肯。"她回答说米尔肯正忙着，对方几乎是在大喊："别骗我，别废话，快叫他接电话。"

这又是布斯基打来的，他又喊又骂。科克伦和她的同事珍妮特都很讨厌接他的电话，因为布斯基每次打来电话时，都要立即找米尔肯，否则就会骂她们在撒谎。米尔肯常常很忙，这时布斯基就会每隔两三分钟打过来一次，简直像疯了一样。当秘书们被骂得无法忍受时，沃伦·特雷普或者其他人就可能过来解围，但是布斯基只会和米尔肯通电话。

到1983年年底，布斯基和米尔肯每天都要通话两三次。他们的时间安排得很好。当布斯基早上7点半到他纽约的办公室时，米尔肯也已经在凌晨4点半（美国西部时间）到达比弗利山的办公室了。他们养成了一个习惯，上班第一件事情就是互相打电话。他们都想获得这样一种满足感：当他们在忙着研究战略时，多数对手都还在床上做美梦呢。他们互相吹嘘自己一晚上只睡三四个小时。米尔肯鼓励布斯基去追求自己的宏大梦想，而且在米尔肯资金的帮助下，他肯定能够实现自己的梦想。

布斯基和许多人的密切关系都是通过电话建立的，他们这一次也是如此。布斯基通过纽约德崇公司一位先前的投资银行家斯蒂芬·J.康韦认识了米尔肯。1981年，一位猎头给德崇公司的康韦打电话，说有一位重要的套利人想雇用一名投资银行家。康韦问道："是哪位套利人呢？"猎头回答说："我不能透露雇主的身份。"康韦说："如果是伊万·布斯基的话，我倒是可以考虑一下；如果不是，就别提了。"

随后，布斯基和康韦之间进行了多次会谈。布斯基解释说："作为一个套利人我已经很成功了，重大的机会将出现在杠杆收购和战略地位方面。"布斯基已经获得了一些这样的机会。他是杠杆收购基金（LBO）的最大投资人，该基金由布斯基公司的投资人西奥多·福斯特曼创立。同时，布斯基和亨利·克拉维斯的关系也很密切，亨利是KKR公司（Kohlberg Kravis Roberts）背后的推动力量，当时，这还是一个刚刚成立不久、专门从事杠杆收购的公司。

布斯基解释说，杠杆收购将帮他实现"多元化"，因此"我就不用把所有的鸡蛋放在一个篮子里了"。

布斯基看到自己正在变成一个"商业银行家"——这是英国对投资银行家的称呼，这些人在公司持有股份——他认为这个称呼更体面。布斯基声称，他对"绿票讹诈"（Greenmail）不感兴趣。绿票讹诈是一种反收购策略，指一个企业狙击手大量、恶意购买目标公司的股票，希望使目标公司的管理层感到恐惧，而不得不以高价从该狙击手中回购股票。

康韦与布斯基签了约，这让康韦感觉很兴奋，因为他认为他能够为一个可能成为下一个布恩·皮肯斯或者卡尔·伊坎的人工作，他在德崇公司的同事也很高兴——康韦可以为他们带来业务。

确实，为了把自己的雄心壮志付诸实施，布斯基必须拥有更多的资金，而德崇公司正是最佳的资金来源。他在套利操作中的资本基础总是比他希望的要小，并且在城市服务公司一案中他又受到了巨大的打击。他的资金甚至不能让他在日常的套利活动中以自己需要的规模进行。康韦同德崇公司并购部的负责人戴维·凯谈了谈，戴维安排康韦和布斯基同公司金融部的斯蒂芬·温罗思联系，温罗思又向比弗利山的米尔肯咨询了一下。最后，让布斯基惊叹不已的是，德崇公司竟然会给他提供1亿美元的资金——这比他创办公司时的启动资金高出两倍还要多。

布斯基到德崇公司比弗利山的办公室拜访时，通常住在富丽堂皇的比弗利山酒店。布斯基在饭店一层有一套自己专用的房间，他经常在游泳池旁边的一个私人小阳台上晒太阳。从这里，他可以看到水光潋滟的水池、花园、棕榈树，以及整个粉红色饭店的全景。这都是他的产业，他和西玛拥有这个饭店的大多数股权。

布斯基生活中的大部分东西都来自妻子的家庭，这个酒店也是如此。他的岳父本·西尔伯斯坦于1979年去世，大部分产业都平分给了西玛和她的妹妹穆里尔·斯莱特金，其中也包括比弗利山酒店，这是西尔伯斯坦帝国最重要的产业之一，是1954年购买的。

比弗利山酒店并不是一个普通的酒店。它建造于20世纪30年代，很快就成为好莱坞的交际中心，影星、经纪人和制片人蜂拥而至。

在西尔伯斯坦去世后，这个酒店95%的股份由西玛和穆里尔平分，另外还有5%的股份在其他亲戚手中。布斯基非常想把这部分股份搞到手，他明白只要得到这些股份，就可以取得对饭店的控股权。1981年，布斯基成功地从瓦格邦德公司（Vagabond）获取了这5%的股份，这也是西尔伯斯坦家族的公司。等到毫不知情的穆里尔获悉此事，已经为时太晚，她的姐姐和姐夫已经取得了对饭店的绝对控股权。

瓦格邦德公司的收益不是很好，但是它的资产、现金流和稳定的资产负债表都很有价值。它是一种很不错的工具，再加上米尔肯的帮助，布斯基一跃就从一个成功的套利人转变为商业巨头。瓦格邦德公司后来改名为北景公司（Northview Corporation），成为布斯基筹集资金的工具，有些资金就被他用来从事套利活动了。

至少在莱斯曼看来，布斯基一听到米尔肯和德崇公司要给他提供巨额资金，就被冲昏了头，也不再仔细查看具体的合作条款。德崇公司的条件确实苛刻：首先，它要获得大部分资金收益，这是它一贯的做法——这也是情有可原的，因为在华尔街没有其他公司能够在这方面同它竞争；其次是利息率，高达惊人的17%；再者，它也要求获得瓦格邦德（后改名为北景）公司的认股权，这是它在这种交易中常用的做法。莱斯曼担心这种高利率意味着要支付高额的利息，这会给布斯基公司的套利业务带来巨大的压力。而且，德崇公司的股权可以对公司重要决策施加影响，从而影响其运营。

但是，如果投资银行家同套利人之间有利益关系的话，就可能产生一种危险——泄露机密。莱斯曼并没有提到这一点，他非常清楚这种问题是不能提的。但是他把其他想法告诉了布斯基，而布斯基很不耐烦，对这些想法置之不理。毕竟，他现在已经有了西格尔作为"顾问"，一点儿也不用担心在套利上挣不到大钱了。确实，西格尔的安排刺激了他对额外资金的渴望。布斯基对莱斯曼说："除了他们，我们还能找谁呢？我们别无选择啊！"

在德崇公司，弗雷德·约瑟夫也多少有点儿不安。套利人经常给他打电话，只要他牵涉到了一项交易，这些人就会不断给他打电话。但是，对于与德崇公司有利益关系的套利人，他却不习惯接到他们的电话。他警告公司金融部的每一个人，不要向布斯基透露任何消息。布斯基常常给约瑟夫打电话，只要有一项重要的交易即将发生，他就会立即打电话询问消息。约瑟夫会敷衍着说："我不知道啊，回头我查查，然后再给你回话。"然后，等到布斯基想要的消息已经公开后，他才会给布斯基回电话。逐渐地，布斯基给约瑟夫打电话的次数越来越少了，最后一个都没有了。但是，一旦布斯基开始定期同米尔肯通电话，这也就没有太大关系了。

1983年年中，布斯基通过瓦格邦德（北景）公司得到了1亿美元的资金支持，从此之后，布斯基和米尔肯之间的金融关系就开始飞速发展。

米尔肯同意让布斯基公司承担总计1.1亿美元高收益债券的私募配售，并为坎布赖恩·通用证券（Cambrian & General Securities）提供了附权发行，该公司是一家英国的封闭式基金，布斯基买进这家公司，是为了借助它进行欧洲业务，以及在美国的并购业务上进行额外投资。此外，米尔肯还为法恩斯沃思·黑斯廷斯公司（Farnsworth & Hastings）发行了6,700万欧洲债券，该公司是布斯基创建的，总部在百慕大，是他的投资战车。布斯基的多数资金现在都来源于米尔肯。

布斯基定期到比弗利山来拜访米尔肯，同时处理一下酒店的事务。他和米尔肯的关系越来越密切，从米尔肯邀请他到恩西诺的家中吃饭就可以看出来，因为米尔肯很少请人到家中吃饭。后来，在一次宴请时，米尔肯的几位同事也参加了，在布斯基走后，洛丽·米尔肯对布斯基表示不满，说她很烦布斯基的冷淡和傲慢。她对自己的丈夫说："我再也不想让他到家里来了。"

有一次，布斯基到比弗利山拜访时，米尔肯太忙了，没有时间见他，于是就让他的最佳销售员詹姆斯·达尔来同他交谈。米尔肯对达尔说："给伊万介绍一下储蓄与贷款的情况，他也有兴趣开发这种业务。"而布斯基却不断问达尔是否知道有人想买海湾石油公司的股票，布斯基当时手中有大量这种股票。布斯基向他们保证不会有任何损失，绝对赚钱。达尔很吃惊，布斯基竟然敢明目张胆地邀请别人参与非法的"寄存安排"。通过这种方式，布斯基用别人的名义购买股票，隐藏其真正的所有权。第二天，达尔告诉了米尔肯这件事。米尔肯毫不在意地回答说："不要理他，他是个怪人。"

其他人也抱怨布斯基，尤其是米尔肯的弟弟洛厄尔·米尔肯，他几乎从一见面就开始讨厌布斯基，并且提醒米尔肯注意，但是米尔肯却置之不理。米尔肯说："德崇公司支持赢家，而布斯基就是一个赢家。"不过，布斯基很快就明白了得到米尔肯支持的"真正代价"。

米尔肯阵营中的另外一个"赢家"就是古怪的迈阿密金融家维克托·波斯纳，他是美国最早的企业狙击手之一。他或者他的手段没有一点儿能够提升狙击手的形象。他常常控股一个公司，大肆掠夺，然后让小股东们忧心忡忡，有时甚至使公司破产，他也因此而臭名昭著。

波斯纳，64岁，是一个俄罗斯移民的儿子。在20世纪30年代和40年代，他靠房地产而发家，后来，他买下了一个逐渐衰败的迈阿密海滩度假饭店——维多利亚大厦，并将其按照巴洛克风格进行了装修。他的办公室位于17层，在办公室外面有一张台球桌和几台弹球机。波斯纳高中都没有毕业，说话带着浓重的巴尔的摩蓝领工人的口音。他最初进行公司狙击的战车是沙龙钢铁公司（Sharon Steel），这是他于1969年购买的。他的其他实体还包括NVF、DWG、宾夕法尼亚工程公司（Pennsylvania Engineering）、APL和皇冠公司（Royal Crown）。

在整个职业生涯中，波斯纳都毫不在意法规的限制。在收购了沙龙钢铁公司之后不久，他就指示该公司用80万美元的现金购买DWG公司的股票。证券交易委员会对此提起诉讼，指控波斯纳从事自我交易。诉讼最后被和解，但是波斯纳的实体既没有承认也没有否认罪状。证券交易委员会后来还进行了其他调查，但是没有进行任何指控。

在证券交易委员会插手之前，波斯纳已经让沙龙公司负担了他的许多个人开支以及他两个孩子的开支，包括住房、汽车、司机、佣人、度假甚至购物，所有这些都被认为是公司的额外补贴。甚至当公司赔钱时，波斯纳和他的家人以及他的随从仍然过着奢侈的生活。有一年，沙龙公司的损失高达6,400多万美元，但是波斯纳在沙龙公司仅薪水和奖金就高达390万美元。他的儿子斯蒂芬被任命为公司的副董事长，拿走了50多万美元。他们还可以随意使用公司的游艇和飞机。

但是，许多熟悉波斯纳的人都知道，他有一个最令人讨厌的爱好，那就是喜欢十几岁的年轻姑娘。最近的一个就令人十分震惊，他的新情妇竟然是他原来一个情妇的女儿，也就是他公司现在的公关发言人。

波斯纳与德崇公司扯上关系是通过唐纳德·"多尼"·恩格尔（Donald "Donny" Engel），他原来是伯纳姆公司的员工，合并到新公司后，在金融部工作，是主要的客户开发专家。他活泼热情，和蔼可亲，天资聪颖，具有许多古板的投资银行家所不具有的特点。他不假装老练，不过多少有点儿小机灵，能够迅速发现潜在的客户。他知道同许多客户发展关系的关键是他们的个人生活，而不是生意往来。因此，他竭力了解客户生活的方方面面，包括他们的婚姻家庭以及情人。对此，他从不评判是非，而是同他们分享酸甜苦辣。在德崇公司的重要客户中，恩格尔开发的包括罗纳德·佩雷尔曼、纳尔逊·佩尔茨、杰罗姆·科尔伯格、杰拉尔德·蔡、欧文·雅各布斯哈夫特和普里茨克家族。

恩格尔与米尔肯有点儿志趣相投。他们都喜欢把成功人士戏称为"白人家伙"，他们根本不关心这些人。对于德崇公司，他们想要一种像赫伯·哈福特这样的人。哈福特的满头白发被打理得整整齐齐，留着锥形发型，就像《星际迷航》中的人物一样。哈福特原来也是个穷光蛋，备受华尔街的嘲笑。他渴望成功，就像恩格尔所说的，"肚子里憋着一股火"。恩格尔喜欢身材不高、婚姻不幸、没有安全感的客户，这些人是他理想的突袭目标。

恩格尔和米尔肯知道如何操控这些人的自尊心和不安全感，一事无成的人总是希望战胜对手，他们渴望成为最好、最强、最富有的人。在恩格尔看来，只有两件事情可以激发这些客户：一是下次的交易，二是下次的性征服。这只是人性使然。

但是，并不是德崇公司的每个人都认同这种方法。恩格尔虽然因给公司带来了新业务而备受称赞，但是他的外号却是"劣质王子"。他被认为是"公司皮条客"，因为他喜欢为重要的客户安排异性约会。有一次，他应邀对公司的新投资银行家传授经验，简述开发新业务的秘诀，他说："美国的商人都喜欢女人，找到了妓女，你就找到了客户。"

维克托·波斯纳最终成为恩格尔的最大客户之一，而恩格尔也成了波斯纳和米尔肯的中间人。20世纪70年代中期，甚至在米尔肯搬到比弗利山之前，波斯纳就已经开始投资米尔肯的垃圾债券。到80年代初，无论米尔肯安排德崇公司发行什么股票，他都会购买。

但是约瑟夫对波斯纳根本不放心，他让公司的一位高级金融分析师斯蒂芬·温罗思对波斯纳公司的财务结构进行分析。结果十分令人担忧：波斯纳已经停止在他控股的多数公司召开年会，而且财务报表不断违规操作。他的个人收益，包括从他私人的公司挣到的钱，比公开的数字要多很多——1984年总计高达2,300万美元——而这些公司没有一个经营得很好。正如温罗思所说的，波斯纳正在"把黄金变成废铁"。如果德崇公司的债券销售出现了问题，公司的声誉肯定会受到损害。

波斯纳的计划非常庞大，他要利用沙龙钢铁公司去劫掠其他的公司。在最顶峰时期，沙龙公司持有40多家公司的股票。波斯纳会对它们展开袭击，买下它们的全部股份，或者把它们整编到自己的帝国之中。如果需要，他会将这些公司拆开，然后一部分一部分地卖出去。为此，他需要大量的额外资金，而靠公司的收益是远远不能满足的，甚至在钢铁行业景气的年份也不行。

波斯纳有一个失败的例子。有一次，他想收购一家位于纽约的建筑公司——菲施巴赫公司（Fischbach Corporation），认为这家公司可以与他的宾夕法尼亚工程公司顺利合并。1980年，波斯纳获得了菲施巴赫公司5%的股份，他向证券交易委员会披露股票持有情况的13D表（《威廉姆斯法》第13条规定，凡持有某一上市公司股权达到5%的股东，都必须在其后10天内向联邦证券交易委员会、证券交易所和目标公司提交13D表，对其持股信息进行披露。收购方在提交了13D表后，每买入或卖出被收购公司股票达到1%，就必须在1天内提交补正书），然后威胁菲施巴赫公司，要进行恶意收购。但是，菲施巴赫开始反击，威胁要根据反托拉斯法和其他规定对波斯纳提前诉讼。于是，波斯纳被迫同该公司签署了一项中止协议，直到现在他还后悔这项协议。协议规定，他不再购买菲施巴赫公司的股票，除非其他人对该公司发动突袭，或者其他人提交了13D表，申明持有该公司的股票超过了10%。

波斯纳向米尔肯和德崇公司讲述了这一情况，并声称他已经下定决心，无论如何都要夺取菲施巴赫公司的控股权。他想让德崇公司为宾夕法尼亚工程公司承销债券，这样，他一旦解决了中止协议的问题，就可以利用这些收益购买菲施巴赫公司的股票。米尔肯肯定认识到他有控制市场的实力，可以给他想要的东西，从而为德崇公司和他自己赚取数百万美元的收益。

不久之后的1983年12月，执行人寿保险公司（Executive Life Insurance Co.）向证券交易委员会提交了13D表，披露它已经持有菲施巴赫公司13%的股份，这就足以结束波斯纳同菲施巴赫公司签署的中止协议。执行人寿公司的老板碰巧是米尔肯早期的一个支持者弗雷德·卡尔，也是米尔肯承销或者发行的多种垃圾债券的持有者。

卡尔依赖米尔肯做市，并且维持这些债券的流动性。他是德崇公司的忠实客户之一，也是米尔肯的坚定支持者。无论如何，菲施巴赫公司的股票几乎没有什么风险。米尔肯知道，即使卡尔不收购该公司，波斯纳最终也会收购的。

无论波斯纳、米尔肯和卡尔的预想有多好，很明显，他们都犯了一个重大的错误，不过是一个技术性错误。因为执行人寿公司是一家保险公司，它应该向证券交易委员会提交13G表，而不是13D表。菲施巴赫警告波斯纳，它要请求法院对此进行裁决，中止协议仍然有效，因为执行人寿公司应该提交13G表。而只有在有其他人提交13D表时，中止协议才会失效。无论争论的是非曲直如何，菲施巴赫公司至少成功地将整个事件提交到了法院，为它赢得了宝贵的时间。如果威胁客户投资潜力的争论没有解决，米尔肯就不能销售债券。波斯纳和米尔肯都暴跳如雷。

米尔肯决定亲自插手此事，并选择布斯基来帮助波斯纳摆脱中止协议的限制。他给布斯基打电话，要求他（准确地讲是"指示他"）大量买进菲施巴赫公司的股票。布斯基仔细倾听米尔肯的话。毕竟，考虑到最近米尔肯为布斯基筹集了许多资金，布斯基欠米尔肯一个人情。

米尔肯指示布斯基开始买进菲施巴赫公司的股票和可兑换债券，要慢慢地、一点儿一点儿地买进，以免引起不必要的关注。米尔肯向布斯基保证，波斯纳肯定会宣布收购该公司，从而促进其股价猛涨，让布斯基从中获益。如果这种情况没有发生，米尔肯就会承担布斯基的一切损失。这似乎是一笔只赚不赔的交易，因此，从1984年5月4日，布斯基开始不断买进。按照米尔肯的要求，在接近10%的门槛时，他停了下来。然后，在7月9日，布斯基从米尔肯的高收益部门直接购买了14.5万股股票。布斯基越过门槛，向证券交易委员会提交了虚假的13D表。不过，他没有提到其实是米尔肯很感兴趣，并且向他担保承担他的一切损失。

普通人一般会误以为是布斯基对菲施巴赫公司真正感兴趣，他们猜想他或者其他人即将发起恶意收购。

按照规定，只要拥有某公司的股票超过了5%，就必须提交13D表，向公众披露公司的股票正在出现囤积情况，这样每个人都会得到提醒，兼并活动可能即将发生。提交13D表的投资人还必须披露投资的目的，包括是否会考虑继续购买。只要有提交13D表的消息，股票价格常常就会上涨，因为它通常预示着收购大战即将发生。由于投资者非常看重13D表，因此在13D表上弄虚作假是一种犯罪。

布斯基几乎不会因此而感到焦虑不安，因为对13D表违规很少被提起诉讼。而让他不安的是，尽管米尔肯信心百倍，但是菲施巴赫公司的股价却一直在下跌，已经从布斯基开始购买时的35美元跌到了25美元。但是，米尔肯在比弗利山的员工却不断向布斯基保证，说他的损失一定会得到补偿。

为了保险起见，布斯基给他的财务主管穆拉迪恩打了个电话。早先的时候，米尔肯要布斯基大量买进哥伦比亚储蓄与信贷银行（Columbia Savings and Loan）的股票，这是米尔肯信赖的另一家垃圾债券的承销商。

他没有向布斯基解释购买的原因，不过许诺会补偿损失的，他想以此增加信贷。布斯基同意了。实际上，米尔肯通过这种方式拥有了这家银行的股份。在购买该公司股票时，布斯基让穆拉迪恩建了一个秘密文件，就像1982年的"查特酒"文件一样，他也不想让任何人知道。穆拉迪恩用红带子把文件捆了起来，并且贴上标签"特别项目"。现在，布斯基告诉他把菲施巴赫公司的交易情况记录下来，包括成本、利润和损失，他想把所有的东西都记录在案。由于菲施巴赫公司股票的价格继续下跌，穆拉迪恩的记录显示，布斯基的损失在逐渐增大。

布斯基越来越坐卧不安，最后，他在11月28日给米尔肯写了一封信："亲爱的迈克，信后附有截至1984年11月27日的交易情况。"信中继续写道："我想，现在应该是解决所有问题的时候了。"米尔肯收到信后，安排了一系列交易，使布斯基获得了收益，重新显示了他对垃圾债券市场强大的控制能力。这些交易都涉及米尔肯可以自主定价的证券，不过仍然无法弥补布斯基的巨大损失。

与此同时，这项计划实现了米尔肯的目的：当布斯基买进菲施巴赫公司的股票超过10%时，波斯纳就不用再受中止协议的约束，菲施巴赫公司只好退却，放弃了对执行人寿公司的诉讼，屈从于这个无法避免的事实。波斯纳和米尔肯可以大步前进了。

但是，要为波斯纳的这项大收购计划筹集资金，这让约瑟夫和温罗思十分担忧。约瑟夫派温罗思和公司金融部的另一位负责人到比弗利山去，劝说米尔肯不要介入波斯纳对菲施巴赫公司的收购案，波斯纳正因为骗税而被调查。最初，米尔肯还不断反对，并且用德崇公司常用的一句话来辩解："如果德崇公司不做这项交易，第一波士顿银行就会做的。"然而慢慢地，他似乎也回心转意了，还称赞温罗思，说他针对波斯纳的报告写得很好。当温罗思离开时，他感觉自己已经说服米尔肯放弃了菲施巴赫公司的交易，但是他根本就不可能知道，米尔肯早已经卷入其中。米尔肯在温罗思面前表现出回心转意只不过是做做样子而已。

接下来的那个星期，比弗利山的工作人员继续准备收购菲施巴赫公司的交易，就好像温罗思从来没有来过一样。温罗思非常失望，于是向约瑟夫汇报，约瑟夫给就米尔肯打电话谈此事。但是米尔肯坚持这项交易必须进行。米尔肯提到了波斯纳先前一些成功的案例，并告诉约瑟夫，他也很重视波斯纳的"信息流"。

约瑟夫只好象征性地反驳了一下，尽管他知道菲施巴赫公司的收益和股价都在下跌。他用菲施巴赫公司有很大的市场份额为理由，来说服自己这起交易非常合理。不过，约瑟夫坚持所有收益都只能用来购买菲施巴赫公司的股票，而不能用于波斯纳的其他活动。他还成功地稍微调整了筹款的条件。但是，德崇公司的人都不是傻子，大家心知肚明：真正做主的是米尔肯，而不是约瑟夫。

1985年，德崇公司通过高收益债券私募配售的方式，为宾夕法尼亚工程公司筹集了5,600万美元的资金。当然，米尔肯和布斯基之间的秘密协议没有被提及。如果人们知道这是一起非法阴谋的话，他们就不会购买这些债券了，即使米尔肯的忠实客户也不会购买的。大部分股票都卖给了德崇公司的一个忠实客户多特·卡梅伦三世，他原来是米尔肯手下的员工和追随者，后来加入了巴斯（Bass）家族的投资公司，在那里从事米尔肯开发的债券的发行工作；其余的大部分被德崇公司吸收，加入了公司垃圾债券的库存之中。在这次私募配售之中，德崇公司赚到了300万美元的服务费。

这项计划按照米尔肯的设计顺利进行，毫无波折。几个月后，布斯基悄悄地在伦敦证券交易所，以相当于每股45美元的价格将菲施巴赫公司的股票出售了，而此时，在纽约这只股票的价格还不到40美元。尽管如此，经过计算，布斯基还是损失了大约500万美元，不过他相信以后会得到补偿的。当然，布斯基在向美国证券交易委员会提交的例行文件中，并没有披露买主的信息。实际上，是宾夕法尼亚工程公司购买了这些股票，它用德崇公司为它筹集的资金，以相同的价格，购买了相同数量的菲施巴赫公司的股票和债券。美国证券交易委员会要花费大量的时间耐心寻找，才能从成千上万份交易报告单中发现这种情况。米尔肯肯定推测过，没有人会注意到两者之间的关联性。

当然，德崇公司在比弗利山的办公室注意到了这一点，甚至连纽约的总部也注意到了。从表面上看，这起交易毫无意义：波斯纳完全可以在纽约从公开市场上以低价购买股票，但是他却在伦敦市场以高于市场价的价格购买股票，为什么呢？温罗思和其他的人都在不安地想，是否有人向布斯基许诺，要帮他解套，弥补他的损失？如果是的话，那是谁许诺的呢？他们讨论了种种可能性，但是却听之任之，没有人向米尔肯问起此事。

当年晚些时候，菲施巴赫公司宣布了新任董事长的名字：维克托·波斯纳。米尔肯完全胜利了。他迅速把自己的管理方式带到公司之中，大幅提高自己的薪水，侵吞公司资产，大量解雇工人。最后，这个一度繁荣的公司也开始日渐衰落。

在这起收购中，菲施巴赫公司的屈从，在华尔街除了少数套利人和投资银行家注意到外，没有引起太多的关注，但是那些目睹此事的人都对米尔肯的表现充满了敬畏。波斯纳搬起石头砸自己的脚，被中止协议束缚了手脚。接着，米尔肯插手，打破限制，最终使菲施巴赫公司俯首称臣。这就是权力！菲施巴赫公司只是米尔肯计划中的一小部分，他在策划菲施巴赫公司一案时，也在指挥波斯纳打破另一个收购僵局，这次是一个更大、更棘手的对手——国家制罐公司（National Can Co.）。

国家制罐公司是一家位于芝加哥的大型包装公司，多年来，波斯纳一直在不断地购买该公司的股票。到1981年，他已经成为该公司最大的股东，持有的股份占到了38%，但是他声称自己购买该公司的股票只是为了投资。接着，到了1983年年底，大约是菲施巴赫公司的计划开始之时，国家制罐公司宣布了一项常规的债券发行计划，数额高达1亿美元。这些债券将由该公司一直以来合作的投资银行——所罗门兄弟公司承销。

这个决定在比弗利山引发了极大的愤怒。米尔肯看到本该由他来做的生意竟然被交给了竞争对手，顿时暴跳如雷。国家制罐公司必须把业务交给德崇公司来做，否则国家制罐公司就会惨遭波斯纳的毒手。

波斯纳联系了国家制罐公司的管理层，并首次直接插手干预公司的运营。他说对公司打算让所罗门兄弟承销债券感到极不高兴，并表示想让公司同德崇公司进行接洽。因为波斯纳是国家制罐公司的最大股东，因此董事会无奈同意了他的要求。当年12月，国家制罐公司的管理人员在芝加哥与德崇公司的恩格尔和其他人员谈了几次，德崇公司提议由自己承销债券。但是，德崇公司要求的利息成本比所罗门兄弟公司整整高1个百分点。没有任何正当理由放弃所罗门兄弟公司而选择德崇公司。很显然，波斯纳是在迫使国家制罐公司接受德崇公司。

国家制罐公司的管理人员奋起反抗。波斯纳直截了当地提出，国家制罐公司要么以巨大的溢价全部买下他的股票——绿票讹诈——要么同他一起参加德崇公司牵头的杠杆收购，这样他最终会拥有公司80%的股份。不过，公司管理层仍然持有20%的股份。当然，波斯纳不需要提醒他们，他可以轻而易举地收购该公司，把这些管理人员扫地出门。

国家制罐公司的管理层从来没有遇到这样丑陋的、赤裸裸的恶意收购，而这一切竟然都是由于一项常规的债券发行引发的。该公司的董事长是备受尊重的弗兰克·康西丁，他是芝加哥商界的中流砥柱，中西部务实价值观的典范代表。在同康西丁和该公司的首席财务官沃尔特·斯特泽尔谈话时，波斯纳不断地威胁他们。尽管在波斯纳提交的13D表中，他从来没有提到他与国家制罐公司其他的股东组成了一个小团体，但是他却不断地告诉该公司的管理人员，该公司50%的股份都在"朋友"的手中，这些人都会听他指挥的。面对这种困境，国家制罐公司别无选择，只好和波斯纳一起参与到杠杆收购之中。

德崇公司开始高速运转，以每股40美元的价格将国家制罐公司的股票买断，总计大概4.1亿美元。波斯纳原来都是以低于40美元的价格买进的，现在，他不仅可以大赚一笔，并且最终取得了对该公司的控制权。德崇公司也将获得巨额的收益，除了获得投资银行的咨询费外，它通过米尔肯发行的垃圾债券也筹集到了1.5亿美元的资金，这样，按照它通常的收费标准，仅融资费用大约就达500万~600万美元。

他们的收益还不仅这些。米尔肯的真正收益情况隐藏在比弗利山严格保密的合伙账户中。米尔肯率领的合伙公司，原来的目的是让他手下从事垃圾债券业务的人不用再担心自己的投资。他们大量买进和卖出德崇公司承销的垃圾债券，并且在债券交易之前以优惠价买进，而这些债券一开始交易，价格就会猛涨，因此这些合伙公司也十分兴旺。第一批成立的合伙公司中，有一个叫奥特克里克（Otter Creek），它成立于1979年，其合伙人包括米尔肯、他的弟弟洛厄尔和德崇公司比弗利山分部一些受到青睐的员工，共计37人。参与者仅限于同米尔肯关系密切的人。每个人都被告知不许向纽约总部的任何人提及合伙公司或者其收益情况，以免泄露消息，引发忌妒，甚至约瑟夫也不知道它们的活动范围。当温罗思问参加比弗利山合伙公司的人都有谁时，米尔肯圈子里的一个人告诉他，这不关他的事。这里的交易只受比弗利山的监管，德崇公司纽约的监管部门无权过问。

在国家制罐公司交易之前，奥特克里克公司几乎只在垃圾债券和相关的证券上投资，如认股权证和可兑换债券，从来不投资普通股票。但是，它的交易记录显示，1983年12月，它买进了5.42万股国家制罐公司公开交易的股票。毫无疑问，这些都是波斯纳在威胁国家制罐公司时，常常提及的一些"朋友"的股票。

在圣诞节假期期间，国家制罐公司最终同意由德崇公司进行杠杆收购。这是高度敏感的消息，足以立即引起股市的震荡，因此提前知道这个消息的人都要严守秘密。然而，1984年1月3日，仅仅在决定做出之后几天，还没有公开宣布之前，奥特克里克公司就又购买了1万股国家制罐公司的股票。

1月5日，国家制罐公司召开董事会议，同意了德崇公司的收购计划。同一天，奥特克里克公司买进了该公司2.13万股股票，两天后又追加了2,000股，这个时间安排真是惊人的巧妙。据称，这些购买决定都是由奥特克里克公司的管理委员会做出的，而该委员会是由米尔肯的弟弟洛厄尔领导的。

国家制罐公司的股票平均每天的交易量只有大约4,000股左右。交易量的突然猛增和价格的相应猛涨，立即引发了国家制罐公司管理层和董事会成员的关注，他们担心收购的消息已经被泄露给市场。因此，1月12日，国家制罐公司匆忙公开宣布公告，声称正在考虑德崇公司的杠杆收购计划。不难预料，公司的股价立即上涨。

奥特克里克公司在收购计划公布之前明目张胆地"巧妙"买进股票，引起了纽约证券交易所的关注，并对此展开了一场内幕交易的调查，要求德崇公司提供奥特克拉克公司的相关交易情况。但是德崇公司故意拖延刁难，千方百计阻止调查人员获取信息，声称奥特克拉克公司的交易是在一个"不可任意操纵的账户"（Nondiscretionary Account）中的"自发交易"（Unsolicited Transaction）。经过不断追问，德崇公司最终被迫承认奥特克里克公司的投资人是德崇公司的员工，但是紧接着它又故意发布了一个似乎是虚假的声明，称奥特克里克公司、德崇公司和国家制罐公司之间没有任何联系，而此时，德崇公司正在为杠杆收购进行融资。

这次调查对德崇公司的监管部门是个极大的讽刺：纽约证券交易所的调查应该促使该公司进行内部调查，为什么公司的员工在客户即将进行杠杆收购的时候购买客户公司的股票？但是，在比弗利山分部负责监管工作的人竟然向洛厄尔透露了消息，而洛厄尔本人也参与了该项交易。不过，德崇的策略成功了，交易所最终撤销了对奥特克拉克公司的调查活动，在最后的报告中称奥特克拉克公司"与国家制罐公司没有任何关系"。令人不可思议的是，纽约证券交易所竟然从来没有发觉奥特克里克公司的人就是那些为国家制罐公司的杠杆收购筹资的人。

波斯纳最后并没有得到国家制罐公司，但是他却被米尔肯救了出来。由于债务太高，管理不善，这种情况甚至在菲施巴赫公司收购案之前就引起了约瑟夫和温罗思的担忧。到1984年中期，波斯纳金融帝国开始摇摇欲坠，参与国家制罐公司收购计划的银行全都撤出了。康西丁疯狂地筹集资金，试图进行杠杆收购，但是却根本不是米尔肯的对手。米尔肯把收购国家制罐公司的机会转给了他其他的忠实客户，因为他相信他们出的价格会高于康西丁的价格，让他们代替波斯纳控制了该公司。

卡尔·伊坎曾经认真考虑过收购国家制罐公司，甚至大量买进了该公司的股票，但是最终却犹豫了。最后，米尔肯的另一个老客户纳尔逊·佩尔茨买下了该公司。德崇公司为佩尔茨筹集了5.95亿美元的资金，赚到的筹资费和投资银行费比由波斯纳收购的原计划还要多。购买国家制罐公司债券的都是过去常常资助米尔肯进行收购的老客户，包括弗雷德·卡尔的第一执行公司（First Executive Corporation）、托马斯·斯皮格尔的哥伦比亚储蓄与信贷银行，以及梅苏莱姆·里克里斯、卡尔·林德纳和罗纳德·佩雷尔曼。

至于奥特克拉克公司，它悄悄地把国家制罐公司的股票以380万美元的价格卖给了佩尔茨，获得了不菲的利润。仅在1984年1月的交易中，合伙公司就赚到了近50万美元。就这样，在米尔肯的导演下，国家制罐公司被迫易主，而在这个过程中，米尔肯他们还进行了一场内幕交易，恶意兼并与内幕交易如此紧密相连，难解难分，而这种伎俩还将反复上演。

在德崇公司的总部纽约，弗雷德·约瑟夫仍然是公司金融部的主管，却对奥特克拉克公司的情况一无所知，更不要说它在国家制罐公司中的交易情况了。米尔肯仍然向坎特负责，而坎特向公司的董事长林顿负责。但是，恩格尔确实是在为约瑟夫工作，恩格尔与波斯纳的关系也确实为德崇公司带来了利润，约瑟夫并不否认这一点，甚至恩格尔还和米尔肯的一位朋友罗纳德·佩雷尔曼迅速成为朋友。佩雷尔曼是一家控股公司的负责人，该公司叫麦克安德鲁斯·福布斯（MacAndrews & Forbes），正在逐渐成为德崇公司实施策略的工具。但是，德崇公司的监管部门向约瑟夫递交了一些交易记录，这些材料使他不得不对恩格尔的道德观和是非判断力重新进行评价。记录显示，德崇公司的一名销售人员在一项交易中进行内幕交易，约瑟夫知道，这个人与恩格尔是好朋友，而恩格尔也卷入了其中，约瑟夫不能容忍这种情况。

约瑟夫非常生气，把恩格尔和那名销售人员一起叫到了他的办公室里。交易纪录显示，这位销售人员曾经经手一项交易，这项交易前期看来好像要谈成，可后来破裂了；他在看着要谈成时一直买进股票，尔后又正好在破裂的消息宣布前将股票卖出。约瑟夫知道恩格尔对此项交易的进展非常了解，因此他命令道："解释一下，时机怎么掌握得这么巧妙？"恩格尔处变不惊，十分镇定，坚决否认有什么问题。他坚持说："这只是一个巧合。"那名销售人员也附和说是巧合。约瑟夫感觉到他们是在撒谎。"向上帝祈祷，不要再发生类似的'巧合'，"约瑟夫厉声说道，很明显对他们表示不信任，"如果再有此类事件发生，你们就死定了，直接卷铺盖走人。"

又过了几个星期，温罗思告诉约瑟夫，他从一个客户那里听说，恩格尔向公司的一个客户借了6.5万美元。约瑟夫非常讨厌这种做法。虽然公司在这一点上没有明确的规定，但是很显然，公司的"投资银行家"不应该欠客户的钱财，否则这将会影响他们的判断力和客观性。约瑟夫把恩格尔叫了过来，当场就解雇了他。

恩格尔直接去找米尔肯。他辩解说实际上是那个客户欠他10万美元，那6.5万美元只是用来抵债的一部分，并声称温罗思去向约瑟夫打小报告，是想把自己挤走。米尔肯给约瑟夫打电话，要求让恩格尔恢复原职，并说恩格尔"非常有用"。约瑟夫知道，米尔肯只重视销售业绩，而恩格尔能够为公司带来客户，虽然约瑟夫对他的方法非常反感，但是他的方法似乎却很有效。约瑟夫明白，米尔肯做事很少考虑道德或者正直。但是有多少交易员会考虑呢？

由于米尔肯的竭力反对，约瑟夫感到不得不做出妥协。他不想在解雇恩格尔一事上手软，但是米尔肯建议让恩格尔做德崇公司的"顾问"，就是他所谓的"客户开发者"。恩格尔根据开发客户的多少收取一定比例的提成，从4%到20%不等。约瑟夫坚持不让恩格尔充当德崇公司的代表，但是最后还是屈服了。

这是在诚实正直问题上的关键让步。德崇公司内部和外界的人士都知道，恩格尔"顾问"的名称只是块遮羞布。米尔肯击败了约瑟夫，为自己赢得了一个忠臣。恩格尔把自己的办公室搬到了佩雷尔曼作为总部的曼哈顿公寓的第三层。但是，要打电话给恩格尔，还必须通过德崇公司的总机。现在，恩格尔作为顾问，比以前当员工时挣的钱还要多，他甚至对米尔肯更加忠实了。

1983年年底，德崇公司并购部的主管戴维·凯兴高采烈地迈进约瑟夫的办公室。他最近刚刚从比弗利山回来，看起来有点儿晒黑了。凯说："我们干得很棒啊！"然后，他一五一十地列举了他的部门为公司赚到的利润。但是，约瑟夫却不为所动。

他说："让我们看看那些数字吧！"自从约瑟夫加入德崇公司，米尔肯在垃圾债券上取得了巨大的成功，公司的总收入迅速增加，已经接近10亿美元，大概是原来的10倍。约瑟夫对凯说："你们部门的收入仅占总收入的10%，大概也就是1亿美元。在大多数公司，并购部的收入会占公司总收入的30%~40%。"

凯回答说："你真是哪壶不开提哪壶啊。"

约瑟夫对凯有点儿不太公平。因为米尔肯部门的收入增长速度太快，德崇公司其他部门的收入只能占到公司总收入的很少一部分，完全无法同华尔街上其他公司的类似部门相提并论。约瑟夫希望出现多元化的局面，他知道，如果过分依赖一个人和一项业务，在华尔街的经济繁荣与萧条的循环中，这是非常危险的。但是他能怎么办呢？每当金融部、并购部或者其他的部门设法展示一些成绩时，米尔肯又会远远地把他们甩在身后。

在和凯进行了一番谈话之后，约瑟夫对并购部在公司的作用思考了很多。对于那些大公司，如摩根士丹利、高盛，约瑟夫曾经立志要在15年内赶上并超过它们，但是现在它们都在并购领域变得越来越显赫。但是德崇公司有它们所不具备的优势，那就是迈克尔·米尔肯。他可以成为约瑟夫一直在寻找的"尖刀"。波斯纳的案例已经显示，米尔肯的造钱机器和并购业务可以密切地结合在一起。

多年来，约瑟夫一直向一个名叫卡维斯·高拜（Cavas Gobhai）的管理学大师求教。高拜是出生于孟买的一位咨询师，善于组织召开两天的密集会议，利用头脑风暴和"直抒己见"的方式集思广益，解决问题。1983年11月，约瑟夫请高拜再组织一次会议，目的是帮助德崇公司寻找在新兴的并购领域取得领先的方法。考虑到德崇公司的权力中心所在，此次会议在比弗利山的威尔希尔酒店召开，距米尔肯的总部只有一街之隔。

德崇公司共有10人参加，都是公司投资业务领域的骨干。比弗利山分部有4人参加：米尔肯、特雷普、阿克曼和鲍勃·达维多；纽约总部有6人参加：约瑟夫、凯、利昂·布莱克、约翰·基西克、赫伯特·巴彻勒和弗雷德·麦卡锡。会上，大家迅速得出结论，德崇公司需要一个并购"明星"，以吸引重要的客户。他们列举了第一波士顿银行的布鲁斯·瓦瑟斯坦、雷曼兄弟公司的艾瑞克·格里切尔，以及最近在马丁·玛丽埃塔公司收购案中声名鹊起的马丁·西格尔，而且西格尔还被排在了第一位。这是一次很有趣的会议，但是参会的人中，没有一个人认为这些候选人会对德崇公司伸出的橄榄枝表示兴趣。

不过，他们想出了一个更吸引人的办法。大公司的并购业务之所以能够繁荣，只是因为它们有雄厚的资金和强大的借贷能力。德崇公司可以展示这样一种理念：如果你来找德崇公司，我们就会为你准备好资金，让你不用再考虑钱的问题。波斯纳就是一个例子，德崇公司为他筹集了10亿美元的资金，使他在收购战中拥有10亿美元现金，这与借贷能力的大公司一样强大。股东，尤其是那些大量购买收购目标公司股票的套利人很少关心这些钱是怎么来的——只要他们能够得到支付就够了。

大家在这个想法上又前进了一步。如果德崇公司要在尚未筹到钱时承诺提供融资，该怎么办？德崇公司可以发布一个"高度自信"的声明，称本公司"高度自信"可以为收购者筹集到许诺的资金。只要德崇公司一直坚持遵守诺言，这个声明就会像现金一样管用。

很显然，那些能够从银行和信贷市场获得贷款的大公司不会因为这份保证转而求助于德崇公司，但是那些没有其他融资渠道的人呢？从过去的经验中德崇公司知道，有一个领域尤其难以获得资金支持，那就是恶意收购——银行对此避之不及，像高盛之类的投资公司也是如此。他们还讨论了同波斯纳这些人关系密切可能给公司带来的负面影响和风险。米尔肯毫无保留地支持这种做法，连一向谨慎的约瑟夫也认为在收购热中可以尝试这种方法。如果德崇公司要想繁荣昌盛，真的是别无选择，而且一两次恶意收购几乎也不会对公司的声誉造成什么大的影响。

约瑟夫和同事们回到了纽约，在公司里传出消息，要大家多注意恶意收购的业务。但是约瑟夫决定，大的举措要在即将到来的高风险债券大会上做出。届时，他和米尔肯将宣布改变恶意收购界的新战略。

高收益债券大会始于1976年，开始规模比较小，那是米尔肯决定把自己的部门搬到西海岸的前两年。当时市场萧条，米尔肯也少有地出现了情绪低落。他向约瑟夫抱怨说，没有人愿意听他述说低等级债券的收益，更找不到买主。米尔肯向约瑟夫恳求道："给我一些客户吧！"

于是，约瑟夫想出了一个主意，把金融部的一些客户、发行没有评级债券的公司以及米尔肯的一些客户召集在一起，开个交流会。这个会议几乎没成功，约瑟夫只召集到了三家公司，米尔肯也只吸引到了七八个买主。在3月一个寒冷的雨天，他们在德崇公司的会议室召开了会议。米尔肯热情洋溢地宣传垃圾债券的潜力，就好像下面坐着数百人的听众一样。

第二年，参会的人数增加了许多，有50多人参加。1979年，米尔肯把会议搬到了比弗利山的希尔顿酒店。星期五的晚宴是两天会议的高潮，但是却组织得很糟糕。在客人们就座前10分钟，德崇公司的主管们才接到安排客人座位的名单，他们应该去招呼客人，把客人引领到指定的座位，但是多数人以前他们都没有见过，因此也不认识那些人。人们只好随意就座，食物太油腻了，餐巾纸也不够用，人们到处寻找。晚宴上也没有娱乐活动，只有太阳化学公司（Sun Chemical）董事长发表了一个内容空洞的演讲。

之后，恩格尔找到米尔肯说："这些CEO做事都讲究排场，饭前的开胃菜太恶心了，正餐也乱七八糟的。"米尔肯觉得恩格尔提得有道理，就让他负责下一次大会。

在恩格尔的组织下，1980年会议在接待标准更高的比弗利山的威尔希尔酒店举行。它从周二晚上开始，一直持续到周六早上才结束，后来的会议也都是这样安排的。恩格尔邀请现有的客户、潜在的客户和债券买主参会，米尔肯认为这些人可能会发行债券或者购买债券。那些已经发行过低等级债券的公司的首席执行官受邀在会上发言，称赞垃圾债券的神奇力量。

在周五的晚宴上，食物的档次明显提高了，座位安排也很妥当。但是，几个学者和一个民意调查者的发言却很乏味，175名客人中，许多人都听得昏昏欲睡。

然而到1984年时，高收益债券大会已经非常成功，参会人数超过了800人，座无虚席。会议仍然在比弗利山的威尔希尔酒店召开。米尔肯是东道主，也是会场的明星，他每组讨论会都要参加。他的谈话主题不仅仅涉及垃圾债券，还包括就业、教育和人力资源稀缺。这些主题在他今后几年会议的演讲中不断被重复，他的粉丝们全神贯注地倾听着他的每一句话，好像米尔肯这个债券销售人已经成为20世纪80年代一位世间的圣贤。

这次会议由恩格尔等8个人负责操办，但是米尔肯对每个细节都亲自确认，甚至包括座位安排。一切都按照计划行事，毫无闪失。20世纪福克斯电影公司的董事会主席巴里·迪勒和派拉蒙电影公司有过节，因此不能安排他和派拉蒙公司的母公司海湾西方公司的董事长马丁·戴维斯坐在一起。斯通集装箱公司（Stone Container）的总裁罗杰·斯通是位垃圾债券发行商，要和富达投资的代表们坐在一起，这是一家共同基金，曾经是斯通公司债券的大买主。客户服务也达到了新水平，甚至如果有客户要求在天花板和墙上安装镜子，德崇公司也会派人立马安装。

参加周五晚宴的人数达到了1,500人，宴会不得不转移到了世纪广场酒店举行。这次，没有一个人睡觉。没有了枯燥的经济学家或者民意调查者，取而代之的是一个大屏幕，上面播放着德崇公司的商业宣传片，由史蒂夫·韦恩（Steve Wynn）和弗兰克·辛纳屈（Frank Sinatra）主演。片子放完后，米尔肯和韦恩登上舞台，来到聚光灯下，米尔肯开玩笑地对韦恩说："你们这些家伙都不知道怎么做生意。"

韦恩回答说："哦，是吗？让我们找专家评评理吧。"

韦恩刚说完，辛纳屈就大步登上舞台，手中还挥舞着一把钞票。"给你，伙计。"辛纳屈说着，随手把钱递给了韦恩，"买点债券吧。"接下来，辛纳屈表演了45分钟的歌曲联唱，听众们全都兴高采烈，场面热闹非凡。

辛纳屈的登台表演，德崇公司支付了15万美元的报酬。但是同这次会议所带来的收益相比，这根本就微不足道。

一年后，在1985年的高收益债券大会上，约瑟夫看着现场涌动的人潮，十分吃惊竟然有这么多人参加。由于人数太多，会议被迫转移到了比弗利山的希尔顿酒店。100多位同德崇公司有合作关系的垃圾债券发行商在大会上发言。约瑟夫从主桌旁走上讲台，趁演讲的间隙，向来宾献上他和米尔肯所谓的"简短的商业插曲"，其实就是利用这个机会向台下的听众宣传德崇公司的新思想。

现在是宣布将公司的战略转移到并购战场的时候了。"我们正在研究非友好兼并的融资方法。"约瑟夫说，来宾全都聚精会神地听着。他解释了在11月的那次会议上所讨论过的"高度自信"声明的概念。他说："我们认为我们已经解决了问题，而且我们相信我们能够做到这一点。"约瑟夫详细阐述了他的见解：被收购的公司应该属于甘愿冒险的人。换句话说，就是应该属于德崇公司的客户，而不是公众股东。任何人，只要有了德崇公司的支持就能买下一家公司。约瑟夫最后总结说："我们做了一件史无前例的事情，就是让大家在竞赛场上平等地竞争，小的也可以挑战大的。"

他想知道大家是否完全明白了他的意思。但是过了一会儿，他在男卫生间无意中听到两位参会者的谈话。其中一个问道："你听到弗雷克说什么了吗？"另外一个回答说："听了，哎呀，真是太可怕了！"

由于会议的重点转移到了恶意收购，因此那一年的会议也被称为"捕食者大会"。这个词同"垃圾债券"一样具有顽强的生命力，此后所有的高收益债券大会都改成了这个名称。

那天下午晚些时候，约瑟夫和米尔肯举行了一场并购讨论会，米尔肯估计参会的人员可以筹集到一万亿美元。几乎每一个企业狙击手、准狙击手和狙击手专家都出席了。卡尔·伊坎作主题发言，著名的英裔法国金融家詹姆斯·戈德史密斯爵士问了几个问题，卡尔·林德纳也问了几个问题。传媒巨头鲁伯特·默多克阐述了自己的想法，得克萨斯州的石油狙击手布恩·皮肯斯和乔·弗洛姆也分别发表了自己的观点。会议还有几分喜剧色彩。德崇公司的一个客户美泰公司（Mattel）安排时装模特举行了一场奥斯卡·德拉伦塔公司（Oscar de la Renta）新款芭比娃娃晚礼服表演。

但是，真正的活动是在一个更为私密的地方进行的，这就是比弗利山酒店的8号别墅。8号别墅是饭店最大的别墅，里面有三个卧室、一个客厅、一个餐厅，还有一个私人庭院。

8号别墅已经成为会议的神经中枢，也是洽谈交易和追寻其他梦想的最疯狂的地方。每年恩格尔都来这里。从1983年开始，他周四的晚上都要在这里主持鸡尾酒会。只有部分客人会受到邀请，都是同德崇公司关系密切的客户。年轻貌美的少女——多数都是女演员和模特——会在这里同这些富有的商人欢聚。他们的妻子谢绝参与，但是她们可以参与后来在蔡森餐厅（Chasen）举行的盛宴，不过很少有人参加。

德崇公司金融部恳求恩格尔邀请他们的客户参加鸡尾酒会。有些客户自己也向恩格尔请求，希望参加。他们常说："我今年给德崇公司贡献了5,000万美元，我应该受到邀请。"到1985年，参加鸡尾酒会的竞争更加激烈了。

那个星期四的晚上，被选中的客人们早早来到8号别墅，殷勤的恩格尔站在门口欢迎。约瑟夫也来参加了，刚一进去，他就注意到一群令人炫目的少女扎在人群之中。他被告知这些人没有一个是妓女。毕竟，这是世界上最富有的人参加的鸡尾酒会，谁还需要出钱找女人呢？德崇公司最大的客户卡尔·林德纳还委托约瑟夫查查一个女孩的情况，因为他的儿子看上了这个女孩。约瑟夫了解到这个女孩是一位德高望重的医生的女儿，这位医生是德崇公司一位董事的好朋友。约瑟夫曾经说过，他不能容忍有违德崇公司道德准则的事情，尤其是在公司正要走向舞台中心的时候。

但是那些想法很快就消失了，因为当晚在8号别墅要酝酿更为重要的事情。布斯基在一个角落里与伊坎悄悄地谈着，詹姆斯爵士与皮肯斯和弗洛姆等人在畅谈着，默多克和林德纳在与凯和恩格尔闲聊。仅仅几个星期后，皮肯斯就对联合石油公司发起了收购，佩尔茨对国家制罐公司发起了收购，詹姆斯爵士即将攻击皇冠齐勒拜奇公司（Crown Zellerbach），法利（Farley）也打算并购西北工业公司（Northwest Industries）——这些全都是由德崇公司资助的。

8号别墅里人头攒动，气氛热烈，甚至外面也如此。德崇公司即将为他们提供数十亿美元的资金，一想到这美好的前景，每个人都非常激动。周五的晚宴更是兴奋的高潮。大屏幕上播放着电影《捉鬼敢死队》（*Ghostbuster*）的插曲，来宾们大声伴随着旋律叫喊："想要快速挣钱找谁呢？就找德崇。"接着，屏幕消失了，歌星戴安娜·罗斯（Diana Ross）身穿闪闪发光的礼服走上舞台，为大家表演节目，观众们惊喜不已。她唱了几首流行歌曲，中间还换了两次衣服。

多数与会者都留下了深刻的印象，然而也留下了一些疑虑。一位参加当年会议的人后来在接受《旧金山纪事报》采访时说："你不知道，这是美国商业中的一个分水岭，还是一场不正当的投机。"

5. 交易与欺诈

威尔吉斯正在拉扎德兄弟公司的办公室上班,突然办公桌上的电话响了起来。他拿起电话,这是上午的第一个电话。不足为奇,正是莱文打来的。莱文张口就说:"今天别上班了。"

威尔吉斯不耐烦地回答说:"丹尼斯,你知道不行的。"威尔吉斯十分吃惊,莱文竟然有这么多自由时间。他在花旗银行时就经常旷工,到了现在竟没有怎么改变。

莱文继续说:"那我们一起吃午饭,去河畔咖啡厅(River Café)。"

威尔吉斯同意了。当然,"我们一起吃饭"意味着莱文想同他谈论"游戏"的事。现在,他们从来不在办公室的电话里谈论这种事。如果非要在电话里谈,他们就用街边的投币电话,不过还是面谈为好。

此时正是1984年6月,纽约的天气十分炎热,但是河畔咖啡厅里却"更热"。这是一个高档餐厅,位于布鲁克林码头的一个豪华游艇上。现在,餐馆突然成了纽约富人们新的社交场所,到这里的人多数都是用公款账户报销的。在这里可以看到最新的时尚,人们还比着看谁能占到最好的位置。

莱文喜爱这种热闹的地方，喜欢用他的"零花钱"抢占最佳的座位。那天下午，他占到了一个很棒的位置，从那里可以看到横穿东河的曼哈顿的地平线。他坐在那里边看风景，边等他的朋友。当威尔吉斯抵达时，莱文说："我正在检验你的忠诚，你埋单吗？"

威尔吉斯点了点头，感觉自己别无选择。

"好的。"

威尔吉斯支付这笔钱还是绰绰有余的。他最近刚刚去了一次开曼群岛，这是他转移账户之后第一次到那里去，那里的银行工作人员全都对他笑脸相迎。在不到一年的时间里，他账户上的收益已经超过了50%。

莱文点了一瓶最贵的波尔多葡萄酒，然后盯着威尔吉斯说："鲍勃，我想知道一些事情。你来见我是因为你认为我还是你的朋友，还是只是因为我能够给你提供消息？"

威尔吉斯回答说："别废话，丹尼斯。我们谈谈游戏吧。"他对莱文突然之间变得感伤有些不舒服。

但是莱文似乎只想谈谈别的。他喜欢抱怨他的妻子，并让威尔吉斯也谈谈自己的妻子，但是莱文粗鲁甚至恶毒的话让威尔吉斯感觉很难受。莱文常说："我讨厌回家。你想要什么女人，我都可以给你'买'回来。"

无论威尔吉斯说起什么，莱文都用同样的方式应对。威尔吉斯第一次开始享受曼哈顿的生活，他听音乐会、看歌剧、逛书店，和志趣相投的人聚会。但是这些都提不起莱文的兴趣。"要是买不到，就去他妈的。"这成了他的口头禅。

莱文喜欢向威尔吉斯讲述他在雷曼兄弟公司所遭遇的不公正待遇。他说，彼得·所罗门"爱他"，但是其他人几乎都歧视他。他解释说，雷曼兄弟公司是个"世家"。威尔吉斯很困惑："我不明白，他们难道不是犹太人吗？"

莱文回答说："他们是德国人，就像WASP一样坏。"

过了一会儿，莱文把话题转到了此次午饭真正的目的上。他一脸严肃地说："我们必须谈谈。"

威尔吉斯问道："谈什么呢？"

莱文回答说："放松，鲍勃。"然后他故意停住话，让悬念拖延了一会儿，"先来瓶白兰地。"直到白兰地送上来，他才开始谈主题。

他说："沃利太令人难以置信了，戈尔迪也是啊。"

威尔吉斯感到局促不安，他知道对莱文来说，自己一直都没有太多的贡献。联合技术公司对本迪克斯公司的收购战使马丁·西格尔一举成名，在交易即将结束之时，威尔吉斯事先得到了消息。他把消息告诉了莱文，在收购公开宣布之前不到一个星期时，莱文买进了两万股，一下子赚到了十多万美元的利润。但是，大功劳都来自其他人。莱文从雷曼兄弟公司获得利顿实业公司（Litton Industries）打算收购依泰克公司（Itek Corporation）的消息，从中赚到了80多万美元。这项交易的具体情况是索克洛夫向他透露的，莱文在收购公布之前5天一下子买进了五万股。另外，在高盛公司的客户赫克力士公司（Hercules Inc.）收购西蒙兹精密仪器公司（Simmonds Precision Products Inc.）时，他也赚到了近15万美元。

莱文继续说："我都有记录的，这是戈尔迪的，这是沃利的。威尔吉斯，只有你的是赤字啊。"

威尔吉斯感到一阵焦虑，难道他成了可有可无的人吗？尽管他对这种关系感到很不舒服，但是莱文仍然是他最亲密的朋友。这种游戏已经把他们拴在了一起，他们之间的这种亲密程度是他未曾有过的。他真的相信莱文非常在意他，而莱文似乎也常常需要确信威尔吉斯就是他的朋友。

但是，还有一个更重要的因素。威尔吉斯不得不承认，他喜欢在收购竞争中下赌注的刺激和兴奋，他喜欢交易悬而未决时的紧张和交易宣布时股价猛涨的极大乐趣。这些胜利使他产生了一种高高在上的优越感，金钱似乎已经不再重要了。和莱文不同，威尔吉斯不喜欢口袋里揣着大量现金到处溜达。他的交易收益虽然不断增加，但是他几乎从来没有取过钱。

莱文督促威尔吉斯更加努力一些，多了解一些拉扎德公司的内幕消息。但是，莱文也明确表示不会将威尔吉斯踢出去，至少目前还不会。莱文说："我需要有人帮我继续进行交易。"他还解释，威尔吉斯能够起到这种作用。他继续说，"你的记忆力有时让我感觉害怕。"威尔吉斯几乎具有照相机般的记忆力。"我只希望拉扎德兄弟公司办公室的办公桌还没有变动。我会再来找你的，你比我更了解我啊。"

威尔吉斯知道，无论是祸还是福，他和莱文现在几乎已经上了同一条船，对此，他感到非常宽慰。莱文坦诚地说，这个游戏几乎成了他唯一在意的事情。他说，这已经是他"最神圣的事业了"。

威尔吉斯回到了拉扎德公司，心中带着新的决心，希望做得更好，让莱文满意。

尽管莱文对雷曼兄弟公司满腹抱怨，但是他在那里的地位却随着并购业务的繁荣和公司内部的斗争而逐渐上升。畅销书《华尔街的贪婪与荣耀》（*Greed and Glory on Wall Street*）中对这场斗争有详尽的记述。以路易斯·格鲁克斯曼为首的"草根派"交易员同以彼得·G.彼得森为首的"贵族派"交易员之间斗争激烈，最后前者占据上风，导致不少投资银行家另谋高就。莱文的地位相应得到了提高。招聘莱文进来的格里切在1983年年底离开雷曼，到了摩根士丹利公司，因为格鲁克斯曼绕过他，安排理查德·宾厄姆担任并购部的主管。莱文想法把自己的办公室调换到了宾厄姆的旁边。他声称自己的情报搜集工作非常重要，因此他必须靠近部门的主管，以便随时"报告最新消息"。

1983年夏天，莱文抓住机会参与了雷曼公司支持的一起收购案，是克莱伯尔公司（Clabir Corporation）收购HMW工业公司。HMW是一家国防项目承包商，以生产集束炸弹而闻名。

克莱伯尔公司是雷曼兄弟公司投资银行家史蒂夫·沃特斯的客户，

沃特斯选择莱文作为收购交易的第二负责人，而莱文却转而让索克洛夫做分析工作。这项交易涉及金额约为1亿美元，进展得相当低调，参与者多为华尔街的著名人物。西格尔代表目标公司HMW，赖克被沃切尔律师事务所派来负责这项交易，所以他实际上是在和莱文合作。这项交易影响最大的两个人物就是套利人布斯基和罗伯特·弗里曼。弗里曼是高盛公司的，他持有HMW的大量股票。

莱文喜欢扯着超长电话线在办公室中到处转悠。不久，他就被指派与套利人联系，专门搜集布斯基和弗里曼的情况。沃特斯之所以安排莱文从事这项工作，是因为他对交易新时代信息传播的方式非常吃惊。有时，他刚刚同西格尔说起一些事情，不到一个小时，布斯基和弗里曼就会打来电话，他们都已经知道沃特斯对西格尔所说的话了。当然，其他投资者对此毫不知情，但是没有一个人想过这是否规避了证券法，成了一个广阔的"灰色地带"。

布斯基和弗里曼在HMW收购案中扮演着重要的角色，这充分表明了套利人在收购事务中占据了中心地位。HMW最初坚决抵制克莱伯尔公司的收购，但是沃特斯认为他可以让克莱伯尔公司给出适当的价格，使交易成为友好的收购。然而，布斯基和弗里曼已经持有HMW的大量股票，因此该公司的态度就几乎无足轻重了。实际上，西格尔利用他和套利人的关系，劝说布斯基和弗里曼并肩工作，利用他们控制的大量股份，向收购方提出高价。他劝说他们提交13D表，这样就可以表明他们是一个整体。

因此，问题的关键就在于布斯基和弗里曼希望以什么样的价格出售股票。沃特斯和莱文亲自到高盛公司拜访弗里曼，直截了当地询问他的立场："我们做什么，你才会出售公司呢？"

显然，克莱伯尔公司必须提高报价，而最终的价格越高，雷曼公司挣到的服务费就越高。克莱伯尔公司的董事长亨利·克拉克住在康涅狄格州的格林尼治。一个周日的晚上，莱文提出开车带沃特斯到克拉克的家中拜会他。

莱文把车停在了沃斯特家公寓大楼外面，那是一辆锃亮的新宝马轿车，还是最新型的。这让沃斯特大吃一惊。他猜想这辆车恐怕要5万多美元，比他的所有车都贵。莱文告诉他说："这是给我妻子的礼物。"

在会见时，克拉克非常固执，似乎对沃斯特向他解释的复杂的财务预测分析漠不关心。但是，莱文的话却使他十分震惊。莱文说："亨利，行了，提高出价吧。如果你改变了出价，我会给你一个吻。"

突然，克拉克的眼睛一闪。他说："丹尼斯，即使你不对我好，我也会改变出价的。"他真的就把出价提高了。

莱文对这小小的成功十分激动，沃斯特也不得不承认莱文的旁门左道对有些客户确实很有效。但是，当KKR公司在西格尔的鼓动下参与争夺HMW时，莱文的方法就迅速失效了。在KKR公司的压力下，克拉克不得不多次提高出价，最后达到了每股47美元。

最后，沃斯特根据利普顿和赖克的要求，给布斯基和弗里曼打电话，提出放弃收购股权，并买下他们的全部股份。正如他们所希望的，HMW害怕失去这个价格，同意了收购方案。在5分钟内，西格尔就立即给沃特斯打电话，希望进行友好的兼并谈判。

尽管这起收购在表面上看是西格尔的失败，但是实际上，这却是他的又一次胜利。他一面操纵套利人，一面鼓励KKR参与竞争，这种精明的策略迫使克莱伯尔公司不得不多次提价，导致最后的成交价比原来的价格高两倍多。具有讽刺意味的是，在这起交易中，真正的失败者却是表面上的胜利者，这后来成了那个时代的标志。克莱伯尔公司从来没有成功地把收购的新公司融合进来，却损失了大量的资金。最后，克莱伯尔公司不得不把HMW卖出去，克拉克也被赶下了台。

莱文认为克莱伯尔公司一案是他个人的胜利，但是，他并没有给人们留下任何印象。尽管沃特斯承认莱文具有某种优势，但是他对莱文的分析能力却不抱任何幻想。西格尔对莱文更是没有什么印象。但是，莱文却开始给西格尔打电话，表达了想到基德尔·皮博迪公司工作的愿望。西格尔面试了莱文，但是却加深了他对莱文的讨厌。莱文没有被雇用，西格尔却对索克洛夫印象颇深，向他提供了工作机会。

索克洛夫同时收到了基德尔·皮博迪公司和高盛公司的工作邀请，他给格里切打电话，咨询意见。格里切鼓励他到高盛公司工作，但是他没有解释原因。最后，索克洛夫留在了雷曼公司，哪里都没去，继续为莱文提供他所掌握的交易信息。

11月，参加克莱伯尔公司收购案的工作人员在21世纪俱乐部举行庆功宴会，这里一直是投资银行家和公司管理者们最喜欢的地方。这次宴会给莱文提供了一个机会，让他巩固了与赖克的关系。赖克认为他们仍然是好朋友，但是从1982年年底，他就开始停止给莱文提供消息了。

莱文仍然想在沃切尔律师事务所拥有一个内线，但是他听从了威尔吉斯的建议，没有对赖克施压。但是在晚宴上，莱文使了个小花招。他来到赖克和同事们就座的那一桌，对老朋友的表现大加称赞。他说如果没有赖克的创新思想，交易可能就无法继续完成。赖克显然十分高兴，当天晚些时候，莱文把赖克叫到一边，悄悄地对他说："我们应该再次联手啦。"很快，他们俩又开始定期吃饭了。

莱文选择了一个很好的时机来恢复他们的关系。尽管赖克在克莱伯尔公司一案上表现非常突出，但是他感觉在沃切尔公司没有得到充分的赏识。他每年花在客户身上的时间是3000小时，这是个惊人的数字，然而在1983年年底进行年度评价时，他仍然受到了一些负面的批评，这让他非常吃惊。他毫不掩饰对律师事务所日常工作的轻视，不屑于这些工作。那年年初的时候，他在同一个他认为很无趣的客户会谈时，公然看报纸，被这位客户投诉了。大家都认为赖克太过分了，纷纷提醒他说，他在工作中有点儿爱慕虚荣，不愿意积极工作。

得知这种评价后，他非常愤怒，并发誓要在1984年好好干，让他们"看看"，争取在做了5年的准合伙人后成为正式的合伙人。因此，他怀着满腔怨恨，更加积极地投入工作。

赖克的婚姻也遇到了问题，正在考虑离婚。莱文故伎重演，开始拉拢赖克。他也抱怨自己的婚姻，并强调沃切尔公司不赏识他，没有给他回报，进一步把赖克拉进了他的圈子。因此，莱文没有费太大劲儿就将"沃利"，这个老练的熟手拉回了身边。那年的春天和夏天，赖克成了一个消息的金矿，把六起即将发生的交易消息传递给了莱文，莱文又把消息传递给了威尔吉斯，包括一起涉及西尔制药公司（G.D.Searle）的交易，莱文根据这个消息非法获利60多万美元。

对莱文和威尔吉斯来说，最为激动人心的成果是美国商店公司（American Stores）收购大芝加哥地区的食品连锁集团宝石公司（Jewel Companies）的交易。3月，也就是他们的关系刚刚恢复之后不久，赖克向莱文透露，美国商店公司正在准备收购宝石公司，出价大概是每股75美元。沃切尔公司正在代表美国商店公司工作，因此，赖克可以接触到详细的计划。莱文投下了极大的赌注，投资300万美元购买了宝石公司的7.5万股股票。

然而，什么事情也没有发生。尽管赖克确保没事，但是莱文的焦虑仍在不断增加。他从来没有在一项交易中冒过这么大的风险。他开始与套利人联系，大谈收购宝石公司的可能性，希望套利人购买这只股票，促使股价猛涨和交易量猛增，从而给美国商店公司施加压力，督促其尽快宣布收购。但是，似乎没有人愿意上钩。这只股票的表现仍然不尽如人意。因此，莱文和威尔吉斯设计了一项计划，把可能收购的消息报料给媒体。这是一种"历史悠久"的方法，投资银行家们常用这一招把某些公司拉入"游戏场"。他们相信，可以利用媒体作为催化剂来激发股市对宝石公司的股票进行投机交易的兴趣。

他们选择了《芝加哥论坛报》作为他们的工具。该报的财经版很有影响力，读者群很大，上面的消息常常被其他的财经媒体迅速转载。而且芝加哥距华尔街比较远，严格调查泄密事件的危险也很小。因此，威尔吉斯给该报打电话，要求与并购部的记者说话。他向记者爆料说，宝石公司正在同美国商店公司洽谈被收购的事宜。他没有透露自己的身份。该报的记者立即找宝石公司的董事长核查这一消息，但是被一口否认了，并称这是无中生有。因此，报上没有刊登任何消息。

几天后，威尔吉斯又给那位记者打电话，这次提供了更加具体的消息：两家公司的董事长在丹佛酒店举行秘密会议，讨论正在拟定中的交易。记者很容易就核实了这个消息，于是《芝加哥论坛报》发布新闻，称美国商店公司正在准备恶意收购宝石公司，当时该公司的股价大概在44美元一股，最终将高达75美元一股。

这一招正如莱文和威尔吉斯计划的那样奏效了，《芝加哥论坛报》的文章立即在华尔街掀起了轩然大波。一个月后，这两家公司就宣布了并购计划。莱文和威尔吉斯赚到了有史以来最大的一笔收益，莱文的非法所得高达120万美元以上。他们的方法非常有效，因此，后来他们匿名向记者泄露了另一起交易案的信息，这是一起涉及博伊西加斯凯德公司（Boise Cascade）的收购案。比金钱更激动人心的是刺激——他们感觉自己是无所不能的。利用这些信息，他们实际上能够把一切掌控在自己的手中。莱文正在实现他的梦想，提前阅读《华尔街日报》，因为报纸上的消息正是他制造的。

然而，赖克又一次开始思想斗争，不断怀疑和思虑。1984年8月，他向莱文透露了美国华平投资集团（Warburg Pincus & Co.）杠杆收购SFN公司的详细信息，莱文立即购买了该公司的股票（获利十多万美元）。但是，因为其他的原因，SFN公司一案成了赖克在沃切尔职业生涯中的转折点。持有SFN公司30%股份的家族成员反对华平投资集团的收购计划，这起收购似乎前途未卜。此时，赖克发现了一个神秘的"公平价格"条款，该条款规定：该家族的成员无权利用他们的股份投票反对收购案。在沃切尔律师事务所公布了赖克的发现后，这个家族就屈服了。

他们的客户非常高兴，赖克也成了律师事务所的英雄，更为重要的是，利普顿对他十分欣赏。突然之间，赖克发誓晋升合伙人的愿望似乎触手可及。两个月后，他去找一位高级合伙人詹姆斯·福格尔森，问道："你听说过SFN公司的事吗？人们欣赏我吗？"

福格尔森多少有点儿神秘兮兮，说他不能和赖克谈他晋升合伙人的事情，但是他可以向赖克保证，大家非常欣赏他。赖克感觉到晋升的机会就在眼前了。再者，他同妻子的关系也重归于好，她现在又怀孕了，这是他们的第二个孩子。

SFN是赖克给莱文提供的最后一个消息。和以前一样，他不再给莱文回电话。他想中断这种关系，但是他不想当着莱文的面直接说，害怕自己可能经不住莱文的感情讹诈。最后，他同意和莱文在第一大道的一家汉堡店吃午饭。赖克简要向莱文介绍了他在SFN一案中所采用的策略，迫切希望把谈话从"游戏"转到其他方面，但是却仍然没能回避这个问题。莱文继续抱怨他在雷曼兄弟公司受到的"不公正"待遇，不过这次赖克没有回应他，抱怨自己在沃切尔公司的遭遇；相反，他却告诉莱文，他马上就有机会晋升为律师事务所的合伙人。

午饭后，他们一起回办公室。在路上，赖克告诉莱文，他想退出。他说："这样不太好吧，丹尼斯，这是错误的。"他说每次他泄露消息时，都会担惊受怕，深感不安。

莱文无可奈何地接受了赖克的决定。他告诉赖克，他给赖克的"账户"上的资金已经达到了30万美元，要给赖克。莱文问："难道你不想要自己的钱吗？"赖克不要。莱文许诺替他保管着，而赖克却说他永远也不想要。在赖克看来，不拿这些钱，他就会忘掉这件事，把整件事情从他的人生中完全抹掉。

几周后，沃切尔公司的合伙人召开年度会议，增选新的合伙人。赖克几乎整天都是在恐慌之中度过的。他呆坐在空桌子旁，百无聊赖地看来看去，摸摸这，动动那，但是什么也没干成。他不停地到利普顿的办公室去，看看他是否开会回来了。最后，他的电话响了，利普顿的秘书叫他过去。

当他走进利普顿的办公室时，利普顿脸上露出了真诚的微笑，结果如何已经很明显了。利普顿说："祝贺啊！"说着，他站起来握着赖克的手。"你已经成为合伙人了。"赖克感到非常自豪，飞跑回办公室，给亲朋好友打电话报喜。当天晚上，他和妻子到一家著名的法国餐厅天鹅餐厅（Le Cygne）庆贺。赖克自从看到一篇文章称酒精可以杀死脑细胞之后，从来没有喝过酒，但是这次，他却破例畅饮起来。成功的喜悦使他无比陶醉和激动。

赖克的退出对莱文是个沉重的打击。1984年夏天，莱文通过内幕消息取得了极大的成功，非法获利总共达到了200多万美元。由于赖克退出了，威尔吉斯暗下决心，要提供更好的消息，现在已经开始初见成效了。当年夏天，威尔吉斯获悉拉扎德公司要支持有限公司（Limited）收购卡特·霍利·海尔百货公司（Carter Hawley Hale Stores），这是加利福尼亚州的一家百货商店连锁集团。尽管这项交易最后失败了，但是莱文仍然获利20多万美元。此后，威尔吉斯提供的消息不断增加。

1983年，大概是莱文在进行克莱伯尔公司收购案最后的时候，威尔吉斯终于想法从拉扎德公司的国际部调到了金融部。他被安排负责杠杆收购和公司剥离等业务。那一年，威尔吉斯结识了拉扎德公司一位年轻的分析师，此人名叫兰德尔·西克拉。威尔吉斯注意到，西克拉总是在股市行情接收机旁边忙来忙去，研究股市行情。威尔吉斯想，他肯定对交易非常喜欢，否则他是不会对股市这么感兴趣的。从表面上看，西克拉似乎同威尔吉斯毫无共同之处。西克拉是中西部人，家庭条件一般，文化程度也不高，脸上洋溢着青春的活力。但是，西克拉和威尔吉斯都住在曼哈顿的上西区，因此，两人开始一同走路回家，经常是从中央公园的西南角穿过。

西克拉告诉威尔吉斯，他兄弟三人，他是老大，最小的弟弟智力迟钝。当他们兄弟很小的时候，父亲抛弃了他们，是母亲含辛茹苦把他们抚养成人。西克拉常常说，他需要更多的钱来支付商学院的学费和家庭开支。一天晚上，在哥伦比亚大街繁华地方的一家墨西哥餐馆拉坎迪娜（La Cantina），威尔吉斯开始向西克拉透露内幕交易的事情，以及他如何开设外国账户，如何利用莱文的消息交易。他甚至告诉了西克拉消息圈的事情，这是他第一次向莱文之外的人透露这些消息。西克拉对此不仅非常感兴趣，还告诉威尔吉斯他已经开始利用内幕消息以女友的名字开立账户进行交易。威尔吉斯喜出望外，说他已经给西克拉开了一个账户，并预存了一万美元作为启动资金，用这些钱进行交易，利润归西克拉所有。他从莱文的经历中已经明白，最好要始终掌握西克拉的交易情况。

西克拉告诉威尔吉斯，他已经在从事一项绝密的交易，这是一个绝好的机会：拉扎德公司正在帮助芝加哥太平洋公司（Chicago Pacific Corporation）筹划收购大型集团公司达信公司（Textron）。

当晚，威尔吉斯就给莱文打电话，他感到他已经证明了自己，拉拢了一个新成员，可以获得大量的消息，而且这正好是失去赖克影响到他们的收益之时。莱文非常高兴，他立即利用这个消息进行交易。他购买了达信公司5.15万股股票，威尔吉斯也买了近3万股。莱文也趁机利用消息来提高他在雷曼公司的声誉。

一旦买进之后，莱文就直接去见史蒂夫·沃特斯，沃特斯曾经和达信公司做过交易，认识该公司的总裁比弗利·多兰。莱文兴高采烈地告诉沃特斯，他获悉达信公司即将被恶意收购，雷曼公司应该帮助他们制订防御计划。莱文重拾他在克莱顿公司的伎俩。沃特斯最初非常怀疑，问道："你怎么知道的？"莱文只是含糊其词地回答说，他有一个"匿名的消息源"。沃特斯要求看一看达信公司股票的价格走势和交易量，这些消息使他相信，可能会发生一些事情。

沃特斯给多兰打了一个电话，莱文也在旁边听着。他告诉多兰，莱文听到消息说达信公司即将成为恶意收购的目标，并督促他考虑采取抵御措施。但是，多兰听起来并没有惊慌失措，他说还没有听说什么，不过也表示如果沃特斯和莱文再听到什么消息，他也会很感兴趣的。

两个星期后，莱文的消息被证实了，芝加哥太平洋公司果然发起了收购。然而，达信公司却没有找雷曼公司应对，而是雇用了摩根士丹利公司，这使得莱文非常失望。不过，他在这起交易中获得了20多万美元的收益，多少让他感到有些宽慰。

威尔吉斯也挣了10万美元。但是他们也冒了很大的风险，差点儿暴露。莱文和威尔吉斯的买进量太大了，合计近10万股，而且事实表明达信公司被收购事宜显然曾经在华尔街被泄露出来。在芝加哥太平洋公司宣布收购之前，达信公司的股价和交易量就有过异常波动。这种情况引起了证券交易委员会的注意，他们决定对股票交易情况进行调查。

按照通常的程序，证券交易委员会的律师去找参与交易的各方谈话，查找消息可能被泄露的线索。多兰告诉他们，他第一次听到收购的消息是沃特斯和莱文给他打电话。因此，在交易被公开宣布之后不久，证券交易委员会就传讯了沃特斯和莱文。

索克洛夫听说莱文被传讯之后非常担心，但是莱文却毫不在意，把索克洛夫的提醒当耳旁风。他告诉沃特斯："我以前从来没有做过这件事，我该说什么呢？"

沃特斯不慌不忙地说："知道什么告诉什么就行。"他这几年已经经历了多次这样的传讯。

莱文随意地问："我应该说实话吗？"

这让沃特斯大吃一惊，他回答说："当然了！你应当讲实话，你要发誓的。"

莱文被传讯是在1984年11月14日，就是在交易被宣布之后仅仅几周的时间。他后来向威尔吉斯谈起此事时，还面露不屑之色，并吹嘘说对付证券交易委员会那些像"女人"一样的律师简直就是易如反掌。询问莱文的是证券交易委员会的律师伦纳德·王，莱文谎话连篇，说得天花乱坠，编造了一个奇妙的故事，为自己的未卜先知打掩护。他否认利用代理账号进行内幕交易,也否认开设了海外账户。至于达信公司的交易,他说:有一天,他坐在德崇公司的接待区,突然听到了两个人的谈话,他们身穿"像我们一样的细条纹灰色套装,俩人手里都拿着公文包"。他们都提到了莱斯特·克朗和该项交易中涉及的其他几个人的名字,莱文知道莱斯特是芝加哥太平洋公司的一位董事。莱文继续说,"然后,我听到的东西就有点儿模糊了,他们说到了13D表的事,提到了世达律师事务所和第一波士顿银行,还说到了'罗德岛的烟花表演'。"莱文声称他从克朗这个名字和罗德岛推断出芝加哥太平洋公司即将恶意收购达信公司,因为达信公司的总部恰好是在罗德岛。

这种解释完全是无中生有、胡乱编造的,使得莱文成了一个推理的天才。再者,莱文不能提供确切的证据证明他去过德崇公司的接待区。事实上,他的日程上根本没有这一项,他声称他要见的人出去了。王律师知道莱文是在撒谎,他在证券交易委员会工作多年,还从来没有遇到过这样稀奇古怪的解释。不过,由于没有证据显示莱文同任何交易有联系,或者他向任何交易人透露了消息,也没有人能推翻莱文的陈述,因此调查活动最后不了了之,没有任何结果。

莱文的证词中至少有一个方面是正确的:他最近确实刚刚去了一趟德崇公司。该公司早先决定招聘一个人与米尔肯进行协作,但是它看上的所有"明星"全都拒绝了它的邀请,现在它开始考虑莱文了。

1984年年初,在内乱不断的雷曼兄弟公司被希尔森-美国运通公司兼并之后不久,莱文已经同一个专业的"猎头"公司接洽过,并且把自己的简历投到了华尔街上。莱文对兼并非常愤怒,他告诉希尔:"他一直梦想成为雷曼公司的合伙人,现在这个梦想又破灭了。"他说,"我本来应该享有的权利被剥夺了。"

在兼并之后不久,每个部门都被要求上报应该被晋升为常务董事的人员名单,这个职位相当于合伙人。并购部的沃特斯、希尔、宾厄姆、彼得·所罗门和其他高层人士开会讨论本部门的名单,他们勉强把莱文的名字列了进去。

事实上,同事们做出这种决定,并不是因为他们对莱文的态度改变了,而是出于对公司内部环境的考虑。希尔森·雷曼公司是一个全新的游戏场地,雷曼公司原来的合伙人觉得,他们在考虑常务董事人选时,可以把网撒得宽一些。他们也认识到,这是一个让许多人晋升的机会,很显然,希尔森公司不想让雷曼公司的精英们流失到其他公司去。

但是,大家对莱文的评价仍然没有改变,他对投资银行的基本技能仍然非常薄弱,甚至他最大的支持者所罗门也这样认为。莱文在拉业务方面能力还算不错,但是每个业务员都应该能拉业务。莱文的成绩不算特别出众,而且他还喜欢摆架子,故弄玄虚,使得本部门的许多年轻人都对他避而远之。因此,莱文迅速就被刷了下来。索克洛夫的综合评价比莱文的好多了,但只是因为年轻,就被刷了下来。

莱文知道这个结果后,惊得目瞪口呆。他痛苦地向威尔吉斯抱怨,并且开始缠着所罗门。所罗门劝他不要失望,并许诺当年年底要考虑他。到年底时,公司又没有把他提升为常务董事,但是却很重视他,把他提升为高级副总裁,给他的待遇是7.5万美元的底薪,外加50万美元的奖金。

在华尔街,这个薪酬算不上什么,但是在华尔街之外的地方还是很丰厚的,这是皇后区许多同龄人都梦寐以求的薪酬。但对此,莱文却满不在乎。在他看来,50万美元几乎还不够支撑他的新生活方式。

从一开始,莱文就告诫圈子里的其他成员,他们的花费、消费和生活方式都要适度,以免引起别人的注意,对他们的收入起疑。但是,他自己却几乎一开始就违背这个原则,先是取出"零花钱",后来又购买了更多象征社会地位的奢侈品。

他的高档新款宝马车已经引起了同事的眼热,而这还只是个开始。莱文和他的妻子成了曼哈顿最高档饭店的常客,而且他通常都是用现金支付的。他给妻子买了一条钻石项链，并送给父亲菲利普一辆崭新的捷豹轿车。莱文还开始光顾昂贵的画廊，很快就成为精明和世故的画商的追踪目标。他购买了毕加索、米罗和罗丹等人的作品。

他甚至还花费50万美元在公园大道购买了一处大院，这是曼哈顿成功人士的标志。他选择的这座院子位于大道的东侧，是一座哥特式的建筑，几乎占据了整个街区，进入院内要通过坚固的大铁门。这座建筑原来是二战前中产阶级的风格，不太合莱文的口味，因此，他决定立即根据自己的喜好进行改造。

莱文雇用了一个建筑师和室内装修师，对这座建筑进行全面的改造：整座房子都被挖空，安装弯曲的墙壁；用玻璃砖把一个卧室和餐厅分开；地上铺了橡木地板，并安装了豪华的浴室；还改造了一个高科技厨房，应该是两个，莱文不喜欢第一个，就拆掉重装了一个。

赖克住在曼哈顿西区的一座旧赤褐色沙石房子里，他对莱文豪宅的改造和超高科技的设备大为惊叹。尽管莱文一提到给他辛苦工作的装修师就一脸不屑，但是很显然，他还是很喜欢自己这个新环境的。他最喜欢的一个设计就是安放大电视的地方，只要轻轻一按旁边的按钮，彩电就从一个定制的橱柜里出来了。整个改造花了50万美元，因此，莱文常常自夸他的"百万"豪宅，这可是名副其实的。

为了支付这些花销，莱文不得不经常去巴哈马的罗伊银行，他常常对同事们说是赌博去了。为他服务的银行工作人员总是必须遵照他的要求，提前筹集足够的百元美钞。仅仅在1984年一年，莱文就取走了49万美元，3月取了20万，7月取了20万，12月取了9万。他似乎把这些钱全都花完了。

在莱文听到他只是被提升为高级副总裁的消息之前，他已经决定离开希尔森·雷曼公司了。那一年，由于并购业务不断稳步增长，其他公司迫切需要投资银行家，甚至只有一点儿相关工作经验的人也成了公司热切渴望的人才。哈德利·洛克伍德公司（Hadley Lockwood）的猎头发现，缺乏诱人经历的莱文也成了热门人物。几乎所有的大投资银行至少都考虑雇用他，甚至现在摩根士丹利的格里切也想用他。

但是，几乎从一开始，莱文的目光就锁定了德崇公司。他最初在3月同该公司进行过接触。后来，他告诉威尔吉斯："他们喜欢我。"他说，德崇公司就是一个"印钞机"，需要像他这样的"伟大银行家"与米尔肯西海岸的业务活动相竞争。他设想着同詹姆斯·戈德史密斯爵士和罗纳德·佩雷尔曼一起亲切交谈，并希望自己有朝一日也能踏上舞台，成为一名重要的企业狙击手。

哈德利·洛克伍德公司专门针对德崇公司为莱文定制了一份简历，这几乎就是对新兴价值观的拙劣模仿。简历开头写道："丹尼斯·莱文认为，自己真正喜爱的事情只有两件：做交易和赚大钱。"

简历上接着写道："德崇公司是为莱文'积极进取的'交易技能和'新商业开发能力'而'量身定制'的。"简历还对莱文的学业差和个人活动面窄的缺点进行了巧妙处理："莱文毕业的学校和培养投资银行家毫不相干，他是通过发奋努力，才进入了主要的投资阵地。在这个过程中，他像个工作狂一样发奋，很少顾及其他事情。"

莱文受到了德崇公司并购部主管戴维·凯的赏识，莱文对他立即产生了好感。与格里切或者希尔不同，他们两人有许多共同之处。在别人看来，莱文的欺骗、自负和自我膨胀，在凯看来却正是"明星"品质。凯甚至把莱文描述为"完美无瑕"。当凯对莱文进行了一番调查之后，他对莱文的印象更加深刻了，特别是利普顿和弗洛姆这两位久负盛名的并购律师都对莱文热情赞扬。

最后，莱文也收到了摩根士丹利和第一波士顿银行的录用通知，但是他认为德崇公司几乎不存在竞争，而且潜力巨大。他与德崇公司谈好了薪酬：底薪14万美元，外加该公司的1,000股股票，还有年终奖金，第一年至少75万美元。他一到德崇公司报到，就可以预先得到第一年奖金中的20万美元。由于成功把莱文引进到德崇公司，哈德利·洛克伍德公司获得了26.7万美元的中介费（由德崇公司承担）。

莱文并没有立即到德崇公司报到，他想利用该公司的录用通知进一步要挟一下希尔森·雷曼公司。他拿着德崇公司的录用通知去找沃特斯，要求被提升为常务董事，并把他的薪酬提高到100万美元以上。他说："这是个不错的机会。"而沃特斯不为所动。沃特斯确实没法答应他，希尔森·雷曼公司的常务董事最近刚刚开会决定，在经历了公司的内部动荡之后，他们需要强调分权治理和对公司的自我奉献精神。莱文正好和这个要求相背离。沃特斯回答说："丹尼斯，我们不打算为你这样做，也许你应该接受他们的邀请。"

为了庆祝成功转换工作，莱文又买了一件奢侈品。一个阳光灿烂的周末早上，格里切正在中央公园里散步，突然莱文笑着走了过来，他见到格里切似乎很兴奋。他说："走啊，去看看我的新车。"然后拉着格里切就朝第五大道走去。那里停着一辆鲜红色的两座法拉利跑车，是莱文刚刚花10.5万美元买的。格里切对车不是特别感兴趣，但是莱文坚持让他坐上去兜兜风。他猛地一踩油门，汽车呼啸着从大街上飞驰而过，格里切的身子紧紧往后贴着座位。后来，莱文兴高采烈地向威尔吉斯讲述此事，说他让这位前上司"吓得屁滚尿流"。

莱文于1985年2月4日到德崇公司报到。不久之后，德崇公司的弗雷德·约瑟夫遇到了彼得·所罗门，所罗门抱怨地说，德崇公司把他的爱将"偷走"了。约瑟夫只是笑了笑，把所罗门的生气看成是一种高度的赞扬。

凯迫切渴望让莱文快速进入星路历程，因此立即安排他参与公司客户滨海公司（Coastal Corporation）收购经营天然气管道的美国天然气资源公司（American Natural Resources Co.）的活动。这是德崇公司首次参与由垃圾债券支持的恶意收购。德崇公司计划利用自己的"高度自信"声明，以60美元一股的价格用现金发起一场闪电行动。

2月14日，莱文刚刚到德崇公司工作10天，就利用投币电话给伯恩哈德·梅耶打电话,梅耶是瑞士罗伊银行的一位工作人员,现在负责"戴蒙德"先生的账户。莱文告诉梅耶,购买14.5万股美国天然气资源公司的股票,几乎把他账户上的全部资金700多万美元都花完了。为了避免引起注意,莱文还提醒梅耶,要通过多个经纪人购买,毕竟这个数字太惊人了。

莱文使出以前的伎俩,立即用自己独特的方式,花费大量的时间同他在华尔街的信息员四处出击,散布谣言,并且同他的套利人网络密切联系。在前几次的战略研讨会上,莱文不断向滨海公司的管理人员保证,称美国天然气资源公司越来越容易被攻克,因为它的股票正在越来越多地进入套利人的手中。而这些人对长期投资不感兴趣,总是急于把股票卖出去,快速获利。莱文不断同套利人进行联系,了解任何可能影响计划进展的情况。

在此之前,伊万·布斯基从来没有接到莱文的电话。莱文虽然一直渴望给布斯基留下深刻的印象,但也只是给布斯基发送了匿名的信息,把他和威尔吉斯从拉扎德公司偷来的关于埃尔夫阿奎坦公司收购麦吉公司的文件复印件给了布斯基。在莱文转到德崇公司之前,布斯基从来没有听说过莱文。现在,凯和布斯基的其他联系人都在称赞莱文,认为他是德崇公司并购业务的新星。如果莱文在德崇公司没有取得任何成就的话,那么在这里能够和布斯基拉上关系就是一件十分引人注目的事情。

在电话里,布斯基像往常一样,采用了同陌生人打电话的常用做法,对莱文含糊其词,不断刺探消息,寻求并购的线索,并试图判断这位投资银行家对美国天然气资源公司的看法,因为他已经开始囤积这只股票了。莱文这么容易就对布斯基透露了这起交易案的机密,让布斯基特别吃惊,出乎意料。莱文迫切渴望给布斯基留下好印象,因为他认识到同布斯基接近非常重要,对他在德崇公司的职业发展具有举足轻重的作用。他开始定期给布斯基打电话,常常一周多达20次。莱文给布斯基提供消息从来没提出索取回报,但是布斯基也本能地给出了回报,把自己从其他交易人和消息源,如约翰·穆赫伦那里得到的市场消息告诉莱文。

布斯基在美国天然气资源公司上的交易记录显示,莱文给他提供的消息达到了惊人的程度,因为滨海公司的策略每次出现新的进展(当然应该是机密的),布斯基就进一步买进美国天然气资源公司的股票。最后,布斯基囤积了该公司9.9%的股票,需要公开披露具体的交易日期和数量。

由于天然气资源公司的交易量非常巨大,滨海公司急忙在3月初宣布了这次收购活动。天然气资源公司最初还抵抗了一阵子,但是仅仅两个月后就屈服了,被迫接受了滨海公司的出价。莱文在这起交易中获利高达140万美元,布斯基的收益也超过了300万美元。

这起提前宣布的交易规模极为巨大,极其反常,因此股票交易所和证券交易委员所有的股票监视器都发出了鸣叫声。然而,这些电脑对实际调查内幕交易却没有太大帮助。调查人员的收获甚至比上次调查达信公司时还少,这次,他们甚至没有怀疑到莱文的头上。最后由于缺乏有价值的线索,他们只好不了了之。

这是莱文在德崇公司参与的第一起斗争艰苦而引人注目的交易。在这次交易中,莱文不仅收获了高额的非法收益,还取得了客户的信任,证明了自己的能力。凯对莱文收集市场情报的能力赞不绝口,他确信莱文就是德崇公司所需要的"新星"。

美国天然气资源公司是莱文当时收益最大的一次交易,但是它不久就被超越了。他在德崇公司的新职位使他接触到的交易机会比在希尔森·雷曼公司时多很多,而且消息的潜在收益也更丰厚。同时,消息圈中的其他人也不断为他提供大量的交易机会。这个计划就像莱文梦想的那样运转顺畅。3月,戈尔迪透露麦格劳·爱迪生公司(McGraw Edison)即将被杠杆收购。4月,西克拉告诉威尔吉斯休斯敦天然气公司(Houston Natural Gas)要聘请拉扎德公司来收购另一家天然气管道公司中北公司(Internorth)。威尔吉斯把这个消息转告给了莱文,莱文立即通过梅耶大量买进股票,他轻率地认为这起还没有宣布的收购是一场

"确定无疑"的交易。5月，也就是滨海公司收购天然气资源公司之后不久，希尔森·雷曼公司的索克洛夫（他现在常常和莱文一起吃午饭，当然都是莱文请客）向莱文透露，雷诺兹公司（R. J. Reynolds）正在打算收购纳贝斯克·布兰兹公司（Nabisco Brands）。

得到这个消息后，莱文立即倾其所有，在5月6日购买了15万股纳贝斯克·布兰兹公司的股票。不到一个月后，雷诺兹公司发现纳贝斯克·布兰兹公司的股票交易活跃，也就意味着收购的消息已被泄露，因此立即宣布了收购，莱文获利高达270万美元。

为了庆祝胜利，莱文和威尔吉斯在曼哈顿的一家牛排店吃饭。莱文忍不住告诉威尔吉斯，他们的圈子现在多了一个新成员。莱文悄悄地告诉威尔吉斯："是一个俄罗斯人，我把纳贝斯克的消息也透露给了他。"莱文还强调这个俄罗斯人的重要性。威尔吉斯非常清楚这个俄罗斯人是谁，对此他大为吃惊，也非常不安。他害怕让布斯基这样重量级的人物参与会刺激他们的计谋达到一个全新的水平，从而更可能引起有关部门的注意。

莱文向威尔吉斯再三保证，说他们从"俄罗斯人"那里得到的消息远远比他从他们那里得到的要多。不管怎么说，自从美国天然气资源公司一案以来，莱文每次都把从自己圈子里获得的消息透露给布斯基，以讨好他。他不知道布斯基的交易规模有多大，但是他知道布斯基的交易十分活跃，每次获利以百万计。

莱文不断向布斯基泄露消息，因此他们后来制定了一个正式的协议。莱文最初设下诱饵，免费向布斯基提供消息，现在他要和布斯基分赃了。就像和西格尔之间那样，他提议两人到哈佛俱乐部见面。在那里和许多其他地方的见面中，他们展开了激烈的谈判，比和西格尔的谈判艰苦多了。莱文不同意用模糊的"奖金"形式分赃，他想精确计算他所得到的份额。

尽管莱文对自己的谈判技巧非常重视，但是最后的谈判结果对他并不是很好，似乎比西格尔的还差。最后，他们达成了两个独立的协议：如果布斯基对某只股票的收益是因为莱文透露的消息而促成的，那么莱文可以得到收益的5%；如果在获得莱文的消息之前布斯基已经买进了该股票，而莱文的消息又很有价值，那么莱文可以得到1%的收益。而且布斯基强硬地要求，他根据莱文的消息操作而导致的任何损失，都要以莱文的分成弥补。

之前，莱文一有新的消息就会立即跑去告诉威尔吉斯。然而现在，他与布斯基签订协议一事却没有向威尔吉斯透露实情。一天中午，在散步时，他们谈到了他和布斯基在哈佛俱乐部的谈话，莱文告诉威尔吉斯："真是令人难以置信啊，伊万要给我100万美元的现金。说实话，我想要。他控制了每个人，如格里切、瓦瑟斯坦。但是我拒绝了。

威尔吉斯不太相信，冷笑着说："这听起来可不像你的为人啊。"

莱文回答说："我更想让那个俄罗斯人欠我的。"

尽管莱文同布斯基的关系已经非同一般，但是他却希望结识更多的重要人物。那年（1985年），莱文第一次参加了"捕食者大会"，在那里，他尽情享受着滨海公司收购美国天然气资源公司成功的余温。凯和德崇公司的其他高管都极力称赞莱文是他们的新星，并把他介绍给了公司的大客户们。最后，他当面见到了布斯基。但是，他后来常常告诉威尔吉斯，说给他印象最深刻的是詹姆斯·戈德史密斯爵士，詹姆斯在大会上作了主题发言。

从表面上看，莱文和詹姆斯·戈德史密斯爵士之间几乎毫无共同之处。詹姆斯爵士是英裔法国金融家，也是早期几个为数不多的企业狙击手，他智慧过人，思想深邃，腰缠万贯。他对欧洲的旧秩序非常厌倦，讨厌公司管理层中的"官僚作风"，他信奉精英管理和自由市场，这在欧洲是一种极为前卫的思想。他主要通过恶意收购缔造了一个庞大的帝国，包括法国的出版业——他拥有很有影响力的周刊《快报》（*L'Express*），还有欧洲的百货连锁店和美国的森林和自然资源。然而，这些并没有给莱文留下什么印象，他只是垂涎詹姆斯爵士的生活方式。

詹姆斯爵士离过一次婚，现在有一个妻子，还有一个情人。他有时甚至和两个家庭一起度假，乘船在意大利半岛上的两个"家"之间来回穿梭。他在曼哈顿有一处房产，里面装修精致，铺着大理石地板，陈列着古典家具，墙上贴着墙纸，陈设着各种艺术品，整个屋子显露出古色古香、雍容华贵、精美细致的韵味。他在伦敦、巴黎、西班牙的太阳海岸、撒丁岛和巴巴多斯等地拥有或者租赁了高档寓所，后来还在墨西哥的太平洋沿岸建造了一座豪华别墅。他为人亲和、彬彬有礼、不因循守旧。莱文曾经到巴巴多斯度假，回来后他兴奋地告诉威尔吉斯，他在那里见到了詹姆斯爵士的别墅。他也开始模仿詹姆斯爵士的行为习惯。威尔吉斯认为这有点儿滑稽可笑，不过，莱文这样做对他平常粗鲁的举止也不失为一种改进。

当年的高收益债券会议激发了几起交易，其中一起就是詹姆斯爵士在德崇公司的支持下，对皇冠齐勒拜奇公司（Crown Zellerbach Corporation）发起的收购。皇冠齐勒拜奇是一家大型的林业产品和造纸公司，总部位于旧金山。詹姆斯爵士已经囤积了该公司的大量股票，他向该公司提出了友好收购的建议，但是遭到了拒绝。当凯指定莱文作为德崇公司并购部的负责人参与此案时，莱文非常激动（当然，融资工作仍然是由西海岸的米尔肯分部负责的）。

在詹姆斯爵士发起收购之后，皇冠齐勒拜奇公司开始同另外一家造纸公司——米德公司（Mead Corporation）进行谈判，希望该公司作为"白衣骑士"来拯救它。皇冠齐勒拜奇公司希望米德能够继续保持自己的完整性，而不是像詹姆斯爵士那样威胁将它拆解、卖掉。米德公司同意以每股50美元的高价购买皇冠齐勒拜奇公司，并安排把詹姆斯爵士的大量股票买过来，以结束恶意收购，完成交易。莱文已经购买了皇冠齐勒拜奇公司的大量股票，像以前那样从事内幕交易。现在，由于预料到米德公司会参与收购，莱文给罗伊银行打电话，安排再次大量购买皇冠齐勒拜奇公司的股票，因此，在这只股票上一共花费了400万美元。布斯基也囤积了该公司的大量股票，并且莱文安排詹姆斯爵士购买布斯基的股票，使他获得了布斯基的支持，这给詹姆斯爵士留下了深刻的印象，莱文十分激动。

当米德公司的董事会在俄亥俄州的代顿举行会议，批准收购交易时，詹姆斯爵士在曼哈顿的家中举行庆功宴，宴请参与此次收购的人员。宴会上的菜肴是他的家庭厨师专门精心制作的，用法国里摩日细瓷盛放，喝的是名贵的红葡萄酒和白葡萄酒。受到邀请的人包括莱文、詹姆斯爵士的助手罗纳德·富兰克林和里德公司的代理人、凯威律师事务所的合伙人乔治·洛伊。莱文精神抖擞，情绪高涨，詹姆斯爵士的兴致也很高。在吃饭时，洛伊出去接了米德公司的一个电话。

当他回来时，看起来非常局促不安。他对詹姆斯爵士说："你不用再给我加甜点了。"然后，他宣布了一个令人吃惊的消息：米德公司的董事会已经否决了对皇冠齐勒拜奇公司的收购，该公司希望被白衣骑士拯救的梦想破灭了，詹姆斯爵士丰厚的收益也飞了。如果这个决定对外公布的话，肯定会引起皇冠齐勒拜奇公司股价的猛跌。詹姆斯爵士满不在乎地耸了耸肩，宣布他要重拾对该公司的恶意收购。他坚持让洛伊留下来，把饭吃完。

与此形成鲜明对比的是，莱文听到这个消息，突然失落起来，富兰克林注意到了这一点。莱文吃完饭，先行告辞了。他匆匆忙忙地找到一个投币电话，命令罗伊银行立即抛售他的股票。在莱文匆忙离开后，詹姆斯爵士笑着说："他肯定是去给经纪人打电话了。"大家听了也都笑笑，但是没有人把这当回事儿。

由于莱文及时给经纪人打电话，抛售了股票，避免了巨大的损失，并且多少还赚了一点儿。尽管遇到了皇冠齐勒拜奇公司的顽强抵抗，但是詹姆斯爵士最后还是完成了对该公司的收购。虽然莱文又获得了凯的称赞，在德崇公司内人气大增，但是詹姆斯爵士对莱文的兴趣却逐渐丧失。

莱文在德崇公司的蜜月期即将过完。很快，他又陷入了过去的状态之中，向威尔吉斯抱怨他没有受到足够的重视。他说，他憎恨利昂·布莱克，并称他是"死胖子"，布莱克是个并购战略师。莱文说布莱克是纽约唯一一个能够对比弗利山的公司真正的权力中心产生影响的投资银行家。莱文还抱怨称德崇公司和希尔森·雷曼公司不同，这里的业务全部是靠资金驱动的。所有的并购业务和公司金融业务都是西海岸的分部运作的，这就意味着他的奖金相应少了很多。

威尔吉斯渴望离开拉扎德公司，因为他感觉自己在那里的职业生涯已经到了尽头，因此希望莱文能够少抱怨一些，帮他在德崇公司找到一个职位。但是，莱文似乎对威尔吉斯的未来越来越不关心。尽管威尔吉斯想办法参加了德崇公司的面试，但是他的理智方法和更加保守的方式似乎不太符合该公司的要求，因此他没有被录用。威尔吉斯抱怨莱文没有帮他的忙。最后，他得到了赫顿公司的录用通知，这让他非常兴奋。但是赫顿公司告诉他，他必须先接受一个测谎试验，这是该公司招聘时的一项例行手续。

威尔吉斯听到需要参加测谎试验时，吓得直冒冷汗，因为他害怕自己在开设外国账户和非法交易上撒谎被测出来。他向赫顿公司打电话，希望免除这项程序，称这有损身份，是不合理的要求，但是赫顿坚持必须进行。拉扎德公司的一个同事听到威尔吉斯打电话，就问他为什么这么心烦意乱。威尔吉斯说："人人都偷过东西。"威尔吉斯接受测谎试验的前一天，他紧张得几乎崩溃。

最后，他接受了测验，并且通过了，没有遇到任何问题。测验十分草率，这在当时非常普遍，他也没有遇到不能如实回答的问题。他被问到的问题是吸毒，而不是内幕交易。

在赫顿公司，威尔吉斯似乎最后找到了自己的位置。他感到在并购部，自己虽然不是一支重要的力量，但是也在不断发展，被当作一位经验丰富的专家，是重要的成员。为了庆祝自己找到新工作，他在公园大道购买了一套可以同莱文的豪宅相媲美的公寓。同时，他也在考虑和自己最好的朋友慢慢疏远。

在与威尔吉斯和他的妻子吃饭时，莱文唠唠叨叨地吹嘘自己在德崇公司的成就，莱文的妻子劳丽则神情恍惚地凝视着夜空。威尔吉斯的妻子被这种聚会搞得心神不宁，她祈求不要再参加这种活动。威尔吉斯也失去了拉扎德的"资源"——西克拉，因为西克拉在完成分析项目之后，在当年秋天离开公司到哈佛商学院继续深造去了。西克拉祈求说："你们能不能在我上学时继续给我一些业务啊？"他渴望在上学期间继续从事内幕交易。威尔吉斯不愿意再发展其他的线人，也不想连累自己在赫顿公司的工作。无论如何，莱文已经从他身边慢慢离去，在一个威尔吉斯永远也无法企及的世界里遨游，那里充斥着财富和名利。

在德崇公司工作了近10个月之后，莱文同凯第一次进行奖金核算，这是他所期望的。在此之前，他已经核算过了部门的收益，计算了自己的贡献，并得出自己应得奖金的底线。他毫不掩饰地说，奖金对自己极其重要，并且不断提醒凯，"我想成为最富有的人"，他还表示他想"一年比一年赚钱多"。凯认为这些态度非常积极，认为这是并购业务明星所必须具备的品质。在他们的谈话中，凯回顾了莱文当年的工作，然后对莱文说，他认为莱文"值得信赖，极其自信"。然后，他给莱文确定了奖金数额，确信这个数额甚至已经超过了莱文对自己能力的估计。他对莱文说："你1985年的奖金是——100万美元！"

莱文回答说："这，这是一种侮辱。"然后，他站起来，转身就从凯的办公室里跨了出去。

6. 白衣骑士

西格尔在电话里对布斯基说:"我们去喝咖啡吧。"这是他们约定的新暗号,表示他想见面。西格尔现在坚持面谈,因为他担心布斯基的电话被人窃听。布斯基曾经向西格尔谈过他在中央情报局的事情,而且最近他给西格尔送钱的方式,都让西格尔认为任何事情都是有可能发生的。他离开基德尔·皮博迪公司,走到几个街区外的水街,然后踱来踱去,等着布斯基的到来。他在想着如果遇到熟人该怎么办。这是1983年1月,天气寒冷,不是适合在大街上溜达的时候。

不久,布斯基就从位于水街55号的办公室里出来,急匆匆地朝着西格尔走去。他们一起沿大街走着,西格尔解释说基德尔·皮博迪公司已经被戴蒙德·沙姆洛克公司聘用,这是一家大型的化工和自然资源公司,该公司打算收购另外一家石油公司。尽管一切都还没有确定,但是戴蒙德·沙姆洛克公司已经向西格尔展示了一串可能的收购对象,其中最有可能成为收购目标的就是一家相对比较小的石油产品公司——纳托马斯公司(Natomas Co.)。

西格尔认为纳托马斯公司非常符合布斯基的需求,原因主要有两个方面：如果布斯基现在开始购买该公司的股票，就可能比交易早好几个月，提前的时间很长，就不大可能被认为是内幕交易而受到监管；甚至西格尔现在还不能确定交易一定发生。当然，如果布斯基从现在开始买进，他也不是唯一一个可以获利的人。西格尔想让纳托马斯公司的股票出现购买的压力，因此，他要先说服纳托马斯公司，称戴蒙德·沙姆洛克公司可能要对该公司进行友好收购，让它接受收购。要想做成这件事，最好的办法就是让纳托马斯公司相信，它已经被人盯上了，很有可能成为被恶意收购的目标。

两人离开了水街，朝着东河走去，那里是南街码头南部曼哈顿的一大片荒凉的地方。他们悄悄地谈着，还不时四处张望一下，看看是否有人跟踪。西格尔把戴蒙德·沙姆洛克公司的计划一字不漏地说了出来，督促布斯基开始慢慢购买纳托马斯公司的股票，同时提醒他这起交易也可能会黄了。

因此，不久之后，布斯基就开始买进。事情进展得很顺利。直到3月，戴蒙德·沙姆洛克公司决定放弃收购计划，因为它在筹集收购资金方面遇到了困难。布斯基惊慌失措，但是西格尔向他打保票，劝他继续持有。

最后，戴蒙德·沙姆洛克公司通过出售一只股票筹集到了收购资金，这起交易在5月完成了。在此之前，布斯基已经囤积了纳托马斯公司的大量股票，不过，他从来没有向西格尔透露具体的数量和价格。

西格尔也不想让他在电话中谈论这些东西。后来，西格尔在查看相关的收购数据时才吃惊地发现，布斯基竟然购买了80万股。布斯基在这起交易中的总收益高达480万美元。西格尔认为，这笔钱有他的份儿，以后再向他要。

很快，西格尔就找到了另外一个机会为布斯基和他自己的客户服务。9月，行为古怪的戈登·格蒂给西格尔打电话，他是J.保罗·格蒂遗产的继承人。他说，他对格蒂石油公司的运作方式非常不满。西格尔认为他可能有两个意思：要么是他自己想收购这家公司，可能同其他人合作；要么是他想把自己的股份卖给可能收购该公司的人。

由家族控制的公司的股票常常被低估，因为人们都认为它们不可能被收购。因此，势力强大的家族出现分裂的消息都是套利人渴求的东西。西格尔把这个消息透露给了布斯基，布斯基立即买下了格蒂的股票，然后又卖掉，一举获利22万美元。后来，布斯基在这起交易上获利更多，因为宾州石油公司和德士古公司先后出价收购格蒂石油公司。有人估计，布斯基在格蒂公司交易案的收益高达500万美元。

西格尔总是根据他所认为的客户的利益来确定他所泄露的消息。他掌握的秘密消息甚至比透露给布斯基的还要多许多。布斯基不断让他透露更多的消息，甚至提出要往西格尔的一个欧洲账户中存钱。西格尔回答说："伊万，我对这不感兴趣。看在上帝的分儿上，我没有想过要逃到国外去。"布斯基不断尝试，还提出为西格尔投资房地产，甚至还要为西格尔的父亲安排工作。

不过，西格尔为布斯基提供的消息也有失误的时候，最为明显的例子就是布朗·福尔曼酿酒公司（Brown-Forman Distillers Corporation）收购雷诺克斯公司（Lenox）一案。雷诺克斯是一家生产精细瓷器的公司。在这起收购中，雷诺克斯公司聘请西格尔组织应对。在应对时，西格尔采用了20世纪80年代最为有效的反兼并策略之一——"毒丸法"。这种方法主要是由从事并购业务的律师马丁·利普顿始创的，但是西格尔对它的发展做出了巨大的贡献。现在，这种方法在美国企业界应用十分广泛。这种方法的原理是，如果发生了恶意收购，被收购方就会授予股东极大的权力，来增加恶意收购的代价。例如，雷诺克斯公司就通过发行"毒丸"来拯救自己，如果布朗·福尔曼酿酒公司发动恶意收购，它就授予股东购买布朗·福尔曼酿酒公司股票的权力。

这起交易对套利人来说也是一次挑战，因为雷诺克斯公司奋起反抗收购。该公司的股票在经历了最初的猛涨之后，开始一路猛跌。形势错综复杂，甚至进入了诉讼程序，使得结果更加变幻莫测。许多套利人都惊慌失措，卖掉了手中的股票，但是布斯基却继续吃进。到了雷诺克斯公司决定投降，接受布朗·福尔曼酿酒公司更高收购价的最后一刻，布斯基还购买了雷诺克斯公司的6.2万股股票。最后，他的股份达到了9%，卖出后共赚到了400万美元。

其他的套利人都既惊奇又忌妒。华尔街上还谣传，说布斯基有内幕消息。按照常理，没有人能够一直未卜先知，尤其是在像布朗·福尔曼公司收购雷诺克斯公司这样变幻莫测的交易中。然而，西格尔在这起交易中给布斯基泄露的消息没有发挥作用。甚至直到最后一刻，雷诺克斯公司仍然想反击，因此西格尔认为"毒丸"计划确实会成功。他建议布斯基不要购买该公司的股票。当雷诺克斯公司的董事会突然投降时，西格尔确信布斯基在这起交易上另有内幕消息源。

还有一次，布斯基给西格尔打电话，说他得到了一些关于古尔德公司的机密消息，这是西格尔的一个客户。西格尔怀疑布斯基的消息是从基德尔·皮博迪公司在波士顿的一个经纪人手里获得的，此人名叫唐纳德·利特尔。利特尔为布斯基处理过许多交易，也是一名狂热的马球爱好者，通过玩马球和古德尔公司的董事长威廉·伊尔维萨克结为好友。布斯基让西格尔确认这些消息，但是西格尔撒谎了，说他不知道。

1983年12月底，西格尔和布斯基见面讨论他的"奖金"。西格尔提醒布斯基，在纳托马斯公司和格蒂公司的收购案中，他所提供的消息非常宝贵。他们还讨论西格尔提供的其他一些建议类的消息，例如他对犹他州管道公司的评估等，虽然这些消息的价值无法同内幕消息相提并论，但是西格尔认为，他也应该得到补偿，这样才算公平。他认为，他同布斯基的关系应该是一种类似"顾问"的性质。最后，西格尔向布斯基提出了25万美元的要求。他没有仔细计算，不过他知道布斯基在纳托马斯一案中收益颇丰，而且，尽管格蒂公司的收购案还没有最后确定，但是他认为布斯基肯定也会赚一大笔的。西格尔只是根据他在基德尔·

皮博迪公司的奖金计算，认为25万美元是一个相当"公平"的数目。

这个数目也是西格尔认为他所需要的。他当年的薪水和奖金是73.3万美元，比前一年要少一些。他刚刚在格雷西广场（Gracie Square）购买了一套四居室的房子，花费了97.5万美元，修理和装修工作刚刚开始。

布斯基随口就同意了这个数字，他认为这只代表西格尔提供消息的收益的一小部分。交钱方式也谈妥了，还是跟上次一样。西格尔又来到了广场饭店的大厅里，等待那个皮肤黝黑的送钱人。还是同样的暗号，"红灯"和"绿灯"，然后就是交接手提箱。

当西格尔回到自己的公寓时，他数了数钱，还是用恺撒宫的彩带扎着。数完后，他发现只有21万美元，他估计是布斯基的送钱人私吞了。而且，还有一捆钞票不是他所要求的百元纸钞，而是1美元的。西格尔感觉被欺骗了。

西格尔又安排同布斯基见了一面，当面质问他是怎么回事，说送钱人偷了钱。布斯基十分愤怒，他发誓说送钱人绝对值得信赖，不会动一分钱的。西格尔只好耸了耸肩，感觉再争辩也没有什么意思。然而，交易还是要继续下去的。他暗自发誓，下一年要提高数目，因为15%~20%会进入别人的口袋。

在几个月内，布斯基就赚到了比之前更多的钱，多数都来自一项交易，而这与西格尔的消息毫无关系，就是海湾石油公司的交易。该公司是布斯基的死对头，它曾经突然宣布从城市服务公司的交易中退出，差点儿毁了布斯基。得克萨斯石油大王、著名的企业狙击手T.布恩·皮肯斯也是德崇公司的客户，他在9月公开披露自己持有海湾石油公司的大量股票，这也是布斯基最初获悉格蒂公司消息的时候。最后，在德崇公司的支持下，皮肯斯对这家大型石油公司发起了收购攻势。海湾石油公司惊慌失措，立即请求加利福尼亚标准石油公司充当白衣骑士来拯救它。这起交易震动了华尔街，成为当时历史上规模最大的一起收购，也展现了在德崇公司支持下企业狙击手的实力。

这起交易极大地增加了布斯基的财富。他开始追踪皮肯斯的购买情况，定期从穆赫伦那里了解大宗交易的消息。随着这起交易的继续进行，他还不断稳步增仓海湾石油公司的股票，一直持续到1984年。和以前的做法一样，布斯基愿意投入大笔资金进行冒险，最终购买了海湾石油公司的500万股股票。这次，海湾石油公司的收购案产生了巨大的回报，至少对布斯基是如此。一场收购大战爆发了，在西格尔的建议下，KKR公司也参与了收购。西格尔没有给布斯基提供任何内幕消息，尽管他了解该公司计划的详细内容。这起收购大战还引发了国会的关注，甚至打算以反托拉斯法来阻止这起收购，导致交易拖延了一段时间。不过，加利福尼亚标准石油公司最终成功实现了对海湾石油公司的收购。据估计，布斯基在这起交易中获利高达6,500万美元。

穆赫伦也在这起交易中也获益颇丰。为了表示庆祝，他举办了一次宴会，邀请25名套利人朋友出席。穆赫伦用海湾石油公司熟悉的橙色商标图案装饰餐桌中央。当名贵的白葡萄酒、鸡尾酒和白兰地斟满酒杯时，穆赫伦站起来致辞，他说："我要告诉大家一个好消息，詹姆斯·E.李（海湾石油公司的董事长，他做出退出收购城市服务公司的决定曾经使许多套利人暴跳如雷）已经决定来参加我们的聚会，他要尽释前嫌，同我们言归于好。"说着，穆赫伦做出一个手势，一只训练有素的猴子进来了，它身穿天蓝色的工作服，上面印着海湾石油公司的标志。布斯基立即大笑起来，笑得眼泪都流出来了。

1984年3月结束的那个财年对布斯基是个很好的年份。上个财年，由于在城市服务公司上的失败，他损失了大约1,370万美元；而这个财年，他赚到了惊人的7,650万美元——这个数字肯定是他以前在底特律卖冰激凌时从未想过的，当时，他多次濒临破产的边缘。布斯基将自己的办公室搬到了第五大道650号曼哈顿中城的豪华办公楼里。

同布斯基原来简朴的办公室相比，这里简直有天壤之别。新办公室的装修非常豪华，这都是在西玛的帮助下完成的。走廊里铺着大理石，蚀刻玻璃面板上摆放着各种雕塑。布斯基自己的办公室非常大，里面铺着雪白的地毯，墙壁也白得耀眼，窗外能够俯瞰中央公园和市中心一座座闪亮的办公楼。

最令人惊奇的是这里的电子设备非常先进，布斯基先前办公室的麦克风系统与他现在所拥有的相比显得相形见绌，原始简陋。除了有话筒外，每个研究员和交易员的桌子上还有一个台式显示器，上面可以显示布斯基的头像。在布斯基自己的桌子上摆放着一个巨大的显示器，被分成两部分：上面的部分可以显示头像，包括他自己的；下面的部分被分成了16个部分，可以同时显示16名工作人员的图像，这些图像是由对着他们的摄像头拍摄的。布斯基随时都可以听到和看到每一个员工，他们一消失，哪怕是到洗手间去，也会立即被发现的。还有其他的设备：布斯基的电话交换机可以容纳160条直拨电话线路，可以直通穆赫伦、米尔肯，以及其他公司的套利人、股票经纪人和研究员等。电子股票行情接收机还能把股市行情投射到他办公室的墙上，墙上还挂着钟表，显示着全球不同地区的时间。

布斯基将办公室迁到中城对他和西格尔的关系几乎没有什么影响。当西格尔有消息透露时，他仍然会给布斯基打电话，邀请他去喝咖啡。不过，现在他们确实是去喝咖啡，是在52街一个名叫帕斯特拉明·森斯（Pastrami'n Things）的咖啡厅。这是一个普通的咖啡厅，桌上铺着富米加塑料布，放着敞瓶的番茄酱和调味料，地上摆着假的绿色植物。是布斯基把见面的地点选到这里的，他认为没有理由花大价钱喝咖啡。而西格尔也认为在这种地方很安全，不可能会被人认出来。

1984年春天，康乃馨公司打算出售公司的一大批股票，因此他们聘请基德尔·皮博迪公司和西格尔处理此事，并且公司管理层同意西格尔尽量获得最高的价格。西格尔推断该公司可能打算出售，因此他和布斯基见面，讨论了这一事情。当年夏天，布斯基开始大量囤积该公司的股票。可想而知，该公司的股价不断上涨。

到了8月，布斯基已经购买了康乃馨公司大量的股票，吸引了许多人跟风购买，招致纽约证券交易所插手调查。交易所询问康乃馨公司如何解释其股价和交易量的猛增。该公司当然知道关于大量抛售股票计划的秘密谈话，但是它也确实对股市的变化感到迷惑不解。在公开声明中，康乃馨公司称"公司对股票交易的波动无从解释"。几周后，它又发布声明称"最近股价的上涨没有任何公司方面的理由"，同时它也断然表示，它没有同"任何人讨论过公司股票的事宜"。这些公开声明违反了交易所和证交会对股票披露的要求，是典型的掩盖真相的活动。

这些公开声明使华尔街上的许多套利人惊慌失措，但是布斯基不为所动。西格尔鼓励他不要理会这些声明，继续买进。无论怎么说，布斯基从其他消息源也获悉，该公司可能被收购。他借康乃馨公司股票下跌之际，又进行了增仓操作。西格尔向布斯基保证说："这简直就是另一个格蒂收购案。"

实际上，这比格蒂收购案还要好：更干净、时间更短，并且收益更多。康乃馨是美国一家老牌公司，是美国国内知名度最高、备受信赖的品牌之一，最终被瑞士的食品集团雀巢公司收购。在这起交易中，布斯基根据西格尔的消息获利2,830万美元，是他从西格尔的消息中获益最多的一次。

这次巨大的成功又激发了其他套利人的忌妒和怀疑。华尔街之前从来没有见过哪个套利人像布斯基这样在纳托马斯公司、雷诺克斯公司、格蒂公司、海湾石油公司，还有现在的康乃馨公司上都大赚一笔。布斯基购买的股票数量十分庞大，被人冠以"猪崽子"的绰号。穆赫伦不断发现，自己经常要为布斯基的声誉作辩护，遇到其他人抱怨或者暗示说布斯基在从事内幕交易时，他总是会说："算了吧，难道你就不能承认有人比你更聪明、更能干吗？"

一天下午，布斯基给穆赫伦打电话，让他主持一场捐款晚宴。这个晚宴是以布斯基的名义举行的，受益人是犹太教的神学院。该神学院位于曼哈顿的哥伦比亚大学附近，是一个很有名望的学术机构。穆赫伦从来没有发现布斯基对犹太教产生过真正的兴趣，但是他知道布斯基经常向该神学院捐款，可能是为了给那些富有的犹太投资人留下好印象。穆赫伦问道："伊万，你知道我不喜欢做这些事情的，我给你一张支票行不行啊？"无论什么慈善捐款，只要朋友提出来，他就会慷慨解囊。布斯基停顿了一会儿，然后像一个小孩一样沮丧地说："问题是别人都搞不定这个事啊！"

穆赫伦叹了口气，然后同意了。他缠着卡尔·伊坎，让他一起去当主持人，而且他们俩要设法让嘉宾慷慨解囊。考虑到大家对布斯基的普遍敌意和忌妒，这并不是很容易的事。不过，当晚他们还是筹集到了近50万美元。晚宴要求大家都身穿礼服，系黑领结，甚至穆赫伦也穿得十分正式。布斯基的母亲专程从底特律赶来参加宴会。她给穆赫伦留下了深刻的印象，高贵而又温柔，处处显示了一个犹太母亲对儿子的自豪和关心。在穆赫伦把她介绍给来宾之后，他说："我知道你们为什么要来这里了，你们来这里是因为你们不相信布斯基真的有一位母亲。"大家听了哄堂大笑起来。

布斯基不断取得成功，甚至他自己的员工也都心怀疑虑。研究部的主管莱斯曼知道布斯基并不是根据他们的研究结果进行操作的。然而，他没有发现其中的交易模式，也没有注意到基德尔·皮博迪公司也被牵涉进了这些交易之中。就在他老板的运气正佳的那一年，他获悉基德尔·皮博迪公司和西格尔在一起收购交易中代表目标公司，而布斯基的公司也参与了这起交易。他知道布斯基和西格尔经常电话联系，因此他向布斯基报告了这个消息。莱斯曼说："我刚刚获悉基德尔·皮博迪公司也参与了这起交易，你为什么不给马丁·西格尔打个电话，看能否得到一些帮助呢？"他似乎对自己的情报还很自豪。

布斯基严厉地问道："你这是什么意思？马丁·西格尔干吗要帮我呢？"他看起来有点儿生气了。

莱斯曼说："我是说，你和他关系很不错，是吧？你可以……"

布斯基打断了他，大声喊道："你要搞清楚，公司和马丁·西格尔没有任何特殊关系，现在出去。"

很快，一起对布斯基造成沉重打击的事情就发生了，也让西格尔恐惧不已。尽管布斯基不断取得重大的成功，但是他却没有引起国内金融媒体的关注。

然而在1984年的夏天，《财富》杂志的记者格温·金基德打算写一篇关于布斯基的专访。布斯基很少和记者通电话，但是这一次，他同意了金基德的采访，不过他拒绝谈论关于交易和生活琐事的话题。

西格尔知道这篇报道正在准备中，记者也找过他，并给他的秘书留了一个口信，让西格尔给他回电话。当西格尔给金基德回电话时，她出去了，后来没有再联系过他。西格尔认为记者只是想知道他对布斯基的评价，也就没有在意。然而，到了7月的最后一周，布斯基给他打电话，提醒他注意这篇报道，因为报道中有关于布斯基同基德尔·皮博迪公司和第一波士顿银行关系的不利"方面"。

西格尔听了大吃一惊，他生气地说："这可太糟糕了。这对你、对我都不好啊。"

布斯基似乎毫不在意，他对西格尔说："你太夸张了。"然后他告诉西格尔，这篇文章其实也没有什么新东西，都是"照搬"《洛杉矶时报》的一篇文章，而那篇文章也提到了布斯基同两大投资银行的关系。这句话使得西格尔更加坐卧不安。《洛杉矶时报》的文章，他甚至从来都没有听说过。这会不会激发大量不利报道的发生？他知道媒体对自己的业务是非常敏感的。

西格尔想在杂志出版之前赶紧把这个消息告诉德农西奥。德农西奥表示了关心，但是没有过分地担忧。他当然没有问西格尔文章说的事情是否是真实的。他们把并购部名义上的主管彼得·古德森叫了过来，一起研究这篇报道对公司兼并业务潜在的不利影响，最后，他们得出结论——这种影响很小。华尔街上一直都在流传各种谣言，并且让他们松一口气的是，第一波士顿银行在这篇文章中也被提到了。

紧接着的那个星期一，西格尔一早就冲到报刊亭购买了8月6日出版的那期《财富》杂志，关于布斯基的报道就刊登在这一期上。文章的大部分内容都无伤大雅，其中重点介绍了布斯基的伟大金融成就和雄心壮志，也直言不讳地详细记述了他早期的生活背景和经历，然而随着报道的深入，西格尔在这篇文章中发现了两段让他惊恐不已的话："布斯基的竞争对手对他交易时机的准确选择颇有微词。有许多谣言称，他参与的交易都和基德尔·皮博迪公司和第一波士顿银行有关。布斯基断然否认了使用内幕消息进行交易……"

接着，文章提到了一件更为敏感的事情。"去年，当马里兰州液化气经销商柏尔加斯公司（Pargas）被加拿大富有的贝尔兹伯格家族（Belzberg）收购时，布斯基以及基德尔·皮博迪公司的举动引起了华尔街的注意。"这起事件牵涉到了几个同布斯基关系密切的人，其中包括西格尔、泰迪·福斯特曼和穆赫伦。西格尔曾经和布斯基谈过此事，但是，他认为自己没有透露内幕消息。泰迪·福斯特曼是福斯特曼·利特尔公司的创始人，经常和布斯基交谈。贝尔兹伯格家族是穆赫伦的主要客户和支持者。西格尔知道，关于贝尔兹伯格家族举动的消息一般都是穆赫伦告诉布斯基的。

文章继续写道："在贝尔兹伯格家族告诉柏尔加斯公司他们的收购决定但是还没有公开宣布前的某一天，布斯基购买了柏尔加斯公司的3.5万股股票。"尽管这些完全属于细节的描述，但是它很明显是在暗示，布斯基在贝尔兹伯格家族一案上有内幕消息——很可能是通过柏尔加斯公司获悉的，这就把矛头指向了西格尔。

文章接着写道，在福斯特曼·利特尔公司宣布减持柏尔加斯公司股票引发股价大跌之前，布斯基大量抛售了柏尔加斯公司的股票。这一点暗示，福斯特曼可能提前向布斯基透露了他的计划，而西格尔也遇到了类似的怀疑。布斯基对这个问题做出了回应，金基德在文中引用了他的原话："我对交易没有任何评论，我们每天都要买卖证券，一直都做得很不错。我们有一流的顾问一直在指导我们。"

西格尔非常恐慌。事情怎么会变成这样呢？他最为担心的是他与布斯基的关系可能会被发现，现在，这已经是白纸黑字，印在了全国性的杂志上面。这些说法不会在华尔街上销声匿迹的。莱斯曼的朋友开始开玩笑地把西格尔称为布斯基的"专门负责基德尔·皮博迪公司的执行副总裁"。

8月底的一天，西格尔接到了罗伯特·弗里曼的电话。弗里曼是高盛公司负责套利业务的主管，也是套利领域一个实力强大的人物，多年来几乎每天都与布斯基打电话。弗里曼和西格尔的关系逐渐密切起来，最开始他们谈论公司的交易，后来话题转向了体育、哲学、薪水和志向。弗里曼已经把家从新泽西搬到了纽约的拉伊地区，他告诉西格尔，他在那里买了一套豪华的别墅，紧邻著名的阿帕瓦米思乡村俱乐部（Apawamis Country Club）。

弗里曼温文尔雅，彬彬有礼，举止稳重，英俊潇洒。他在达特茅斯学院主修西班牙语，然后到哥伦比亚商学院深造，毕业后进入高盛公司工作。他跟着罗伯特·鲁宾学习套利，鲁宾后来成为公司的联席CEO。高盛公司具有传奇色彩的董事长古斯塔夫·列维曾经也是一位套利人，而且是华尔街该领域的泰斗。弗里曼在1978年被晋升为合伙人。随着套利行业对并购、资本重组和其他主要业务的作用越来越重要，公司其他合伙人都日益看重他的意见。

为了保护公司的声誉，高盛有明确规定：各个部门之间严禁交流情况。公司还印发了一份"限制名单"，里面都是参与投资银行悬而未决活动的客户，公司的套利人和其他人员严禁买卖这些公司的股票。因此，弗里曼常常向西格尔抱怨，说他有许多交易都无法进行。

与布斯基一样，弗里曼也是一个必不可少的消息源，因为他身边也有许多关于市场的情报和交易信息。他的周围形成了一个密集的套利人圈子。实际上，西格尔一直都怀疑这些"圈子"的成员在共享信息。这种安排的好处在于，尽管某个套利人因为他所在的公司牵涉到了某项交易而被禁止，但是这个圈子的其他人则不受限制。他们可以自由交易，只要他们同其他人分享类似的信息就行。

西格尔知道，这种信息总能以某种方式在公司公开宣布之前找到进入市场的途径。任何人都能看到交易量和股价的增长，也不难追踪到购买者的身份。华尔街上出现了一种风格独特的套利人，他们只是跟踪套利人圈子内成员的交易模式，盲目地跟风买进和卖出。

当弗里曼给西格尔打电话时，康乃馨公司的交易正在全速进行之中，这增加了西格尔对套利人圈子的怀疑。弗里曼在电话中说，他知道布斯基持有康乃馨公司的100万股股票。西格尔听了大吃一惊，既对布斯基的持有量吃惊，也对弗里曼对此非常清楚感到吃惊。连他都不知道布斯基的交易量，而弗里曼却这么清楚。很显然，布斯基的公司保密工作不是很严格，至少对像弗里曼这样很有实力的套利人来说是如此。毫无疑问，谣传会在媒体上出现。弗里曼不断说着，西格尔的脑子飞快地思考着。然后，他又听到了一些更让他担心的话。弗里曼说："你要小心了，有传言说你和布斯基的关系太密切了。"

西格尔脱口说道："我不会再和他电话了，到此为止。"

弗里曼的话使西格尔最终下定了决心。他发誓，康乃馨公司的交易是他最后一次透露消息，他必须与布斯基拉开距离，而且要尽快，否则他就会永远被谣言纠缠着，脱不开身。

然而，正当他认为《财富》杂志报道的影响销声匿迹时，又接到了《大西洋月刊》记者康妮·布鲁克的电话，她也要为布斯基写一篇报道。她已经看过《洛杉矶时报》和《财富》杂志上关于布斯基的报道，准备在自己的报道中也提到西格尔的名字。西格尔请求她不要让自己的名字出现在文章中，但是没有得到同意。他又去找德农西奥，告诉了他这个消息，说必须采取什么措施才行。他们采取了措施。当布鲁克把文章交到杂志社时，社里的律师告诉她，必须删去关于西格尔的内容，否则不能刊登。她开始表示抗议，但是最后被迫屈服了。这篇文章刊登在了12月出版的那一期上，没有提到关于西格尔的谣言。西格尔只是在后来才知道，基德尔·皮博迪公司的律师插手了，他们威胁杂志社，声称如果不将对该公司不利的材料删除的话，基德尔·皮博迪公司就会提起诉讼。

当年的剩余时间里，西格尔一直坚守着自己的誓言，没有和布斯基联系。他以前几乎每天都和布斯基通电话，现在却突然中断了。他没有再给布斯基提供任何内幕消息。然而随着年底即将到来，尽管有各种各样的担心，西格尔还是开始考虑他的年终"奖金"。1984年对西格尔来说是一个丰收的年份，他在基德尔·皮博迪公司的合法薪水和奖金超过了100万美元，获得的现金和股份高达110万美元。然而，他那套公寓的装修费用接近50万美元，比他预想的还要高。最后，他还有一笔"奖金"收入，布斯基用这些无价的消息和建议赚到了巨额的利润，为什么自己不分一杯羹呢？

1985年1月，西格尔和布斯基在帕斯特拉明·森斯咖啡厅见面。西格尔按照他所发誓的，把预计的要求提高了一些。他提出40万美元，除了送钱人拿走的钱以外，他期望能够得到35万美元。用这些现金，他可以把公寓的装修费全部付清。布斯基随口就同意了，关于康乃馨公司消息的价值甚至都还没有讨论呢。但是这次，布斯基打算采用一种新的送钱计划。他不想再用广场酒店大厅交接的方式了。

布斯基告诉西格尔，让他在约定的日期上午9点整准时到达第55街和第一大道交叉口的电话亭。然后，西格尔拿起话筒，假装要打电话，而此时送钱人会站在他的身后，好像在等着打电话。他会把一个手提箱放到西格尔的左腿边，然后走开。西格尔认为这个计划比酒店大堂的方式更加可笑，就像是拙劣的间谍小说中的情形一样，但是布斯基却坚持采用这种方式。

在约定的日期，西格尔提前来到了约定的地点。为了消磨时间，他到街道对面的一个咖啡厅喝咖啡，他坐在靠近窗户的一个桌子旁边，一边喝着咖啡，一边观察外面的情况，搜寻着可能的送钱人。突然，他看到一个皮肤黝黑的男人，提着一个手提箱，在电话亭附近的一栋小楼旁边来回走动，他身穿一件黑色的粗呢短外衣。

接着，西格尔又发现了另外一个人。那个人就在半个街区的地方，也是皮肤黝黑。他在路边走来走去，眼睛盯着西格尔怀疑是送钱的那个人。西格尔开始感到惊恐。怎么了？怎么还有一个人呢？突然之间，西格尔想到了布斯基曾经当过中央情报局特工的事情，心中的恐惧一下子涌了上来。西格尔心想："他们是来杀我的。"布斯基之所以采用这个怪异的计划，让送钱人站在他的身后，原来是打算谋杀他。西格尔立即喝完咖啡，付了账单，迅速逃走了，撇下那个送钱人提着手提箱在那里不断走动。

西格尔回到办公室之后不久，就接到了布斯基的电话，他问道："怎么样了？"

西格尔回答说："没有拿到。"

布斯基烦躁地问道："为什么没拿到呢？"

西格尔解释说："那里多了一个人，有人在监视。"

布斯基大喊说："当然了，一直都有人啊，是我想确保交接成功的。"

西格尔听了大吃一惊。布斯基连自己的送钱人都不信任。

布斯基坚持让西格尔再到电话亭去收钱。他说："我费了很大劲儿才把这些现金搞到手，你最好还是拿走。"西格尔非常警惕，他不想用这种方式取钱，但是又没别的办法。在拖延了几个星期后，他让步了。他再次来到电话亭，一切进展顺利。同上次一样，手提箱里的钱又少了一些，但是西格尔甚至懒得和布斯基说这事。西格尔对自己发誓："这是最后一次了。"他不想一直都生活在恐惧之中。

在西格尔的头脑中，和布斯基的协议结束了，最后一次付款也完成了。西格尔彻底停止了和布斯基的电话联系。当布斯基给他打电话时，他总是躲避，借口繁忙，或者匆匆挂断电话。没过多久，布斯基就明白是怎么回事了。

一天下午，西格尔接到了布斯基的电话，当他又想快点儿挂断时，他听到布斯基轻声地问道："怎么了，马蒂？你不想再和我说话了吗？你不想再给我打电话了吗？我再也见不到你了。"他的声音婉转，透露出一种真心的忧伤，"难道你不再喜欢我了吗？"

当《财富》杂志的文章刊出时，西格尔与布斯基的关系并不是他感到恐慌的唯一原因。甚至当他在和布斯基保持距离时，他仍在同其他的朋友——弗里曼通电话进行内幕交易，虽然弗里曼也提醒西格尔注意有关他和布斯基的关系的不利谣言。西格尔和弗里曼的关系不是受现金需要的驱使，而是受到基德尔·皮博迪公司利益的驱动。

尽管基德尔·皮博迪公司在表面上看没有什么问题，但是实际上却问题重重，已经陷入了危机，公司的收益严重依赖西格尔的业务。尽管它传统的收入来源，如经纪佣金和承销佣金已经干涸了，但是公司却仍然鄙视新兴的盈利机会。基德尔·皮博迪公司没有自己的套利业务部门。同华尔街上几乎所有的其他公司都不同，它没有开设账户进行交易。阿尔·戈登以及之后的德农西奥都认为公司自己开户进行交易会玷污公司对客户利益的责任。没有这些顾忌的公司都能获得巨大的利润，如高盛公司，一直都在大规模地从事套利业务，甚至摩根士丹利公司最近也开始利用这种市场机会。

德农西奥被基德尔·皮博迪公司的一些年轻投资银行家起了一个"鸵鸟"的绰号。当人们提到开创新业务时，他都要问一问这项业务是不是公司为了给客户服务而"需要"的。回答很少是肯定的。同时，基德尔·皮博迪公司的资金增长一直停滞不前，而其对手的资金却在飞速增长，使得它们可以资助大规模的项目。基德尔·皮博迪公司仍然要依赖它传统的零售经纪网络和承销能力积累资金，这是一种烦琐、过时的筹资方式，利润也越来越少。实际上，零售经纪网络每年要损失3,000万美元。

如果这还不算糟糕的话，那么1984年3月的打击就是不可估量的了。基德尔·皮博迪公司精心打造的声誉遭到了严重的伤害。该公司一名年轻的股票经纪人彼得·布兰特向证券交易委员会承认从事内幕交易。布兰特经常出现在基德尔·皮博迪公司的宣传广告中，是一个油嘴滑舌、野心勃勃的人。在当时最为耸人听闻的内幕交易案中，他是官方的主要目击证人。这就是R. 福斯特·维南斯一案。此人是《华尔街日报》的一名记者，主持该报具有举足轻重影响力的《华尔街传闻》（Heard On the Street）专栏，曾经多次向布兰特提前泄露内幕消息。

这起案件轰动一时。它揭露了一个耸人听闻的故事，涉及了酒鬼律师、同性恋，以及在豪华饭店和马球俱乐部举行的秘密会议。基德尔·皮博迪公司没有其他人被牵涉进去，因此公司竭力低调处理此事，但是公司的总法律顾问罗伯特·克兰茨却成了证人席上的倒霉蛋。基德尔·皮博迪公司的监管程序似乎被架空了。

这起事件之后，基德尔·皮博迪公司寻求新收入来源的需要更加迫切了。早些时候，德农西奥和戈登面试了一个年轻人，名叫蒂莫西·L. 泰伯尔。他英俊潇洒，高个子，多少有点儿孩子气，获得过罗兹奖学金（Rhodes Scholar）。一见面，他们俩就对他产生了好感。他的会计经验和牛津大学的背景吸引了他们俩，公司就聘请他为顾问，直接向德农西奥负责，他的头衔是负责计划的副总裁。

在审查了公司的业务、盈亏状况之后，泰伯尔得出结论：基德尔·皮博迪公司要想生存，就必须开拓新的赢利业务。他认为公司别无选择，必须开设账户进行交易，并且组建自己的套利部门。泰伯尔自愿加入该部门，他声称自己做过一些股权交易，但是对套利却没有什么经验，交易知识也不是很多。

德农西奥仍然很不情愿，不过还是接受了泰伯尔的建议，但是要求避免公开此事。他把这位年轻的顾问分派给资深的交易员、机构销售部名义上的主管查德·威格顿。威格顿原来是一位信贷分析师，大部分职业生涯都是在基德尔·皮博迪公司度过的，从一个岗位转到另一个岗位，既没有耀眼的成就，也没有尴尬的失利。他身材肥胖，和蔼可亲，有点儿迟钝。公司里的每个人都叫他"威吉"。

当交易员时，威格顿就已经开始在公司一些精明的客户后面从事"跟风"交易，看他们购买或者卖出什么，他也购买和卖出什么，通过这种方式，他也赚到了一些利润。但是，就凭这些勉强说得过去的交易记录，德农西奥就让他筹办基德尔·皮博迪公司的套利业务部门。除了泰伯尔，还有一名图书馆的工作人员被派到这里做职员，此外别无他人。

德农西奥把西格尔叫到了他的办公室里，向他解释了这种安排，同时提醒西格尔，他不想让公司外面的人知道套利部门的存在。他说，他很担心这会引发客户的不良反应。

西格尔熟悉并且也很喜欢威格顿，但是认为他没有什么套利能力。而对泰伯尔，他几乎一无所知，只是知道他似乎没有什么经验，而且也是刚刚加入公司。然后，德农西奥又做出了一项意外的决定，他想让西格尔担当他们的"顾问"，负责指导他们，而且不让公司里的其他任何人知道。西格尔只好暗自叫苦。

那时，也就是1984年3月，西格尔正在代表KKR公司对海湾石油公司进行收购。当国会以反托拉斯法为由介入此案时，套利人和其他投资人都开始紧张起来，纷纷抛售股票，引发股价大幅下跌。此时，西格尔决定试试自己这个新套利顾问的身份，因此他给威格顿和泰伯尔打电话，告诉他们开始购买海湾石油公司的股票。他说："这只股票的价值还是有的。这家公司正要被其他公司收购，这是显而易见的。"他这么说是有根据的。作为KKR公司的代表，他对海湾石油公司的收益和资产进行过研究，因此他对国会反托拉斯法的威胁毫不在意。威格顿和泰伯尔购买了20万股，以基德尔·皮博迪公司的标准来看，这已经非常多了。（与此形成鲜明对比的是布斯基，他的购买量是400多万股。）当加利福尼亚标准石油公司最终完成收购时，基德尔·皮博迪公司赚到了270万美元，西格尔被称赞为天才的套利人。德农西奥十分激动，对西格尔的远见卓识大加赞赏。西格尔感觉棒极了。原来套利这么容易啊！他猜想他会做得很好的。他感到自己又为公司做出了一项重大的贡献。

然而，似乎没有一个人意识到，西格尔已经多么接近危险的边缘，他几乎违反了投资银行一项通常的规定：套利业务要和其他的业务相互分离。在KKR公司收购海湾石油公司的交易中，西格尔是KKR公司的金融顾问，接触到了许多机密，但是在指导公司套利业务时，他并没有利用这些机密，不过他已经非常接近悬崖的边缘了。

罗伯特·弗里曼几乎每天都向西格尔打电话。一天下午，在电话中，弗里曼提到了他喜欢的沃尔特·迪士尼公司的股票，还说他也用自己的交易账户购买了一些。企业狙击手索尔·斯坦伯格已经持有了沃尔特·迪士尼公司大量的股票，在套利人圈子里，大家都预测斯坦伯格可能会对该公司发起收购攻势。以精明投资而闻名的得克萨斯州的巴斯家族也囤积了该公司大量的股票。弗里曼虽然没有明说，但是已经强烈地暗示，他同理查德·雷恩沃特有直接的联系。雷恩沃特是一位金融家，巴斯家族的许多成就都离不开他的努力。

西格尔心想，这就是套利"俱乐部"运转的方式——大家互相提醒、暗示、提示、相互联系、建立互惠的关系，然后就开始进行实际的内幕消息的传送了。当任何人都能确定消息的可信性，而不用去问消息的来源时，那还有什么可担心的呢？

西格尔给威格顿和泰伯尔打电话，告诉他们购买沃特尔·迪士尼公司的股票。此后不久，1984年6月，市场上流传着"绿票讹诈"的谣言，声称斯坦伯格不仅无法收购沃尔特·迪士尼公司，反而要被该公司反戈一击。西格尔立即给弗里曼打电话，弗里曼向他保证说没有问题。弗里曼说："这是不可能的。"因此，基德尔·皮博迪公司继续持有沃特尔·迪士尼公司的股票，西格尔也匆忙地赶到机场，飞往克利夫兰了。按照日程安排，他要到那里会见一个客户。

他一到达克利夫兰机场，就给办公室打电话，但是却得到了一个不好的消息：斯坦伯格实际上已经接受了绿票讹诈，他的收购威胁也到此结束。迪士尼公司的股价开始猛跌。更糟糕的是，威格顿和泰伯尔还毫不知情。基德尔·皮博迪公司在迪士尼公司的股票上损失巨大，超过了上次在海湾石油公司股票上赚到的270万美元。西格尔惊呆了，他这个套利"天才"也不过如此而已。

第二天早上，西格尔给弗里曼打电话，他非常气愤。当弗里曼告诉西格尔自己在消息公开之前就把手中的股票抛售时，西格尔更加愤怒了。他怒气冲冲地说："你为什么不告诉我呢？你让我买的那只股票，你知道了消息，为什么却不告诉我呢？"西格尔不相信弗里曼会这样戏弄他。

弗里曼似乎真的很遗憾。他说他没有想到西格尔会购买这么多股票，此外，他说他听到这个消息后，立即就给西格尔打电话，但是西格尔当时正在飞往克利夫兰的飞机上。听到这句话，西格尔的愤怒稍稍平息了一些，但是巨大的损失仍然让他心疼不已。他不知道怎么向德农西奥解释，尤其是之前已有许多关于绿票讹诈的谣言在流传，但是他却还建议基德尔·皮博迪公司继续持有，没有抛售。

几天后的一个星期五，西格尔在自己位于康涅狄格州的家中给弗里曼打电话。现在，他已经完全从迪士尼公司股票的事件中走了出来，两个人又像以前一样讨论市场和并购业务的发展，就好像什么事情也没有发生一样。西格尔不假思索就把话题转到了高盛公司的一个大客户——大陆集团（Continental Group）上面，这是一家包装公司，当时已经成为詹姆斯·戈德史密斯爵士的收购目标。西格尔问弗里曼，他是如何看待这个问题的，詹姆斯爵士的收购会不会被阻止。

由于高盛公司是大陆集团的投资银行，正在积极参与大陆集团的战略策划工作，西格尔希望从弗里曼那里得到一些有用的但是不太详细的消息。也许弗里曼对大陆集团一无所知，因为高盛公司严禁套利部门和投资银行部门进行交流，然而弗里曼却说："没关系的，他们无论如何都要把公司卖掉的。"

西格尔惊呆了。这句话从代表大陆集团的合伙人口中说出来，听起来就像是内幕消息一样。他挂断电话，凝视着窗外康涅狄格海岸晚春的风景。他知道，在同弗里曼的谈话中，他们已经越过了一条不言而喻的界线。他也知道，如果他不采取任何行动，就能轻而易举地避免违反内幕交易的规定。但是，他也想到，在令人尴尬的迪士尼公司股票的损失上，弗里曼还欠他一个人情。套利网络难道不就是这样运转的吗？

西格尔拿起电话，打给了威格顿和泰伯尔，建议他们购买大陆集团的股票。但是让他气愤的是，他们拒绝了。他们还对迪士尼公司股票损失一事耿耿于怀。西格尔提高声音，告诉他们自己刚刚同弗里曼通过电话，并一字一句地告诉他们弗里曼刚刚对他说过该公司打算出售的消息。他问道："现在你们听明白了吗？"他们明白了，并且开始尽职地购买。

大约一周后，西格尔又问弗里曼关于大陆集团的事情。弗里曼兴高采烈地说："我也开始做企业融资了，我也要做你做的工作了，马蒂。"然后，弗里曼明目张胆地越过了内幕消息的界线。他解释说，高盛公司要充当"白衣骑士"去拯救大陆集团，他的一位好朋友负责此事，这个人叫戴维·默多克，曾经是一个企业狙击手。弗里曼把默多克的详细计划向西格尔和盘托出，并且说自己也是默多克的顾问。现在，西格尔可以从两个方面获得大陆集团的内幕消息，一方面是大陆集团，另一方面是默多克。西格尔给威格顿和泰伯尔打电话，督促他们再多买进一些大陆集团的股票。

詹姆斯爵士提高了出价，引发了股价的大幅上涨，西格尔再次给弗里曼打电话。弗里曼让西格尔放心，他说："别担心，我们还要再多买些。"最后，基德尔·皮博迪公司共囤积了价值2,500万美元的股票，这是它有史以来最大的一次购买活动。

在基德尔·皮博迪公司内，除了西格尔、威格顿和泰伯尔之外，只有两个人可以看到套利部的交易单据，这就是德农西奥和公司的总裁约翰·T."杰克"·罗奇。在迪士尼股票的损失之后，德农西奥对公司在大陆集团压上大量赌注日益担心，最后，他让西格尔到他的办公室解释一番。

德农西奥看起来非常焦急，头上的汗水直冒，当他感到压力时经常这样。西格尔怎么能拿公司这么多资金去冒险呢？他怎么能这么有信心呢？最后，西格尔脱口道出了实情："这个消息是从鲍勃·弗里曼那里得到的。"德农西奥当然知道弗里曼是谁了。他停顿了一会儿，看起来非常严肃，然后只说道："保护好自己。"对公司大量买进大陆集团公司的事情，他什么也没有说。

对大陆集团的收购大战在6月29日达到了高潮。默多克把报价推到了最高，58.5美元一股，超过了詹姆斯爵士58美元的价格；而另一个竞争对手，天纳克公司（Tenneco），也是一家大型的集团，只提出了55美元多一点儿的价格。在下午4点钟左右，大陆集团公司的董事会举行了特别秘密会议，接受了默多克的报价。这个消息在快到下午5点半时才被公开。但是西格尔不用等着公开宣布就能获得这个好消息，弗里曼在公司董事会做出秘密决定之后不到20分钟就给西格尔打电话了，比这个消息公布还提前了一个多小时。

威格顿和泰伯尔在抛售了大陆集团公司的股票后，获利380万美元，远远超过了上次在迪士尼股票上的损失。每个人都非常高兴。西格尔的声誉得到了恢复。当然，德农西奥知道，西格尔的成功不是只靠"天才"的。罗奇拍着西格尔的肩膀说："你把公司救活了。"

西格尔认识到，弗里曼是在确保他挽回上次的损失。现在他感到可以信任弗里曼了，他是一个让人可敬的人。西格尔发现他喜欢上了惊心动魄的套利游戏。他喜欢充当消息的接收者，而不是提供者。这个过程似乎非常安全，被发现的可能性微乎其微，几乎可以忽略。

他继续同弗里曼保持联系，并获取消息。但是为了确保基德尔·皮博迪公司的交易不会引起关注，既不被监管部门注意，也不被公司内部的人员发现，威格顿和泰伯尔通过第三方经纪人进行交易。洛杉矶的一个经纪人博伊德·杰弗里斯经营一家从事此类私人交易的经纪公司，他是所谓的"第三市场"或者"场外市场"交易的主力。这种交易的妙处在于，任何交易记录都不会显示弗里曼给西格尔打电话和基德尔·皮博迪公司的交易有什么直接联系。威格顿喜欢把这种策略称为"隐形手"。

西格尔没有告诉弗里曼，关于基德尔·皮博迪公司的业务范围。德农西奥仍然坚持基德尔·皮博迪公司的套利部门要处于秘密之中。西格尔告诉弗里曼他是在利用个人账户进行交易。然而，使西格尔吃惊的是，弗里曼竟然说，他也在利用自己的账户积极交易，还利用子女的账户交易。

大公司的套利人通常都受到严格的限制，不能利用个人账户进行交易，因为这种诱惑可能使他们把自己的利益置于公司利益之上，在交易中会先用自己的账户进行买卖，即进行"扒头交易（Front-running）"。西格尔明白高盛公司肯定有类似的禁令。弗里曼淡淡地回答西格尔的质询："当公司的交易停止后，我才会去做自己的交易。"

毫不奇怪，弗里曼很快就向西格尔寻求回报了，而且这个回报使布斯基给西格尔的数额变得微不足道了。在大陆集团的交易期间，西格尔和弗里曼还卷入了其他两起潜在的大宗收购：一起是大型的废物处理公司（Waste Management）正在考虑收购SCA服务公司，这是一家小型的废物处理公司，也是西格尔的客户；另一起是高盛公司的客户鲁伯特·默多克意欲收购一家大型的林业产品公司——圣里吉斯纸业公司（St. Regis Paper Co.）。

6月，在废物处理公司给SCA提交了一封措辞迫切的友好收购意向书之后，高盛在弗里曼的建议下，开始购买SCA的股票，这种方式被套利人称为"熊式拥抱"（Bear Hug）。这封信公开后，SCA立即开始组织应对，并聘请基德尔·皮博迪公司和西格尔进行策划。第一道防御策略威力无比，它要以反托拉斯问题进行反抗，这可能会引发政府的干预。

考虑到高盛购买的数量巨大，反托拉斯问题引发了弗里曼的极大担忧，弗里曼急忙给西格尔打电话。他说："马蒂，SCA一案你要帮我一下，这个反托拉斯的威胁是真的吗？"

西格尔尽量避免泄露内幕消息，只是谈了谈公司的股权问题，但是在弗里曼的坚持下，最后西格尔无法搪塞了，只好让步。他把SCA的详细防御计划都告诉了弗里曼，并且说反托拉斯问题只是一个计谋，是为了得到更高的价格。他说："SCA正在逐渐衰败。"西格尔让自己的朋友放下心来，并且鼓励他继续购买。

随着SCA收购案的不断发展，西格尔和弗里曼之间逐渐形成了一种暗语，使得消息传递没有那么明了。就在另外一家废物处理公司，勃朗宁-费里斯公司（Browning-Ferris）参与对SCA的收购大战之前，西格尔告诉弗里曼："这件事情看来真的要交易了。"弗里曼当然明白，SCA的股价即将上涨。

8月13日，星期一，SCA公司宣布，除了废物处理公司外，他还考虑其他公司的报盘。接着就有传言称勃朗宁-费里斯公司打算以更高的价格参与收购。在上周四和周五，高盛已经购买了SCA的7万多股股票。在周一，它又购买了5.7万股，是在SCA的公告引发股价上涨之前买的。

这次股价上涨之后，弗里曼担心，人们对于更高收购价的期望可能会使市场过于狂热。他心想是不是应该把高盛持有的股票抛售一些，因此他又给西格尔打了个电话。弗里曼问道："你认为股价如何呢？"西格尔又开始含糊其词了。

他问道:"你这是什么意思呢?"但是,已经到了非常危急的时刻,弗里曼也无心再玩游戏了。他急躁地说:"你知道我想说什么。"

西格尔连忙说:"我很好。"他知道"很好"一词会被理解成鼓励进一步购买SCA的股票,因此在接下来的几天里,高盛又买进了12.35万股。最后,废物处理公司的出价超过了勃朗宁-费里斯公司,高盛取得了有史以来最大套利成功之一,赚到了数百万美元。

球现在被踢到了弗里曼一边,他欠西格尔一个消息,圣里吉斯公司的交易似乎就是回报的理想工具。1984年的大部分时间,圣里吉斯公司的收购活动都在进行中。詹姆斯·戈德史密斯爵士一直希望收购一家林业产品公司(对皇冠齐勒拜奇公司的收购达到了高潮),他在1984年年初就开始一点点地蚕食圣里吉斯公司。惊恐之中,圣里吉斯求助摩根士丹利,摩根士丹利又转而联系另外一家大型的造纸公司——冠军国际(Champion International),高盛的一个客户——同它商议充当白衣骑士出面拯救圣里吉斯的可能性。圣里吉斯的股票被高盛列入了所谓的"灰名单"。高盛和其他公司的灰名单是公司限制名单更为机密的翻版,本公司的任何人员都禁止交易名单上的股票。一般的限制名单在公司内广泛发放,非常容易泄露,而灰名单则只发放给少数高级管理人员。

最终,圣里吉斯通过绿票讹诈买下了詹姆斯爵士手中的股票,收购威胁似乎消失了。同冠军国际的商讨也结束了,高盛将圣里吉斯的名字从灰名单中删除。然而,6月27日,商讨又重新开始了,因为新的收购威胁出现了,这一次是鲁伯特·默多克。默多克和巴斯家族(又是在弗里曼的朋友雷恩沃特的建议下)公开宣布他们已经持有圣里吉斯公司的大量股票。

弗里曼曾经告诉过西格尔,他总是在完成公司的交易后才进行自己的交易,但是这话有点儿不真实。7月16日,冠军国际和圣里吉斯在互相审查了对方的财务状况之后签署了一份秘密的合并协议。在这个时候,按照高盛的规定，其工作人员是不能交易这两家公司股票的。不过第二天，弗里曼就用自己的账户购买了圣里吉斯的1.5万股股票，价格从43美元到45美元不等。几天之后，默多克就宣布了对圣里吉斯的收购，出价为52美元。高盛的合规部门本来应该审查弗里曼的这种交易，但是它同基德尔·皮博迪和德崇的类似部门一样尴尬。高盛合规部门的底层工作人员根本不敢招惹像弗里曼这样有权势的合伙人。高盛的这种现象并不是独一无二的。

几天后，圣里吉斯正式宣布拒绝默多克的收购报价，圣里吉斯快速屈服的市场希望破灭了。第二天，在弗里曼透露的消息的鼓励下，基德尔·皮博迪公司开始大量囤积圣里吉斯的股票，直到7月底冠军国际宣布出价20亿美元收购圣里吉斯为止。

内幕消息仅仅是西格尔和弗里曼两人联盟的一部分。他们之间的关系在其他方面也在起作用。在圣里吉斯交易开始不久，该公司的投资银行摩根士丹利就向西格尔许诺，他们不会把冠军国际的出价"出售"给其他潜在的买家（这就意味着他们不会试图利用冠军国际的出价发动收购大战）。然而，西格尔通过自己的市场信息发现，尽管摩根士丹利已经向他许诺过，但是他们仍然正在利用冠军国际试图抬高收购价，以获得更高的服务费。西格尔立即向弗里曼通报了这个发现，弗里曼直接把这个消息告诉了高盛公司的负责人约翰·温伯格。随后高盛便与摩根士丹利较起劲来：冠军国际坚持要在当晚签署一份最终的合并协议。基德尔·皮博迪也利用这个消息额外购买了圣里吉斯的10万股股票。

冠军国际同圣里吉斯签署合并协议的消息第二天早上就公开宣布了。基德尔·皮博迪公司和弗里曼都把圣里吉斯的股票抛售出去，获得了巨额的利润。

西格尔得意扬扬。华尔街开始繁荣起来，而他正处于繁荣的中心。他甚至开始不再担心交易会被发现了。美国正在重获信心，走向繁荣。弗里曼被认为是一位伟大的成功者，受邀到洛杉矶观看1984年的夏季奥运会。在SCA收购案即将结束的某一天，弗里曼给西格尔打电话，赞许地说："我真是服了你，你确实知道如何利用消息进行交易。"

紧接着，出现了《财富》杂志文章一事。突然，西格尔被弗里曼的话搅得心神不宁。正如他发誓与布斯基拉开距离一样，西格尔决定停止与弗里曼交换内幕消息，不再向他提供任何机密信息。不过他仍然会和弗里曼通话，他挺喜欢弗里曼，只要他不再给弗里曼透露任何机密，他们之间还是可以讨论合法的市场情报，而且这也是很有价值的。毕竟基德尔·皮博迪的套利部门已经获得了许多人想都不敢想的成就——成立不到一年就获得了700多万美元的利润，突然之间成为公司最为赚钱的部门之一。西格尔、威格顿和泰伯尔，在剩下的时间里即使什么都不干，也无愧为公司的英雄。而且套利只是西格尔的一个副业而已。

西格尔感到极大的宽慰。他拯救了基德尔·皮博迪公司，至少它可以再苟延残喘一年，他可以不再感觉像犯罪一样了。

哈尔·里奇坐在基德尔·皮博迪公司自己办公室的桌子旁，他已经度过了一个糟糕的上午。1984年夏天，他和西格尔一起负责SCA的交易。前一天，他误听了西格尔说的话，不慎把传给美林公司的东西弄错。西格尔知道后暴跳如雷，冲进办公室里大声斥责里奇，使他难堪至极。

这种行为是里奇非常痛恨的，尽管他比西格尔小几岁，他似乎更加体现了基德尔·皮博迪公司的悠久传统。他深蓝的眼睛，金黄的头发，是斯坦福大学和沃顿商学院的毕业生，他办事特别细致，考虑问题周全。在年度考评中，西格尔对他的评价是"太好了"。

甚至在加盟基德尔·皮博迪公司很久之前，里奇和约翰·戈登——阿尔·戈登的儿子——就是好朋友，他俩甚至共用一个秘书。当西格尔最初打算招聘里奇时，戈登提醒他不要接受。戈登憎恨西格尔在工作中总是处处优先，他还告诉里奇，西格尔这个人身上有股"黑暗力量"。西格尔野心勃勃，有时还有点儿粗鲁，让戈登也避而远之。不过在西格尔同简结婚之后，戈登就改变了对西格尔的看法。他告诉里奇，他认为西格尔成熟了，变成了一个正派的人，并且说里奇现在没有理由拒绝到基德尔·皮博迪公司与西格尔共同工作了。

西格尔的大声喧嚷使里奇非常难过，他心想戈登对西格尔个性的乐观评价是否有点儿太早了。但是第二天，西格尔就出现在了办公室的门口，看起来有点儿局促不安。他问里奇："你还好吧？我很抱歉，我不应该对你大喊大叫。"里奇听了心中好受了一些。

但是，里奇有时确实对西格尔感到担心。里奇住在康涅狄格州的格林尼治，离住在拉伊的弗里曼不远。里奇常常和弗里曼一起乘车进城上班，里奇很喜欢弗里曼。一天早上，他们又搭乘同一辆车上班，路上聊起了电影《克莱默夫妇》。里奇认为弗里曼似乎对这部电影中提到的离婚和家庭问题非常敏感。里奇知道弗里曼是从事套利业务的，但是他似乎和其他的套利人都不同——对大多数套利人，里奇都很讨厌。当弗里曼即将在水街60号下车时，他悄悄地对里奇说："告诉马蒂·西格尔，不要再与布斯基来往了。"里奇还没有来得及问个究竟，弗里曼就下车了。

里奇在想弗里曼究竟是什么意思，为什么他不亲自告诉西格尔呢？里奇坐得离弗里曼很近，他知道弗里曼每天要给西格尔打两三次电话。"鲍勃的电话"成了他经常听到的话，他知道鲍勃就是弗里曼。而且，不管怎么说，为什么一个套利人让一个人不要同另外一个套利人来往呢？难道套利人之间都是这样做的吗？

接着，里奇就读到了《财富》杂志的文章，这篇文章在基德尔·皮博迪公司也引起了不小的轰动。弗里曼又告诉他："马蒂·西格尔最好小心点儿，这事看起来很糟糕。"里奇最后向西格尔提到了这个问题。他说："不要和布斯基来往了，马蒂。他是个危险人物啊。"西格尔坚持认为没有什么可担心的。他对里奇说，《财富》杂志的那文章是"胡编乱造"。里奇相信了他。

小心谨慎的里奇不相信西格尔会和伊万·布斯基从事不正当的交

易。另外,他还知道基德尔·皮博迪公司正在从事套利业务。尽管威格顿和泰伯尔的套利业务仍然处在秘密之中,但是一些迹象还是泄露了这个秘密。首先,套利部门赚取了丰厚的利润,这已经不是秘密了。没有人相信仅凭威格顿和泰伯尔就能取得这样巨大的成就。经常接近西格尔使里奇意识到,至少西格尔也参与了其中,在背后指导他们,也许还根据他在并购部的经验给他们提供一些"远见卓识"。

然后,西格尔证实了他所有的猜想,给他简单看了一下基德尔·皮博迪公司的套利记录,并夸奖他们干得很好。交易的规模之大和投入的资金之巨都让里奇震惊不已。他说:"不能让威格顿负责这事,他的能力有限。你们应该聘请一个职业套利人。"他推荐了他在添惠公司认识的一个人。西格尔同这个人谈了谈,但是他后来告诉里奇,他不想雇用这个人。西格尔说:"我们不能把威吉甩了,他是团队的一员。"里奇不相信西格尔对威格顿这么看重,不过后来,他逐渐明白:当时西格尔正在套利的兴头上,他不想让别人插手。

公司的这种做法让里奇很担心。他在添惠公司工作时,添惠创建了套利部门,他也参与了创建工作。套利部门开始进行交易活动之前,添惠公司专门聘请了两家律师事务所——谢尔曼·思特灵律师事务所(Shearman & Sterling)和苏利文·克伦威尔律师事务所(Sullivan & Cromwell)——负责制定套利业务和其他业务进行安全分离的规定。苏利文·克伦威尔律师事务所是基德尔·皮博迪公司外聘的法律顾问。两家律师事务所都坚持,要制定最基本的规定,铸就一座"隔离之墙",把套利业务同其他业务分离开。而现在,基德尔·皮博迪公司也在从事套利业务,但是公司甚至连最基本的规定都没有,根本没有把套利业务同其他业务分离开来。

里奇觉得应该向上司反映这个情况。他不能去找西格尔,因为按照公司的组织结构,西格尔不是兼并收购部的主管,主管是彼得·古德森(名义上的主管)。于是,里奇去找古德森。"彼得,我知道我们公司开始做套利业务了。"他说，"但公司有件工作没有做，这是危险的。我在迪安·威特公司做过这方面的事，我可以帮忙。西格尔是不能卷入这项工作的。我们必须把套利与其他业务分开。"

古德森对此表现出关注，他说："哈尔，你说得很对，这确实很麻烦。我要就这个问题给拉尔夫（即德农西奥）写一份备忘录。"

但是里奇知道这种安排依然如故，他还常常听到西格尔在电话里指示威格顿和泰伯尔进行交易。因此，他又去找古德森，抱怨说情况没有任何改变。

古德森承认他从来没有给德农西奥写过备忘录，也没有把里奇的担忧写成书面材料。他说："不过，我同拉尔夫谈过这个问题。"这听起来好像他和里奇尽到了职责，不用再多管此事了。古德森继续说，"你知道，马蒂有点儿厌倦了，他厌烦了并购工作，让他做做套利业务也不错啊。"里奇感觉他在这个问题上只能这么做了。毕竟，古德森是部门的主管，西格尔也是公司的负责人，他们应该知道自己在干什么。

在SCA交易期间，里奇经常加班。西格尔经常想在康涅狄格的家中陪伴自己的妻子，因为他的妻子怀孕了，而且是双胞胎。西格尔向里奇和约翰·戈登炫耀说，他的妻子怀的是异卵双胞胎，需要两个精子，就好像在说他自己的性能力超强一样。戈登认为西格尔这样说只是表明了他在这方面极其缺乏自信。

因为里奇和戈登都卷入了这起交易，他们也对SCA股票的交易尤为关注，并且不断惊叹高盛买入股票的时机。他们从交易记录上看到高盛在勃朗宁-费里斯公司突然加入收购大战之前大举购买股票，戈登说："天哪！真邪门，他们怎么这么神机妙算呢？"他们也推测过可能是有人泄露内幕消息，但是他们从来没有想到西格尔会与弗里曼交换情报。即使有人告诉他们，他们也不会相信的。

而且，为西格尔选俱乐部的事也让戈登很头疼。基德尔·皮博迪已经决定让西格尔参加纽约的一家高档俱乐部，因为他是公司的中流砥柱，在那里，他可以有机会接触一些其他公司的领导，从而为公司拉拢客户。西格尔总是说自己很讨厌俱乐部，讨厌那里势利和陈腐的价值观，但是如果他必须加入一个俱乐部的话，他就会选择最高档的。在某种程度上，他是觊觎俱乐部给予其成员的身份地位。

因此，他让约翰·戈登代表他到河畔俱乐部（River Club）去交涉。这是一个以WASP为主的餐厅俱乐部，对会员要求极其严格，这个俱乐部位于52街东河路附近河畔公寓（River House）的一层。该俱乐部是由洛克菲勒家族的成员创办的，洛克菲勒家族的一些成员就住在河畔公寓内，这里是纽约东部地区社会和商界名流会聚的地方。很少有犹太人能够成为该俱乐部的成员，亨利·基辛格就是其中之一。

约翰·戈登的父亲——阿尔也是该俱乐部的重要成员，父子俩开始试探西格尔加入该俱乐部的可能性。结果很不妙，即使他们没敢提西格尔是犹太人，他获准接收的可能性也不大，特别是他在并购领域的名声对他很不利。其中一位成员说："他难道不是那个精明的并购狂吗？"他的声音中透出一种蔑视；另一个成员说他认为西格尔是一个"强行推销的贩子"。约翰·戈登没有争辩，他担心在这个时候太热心地替西格尔坚持的话可能会损害他自己的声誉。企业狙击手罗纳德·佩雷尔曼曾经托人来俱乐部联系加入的事宜，一个成员直言不讳地指责说，"甚至不应该提起这个名字"——毫无疑问，那个人也被拒绝了。现在，戈登自己也开始产生其他人那样的怀疑了。在SCA公司一案之后，他偶尔也跟西格尔说自己正在抓紧替他联系，但是实际上，他只是在勉强地应付。

西格尔最后确实加入了另外一家俱乐部——联盟俱乐部（Union League Club），这家俱乐部位于公园大道，远远没有河畔俱乐部的知名度大。他加入这家俱乐部的时间非常短。他发现这里非常保守，而且歧视女性。尽管纽约州总检察长对该俱乐部施加压力，其成员仍然投票拒绝女性，简对此非常气愤。西格尔借机退了出来，以示抗议。德农西奥希望按照基德尔·皮博迪公司古老传统塑造西格尔的努力白费了。

1985年3月，西格尔的双胞胎出生了，是一对龙凤胎，他也一下子忙了起来。他们在格雷斯广场的空余房间也被占用。随着并购业务以人们难以预料的速度继续发展，他的业务也开始繁荣起来。他希望威格顿和泰伯尔能够独立作业，不用再需要他的大量指导，依靠自己的力量在前一年的成功基础上有所建树，但是他的希望很快就破灭了。

公司对威格顿和泰伯尔的投资额度作了限定，如果是他们自己决定交易，他们自己只能够投资100万美元。如果一项收购交易被公开了，风险降低了（潜在的利润也降低了），他们可以追加500万美元。即便如此，他们也在不断损失，他们不断对西格尔说，他们必须有一把"撒手锏"。西格尔明白，他们是希望他把"撒手锏"传授给他们。

到了1985年春天，西格尔开始感到形势危急了。德农西奥正在为改善公司的财务状况而绞尽脑汁。西格尔感到了一种压力，要求他再为威格顿和泰伯尔提供消息，但是他阻止了自己。他不能再乞求弗里曼给他消息了。

西格尔和弗里曼仍然几乎每天都会通电话，交流各种情况，包括布斯基、穆赫伦、桑迪·路易斯（把穆赫伦介绍给布斯基的套利人）以及华尔街其他著名套利人的相关情况。3月底，弗里曼提到了一个投资公司，名叫科尼斯顿合伙公司（Coniston Partners），是由怀特-威尔德投资银行（White Weld）的一位前投资银行家基思·戈勒斯特和另外两人创办的。

弗里曼通过他最好的一个朋友詹姆斯·里甘结识了戈勒斯特。里甘有好几家投资合伙公司，包括位于新泽西州普林斯顿的普林斯顿·纽波特合伙公司（Princeton-Newport Partners）。华尔街一直都有许多私人的投资合伙公司，但是很少有像20世纪80年代那样繁荣的。几乎任何人都可以开一家这样的合伙公司，通过富有的投资人（如布斯基等）筹集资金，然后再拿这些资金去投资，并从中收取一定的管理费和一定比例的投资收益。

西格尔从来没有听说过科尼斯顿公司，该公司是靠投资低价值的封闭式共同基金而起家的。它通过对基金的管理带来压力，从而导致更广泛的和更有利可图的代理权之战和收购威胁。在弗里曼向西格尔提到科尼斯顿公司时，它还没有什么知名度，可信度也不是很高，只是一个想成为企业狙击手的小公司。然而弗里曼却很支持他们，称他们是一支值得关注的力量。

即使到了现在，弗里曼还告诉西格尔，科尼斯顿正在大量囤积斯托勒通信公司（Storer Communications）的股票，可能要对它发起收购。这是一家有线电视和广播公司。弗里曼也囤积了该公司大量的股票，既有高盛的账户，也有他自己的账户，总计占到了该公司3%的股份。弗里曼称科尼斯顿打算促成一笔大交易，并说："他们是认真的。"

西格尔认为这是一次典型的谈话。他脑子里想象着一个场景：弗里曼坐在一条信息流的旁边，看着信息不断流过，他想要什么都可以随手拾起，就像是一只黑熊在捕食鲑鱼一样。然而，西格尔也在想：弗里曼是如何获悉科尼斯顿打算收购斯托勒的计划的呢？最后，西格尔向弗里曼问了这个问题。弗里曼回答说："为科尼斯顿购买股票的人和我关系很好。"弗里曼没有提到普林斯顿·纽波特公司或者他的朋友詹姆斯·里甘的名字，詹姆斯·里甘是他原来在达特茅斯大学的同学，负责为科尼斯顿公司购买股票，而且他也捎带着为自己的普林斯顿·纽波特公司的账户购买。只要斯托勒公司被卖出去，他们就可以收获巨额的利润。

这时，西格尔甚至没有想到建议威格顿和泰伯尔也买进斯托勒公司的股票，尽管这可能是弗里曼所希望的。他可能想给斯托勒公司制造一种购买的压力，迫使它软化立场，考虑收购的建议。相反，西格尔立即想到，也许这对基德尔·皮博迪公司是一个好机会，可以借此发挥更大的作用。自从西格尔代表KKR公司成功收购了海湾石油公司之后，他就和该公司的总裁亨利·克拉维斯经常联系。他知道克拉维斯正在寻找收购目标。西格尔听到了更多关于斯托勒公司的消息，并又查看了基德尔·皮博迪公司的研究结果，他越来越感觉这是一个很不错的机会。

因此，西格尔给克拉维斯打了个电话，把这个消息告诉了他。克拉维斯说："太好了，我们见面聊聊怎样？"西格尔立即又给斯托勒公司的投资银行狄龙·里德公司打电话，把KKR公司的意向讲了讲，然后他们又一起开会对同该公司交易的前景进行了初步的商讨。当西格尔再给弗里曼打电话时，他吃惊地发现，弗里曼似乎对会上的情况已经了如指掌。

4月15日，西格尔给弗里曼打电话，提到了他认为应该给KKR公司出示一些关于斯托勒公司的资料。他想试探一下，看看弗里曼会不会反对，但是弗里曼根本就不在乎。

由于拥有内幕信息，弗里曼继续大肆购进斯托勒公司的股票，4月17日，他又为高盛买进了7.4万多股股票。弗里曼的助手弗兰克·布罗森斯也为自己购买了2,000股（投资了大概近75万美元）。

西格尔告诉弗里曼他现在正在代表KKR，于是他们商量起了有关的策略。斯托勒通信公司还没有发出信号，表示欢迎友好的收购，而KKR也没有表示要进行恶意收购。西格尔和弗里曼都希望KKR能发起恶意收购。他们还讨论了如何让恶意收购大战打响第一枪。他们谈论了发送"熊式拥抱"信件的可能性，即让KKR向斯托勒公司发送一封"胡萝卜加大棒"的收购书，提出友好收购，表示如果友好收购被拒绝，就将实施恶意收购。投资银行家和套利人之间经常就是这样交谈的，他们不用泄露任何机密计划就能明白即将发生什么的线索。

正如西格尔向弗里曼所保证的一样，KKR在4月19日提出了报价。第二天，让西格尔失望的是，斯托勒公司拒绝了报价，并向股东发了一封信，督促他们拒绝KKR的任何要求。此后不久，弗里曼就给西格尔打电话，他向西格尔保证说："别担心，科尼斯顿公司、戈登·克劳福德和我会向它的董事会施加压力的。"

（然而，弗里曼和他的这个联盟从来没有向证券交易委员会报告他们是一个整体。）

在接下来的周末，弗里曼给西格尔打电话。他听起来似乎有点儿忘乎所以了。他说他无法忍受这种悬念的折磨了,他必须明白:KKR是正打算发送"熊式拥抱"的信件吗?在前一天,克拉维斯已经同意了西格尔的建议,决定向斯托勒公司发送 "熊式拥抱"的信件,这是措辞比较温和的"熊式拥抱",被称为"玩具熊的抚摸"。西格尔知道,如果他回答了弗里曼的这个问题,然后弗里曼根据这个消息进行交易的话,那么他们就又一次越过了法律的界线,也就违背了他以前的誓言。但是他感觉到,让弗里曼知道这个消息也符合他的客户利益。弗里曼是斯托勒公司最大的股东,他可以帮助给斯托勒公司施加压力,从而迫使该公司做出对KKR有利的行动。因此,西格尔回答说:"是的,KKR打算发送这封信。"

随后西格尔又去找KKR商量,他们又增购了一些认股权证,用来作为推动交易的催化剂。其后,西格尔跟弗里曼联系,告诉了他这个消息,弗里曼有点儿不高兴了。他想要一个更高的出价。西格尔说:"这是底线了,我们不能再高了。"

KKR公司在4月22日修改了出价,接着,斯托勒公司威胁说要破坏他们的整个计划。它再次拒绝了KKR公司的出价,并向股东们提出了一个资本重组的计划,但这个计划的价值很难评估。弗里曼和里甘继续购买斯托勒的股票和期权,科尼斯顿公司也宣布将发起一场代理权争夺,以挫败斯托勒的资本重组计划,迫使该公司接受出价更高者的收购。

弗里曼和西格尔继续在斯托勒收购案上密切沟通,即使在它陷入了持久的代理权争夺时也依然如此。接着,在7月4日前后,有传言称另外一家公司也打算收购斯托勒公司。弗里曼提醒西格尔,西格尔立即把这个宝贵的消息透露给了克拉维斯,而克拉维斯当时正在英国的温布尔登观看网球公开赛。一个星期后,康卡斯特电信公司(Comcast)发起了对斯托勒的收购。弗里曼给西格尔打电话,问道:"KKR会与康卡斯特竞争吗?"西格尔向他保证说会的。他相信克拉维斯不会介意他泄露这个消息的。他给克拉维斯大致说过他和弗里曼联系的事,尽管克拉维斯从来没有赞同过泄露内幕消息的行为，但是他也认为对斯托勒施加压力对他很有利。弗里曼现在对KKR的内幕消息了如指掌，就好像是这个公司的一员一样。

最后，在7月底，正当竞价交易达到出人意料的地步时，弗里曼又给西格尔打电话，说："我已经用自己的账户购买了大量斯托勒的股票。"（其实，西格尔早就知道这个情况了。）接着又问道，"我刚刚把8月的期权以90美元加2美元的价格卖掉了。我做得对吗？"（出售期权是对最终价格不会超过某个特定水平的判断，在这一案例中，交易执行价是90美元，期权加价是2美元。）

西格尔知道KKR的最终秘密出价是多少。不管怎么说，弗里曼预测的价格很准确——就是92美元。西格尔说："听起来不错啊。"弗里曼满意地笑了。西格尔根本不可能知道高盛公司、弗里曼和他圈子里的朋友，如里甘、戈勒斯特和科尼斯顿合伙公司赚到了多少钱，但是他知道，这个利润非常大，因为他们手中是一笔联合在一起的资金，汇聚起来会发挥巨大的影响力，甚至连布斯基都无法与之相抗衡。

KKR非常高兴西格尔的表现。它以每股92美元的价格买到了斯托勒公司，尽管这个价格不低，但是斯托勒成为KKR最为成功的收购活动之一。

在这次交易之后，西格尔又一次感到弗里曼欠他一个人情，需要偿还。虽然西格尔并没有做出明确的决定，但是他决心和弗里曼停止消息交流的誓言已经被忘得无影无踪了，他们之间的关系又从中断的地方接上了。弗里曼很快就开始慷慨地回报西格尔了。

弗里曼在高盛获得了相当不错的地位，现在可以参与公司为一些重要客户举行的高层战略研讨会了，这些客户就包括联合石油公司。联合石油公司最近又成了布恩·皮肯斯的狙击目标，这起收购很快就变成了一场最激烈、最残酷的收购战，高盛负责帮助联合石油公司组织抵抗。高盛并购部的主管彼得·萨克斯每天都要同弗里曼协商此事，每次都要协商两三个小时。因而，弗里曼能够针对不同的应对方案提出富有远见的意见，从而为本部门的套利人员提供便利，这种交流似乎违背了公司的套利业务必须同其他业务相分离的规定，而且高盛根本都没有想到，弗里曼可能会向外界透露联合石油公司的秘密。

就在西格尔第一次向弗里曼透露了KKR收购斯托勒的详细计划之后不久，西格尔就提到他购买了联合石油公司的股票。弗里曼向他保证说，这里会有"油水的"——这就意味着股东可以把股票变现，赚取利润——因此，西格尔让威格顿和泰伯尔增持该公司的股票。后来，弗里曼向西格尔透露了联合石油公司的详细计划，该公司打算把一些石油生产部门分离出去，以此为主体成立一个独立的有限责任合伙公司。西格尔立即督促威格顿和泰伯尔再次增持该公司的股票。

弗里曼向西格尔透露关于联合石油公司的许多消息表明，在金融交易中，那些看似非常神秘的详细信息，对于一些久经沙场的投资人也是非常重要的。作为一项应对措施，联合石油公司提出以每股72美元的价格回购本公司50%的股票，没有被收购的股票将按照市场价格进行交易，这50%不包括皮肯斯手中的股票。这个计划在华尔街引起了恐慌，因为皮肯斯可能会以此提起诉讼。西格尔当时正在从达拉斯飞往塔尔萨的途中，他一抵达机场就给威格顿和泰伯尔打电话，他们正急得像热锅上的蚂蚁一样，因为基德尔·皮博迪在联合石油公司的股票上投入了巨额的资金。为了让电话记录上不会直接显示西格尔给弗里曼打过电话，西格尔打给了他的秘书，然后让秘书把电话转到了弗里曼的办公室。弗里曼说："别担心，没关系的。我们（联合石油公司）无论如何都会以部分要约收购的方式购买股票的。"这就意味着即使法庭判决必须将皮肯斯的股票包括在回购的股票之中，联合石油公司也会按照原订计划行动的（最后果然如此）。

听到这个消息后，西格尔立即挂断电话，然后给威格顿和泰伯尔打了过去。他建议立即采取一项策略，出售期权，以锁定不会被回购的那部分股票的利润。（威格顿和泰伯尔实际上购买的是股票期权，可以以固定的价格出售该公司的股票,这样就实施了同样的策略。)

西格尔放下电话时,感到非常高兴,他知道联合石油公司的战斗即将达到高潮,现在,他已经可以确保利用弗里曼的消息为基德尔·皮博迪赚到丰厚的利润。他将挽回威格顿和泰伯尔的所有损失,并且还能有所赢利。基德尔·皮博迪的套利部门又将迎来一个丰收的年份,可能甚至比前一年的年景还要丰硕。德农西奥对他的压力也将缓和许多。西格尔感到了一种难以抑制的兴奋,这种感觉是他在同布斯基的交易中有时会感觉到的。

西格尔在塔尔萨机场误了飞机,后来设法搭乘别的航班返回纽约。他突然产生了一种想同人分享这个好消息的冲动,因此,他走进一个电话厅,不假思索就把电话拨到了德农西奥的家中,把一切都告诉了德农西奥,包括他给弗里曼打电话,以及如何让威格顿和泰伯尔采取策略锁定利润等。德农西奥似乎也很激动。西格尔感到了一种长者的赞扬所带来的温暖。

联合石油公司的股票回购战略很有成效。在对部分股票进行回购之后,所谓的按比例系数(即按照每个股东实际被回购的股票的比例)必须根据实际提交的股票总数来计算。弗里曼把这个秘密的比例告诉了西格尔,这样西格尔就可以精确地计算出基德尔·皮博迪最后的期权交易,这就像在瓮中捉鳖一样,稳赚不赔。弗里曼对西格尔说:"你们就等着拿钱吧。"他说的确实没错。

西格尔和弗里曼的关系在这一年中继续持续着,他们不断通电话,常常是一天两三次。他们在通话中并不是主要交流内幕消息。他们日益谈论一些在其他方面对双方都有利的信息,例如如何开发客户、如何强行促成交易、如何获得更高的售价从而赚取更多的服务费,以及如何为公司获得更多的利润。当然,这些信息对外界也都是秘密的。

内幕消息的交流也一直在持续。尽管界线有时比较模糊,但是当他们越线时,西格尔几乎总是非常清楚。他总是至少会感到担忧和愧疚。

当国际控制公司（International Controls Corporation）收购基德尔·皮博迪的客户纵横国际（Transway International）时，西格尔把国际控制公司的详细计划透露给了弗里曼，弗里曼根据这个消息用自己子女的账户购买了大量的股票。当高盛参与菲利普·莫里斯公司收购通用食品公司的交易时，西格尔问弗里曼："你认为这只股票（指通用食品）如何？"弗里曼回答说："我看还行。"这就是说西格尔应该买进它，他也确实让威格顿和泰伯尔购买了。

弗里曼也把巴克斯特医疗器材公司（Baxter Tavenol Laboratories）收购美国医疗设备供应公司（American Hospital Supply）的计划透露给了西格尔。1986年，R.H.梅西（R.H.Macy）在高盛的支持下进行杠杆收购期间，弗里曼告诉西格尔市场对梅西公司打算降低出价的传言反应过强：梅西公司正在打算降低出价，但是幅度比市场预测的要小。筹资工作是很安全的。

当布斯基给弗里曼打电话询问梅西公司的事宜时，弗里曼也很慷慨，向布斯基保证筹资工作会很安全。不管怎样，布斯基在高盛还有一个内线，可以了解梅西公司的收购信息，此人在高盛的不动产业务部工作。

这样的泄密活动太普遍了，使得公平市场的概念成了人们嘲笑的对象。不过，其他人在泄露消息时很少像西格尔和弗里曼这样清晰，因为他们知道没有必要这么做。并且，他们也不是泄露全部消息。同时，西格尔继续把给弗里曼透露消息看作为了客户利益这个"合理"的目的。

这种情况在比阿特丽斯公司的交易上表现得十分明了。这是一次杠杆收购交易，也是1985年最具特色的一起交易。它是西格尔同KKR合作的顶峰，也使得该公司功成名就，成为全美首屈一指从事杠杆收购的大腕，令人闻风丧胆。同时，这场交易也是涉及华尔街专业人士大量非法和可疑行为的一次交易。

比阿特丽斯是KKR的第一个"恶意"收购的公司。KKR总是用友好的方式同目标公司的管理层协商进行收购，或者充当白衣骑士参与恶意收购战。然而，在比阿特丽斯一案中，KKR在西格尔的建议下，同比阿特丽斯的原董事长唐纳德·凯利联手合作，向比阿特丽斯公司施加压力。如果比阿特丽斯拒绝KKR的收购，KKR就将强行收购，并将其现在的管理层淘汰，然后让凯利和他的团队入主该公司。这个计划导致KKR的资深合伙人之间发生了严重的分裂，不久之后杰罗姆·科尔伯格退出了这个有他名字的公司（KKR的第一个"K"，即为Kohlberg），他声称和其他合伙人（亨利·克拉维斯和乔治·罗伯茨）的"理念不同"。

尽管科尔伯格有不同意见，但是这起交易仍然继续进行着。弗里曼很快就为自己、孩子和高盛公司囤积了大量比阿特丽斯的股票。在整个交易过程中，他都像往常一样和西格尔保持着频繁的联系，每天都通话，但是西格尔不愿意再透露内幕消息了。有时，弗里曼似乎不用再从西格尔那里获取内幕消息了，他的身份使得他可以和克拉维斯本人直接通电话。例如，在万圣节前，约翰·穆赫伦听说KKR收购比阿特丽斯的交易遇到问题后，将自己手中的股票抛售了1/4。在此之后，弗里曼给克拉维斯打电话，问他股价为何下跌。克拉维斯告诉弗里曼："一切都很好啊。"然后他又说，"我们不会退出的。"这是一次很有价值的交流。几分钟后，弗里曼又买进了比阿特丽斯的6万股股票和几百份看涨期权。

比阿特丽斯的董事会最终接受了KKR在1985年11月提出的最终报价，每股50美元。此后不久，KKR从帮助自己安排融资工作的投资银行德崇公司获悉，他们无法按照50美元的价格进行融资。价格必须降低或者重新调整融资计划。这个消息对市场会产生明显的影响，因此这个消息是非常机密的，甚至连西格尔都没有告诉。纽约的名流人士、套利人理查德·奈也是套利人圈子的核心成员，他显示了不可思议的未卜先知的能力，在第二天就抛售了30万股比阿特丽斯公司的股票。当天晚些时候，弗里曼和奈在电话中谈及此事，随后弗里曼又把这个消息告诉了克拉维斯。

第二天上午，也就是1986年1月8日，股市一开盘，弗里曼就把手中的期权全部抛售出去。不久之后，纽约证券交易所一位知名的人士——也是"俱乐部"的成员——莫里斯·"巴尼"·拉斯克给弗里曼打电话说，KKR的收购活动遇到了麻烦。弗里曼转而又给西格尔打电话确认这个消息，但是西格尔无法确认，因为他还没听说过这个消息，是从弗里曼这里第一次知道。

西格尔非常吃惊，这些日子华尔街毫无秘密可言。他是克拉维斯的投资银行家和顾问，但是甚至连他都不知道融资工作出了问题。这只是证实了他的一种怀疑，即泄密者并非他一个人，这在华尔街上已经蔓延成灾了。西格尔给KKR公司打电话，详细询问了情况。

不一会儿，西格尔就给弗里曼回电话。他说："你小子的鼻子够灵的啊。"说着，他也为自己的用词感到好笑。这些消息正是弗里曼所需要确认的。当天下午，弗里曼就抛售了比阿特丽斯公司的10万股股票和3,000份期权（这表示可以再购买30万股的权利），获得了丰厚的利润。

KKR的收购条款不久就被修改，同西格尔所确认的完全一致。尽管这些条款对股东不是那么有利，现金部分从43美元降低到了40美元，但是比阿特丽斯公司几乎毫无选择，只能接受。比阿特丽斯的股票也随之下降。不管怎样，即使没有西格尔的帮忙，弗里曼也能从比阿特丽斯的股票上赚到丰厚的利润，但是西格尔的确认使他避免了损失，并且让他的利润达到了最高。

因为西格尔在比阿特丽斯收购案中的角色，基德尔·皮博迪的套利部门没有参与这起交易。然而，1985年对威格顿和泰伯尔来说，仍然是一个收益颇丰的年份。该部门的总收益，在扣除了高额的管理费和开支之后，仍然高达700万美元。由于他们又取得了和第一年同样的好业绩，公司里对他们的怀疑也无影无踪了。尽管人们对威格顿和泰伯尔的技能评价仍然很低，但是这一年的大量交易使得人们感觉，似乎任何人都可以在并购被宣布后投资套利而赚钱。事实上，他们可能真是这样。

但是，西格尔知道基德尔·皮博迪套利实力的实情。就像吸毒一样，一次套利的成功总是会激发对下一次套利"行动"的渴望和焦虑，也产生了对内幕消息这一"秘密武器"的需要。对万无一失的激动正在逐渐消失，甚至在压力逐渐增加时也是如此。西格尔知道他已经又拯救了公司一年——但是时间已经到了1986年，在新的压力下，他能够重新开始吗？他对未来日益感到恐惧。

1985年年初，西格尔在产房外面等待着双胞胎诞生的时候，随手拿起一份《纽约时报》，看到了一条德崇公司的证券发行公告，当时，该公司刚刚完成滨海公司对美国天然气资源公司的收购。西格尔心中暗想："如果他们能够筹集到这笔资金，就能成为一股强大的力量。"现在，他看到这种情况已经发生了，他看到产生这种力量的发动机就在他的面前，尤其是德崇，它几乎可以在一夜之间筹集数十亿美元，这种惊人的实力是基德尔·皮博迪永远也无法相媲美的。毫无疑问，在类似斯托勒公司和比阿特丽斯公司的收购案中，德崇公司能够获得惊人的利润。在这些交易中，西格尔作为克拉维斯的顾问出谋划策、献计献策、搜集信息，使得收购案取得了巨大的成功，不过这只为他赚到了为数不多的顾问费。例如，在斯托勒一案中，基德尔·皮博迪赚到了700万美元，而德崇则赚到了5,000万美元。其他的竞争对手，如高盛和摩根士丹利，都在增强自己的资金基础和巨大影响力，而基德尔·皮博迪却仍然在守着无利可图的经纪业务苦苦挣扎。西格尔感到他好像是一个人在支撑整个公司，他不知道自己还能支撑多久。

1985年年底，大概在核算奖金的时候，他直接去见德农西奥，不过这次不是讨论自己的奖金问题。对于1985年的奖金，德农西奥已经根据西格尔对公司的贡献计算出来了，包括套利收益，给他的奖金是210万美元，几乎是以前的两倍。然而，西格尔并没有高兴，相反，他却很绝望。刊登在《机构投资者》上的一篇负面报道增加了他的担忧，基德尔·皮博迪作为一个机构，已经濒临危机的边缘。他向德农西奥乞求道："拉尔夫，我不能再这样下去了，我不能一个人支撑整个公司啊。我每天的时间是有限的，我一个人不可能为公司创造所有的利润和收益。"西格尔告诉德农西奥，他认为基德尔·皮博迪要想生存下去，必须同其他公司合并。德农西奥看起来既震惊又沮丧：同其他公司合并，基德尔·皮博迪就要失去自己的独立性；并且，他也没有权力决定公司的命运。西格尔感到非常失望，他没有能够使德农西奥面对现实。

西格尔第一次萌生了一个从来没有过的想法：离开基德尔·皮博迪，到一个更强大、更健康、更有前途的公司。他必须脱离套利业务，他知道他参与这种业务是错误的。但是，他很清楚，只要威格顿和泰伯尔还在套利部门，他就难以从中解脱出来。

西格尔同意和拉扎德兄弟公司的主管、温文儒雅的米歇尔·戴维·韦尔见面，他感觉有点儿鬼鬼祟祟的。他们相约在曼哈顿上东地区的凯雷酒店（Carlyle Hotle）吃早餐。西格尔坐在舒适的椅子上，韦尔滔滔不绝地谈起了拉扎德兄弟公司的特色，声称这正是西格尔这样的明星投资银行家大显身手的地方，并提到了费利克斯·罗哈廷是如何在这里飞黄腾达的。

突然，西格尔想起了几年前的一天，当时他还是一个年轻的投行银行家，被指派同罗哈廷共同处理一项交易。那一天，他也首次产生了一个想法：他要成为另一个罗哈廷。可是后来，他却从事了秘密的犯罪活动，背离了自己的梦想。

但是现在，这种想法又回到了他的心中。他要离开基德尔·皮博迪公司，开创一种新生活，一种没有布斯基、弗里曼、威格顿或者德农西奥的生活，一种远离泥潭的生活。依靠他在并购界的声誉和名望，他可以随心所欲，无往不胜。当20世纪80年代，当华尔街的历史正在书写的时候，西格尔也想成为显赫一时的风云人物。

7. 珠联璧合，还是狼狈为奸

约翰·穆赫伦穿上袜子，系上鞋带，朝运动场走去。这是一个运动健身中心，离穆赫伦在拉姆森的家不远。穆赫伦决定让自己的体形重新恢复，他憎恨自己陷入中年发胖的怪圈之中。

在他身边，摇滚歌星布鲁斯·斯普林斯廷（Bruce Springsteen）正在做仰卧举重。穆赫伦心想：斯普林斯廷看起来真的很棒。上一次，他见到斯普林斯廷时，他看起来和其他35岁的男人没有什么不同，比较瘦弱，肚子有点儿凸；但现在，他看起来就像个运动员一样健壮。穆赫伦不是很了解斯普林斯廷，但是看到斯普林斯廷身体的变化使他对自己的体形更加厌恶了。

同马丁·西格尔一样，穆赫伦也感到了为公司创造利润的压力。到目前为止，1984年的业务就像过山车一样。年初的时候，他们做得很好，海湾公司的交易很顺利；接着到了春天，又比较糟糕；到了夏天，又突飞猛进起来。但是穆赫伦感到自己已经陷入了抑郁之中。这种问题已经困扰他好多年了，现在他才开始正视这个问题。他知道自己是一个临床上的躁狂抑郁症患者。他几乎总是很"亢奋"，精力充沛，睡眠很少；他可以不知疲倦地做很多事情，从酗酒、狂欢到股票分析，全都狂热投入，毫无节制。他服用一种含锂的药物，以帮助自己控制情绪。但是他发现，这种病每四年一个周期，当病情发作时，他有时会感到极其抑郁，甚至会产生自我毁灭的想法，这种情绪会持续好几天。在那段时间里，他常常会想到自杀。那年的夏天，他感到这种情绪又将来临了。他对上班越来越没有兴趣，想辞掉在斯皮尔·利兹·凯洛格公司的工作。

在8月的一个下午，他听到妻子南希的一声尖叫，于是赶紧跑到她的身边，发现他们领养的18个月大的儿子掉到了水池中。穆赫伦以前曾经做过救生员，他立即把孩子从水中捞了上来，此时小孩已经没有了呼吸。他赶紧对他实施人工呼吸，他的动作很轻，以免伤到孩子。他成功地把孩子喝进去的水弄了出来，然后他们俩立即把孩子送到了医院，在那里住了四天后，孩子才恢复正常。

这件事对穆赫伦的影响很大，他心想如果他那天不在家的话，他的儿子就会没命的。第二天，他直接来到斯皮尔·利兹的办公室，告诉他的合伙人："我以后不来工作了。"

辞职后，穆赫伦的时间突然充沛起来，他投入了健身活动中。在和斯普林斯廷接触后，他发现他们俩有不少共同点。首先，他们都住在拉姆森，都是35岁，每天的大部分时间都是在健身房锻炼，过这种生活的人并不是很多。他们都不用早起。斯普林斯廷喜欢熬夜，而穆赫伦几乎不怎么睡觉。穆赫伦喜欢音乐，他很早以前就是斯普林斯廷的歌迷了，当时他这位会谱曲、填词、演唱的全能歌手还没有成为大明星呢。穆赫伦曾经还是一位说唱音乐的高手。同穆赫伦一样，斯普林斯廷对音乐十分痴迷，他也认为，任何事情，只要值得去做，就一定要尽心去做。因此，他们一起到大西洋沿岸玩水上摩托艇，这里离穆赫伦投资购买的海滨俱乐部不远。他们还带着家人一起游玩，到落基山上滑雪。很快，穆赫伦就把斯普林斯廷当作好朋友了。

在穆赫伦辞职之后的一天，他在家中接到了布斯基的电话。布斯基生硬地问道："你为什么要这样做呢？"他似乎对穆赫伦的解释非常不满，这正好是西格尔开始疏远他的时候，他肯定正在因为失去穆赫伦这个市场消息源而感到焦虑。此后，穆赫伦很长时间都没有接到布斯基的电话，直到有传言称皮肯斯的交易陷入了困境，布斯基才给穆赫伦打电话，他认为穆赫伦是皮肯斯的好朋友，两个人肯定会经常联系的。布斯基问道："怎么了？"穆赫伦回答说："我不知道啊。"这起交易他确实一无所知。布斯基大喊起来，他坚持认为穆赫伦肯定和皮肯斯有联系。

华尔街的其他朋友也都经常给穆赫伦打电话，督促他回来工作。贝尔斯登公司的主管艾伦·C.格林伯格竭力劝穆赫伦出山，到他的公司去工作。但是穆赫伦全都拒绝了，他宁可炒房地产和与斯普林斯廷一起健身，也不愿意再回到老本行去。当斯普林斯廷开始准备1985年的"生于美国"的巡回演出时，穆赫伦开始焦虑起来。斯普林斯廷很快就要离开这里，两人要暂时分开了。穆赫伦又开始怀念自己的老本行了。

富有的贝尔兹伯格家族提议帮助穆赫伦创建一个自己的合伙公司，穆赫伦禁不住诱惑同意了。他开始为自己的回归筹措资金，最终为这个新公司筹集到了6,500万美元。新公司叫杰米证券（Jamie Securities），名字是由约翰·A.穆赫伦（John A. Mulheren）和他的合伙人以斯雷尔·英格兰德（Israel Englander）的名字全部首字母合成的。他给布斯基打电话告诉他这件事，布斯基给他提了一些筹资的建议。穆赫伦不断和布斯基联系，介绍自己新公司的情况。布斯基突然之间又成了他的好朋友，天真的穆赫伦渴望像以前那样取悦布斯基。

当杰米证券公司在1985年7月开始营业时，穆赫伦立即接到了布斯基的电话，布斯基知道他的朋友还有很多资金没有投向市场。布斯基告诉穆赫伦，他"急需现金"，想卖给穆赫伦一些股票。穆赫伦会买吗？如果买的话，买多少呢？为了表示友好，穆赫伦提出购买1,000万美元的股票。

因此，布斯基让他的交易主管迈克尔·达维多夫同穆赫伦继续联系。达维多夫对穆赫伦说："伊万说你要帮我们一下。"然后，他让穆赫伦购买联合石油公司的33万股股票。穆赫伦同意了。

达维多夫继续说:"好的,我打算把这些股票卖给你,然后我可能会再买回来的,而你不会受到任何损失。"突然,穆赫伦明白了:布斯基想把这些股票暂时"寄存"到他这里,让人看起来这些股票就是穆赫伦的。然而,布斯基会继续承担损失或者获得赢利。穆赫伦不喜欢这种做法。

穆赫伦说:"你先别说了,我不做这种交易。如果没有市场风险,我就不做交易了。"

达维多夫回答说:"好吧,多谢了。就按你的方式做吧。"他的话语十分焦急,似乎渴望做成这次交易。后来,联合石油公司的股票下跌,穆赫伦损失了几百万美元。他的一位同事问他为什么要这样做,他回答说:"这是帮伊万的忙,不用太担心。"

尽管布斯基提出这种要求,但是穆赫伦并没有真的感觉是在被他利用。在他看来,华尔街就是一张互惠的大网,投资也是帮忙,常常会得到回报,这就是"软美元"——互惠交换。如果布斯基给穆赫伦透露了一个有用的消息,穆赫伦想回报的话,就可以通过西玛拉(Seemala)做更多的交易,这是布斯基在纽约证券交易所的股票经纪商。

当布斯基要求帮忙时,穆赫伦不会过度担心他的动机。但是,布斯基总是大量购买,贪得无厌,甚至不断违反资本要求管理规定,对此大家都非常清楚,这已经不是秘密了。

布斯基和许多套利人一直都不太在意资本要求的管理规定,他的同事康韦和穆拉迪恩(尤其是穆拉迪恩,他曾因布斯基违反规定而受到惩罚,差点儿丢了工作)对此都很重视,并且竭力劝说布斯基也遵守此项规定。他们甚至采用了一种他们自创的特殊方式"虚张声势",夸大布斯基的杠杆收购效力,以使他不会超越界线。

然而,1985年,随着兼并业务步伐的加快和因此而带来的套利机会的增加,让布斯基遵守规定越来越难了。当年夏天,康韦生气地给布斯基写了一份备忘录:"你继续对我们的资本要求或者借贷协议中的债务条约漠不关心……如果这种情况继续下去，我们就无法筹集到投资新股的资金或者借贷资金……你这种经营战略只有一个特点，那就是不计后果，鲁莽冒险，拿你的声誉、拿一切东西冒险。我们必须尽快缩减投资组合的规模，必须保持最低限度的资本要求1,500万美元……我们正坐在定时炸弹的上面，再过18天，借贷条约中的违约条款一旦生效，我们就无路可逃了。你必须立即采取措施。"

当然，布斯基只要出售一些股票就能立即解决问题。然而，他认为手里的股票仍然会升值，这就麻烦了。因此，他让达维多夫又给穆赫伦打电话。

达维多夫说："我们需要你帮个忙。"

穆赫伦回答说："什么忙呢？"

达维多夫回答说："我们有很多股票，你可以挑一些。"穆赫伦选了三只，买了不少，这三只是斯托勒通信公司（当时它同KKR的战斗已经进入最后阶段）、博伊斯卡斯卡德公司（一个经常谣传被盯上的公司）和华纳通信公司（Warner Communication）。毫无疑问，布斯基在随后的某个时候会回购。达维多夫说，"我们会承担风险的"，就像上次他卖给穆赫伦联合石油公司股票一样。穆赫伦插话说："我以前告诉过你们，这种交易我不做。我是一个商人，就是要承担风险的。你那样做是不合法的。"

现在减去了被穆赫伦买去的部分，布斯基的账目完全符合资金和债务监管规定。但是布斯基仍然认为卖给穆赫伦的股票是"他的"，因此，当华纳公司的股票上涨时，他尤其高兴。当穆赫伦手中华纳公司的股票利润达到50万美元时，达维多夫又打电话来，他说："这可真是个问题啊。"

穆赫伦回答说："哦，不，对你们是个问题，但是对我却是一笔利润啊。"

达维多夫却很焦虑，他说："在这个问题上你不打算对我们有所表示吗？"

穆赫伦回答说："我没那样说过啊，我只是告诉你们那些股票是谁的，而这里发生的事情由我决定。"当穆赫伦最后把华纳公司的股票卖回给布斯基时，他赚到了170万美元的利润，这就意味着，在布斯基看来，穆赫伦欠了他的钱。

当年晚些时候，在其他股票也遇到同样的问题时，布斯基给穆赫伦打电话。尽管穆赫伦开始还声称这些股票是他的，但是后来两人就对穆赫伦如何补偿布斯基的问题争论不休。

"你知道，你在这些股票上赚到了钱，应该怎样弥补呢？达维多夫总是和你谈这件事。"

"我知道。"

"难道你不认为欠我们什么吗？"

"我不知道，我不知道应该怎样做。"穆赫伦回答道。

"好吧，你给我开张支票如何？"布斯基问道。

"不可能，无论如何我是不会给钱的，我不会给你现金的。"穆赫伦回答。

"哦，那你什么意思呢？"布斯基问道。

"我要为你做其他的事情，我可以给你出谋划策，可以多给你些经纪佣金，可以为你做各种'软事情'，用正常的方式给你回报。"

布斯基同意了。在随后的时间里，穆赫伦遵守了他的诺言。后来布斯基把穆赫伦通过西玛拉交易的经纪账单发给了穆赫伦，穆赫伦在填写发票时，把佣金的数目扩大了10倍。还有些时候，穆赫伦在付款时多付一些。最后，布斯基满意了，这种多付款就停止了，不过他们的互惠交换仍然在进行着。

在联合石油公司股票事件之后不久，布斯基给穆赫伦打电话，让他再帮一个忙。斯普林斯廷"生于美国"的巡演非常成功，成了当年摇滚音乐界轰动一时的大事。斯普林斯廷也成了超级明星，他要在新泽西州梅多兰兹的巨人体育场（Giants Stadium）举行一场音乐会，门票迅速被卖光了。布斯基想给自己的孩子弄几张票。尽管穆赫伦和斯普林斯廷是好朋友，但是穆赫伦从来没有让斯普林斯廷给他弄过音乐会的免费票，也从来没有想过利用斯普林斯廷的声誉做事。

穆赫伦说："伊万，我是不会去找斯普林斯廷要票的，我从来不做这样的事。但是，如果你想要的话，我可以通过黄牛给你弄到票，但是你要掏钱的，并且会很贵。"

布斯基说："帮我弄吧，多少钱都无所谓。"

第二天，穆赫伦给布斯基打电话，说他搞到票了，让布斯基过来取票。布斯基说："太好了，不过，我的孩子想见见斯普林斯廷，你可以带着斯普林斯廷坐直升机到我家来，我们一块儿吃个便饭，就你、我、孩子们，还有斯普林斯廷。然后你们再飞回去，不会占用很长时间的，就一个晚上。"

穆赫伦震惊不已，他说："我的天哪，伊万，他可不是训练有素的黑猩猩啊。"

1985年1月初一个星期五的早上，天气寒冷。布斯基的许多员工聚集在会议室里，准备召开每天早上的例会，大家期盼着过一个清静的周末，因为在刚刚过去的新年，他们已经参加了多场聚会。会议一般是在9点开始，持续到9点45分，布斯基会安排当天的交易指示，提出研究要求。交易员们常常在9点半以前离开会议室，去准备开市。

布斯基9点准时来到会议室，礼貌性地向员工们点点头，然后在椭圆桌的首席坐下，桌上放着一部电话，他伸手就可够到。他开始发布指示，紧接着，大概20分钟后，布斯基的秘书艾安西·彼得斯出现在会议室的门口，就在布斯基的后面，她看起来非常焦急。她知道布斯基非常讨厌在讲话时被打断，如果打断了他，通常会让他暴跳如雷。她说："迈克尔的电话。"布斯基立即停止讲话，随口说道："我来接。"

会议室里的每个人都知道"迈克尔"就是米尔肯。交易员们都称他为"西海岸",但是布斯基的秘书总是直呼其名,他也是唯一一个可以随时和布斯基通话的人。

布斯基把手指放到嘴唇上,环视了一圈,让大家安静,然后拿起了话筒。

两个人没有寒暄,直奔主题。布斯基说话很少,主要是听米尔肯在讲,并且不时地表示同意。当他放下电话时,他的眼中满是激动之情。

布斯基大声说:"我们要开足马力,加劲干了。"每个人都意识到,清静一天的希望破灭了。布斯基命令莱斯曼对戴蒙德·沙姆洛克公司和西方石油公司的股票进行研究,接着又让达维多夫和他手下的交易员立即买进戴蒙德·沙姆洛克的股票,越多越好,同时立即抛售西方石油的股票。达维多夫迅速行动,最终抢购了350万股戴蒙德·沙姆洛克的股票,不过他在抛售西方石油的股票时遇到了麻烦,只卖掉了1.9万股。

莱斯曼想知道究竟发生了什么,米尔肯向布斯基说了什么呢?在当天早上之前,这两只股票并不是他们的研究或者交易对象。他认为这里面肯定有问题。在他的研究还没有什么眉目的时候,这两家公司的股票突然停止交易,这是它们自己要求的。接着它们联合宣布,两家公司正在协商"可能的商业合作",随后股票交易重新开始。这个宣布过于模糊,因此没有在股市引起什么反应。一般来说,被收购公司的股价会猛涨,而收购者的则可能暴跌。但是,这两家公司在发布公告时并没有说清谁是收购方。有时"商业合作"可能意味着股票交换,在这种情况下,根据交换的比例,两家公司的股份可能相同。这并没有阻止布斯基的行动,他对自己的战略非常自信。

前一天,西方石油公司的总裁雷·伊朗尼,也是米尔肯的客户,参加了一个讨论会,讨论戴蒙德·沙姆洛克和西方石油合并的问题。他中途出来给德崇的彼得·阿克曼打了个电话,阿克曼是米尔肯的高级助手。其他投资银行家正在致力于这项交易,但是西方石油却雇用德崇公司来研究这项交易，并发布了一份"公平意见书"，向西方石油的董事会确保这项交易对股东是公平的。

伊朗尼迅速向德崇简要陈述了这项被提议的交易的条款。第二天上午，德崇专门派出一个小组到西方石油位于洛杉矶的办公室，开始起草意见书。按照计划，西方石油和戴蒙德·沙姆洛克要通过1∶1的股票交换方式进行合并，这就意味着戴蒙德·沙姆洛克的1股股票将换成西方石油的1股股票。由于1月3日西方石油的股价是26.75美元，而戴蒙德·沙姆洛克的股价是17.75美元，因此这项交易将为戴蒙德·沙姆洛克公司的股东带来每股9美元的"横财"。

考虑到这项交易的条件，布斯基购买戴蒙德·沙姆洛克的股票，而抛售西方石油的股票，真是太精明了。米尔肯的顶级销售员詹姆斯·达尔和米尔肯的工位紧挨着，经常听到米尔肯讲话，他告诉布斯基卖空西方石油的股票，买进戴蒙德·沙姆洛克的股票，而这些交易的条款都还没有公布。然后，他还听到米尔肯在完善战略。

米尔肯给布斯基提供内幕消息并不是出于友善，而是他自己也想参与其中，尽管德崇现在是为西方石油工作，而这是明显不被允许的。米尔肯和布斯基认为，布斯基持有的戴蒙德·沙姆洛克和西方石油股票的一半是归米尔肯秘密所有的。这就是周五上午布斯基正在开会时两人谈话的内容，不过米尔肯所不知道的是，这已经被当天在会议室开会的所有人听到了。

这次交易似乎是米尔肯和布斯基第一次公开以内幕消息合作。可惜，时运不济。在接下来的星期一，戴蒙德·沙姆洛克的董事会投票否决了同西方石油的合并计划。这个看似利润丰厚的交易黄了。在这个秘密决议传出来之后不久，达尔就注意到米尔肯非常沮丧。他又拿起电话，打给了布斯基。这次，他几乎是在尖叫："这次交易吹了，我们要马上抛售。"

布斯基勃然大怒，他疯狂地向达维多夫下令，让他立即抛售股票。但是已经为时太晚，股市在下午4点已经闭市，这个消息也在4点18分对外公布了。现在，每个套利人都在竭力抛售戴蒙德·沙姆洛克公司的股票。

那天下午和次日，米尔肯不停地给布斯基打电话，一个劲儿地埋怨布斯基抛售动作太慢。布斯基不客气地回敬米尔肯，说是他自己把事情弄到这步田地的。米尔肯简直要气疯了。最后达维多夫把电话接过来，告诉米尔肯他在尽最大努力，并向米尔肯报告了他对这次损失的估计。由于戴蒙德·沙姆洛克公司的股票在那一天狂跌不止，他们损失惨重。

达尔听到米尔肯"砰"地把电话摔下，并抱怨说自己部门在戴蒙德·沙姆洛克和西方石油的交易上损失巨大，远远超过了当月的赢利。达尔十分困惑，西方石油的收购怎么会伤害到高收益债券的运作呢？米尔肯生气地解释说，他们的部门和布斯基"离线"投资了一只股票，结果现在又欠布斯基1,000万美元。米尔肯的情绪非常糟糕，达尔也不好再追问下去。过了一会儿，达尔去找洛厄尔·米尔肯，想问个究竟，但是洛厄尔没有搭理他。米尔肯郁闷了一个下午。

逐渐地，达尔和办公室的其他人都担心起米尔肯来，也担心工作压力对他们和他们生活的影响。业务乱成了一团糟，纽约总部的公司金融部不断打电话，询问比弗利山分部的交易情况。米尔肯似乎对交易从不拒绝，他总是担心德崇会失去在高收益债券市场的霸主地位。在此期间，他们参与了皮肯斯对菲利普石油公司的收购。仅仅一个周末，米尔肯就筹集到了20亿美元的资金。

工作气氛很紧张，使人透不过气来。米尔肯一天要在交易桌前待14个小时，熬得眼圈发黑。他竟然把达尔叫"汤姆"，而且一连持续了6个月，达尔也不敢纠正他。达尔告诉洛厄尔："迈克尔看起来糟透了。"洛厄尔说："我也很担心他。"

米尔肯的一个大问题就是布斯基。他现在欠布斯基的钱太多了，比他给达尔暗示的要多得多。布斯基和米尔肯之间的"互惠"交换已经到了非常危险的地步，程度之深前所未有。

1984年春天，米尔肯早期一位最重要的客户格尔登·纳吉特公司（Golden Nugget）开始秘密地囤积MCA公司的股票，目标可能是收购。格尔登·纳吉特是一家娱乐公司，总裁是米尔肯的好朋友斯蒂芬·韦恩。MCA是环球影城（Universal Studio）的所有者。到7月底，格尔登·纳吉特已经持有了200多万股，而MCA的股价从38美元上涨到了43美元。然而，到了8月，韦恩和米尔肯发现这起交易不太可能。格尔登·纳吉特想尽可能以最高价抛售股票，但是如果消息走漏的话，这只股票的价格就会迅速下跌。然而，韦恩还是在10月份告诉《华尔街日报》，称格尔登·纳吉特所持有的MCA的股票还不到5%，并且"目前"还打算继续持有。

情况令人难以捉摸，米尔肯又让布斯基帮忙。布斯基从格尔登·纳吉特那里高价买下了大量MCA的股票，米尔肯答应保证弥补他的损失。由于布斯基对这只股票产生了兴趣，并且交易量也在继续增加，再加上德崇也在代表格尔登·纳吉特处理囤积事务，MCA被兼并的可能性似乎比以前更大了。

由于预料到MCA可能被兼并，其他的买家也介入该项交易，布斯基立即开始出售自己手中的股票。他采用小规模出售的方式，以免引起关注。布斯基的确在持续损失，但是格尔登·纳吉特却在高价脱手，得以安然脱身，于是对米尔肯更忠诚了。这个误导市场的诡计非常成功。

米尔肯现在又在MCA的损失上欠了布斯基一笔，他还在菲施巴赫公司的交易上欠布斯基800万美元。布斯基飞到洛杉矶，第二天早上，他就提醒米尔肯他们之间的协议。米尔肯指派手下的一位同事卡里·穆尔塔什同布斯基接洽，因为他一直负责记录布斯基的交易情况。米尔肯让他们算出剩余的欠款。同时，米尔肯开始着手一系列的交易，试图缩小其中的差额。

由于米尔肯在垃圾债券市场拥有绝对的控制权，他可以随意从德崇的客户手中以低价购买债券，而他们根本都不知道这些债券的实际价值。然后米尔肯把债券卖给布斯基，稍微赚一点儿钱。接着，布斯基再把这些债券卖给德崇，最后又被以更高的价格卖给了该公司的客户。通过这种方式，米尔肯偿还了布斯基数百万美元，他自己也能从这种交易中获利。当然，德崇的客户就成了冤大头，替他埋单。

然而，经过这些花招之后，米尔肯仍然欠布斯基钱。在布斯基的要求下，米尔肯又开始策划一系列的交易，为布斯基避税。这次，是美国的纳税人为布斯基埋单。

到1985年5月，两人之间的欠账抹平了。在不到六个月的时间里，米尔肯就能够暗暗地把欠布斯基的1,000多万美元还清，连一张支票都不用写，可见米尔肯对市场的控制力是多么非凡。米尔肯和布斯基都意识到，他们可以互相利用以实现其他的野心，不仅仅是通过内幕交易获利，更可以在公司收购中操控市场，实现更大的梦想。

那年的春天，米尔肯像西格尔和弗里曼一样，都被深深地卷入了KKR收购斯托勒的交易。亨利·克拉维斯同米尔肯的关系日益密切，他对米尔肯的融资能力赞不绝口，因此聘请米尔肯为这起收购进行融资，同时他还聘请了西格尔作为他的战略顾问。在这起交易中，西格尔从来没有同米尔肯见过面，但是，这是他第一次同德崇的投资银行家密切合作。当然，米尔肯不能交易斯托勒公司的股票，因此，他通过布斯基来进行交易。在他和同事们开会协商为KKR提价融资之后不久，他就安排布斯基代表德崇进行交易。这起交易进展得非常顺利，布斯基遵照米尔肯的指示操作，股价如他们所预料的一样，不断上涨，最后脱手后赚到了100多万美元的利润。

但是，通过内幕消息进行交易，即使稳赚不赔也只能收获一点儿利润，同收购交易本身的收益相比简直不可同日而语。例如，在斯托勒公司一项交易中，米尔肯就赚到了4,960万美元的融资费。另外，在KKR成功收购斯托勒后，米尔肯还获得了股本收益，这是他通过私人合伙公司获得的，受益人是他自己、家人和高收益债券部门的其他同事。他没有告诉KKR公司或者德崇公司的约瑟夫他是如何处理这些股本收益的。相反,他骗他们说这些股本收益被用来引诱客户购买债券。在米尔肯的同事看来,斯托勒公司的交易似乎激发了米尔肯贪得无厌的欲望,使他渴望参与更多的收购交易。如果交易遇到问题,米尔肯有能力采用自己的方式使交易顺利进行。

这一点,比弗利山的每个人都看在了眼里。在斯托勒公司的交易之后几个月,亚特兰大特纳广播公司(Turner Broadcasting)派人来拜访米尔肯。从许多方面来看,特德·特纳都是米尔肯所喜欢的那种客户。特纳是美国职棒大联盟球队"亚特兰大勇士队"和"超级电台"WTBS的拥有者,刚刚创建了一个新的有线广播机构——有线电视新闻网(CNN)。特纳狂妄自大、行为果敢,让业内人士刮目相看。现在,他想买下米高梅/联合艺术公司(United Artists),部分原因是该公司拥有一个经典电影库,这样他可以开办一个电影频道。然而,米高梅/联合艺术公司远比特纳的公司庞大,而且特纳自己的财务状况也不容乐观,这次收购似乎会让人笑掉大牙的。

米尔肯向特纳保证,德崇可以为他筹集到足够的资金。而米高梅和特纳全都聘请德崇作为代表——这就造成了巨大的潜在利益冲突,虽然米尔肯向特纳保证他会对特纳给他的任何信息保密。

尽管米尔肯对特纳下了保证,但这起收购在进行过程中显得日益不确定。特别是在当年的夏天,由于特纳和米高梅的财务状况均开始不断恶化,甚至连米尔肯的忠实客户都不看好这起交易。媒体上也开始出现怀疑的论调:《纽约时报》在8月7日报道称,"华尔街对特纳筹集资金的能力存有疑虑",而《华尔街日报》在8月16日的一篇文章称,"尽管有德崇公司的'高度自信'声明",但是特纳如何支撑这笔巨额债务"仍然不可预知"。

8月,米尔肯开始指示布斯基购买米高梅的股票,两人商议平分利润或者损失,不过米尔肯的所有权要保密。米尔肯决定完成这项交易,但是交易的条款必须重新调整。米尔肯安排布斯基购买股票至少有两个目的：首先，布斯基买进股票可以给人一种错觉，让股民感到重要的套利人都相信这起交易会成功，从而支撑股价上涨；其次，这又反过来说服德崇的客户，使他们认识到这批债券是很有价值、值得购买的。当然，借助米尔肯的内幕消息，这起交易经过重新调整，顺利完成了。他们两人也获得了可观的利润，共300万美元。同斯托勒公司的交易一样，两人出售债券的收益实际上是微不足道的。米尔肯和德崇成功地为特纳筹集到了14亿美元的资金，赚到了6,680万美元的融资费。

在太平洋木材公司（Pacific Lumber Co.）的收购案上，米尔肯的消息和布斯基的购买力双管齐下，无往不胜，达到了顶峰。太平洋木材公司拥有美国最大的红杉林，被德崇的客户马克萨姆集团公司（Maxxam Group Inc.）盯上了，这是一家房地产开发商，它的崛起就是依赖米尔肯所发行的垃圾债券。米高梅至少还希望同特纳合并，而太平洋木材公司则完全相反，它极力为自己的独立而战。在米尔肯的推动下，该公司的抵抗最终徒劳无功。

1985年9月底，马克萨姆集团公司宣布收购太平洋木材公司。在同一天，它聘请米尔肯和德崇代为处理融资事宜。一旦收购宣布之后，米尔肯就指示布斯基开始大量买进太平洋木材公司的股票，这样可以提高出价，也能够向太平洋木材公司施加压力，迫使它接受马克萨姆公司的收购。同以前一样，布斯基购买太平洋木材公司股票的收益，一半归米尔肯所有。10月22日，当太平洋木材公司最终屈服时，布斯基持有该公司的股票已经超过了5%，对推动股价起到了巨大的作用。作为回应，马克萨姆公司不得不在10月2日和22日两次提高出价，最终达到了40美元一股。

布斯基和米尔肯在太平洋木材公司一案上的净收益超过了100万美元。由于布斯基大量买进太平洋木材公司的股票，导致马克萨姆公司不得不支付更高的价格，也增加了融资成本。德崇赚到了2,050万美元的融资费，并得到了25万份购买太平洋木材公司股票的认股权证，这是一种潜在的价值更高的股权。当然，布斯基在向证券交易委员会提供的资料中，并没有披露他购买的股票的真正所有权情况。确实，布斯基大量囤积太平洋木材公司股票的行为对该公司造成了威胁，这也是导致它屈服的因素之一。

马克萨姆公司在获得太平洋木材公司之后，为了偿还债务，很快就砍伐了大批的红杉树，这激发了环保人士的愤怒。

甚至在太平洋木材公司的收购交易还在进行之中时，米尔肯就开始采用类似的手段鼓动别人收购哈里斯图形公司（Harris Graphics）。这是一起利润更为丰厚的交易，因为米尔肯自己就是该公司的大股东之一，他最终从收购中获得了巨额的利润。

哈里斯公司创建于1983年，当时一个由米尔肯和德崇的几个合伙人组成的投资小组收购了哈里斯公司的印制部，然后向公众出售股票。他们这个投资小组拥有该公司的120万股股票，当时公司刚刚创建，这些股票是以每股1美元买进的。最初的投资人包括执行人寿保险公司的总裁弗雷德·卡尔，此人曾经在菲施巴赫公司任过职，还有诚信保险公司的总裁索尔·斯坦伯格，这两人都是德崇的重要客户。此外，德崇在纽约总部的投资银行家利昂·布莱克也是哈里斯图形公司的董事。

1985年5月，哈里斯图形公司的管理层为了解决资金问题，决定对股票实施二次发行。这样做符合公司和股东的长远利益，但是却会立即稀释德崇或米尔肯等人的持股量。尽管德崇受聘处理这次发行工作，但是米尔肯仍然坚决抵制，以避免此事的发生。他希望卖掉哈里斯图形公司，将合伙人的巨额利润套现，而根本不考虑该公司是否喜欢这样做。

米尔肯和他在比弗利山的同事们立即开始向客户推销哈里斯图形公司，寻找可能整体收购该公司的客户，包括布斯基。5月22日，也就是股票二次发行即将开始的前一天，哈里斯图形公司的管理层吃惊地获悉，一场收购正在逼近。同一天，米尔肯命令布斯基开始买进哈里斯图形公司的股票，并且一直持续到超过股票总数的5%为止。然后，布斯基就可以向证券交易委员提交资料，披露该公司已经"被盯上了"。布斯基立即遵照米尔肯的指示行事，同时，和以前的交易一样，这次布斯基购买股票的收益也有一半归米尔肯所有。

由于可能被收购，而且股票被突然买进，哈里斯图形公司不得不放弃了股票的二次发行——米尔肯计划的第一步已经实现了。但是，哈里斯图形公司管理层所获悉的收购行动只是一种幻觉。为了实现计划，米尔肯必须找到一位真正的买主，因此，他让能言善辩、巧舌如簧的销售人员立即开始行动。他们把目光落在了AM国际公司（AM International）上，该公司也是德崇的客户，对印刷业很感兴趣。同时，在米尔肯的要求下，布斯基不断给哈里斯图形公司施加压力，把持股量增加到了8%。另外，斯坦伯格也在对该公司施加压力，他的持股量增加到了5%以上。他也向证券交易委员会提交了披露材料。现在，哈里斯图形公司发现了两个潜在的狙击手，正紧紧地逼迫着它。

因此，当AM国际最终提出以每股22美元的价格对哈里斯图形公司进行友好收购时，该公司的管理层立即扑进了它的怀抱中，这一点儿也不足为奇。对米尔肯而言，这次收益依然是滚滚而来。他们将持有的股票变现，一下子进账3,000万美元。布斯基赚到了560万美元，而德崇公司赚到了630万美元。哈里斯图形公司作为一个独立的公司被摧毁了，成为AM国际大厦中无关紧要的一部分。

到现在为止，米尔肯和布斯基已经深深地纠缠在了一起，狼狈为奸，大肆进行犯罪活动。总体来看，他们的冒险活动几乎囊括了各种证券犯罪活动，从内幕交易开始，包括虚假消息的披露、税务欺诈和操纵市场，以及一系列的技术犯罪。然而，他们的阴谋之所以令人震惊，并不仅仅是因为犯罪类型之多或者频率之高。还有一点更为突出，他们的犯罪活动远远超出了证券法制定者的预想，专门钻法律的空子。在一些交易（如恶意收购）中，这些犯罪活动只是整个交易过程中的一个"小站"，并且在表面上看来完全是合法的。

这就是这种阴谋的绝妙之处。他们之间的关系比布斯基同西格尔或者莱文之间的关系更有价值，而且似乎也更为牢固。外界不可能获悉他们的活动，也没有任何迹象可以引起监管部门的关注。他们的活动外人根本不知情。米尔肯永远也不会背叛布斯基，因为布斯基一旦落网，很快就会牵涉到米尔肯。尽管他们经常争论，有时还大吵大闹，但是布斯基对他们的相互依赖非常欣慰。

然而，他们之间的关系还有一个方面是布斯基非常清楚的：米尔肯是他们赚钱机器的发动机，毕竟他能够获悉德崇公司客户的交易活动和机密计划；而布斯基只不过是一个指令的执行者，一个额外的资金源，是米尔肯大型活动的幌子。

有时，米尔肯会告诉布斯基对某只证券进行交易；有时，布斯基会借助米尔肯为自己的活动服务。他们的步伐不断加快，先后合作参与了多起交易，包括绿树验收公司（Greentree Acceptance）、英色奇公司（Ensearch）、国民保健公司、美国医院有限公司（Hospital Corporation of America）、辛托拉斯公司（Centrust）、马普科公司、美国广播公司（ABC）和哥伦比亚广播公司（CBS）。在这些交易中，米尔肯都发挥了重要的作用。

由于布斯基的股票交易数量不断增加，他的财务主管斯特拉格·穆拉迪恩日益头疼。他要不断对"特别项目"文件夹中的账目进行更新。布斯基也经常要求增加或者更改股票的持有量，并要求穆拉迪恩定期更新他的实际持有量。布斯基常常打电话给穆拉迪恩，并强调说："这事只有你和我知道，不能告诉任何人。"布斯基搬到市中心富丽堂皇的办公室之后，穆拉迪恩和其他的工作人员仍然在原地工作，所以他们要经常通过电话联系。

在太平洋木材公司和哈里斯图形公司的收购活动之后，布斯基告诉穆拉迪恩再次更新账目，他说："我们要同德崇公司结算一下了。"听到这句话，穆拉迪恩的耳朵立即竖了起来。这是他第一次听说德崇公司同这些"特别项目"有关联。但是，他对这个情况没有太在意。

5月,穆拉迪恩休假去了,这个假期他期待已久。有一天,他正在位于庞帕诺比奇的哥哥家中,突然接到了布斯基的电话。他休假时,布斯基总是不断给他打电话,他非常讨厌这一点,但是却毫无办法。布斯基从来没有让他清静地过一天。布斯基连客套话都没有说就劈头问道:"我要求的账目做完了吗?"

"伊万,我在休假。"穆拉迪恩借口说。

"我不管,反正账目必须完成。"

没办法,穆拉迪恩只好给办公室打电话,让人乘飞机把系有红线的"特别项目"账本送到佛罗里达。一位年轻的雇员玛利亚·特明自愿来完成这个工作。她和穆拉迪恩把布斯基与米尔肯股票交易赢利及损失的记录铺在厨房的桌子上,忙活了一整天。布斯基告诉穆拉迪恩,如果有任何差异要找德崇公司比弗利山分部一个叫"瑟曼"(Thurman)的人核对。但是,穆拉迪恩打电话时却找不到这个人,只有一个叫查尔斯·瑟恩纳的人——布斯基从来没有把瑟恩纳的名字搞清楚。瑟恩纳帮米尔肯保存着一份类似的交易记录,如果有差异的地方,穆拉迪恩可以找他核对。而这些差异还挺多,穆拉迪恩到休假结束时也没有核对完。

穆拉迪恩和瑟恩纳在对账时常常遇到困惑。穆拉迪恩只好去找布斯基,而布斯基只会说:"50%是我们的,50%是他们的,找达维多夫去。"但是,达维多夫更不清楚。布斯基是指整个都是50%,还是有时是这样呢?当瑟恩纳遇到问题时,他会告诉穆拉迪恩:"我要去问问迈克尔。"

到年底时,账目的核对工作还没有完成。布斯基继续给穆拉迪恩施加压力,让他赶紧弄出结果。穆拉迪恩告诉布斯基,他在电话里没法同瑟恩纳核对,要和他当面核对。布斯基正打算去比弗利山,因此他建议穆拉迪恩同他一起去。

穆拉迪恩对有机会到加利福尼亚感到非常兴奋。他带着妻子拉斯蒂(Rusty)一起去,在那里待了一个周末,就住在比弗利山酒店。虽然他们没能到饭店的马球酒吧吃饭，但是饭店的迷人环境还是让他们纵情享受了一番。当那些名流人士和电影明星在马球酒吧狂饮时，他们只能在一般的餐厅里备受冷落。但是当一天晚上，布斯基到他们的餐桌旁停了一会儿后，情况彻底改变了。从那以后，穆拉迪恩夫妇就被当作贵宾对待了。穆拉迪恩后来告诉他的朋友，这次比弗利山之行是他"人生中最得意的时刻"。但是在那段时间里，布斯基忽视了他们的存在，自己坐着豪华轿车到德崇位于威尔希尔大道的办公室，而穆拉迪恩则要自己打车过去，但对此他毫不在意。

穆拉迪恩从来没有见过米尔肯，在他看来，此人就是"垃圾债券之王"。但是，他很喜欢瑟恩纳和他的秘书，他们在会议室的大桌子旁，一同解决交易和记录中日益复杂的问题。有一次，穆拉迪恩说："这个可恶的伊万，这件事他竟然瞒着我。"

瑟恩纳回答说："我知道你的感受，迈克尔也常常对我这样做。"

随着瑟恩纳把各项交易记录拿出来时，他们发现，有些成本的计算不同。德崇公司能够以7%~8%的低拆借利率从经纪人手中借到资金，因此，它大规模持股的成本更低；布斯基的成本则比较高，部分原因是德崇发行的债券利率很高，而这正是布斯基资金的重要来源，多达13%~14%。他们意识到，如果把交易成本的计算统一起来，多数差异都可以迎刃而解。然而，不管有什么样的轻微差异，有一件事情却是非常清楚的：由于布斯基都是按照米尔肯的指示购买股票，因此他们俩共同拥有的股票获益很大，因此，布斯基实际上欠米尔肯数百万美元——米尔肯让布斯基偿还这笔钱。

同米尔肯日益增长的交易相比，这点儿钱简直微不足道。1985年是并购历史上的分水岭，德崇公司"高度自信"的声明和垃圾债券的威力从一支新奇而没有经过试验的武器转变为华尔街上有史以来最强大的力量。1985年的"捕食者大会"揭开了一系列恶意收购的序幕，让投资者眼花缭乱：皮肯斯出价收购菲利普斯石油公司和强大的联合石油公司，KKR公司收购斯托勒公司和比阿特丽斯公司,接着罗纳德·佩雷尔曼买下了历史悠久的露华浓公司,鲁伯特·默多克将大都会传媒公司(Metromedia)收至麾下。当年年底的时候,GAF公司的董事长塞缪尔·海曼斥资60亿美元向联合碳化物公司发起了闪电攻势。联合碳化物是美国的一家蓝筹股工业公司,也是道琼斯工业指数的成分股之一。这起收购也是米尔肯给筹集的资金,他在短短数日之内就筹到了50亿美元。

这种惊人的收购狂潮甚至引起了美国国会的注意,国会正在提议限制垃圾债券融资活动的扣税制度,并就联合石油公司的收购威胁举行公开听证会。缺乏政治经验的德崇公司匆忙开始游说国会议员,以获取他们的支持,并专门设立了自己的政治行动小组。尽管国会中不断传来不利的呼声,但是德崇公司和米尔肯却不用太担心华盛顿方面的威胁,因为里根政府的自由市场经济政策如日中天,这种政策反对政府对市场的干预。

随着米尔肯的事业不断成功,周围的人发现,他似乎像变了一个人一样。以前,他总是和交易员、销售员们一起用纸盘子吃午饭,现在他却让送饭的人把他的午饭用瓷盘装好,并且常常是一个人吃饭,或者到洛厄尔的豪华办公室中同他一起吃饭。米尔肯的外表也变了。他买了一个昂贵的假发套,做工非常精致,外人根本看不出来,上面的头发看起来像是自然卷曲的,使他显得更加年轻和潇洒。过去,米尔肯经常穿着不配套的袜子到办公室里,现在,他穿着精心裁剪的衣服,十分得体。他和托马斯·斯皮格尔一起购买了一架最新式的湾流IV型私人飞机。斯皮格尔是哥伦比亚储蓄与信贷银行的负责人,也是米尔肯的好朋友和重要客户。两人还经常出没名流会聚的高档饭店,如花园酒店(Bistro Garden)和莫顿酒店(Morton's)。米尔肯甚至还雇了一个保镖,上下班都坐豪华轿车。

招聘程序也发生了变化。在此之前,米尔肯会把候选人带到比弗利山的办公室,让每个人都见一见,任何人都可以投反对票。这种制度有利于树立员工们的集体决策感。然而现在，只有一个人说了算，那就是米尔肯。人们都抱怨说，花费一两个小时面试候选人毫无意义，因为米尔肯随便就可以否定他们的意见。米尔肯最有争议的一个雇员就是艾伦·弗兰斯，他是洛丽·米尔肯妹妹的丈夫，是一个牙医，对证券一无所知。米尔肯把弗兰斯分派给了达尔，让达尔带他。

达尔迅速发现这个人真是毫无希望。据他所说，弗兰斯对公司基本上没有任何贡献。他常常点两份免费午饭，吃一份，然后把另一份包起来放到车里。他总是几个小时都不回来，同事们偶尔看到他在车里午睡。在两年的时间里，弗兰斯就获得了500万美元的薪水。

接着，米尔肯儿时的伙伴也被招聘进来，如哈里·霍罗威茨，他和米尔肯一起在恩西诺长大。他刚进来时负责电脑的维护工作，曾经花钱购买了数百万美元的电脑，但是后来却发现型号不对，只好重新换掉。然后，霍罗威茨负责垃圾债券大会的事宜，后来又负责游说工作和米尔肯的慈善活动。

在有些人看来，更让人烦恼的是理查德·桑德勒，米尔肯小时候曾经和桑德勒在桑德勒家的后院玩耍。

桑德勒是一位律师，他把办公室安在了德崇公司里面，好像是专门为米尔肯和他的家人服务一样。他的主要职责似乎就是盲目地忠于米尔肯。有人蔑称他为"房地产律师"，不过他们都小心翼翼地躲着桑德勒，桑德勒也常常和洛厄尔在屋里秘密交谈。

合伙人关系也是大家不满的源头。加里·温尼克尤其怀疑，因为米尔肯坚持让每个人都入股，但是他却拒绝公布合伙人投资的具体项目和持股人的股份情况。有一天，温尼克把达尔叫到办公室里，说："我给你看点儿东西，这会让你感到心寒的。"温尼克不知怎么搞到了一份主要合伙人关系的名单，上面有40多个账号全都是米尔肯和他妻子、孩子以及其他亲属的。

温尼克去质问米尔肯，米尔肯非常生气，手下人竟敢有人来抱怨。

不久之后，温尼克告诉米尔肯他要辞职。米尔肯接受了他的辞呈，并且热情地提出为他筹集一笔资金成立一只新基金。米尔肯说："我们就像KKR公司一样，把钱放在一起，然后由你来运作。"最后，他们筹集到了10亿美元的资金，温尼克成立了太平洋资产控股公司（Pacific Asset Holdings）。

温尼克很快就发现，他仍然没有逃出米尔肯的手心。当时，贝尔斯登公司给他带来了一笔很有潜力的杠杆收购业务，他非常感兴趣。然而，德崇公司的阿克曼却打电话告诉他，不是米尔肯的业务全都不要接。阿克曼傲慢地说："那是我们的基金，我们不会让你接贝尔斯登公司业务的。"温尼克的资金仅仅成了由米尔肯操控的另一个工具。

在比阿特丽斯的交易获得了认股权证之后不久，其他人也开始抱怨了。由于投资收益远远少于人们的预期，有些雇员鼓起勇气在部门的会议上提及了此事。米尔肯说他非常"愤怒"，竟然有人抱怨，不过他答应让洛厄尔给大家作解释，但是洛厄尔却从来没有做过解释。实际上，问题比米尔肯敢于承认的要严重得多。

米尔肯获得的比阿特丽斯公司的认股权证（以低价购买比阿特丽斯公司股票的权利）是他强要过来的，他借口说他需要把这些认股权证送给客户，从而吸引他们来购买比阿特丽斯公司的垃圾债券。实际上，米尔肯几乎把这些认股权证都留在了德崇公司，并把大部分归在了自己和家人的账户下。这些认股权证原来是以每份25美分购买的——代表比阿特丽斯公司22%股份的认购权——现在每股可以兑换26美元，共计高达6.5亿美元。米尔肯的员工之所以只拿到了很少一部分分红，是因为米尔肯把大部分收益给了自己和家人。如果员工们知道了这些，他们可能就会公开反对。

到了年底的时候，除了要计算奖金和合伙人的红利，米尔肯总是还要导演一些避税的交易。例如，同哥伦比亚储蓄与信贷银行的交易就很可疑，米尔肯把证券"寄存"在这里，以造成损失的假象。

一天，陪伴米尔肯到加利福尼亚的早期员工之一艾伦·罗森塔尔来到米尔肯的办公室。此时，米尔肯正坐在交易台的中央，罗森塔尔一边笑着一边拿给米尔肯一张模仿《华尔街日报》的小报，名叫《鲍尔街日报》（Bawl Street Journal）。他说："听听这个。"接着，他大声读出了报纸上的一篇头条新闻，而办公室里的其他人都在洗耳恭听。"德崇公司的迈克尔·米尔肯最近被指控参与了纽约的寄存违规丑闻。尽管米尔肯已经离开曼哈顿多年，但是他经常参与违规寄存业务，因此毫无疑问也参与了这起活动。"

大家听了全都哈哈大笑起来，但是当他们发现米尔肯没有笑时，全都止住了笑。

米尔肯冷冷地说道："艾伦，把那张破报纸给我扔出去。"

里德·内格尔年轻、潇洒，来自新泽西州，从事储蓄和信贷业务。他在哈佛俱乐部中不安地来回扫视着。这是1985年夏末的一天下午，快要接近3点了。伊万·布斯基答应2点到这里来见他，但是到现在还没有出现。

大概在一年前，布斯基的首席运营官斯蒂芬·康韦开始与他联系，咨询一项可能收购储蓄信贷银行的业务。现在，布斯基给他打电话，说要跟他谈一件工作的事情。布斯基说得比较含糊，好像是说要在他自己的北景公司开展一项新的金融业务。

俱乐部里已经空无一人。突然，双层门被推开了，布斯基匆忙地朝着内格尔走来，来到内格尔面前后他说："很抱歉，我来晚了。我只有10分钟的时间。"

两个人找了一个僻静的地方坐下。内格尔仍然不明白，像他这样的人怎么能够适合做套利业务，因此他问布斯基为什么对自己感兴趣。布斯基迅速就把套利的话题撇开了，他说套利业务已经没有什么挑战性了，他正在寻找新的挑战。

内格尔一脸疑惑地问道:"那你喜欢干什么呢?"

布斯基反问道:"现在哪些行业能赚大钱呢?"然后,他又自己回答说,"房地产、石油、金融服务。"说完,布斯基盯着内格尔的眼睛移到了他身后的墙上,落在了上面悬挂的历代哈佛杰出校友的画像上,接着他又说道,"我想成为'当代的罗斯柴尔德'。"最后两人的谈话结束时,已经过去了一个小时。

布斯基能够来和他见面,内格尔感到受宠若惊,因为那年的夏天正是布斯基声名大振的时候,报纸杂志上的文章使他闻名全国。此外,为了追求名利,他还出版了一本书,并到全国进行巡回演讲。同时,他和米尔肯的计谋正在全速实施着。

布斯基的书名叫《合并狂潮》(Merger Mania),副标题是:"套利:华尔街赚钱秘籍"。布斯基对《华尔街日报》的记者说:"我曾经考虑是否要谈论幕后的操作技巧和烟幕,但是,我决定还是要把它写成一本关于套利的严肃的书。"该书是一本枯燥无味地论述套利技巧的专著,共242页,布斯基用了3年的时间才写完。在书中,他把套利人描述为技术精湛、富有远见的行业典范人士。最后,布斯基故弄玄虚地说:"黑心利润不能要,套利人绝不能靠什么诡计挣钱。"

这本书引来了人们的好评,帮助布斯基提升了自己的形象。他摇身一变成了纽约大学商学院和哥伦比亚大学的兼职教授,邀请他出席会议的请柬也像雪片一样飞来。布斯基收到了太多演讲的请柬,无法一一应付,只好推掉了许多。每当他到什么地方演讲时,听众全都起立,热烈鼓掌欢迎他。

在这些声誉的笼罩下,布斯基似乎感觉自己不仅仅是套利人了。他进入了一个新的阶段:风险套利,大量买进某公司的股票,对该公司施加压力,迫使其接受收购或者兼并。然而,也许他自己并没有意识到,他有时也表露出了缺乏自信。

6月,当他的新书巡回宣讲会转战到华盛顿时,他接受了《华盛顿邮报》记者戴维·万斯的采访。万斯问到了他的工作动机："你已经很富有了,你还追求什么呢?"

布斯基解释说:"哦,我有时会想,自己就像是一匹千里马,在路上飞奔,这是上天赐予我的能力。而我不知道还有其他什么道路,我也不知道怎样去做产奶的马,并且我也不知道怎么去牧场。因此,我一直都是在做自己有幸能够做好的工作,努力做得越来越好。"接着,他谈到了一个奇怪的预感,"无论我的体系或者规则是否会继续发挥效用,不过陪审团还没有出现。很可能明天你就会看到我的墓志铭,上面写着:'消息不明,暂停交易'。"

布斯基实现自己新抱负的工具是一家储蓄和信贷银行——圣巴巴拉财务公司(Santa Barbara)。米尔肯和达尔已经帮他购买了该公司大量的股份。他们之所以对储蓄和信贷银行感兴趣,是因为政府刚刚解除了对这一行业的管制,使储蓄和信贷银行业一下子成了很有发展潜力的行业。以前,储蓄和信贷银行只能从事储蓄、住房贷款等业务,现在它们可以自由地从事其他投资。它们的存款利率很高,因而吸引了许多客户。对于储户和储蓄信贷客户来说,风险也很小,因为政府给所有的储蓄都提供了10万美元的担保,似乎政府想激励储蓄和信贷客户从事投机业务。

为了支付高利率,储蓄和信贷银行必须通过自己的投资获得更高回报。垃圾债券回报率很高,似乎是最理想的投资选择。米尔肯和德崇公司已经把许多曾经很稳健的储蓄和信贷银行转变成了垃圾债券的大额买主,如辛托拉斯公司、哥伦比亚储蓄和信贷银行、美国金融公司、美国储蓄银行。布斯基和圣巴巴拉信贷公司可能就是类似的工具。

布斯基一直都在为自己的套利投资寻找资金,在他看来,储蓄和信贷银行能够给他提供无穷无尽的资金。但是,无论布斯基自己的资金计划是什么,米尔肯和他的团队都很自信,他们都能预知多数资金的去向:米尔肯所选择的高收益债券。为了利用米尔肯的机会,布斯基的客户必须付出这些代价。

内格尔应邀去百慕大的埃尔博海滩酒店（Elbow Beach Hotel）参加一个会议，这就是布斯基所谓的他的"商业银行"会议。布斯基乘坐私人飞机，带着自己的随从康韦、史蒂夫·奥本海姆（布斯基的外聘会计）和斯蒂芬·弗雷丁（布斯基的外聘律师）。布斯基在这家饭店预订了总统套间，供自己住宿和开会使用。

内格尔对此次冒险心存疑虑，他向布斯基指出，加利福尼亚州的法律仍然对储蓄和信贷银行在普通股票上的投资数量有限制，布斯基不可能获得他所梦想的无穷无尽的资金。而且，内格尔认为圣巴巴拉财务公司的财务情况已经非常糟糕，并且在不断恶化。康韦瞪着眼看着内格尔，心想：布斯基已经下定决心要做成这笔交易了，他根本没必要再多说了。

布斯基有礼貌地倾听着，但是似乎并没有过于担心。在德崇公司的指导下，他已经获得了圣巴巴拉财务公司10%的股份，并通过北景公司得到了该公司的认股权证，把自己的所有权增加到了51%——这些全都是在德崇公司的支持下实现的。布斯基坚持认为，圣巴巴拉财务公司会为他建立"商业银行家"的地位。

米尔肯迅速就按照自己的意愿来控制布斯基和圣巴巴拉财务公司。在布斯基同圣巴巴拉财务公司签署了51%股份的购买协议之后不久，他就告诉该公司，在任何收购活动进行之前，该公司必须改善自己的运营。他的改善方案是：大量购买米尔肯所选择的垃圾债券。他告诉该公司拿出"高达2.84亿美元的资金"来购买"高收益债券"。圣巴巴拉财务公司的董事会几乎无法忽视这个最大的股东，并且此人很快就要成为圣巴巴拉财务公司的主人了。因此，他们立即派人到比弗利山去见米尔肯和达尔，在接下来的8个月里，总计购买了价值超过2.5亿美元的垃圾债券，全都是通过米尔肯的业务部购买的。

但是，布斯基希望拥有圣巴巴拉财务公司的梦想注定是要失败的。

虽然里根政府施行的是自由的经济政策，但是监管部门对储蓄和信贷银行把储蓄金投入套利业务的做法持否定态度。他们认为，套利的投机性太大了。他们虽然没有驳回布斯基对圣巴巴拉财务公司兼并的申请，但是他们从来也没有批准，只是把它搁置起来，晾在了一边。同时，圣巴巴拉财务公司依然持有大量的垃圾债券。

康韦立即开始为布斯基寻找其他的投资机会。他知道布斯基非常羡慕伊坎，此人拥有环球航空公司（TWA）等多家公司，而且布斯基也常常感到他和伊坎不相上下。布斯基差点儿把斯考特·费泽公司（Scott & Fetzer）收到麾下，这是一家生产家用产品的公司。甚至，布斯基购买了该公司的大部分股票，并且提出了正式的报价，但是最后却由于缺乏资金而功亏一篑。康韦没能说服德崇公司筹集资金，因为德崇公司不看好这家公司，它对这家公司的价值评估比康韦更加保守。最后，传奇的投资人沃伦·巴菲特把它买了过去。

后来，布斯基和康韦又盯上了科比真空吸尘器公司（Kirby Vacuum Cleaners）、办公室家具制造商全钢公司（All-Steel）以及路易斯安那州的一家小型铁路公司。在每一起交易中，布斯基都能发现问题，如果这个问题解决了，他还能再找出来一个，这让康韦越来越沮丧。他对布斯基说："在交易中永远都不会有完美的消息，总是有风险的。"康韦得出结论，布斯基缺乏坚韧和信心，不可能成为另一个伊坎。布斯基似乎很忌妒那些企业狙击手，但是他害怕失败，害怕其他人会嘲笑他。布斯基还告诉康韦，他经常担心花钱太多。康韦感到布斯基的信心正在消失。戴维·凯在开始时已经同意，如果布斯基把德崇公司当作顾问和融资者的话，那么德崇公司就会为他提供机会和研究工作，并补偿最后的融资费和兼并费。华尔街多数公司都是这么做的，几乎没有一家会直接支付研究费用。但是，很明显，由于布斯基总是找理由推托，没有做成一起交易，德崇公司提供服务的动力也降低了。

在一次交易中，康韦说："伊万，如果你不喜欢这家公司的话，现在就直说,不要让大家辛苦地忙碌了两三个月后你才说。当你的理由不充分时,就不要说,以免削弱大家的士气。"

布斯基常常为自己的失败找理由,他说这些交易不够大,不太适合他的雄心。他想要很有吸引力、很有魅力的交易。媒体类公司似乎正是最合适的工具。《美国新闻与世界报道》杂志吸引了他,该杂志正在待售,而且它在华盛顿还有一些很有价值的房地产。

布斯基的朋友马丁·佩雷茨,也是他合伙公司的主要投资人,佩雷茨还买下了《新共和》杂志。布斯基非常向往全国性出版物所赋予的威望和特性。但是,他太谨小慎微,出价太低,轻易就被莫蒂默·朱克曼超过了。朱克曼是一个房地产开发商,同布斯基一样野心勃勃。布斯基甚至考虑过为一份新创刊的杂志《间谍》(*Spy*)提供资助,但是该杂志没有经过他的帮助就发行了。

接着,一个很好的机会出现了。布斯基的老朋友伊坎建议他留意一下海湾西方石油公司的股票,该公司对好莱坞和出版业都有影响,它旗下拥有派拉蒙电影公司和西蒙&舒斯特出版公司。这两个行业对布斯基都很有吸引力。伊坎还告诉布斯基,他认为海湾西方石油公司的股票"被严重低估了"。因此,布斯基开始大量买进该公司的股票,在持有量接近5%时才停止,因为达到这个数量时需要向公众披露信息。

布斯基与伊坎保持着密切的联系。因为伊坎也持有海湾西方石油公司的大量股票,他们俩的加起来接近10%,使他们成了具有重要影响力的股东。因此,伊坎他们俩以"两个股东"的身份拜会了该公司的董事长马丁·戴维斯。布斯基的律师提醒他,不能说和伊坎是"一块儿"的,否则他们就必须公开披露持股情况和意图。

戴维斯同作为海湾西方石油公司股东的伊坎打交道已经有好几年了。他们第一次见面是在1983年,在该公司的前董事长查尔斯·布卢多恩去世之后不久。那是一次激烈争执的会面,伊坎要求公司寻求短期效益,而戴维斯则坚持公司要有长远的战略发展。经过多年的来往,戴维斯对伊坎勉强建立了尊重,他也明白伊坎的话还是有道理的。

戴维斯和布斯基的结识就是另外一回事了。几个月前,布斯基颇费周折才同戴维斯套上了近乎。当时,戴维斯正在帮助纽约著名的卡内基音乐厅筹集翻修的资金,他给许多人发送了筹款信。伊坎不久就给戴维斯打电话,他半开玩笑地说:"你这个傻瓜,伊万会利用这个借口和你见面的。"果然,布斯基给伊坎打了电话,说他想为卡内基音乐厅捐款,并且他想亲自把支票交给戴维斯。因此,伊坎只好安排了一次见面。戴维斯几乎一见到布斯基就对他没什么好感,尽管布斯基慷慨解囊,捐赠了5,000美元,这种印象也没有怎么改变。

但是现在,布斯基已经和伊坎一样成了公司的大股东,戴维斯感到别无选择,只能见见他们俩。9月5日,他邀请两人到他的私人餐厅吃饭,地点是中央公园西南角海湾西方石油公司大楼的顶层。戴维斯让布斯基的保镖把随身携带的武器交给海湾西方石油公司的保安保管,对此,布斯基有点儿不太高兴。但是,在吃饭时,他还是竭力吹捧戴维斯,说海湾西方石油公司是一家"一流的公司",戴维斯是一位"杰出的经理人"。戴维斯立即心生疑虑,布斯基对他的过分吹捧让他感觉很不舒服。

当天晚上,在一番称赞之后,布斯基和伊坎提议对该公司进行杠杆收购,并使它私有化,归布斯基和伊坎所有,不过管理层仍然不变。他们向戴维斯保证,还让他做董事长。鉴于该公司的股价大概在40多美元,他们愿意出价52美元进行收购。布斯基说,按照这个价格,戴维斯可以把"1亿美元放进自己的口袋"。

戴维斯极为震惊,他说:"你们这样做违背了股东的意愿。"戴维斯认为,这个建议几乎就是在贿赂他,让他以低价把公司卖掉。布斯基承认这是一个比较低的报价,但是他认为这似乎没什么不妥。布斯基说:"你可以做我的合伙人。"这种前景是戴维斯无法想象的。

戴维斯谨慎地说,他要考虑一下这个建议。和许多公众公司的董事长不同，戴维斯经常说他的首要目标是增加股东的价值，他不会立即拒绝收购报价的。许多公司的管理层都通过杠杆收购，以较低的价格将公司卖出去，从而为自己牟取私利，但是戴维斯不愿意和这些人同流合污。他对伊坎和布斯基说，他喜欢经营公众公司，并想继续这样下去。不久之后，他给布斯基打电话，委婉地拒绝了他们的杠杆收购建议。

伊坎和布斯基坚持不放弃，10月1日他们再次去拜会戴维斯。这次，他们带来了更加详细的财务计划，但是戴维斯依然非常坚决。尽管会谈从8点之前开始，一直持续了3个小时，但是戴维斯并没有请他们吃饭。他说他的主意已定，不想让公司被私有化。

两天后的10月3日，布斯基的朋友约翰·穆赫伦前来拜访戴维斯。戴维斯以前从没见过穆赫伦。穆赫伦穿着开领格子衬衫和牛仔长筒靴，戴维斯认为他就像是一个伐木工人。为了把话题转到海湾西方石油公司的收购上，穆赫伦告诉戴维斯："你不能相信布斯基，你要相信我，我可以做你的耳目。"

穆赫伦向戴维斯保证，他没有持有海湾西方石油公司的任何股票，也不会购买的。但是，戴维斯对穆赫伦也不相信。他害怕穆赫伦会把自己关于收购提议的任何反应透露给他那些富有的投资人，甚至传递给布斯基。尽管穆赫伦许诺要和这些人保持距离，但是戴维斯还是谢绝了穆赫伦。

伊坎和布斯基一起商讨其他方案。布斯基告诉伊坎，他们应该再增购一些海湾西方石油公司的股票，给戴维斯施加压力。但是，伊坎告诉布斯基（和戴维斯），没有戴维斯的同意，他不会那样做的。布斯基给戴维斯打电话，这次他没有再吹捧，而是威胁说要把股份增加到9.9%，最后他补充说："我要在董事会占两个席位。"戴维斯坚定地回答说："那是不可能的！你是个不受欢迎的人，没有什么可说的。"

布斯基稍微停顿了一下，然后接着说："那你就把我手中的股票买走吧。"他提出了45美元一股的价格，当天该股的收盘价是44美元。戴维斯回答说："绝对不行。当股票交易价达到45美元时，我才会考虑购买你手中的股票。"该公司最近已经宣布了回购股票的计划，但是戴维斯并不打算对布斯基和伊坎现在想要的绿票讹诈支付赎金。

布斯基毫无办法，他已经遭受收购公众公司失败的打击。在当年早些时候，参议员杰西·赫尔姆斯所领导的保守的媒体监管小组"公平媒体"（Fairness in Media）的代表邀请布斯基，请他支持他们对CBS发起恶意收购。布斯基感觉这起收购有点儿荒唐，但是考虑到这是一家很有声望的媒体，他还是动心了。他认为联邦通信委员会可能不会阻止这起恶意收购交易。但是，他知道自己是无法筹集到收购所需要的数十亿美元资金的。不过他能够大量买进CBS的股票，并且如果达到一定的数量（也许是15%）的话，他至少可以把CBS推向"战场"。当然，其他人也都对这块肥肉垂涎不已，他听说特德·特纳就是其中之一。布斯基已经目睹了他和米尔肯是如何轻而易举就把太平洋木材公司和哈里斯图形公司送到恶意收购者的手中的。也许，他能够在该公司的董事会获得一个显赫的席位。布斯基开始囤积CBS的股票，并且让米尔肯也替他购买。

当布斯基向证券交易委员会提交文件并且希望以此威胁CBS时，CBS却立即开始猛烈而坚定地反击。让布斯基非常失望的是，CBS的董事长托马斯·怀曼甚至不愿意和他面谈。同时，该公司还委托凯威律师事务所的律师提起诉讼，指控布斯基在购买股票时超额融资，违反了净资本的管理规定。

CBS提起诉讼的那一天，布斯基表情冷酷。他怀疑有人背叛，凯威律师事务所的律师和CBS怎么会盯上这个致命的要害呢？他无论如何也不能让CBS的律师发现他和米尔肯之间的交易。布斯基立即投降了。布斯基迫切希望达成和解协议从而让CBS撤诉，因此，他签署了一份中止协议，承诺不再继续购买CBS的股票，并将手中的股票卖掉。

如今，在CBS和海湾西方石油公司的两起交易中，布斯基都碰了个头破血流。不过他很幸运，CBS的股票被轻松地卖掉了，因为该公司改善了运营，并且还有预言称该公司可能被收购，因此股价被大大地推高了，他也从中获益匪浅。但是，海湾西方石油公司的股票却开始下跌，他手中的大量股票都被套住了。

随着一周周的过去，海湾西方石油公司的股票止跌回升，到10月中旬又达到了每股44美元。于是，布斯基给穆赫伦打电话，说："我喜欢海湾西方石油公司。我的出价不会高于45美元，如果以45美元成交，那会很不错的。"

穆赫伦回答说："我明白了。"通常情况下，当布斯基说他"喜欢"什么东西时，穆赫伦就有可能获得大收益，因此，他开始大举购买海湾西方石油公司的股票，使它的股价被进一步推高。他的一名助手问他为什么要购买这只股票，穆赫伦回答说："我不知道，不过伊万喜欢这只股票。"这样解释就足够了。

最后，由于穆赫伦的大举买进，价格涨到了45美元。片刻之后，穆赫伦看到股票行情记录单上显示，有人以这个价格抛售了海湾西方石油公司的670万股股票。他意识到布斯基已经解套了，把海湾西方石油公司的股票卖掉了。现在，只剩下穆赫伦来背这个包袱了。布斯基哪里是"喜欢"这只股票，他只是想把股价推高，然后可以脱手，获取更多的利润。穆赫伦大声骂道："狗娘养的！"实际上他并没有针对具体的某一个人。

到1985年年底的时候，布斯基离"当代罗斯柴尔德"的梦想似乎更加遥远了，因此，他只好去求助唯一一个可以帮他实现梦想，使他跻身于美国一流金融家的人——迈克尔·米尔肯。

在海湾西方石油公司和CBS的收购失败之后，这两人经常讨论增加布斯基资金的方式。布斯基告诉米尔肯他想继续实施自己的计划，筹集到有史以来最大的一笔套利资金。按照他们以前讨论过的，布斯基关闭自己的合伙公司伊万·F.布斯基公司，从有限合伙人中筹集到2.2亿美元的资金，然后米尔肯再通过垃圾债券的销售筹集6.6亿美元的资金。这样他们就能筹集到近10亿美元的资金，这种购买能力是布斯基做梦都不敢想的。如果按照1∶3的杠杆比率，布斯基至少可以释放30亿美元的投资能力，甚至最大、最强的公司也会不寒而栗的。

但是，布斯基也要付出一定的代价：这将会加深他对米尔肯的依赖。康韦迅速看到了这一点。1986年年初，美林公司找到康韦和布斯基，给他们提供了一个几乎毫无风险的机会：古尔顿工业公司（Gulton Industries）正面临马克四世工业公司（Mark IV Industries）恶意收购的威胁。古尔顿公司的代理高盛公司请求布斯基作为白衣骑士来拯救古尔顿公司，只需要不到5,000万美元的资金就行。康韦研究了古尔顿公司及其运营情况，认为这项投资很不错，甚至谨慎的布斯基也会赞成这起交易的。他告诉布斯基这起交易"十分完美，机遇难得"。布斯基的投资工具北景公司的董事会开会，同意了这起收购交易。

接着，当康韦认为他们把所有的障碍都清除了，可以开始收购时，布斯基问他："我是否应该给米尔肯打个电话问问他的意见？"

康韦断然说道："不用！"这项交易同德崇公司毫无关系，美林公司负责融资工作，因此康韦知道，如果米尔肯知道了肯定会插手的。康韦请求说："不要跟他说，伊万。他肯定会对这起交易说三道四的，而你也会被搞得疑心重重。"康韦强调说，如果布斯基把这事告诉米尔肯的话，他会"很不高兴的"。

布斯基说："好吧，不过让我再考虑考虑。"

第二天早上，正在美林公司准备进行下一步工作时，布斯基把康韦叫到了办公室，他说："迈克认为这起交易不太好。"康韦惊呆了。米尔肯对古尔顿工业公司的了解肯定没有康韦多。康韦心想，显而易见，现在布斯基甚至连撒尿都要经过米尔肯的批准。康韦怒气冲冲地说："别想商业银行家的美梦了！"然后，他甩手出去了。不久之后，他就递交了辞呈，一起交易也没有为布斯基做成。

布斯基雇用内格尔来接替康韦，负责筹资工作，帮助米尔肯筹集2.2亿美元的资金。他们接二连三地拜访客户：贝尔兹伯格家族、里克里斯、伦敦的投资商杰拉尔德·朗森、苍鹭国际（Heron International）的董事长、歌唱家保罗·安卡以及房地产商彼得·卡利科（Peter Kalikow）。每到一站，布斯基都极力宣传套利的好处，他还谈起了套利的历史，提到了高盛公司的古斯塔夫·列维，并谈到了套利给高盛带来的巨大财富，只是从未公开过。他说德崇公司的新融资计划提供了前所未有的机会。他大声说道："这是杠杆作用，是难得的机遇。"

谈话迅速就从套利的事情上叉开了。例如，卡利科很喜欢飞机，办公室的墙上贴着许多私人飞机的照片，他和布斯基很快就把话题转到了下一次购买什么样的飞机上。贝尔兹伯格则不同，他喜欢船只，并把自己最喜欢的游艇的照片给他们看。

总的来说，投资商们的反应都很强烈。在内格尔看来，最大的投资商杰弗里·比科韦尔（Jeffrey Picower）十分神秘，他投资了2,800万美元。内格尔不知道比科韦尔的资金来自哪里，他在曼哈顿一座无名的大楼里上班，外面没有任何标志。

其他的投资人包括：古尔德公司（这是通过基德尔·皮博迪的经纪人唐纳德·利特尔联系上的，投资了570万美元的退休基金）、英国的水务监督退休基金（Water Authority Superannuation Fund）、林肯国民人寿保险公司（Lincoln National Life Insurance）、瑞士国际银行（Interallianz Bank of Switzerland）、北方信托公司（Northern Trust Co.）、马丁·佩雷茨以及纽约的投资商米尔顿和约瑟夫·德莱斯纳。

但是，德崇公司对布斯基的融资提议反应很冷淡。在菲施巴赫公司一案中，曾经劝说米尔肯不要支持波斯纳的斯蒂芬·温罗思现在开始劝米尔肯远离布斯基。弗雷德·约瑟夫告诉温罗思要严密注视这项融资交易，他们认为，布斯基的主要业务就是套利，这样做会引起一些棘手的问题。

温罗思立即对这起交易做出了反应，并持反对意见。布斯基的财务报表几乎是毫无意义的，因为他持有的大量股票在一个交易日中就可能发生变化，潜在的投资商们根本无法评估他所持有的股票的价值。布斯基甚至不愿意提供持股情况的季度报告，在他看来这是机密信息。如果有什么丑闻，投资商们都会被牵连进去的。

德崇公司雇用了一个私人侦探来调查布斯基，但是这个侦探只发现了一点儿情况，证券交易委员会曾经质询过他几次，结果都很满意。然而，温罗思仍然认为自己成功说服德崇公司的约瑟夫和其他人拒绝了这项交易。接着在1985年11月，在CBS和海湾西方石油公司的惨败之后，布斯基和米尔肯开始催促融资计划尽快结束。

比弗利山也出现了联合反对布斯基的迹象。米尔肯的高级助手之一彼得·阿克曼警告说，他认为投到布斯基手中的钱太多了，布斯基很难有效地管理这些资金，会不加分析就随便投资的。同米尔肯关系最为密切的洛厄尔·米尔肯也持反对意见。他说，他不喜欢布斯基，也不信任他。达尔也反对这个融资计划，他认为如果市场突然下跌，布斯基可能就会垮掉，投资债券的人也就会一起垮掉。当达尔同洛厄尔谈到这个问题时，洛厄尔回答说："我也不知道我们究竟为什么要做这件事，去问问我哥哥。"

米尔肯立即否决了所有的反对意见。他再次坚定地说："德崇公司支持赢家，而布斯基就是赢家。"这个问题的讨论就此结束。当然，米尔肯并没有透露，他之所以要支持布斯基的计划，是因为他在布斯基的业务中也得到了个人收益。这使得布斯基同米尔肯的关系更为密切。

温罗思试图越过米尔肯去阻止这项计划，他请求约瑟夫约束米尔肯。约瑟夫可以这样做，但是他没有。

最初，市场的反应就好像要阻止这项计划，尽管德崇公司并不希望这样。一些债券买主开始犹豫不决，包括德崇公司最忠实的一些客户都说不会再投资套利基金了。甚至德崇公司的王牌推销员达尔也对这些债券毫无办法，他担心这些债券会压在公司里。温罗思、达尔和其他人都在想方设法劝说米尔肯改变发售条款，设定一些限制，其中就包括限制布斯基利用筹集到的资金购买他心仪已久的湾流私人飞机，对此他恼羞成怒。布斯基希望获得无穷无尽的资金，但是他却必须遵照3∶1的投资和实际资产比率。尽管他不想在股权比率上受到任何限制，但是按照规定，如果他的资产价值降到规定水平之下，就必须进行清算。达尔成功地说服了林肯储蓄与信贷银行的查尔斯·基廷购买1亿美元的债券，提高了自己作为传奇推销大师的声誉。这项6.6亿美元的融资计划预定于1986年3月21日结束，被正式命名为哈得孙基金（Hudson Funding）。与此同时，伊万·F. 布斯基公司将会被清算，伊万·F. 布斯基有限合伙公司将诞生。

　　由于米尔肯和德崇公司帮助布斯基筹集到了资金，他们也赚到了2,400万美元的融资费。米尔肯还从布斯基的操作中获得了500万美元的股本权益。（投资银行家在套利操作中获得实际利益，这就像定时炸弹一样危险。）德崇公司比弗利山高收益债券部门之外的人全都不知道这一潜在的巨额收益条款。现在，他们之间还有一个有待解决的问题：布斯基在之前的非法活动中欠米尔肯好几百万美元的账还没有偿还。手中握着6.6亿美元的资金，米尔肯掌握了主动权。他心平气和地告诉布斯基，他必须先还清欠款，才能得到这笔资金。

　　3月21日的早上，也就是融资计划即将结束的那一天，在一番电话交涉之后，布斯基同意偿还这笔资金。但是，时间已经太晚，无法再通过证券交易偿还了，他们以前经常采用这种方法。于是，布斯基以低于市场价的价格卖给了米尔肯一些房地产认股权证和联合艺术公司的股票。但是，根据穆拉迪恩和瑟恩纳的计算，还有530万美元的欠款。为了尽快解决这个问题，以便融资计划尽早完成，布斯基采用了一种在以前的非法交易中从来没有使用过的方法——他告诉穆拉迪恩开一张530万美元的支票，作为"交易佣金"支付欠款。

如果不是奥本海姆·阿佩尔和迪克逊会计师事务所的会计，布斯基的这个问题可能就会解决。这家会计师事务所受聘审计伊万·F. 布斯基公司的账目，并颁发所谓的"安慰信"（comfort letter）。安慰信只是一种例行的公函，表示被审查的公司一切表现很好，顾名思义，就是为了安慰投资人，消除他们对新合伙公司的顾虑。伊万·F. 布斯基公司在下午4点股市闭市后正式关闭。奥本海姆·阿佩尔和迪克逊会计师事务所的会计前来查账，审核该公司最后几天的账目。

该会计师事务所的一名会计彼得·特斯塔韦尔德负责布斯基公司，正在处理哈得孙基金的账目，他和穆拉迪恩一起在会议室里审查最近的交易。特斯塔韦尔德是穆拉迪恩的老朋友，他期望着账目一切正常。然而，在4点10分左右，特斯塔韦尔德发现了一笔1万美元的应付账款。他问穆拉迪恩："这是什么？"

穆拉迪恩查了一下总账，一时也弄不明白。他正沉浸在10亿美元资金的兴奋之中，对这区区的1万美元也没有注意。他说："我真不知道。"

特斯塔韦尔德说："我需要看看这笔账的资料。"

穆拉迪恩回答说："哎呀，彼得，算了吧，没有大碍的。"他还说这笔数目太小了，可以忽略不计。

特斯塔韦尔德坚持说："我必须看看相关的资料，很抱歉。"

穆拉迪恩很不安，他说："看在上帝的分儿上，彼得，你为什么要计较这点小钱呢？"接着，他不假思索就脱口说出了脑子里一直在担忧的事情，"为什么你要抓住这区区的1万美元呢？我这里还有一笔530万美元的款项呢。"

屋子里一下子沉寂下来，穆拉迪恩后悔死了，他希望自己能够收回刚才说的话。毕竟，他还没有实际支付这笔钱，他甚至还没有来得及把它记到账本里。当然，如果他在当天晚些时候或者第二天再支付这笔款项的话，账目可能会增加一些，但是谁也不会发现的，到那时整个交易已经结束。他祈求没有人注意他说的这句话，但是从特斯塔韦尔德脸上的表情，他已经明白，这个秘密已经被泄露了。

特斯塔韦尔德显然已经发觉了，他问道："什么530万美元？"

穆拉迪恩说："哦，别提了，就当我从来没有说过。我们现在还不能谈这事。"特斯塔韦尔德收起笔记本，放进公文包里，起身要走。穆拉迪恩立即大喊道："不，别走，我们慢慢来说。"他担心融资计划可能会因为他而无法按照预期完成。

然后，穆拉迪恩坦白说他实际上有一笔530万美元的应付账款还未入账，而这笔账款没有任何单据和资料，没有账单，没有发票，只有布斯基的指示。特斯塔韦尔德听到这里，立即离开回自己的办公室去了，他的办公室离这里只隔着一个街区。他说他必须把这事汇报给负责布斯基账目的高级合伙人斯蒂芬·奥本海姆，否则他无法进行下一步的工作。

穆拉迪恩焦急地在会议室里等着，就像热锅上的蚂蚁一样，一根接一根地抽烟，他几乎就像瘫痪了似的。时间好像凝固了，才过了15分钟就好像几个小时一样。突然电话铃响了。

布斯基尖声骂道："你这个蠢货！你这个婊子养的，你他妈都在干什么？"穆拉迪恩跟随布斯基多年，从来没有听他这样骂过人。他还没有来得及回复，布斯基就"啪"地把电话挂了。

穆拉迪恩被骂得晕头转向。他心想今年的奖金看来要吹了。更为糟糕的是，他可能会被解聘。对于一个像他这样受过证券交易委员会处罚的人，重新找工作几乎是不可能的。

在奥本海姆·阿佩尔和迪克逊会计师事务所的办公室里，奥本海姆告诉布斯基，没有这些资料，他们是不会在安慰信上签字的，这就意味着这项计划不能结束。当布斯基稍微冷静下来之后，他给米尔肯打了个电话，商量如何解决此事。他俩立即达成一致，这530万美元可以作为"咨询费"支付给德崇公司，毕竟该公司也为布斯基的各种项目做过大量的研究工作。布斯基立即找到会计和律师，说他突然"想起来了"，这笔钱是支付研究费和其他咨询费的。

由于布斯基亲自出面解释，大家认为这起交易的资料很快就会有的，因此他们同意继续进行各项工作。在比弗利山，米尔肯和他的弟弟洛厄尔起草了一封信，解释说这笔钱是一笔咨询费。洛厄尔·米尔肯拉住当时正在附近的一位名叫唐纳德·巴斯勒的低层级雇员，让他一起在信上签上名字。

尽管围绕这笔巨额的付款还有许多可疑之处，但是布斯基的会计和律师们都向他保证说不会再有任何问题了。布斯基明显平静下来，但是他懒得打电话通知穆拉迪恩。直到晚上7点半，内格尔才给穆拉迪恩打电话，把他从痛苦中解救出来。内格尔说："一切都解决了。德崇公司马上就会把投资咨询费的账单发过来，伊万的气也平息了。"

穆拉迪恩彻底放心了，他没有再多想。通过和瑟恩纳对账，他发现布斯基和米尔肯是某种关系的合伙人，因此，德崇公司也许是在为布斯基做研究工作。当然，如果是这样的话，就不会出这场麻烦了。但是，如果不是这样的话，他应该问谁呢？他可不想再多问了，他遇到的麻烦已经够多了。

三天后，德崇公司的发票邮到了，上面写道："根据1986年3月21日协商决定，咨询费为530万美元整。"里面还有一封信，是瑟恩纳写的，内容简明扼要：

布斯基先生：
请按照上面所写的地址将汇款支票寄给我。

当然，地址是比弗利山而不是纽约。穆拉迪恩忠实地把汇票寄到了上面的地址。

穆拉迪恩深深的忧虑从未变成事实，布斯基和米尔肯根据计划筹集到了近10亿美元的资金，使布斯基成为有史以来资金最为雄厚的套利人。穆拉迪恩不仅没有被解雇，还得到了35万美元的奖金。当年其他人的奖金都比他多很多,但是他毫无怨言。交易主管达维多夫的奖金为150万美元,莱斯曼100多万美元,内格尔100万美元。此外,维基利的奖金也是100万美元,尽管穆拉迪恩都不清楚他究竟干了什么工作。

　　穆拉迪恩非常高兴自己没有丢掉工作,尤其是在这样一个拥有10亿美元资金的公司。当他明白融资工作即将完成时,他高兴地对妻子说:"我们马上就会变富的!我们的船已经进来了。"但是,他永远也忘不了3月21日发生的事情,也忘不了布斯基的斥责和他所遭受的痛苦与耻辱。

8. 最后的盛宴

吉姆·达尔深吸了一口气，然后走进会议室核算他的年薪。这是1986年，他准备多要一点儿，不论米尔肯给他多少，他都想多要点儿。他从来不知道高收益部门的奖金具体是多少，但是他知道这个数字肯定很大。其他的员工，如阿克曼，都成功地用甜言蜜语从米尔肯那里要到了不菲的奖金。今年，达尔是毫无争议的销售冠军，甚至在最困难的情况下仍然取得了优异的业绩，例如在布斯基销售的债券中，他成功地向查尔斯·基廷推销了1亿美元。

米尔肯开门见山地向33岁的达尔说："你今年的奖金是1,000万美元。"达尔做梦都没有想到会有这么多，这比他预料的要多很多，但是他仍然没有忘记多要些。他坚持说："我认为我自己有资格获得更多的奖金。"然后他一一列举了自己的业绩。米尔肯同情地听着，但是迅速就表现出了不同意见。他轻声地说道："吉姆，我真不能再多给你了，不然你挣得比我都多了，这可有点儿不公平，是吧？"

达尔说："我想是的。"他很吃惊米尔肯竟然只拿这些钱。他猜想米尔肯可能是把部门的大部分奖金都返还给了公司。达尔现在拥有德崇公司近1%的股份，因此，他对米尔肯的"无私"非常敬佩。

在纽约，弗雷德·约瑟夫正在为米尔肯的奖金问题发愁。那年春天，公司的首席执行官罗伯特·林顿退休了，约瑟夫从公司金融部的主管升任为首席执行官。从某些方面来说，约瑟夫并不想升职。《机构投资者》杂志刚刚把他选为华尔街最佳公司金融部经理，而且他也很喜欢这里的工作，他感觉自己正在利用米尔肯现象成就一番事业。而且，他也喜欢获得一些空余时间，陪着妻子在新泽西西北部自己家的农场干些农活。

米尔肯对约瑟夫的升职明确表示反对。他向约瑟夫抱怨说，让约瑟夫在金融部工作对他很重要。虽然米尔肯的意见对首席执行官的人选很重要，但是他没有提出合适的候选人。他一开始提议埃德温·坎特，但是他也不得不承认坎特的形象不好，不符合公司的需要。因此，风度翩翩的约瑟夫几乎就是唯一人选。

德崇公司的辉煌成就甚至已经远远超出了约瑟夫的雄心壮志。1986年，按照公司奖金分配原则，米尔肯高收益债券部门获得了7亿美元左右的奖金，大概一半都属于客户开发费。相比之下，公司金融部的奖金大概只有1.4亿美元左右，奖金的差异十分巨大，这也反映了比弗利山分部的实力。

这7亿美元的奖金一旦约瑟夫批准了，就由米尔肯来分配了。米尔肯拿出1.5亿美元给他在比弗利山的同事们，包括他许诺给达尔的1,000万美元。但是，米尔肯并不是像给达尔暗示的那样只为自己留了1,000万美元，也不像达尔所猜测的，把剩余的奖金返还给公司。达尔当时根本不可能想到，米尔肯把剩下的5.5亿美元全都留在了自己的腰包里，这比德崇公司全年的利润都多，当年整个公司的赢利只有5.225亿美元。

然而，米尔肯认为这5.5亿美元还不够，他实际上对约瑟夫分配给他们部门的奖金数量很不满。

在德崇公司的奖金制度中，客户开发费是很重要的一个部分。这部分奖金的分配由约瑟夫负责,他要和米尔肯一起协商确定。每年,两人都要在电话中讨论这个问题,确定谁给公司带来了哪个客户,应该分配多少奖金。通常这样的问题有150~200例,互相冲突的大概不足20%。

前一年,米尔肯就对一笔客户开发费的认定不满意,他坚持说应该归他所有。他承认另外一个部门在开发这个客户上面也有功劳,但是他声称自己同客户之间的私人关系也是决定性的因素。约瑟夫不同意他的说法,拒绝把这笔钱划给高收益债券部门。

当1986年的奖金分配快要结束时,米尔肯又提出了这个问题。约瑟夫对米尔肯在这件事上的过激反应很吃惊。米尔肯不肯让步,另外,他也不想让这个问题不了了之。因此,他不断给约瑟夫打电话,一争论就是几个小时,他详细讲述了该客户同公司联系的情况。约瑟夫不知道米尔肯是从哪里获得这些情况的。米尔肯和约瑟夫都不肯让步,米尔肯最后没有得到这笔钱,但是他继续坚持认为约瑟夫欺骗了他。这笔奖金其实也不多,只有1.5万美元。

约瑟夫对此毫不理会,他认为这是米尔肯性格中的怪异之处。米尔肯一直都对工作非常狂热,很明显他的这种特性也体现在了赚钱上面。

不管怎么说,约瑟夫有更重要的事情要考虑。他挡住了国会对联合石油公司收购案的反对呼声,限制垃圾债券的立法也被搁浅。媒体也开始关注德崇公司,赞美的文章开始频繁出现,不仅仅出现在金融报纸和杂志上,也出现在普通的出版物上。大多数记者都对德崇公司的人很有好感,如和蔼可亲的约瑟夫,以及他的顾问和媒体公关人员。他们把德崇公司描述为在冲突和成功中不断前进,在创新和保守之中曲折发展。

精明的约瑟夫决定迎合媒体的报道,举办丰盛的午餐会宴请这些记者。然而,米尔肯的态度却完全相反,他拒绝了所有的采访要求,对记者不屑一顾,甚至连给他们回电话说一句"无可奉告"都懒得做;他也讨厌在媒体上抛头露面,而是刻意保持低调,达到了让人吃惊的程度。住在西海岸对他帮助不小,米尔肯从来不参加纽约总部的午餐会,这更增加了他的神秘色彩。

新的大竞争对手很快就开始效法德崇公司的成功，纷纷成立了自己的垃圾债券部门，不顾一切地投入恶意收购和杠杆收购之中：保守的高盛公司同梅西百货公司（Macy's）在协商进行一项40多亿美元的杠杆收购计划；摩根士丹利的并购部在格里切的领导下同德崇公司联手协助罗纳德·佩雷尔曼（这起恶意收购给德崇公司带来了前所未有的声望）收购露华浓公司；美林和希尔森·雷曼兄弟也是咄咄逼人；第一波士顿银行在兼并明星布鲁斯·瓦瑟斯坦的率领下表现尤为突出。

米尔肯决心捍卫德崇公司在这一领域的统治地位，因此，他采取了更为激进的手段。他威胁高盛公司，声称要以巨额的资金支持德崇公司的客户提出更高的报价夺取高盛公司领导的对沃纳克集团（Warnaco）和国家石膏公司（National Gypsum）的杠杆收购业务，这些资金都是靠米尔肯的"赚钱机器"支撑的。当德崇从所罗门兄弟手中夺取了威克斯公司（Wickes）的业务之后，所罗门兄弟的董事长约翰·古特弗罗因德气得七窍生烟，他派自己的高级助理到比弗利山找米尔肯交涉。这位银行家警告说："如果你再不停手的话，我们就不客气了。"

德崇公司还试图恫吓斯塔利大陆公司（Staley Continental）要对它进行杠杆收购，这是一家位于中西部的大型谷物加工公司。德崇公司从1986年年底开始购买斯塔利大陆公司的股票，并且，德崇公司的一位经理人给斯塔利大陆公司的首席财务官罗伯特·霍夫曼打电话，暗示自己愿意与斯塔利大陆公司"建立投资业务关系"。两天后，德崇公司的这位经理人再次打来电话，说"我们比弗利山的人"已经持有了斯塔利大陆公司的大量股票。接着，达尔也给霍夫曼打了电话，坚定地说德崇公司"想成为斯塔利大陆公司的投资银行"，德崇公司已经拥有斯塔利大陆公司的150万股股票。霍夫曼问他为什么德崇公司不向证券交易委员提交13D表，达尔回答说这种报表"对生意不利"，然后他向霍夫曼建议由德崇公司领导进行一项杠杆收购。他还夸口说："我们可以在48小时之内把斯塔利大陆公司私有化。"

霍夫曼非常震惊，断然拒绝了这一建议。过了一会儿，达尔又打了过来，力劝斯塔利大陆公司派人到纽约德崇公司的总部，一起研究杠杆收购的资金问题。霍夫曼又拒绝了。这次达尔生气了，他威胁说他们"应该坐下来谈谈"，否则"我会做出一些对你们不利的事情"。

斯塔利大陆公司似乎要步太平洋木材公司的后尘，但是约瑟夫插手了此事，他赶紧安慰斯塔利大陆公司几近崩溃的管理层，向他们保证德崇公司不会对斯塔利大陆公司采取恶意收购的。他还不得不对温迪克斯公司采取同样的策略，该公司是南部一家大型食品零售连锁公司，它最近也成了高收益部门的受害者。约瑟夫担心高收益债券的这种战略会逐渐失去控制。他知道如果采用这种竞争方式，德崇公司对垃圾债券市场的控制权早晚都要失去。

约瑟夫已经在努力加强公司其他部门的力量，试图把德崇公司创建成一个像高盛或者摩根士丹利一样全方位发展的大公司。在他弟弟斯蒂芬·约瑟夫的领导下，德崇公司的抵押证券业务获得了蓬勃的发展，跻身华尔街同类业务的前五名。德崇公司的市政融资部门之前根本就不为人所知，现在已经挤进了前十名，在政府债券交易业务上排在第八位。它的证券研究部也很受尊敬。然而，这些部门在赚钱和促进公司增长方面没有一个能同米尔肯相抗衡。它们发展得越快，米尔肯超过它们就越快。

这就导致公司内部出现了两个派系：东海岸派系和西海岸派系，而且两个派系之间的关系日益紧张。东海岸派系由约瑟夫、温罗思和公司金融部的主管赫伯特·巴彻勒领导，西海岸派系由米尔肯领导，成员包括纽约总部的恩格尔、凯和布莱克。米尔肯一派批评公司金融部的表现，指责他们没有开发客户，只会吃西海岸的残羹冷饭。他们甚至要求将主管巴彻勒免职，约瑟夫断然拒绝了，但是他知道，纽约总部至少还需要一个"明星"，这样才可以同米尔肯的派系相抗衡。丹尼斯·莱文是无法担此重任的。

戴维·凯一直都在称赞莱文，但是公司内外的其他人却认为他只是一个令人尴尬的人物。在1985年收购露华浓的交易中，莱文作为纽约的高级投资业务员参与了这项交易。然而，负责处理融资业务的米尔肯坚持要求公司派其他人参与，包括阿克曼和恩格尔。当他们和佩雷尔曼在公司的会议室开会时，莱文常常跑到外面打电话，有时整天这样。偶尔，他也会跑进来散布一些谣言。阿克曼尤其看不惯莱文，他告诉比弗利山分部的其他人说莱文是一个骗子。曾经把莱文招聘进来的格里切却不这么认为。在纽约，莱文向同事吹嘘说收购露华浓公司的成功要归功于"他"。

因此，约瑟夫再次开始招募贤士。四年前，德崇公司想引进顶级投资银行家只是一种奢望，而现在这种想法似乎已经不再是可望而不可即了。而且约瑟夫还有一个想法：他想与两位顶级并购明星马丁·西格尔和布鲁斯·瓦瑟斯坦接触，邀请他们加盟，共同打造一支华尔街有史以来最强大的力量，并在纽约总部形成一个足以和比弗利山的米尔肯相抗衡的力量中心。

这次，当约瑟夫给基德尔·皮博迪的西格尔打电话时，他发现西格尔在认真地倾听。

约瑟夫第一次给西格尔打电话是在1985年6月，当时他们同意见面，约瑟夫强调德崇日益增长的资本实力，其融资能力正是基德尔·皮博迪公司所缺乏的，而且，德崇还具有将客户基础向基德尔·皮博迪的蓝筹股客户拓展的潜力。随着形势的继续发展，约瑟夫称华尔街很快就会被几家资金雄厚的大公司所控制。很显然，基德尔·皮博迪似乎越来越不会位居其中了。

在基德尔·皮博迪，甚至公司的"元老"阿尔·戈登也开始考虑卖掉公司的问题，准备把自己的大量股份变现，以获得高额的利润。但是，德农西奥反对这种做法。几年来，精明的德农西奥已经把自己的股份分配给了同盟者。他很早就认识到像戈登这样的人，迟早都会和他一手提拔的继任者意见相左的。

公司里的其他人支持别的解决方案。固定收益和金融期货部门的主管小马克斯·查普曼已经把公司变成了指数套利和程序交易领域（利用芝加哥大盘指数的期权和电脑驱动交易战略进行交易）的重量级企业。查普曼已经成了德农西奥的继任者。德农西奥曾经试图让查普曼和西格尔展开竞争，但是西格尔告诉德农西奥他无意掌管公司。德农西奥坚持说："请不要告诉查普曼这件事。"现在，查普曼认识到了公司对更多资金的需要，因而想出售公司20%的股份，很可能是卖给日本人。这样一来，他们不仅可以筹集到资金，也可以保持公司的独立性。

其他的主管都赞成公开上市。这最终可以使他们以市场价把自己的股票变现，也可以保持公司的独立性。摩根士丹利当年早些时候已经成功地把自己的一部分股票上市销售。但是，西格尔和其他人都怀疑基德尔·皮博迪是否可以成功上市，因为公司的问题持续加剧。即使它确实能够上市，恐怕很快就会失去独立性，就像其他公开上市的公司一样，很容易成为被恶意收购的目标。德农西奥似乎很愿意让这种派系斗争继续下去，这样他就可以维持他所希望的现状。

现在，已经到了1985年年底，基德尔·皮博迪面对着一场金融危机，这场危机使西格尔对公司的前途完全绝望了，他离开的想法更加明确了。该公司投资了一项创纪录的市政债券和其他证券的年终盘点业务，这家曾经很保守的公司由于缺乏大量的资金，不得不进行了大量的融资活动。同布斯基一样，它也没有遵照最低资本管理要求。到了年底，公司的资金周转出现问题，陷入了严重的财务危机之中。为了应对危机，基德尔·皮博迪到处借贷，但是所有的银行都拒绝了。在新年前夕，公司的首席财务官理查德·斯图尔特只好疯狂地给公司以前的借贷银行和借贷人打电话求救，最后，终于在晚上10点找到了一家公司愿意提供短期贷款，帮助基德尔·皮博迪渡过危机，这是一家外国和美国的联合投资财团。不过贷款的利率高达15%以上，但是陷入绝境的基德尔·

皮博迪别无选择，只好接受。

基德尔·皮博迪放弃了野心勃勃的拓展零售经纪网络的计划。斯图尔特辞职并转到了美林公司，部分原因是为了抗议公司的资本不足。其他一些高级管理人员也纷纷离去，市政融资部的主管跳到了第一波士顿银行。然而，德农西奥毫无反应，没有采取任何应对措施。

随着年底的危机继续加剧，西格尔同约瑟夫的联系也不断增加。西格尔首次表示，他正在认真考虑接受德崇公司提供的工作机会。尽管西格尔到德崇公司之后只是并购部的联合主管（其他两位是戴维·凯和利昂·布莱克），不过他直接向约瑟夫负责。但是，他还需要接受米尔肯的审核。

西格尔于1986年1月飞到了比弗利山，住在距米尔肯的办公室只有一街之隔的比弗利山威尔希尔酒店。米尔肯一般都是在早上4点半之前面试求职者，但是对西格尔却是个例外。当天下午，在纽约股市闭市之后，米尔肯直接来到西格尔住的房间。西格尔以前从来没有见过米尔肯，但是他立即就被米尔肯犀利的目光所感染了，他似乎感受到了米尔肯单薄身躯中透出的激情和活力。

西格尔示意米尔肯在长毛绒沙发上坐下，但是米尔肯没有理会。米尔肯开始高谈阔论起来，在坐着的西格尔面前走来走去。他迅速从一个话题转移到另外一个话题，发表对金融市场和垃圾债券的见解，并详细阐述了他对金钱的看法。他告诉西格尔："我不想让任何人知道我挣了多少钱，或者别人挣了多少钱。如果这里的人知道他们有多么富有，他们就会变成懒蛋，不思进取的。你永远都不要清点自己有多少钱，你必须驱使自己去赚更多的钱。"

米尔肯告诉西格尔，要在市场可以容忍的程度下，尽可能地从客户身上榨取更多的利润。对这个问题，他坚持认为这不是他们多么有钱的问题，实际上所有的利润都是有限的。他说："如果我们的成本在这里，市场能够承受的价格就在这里。"他边说边把一只手往下放了放，然后他把另外一只手向上抬了抬,"那么我们的服务定价就应该在这里。"他抬到高处的手稍微往下放了点儿,"我们要挣的就是差价,无论你的成本是多少,你的价格要比竞争对手稍微低一点。"

米尔肯告诉西格尔,他刚刚同马文·戴维斯见过面。这是一位富裕的石油商,刚刚进军好莱坞,买下了20世纪福克斯电影公司。米尔肯吹嘘说:"我正在把所有这些资金聚集到一起。"这种购买力将是有史以来最强大的力量。他说他唯一的挑战就是……说到这里,他停下来看了看西格尔,然后继续说,"就是找到像你这样的人"。

米尔肯一直待了45分钟,然后就走了。在此期间,他一直都是站在那里,口若悬河地讲着。他精神极度亢奋,几乎没有停下来歇会儿,以至于西格尔怀疑他是否吃了什么药。那次会面之后,西格尔认为米尔肯就像一个太阳神一样。他警告自己说:"不要离他太近了,否则会被烤焦的。"

当天晚上,西格尔出去和康乃馨公司的高层管理人员一起吃饭,共同庆祝该公司被雀巢公司收购。西格尔曾经把这起交易泄露给布斯基,但是他竟然没有一丝的不安。随着他加盟德崇公司,这种肮脏的交易将会永远被他抛到脑后。

当他返回纽约时,约瑟夫告诉他,他通过了比弗利山分部的审核。在接下里的几周里,他们一起协商了西格尔的薪金问题。当然,西格尔加盟德崇公司之后,薪水毫无疑问要高于他1985年从基德尔·皮博迪所获得的210万美元。西格尔还坚持,他持有的基德尔·皮博迪的股票不能以远远低于实际价值的价格卖回公司,这样做会很不划算的,因为西格尔估计,基德尔·皮博迪很快就会被卖掉的。

约瑟夫准备给西格尔支付一笔似乎是非常慷慨的报酬:底薪350万美元,200万美元的签约奖金,另外还有德崇公司大量的股票。西格尔估计这份薪金合计高达600多万美元——是他在基德尔·皮博迪报酬的3倍。当然,对德崇公司来说,这个报酬水平也是很普通的,即使能力和名气远不如西格尔的投资银行家，报酬也是这么高。

在接下来的那个星期二，就是"挑战者号"航天飞机爆炸的那一天，西格尔来到德农西奥的办公室，告诉他说，他第一次打算与德崇公司进行协商。德农西奥似乎很震惊，他开始紧张起来，浑身直冒冷汗。他祈求西格尔不要轻易做出决定，让他考虑考虑如何答复。

然而，西格尔无心等待。星期五的晚上，他到曼哈顿阿尔·戈登的公寓去拜访他。戈登非常客气，拿出酒来招待西格尔。听到西格尔要走的消息后，戈登意识到自己出售公司的计划更可能实现了。当西格尔告诉戈登他决定跳槽到德崇公司之后，戈登只发表了一句评论："所有的好事都有终了之日。"然而，在私下里，他对西格尔准备加入德崇这样的公司感到心烦意乱，西格尔去这个地方比西格尔辞职一事更让他难受。戈登憎恨德崇公司，以及它所代表的一切。

第二天，西格尔驱车来到格林尼治德农西奥的家中去见他。德农西奥已经从戈登那里听说了此事，西格尔在他们之间的讨论还没有完成之前就去找戈登，这让他非常恼火。尽管德农西奥竭力劝导西格尔，希望他留下来，但是却丝毫不能影响西格尔的决定。这种见面对西格尔是个痛苦，但是他去意已决。

西格尔也感到他应该给布斯基打个电话。布斯基对西格尔没有同他协商就做出决定似乎非常失望，也很不悦。

西格尔辞职的消息在基德尔·皮博迪迅速传开，引起了大家的严重关切，甚至在一定程度上造成了恐慌。约翰·戈登自从来到基德尔·皮博迪以后就一直同西格尔共事，周六他正在旧金山过周末，当天晚上从父亲那里听到这个消息后，他立即搭乘当晚的航班赶回纽约，参加公司金融和并购小组的紧急会议。哈尔·里奇也参加了。他在家里过周末时，西格尔给他打电话说了自己要辞职的消息，并拉他一起跳槽。最后，西格尔补充说，"我不是负责"招聘的，但是"我要给人回个电话"。里奇意识到西格尔接下来可能会说许多关于巨额报酬的事情，因此他立即拒绝了。他说："我不会为那些肮脏的清算人工作。"他指的是德崇公司。约翰·戈登也很厌烦，他认为现在每个人都太看重金钱，总是在谈论奖金的多少，忠诚已经被抛得无影无踪了。

在接下来的一周，基德尔·皮博迪公司举行了年度股东大会。德农西奥在会上报告说公司在1985年取得了前所未有的业绩，同时，他也宣布了西格尔要辞职的消息。德农西奥比谁都清楚，随着西格尔的离去，这些利润的大部分也都不会再有。德农西奥不得不承认，离开了西格尔这样的明星，基德尔·皮博迪只能依靠资本基础来竞争。由于公司的资本基础极其薄弱，他宣布要"开发"额外的资本资源。在公开场合，他仍然坚决反对出售公司的提议，他知道必须立即采取措施，并且要迅速，否则可怕的灾难就将把他困死。

随着情况逐渐恶化，基德尔·皮博迪公司拼命阻止员工的流失。德农西奥向大家保证，1986年的奖金至少不会低于1985年的，这在该公司还是破天荒的事。但是，并不是每个人都相信这能够实现。在西格尔辞职之后六个星期，也就是耶稣受难节的那天，基德尔·皮博迪金融部的骨干力量——高科技小组集体辞职，也跳到了德崇公司。

约翰·戈登的最后一丝希望破灭了。他去找自己的父亲，说他必须逼迫德农西奥采取大胆的行动。他认为公司缺乏领导能力是"极其愚蠢的"，并表示"我也打算离开公司"。听到儿子也可能会离开自己辛苦创建的基德尔·皮博迪公司，老戈登再也无法容忍了。他拾起自己的权威，去找德农西奥。

老戈登来访的结果是完全可以预见的。4月下旬，也就是在两个人见面之后的几个星期，基德尔·皮博迪公司召开了董事会，在会上，德农西奥满含泪水地宣布基德尔·皮博迪公司将卖给通用电气公司。通用电气以6亿美元的价格购买了基德尔·皮博迪80%的股份，剩余的20%仍然由继续留在公司里的原股东所有。通用电气还许诺拿出1.3亿美元的资金。阿尔·戈登将自己6%的股份全部出售，获得了4,000多万美元，然后退休了。他所熟悉的基德尔·皮博迪就此消失了，但是他没有预料到留下的部分会那么迅速就分崩离析。

西格尔在德崇公司非常繁忙，根本无暇考虑基德尔·皮博迪公司的出售事宜。尽管他认识到，如果他还没有走的话，他的股票至少可以价值上百万美元。他一进入德崇公司，就被安排到了紧挨莱文的办公室里，他立即全身心地投入新的工作之中，同并购部的联合主管布莱克和凯共事。他迅速发现，这个部门几乎没有什么管理。布莱克负责交易以及和西海岸的分部联络，在西格尔看来，凯几乎没有什么贡献。西格尔负责创建应对利益冲突的控制和程序，使他吃惊的是，在德崇公司内部几乎没有正式面对过这个问题。

西格尔对周围人员的素质非常失望。他想起了杰弗里·贝克，贝克是德崇公司一颗冉冉升起的新星之一，西格尔在比阿特丽斯公司收购案上同他合作过。因此，西格尔问布莱克，是否可以将自己调到并购部。布莱克耸了耸肩，然后说："杰弗里·贝克是一个天生的说谎者，但是他可以帮你联络食品行业的任何人。"西格尔很吃惊，公司的员工还有"说谎者"。

西格尔对莱文的能力也很鄙视。在联合碳化物公司的收购案上，他们在宝维斯律师事务所（Paul, Weiss, Rifkind, Wharton & Garrison）的办公室开会，会上，莱文就股票的分配比例夸夸其谈，很明显，他都不知道自己在说什么。布莱克和阿克曼也从比弗利山赶来参加会议，西格尔看到两人脸上露出了鄙夷的神态。布莱克后来说："他根本不是什么专家。"西格尔认为这个评价还是很客气的。

西格尔对莱文漫不经心的态度非常吃惊，莱文经常迟到、旷工，甚至早退。一天，莱文让西格尔"替他"几天，他说："我要到巴哈马群岛潜水去。"

鉴于公司的人才真空状况，西格尔意识到他在部门的作用要比他原本预料的大得多。他同基德尔·皮博迪公司原来的许多客户都保持着联系。

他原来担心德崇公司的声名狼藉可能会阻断它们和自己新公司的联系，不过让他宽慰的是，多数公司似乎都渴望利用德崇公司的融资实力。泛美公司（Pan American）、斯特罗布瑞吉·克洛西尔公司（Strawbridge & Clothier）、卡森·皮里·斯科特公司（Carson Pirie Scott）、利尔·西格勒公司（Lear Siegler）、固特异公司和假日酒店，这些蓝筹股公司都追随西格尔来到了新公司。这些公司显赫的声誉使德崇公司受益匪浅，如果没有西格尔，德崇公司就永远也不会得到这些的。不过，西格尔发现自己的工作比以前更辛苦了，他常常要一天工作20个小时。

约瑟夫非常高兴，他将德崇公司的融资能力，与西格尔的专业技能相结合的计划，比他希望的见效还要快。虽然魅力过人的西格尔可能会抢了凯和布莱克的风头，不过他们对此并不在意。但是，莱文却对西格尔的到来抱怨不已，他还对自己没能成为并购部的联合主管非常愤怒。

莱文甚至考虑跳槽到布斯基的公司，代替康韦在商业金融部任主管，为此他还专门找过布斯基。有一次，他在沃特俱乐部（Water Club）同伊兰·赖克一起吃午饭，其间，莱文吹嘘说布斯基打算给他提供500万美元的签约奖金。他还说布斯基想找一个比康韦更"有干劲的人"，就像他一样。

真相似乎很复杂。实际上，这500万美元是莱文认为布斯基欠他的，是布斯基根据他提供的内幕消息所赚到的利润中的一部分。布斯基认为按照协定，他应该给莱文一部分报酬，但是应该是240万美元。如果莱文被雇用了，这笔钱将以奖金的形式付给莱文。但是，两人之间的协商却失败了，莱文待在德崇公司对布斯基更有价值，这样他可以提供更多的内幕消息。因此，两人之间的协商仍然定期进行，但是却毫无结果。

尽管莱文继续大手大脚地花钱——他又购买了更多的艺术品和一栋大房子，但是内幕交易活动带给他的利润正在逐渐消失。他在米德肯公司（Midcon）的交易中赚了不少钱，然后就停止了交易。到此为止，他总计利用内幕交易赚取了1,000万美元的利润，这是他以前为自己定下的目标。随着威尔吉斯到赫顿公司以及西克拉到大学上学去，莱文的内幕交易圈子逐渐瓦解，他日益看重同布斯基的关系，并把这看作未来利润的来源。2月的一天，赖克邀请莱文和他的妻子到曼哈顿上西区他的家里做客。赖克刚刚把厨房改造一新，他和妻子也重归于好。作为沃切尔律师事务所的年轻合伙人，他的事业正在飞黄腾达，甚至莱文都非常羡慕他。当他和赖克单独在一块儿时，莱文告诉赖克："你退出交易圈是一个正确的决定。"不过莱文也说自己在德崇公司的事业很成功，他笑着说："工作把我变成了一个诚实的人。"

一天，西格尔无意中听到，莱文在讨论沃纳克集团收购案的机密，这是高盛公司正在实施的一项交易。于是西格尔给弗里曼打电话，说："你们那里有人在向丹尼斯·莱文透露消息。"弗里曼回答说："我想我知道是谁。"但是，他没有具体说。弗里曼同时提醒西格尔，说德崇公司内部也有人在透露该公司支持米德肯交易案的机密。西格尔给约瑟夫打电话，说："你也遇到问题了。"

自从跳槽到德崇公司之后，西格尔一直和弗里曼保持着密切的联系，弗里曼继续给他透露高盛公司交易的消息。然而，由于西格尔不再负责套利业务，他也没有再利用任何消息进行过交易。再者，为了遵守他离开基德尔·皮博迪公司时的誓言，西格尔也不再给弗里曼提供机密消息。当弗里曼逼他透露哈里斯图形公司的详细计划时，西格尔坚持说自己不知道，他让弗里曼去找凯。这是德崇公司参与的一项交易，弗里曼持有该公司大量的股票。

过去的事情似乎真的过去了，不过却出现了一个不和谐的小插曲。一天下午，莱文溜进西格尔的办公室，在闲聊了几分钟后，他随口问道："你平时是从哪里得到的内幕消息？是布斯基给的吗？"

西格尔愣了一下。难道他要一直都被自己的过去困扰着吗？他也同样随口说道："那是陈芝麻烂谷子的事儿了，我早就不再和布斯基交易了。"

1986年4月,当年的垃圾债券大会在比弗利山希尔顿酒店拉开了帷幕,2,000多名参会者齐聚一堂,饭店的大堂里人声鼎沸,大家都期盼着今年的新活动。此时,大厅的窗帘已经拉上,准备播放德崇公司的广告片,现在这已经成为每年捕食者大会上的"保留节目"。随着《达拉斯》主题歌在大厅响起,影星拉里·哈格曼的身影闪现在了屏幕上,他手中是一张德崇公司的运通钛金卡。

此时,大厅里响起了一个拉长的画外音:"这是一张透支额度高达100亿美元的信用卡,打猎时不要忘了带上它。"

然后,屏幕上出现了麦当娜流行歌曲《物质女郎》(Material Girl)的恶搞版。一个很像麦当娜的声音假唱道:"我是一个生活在物质世界的'双B'女孩。"——"双B"是一个双关语,指的是低等级债券和女人胸罩的尺码。随着麦当娜在屏幕上舞蹈,大厅里回荡着"德崇、德崇"的合唱音。人群哄堂大笑。当广告结束,灯光聚焦在大会请来的表演者身上时,大家才发现,此人原来是歌星多莉·帕顿。

德崇公司对自己的新星非常自豪,把西格尔安排到了前排中心位置,但是西格尔拒绝了。他认为自己到公司才一个半月,资历很浅,他不想抢走德崇公司老员工的风头。甚至他还推掉了主持并购部早餐会的机会,把它让给了莱文,莱文喜欢吹嘘德崇公司日益增长的战略威力。但是约瑟夫劝西格尔主持一个座谈会,这个会议由并购律师弗洛姆和其他的律师参与,共同讨论并购领域的法律问题。

在座谈会上,西格尔率先说道:"你们知道我是一个坚定的目标利益的支持者。"他一边说着,一边把手伸到桌子下面,取出一顶白色的牛仔帽,以此代表基德尔·皮博迪公司,"我来到了德崇公司,并不意味着我就改变了观点。"说着,他的眼睛里还闪闪发光,同时又把手伸到了桌子底下,摸出一个黑色的牛仔帽,代替了白色的帽子。

大家全都大笑起来,甚至包括西格尔的老客户。其中有几个还发了言，如利尔·西格勒公司和泛美公司的董事长。公司的羔羊和狼同居一室。

参会的还有政客。在1985年以前，德崇公司在华盛顿并没有办事处，也没有聘请过说客。然而，后来国会开始打算立法限制恶意收购：在联合石油公司收购案期间，众议院的蒂莫西·沃思议员提出了一项将绿票讹诈非法化的议案。沃思是科罗拉多州民主党人，是电信、消费者保护和金融委员会的主席。德崇公司反对此项提案，雇用了一位前白宫的助理，在华盛顿设立了一个办公室，并聘请民主党全国委员会的前主席罗伯特·斯特劳斯和证券交易委员会的前委员约翰·埃文斯作为院外说客。此外，在1984年德崇公司的政治捐款只有2.055万美元，但是到了1986年就增加到了17.78万美元。

在1986年德崇公司的债券大会上，沃思作为重要的嘉宾受邀发表演讲。在沃思竞选参议员时，德崇公司给他捐赠了2.39万美元，使他成功当选。因此，沃思成了垃圾债券的坚定拥护者，他最初禁止绿票讹诈的提案也被抛到九霄云外，他再也没有重提此事。德崇公司还邀请其他重要的政客发表演讲，包括参议员比尔·布拉德利、艾伦·克兰斯顿（当年接受了德崇公司41,750美元的捐款）、爱德华·肯尼迪、弗兰克·劳腾伯格和霍华德·梅岑鲍姆。多数政客似乎都被这巨额的资金惊呆了。为了增加影响力，德崇公司给纽约的参议员阿方斯·达玛托捐赠了56,750美元。

米尔肯自信地告诉《华盛顿邮报》的记者："美国高收益债券的购买力已经压倒了一切监管力量。"米尔肯在垃圾债券上的信条，曾经是经济分析领域一个神秘的话题，在20世纪80年代却成了至理名言。坚持保守资产负债表成了一种愚蠢的行为，几乎没有人再质询米尔肯信条的前提。

谁会对垃圾债券的优势进行质疑呢？几位专家对此作过专门研究。他们对1985年以前（包括1985年）米尔肯的交易数据进行了综合分析，最后得出结论：垃圾债券的回报率比其他债券高很多，而且风险还没有美国国库券大。其中最著名的专家就是纽约大学金融学教授爱德华·阿尔特曼，后来阿尔特曼成了米尔肯观点的热情支持者。

在20世纪80年代初期和中期，米尔肯那些杠杆比率很高的客户似乎都展现了一种惊人的抵御拖欠的能力，即使交易结果令人失望也是如此。如果出现这种情况，米尔肯仅仅通过"重组"就可以堆积一种新的、令人震惊的高收益债券，来替代即将出现的债务。这种新的债券会把原来债券的支付时间往后推，给公司更多的时间重新恢复，并抢先行动遏制拖欠利率的上升。

对许多研究垃圾债券的人来说，这些重组的债券多数似乎都是凶多吉少，米尔肯之所以能够把这些债券卖出去，不只说明了他的影响力，也表明他的客户对他的顺从，尤其是那些储蓄和信贷银行以及保险公司。到1986年年中时，米尔肯的朋友托马斯·斯皮格尔的哥伦比亚信贷和储蓄银行购买了30亿美元德崇公司发行的垃圾债券，他的另外一个好朋友弗雷德·卡尔的第一执行公司购买了70亿美元的垃圾债券。更令人吃惊的是，米尔肯自己可以随意支配他们投资组合的大小，只要收益不断增加，就没有人会介意。

米尔肯还有其他忠实的客户，大卫·所罗门就是其中之一。他自己开办了一家公司，名叫所罗门资产管理公司，拥有20亿美元的资产，多数都是他自己雇员的福利和退休金。所罗门是米尔肯最早的皈依者之一，在米尔肯的许多高收益债券上投资很多。作为回报，米尔肯让所罗门担任芬斯伯里基金（Finsbury Fund）的经理，这是一只垃圾债券共同基金。

芬斯伯里基金购买米尔肯的垃圾债券会给米尔肯的高收益债券部门带来高额的佣金，其中一些应该归德崇公司的销售员，正是他们给芬斯伯里基金介绍客户的。但是，米尔肯想把所有的佣金全都私吞，因此他下令让所罗门把原来应该支付给德崇公司销售员的佣金全都给他。当所罗门拒绝时，他威胁说要撤掉所罗门芬斯伯里基金经理一职，这可是一个肥差，所以所罗门只好屈服。

为了偿还佣金，米尔肯和所罗门仅仅通过提高芬斯伯里基金购买垃圾债券的价格，米尔肯就把差额装进了自己的口袋。有时，米尔肯帮助所罗门的个人交易账户避税。仅1985年，所罗门的个人收入中大约就有80万美元没有缴税。米尔肯还把斯托勒收购案中的一些权益转给了所罗门。这些行为大部分都是非法的，最终受骗的是芬斯伯里基金的股东和美国的纳税人。

米尔肯从第一波士顿银行挖来了一个年轻的销售员泰伦·佩泽尔，让他专门负责处理米尔肯和所罗门之间的账户。佩泽尔与办公室的许多人都不同，他似乎是一个地道的"雅皮士"，衣着时髦、身体健康、满怀自信，在圣莫尼卡海滩拥有一套豪华的公寓，里面陈设着黑色的真皮沙发和高级音响。佩泽尔是所罗门推荐的，他很快就在比弗利山引起了大家的不满，因为他总是讨好米尔肯，似乎就是他的"宠物"一样。米尔肯把佩泽尔的工位安排在了自己的左手边。无论米尔肯和佩泽尔谁在交易中击败了对方，他们都喜欢击掌庆贺。

一天，米尔肯交给佩泽尔一个蓝皮笔记本，这个本子以前是由艾伦·罗森塔尔保管的，里面记录了米尔肯和所罗门之间的详细交易。当佩泽尔问到这个本子时，米尔肯告诉他："去问问洛厄尔，他会给你解释的。"于是，洛厄尔和佩泽尔谈了几次，佩泽尔还认真地做了笔记。这是佩泽尔初涉米尔肯的内幕交易帝国。

随着佩泽尔的到位，非法交易继续快速地进行着。这个蓝皮本的作用就像瑟恩纳在米尔肯和布斯基的交易中记录的数据表一样。洛厄尔监督这些活动。没有人去指控，因此监管人员也很难察觉这些活动。

这样一来，自由市场公平交易的原则就受到了破坏，破坏程度或大或小，既有合法也有非法的。高收益债券市场增长仅仅受到米尔肯发行债券能力的制约，而不是市场规则或者买方的独立决策。1976年，即米尔肯的高收益债券部门搬迁到比弗利山之前，垃圾债券的发行总量为150亿美元；而到了10年后的1986年，该数字已经达到了1,250亿美元——几乎是原来的9倍。

至于米尔肯的个人财富,当时公开和私下的估计大概是10亿美元。米尔肯成了靠自我奋斗而成为亿万富翁的典型代表,这样的人可是凤毛麟角。然而,真相并非如此。米尔肯1986年从德崇公司赚到了5.5亿美元,此外,他(和他以自己家人名字控制的基金)可能仅仅从比阿特丽斯的认股权证中就至少又获得了5.5亿美元。米尔肯和其他的合伙人都从奥特克里克合伙公司得到了4.374亿美元的分红,这是米尔肯创建的一家合伙公司,主要靠内幕消息进行交易,它对国家制罐公司的交易就是例子。米尔肯和他的家族从比阿特丽斯公司交易的认购权证和其他权证中获益匪浅,这只是几十起交易之一。奥特克里克合伙公司也只是米尔肯创建的500多家合伙公司中的一个。资产的价值在不断变化,无论如何都是很难估量的。到1986年年底,对米尔肯和他家族净资产的估计,即使采取更接近实际但是多少有些保守的方式,也达到了30亿美元。这样看来,米尔肯很有可能是当时的美国十大富豪之一。

因此,在1986年的垃圾债券大会上,米尔肯踌躇满志,这一点儿也不足为奇。周四晚上,弗雷德·约瑟夫和欧文·施奈德曼沿着花园中的小路从比弗利山酒店步行来到8号别墅,欧文是卡希尔·戈登·林德尔律师事务所(Cahill Gordon & Reindel,以下简称卡希尔律师事务所)的高级合伙人,也是德崇公司的首席法律顾问。4月初的空气带着芳香,令人振奋。约瑟夫对德崇公司的转变有充足的理由可以感慨,他也很自豪自己所做出的贡献。该公司成功击退了政府的挑战,也打败了国会的进攻。当年,德崇公司的交易额高达4万亿美元,总收入达到了50亿美元,税前纯收入为20亿美元。为了与公司的新地位相匹配,他们准备在纽约曼哈顿世贸中心综合建筑群租赁一座47层高、190万平方英尺的摩天大楼,世贸中心拥有这座大楼49.9%的所有权。德崇公司现在真的可以与高盛和摩根士丹利相提并论了。如果按照这个速度发展,德崇公司早晚会超过它们。华尔街的财富和机会是风水轮流转,正如10年前约瑟夫所预料的一样。

当约瑟夫和施奈德曼走到8号别墅时，唐纳德·恩格尔的年度聚会正在高潮之中。尽管客户的名单都是精挑细选的，来宾还是超过了百人，挤满了别墅里的每个房间，连走廊和院子里也都是人。服务员端着香槟酒和鸡尾酒在人群中奋力地穿来穿去。

当年的这些客人几乎全都是20世纪80年代通过自我奋斗而成功的亿万富翁，他们的名字放在一起，简直就是当时的富豪榜：梅尔夫·阿德尔森、诺曼·亚历山大、亨利·克拉维斯、乔治·罗伯茨、布恩·皮肯斯、约翰·克鲁奇、弗雷德·卡尔、马文·戴维斯、巴里·迪勒、威廉·法利、哈罗德·吉宁、鲁伯特·默多克、史蒂夫·罗斯、罗纳德·佩雷尔曼、彼得·格雷斯、塞缪尔·海曼、卡尔·伊坎、拉尔夫·英格索尔、欧文·雅各布斯、威廉·麦戈文、戴维·马奥尼、马丁·戴维斯、约翰·马龙、彼得·尤伯罗思、戴维·默多克、杰伊·普里茨克、罗伯特·普里茨克、萨缪尔·贝尔兹伯格、马克·贝尔兹伯格、卡尔·林德纳、纳尔逊·佩尔茨、索尔·斯坦伯格、克雷格·麦考、弗兰克·洛伦佐、彼得·梅、史蒂夫·韦恩、詹姆斯·沃尔芬森、奥斯卡·怀亚特、杰拉尔德·蔡、罗杰·斯通、哈罗德·西蒙斯、詹姆斯·戈德史密斯爵士、梅尔·西蒙、亨利·格鲁克、雷·伊朗尼、彼得·马格温、艾伦·邦德、特德·特纳、罗伯特·马克斯韦尔、柯克·科克莱恩。此外，还有德崇公司的金融和债券销售人员，如西格尔、阿克曼和达尔。

布斯基也来了，身后还跟着两个保镖。西格尔从1985年3月以后，一直都没有见过他。他注意到布斯基手中拎着一个小包，并且似乎非常疲惫和憔悴。

今年在8号别墅没有安排陪酒的女郎。西格尔已经告诉过约瑟夫，他不会参加任何有陪酒女郎的晚会，无论她们是不是妓女。约瑟夫在1984年之后，也极力禁止安排女士参会，但是米尔肯和恩格尔都竭力反对他。尽管米尔肯总是公开宣称自己的家庭观念，但是他又坚持说"男人都喜欢这种事情"。今年，约瑟夫坚决反对这种做法。他向西格尔和施奈德曼保证,他已经命令恩格尔不能邀请任何女士到别墅,恩格尔勉强答应了。但是,恩格尔却邀请了漂亮女士们参加随后在蔡森餐厅举行的晚宴,即使那些来宾的夫人也要参加。

当约瑟夫在房间里四处走动时,那些著名的企业狙击手和首脑人物全都来到他的身边,称赞这次大会,并祝贺德崇公司的成功。一位客人风趣地说道:"如果有人炸掉这所房子的话,收购时代就会完蛋的。"事实上,确实如此。

约瑟夫看着热闹的人群,不自觉地感到了德崇公司所释放出来的一种力量,他有这种感觉还是第一次。他把脸转向施奈德曼,大声地说:"我们不能太张狂了。"他想让自己的声音盖过宴会的喧闹声,让每个人都能听到他的话,"没有人会让美国的每一家公司都被收购的。"

加利福尼亚大学伯克利分校的希腊剧场是个圆形的露天剧场,1986年商学院的毕业典礼即将举行。布斯基头戴方帽,穿着长袍,里面是他标志性的黑色三件套西装和表链,他正在剧场的侧厅不耐烦地等待着。

学生们纷纷入座,热切地渴望着布斯基的演讲。他们通过投票选出校友布斯基作为本届毕业典礼的演讲嘉宾,然而这位著名的套利人甚至连大学都没有毕业。1986年5月18日,他乘坐自己的私人飞机赶到了加利福尼亚。他经常迟到,当他抵达时,毕业典礼之前的传统宴会已经开始。

在演讲之前,布斯基接受了当地一家报纸的简短采访。布斯基说他"不在乎"学生们想听什么。他说,他打算告诉学生们的是:"他们必须承担古代贵族阶层所肩负的责任,在艺术、政治、科学和文化等方面做出贡献,促进人类朝着更好的方向前进。"

在院长致欢迎辞之后,布斯基走到讲台中央,学生们热烈鼓掌。很快,大家就发现他是一个非常乏味的演讲者。他不断重复着一些陈词滥调,例如美国充满了机遇,并讲述了自己是如何从一个底特律的移民之子成长为驰骋华尔街的成功人士。接着,当听众似乎都十分扫兴之时,他说了几句话激发了大家的兴致。

"顺便说一下，贪婪是没有错的。"他说，然后把眼睛从讲稿上抬起来，看着台下，似乎真的在作即席演讲一样，"我想你们都知道，我认为贪婪是有益的。你可以一边贪婪，仍然还能感觉很好。"大家一边笑着，一边不约而同地鼓起掌来，并互相看了看。

布斯基结束演讲，走下台去。他没有等到毕业典礼结束就走了，也没有参加在学校钟楼下举行的招待会。按照传统，毕业典礼的演讲嘉宾都要在招待会上和学生、学生家长以及学校的教职员工联欢，而布斯基没有和一个学生交流就走了。

回到纽约后，布斯基似乎更加烦躁不安、喜怒无常。员工们发现，尽管布斯基刚刚筹集到了近10亿美元的资金，但是他基本上没有用这笔巨额资金干什么事情。自从资本结构重新调整和新的合伙公司成立之后，布斯基持有的股票几乎没有发生什么大变化。穆拉迪恩对后勤办公室的其他人说，公司持有这么多的现金他感到非常担忧。他说："这可不像伊万啊。"但是其他人都没有穆拉迪恩这么担忧。

布斯基一直同米尔肯和比弗利山的其他人保持着联系，尽管现在他已经具有非凡的能力，但是他似乎不再想追求任何的大宗"商业金融服务"。米尔肯和布斯基之间最后一笔530万美元的账结清之后，他们俩之间的交易步伐逐渐减缓。4月，布斯基给米尔肯的高收益债券部门帮了两个忙，即操纵斯通集装箱公司和威克斯公司的股价。在这两起交易中，德崇公司都从中获益匪浅。现在，布斯基参与这些活动也很少有什么热情了，很明显，他也不想期望得到什么回报，他只是在服从命令。他也成了德崇公司的忠实客户。

当年的夏天，莱斯曼对布斯基的态度和行为非常担心。布斯基很少到办公室来，即使来了，似乎也是心事重重。穆赫伦有一架直升机，经常租给布斯基用，没有人知道他去哪里。布斯基经常到欧洲去，他和维基利一起在法国的旅游胜地蔚蓝海岸买了一座别墅。此外，他还在巴黎买了一套价值120万美元的公寓，在夏威夷也有一套公寓。他有时和维基利一起度假，有时也会从伦敦、巴黎或者夏威夷给公司打电话。他也长时间待在洛杉矶，很有可能是在监督比弗利山酒店的经营，但是没有人知道他究竟在那里干什么。

布斯基的皮肤仍然很黑，但是他似乎很少吃东西，看起来比以前消瘦了，衣领和脖子之间的缝隙明显增大。他下午到办公室的次数越来越少，即使去了也经常到哈佛俱乐部。以前他总是去那里和别人约会，但是现在不是这样了，他先到衣帽间，换上厚厚的桑拿服，然后在脖子上围一条毛巾，独自坐在桑拿室里蒸桑拿，他把温度调得很高，汗水从他身上滚滚而下。

一天早上，布斯基来到莱斯曼的办公桌旁，说："兰斯，我老了，也累了。我要到其他地方去了。也许有一天，我会把办公室的钥匙扔到你的桌子上，然后离开这里，再也不回来了。"莱斯曼非常震惊，布斯基看起来很严肃，似乎不像是在开玩笑。莱斯曼知道布斯基是一个控制欲很强的人。他让莱斯曼接管公司，在以前这是不可想象的事情。

有一次，布斯基突发奇想，要把自己在韦斯特切斯特的别墅改造成蒙蒂塞洛（Moticello）的样子，蒙蒂塞洛是托马斯·杰斐逊总统位于弗吉尼亚州的故居。他已经向有关部门提出了申请。这个计划是建造一个48平方英尺的圆形屋顶，下面是豪华的主卧室，以及用四根大圆柱子支撑起来的一个门廊。但是后来，他似乎又对这个计划失去了兴趣。

一天，布斯基让里德·内格尔给他日内瓦瑞士银行的业务员打电话，要求安排一大笔现金转账给维基利。4月23日，布斯基又写了一封信，信上写道："遵照你和我以及我办公室人员内格尔的谈话，我授权你将175.58万瑞士法郎从我的账户汇给哈桑·维基利。他将告诉你账号以及转账的方式。"内格尔不知道究竟发生了什么事。

还有一次，西玛给布斯基的办公室打电话，布斯基出去了，莱斯曼接起了电话。西玛说没有什么重要的事情，但是她听起来有些郁闷。她说：“伊万老是出去，我从来都见不到他。”莱斯曼低声地安慰她，接着西玛说的话让他大吃一惊，"我们已经很长时间没有性生活了。"

莱斯曼以前一直认为布斯基的婚姻非常美满。虽然西玛最近几年到布斯基办公室的次数越来越少，但是她似乎仍然积极参与布斯基的业务活动，莱斯曼怀疑布斯基有外遇，但是他认为西玛对这种事情很淡然。她曾经告诉过莱斯曼，她的父亲对她说过没有一个男人会永远忠诚的。只要男人在外面只是逢场作戏，玩玩而已，那就没有什么关系。

穆赫伦对布斯基的行踪也知之甚少。他的直升机驾驶员有时会把布斯基的同伴送到肯尼迪国际机场和布斯基会合，然后他们从那里再搭乘超音速协和式飞机飞往伦敦或者巴黎。布斯基在大都会美术馆对面第五大道上豪华的斯坦霍普酒店（Stanhope Hotel）租了一个套间，包养了一个情妇。为了保守秘密，布斯基在租赁这套公寓时，聘请的是凯威律师事务所的律师，而不是他经常用的法朗克律师事务所的律师。但是，公寓的装修工人把这件事告诉了西玛。布斯基对任何人都没有说过此事，可能对维基利例外。莱斯曼和穆赫伦都认为布斯基的个人生活与他们无关。他们认为这种事本来就应该是神秘莫测的。

"伊丽莎白女王二世"号游轮停泊在曼哈顿西区的客运码头，这是冠达游轮公司（Cunard line）最好的游轮，也是世界上最豪华的水上宫殿，从远处看去就像一座雄伟的大楼。它的出现引起了无数人的好奇和围观。

在甲板上，一个弦乐四重奏乐团正在演奏流行音乐欢迎客人登船。几个小丑正在给等待登船的客人表演节目，并且给孩子们发放气球。船的上方悬挂着一条巨大的横幅，上面写道：恭喜詹妮弗、罗宾和詹森。这是"伊丽莎白女王二世"号游轮第一次被个人租用，包括整个游轮和1,000名船员，价格是近100万美元。租船者就是杰拉尔德·古特曼，一位房地产开发商，也是斯坦霍普酒店的所有者。他租用这艘游轮是为了给他13岁的儿子詹森庆祝成人仪式，也是为他和前妻所生的两个女儿詹妮弗和罗宾补办成人仪式。

这艘游轮计划驶往哈得孙河，在那里进行46英里的隔夜航行，不过"没有任何目的地"。游轮即将起航了，但是古特曼最重要的客人之一布斯基还没有现身。布斯基也拥有一座酒店，而且和古特曼在韦斯特切斯特比邻而居。伊万·布斯基看来要误船了。

接着，空中传来一阵轰鸣声，声音远远压住了乐团的演奏声。甲板上的客人全都抬头望去，原来是一家双引擎直升机正朝他们飞来。它在游轮上盘旋了几圈，然后降落到了甲板上。直升机的螺旋桨仍然在旋转，机舱门突然打开，布斯基从里面走了下来。他身穿无尾半正式的晚礼服，系着黑色领带，踏上甲板。他朝客人们微笑了一下，大家也都笑着鼓起掌来。然后直升机又升了起来，轰鸣着飞进夕阳之中，留下布斯基来抢主人的风头。

布斯基和其他的客人一同参加了香槟招待会，一共有6道菜，全都是船上的犹太人厨师烹制的。餐桌上摆放着马蹄莲和大块的冰雕。客人们唱着"祝你生日快乐"的歌曲，三个孩子分别切开了自己的蛋糕，蛋糕全都高达3英尺，顶部还被做成了鲜花的造型。第二天，船上举行了文艺表演，51名哑剧演员、音乐家和巡回艺人纷纷登台表演，竞相展露才华。从曼哈顿的高级美容院拉库佩（La Coupe）聘请的发型师和形象设计师专门为古特曼的妻子琳达和女客人们服务。在成人仪式上，犹太教士亚瑟·施奈称赞詹森的父母说："在一个拥有一切的家庭里，琳达和格里（杰拉尔德的昵称）也很重视孩子的教育，经常向他们强调人生的目的。"

布斯基租用的是穆赫伦的直升机，飞行员一回去就给穆赫伦打电话，向穆赫伦报告说："你肯定猜不到，伊万让我开飞机把他送到了'伊丽莎白女王二世'游轮上。"穆赫伦非常生气，他下令说："不要再给他做这种事了。"穆赫伦知道，布斯基这样做并不是因为误了船而采用的紧急登船方式，这是提前就预备好的。布斯基似乎在专门向大家炫耀自己的财富。

第二天，也就是星期日，穆赫伦给布斯基的家里打电话。伊万拿起了电话，只听到穆赫伦生气地说："不要再用我的直升机炫耀自己了。你他妈是不是疯了？"

布斯基略略地笑了，然后说："约翰，有一件事情你必须承认，当我走时，我就会风风光光地走。"

第二天，也就是1986年9月17日，布斯基向联邦当局自首，成了司法部的秘密线人，配合司法部进行秘密调查。

下部
追捕

9. 冰山一角

美林公司合规部副总裁理查德·德鲁对桌子上的一封信困惑不已。这封信是于1985年5月25日从国际部转来的，上面写道：

> 亲爱的先生：
> 特此向您举报，贵公司驻加拉加斯办事处的两名经纪人正在从事内幕交易，他们交易的具体情况，我已经体（提）交给了证券交易委员会。正如在举报信中所体（提）到的，如果我们（的）客户不从支（知）情权中获益的话，我们怀疑谁在监管这些经纪人的交易。如果您要调查此事，我们会体（提）供内幕交易者的亲比（笔）手计（迹）。

在这封信的下面写着美林公司两个经纪人的名字——马克思·霍弗和卡洛斯·朱比拉加——以及他们在美林公司的账号，另外还有一条附言："弗兰克·格拉纳多斯先生可能也想看看这些资料。"这封信错字连篇，如果哪位工作人员公务繁忙，很容易就会把它搁到一边，不再理会。

合规部门的工作人员薪酬低，不受高层经理人和合伙人的待见，也被排斥在了公司的核心业务之外。公司里存在这些人只是摆摆样子，让人感到证券业有自我监督，他们对实际调查工作并不怎么认真。然而，美林公司对合规部的工作要比其他公司严肃。美林公司的总法律顾问斯蒂芬·哈默曼负责合规部的工作，他坚持要对客户和业务经理的交易进行严格的审查。哈默曼打造了一个华尔街最大的合规部，一共有75名工作人员。

查德·德鲁是一名律师，在纽约证券交易所从事过14年监管交易的工作，他在1981年加入美林公司，他和另外一名同事罗伯特·罗马诺是工作搭档，两人专门负责调查内幕交易。罗马诺曾经担当过证券交易委员会执法处的联邦检察官。

尽管信中错字连篇，但是"内幕交易"一词还是引起了德鲁的警惕，其他情况也引起了他的注意。很明显，写信人的母语不是英语，但是对公司的情况应该非常了解，知道公司有合规部，知道经纪人的账户，也知道弗兰克·格拉纳多斯是美林公司拉美地区的主管。

根据要求，美林公司的经纪人都必须通过公司进行交易，因此，德鲁可以查到霍弗和朱比拉加的个人账户记录。这两个人确实是美林公司驻委内瑞拉的加拉加斯办事处的经纪人，但是他们的交易活动并不积极。然而，他们的四五起交易都是在股价突然猛涨之前进行的，这些交易比较可疑。德鲁没有想到调查会有什么结果，不过，他把这封信和交易记录交给了手下一个年轻的分析员斯蒂芬·斯奈德。

德鲁简要地介绍了一下情况，斯奈德浏览了一下记录——美林公司现金管理账户中霍弗和朱比拉加的账册。"哦，妈的！"斯奈德惊叫了一声，打断了德鲁的话。

德鲁问道："怎么了？"斯奈德指着现金管理账户上的两笔支出，这是朱比拉加当月开出的，金额分别为4,500美元和839.39美元。数字没有什么奇怪的，收款人是一个名叫布赖恩·坎贝尔的人。斯奈德说："我认识这个家伙,他是我们公司的一位经纪人。"

德鲁和斯奈德的兴趣被激发起来:为什么加拉加斯办事处的经纪人要给纽约的经纪人开支票呢?一般遇到这种情况时,斯奈德会给霍弗和朱比拉加打电话,让他们解释一下就行了,但是这样做常常会出现偏差。因此,德鲁让人把这两位经纪人和坎贝尔的人事资料以及坎贝尔的现金管理账户资料都复印一份。

接下来的那个星期,他们对所有的账目进行了核查,然后发现他们遇到了比开始预想得更神秘的事情。斯奈德没有记错,凯贝尔以前是美林公司国际部的经纪人,2月已经离开美林公司跳槽到了所罗门美邦公司。朱比拉加去加拉加斯办事处之前,也是在国际部工作,实际上坎贝尔和朱比拉加在1982年曾经一起接受过新员工入职培训。

坎贝尔的交易记录甚至问题更多,他的几项收购交易情况同朱比拉加和霍弗的情况完全一致,只是时间早一天。很显然,这些交易都是由坎贝尔引发的。坎贝尔还有另外8项交易的情况也非常值得怀疑,似乎都是在通过内幕消息进行交易,不过数量很少,只有100股或者200股。

好像坎贝尔有什么内幕消息来源,因此,德鲁和斯奈德找到了坎贝尔的客户名单,总计大约有35人,然后他们对这些人的交易记录全都核对了一番。直到查到坎贝尔最大的客户——瑞士最古老的银行罗伊银行巴哈马分行时,他们才发现了问题。所有这8项可疑交易都出现在该银行的交易账户上。当进一步检查时,他们又发现了8项可疑的交易。只有一项交易坎贝尔早于罗伊银行,这就说明坎贝尔是在模仿自己最大的客户进行交易。这些交易的数量和收益不再是小数目,全都是上万股的量。

调查每深入一步,交易量和资金量就不断猛增。由于增加了罗伊银行,问题的严重程度提升到了一个新的层次。德鲁和斯奈德把他们的发现告诉了罗马诺,罗马诺也加入了调查活动。他们把美林公司的内部记录全都调查完后,罗马诺给加拉加斯办事处的朱比拉加和霍弗打电话,命令他们飞回纽约接受调查。

朱比拉加和霍弗非常害怕，也很合作，坦白交代了情况，证实了合规部之前的许多推测。朱比拉加说他和坎贝尔原来是朋友，坎贝尔经常给他打电话，为他选购股票出谋划策。坎贝尔说："这只股票看起来不错，也许你应该购买。"作为回报，坎贝尔也想从朱比拉加的收益中抽取一定比例的好处费，这就是朱比拉加账户上给坎贝尔开支票的原因。但是朱比拉加没有独享这些交易信息，他把这些信息告诉了同事霍弗和他自己的弟弟。

美林公司解雇了朱比拉加和霍弗，不过不是因为内幕消息——他们似乎是在消息的最外层，根本不了解消息的质量和来源，而是因为他们违反了美林公司禁止秘密交易股票的规定，而且给坎贝尔回扣也是违法的。朱比拉加和霍弗，这两名经纪人不知道匿名信是谁写的，但是他们只是第一批"牺牲者"。

美林公司的人也只能做这些工作了。他们把调查情况告知了所罗门美邦公司的一位律师，督促他对坎贝尔和他在罗伊银行的交易进行调查。然而，这位律师却把美林公司正在调查坎贝尔的消息告诉了坎贝尔。美林公司无权直接和坎贝尔进行联系。并购消息的来源肯定来自罗伊银行的一个客户。美林公司无权调查罗伊银行，该银行严格保守自己客户的秘密。调查活动陷入了僵局，罗马诺给证券交易委员会执法处的负责人加里·林奇打电话。罗马诺把调查情况详细告诉了林奇之后，林奇大喊一声："天啊！"

罗马诺、德鲁或者斯奈德把这件事情告诉证券交易委员会之后已经近一年了，就他们所知，证券交易委员会还没有成功找到那个神秘的内幕消息源。随着并购活动的持续繁荣，美林公司合规部的工作更加繁忙了，大家都把加拉加斯办事处的神秘来信抛到了九霄云外。

当罗马诺给林奇打电话时，林奇出任证券交易委员会执法处的负责人仅仅4个月，这4个月非常艰难。他的前任约翰·费德斯因为虐待妻子，被《华尔街日报》曝光，于1985年初被迫辞职，执法处的形象受到了严重的损害。为了平息丑闻，证券交易委员会的主席约翰·沙德立即安排替代人选。林奇是执法处的副主任，35岁，是一位律师，几乎一直都在证券交易委员会工作，他的接任多少有点儿出人意料。当时，证券交易委员会还考虑了几个外部更知名的人选：纽约州的参议员阿方斯·达玛托极力推荐纽约的律师奥托·奥伯迈尔，著名的证券律师杰德·拉科夫和罗伯特·麦考也都是候选人。不过执法处的人员感到很欣慰，他们自己的人当选了，而且其他几位候选人都是里根"自由经济"的拥趸，因为那些人可能都会坚持"解除管制"的原则而导致执法不严。

相比而言，林奇似乎是一个彻底的公务员，他从不显露自己的政治立场。同事们也都认为他十分镇定、严谨，必要时十分果断，有时又有些冷淡和超然。他的背景同压力巨大、纸醉金迷的华尔街世界完全不相干。

林奇出生于米德尔敦附近的一个乡村，在家中的五个孩子里，他是最小的。米德尔敦是纽约州北部一个小城市，与宾夕法尼亚州相邻。他的父亲经营一家小型运输公司，还兼营其他小生意。林奇从小都是卫理公会教徒，毕业于雪城大学和杜克大学法学院。毕业后，他到华盛顿一家律师事务所工作了一年，然后加入了证券交易委员会，专门负责诉讼和调查工作。后来，他被任命为执法处的副主任，参与过福斯特·维南斯和保罗·萨尔内幕交易案的调查工作。

随着兼并活动高潮迭起，收购传闻引起股价不断猛涨，林奇对此非常震惊。很明显，内幕消息正在以前所未有的规模向市场泄露，严重损害了根据公开消息进行交易的投资者的利益。普通投资者对市场失去了信心，开始逃离市场。林奇上任之后不久，也就是1985年4月，《商业周刊》登载了一篇封面文章，标题为"内幕交易流行：证券交易委员会为了阻止股市的弊病而徒劳地斗争"。这篇文章增加了林奇的担忧，他感到公众对市场的信心已经到了危急关头。他发誓要加大对内幕交易的执法力度，增加人手，全力追踪每一条可疑消息。

如果没有这样的决心，林奇很有可能就会放过罗马诺提供的信息。当他收到加拉加斯那封神秘的举报信时，他并没有多想。对经纪人的抱怨是很常见的事。从传统意义上讲，经纪人不是"内幕知情人"，并且有人经常会向证券交易委员会抱怨经纪人。但是，这次罗伊银行也被牵涉进来，激发了他的兴致。在证券交易委员会另外两起调查活动中也出现了罗伊银行，其中还包括达信公司，不过这两起调查没有什么结果。因此，林奇把这封信交给了他的副手约翰·斯图克，斯图克是一个执着的调查人员和执法者，他成立了一个专案组专门负责此事，其中就包括律师里奥·王，就是在达信公司一案中传讯莱文的那个律师。

这个案件更让人感兴趣的是涉及多只股票：在罗伊银行一案中涉及27只，在坎贝尔的账户中有16只。多数内幕交易案，包括耸人听闻的萨尔案也只涉及几只股票，而且常常都只有一只股票。非法内幕交易一般都是公司的内幕人员和最接近消息的人才能实施，他们也只了解本公司的交易情况。不过，执法人员知道这种孤立的案子是不能导致内幕交易在华尔街上流行的。很少有人能够像罗伊银行一案中接触这么多的内幕消息。了解这种消息的人只有律师或者投资银行家。执法人员长期以来都在怀疑是否存在一个能够常常接触机密内幕消息的专业网络，也许这个案子最终能够引导执法人员找到阴谋的核心。

林奇、斯图克和他们的同事得出结论，这些线索很有价值，值得追查，证券交易委员会批准他们进行调查。1985年7月2日，证券交易委员会开始正式调查此案，并编号为HO-1743。这些律师利用证券交易委员会的传讯权，开始着手寻找证据。

王律师传讯了布赖恩·坎贝尔，得到了他的交易记录和通话记录。8月的一天，坎贝尔在一位律师的陪同下来到了华盛顿证券交易委员会的办公室。坎贝尔年纪轻轻，金发碧眼，非常自信，不过看起来多少有点儿紧张。考虑到这种环境，出现这种情况也不算异常。发过誓言后，他接受了整整三天的问讯。

从坎贝尔的通话记录中，王律师发现这个年轻的经纪人几乎每天都和罗伊银行的一名工作人员联系，这个人名叫伯恩哈德·梅耶。经常联系并不奇怪，因为该银行是坎贝尔的最大客户。当他从美林公司跳槽到所罗门美邦公司时，把罗伊银行的业务也带走了。王律师问道："你想过没有梅耶先生可能接触过内幕消息？"

"没有，我从来都不知道还有这事，没有想过。"坎贝尔回答说，并补充说他从来没有"怀疑"这可能是内幕消息，甚至也从来没有发现这种"迹象"。

王律师问起了坎贝尔购买股票的时间正好是在并购活动之前，虽然他也承认自己的交易和罗伊银行的交易完全一致，但是坎贝尔坚持说他对公司的情况做过研究之后才进行交易的，而不是内幕消息。坎贝尔说他告诉过梅耶他的有些交易是模仿罗伊银行的，但是他补充说他给梅耶说得很"含糊"，没有具体提到是哪些股票。

接着王律师又问坎贝尔的账户记录中有1万美元支票存款的问题，这笔存款很可疑。这张支票是从梅耶在纽约的摩根信托担保公司（Morgan Guaranty）的账户中支取的。坎贝尔证实这是他向梅耶"借贷"的钱，用来投资房地产的。

王律师问道："你与梅耶还有其他的生意往来吗？"

坎贝尔回答说："没有了。"

接着，王律师又问到了坎贝尔另外一个客户的账户问题，这个账户与坎贝尔和罗伊银行的交易一致，账户名是"BCM资金管理"。坎贝尔似乎越来越感到不安。他说这是他一个律师朋友的公司，那个人名叫凯文·巴里。坎贝尔自己也给巴里透露过罗伊银行的股票，但是他坚持称自己从来没有感觉到这里面会牵涉到内幕消息。

坎贝尔的传讯工作结束了。

王律师的直觉告诉他，坎贝尔在说谎。林奇看了看证词，也同意他的看法。坎贝尔与罗伊银行的梅耶经常联系，考虑到并购案的模式，坎贝尔至少应该怀疑梅耶有内幕消息。并且，坎贝尔与梅耶的关系似乎比他承认的更为密切，BCM资金管理公司很显然是由巴里（Barry）、坎贝尔（Campbell）和梅耶（Meier）三个人名字首字母的组合。这三个人似乎是在模仿罗伊银行的交易。

专案组怀疑这是一起非常重大的内幕交易案，但是由于该案涉及的股票众多，仅仅追查坎贝尔和巴里是不会把这些律师引向任何"上线"的。

他们的目的是内幕消息的最初来源。为此，他们必须调查顽固的罗伊银行，该银行替客户保守秘密的传统已经持续了几个世纪。证券交易委员会的律师决定从简单的方式开始，先用友好、低调的方式给拿骚办事处的梅耶打电话。

梅耶接到电话后大吃一惊，尽管他已经知道证券交易委员会对罗伊银行通过坎贝尔的股票交易很感兴趣，因为坎贝尔已经告诉了他这件事情。梅耶得知此事后，立即告诉了丹尼斯·莱文，因为莱文是最初发起这种交易的客户。梅耶焦虑地告诉莱文证券交易委员正在调查坎贝尔。莱文一点儿也不担心，他说这种调查活动只是例行公事，不会有什么结果的。但是现在，证券交易委员会却调查上了梅耶，向他询问28只股票的交易情况，这些股票都是莱文告诉他进行交易的。梅耶找借口拖延时间，称证券交易委员会要想调查，必须拿出书面文件，还说他要同顾问协商之后才能做出答复。

梅耶对此十分焦虑。他意识到，尽管莱文不断提醒他，但是他似乎通过坎贝尔进行的交易太多了。他也和坎贝尔一样，利用自己的个人账户交易同样的股票，并且BCM资金管理账户也是如此。莱文也曾经就此事警告过他们。因此，这就毫无疑问会引起证券交易委员的怀疑。

梅耶冲进同事布鲁诺·普乐彻的办公室，但是他也不知道如何应对证券交易委员会。他们决定向莱文求教，但是他们无法亲自给"戴蒙德先生"打电话。几天后等莱文给他们打来电话时，他们已经收到了证券交易委员会的书面文件，询问28只股票的交易情况。他们向莱文详细讲述了他们的处境，坚持让他到拿骚一趟，和他们协商一下。莱文同意了。

在去罗伊银行的途中，莱文在佛罗里达州的基比斯坎停留了一下，同威尔吉斯见了一面。威尔吉斯在那里租了一套房子，夏天的大部分时间都在那里待着，平时每到周末他还常常从纽约到那里度假。现在，他正在期盼着劳动节的长假。

莱文把最新的发展情况简要向威尔吉斯介绍了一下。他告诉威尔吉斯，在梅耶第一次把证券交易委员会正在调查坎贝尔的交易情况告诉他之后，他就找布斯基求助。布斯基给他推荐了一个律师，此人名叫哈维·皮特。

布斯基告诉莱文："他给我处理过许多这种事，从来没有闪失。"

"因此，你们打算聘请皮特？"威尔吉斯很困惑地问道。

"不，别太蠢了。"莱文反驳道，"我是打算让罗伊银行聘请他。我们要尽快结束此事，我不想再争斗了。"

威尔吉斯不太放心，他担心皮特会把银行的利益放在他朋友利益之前，莱文怎么知道他能够控制皮特呢？

威尔吉斯告诉莱文："这个律师可能找对了，但是我可不太了解他啊。"

接着莱文告诉了威尔吉斯一个更糟糕的消息，证券交易委员会已经给罗伊银行发送了书面文件，要求查询28只股票的交易情况，在莱文以"戴蒙德"的名字设立的账户中也有这些股票。莱文大喊道："他们想要我的记录，我该怎么办呢？"

威尔吉斯惊呆了，但是他仍然静静地听着莱文讲出自己的战略：让"罗伊银行保持信心"，"与他们紧密合作"。莱文称梅耶为"老三"，并且说他要磨炼一下这位紧张的瑞士银行家，让他成为一个看似令人信服的选股能手。他还要找到德崇公司的相关研究报告，供威尔吉斯参考。莱文说着说着，好像重新获得了自信，然后兴高采烈地走了。

莱文在1985年劳动节的那个周末抵达了拿骚。他镇定自若，充满信心，迅速控制了局面，不断贬低证券交易委员会，称他们为"庸碌无能之人"。他向梅耶和普乐彻担保说，只要他们按照他说的去做，就"不用担心任何事情"。

很快，莱文向他们简要陈述了一下他的"遮羞计划"。他告诉梅耶承担责任，说是自己发起的交易。莱文解释说："如果你到证券交易委员会，告诉他们你交易的股票都是代表客户进行的，那你就是一个聪明的家伙。你是自己决定购买的，并且在你所管理的账户中进行分配。证券交易委员会不能证明相反的情况。"

莱文认识到，考虑到梅耶的背景和有限的股票投资经验，如果说他能够在公开宣布之前熟练而又准确地多次识别收购目标，证券交易委员会的律师可能不会相信。但是莱文说，梅耶必须坚持情况就是如此。另外，梅耶还可以证实他自己的研究结果表明这些公司可能会成为并购的目标。莱文对梅耶说，他会给他提供恰当的研究资料来支持他的说法。最主要的是阻止证券交易委员会怀疑罗伊银行的客户实际上是内幕消息的来源。作为银行的工作人员，从法律上来讲，梅耶绝不会认为这是内幕消息的来源。

莱文还建议梅耶和普乐彻聘请一个好律师，同证券交易委员会交涉。他建议聘请皮特，此人原来是证券交易委员会的总法律顾问，现在是法朗克律师事务所驻华盛顿办公室的私人律师。等莱文离开时，梅耶和普乐彻感到轻松多了。他们简要向巴哈马分行的总经理让·皮埃尔·弗雷斯汇报了他们欺骗证券交易委员会的计划，弗雷斯听后同意道："看来只能这样做了。"

在纽约的韦斯特伯里酒店（Westbury Hotel），哈维·皮特坐在一个长椅上。皮特40岁，肚子很大，络腮胡，衣冠有点儿不整齐，同坐在对面的弗雷斯形成了鲜明的对比。弗雷斯身材高挑瘦弱，衣着得体，他是专门从拿骚飞到纽约和皮特见面的。现在，他就住在这个饭店。

弗雷斯和莱文在劳动节周末那个假期见过面之后，弗雷斯就先给皮特打了个电话，这是他们第一次联系。

皮特问弗雷斯："你怎么会给我打电话呢？"

弗雷斯说："您是名满天下啊，我们早就听过您的大名了。"弗雷斯礼貌地笑了笑，然后就没有再说什么。

"哦，你是瑞士人啊。"皮特自己想了想，很显然，弗雷斯是不会多说他是如何听说皮特的。

弗雷斯简要讲述了罗伊银行同证券交易委员会之间的来龙去脉，然后两人大概谈了谈证券交易委员会的调查。弗雷斯似乎非常轻松，接着他说自己马上要回瑞士，皮特不久之后就要直接与梅耶联系了。

弗雷斯谈到梅耶时，提到了他们同莱文一起应对封面文章的故事，他说："他是一个很不错的投资组合经理，非常机敏，为我们的客户做出了出色的工作。"

当弗雷斯提到证券交易委员会要调查股票的数量时，皮特非常担心。他所熟悉的证券交易委员会的调查活动大部分都只涉及一只股票。皮特认为他应该到拿骚的罗伊银行走一趟，但是弗雷斯说梅耶过几天就要飞到纽约，到时，他将会和皮特见面。

9月18日，皮特和梅耶在法朗克律师事务所位于曼哈顿南部的办公室第一次见了面。梅耶衣着得体，镇定自若，似乎很有魅力，世故老练，充满自信。他的妻子年轻貌美，比他稍高，也比他年轻。

在莱文的指导下，梅耶详细地谈论了他选择股票的超凡技能，以及他为罗伊银行客户管理银行账户方面的成功案例。他坚持说他购买这些股票都是"有根有据的"，并且还说自己做过研究来支持交易。当两人的会面在下午3点左右结束时，梅耶夫妇回到了他们在华尔道夫酒店（Waldorf-Astoria Hotel）的房间。

同一天，负责这起案子的另外一名律师彼得·索南萨尔走进纽约华尔道夫酒店那个装饰得像洞穴一样的大堂，他匆匆走过人来人往的大堂，来到前台停了下来。

索南萨尔礼貌地问道："请问伯恩哈德·梅耶先生的房间号码是多少？"

服务员礼貌地回答说："我们不提供这种信息。"

索南萨尔说："但是我是政府的公务人员。"

服务员仍然拒绝回答，因此索南萨尔拿出纸和笔，匆忙地写了一张临时传票，要求酒店提供梅耶的房间号码。这位服务员大吃一惊，立即拿着这张纸去找自己的上司，饭店立即照办了。梅耶住在酒店的贵宾套房，房间号是2341。

索南萨尔乘坐电梯上楼，然后快步走到梅耶的房间门口，抬手敲门。梅耶刚刚回来不久，他毫不怀疑就打开了门，开门以后，他大吃一惊。索南萨尔交给他一份美国政府的公函，里面有两张传票：一张要求梅耶提供银行交易记录，另一张要求梅耶提供个人交易记录。

梅耶惊呆了，一方面是因为收到了两张传票，另一方面也是因为证券交易委员会竟然知道他在纽约。（证券交易委员会已经通知美国海关总署注意监视梅耶的行踪，因此，当梅耶一进入美国时，他们就通知了证券交易委员会，告知梅耶住在华尔道夫酒店。）大概在下午5点半，惊慌失措的梅耶给皮特打电话，他温文尔雅的外表被撕碎了。皮特现在也很担忧。证券交易委员会通常不用这种策略，这次它似乎要采取强硬态度了。

皮特竭力安慰梅耶，但是却无济于事。在接下来的三天里，惊恐万分的梅耶哪里也没去，一直待在酒店的房间里。

在接到梅耶惊恐的电话后，皮特立即抓紧时间行动。四天后，他和律师事务所一位同事迈克尔·劳赫一起飞到了巴哈马。律师事务所的几名律师匆忙分析了证券交易委员会所怀疑的交易和股票，罗列了牵涉进来的人员名单，寻找其中的共性，但是却一无所获。皮特怀疑这其中可能存在一个内幕消息圈，但是他很快就排除了这种想法，因为这似乎很牵强。没有任何明显的信息来源可以增加梅耶故事的可信性，虽然股票的种类和买进时间的准确预见仍然很值得怀疑。

皮特和劳赫同梅耶、普乐彻和理查德·库尔森一起开了个会。库尔森是一位美国移民，曾经在凯威律师事务所做过律师，现在是罗伊银行的顾问。虽然库尔森讲得很多，但是梅耶似乎是负责人。

皮特怀疑梅耶的说法，认为他不是选股高手，但是他不愿意直接对客户提出这个问题。相反，他采取了迂回手段，向梅耶说明对自己聘请的律师撒谎的危害性。皮特和颜悦色地说："你可能害怕讲出真相，但是我们都是很好的律师。如果你把真相告诉了我们，我们才有可能帮助你。"

库尔森打断了皮特的话，他坚持说："这些交易都是伯尼（伯恩哈德的昵称）做的，情况就是如此。我们会向证券交易委员会解释的，情况就是这样。"罗伊银行提出让梅耶和其他人发誓作证，向证券交易委员会证实整件事情就是一种精明的选股活动，从而回避外国司法管辖权的问题。

银行无意改变他们的说法，但是他们也很担心。证券交易委员会执法行动一旦公开就会对银行不利，将会损害他们在美国建立业务基地的努力。罗伊银行希望同证券交易委员会建立良好的关系。同时，银行也坚决拒绝泄露客户的身份或者客户个人账户上的交易，因为巴哈马的银行法禁止泄露客户信息，并且这也违背银行悠久的保密传统。

在回到华盛顿后，皮特和劳赫同证券交易委员会取得联系，开始为梅耶的出庭做准备。最后，皮特和王律师、索南萨尔以及其他负责此案的律师见了面。

证券交易委员会的律师们迫切希望听到关于这些交易的解释。皮特把经过库尔森同意的解释重复了一遍，坚持说梅耶都是根据他所管理的不同银行账户进行交易的,这些交易没有牵涉银行的客户,因此也不可能存在证券交易委员会所怀疑的内幕交易。为了支持银行的观点,皮特将提供银行的文件,不过已经删掉了客户的名字,梅耶也可以出庭作证。皮特提出的唯一要求就是再多给一点儿时间,让他收集资料。证券交易委员会的律师还是疑心重重,但是他们勉强同意了皮特的要求。

皮特还没有看到罗伊银行支持自己观点的文件,如果他看到这些文件的话,他就不会同意在梅耶的证词上签字了。皮特也认识到,如果银行说谎,这是他们最后改正的机会。不过,皮特已经向证券交易委员会陈述过此事,银行方面即使现在更改可能也已经为时太晚。

在罗伊银行,普乐彻正在犹豫。他与莱文的关系没有梅耶密切,而且他自己的内幕交易量也很少,他从莱文的消息上大概只赚到了4.6万美元。和梅耶不同,他并不是莱文的"老三"。在银行收到证券交易委员会的书面调查要求后,普乐彻告诉莱文,要求停止交易。现在,莱文又缠着普乐彻重新恢复交易。莱文解释说:"我可以轻松赚到100%的回报,我讨厌干坐在那里,等着赚银行的利息。"他还坚持说突然停止交易,会看起来很可疑。如果梅耶是一位股票操盘高手,为什么他不继续交易呢?但是普乐彻的态度很坚决,不肯同意,莱文给他们带来的麻烦已经够多了。

有一次,莱文来找他们,他带了一个购物袋,里面装满了德崇公司对可疑股票所做的研究报告和其他资料。然后,他让梅耶熟悉这些材料,证明所有的交易都是他研究的结果。莱文还要求查看一下他在银行的账户资料。当他打开他第一个"戴蒙德先生"交易账户时,惊恐地发现里面有他的护照复印件,上面还有他的照片,同时还发现了他填写的签名卡,以及许多签着他自己名字的取款条。莱文向梅耶和普乐彻命令道:"立即销毁这些东西。"

梅耶和普乐彻把莱文的护照复印件和原始账户签名卡投进了碎纸机里,很显然,他们并不清楚,按照美国法律,他们的行为会构成妨碍司法罪。他们认为这些东西都已经作废了，莱文早就把他的账户转到了他注册的巴拿马戴蒙德公司的账户上。但是，普乐彻没有销毁莱文的取款条，而是偷偷地藏了起来。他认为，如果莱文不承认从银行取过钱的话，这些东西就是证据，可以保护银行不受损害。

最后，还剩一个棘手的问题，就是"管理账户"，这是他们为内幕交易编造的解释的关键所在。如果按照梅耶所声称的，他为银行的管理账户做出投资决定，那么这些交易就应该出现在多个客户的账户上。而现在，所有的可疑交易仅仅出现在一个账户上，即戴蒙德股份有限公司。即使把这个账户的名字删掉，管理账户的借口也不会有人相信，并且所有的疑点都会聚焦在这个账户及其主人的身份上。莱文相信，银行不用向证券交易委员会提交客户的交易记录，但是现在银行聘请的律师皮特和劳赫却要求提供个人账户记录，以支持梅耶的说法。

莱文和梅耶督促普乐彻尽快更改电脑记录，伪造10个虚假账户，里面要出现莱文所交易过的股票。梅耶向莱文保证他们会处理好一切问题的。

然而，普乐彻又犹豫起来。罗伊银行管理委员会主席汉斯·克诺夫利最近刚刚到巴哈马分行视察，他与梅耶和普乐彻谈了谈证券交易委员会的调查事宜。梅耶告诉这位高管，他别无选择，只能在证券交易委员会面前撒谎。

克诺夫利非常震惊，他说："梅耶先生，无论如何，你都不能向政府撒谎。现在已经到了危急时刻，我要求你必须做对银行最有利的事。但是，不能撒谎。"

当真正要伪造账户时，普乐彻还是犹豫不决，不过他还是做了一个改动。在梅耶的坚持下，他把梅耶账户上的一项记录删掉了。那项神秘的记录是一笔5,000美元的电汇，是从梅耶在罗伊银行的账户中汇到纽约州卡茨基尔山脉中的一个小镇——德尔亥的特拉华国民银行（Delaware National Bank）的。

皮特和他的同事们加快了步伐。他们匆忙飞抵拿骚，查看支持梅耶说法的管理账户记录。这些律师希望看到40~50个账户的记录，里面应该都有证券交易委员会要求调查的28支股票的交易记录。在几名助理的陪同下，他们一抵达就入住了凯布尔海滩酒店（Cable Beach Hotel）。

午饭后，梅耶来了，带来了几大本活页文件夹。当律师们迫不及待地打开时，只发现了几页纸，而且大多数都是梅耶的旅行和娱乐收据。皮特瞠目结舌，他生气地告诉梅耶这些根本都不是交易记录，他们不远万里跑到巴哈马不是为了看这些东西。梅耶看起来很尴尬，答应第二天上午再把交易记录拿过来。

第二天上午，梅耶带来了25份罗伊银行的交易记录，但是没有一份涉及证券交易委员会调查的28支股票，没有一份可以证实他的辩解。皮特竭力控制住自己的情绪。"现在有两种可能，要么我们拿到了错误的文件，"他对梅耶说着，然后停顿了一下以示强调，"要么就是我们讲错了故事。"梅耶一言没发，第一次表现出了垂头丧气。

他们全都僵在了那里。然后，梅耶从座位上站起来，直接给普乐彻打电话。由于梅耶讲的是瑞士德语，律师们都听不懂。不过很显然，普乐彻被狠狠地斥责了一顿。梅耶挂掉电话，告诉律师们等一等，然后就走出了房间。然而，他们寻找新信息的努力却毫无进展。后来，库尔森代替梅耶同皮特等人接洽，但是仍然没有什么结果。

最后，皮特等人只好放弃，飞回美国去了，他们对自己客户的怀疑更大了。事情越来越明显，有一个人肯定在并购公开之前就提前购买了28支股票。如果是这样的话，这将是有史以来最大的内幕交易案。

律师们的怀疑在接下来的那个星期一最终被确认了。当天，皮特和劳赫重新飞回巴哈马，去见罗伊银行的总法律顾问汉斯·彼得·斯盖德，他刚刚从苏黎世飞来。梅耶和普乐彻最后向斯盖德坦白了，斯盖德命令他们立即停止撒谎。

斯盖德对皮特说："根据我的理解，所有这些交易都是通过一个账户进行的。我们现在应该怎么办呢？"

皮特和劳赫想退出这个案子，因为他们被误导得太深了，更不要说他们还在证券交易委员会那里做出了尴尬的陈述。他们感到自己的声誉也受到了严重的影响。

他们坚持，如果银行答应停止这个账户上的所有交易的话，他们才能同意继续办理这个案子，他们不能容忍这种可能的犯罪仍在继续进行。甚至，他们还要求银行在没有引起过度怀疑的情况下冻结这个账户的资产。另外，银行还必须给皮特和劳赫提供有关该账户的完整而真实的资料。尽管梅耶对此显然感到不舒服，但是银行还是同意了这些要求，只是附加了一个条件：他们不能泄露该账户主人的身份，只用"X先生"来指代。

然而，皮特认为银行最好的解决方案是用X先生的身份来换取对银行及其工作人员的豁免。而这种协议是否会吸引证券交易委员会，当然，几乎完全取决于谁是X先生。斯盖德非常不情愿，但是最后还是同意泄露一些情况：X先生是一位投资银行家，在德崇公司工作。现在，皮特意识到这可能是个大案。

几天后，梅耶和妻子邀请皮特到莱福德凯俱乐部（Lyford Cay Club）吃饭。这是一个高档俱乐部，梅耶是这里的会员。一路上，梅耶竭力讨好皮特，解释说这个计划并不是他一个人的想法。他说："我可不想让你认为我是个坏人。"

皮特禁不住想利用梅耶希望和解的心思套出X先生的身份。他说："我们最后肯定会知道X先生是谁的，为什么你不告诉我们呢？"

梅耶说："你知道那家公司，是吧？"

皮特回答说："对，是德崇公司。"

梅耶问道："你认识该公司的什么人吗？你在那里都认识谁？"

突然，皮特想起了多月前的一次晚宴。法朗克律师事务所一直都希望与德崇公司多做些业务，尤其是在并购领域。因此，皮特的一个合伙人阿瑟·弗莱舍邀请德崇公司的戴维·凯吃饭，并让皮特一同作陪。吃饭的地方是纽约最昂贵的一家法国餐厅,名叫露特斯(Lutece)。凯带着他并购部冉冉升起的明星丹尼斯·莱文一起来赴宴。皮特对这顿饭的情况已经记不太清了,这是一次典型的培养客户关系的公务宴请,桌上摆了许多昂贵的菜肴和名酒,大家畅饮一番,拉拉关系。莱文没有给人留下一点儿印象。但是,莱文和凯几乎是皮特在德崇公司唯一认识的投资银行家。

"戴维·凯?"皮特试着问道。梅耶摇了摇头。

"丹尼斯·莱文?"皮特问道。话一出口,皮特就从梅耶的表情上看出来,他这次说对了。

"就是他。"梅耶说。

自从在比斯坎岛见过莱文后,鲍勃·威尔吉斯就一直失眠。他还经常对妻子和女儿发脾气,并拒绝解释其中的缘由。一天晚上,他竟然毫无理由地掩面哭泣起来,但是接着他又重新提起精神,自言自语地说:"我不能太自私了,我要帮助丹尼斯·莱文一起渡过难关。"

莱文经常给他打电话,有时一个晚上就能打8~10次。莱文总是不断地说:"不要担心,这是例行公事,我们不会出事的。"几天后,莱文收到证券交易委员会的邀请,去参加一个关于并购的讨论会,这时威尔吉斯才感到放心。

那次讨论会几乎不可避免谈到了内幕交易的问题。并购部的律师马丁·利普顿率先提出了这个问题:"我认为证券交易委员有必要对过去两年来一些臭名昭著的收购案中的股票交易进行审查。只有证券交易委员会才有权调查幕后真相,但是,我认为有许多这样的例子……对这个方面我们应该仔细审查。"

莱文故作真诚地表示同意,他说:"还有一点,我认为不应该把分析调查限制在公司活动的表面现象上。"他甚至建议证券交易委员会调查纳贝斯克公司和通用食品公司收购案中的股票交易。其实,在这两起收购案中，莱文自己也通过内幕消息大量买进了这些股票。

在研讨会后，莱文得意扬扬地向威尔吉斯说："证券交易委员会仍然很喜欢我啊。"会后，他还收到了证券交易委员会发来的感谢信，上面带有约翰·沙德的签名。他常常骄傲地向同事们炫耀这封信，并且还给梅耶和普乐彻看。他对威尔吉斯说："如果我有问题的话，他们还会这样看重我吗？"

加里·林奇坐在华盛顿自己的办公室里，从宽大的窗户向外望去，看到了一排房屋的屋顶。再过一个星期就是圣诞节了，但是他还没有来得及考虑为家里购买节日用品的事情。他感到，对罗伊银行的调查马上就会有重大发现。在上周快要结束时，林奇接到了哈维·皮特打来的一个奇怪电话，皮特坚持要和林奇见面会谈。林奇知道皮特曾经是证券交易委员会的高层人士，担任过该机构的总法律顾问，当时他还在皮特手下工作过。他知道，如果皮特没有什么重要情况向他汇报的话，他就不会坚持一定要同他见面。

12月17日上午10点，皮特、劳赫来到林奇的办公室。林奇邀请证券交易委员会专案组的几位律师一同会见，包括斯图克律师、王律师、索南萨尔律师和保罗·费希尔律师。林奇同皮特等人一一握手，然后，大家围着办公室的会议桌坐下。

林奇随意开口问道："您有什么事情呢？"

皮特打开一个文件夹，开始按照准备好的要点讲。他简要陈述了他代表罗伊银行同证券交易委员协商的情况，然后他说出了一句令人震惊的话。

他说："我不能坚持曾经给你们做过的事实陈述。"

费希尔惊得几乎要跳起来了，他喊道："什么？我们浪费了这么多时间，你做了具体详细的陈述……"

皮特让费希尔继续说，然后，他尽可能微妙地讲出了自己的想法。

皮特采用了假设的方法，他建议证券交易委员会的律师"假设"那些可疑的股票交易并不是像梅耶上次所说的那样是由他发起的，而是由银行的一个客户发起的，而且这个人还是华尔街上一个"重量级人物"。他知道这样说会激发证券交易委员会工作人员的好奇心。他接着问，如果情况确实如此，证券交易委员会是否同意只起诉银行的客户，而豁免银行及其工作人员？而且，该银行的一些工作人员还利用这位客户的交易为自己做了一些交易，也可能按照客户的要求销毁了一些证据，证券交易委员会是否也同意对他们免予起诉呢？皮特说，如果是这样的话，罗伊银行愿意同巴哈马当局交涉获得批准，泄露这名客户的身份。劳赫还补充说，这项协议是否能够实施，取决于司法部的态度，如果司法部做出同样的决定，对罗伊银行和涉案人员免予起诉，这项协议才能有效。

林奇让皮特和他的同事们先出去回避一下，他要和证券交易委员会的同事们协商一下。一开始，林奇需要做一些说服工作。但证券交易委员会不愿意在瑞士和巴哈马的保密法上陷入漫长的诉讼之中，他们曾经有过类似的教训，在其他一些案子上，他们就因此而陷入了困境。

最后，大家同意了皮特的条件。他们意识到这个"重量级人物"一定是位投资银行家或者律师，是内幕交易的核心人物。这可能是他们一直期待的大案要案，也是股市大清洗的开始。

不到半个小时，皮特、劳赫等人被请了回来。林奇说他认为可以制定一个更令人满意的协议。他解释说把梅耶也豁免可能存在问题。但是，皮特坚持必须保护银行的所有工作人员，最后，林奇同意了。

皮特认为这次会谈很成功。普乐彻和梅耶让罗伊银行陷入了严重的危险之中。具有讽刺意味的是，莱文下令销毁证据的活动却使罗伊银行和他自己失去了防护能力。如果没有因为妨碍司法公正罪而受到美国起诉的危险，银行只要承认是一位客户发起的交易，并利用巴哈马的银行保密法为客户的身份保密。这样一来，银行就没有什么过错，而证券交易委员会为了迫使银行泄露客户的身份，至少要在巴哈马的法庭上耗费几年的工夫。但是，因为证据被销毁，罗伊银行就很容易受到妨碍司法的起诉，因而这种方案也就行不通了。

当皮特和劳赫等人把文件装回文件包里打算离开时，王律师和费希尔律师忍不住催问皮特罗伊银行的那个客户是谁，好奇心让他们抓狂。但是，皮特不想这么快就亮出底牌。

"别担心，你们就要抓到一条大鱼了。"他向他们保证。

突然，斯图克大声说道："你们问他是谁，他肯定是一头巨鲸。"

曼哈顿的圣安德鲁斯广场面积不大，隐藏在高高的市政大楼和联邦法院后面。联邦法院是在富利广场（Foley Square）上。然而，当纽约的律师们说起圣安德鲁斯广场时，他们是指一个司法机构：美国的联邦检察官办公室。长期以来，这个检察官办公室就被认为是美国司法部最著名、声望最高和力量最强大的执法机构。之所以这样说，是因为该办公室的司法管辖权很大（它负责曼哈顿、布朗克斯和纽约州南部地区的联邦案件），而且它距离美国的金融中心华尔街非常近。从历史上来看，绝大部分最复杂的金融案件都是由这里查办的。同时，这里还负责办理纽约的有组织犯罪和毒品走私案。

多年来，经过美国历代检察官的努力，该办公室树立了谨慎小心、高效优质、廉洁奉公的声誉。他们认为手段和目标同样重要，不能不择手段而实现目标。甚至最年轻的助理检察官也坚持高标准、严要求。此外，他们还避免宣传报道。1983年，鲁道夫·朱利安尼被任命为这里的联邦检察官时，这个传统依然存在，不过他立即就把它抛弃了。

20世纪30年代托马斯·E.杜威在这里任联邦检察官时，把这里打造成为一个举国闻名的机构。从他以后，这里再也没有出现过类似的辉煌业绩，一直到朱利安尼上任才有所改观。朱利安尼当时在里根政府担任司法部副部长，是司法部排名第三的官员。他曾经还是里根政府最引人注目的发言人，经常出现在新闻和电视访谈节目中，谈论犯罪和执法问题。朱利安尼口才优秀、精力充沛、雄心勃勃，他一走马上任，就迫不及待地在办公室里"兴风作浪"，掀起改革大潮。

朱利安尼上任之时，这个办公室问题重重，急需重整。在他的直接前任小约翰·马丁任职期间，该办公室主要靠以前的名声维持，它谨慎小心的传统荡然无存。朱利安尼一上任，立即就把资源和人力转移到了两大领域，以确保吸引媒体的眼光——有组织犯罪和毒品，并且很快就取得了重大胜利。朱利安尼定期举行新闻发布会，公开宣传他们取得的成果。后来，新闻发布会成了这里的例行安排。朱利安尼甚至还发起了一场打击布朗克斯地区地下毒品交易的运动，虽然没有抓到一个毒贩，但是朱利安尼却把这场运动变成了媒体公关活动，媒体上甚至还出现了一张他身穿黑色皮夹克的照片。

媒体的报道几乎全都是正面的，甚至快要成了吹捧。朱利安尼认为，这种报道可以增加办公室的知名度，对遏制犯罪活动有着重要的作用。是否如此，很难判断。但是，在他上任后，该办公室确实成功处理了一系列案子，给人们留下了深刻的印象，也提高了它的声誉。

朱利安尼给办公室带来了一种全新的观念，其特点为是非清晰、敌友分明。许多人可能会认为这是一种天主教，甚至是耶稣会的世界观。他似乎把犯罪和罪恶、惩罚和赎罪、合作和忏悔等同起来。他还具有一种冒险精神。他在1986年曾经说过："我做这份工作，不是为了安全无恙。如果你从来都没有努力去做什么，你就永远不会失败。但是我宁愿失败，也要去做。"

这里的助理检察官们很快就适应了这种新理念和制度。许多人对朱利安尼的方法欢欣鼓舞，而有些人则很担忧。现在，无论做出什么决定，他们都必须考虑媒体的反应。传统主义者认为，办公室里出现了一种新的"牛仔"精神，这是一个多少含有贬义的词，暗指一种鲁莽行事、强硬粗犷的倾向。

反欺诈处就反映了办公室里的这一变化。反欺诈处的负责人是彼得·

罗马托维斯基，他曾经负责办理过维南斯一案，但是现在，他已经宣布辞职，继任者是查理斯·卡伯里。

卡伯里很有人缘，办公室的每个人都很喜欢他。他外表粗犷，说话坦率，身材肥胖，并且聪明、风趣、自谦。他行事低调，为人正直，无懈可击，也获得了传统人士的好感。同朱利安尼一样，他也信奉天主教的世界观，对犯罪和惩罚方面的观点同新任上司一致。卡伯里成长于纽约，从科尔盖特大学（Colgate University）退学，后来毕业于纽约皇后区的圣约翰大学。他在福特汉姆法学院（Fordham Law School）担任过法律评论的主编。不过，当他第一次申请美国联邦检察官办公室的工作时被拒绝了。他先在世达律师事务所工作了一年，然后又第二次申请，才获得成功。

在梅耶被传讯之后，卡伯里就调查罗伊银行的问题同林奇第一次商谈，但是卡伯里对此并不太感兴趣。在纽约美国联邦检察官办公室，内幕交易案并不是朱利安尼的调查重点，也不是优先处理的案件。由于朱利安尼把人力和资源分派到了有组织犯罪案件上，证券反欺诈处的规模实际上被减缩了。总体上来说，卡伯里对办公室里内幕交易案的成果很失望。曾经有一起案子牵涉到了摩根士丹利公司的投资银行家，上诉法院最后判决，如果投资银行家或者受托人向其他人泄露内幕消息，而此人利用这些消息进行了实际交易，那么这个投资银行家或者受托人就犯了内幕消息交易罪。这同以前相比是个很大的进步了。但是在卡伯里看来，多数案子都是"低层级"员工犯的，他们大都是印刷工人和律师事务所或者投资银行的秘书。卡伯里精通证券法，熟悉股票市场，办公室里没有人能够和他相媲美。他知道内幕交易活动十分猖獗，但是他认为执法工作最好是让证券交易委员会去做。

然而，罗伊银行的情况激发了他的兴趣。这看起来似乎是一个更为系统的违反保密要求的犯罪活动，对市场的公正构成了极为严重的威胁。在哈维·皮特等人同证券交易委员会会谈了几个星期之后，他们来到了圣安德鲁斯广场的联邦检察官办公室，讨论罗伊银行一案中的刑事问题。罗马托维斯基、卡伯里和罗伊银行的律师一起来到罗马托维斯基的办公室，开始讨论。这个办公室里有一张旧橡木桌子，非常显眼，多年来，它一任一任往下传，不久就传给了卡伯里。反欺诈处的检察官们先听了皮特和证券交易委员会律师的陈述，然后，他们讨论了案情。

　　检察官们认为给银行豁免权似乎没有什么风险，而这正是皮特所需要的。他们可能会因此而招致批评，但是他们知道，没有银行的合作，要想查清那个关键客户的身份就会非常困难，即使确实能够找到，至少也要花费好几年的时间。他们很少能够有机会这么快就查清内幕交易的核心。根据皮特陈述的情况，他们相信，指控客户可能比指控罗伊银行更为重要。朱利安尼批准他们协商给予银行豁免权的问题，华盛顿司法部的官员也同意了。

　　卡伯里告诉皮特和林奇，他们可以继续洽谈豁免协议。

　　银行和证券交易委员会的洽谈持续了好几个月。证券交易委员会坚持增加一条：无论因为什么原因，如果银行最后没能提供客户的身份，那么这项协议则无效。但是，皮特坚持，银行只应该提供"诚实"的努力，如果巴哈马当局阻止他们泄露客户的信息，银行不应该失去豁免权。证券交易委员会坚持不动摇，最后获胜。

　　接着，他们要对戴蒙德账户的交易记录进行审查和分析。皮特需要确认X先生的身份。毕竟，他虽然知道这个人是丹尼斯·莱文，但是，他不能肯定这个人同德崇公司那个投资银行家丹尼斯·莱文是同一个人。在劳赫的建议下，皮特安排工作人员广泛查找相关的背景资料或者照片，以帮助确认该客户的身份，但是最后却一无所获。皮特不想与德崇公司联系，他担心这会引起公司对调查活动的担忧。最后，工作人员找到了一份雷曼兄弟公司的年鉴，里面有一张莱文的照片。皮特让工作人员把莱文的照片混在一大堆照片中，然后让罗伊银行同莱文接触过的每个员工都来辨认。他问道："你能认出戴蒙德先生吗？"毫无例外，他们全都挑出了莱文的照片。

证券交易委员会也想从梅耶那里获得证词，以便在进一步深入调查或者在对X先生采取禁止行动时使用。自从在华尔道夫酒店收到律师函之后，梅耶十分震惊。随着调查活动的深入，他更是惊恐万分。另外，他也担心同坎贝尔的关系和自己的交易而受惩罚，因此他要求调回瑞士，住在苏黎世的一个郊区。皮特督促他写一份证词，梅耶非常紧张，说他要咨询一下自己的律师。

到2月底，梅耶还在拖延。皮特很清楚，梅耶认为自己在偏远的瑞士会很安全。最后，皮特给梅耶发出了最后通牒。他说："听着，你要么配合，要么不配合。但是无论你配合与否，我们都要调查下去的。"皮特提醒梅耶，他正在冒着失去豁免权的危险。梅耶仍然继续躲避，一直拒绝作证，后来他干脆不出面了，只让律师来应对。

法朗克律师事务所的律师最初对梅耶的做法感到非常诧异。梅耶只需拿出一两天来作证就可以获得豁免权，为什么他要放弃呢？答案似乎就在那笔神秘的5,000美元的电汇，那是梅耶让普乐彻从他个人账户中取出来汇到卡茨基尔一家银行的。这笔钱原来是汇给纽约小镇德尔亥一个木匠的，此人曾经为凯文·巴里做过木工活，这笔钱就是付给他的工钱。这件事似乎把梅耶和BCM账户以及坎贝尔和巴里的额外交易联系了起来。这件事并没有包括在罗伊银行的豁免权中，梅耶也从来没有跟皮特透露过。梅耶似乎从来都没有完全相信过美国的律师和美国的司法制度。

幸运的是，现在在伦敦工作的普乐彻成了梅耶的替代人选。最后，林奇要求尽快着手，他说他想早日结束谈判，签订协议。3月19日晚上10点，协议签订了。根据协议，罗伊银行在不久之后即将上交银行的记录，并且普乐彻将在两周后作证。

卡伯里和证券交易委员会的王律师、索南萨尔律师和费希尔律师一同飞往伦敦，在法朗克律师事务所驻伦敦办事处同普乐彻见面。普乐彻的作证持续了整整两天，他坦白交代了一切问题，恐怕梅耶作证也不会这么坦率。他详细讲述了"戴蒙德先生"同罗伊银行交往的来龙去脉：他对保密的特别要求、他开设账户的方式、巴拿马公司的创立、并购活动公开之前的股票交易、提取现金以及销毁证据等。普乐彻是一位训练有素的会计，记忆力非凡。尽管他在作证中从来没有提到戴蒙德先生的真实姓名，只是用X先生来替代，但是他指出，这个人是住在纽约的一位投资银行家。证券交易委员会得到了他们想要的东西，甚至卡伯里也对此案进展迅速而感到惊奇。

现在，只剩下揭开X先生身份之谜了。皮特把注意力转向了巴哈马银行保密法的问题上。罗伊银行不能透露莱文的名字，可能它倒是很希望这么做。莱文曾经威胁说，如果罗伊银行泄露他的身份的话，他就会起诉银行。并且，如果银行这样做，可能也会被巴哈马当局起诉。

法朗克律师事务所的律师们决定采取一项大胆的策略：他们直接去找巴哈马的司法部长保罗·安德里，以避开外界的注意，从而尽快取得法院的命令。5月7日，美国证券交易委员会的律师、司法部官员、美国驻巴哈马大使、皮特和劳赫以及他们聘请的巴哈马律师一同去拜见保罗·安德里。美国政府高级代表的出现让安德里似乎非常吃惊，但是他却把皮特和劳赫晾在了一边，没有见他们，这让皮特大为恼火。

尽管如此，他们商定好的方法似乎发挥了作用。林奇声称，银行披露证券交易从技术上来讲，并不是巴哈马保密法中所规定的泄露"金融交易"。把证券和银行其他的存贷款业务区别对待的主张似乎有点儿复杂，但是这却可以得到罗伊银行的关键支持。安德里暗示他暂时认同这个观点。他说："这不是金融，而是经纪。"林奇立即表示同意。

两天后，皮特收到了一封信的副本，上面写着保罗·安德里的意见，罗伊银行可以披露客户的身份，并且不会因此而受到巴哈马当局的指控。罗伊银行的董事会旋即召开会议，通过了一项决议，批准巴哈马分行向证券交易委员会泄露莱文的身份。

现在万事俱备，只欠东风了。1986年5月9日星期五，皮特拿起电话打给了林奇，林奇立即拿起话筒。皮特开门见山地说："巨鲸就是——丹尼斯·B. 莱文。"

在皮特向林奇透露了莱文的名字之后几个小时，莱文来到了曼哈顿海湾西方石油公司的大楼参加一个自助晚宴，并观看了派拉蒙电影公司拍摄的一部新片的试映，影片名叫《壮志凌云》，主演是汤姆·克鲁斯。他之所以受到邀请，是因为在海湾西方石油公司收购时尚先生公司（Esquire Inc.）的交易中，他做过时尚先生公司的代理。（而且，他在这起交易中也进行了内幕交易。）

平常，莱文非常喜欢参加这种活动，因为这都是高档的聚会，参加者都是富豪和权贵，可以提升他的身份和地位，并且还能让他有机会同马丁·戴维斯之类的公司首脑扯上关系。然而，今天的莱文却心不在焉，他心中想的都是和罗伊银行之间不断增多的麻烦。前一天，他给普乐彻打电话，但是普乐彻却没有接，而是一个较低级别的人接的，此人名叫安德鲁·斯维汀。

莱文说："我要把账户上的1,000万美元转到开曼群岛的一家银行。"

斯维汀随口说道，他真的不太确定大笔资金转账的程序。莱文十分恼火，他说他的巴哈马律师会和他联系，给他指示的。当莱文得到指示再给斯维汀打电话时，斯维汀坚持必须要书面指示。情况就是如此。莱文决定和罗伊银行的合作就此了断。他发誓下周一一早就把书面取款单发给罗伊银行，然后再也不同这些日益不合作的瑞士人打交道了。

莱文的要求并没有出乎法朗克律师事务所律师们的预料之外。当莱文给斯维汀打电话要求转账时，皮特和劳赫等人就站在斯维汀的身后。他们嘱咐斯维汀，如果莱文想取钱的话，就尽量拖延。

几个月来，莱文显然对证券交易委员会的调查活动以及罗伊银行误导调查的失败而忧心忡忡。他还向普乐彻讲述了一个他所策划的新计划，就是他所谓的"绝妙计划"。普乐彻已经想不起来具体是什么了，但是莱文的方案似乎有点像共同基金。莱文把钱分别存到不同的账户里，由一位银行工作人员管理，然后，所有这些账户上都有利用他所提供的内幕消息进行交易的记录。莱文称这个计划的"绝妙"之处就在于它可以提供多个账户，足以使证券交易委员会相信这些交易都是由银行的一个员工所做的，而且此人还是一个股票操盘高手，而不属于内幕交易。最近，莱文不断暗示，这个"绝妙计划"可能会转移到其他银行，而不是在罗伊银行实施。

现在，正当政府的调查活动即将达到高潮之时，莱文几乎凭着第六感觉就察觉到了危险，他决定立即把钱取走。由于X先生的身份已经被披露，再加上莱文打算把钱转走，林奇知道，他们不能再浪费时间了。他们不能让莱文把这1,000万美元从巴哈马转走，否则这笔钱可能永远都追不回来了。

林奇打电话给卡伯里协商逮捕莱文的事宜，卡伯里安排托马斯·杜南具体实施。杜南是反欺诈处的一位调查员和特别副执法官，40多岁，看起来像一位业余拳击手，他有7位亲戚都在执法部门工作。他和律师们立即开始工作，整个周末都没有休息，起草冻结莱文资产的法令，并准备逮捕证。为了简单明了，逮捕证只写上了妨碍司法公正罪，因为政府已经从普乐彻的证词中获得了逮捕莱文的足够证据。律师们简要向杜南介绍了一下情况，杜南还签署了一份阐明案情的宣誓书。

5月12日，星期一，莱文的书面取款单发到了罗伊银行，证券交易委员会立即下发了冻结令，银行把莱文的钱冻结了。卡伯里和杜南找到一位联邦法官，签署了逮捕证。在身高6英尺的联邦执法官奥吉·考夫曼的陪同下，杜南立即开始抓捕莱文。

他们首先来到公园大道莱文的寓所，他的妻子劳丽开的门。当杜南告诉她他们是司法部的官员，要找莱文时，劳丽吓得脸色苍白，不知所措。她说莱文一大早就出门了，但是她答应如果莱文给她打电话的话，她就会让莱文和美国检察官办公室联系。

他们立即前往德崇公司的办公室，但是莱文也不在那里。他们被告知，莱文正在同德崇公司的客户罗纳德·佩雷尔曼开会，但是佩尔曼办公室的人说莱文并没有参加当天的会议。杜南只好回到圣安德鲁斯广场。也许莱文的妻子给他报了信。莱文的名字迅速出现在了美国海关的监管人员名单上，如果他试图外逃，就会被拘捕。

抓捕活动开始迅速进行。下午2点，林奇礼节性地给弗雷德·约瑟夫打电话。约瑟夫的秘书接的电话，她告诉约瑟夫是证券交易委员会的执法处主任找他，有急事。约瑟夫接起电话，林奇开始向他陈述情况。根据证券交易委员会的调查，莱文从德崇公司和其他公司窃取了许多内幕消息，并且根据这些消息大肆进行内幕交易。很显然，莱文组建了一个内幕消息圈子，并从其他投资银行家那里收买消息。林奇接着说，证券交易委员会将对莱文提起指控，并立即逮捕。莱文一被捕，就可能被提起刑事指控。

林奇一直讲了十多分钟，约瑟夫一言不发地听着，他非常震惊。最后，他说："加里，听起来你们已经掌握了他的情况，如果他确实违法了，那就太糟糕了。我能做些什么呢？我们会全力配合你们的。"

在林奇的要求下，约瑟夫下令将莱文的办公室、办公桌和文件全都封存起来。接着，约瑟夫立即给凯打电话，并告诉他："他们打算逮捕莱文。"凯听了也大吃一惊。他给佩雷尔曼的办公室打电话，也被告知莱文根本没有参加会议。过了一会儿，证券交易委员会的主席约翰·沙德也给约瑟夫打来电话。

沙德说："很抱歉，这次要抓你的人了。"

约瑟夫说："别这样说，这是你的工作。我们也经常怀疑可能会有内幕交易发生，但是没有人发现过。"

接着，这个消息被公布了。下午2点46分，这个消息传到了华尔街的经纪公司、交易大厅和全美国的新闻机构，成了头条新闻。

当天下午晚些时候，莱文露面了，他用路边的一个公用电话给凯打电话。大街上非常嘈杂，他要大声喊对方才能听到。

凯说："丹尼斯，他们都在找你。"说着，他的脑海中还在琢磨着该问什么问题。

莱文大喊道："我知道，我知道，这是一个天大的误会，他们想骗我，想害我。我根本没有机会解释，我也没有做过什么错事。"

凯提议说："丹尼斯，别说了，你要找个律师。"

莱文喊道："找谁呢？"很显然，皮特是不行了。

凯把弗洛姆、利普顿和阿瑟·利曼的名字在脑海里过了一遍，这些都是他在并购活动中认识的律师。当莱文一把电话挂掉，凯就给约瑟夫打电话。他说："丹尼斯说这是一个误会。"

约瑟夫回答说："一派胡言！"

下午5点半左右时，杜南和卡伯里仍然在办公室，突然，杜南的电话响了。

莱文说："哦，我是莱文，我相信你们正在找我，但是我想我们最好见一面。"尽管他的处境已经很危险，但是他的声音似乎还很平静。他补充说："我猜想你们要质询我，或者有其他事情。"

杜南督促莱文尽快到联邦检察官办公室来。尽管证券交易委员会已经宣布要对莱文采取行动，但是莱文还计划当晚到西奈山医院参加一个慈善晚会，不过，他同意先到检察官办公室走一趟。

莱文独自开车来的，这次开的是宝马车，而不是那辆显眼的法拉利跑车。他把车停在了检察官办公室附近的街道上，然后在入口处签名并走了进去，此时已是晚上7点半。

杜南在六层的接待区等待莱文，然后带着他去见卡伯里。卡伯里正坐在办公室的大办公桌后面，证券交易委员会的律师彼得·索南萨尔刚刚从华盛顿赶来，站在卡伯里的身边。莱文身穿一套时髦的深色欧式西装，系着一条黄色的爱马仕领带，脚蹬一双黑色的古驰牌平底便鞋，同卡伯里、杜南和索南萨尔朴素寒酸的衣着形成了鲜明的对比。见到卡伯里后，他讨好地笑了笑，想同他握手，就好像是在和一位可能的客户见面一样。

杜南立即打断了他："这是一张逮捕证，莱文先生，你被捕了。"

莱文惊呆了，脸色苍白。卡伯里说："你有权保持沉默。"杜南命令莱文往前靠一靠，把双手放到卡伯里的办公桌上。莱文机械地遵守着命令，杜南接着对他进行搜身，并告诉他把口袋里的所有东西都掏出来。然后，卡伯里拿出几张罗伊银行的文件，放在了桌子上，上面就有莱文的签名，他示意莱文自己看看。莱文这时才明白，梅耶和普乐彻并没有遵照他的指示把能够证明他和交易账户相关的所有文件销毁。

卡伯里问道："你有什么要求吗？"莱文说想和他的律师谈谈。

杜南把他带到接待区的电话旁，然后站在一边，看着他和律师阿瑟·利曼打电话。当天下午，在和凯联系之后，莱文就聘请利曼为自己的律师。莱文和利曼是在露华浓交易案中认识的，当时利曼是露华浓公司的代理人。

当时，莱文似乎非常恍惚，他拿着话筒，转向杜南问道："发生什么事情了？我们怎么了？"

杜南重复了一遍："你被捕了。"

莱文对着话筒不断重复道："天哪，我被捕了！"

莱文一挂断电话，利曼就给卡伯里打电话，要求当晚先把莱文释放了。卡伯里拒绝了，他解释说第二天提审莱文之后才可以提出保释要求。卡伯里不敢冒险把莱文释放了。逮捕经济犯罪中的著名商业人士常常都是比较麻烦的事情，这些人总是百般抵赖，拒绝认罪，而且一被捕就要求保释。卡伯里感到金融犯罪分子常常过于骄横，对付他们更费力，要比那些不太富有的犯人更麻烦。并且，他也感到如果把莱文放了，他真可能会逃走。

当杜南最后办完手续，把莱文关到大都会拘禁中心（MCC）时，已经是午夜时分。这个拘禁中心同富利广场上的联邦法院紧挨着。

莱文最关心的问题似乎还是他的宝马车。他告诉杜南，他很担心晚上把汽车停在大街上不安全。杜南就把他的车钥匙拿走，把车开到了附近的公共停车场。杜南从来还没有开过这么昂贵的汽车。

在大都会拘禁中心，杜南填了一张表格，打算第二天上午9点来提审莱文。莱文被带走了，关在一个拘留室中，同另外两名毒犯关在一起。第二天上午，莱文看上去疲惫不堪、一脸憔悴。杜南一点儿也不感到奇怪，他知道凡是关在大都会拘禁中心的人，第一个晚上很少能睡个安稳觉。

威尔吉斯专心致力于赫顿公司的工作，把莱文的事情全都抛到了脑后。他自己成功处理了几起规模相对较小的收购案，并购部的主管丹尼尔·古德向威尔吉斯许诺，当公司增加常务董事时，他会推荐威尔吉斯的。即使如此，威尔吉斯也打算效仿莱文，趁机跳槽。他已经和一个猎头联系过，这个猎头正在和两家投资银行协商，两个都是常务董事的职位。华尔街迫切需要像威尔吉斯这样富有经验的投资银行家。

当莱文被捕的消息在5月12日公布之时，威尔吉斯正乘坐出租车向拉瓜迪亚机场驶去，他打算乘飞机去奥马哈。到达机场后，他给那个猎头打了个电话。同华尔街上的其他人一样，当天下午每个人都在谈论丹尼斯·莱文的事，那个猎头也不例外。

猎头激动地说："德崇公司可能会空缺一个职位。"

虽然这个结果他在脑海里曾经出现过许多次，但是听到莱文出事的消息，他还是感到非常震惊。威尔吉斯按照计划飞到了奥马哈，不过他一路上惊恐不已，无法集中精力。当天晚上，他给妻子埃尔莎打电话，妻子告诉他说当天下午见过莱文。莱文到圣公会学校接儿子，这是曼哈顿一所高级私立学校，莱文的儿子和威尔吉斯的儿子都在这里上学。莱文从接孩子的人群中挤过来，来到埃尔莎的面前，热情地和她打招呼："我是被陷害的。"埃尔莎说，莱文对他突然之间声名狼藉似乎根本不在乎。威尔吉斯对此感到不可想象。难道莱文没有意识到他的生命已经岌岌可危了吗？他感到自己必须回去，和莱文谈谈。

第二天，威尔吉斯借口身体不适，离开了奥马哈，飞回纽约。他一回到纽约就给莱文打电话。当时，莱文已经被审讯过了，他拒绝认罪。他交了500万美元获得保释，其中10万美元是现金，其他的用他的公寓和在德崇公司的股份做抵押。

威尔吉斯给莱文打电话时，莱文说："你最好立马过来一下。"

威尔吉斯打车来到了莱文的家，劳丽开的门。她好像一晚上都没有睡好，两眼哭得红肿。而莱文则和她形成了鲜明的对比，莱文穿着一身休闲服，似乎很高兴，甚至还有点儿激动。

莱文说："天哪，鲍勃，你能想象吗？他们要把我关进监狱里。天哪，我有记录，还有电话本，上面有伊万·布斯基的名字！我的口袋里还有900个人呢。"不过莱文已经在酝酿一个新的计划。

"你要到开曼群岛去找一个律师，让他声称账户是他的。"莱文开始说。

威尔吉斯根本就没有认真听。接着威尔吉斯恳求说："丹尼斯，太晚了，难道你没有看到吗？这一切全完了。"

威尔吉斯在痛苦和折磨中度过了一个星期，寝食难安，无法专心工作。他的事情一点儿也没有告诉妻子，但是他妻子知道威尔吉斯和莱文走得很近。她坚持让威尔吉斯找个律师谈谈，于是，威尔吉斯给他的一位表亲打了个电话，此人在巴尔的摩的派泊·马伯里律师事务所（Piper & Marbury）工作。他没有把事情的真相全都告诉对方，只承认他和莱文之间存在着"含糊不清的"交易。这位表亲安排他在星期二和纽约的一位律师见面谈谈。

虽然威尔吉斯很不情愿，但是他还是同意在周一再和莱文见一面。为了确保不被监听，他们把见面地点安排到了西56街的一个车库里，威尔吉斯的车就停放在那里。他们一同上了车，然后随意开着。威尔吉斯心中非常恐惧，他害怕被警察拦住，因此把车开得很慢，只有每小时15

英里。

莱文愉快地说着:"你看起来是被吓坏了啊,是我坐牢,而你却很紧张。这没有关系。"他继续说道:"只要你能出名,就没什么关系。"上周四《华尔街日报》在头版头条上刊登了一篇关于他的报道,给他留下了深刻的印象,这篇文章还配有一幅插图。他告诉威尔吉斯把车停到路边的一个报摊旁,然后跳下了车。

莱文说:"听说我都上《新闻周刊》的封面了。"过了一会儿,他回来了,手中挥舞着最近一期的《新闻周刊》。但是他很失望,虽然他确实上了杂志的封面,不过标题却是"华尔街上的贪婪",并且封面上的图片并不是莱文,而是几只手在抢一堆钱。莱文的照片出现在了杂志里面的文章中。

"我打算自首去。"莱文一翻完杂志,威尔吉斯就说,"他们都知道什么了呢?"

莱文说:"我不知道。"

"我的名字被提到了吗?"

莱文又回答说他不知道,并补充说:"不要找律师,我已经找到世界上最好的律师了,我们就要开战了。我把自己封闭成一个坟墓。"莱文继续说道:"如果我坦白的话,那个俄罗斯人会把我杀掉的。现在,你,你肯定应付不了的,你会崩溃的。但是我不会,我是宁死不屈的人。"

接着莱文讲出了他的新计划。莱文要坦白,并且把威尔吉斯供出来,说他也泄露过内幕消息。但是,他会隐瞒威尔吉斯利用外国银行账户进行交易的情况。莱文说:"我们都会去坐牢的,要去那种乡村俱乐部式的监狱。我们可以成为室友,一起打网球,晒太阳。然后,我们出来后就隐居到开曼群岛,用你的钱生活。"

威尔吉斯绝望地问道:"丹尼斯,这样做会有什么结果呢?"

第二天,威尔吉斯同他表亲推荐的律师见了面,坦白了自己所犯的罪。威尔吉斯说:"我不想再抵抗下去了。"律师立即让他去找刑事律师加里·纳夫塔里斯，此人原来是助理联邦检察官，现在是纽约的克莱默·莱文·内森·康明·弗兰克尔（Kramer, Levi, Nesse, Kamin & Frankel）律师事务所的合伙人。威尔吉斯把自己的事情全都告诉了纳夫塔里斯，包括他的账户和拉拢兰德尔·西克拉等详细情况。他边说边啜泣。纳夫塔里斯严厉地命令他再也不要和莱文或者西克拉联系。

然而，他和莱文之间的关系已经这么多年了，不是一下子就能中断的。不久之后，莱文就给威尔吉斯打来了电话，虽然他很想拒绝接电话，但是还是忍不住接了。

威尔吉斯说："丹尼斯，我们这样说话不好。"但是莱文坚持要给他讲讲向开曼群岛潜逃的详细计划。威尔吉斯打断了他的话。

"现在报纸正盯着掩盖事实的活动，这比内幕交易还要糟糕。我不想被卷进去，我也不打算再和你说话了。"

莱文似乎非常震惊，也被威尔吉斯的话伤害了。他说："哦，鲍勃，你是说我们就这么了断了，是吗？"

然而，在阵亡将士纪念日，威尔吉斯又给莱文打电话，而且在接下来的周五他又打了电话，告诉莱文说他想来看看莱文的情况如何。

莱文说："我正在撑着。"但是，他的精神似乎很不好，好像已经绝望了。他说如果他被捕了，就请威尔吉斯照顾一下他的妻子。星期五那天，莱文的情绪尤其不好。

他反复告诉威尔吉斯："我就像兄弟一样爱你。"他继续说道："我就要破产了，做生意却一分钱也没有捞到。我做了所有这些大生意，妈的！但是，我被毁了。我也看不到儿子的受戒仪式了。"威尔吉斯和莱文交往这么长时间以来，莱文好像还是第一次要流泪。

威尔吉斯没有把他和莱文联系的事情告诉纳夫塔里斯。在莱文被捕之后两天，威尔吉斯接到了西克拉的电话，西克拉是拉扎德兄弟公司的合伙人，是他拉下水的线人。

西克拉焦急地问道："我们有麻烦了吗？"

威尔吉斯回答说："我有，我的妻子可能不行了。但是我会保护你的。"西克拉说他打算立即到纽约来，因为当年的夏天他要在狄龙·里德公司工作，威尔吉斯答应他们到时候见个面。

西克拉6月4日到了纽约。当天，威尔吉斯参加了公司并购部的晚宴，但是他一点儿也没有食欲。威尔吉斯通过慢跑已经变得很瘦了，但是自从莱文被捕后，他又瘦了15磅，看上去十分消瘦。他开始去找医生寻求帮助。威尔吉斯一离开饭店，就打了一辆出租车，来到第77街和百老汇交汇处的一个饭店。他和西克拉在这里见了面，两人向东走进中央公园。

西克拉焦虑地说："我会出事吗？"

威尔吉斯不祥地说："丹尼斯·莱文知道你是谁。"

西克拉问道："但是，他们不能证明什么，是吗？你会帮我掩护的，对吗？"

威尔吉斯不耐烦地说："兰蒂，我的生活完了，我希望你不会卷进来，但是我不能撒谎，我不能作伪证。"

西克拉停顿了一下，然后说："你在坦白的时候可以多少隐瞒一些。"

"兰蒂，这可没有什么好果子啊。莱文了解你所有的情况。"

西克拉说："你看，如果你否认他说的话，我也否认的话，那就是二比一。"

威尔吉斯坚持说："很抱歉，我不会撒谎的。"最后，两个绝望的人有气无力地走出了公园。

第二天是布里尔利学校（Brearley School）最后一天上课，威尔吉斯的女儿亚历山德拉是一位天才的钢琴家，当晚要在家长会上登台表演。当威尔吉斯来到礼堂时，他突然意识到不能和其他家长坐在一起。于是，他站到了后面。当表演开始时，威尔吉斯情不自禁哭泣起来。尽管他泪眼蒙眬，但是他仍然能够看到自己的女儿，看到她脸上闪烁着激动,一派天真无邪的样子。现在,他就要毁掉女儿的生活,他不敢再看下去,连忙从礼堂里逃了出去。

5月12日下午5点左右,伊兰·赖克的电话响了起来,是他在高盛公司工作的一个朋友打来的。对方气喘吁吁地问道:"你听说莱文的事了吗?他被指控从事内幕交易,股票行情机上这样显示的。"

赖克惊呆了,他还希望在当晚西奈山医院的慈善晚会上能见到莱文。他挂断电话,立即打到了公司的资料室,要求给他找一份股市行情记录单。在当晚回家的出租车上,他开始回忆自己同莱文之间的交易。他没有惊慌,尽管所有的事情都已经很遥远了。他感到非常宽慰,因为他从来没有拿过一分钱。

但是现在,赖克也开始不断焦虑。每天晚上10点钟,他都会跑出去买一份刚刚被送到报摊的《纽约时报》。他也会在早上一大早起来,到报摊去买《华尔街日报》,搜寻任何同莱文一案有关的消息,看看调查活动的范围是否扩大了。在此期间,他没有和莱文联系过。

几天后,赖克飞到洛杉矶同客户开会,紧张和焦虑也快要爆发了。他仿佛感到自己已经被发现,在人们面前备受屈辱。他过去的焦虑和不安全感都死灰复燃,威胁着要将他压垮。他租了一辆汽车,漫无目的地在洛杉矶开着。最后,他来到了一条蜿蜒曲折的悬崖边的马路上,下面就是无边无际的太平洋。

赖克猛地转了一个弯,加速,然后朝着悬崖冲去。

就在最后一刻,他的脑海里闪现出了妻子和孩子的面容,打消了他自杀的念头。他猛踩刹车,把车倒了回去,停在路边。他趴在方向盘上,大口地喘着气。他发誓无论如何也要逃过这一次。

索克洛夫听说莱文被捕的消息后,急忙去找戴维·布朗。戴维是高盛公司的投资银行家,被索克洛夫拉拢到了莱文的内幕交易圈。索克洛夫从莱文那里得到了12.5万美元的酬劳,这是他给莱文提供消息所赚到的数百万美元中的一小部分。索克洛夫从这笔钱中拿出2.75万美元分给了布朗。在惊慌失措中,两人把莱文所给的钱中剩余的部分全都取出来,撕碎后,扔进马桶里放水冲走了。

在华盛顿特区国家机场的电话亭里,当西格尔听到证券交易委员会因内幕交易起诉莱文而不是他的消息后,他立即走出电话亭,乘航班飞回纽约。抵达纽约后,他立即给高盛公司的鲍勃·弗里曼打了一个电话。

弗里曼说起了莱文:"很显然,他有一个内幕消息圈,你认为都会有谁呢?"

他们推断了各种可能性,然后,西格尔大胆地提出了一个不可思议的想法:"你不认为他和布斯基有联系,是吗?"

"哦,不,绝不可能。"弗里曼坚定地说,"伊万·布斯基是绝不可能和丹尼斯·莱文之类的人联系的。"

莱文被捕的那天下午,就在布斯基对手下人说他从来没有听说过莱文之后不久,穆赫伦给他打来了电话。

"怎么给套利人定义呢?"穆赫伦问道。

布斯基一言不发。穆赫伦继续自己的高谈阔论。

"套利人就是从来没有见过、听说过丹尼斯·莱文,或者同丹尼斯·莱文从来没有联系过的人。"

说完,穆赫伦哈哈大笑起来,而电话另一头的布斯基却一直沉默不语。

10. "大鱼"还在后面

丹尼斯·莱文的1,000万美元存款并未完全被政府控制。5月12日发布的资产冻结令只是暂时的，证券交易委员会必须在两星期之内拿出确凿证据，证明莱文有罪，并从联邦法院的庭审中获得初步禁令。冻结资产是证券交易委员会对莱文采取的最主要的手段，这可以阻止他继续过奢侈的生活，让他顶多可以过一种普通的生活，甚至让他支付律师费都很困难。他在宝维斯律师事务所聘请的律师立即开始攻击这项冻结令，为莱文争取到了动用花旗银行个人账户上30万美元的权利，用来支付个人消费和律师费用。宝维斯律师事务所的合伙人、利曼的搭档马丁·弗鲁门鲍姆以不屈不挠、英勇好斗而著称，他对法庭说："政府没有初步确凿的证据，政府手里什么都没有，因此，政府很难在周四的庭审上拿出足够的证据。"

弗鲁门鲍姆的挑战激发了证券交易委员会律师的斗志。他们在庭审之前四处奔波，先后到莱文工作过的所罗门美邦公司、雷曼兄弟公司和德崇公司调查取证，获取莱文接触内幕消息的证据。他们搜集和分析了罗伊银行的交易记录，甚至聘请了一位笔迹鉴定专家，以确认莱文在所罗门美邦公司求职申请书上的笔迹和罗伊银行取款条上的完全一致。

证券交易委员会的律师们试图通过当面和书面的形式讯问莱文。但是莱文的律师指导他搬出《第五修正案》，拒绝回答可能导致他有罪的问题。法庭命令莱文陈述自己的财务状况，包括多年来他从罗伊银行提取的190万美元现金，莱文也拒绝执行。证券交易委员会还传讯了莱文的妻子、父亲和哥哥，据称有几次是他们陪同莱文去的巴哈马。奇怪的是，莱文的家人也都搬出了《第五修正案》。当律师们问莱文父亲菲利普·莱文他妻子婚前的姓氏时，他甚至也用《第五修正案》拒绝了——最后查明是戴蒙德，就是莱文在罗伊银行使用的化名。证券交易委员会的工作人员怀疑他们都在隐瞒什么。

5月21日，也就是在法庭庭审前一天，林奇第一次接到了阿瑟·利曼打来的电话。利曼要求将庭审推迟10天，并且暗示愿意和他们进行谈判。林奇直言不讳地拒绝了。利曼似乎非常吃惊，考虑到他是全国著名的出庭辩护律师之一，很显然他期盼着得到肯定的回答。

利曼猛烈地反驳道："我不明白为什么不行？你这样做可是很不明智啊。"

林奇的怒火直往上冲。他从来没有和利曼见过面，但是利曼摆出这种高高在上、给人恩赐的态度，简直就是一种侮辱。

"我要做正确的事情。"林奇冷冰冰地说。更糟糕的是，林奇很快就接到了伊拉·索尔金的电话，索尔金是证券交易委员会纽约地区执法处的主任，也是利曼的老熟人。索尔金说："利曼很不高兴，他还不了解你。"他说话的语气好像这是林奇错了一样。林奇非常愤怒，利曼竟然想通过索尔金给他施加压力。

林奇命令道："你别管这事！"他不会给莱文任何宽限的，反而要继续给莱文施加压力。

5月22日，星期四，纽约联邦法庭准备最后向莱文摊牌。林奇在华盛顿指挥，没有参加庭审，他的副手约翰·斯图克出庭辩论。这是一次很关键的听证会，如果法官解除了对莱文资产的冻结令，他很容易就能拿出钱来，进行一场旷日持久的诉讼大战，可能会就此逃脱。

这是斯图克职业生涯中最为重要的一场辩论，他煞费苦心地把这起案子进行了归纳总结，把莱文的内幕交易案分成9种模式详细进行了说明。利曼抱怨"新闻界对此案的炒作"。他几乎没有提供什么证据，只有一些关于莱文交易的那些公司的陈旧资料。多数资料都是莱文为罗伊银行提供的虚假文件。

"关于这些公司的信息几乎就是铺天盖地，到处都有。"利曼坚持说。莱文一直沉默不语。

联邦法官理查德·欧文很快就驳斥了利曼的辩论，他说："这是很清楚的，做决定的人和那些读着13D表或者《华尔街日报》的人有着很大差异。"他赞成冻结莱文的资产，证券交易委员会在第一场较量中取得了胜利。

第二天，利曼给卡伯里打电话，说他想在办公室里和卡伯里见个面，他认为这个时间见面不会引人注意的。卡伯里一点儿也不奇怪，他认为利曼会和他进行协商，为莱文达成一项认罪协议。卡伯里认为，仅仅因为逃税和作伪证莱文就"死定"了，更不要说内幕交易了。

周六，利曼和弗鲁门鲍姆来了，卡伯里在六层的接待区和他们见了面。利曼说如果能够达成协议的话，莱文就会招供。他说莱文有些内幕消息很值得协商：四位年轻投资银行家的身份，这些人也都直接参与了内幕交易，另外，还有"一条大鱼"。

卡伯里一点儿也不感到意外。莱文的交易模式暗示，莱文肯定在其他投资银行还有线人。《华尔街日报》刊登了一篇关于莱文交易的分析文章，文章披露莱文的这些交易大都和拉扎德兄弟公司以及高盛公司有关。卡伯里甚至认为他知道其中一名同谋者的名字。他接到了劳伦斯·佩德威兹打来的电话，这是沃切尔律师事务所的合伙人，也曾经是检察官办公室刑事处的主任，还是拉扎德兄弟公司的法律顾问。

佩德威兹说："我们这里还有一个人，名叫罗伯特·威尔吉斯，是丹尼斯·莱文的好朋友，丹尼斯总是给他打电话。如果发生了泄密，那他可能就是嫌疑最大的。"

利曼指出，这四个人都直接参与了泄密和分享利润，不过莱文不知道其中一个人的名字。利曼表示其中还有一条"大鱼"，这对政府可是很有价值的，但是他不能保证莱文的证词会使他定罪。

卡伯里面无表情地坐在那里，他对第五个人没有太多的好奇，并且他对讨价还价不感兴趣，而是宁愿把意图直接说出来。他向利曼和弗鲁门鲍姆提供了莱文的四项罪名：一项内幕交易证券欺诈罪、一项伪证罪、两项偷税漏税罪。作为交换，他期望莱文全力合作。他感到，他几乎没有放弃什么。根据这四项罪名，刑期最长可达到20年。即使这是有史以来最大的内幕交易案，无论涉及多少罪名，也没有人被判过这么长时间。合作对莱文很有益，这可以让他获得宽大处理。

不到一个小时后，卡伯里和利曼基本上达成了一致。他们来到朱利安尼的办公室，利曼答应将提供莱文同伙的名字和"一个著名的套利人"。他们最终达成了协议，但是利曼现在还不会透露这些人的名字，也不会提供莱文的实际合作，直到他肯定证券交易委员会也和他达成协议才行。

卡伯里一听到那条"大鱼"是一个著名的套利人，他就明白此人很有可能就是伊万·布斯基，因为在莱文的袖珍日历中，有好多页都写着他的名字。

和证券交易委员会的协议不久也谈成了，莱文的律师和证券交易委员会的人员之间进行了一系列的电话协商和会谈，主要是弗鲁门鲍姆和斯图克，他们俩是法学院的同学。最后的协议是：证券交易委员会没收莱文的大部分资产，只给他保留了公园大道上的公寓和宝马车，而不是法拉利跑车，他在花旗银行账户上的钱也被解冻了。莱文一直都坚持他必须有些可以自由支配的零花钱。证券交易委员会的律师认为，这些钱大部分都会用来支付法律费用的。证券交易委员会的协议是否有效,要根据莱文同联邦检察官办公室合作的情况而定。林奇期望获得消息圈中四个成员的身份,其他的就不抱什么希望了。至于那个更重要的人物,现在仍然是模糊不清。

现在,该轮到莱文遵照协议进行坦白了。当他在弗鲁门鲍姆的陪同下来到圣安德鲁斯广场时,政府的工作人员已经在等待他了,这些人包括:负责此案的邮政稽查官罗伯特·帕斯卡尔、联邦检察官办公室的卡伯里和杜南以及证券交易委员会的索南萨尔和王律师。

卡伯里不仅没有咄咄逼人地威胁莱文,相反还尽量安慰他,消除他对这些政府官员的疑虑。他坚持遵守一定的礼节,总是称他为"莱文先生",并强调他是在努力帮助莱文。如果他把真相全都说出来的话,卡伯里说,他就会在定刑时影响法官的。

卡伯里开始问威尔吉斯的情况,莱文似乎毫无隐瞒,从他们在花旗银行第一次见面开始,一五一十地坦白了。卡伯里很高兴,莱文没有企图减轻自己的罪责:他坦白承认是自己引诱威尔吉斯参与内幕交易的,还说也是他把索克洛夫和赖克拉进来的。莱文说,他的"第六感"非常准,能够知道谁会合作。莱文还主动坦白说,赖克拒绝接受他的钱,并且赖克在成为律师事务所的合伙人后就退出了,这给卡伯里留下了深刻的印象。有的人为了减轻自己的罪责而迫切夸大其他人的罪责,卡伯里最不喜欢这种人,莱文这样做还是让他非常满意的。

莱文还坦白了西克拉的情况,并且说当自己听到西克拉也在罗伊银行开了一个账户时,简直就要气疯了。他供述了那天晚上他到拉扎德兄弟公司偷窃资料的事情,以及他和威尔吉斯如何在《芝加哥论坛报》和《纽约时报》上编造故事搅乱股市。莱文说索克洛夫还在高盛公司发展了一个线人——名叫"戈尔迪",他认为此人不在并购部工作,而是在抵押贷款部工作。不过,莱文从来不知道他的真实姓名。

接着,卡伯里开始问那个不知姓名的套利人,莱文迅速确认了他们的怀疑。他说他是在博伊斯卡斯卡德公司和埃尔夫阿奎坦公司收购案时开始和伊万·布斯基邮寄机密资料的，他这样做一方面是为了推升股价，另一方面也是想给布斯基留下好印象。然后，他就给布斯基打了个电话，公开提供内幕消息，并邀请布斯基一起喝酒，其间他们共同协商了提供消息以及分赃的计划。莱文说他一直渴望结识布斯基，既是为了和布斯基扯上关系，也是为了向他提供消息。

莱文的律师一直非常小心，不想让莱文在交代布斯基的情况方面过度承诺。他们从来没有声称布斯基的案子会很容易，或者仅凭莱文的证词就能给他定罪。然而，莱文的坦率给卡伯里留下了很深的印象。莱文同布斯基之间的分赃协议，包括具体的分配比例，要根据莱文提供消息的时机和效果来确定。莱文讲述得非常详细，不可能是他捏造的。这些证词有一种内在的可信性，尤其是如果莱文的证词和布斯基的交易记录相匹配的话。

卡伯里通常不关心嫌犯的动机，但是对莱文的动机，他却忍不住要问一问。莱文给卡伯里的回答同给威尔吉斯的一样，他说他想创建自己的公司，成为一名套利人或者商业银行家，雇用"专业人士"为自己服务，而不是自己亲自处理。他想挣2,000万美元，他告诉政府的律师们，他打算一挣到2,000万美元就洗手不干了。

莱文还说，他、威尔吉斯、赖克和索克洛夫都对投资银行家的工作非常厌倦。这让律师们吃惊不小，因为他们和当时其他许多人一样，认为投资银行家过着光彩夺目、奢侈豪华、激动人心的生活。而莱文说，事实却完全不同。相比而言，内幕交易非常刺激。卡伯里怀疑莱文永远也不会停手，无论他已经挣到了多少钱，他都不会停止。一旦他挣到了2,000万美元，他就会提高到3,000万美元，接着是4,000万美元，永远都不会有满足的时候。

卡伯里意识到，莱文需要刺激和冒险，他很喜欢做秘密工作。莱文似乎也迫切希望帮助政府诱捕他的同谋。然而，在他们开始之前，卡伯里收到了一封要杀死莱文的威胁信，这让他们非常焦虑。这比莱文所预料得更刺激，他不得不在联邦法院的保护下躲到了乡下。相关部门很快就查清了此事，是一个怪人所发的。莱文回到了城里，同意给威尔吉斯、赖克、索克洛夫和布斯基打电话，并且按照要求秘密进行录音。

6月2日，周一晚上，也就是莱文告诉威尔吉斯"他像兄弟一样爱他"之后没多久，威尔吉斯就接到了莱文的电话。

莱文上来就说："鲍勃，你应该合作。"威尔吉斯从莱文的语气中立即知道情况已经发生了改变。莱文继续说："我知道我们都是斗士，但是，他们什么都知道了，找你的律师吧。"

威尔吉斯肯定这次通话被录音了，他知道他应该立即挂断电话，立即找律师。然而，他不能。他意识到在某种程度上莱文还会保护他，会帮助他摆脱这场灾祸。他继续讲着，说的话对自己不利。

莱文给其他人打电话都不顺利。他给布斯基打了两次，第一次，布斯基似乎很担忧，但是他什么也没有承认。布斯基说："我为你的家人感到难过，我很担心你的精神健康。记住，所有的一切都会过去的。"第二次打电话时，当布斯基听到是莱文之后，立即挂断了电话，并且说他们没有理由交谈。索克洛夫和赖克也是一听到是莱文后就立马挂断了电话。但是，这些电话也达到了一个目的，警告这些人他们的身份可能已经被政府知晓。

就在第二天，索克洛夫的律师给联邦检察官办公室打电话，讨论认罪问题。接着，戴维·布朗的律师也这样做了。索克洛夫迅速确认了这个布朗是他沃顿商学院的同学，也就是他在高盛公司拉拢的线人"戈尔迪"。每个人都同意认罪，接受两项罪责，并向证券交易委员会缴纳巨额罚款。索克洛夫后来被判处1年零1天的有期徒刑，布朗被判了30天。

几天后，威尔吉斯正在家中坐卧不安地待着，突然门铃响了。门卫说："兰蒂先生想见你。"威尔吉斯知道是西克拉，尽管他的律师建议不要和西克拉见面，但是他还是下去见他了。两个人走进河滨公园，西克拉似乎有点儿过度紧张。

"兰蒂，你应该找个律师。"威尔吉斯说着说着，突然苦涩地想起了莱文曾经给他提过相反的建议。

"有件事情我从来没有对你说过，"西克拉说，显得很伤心，"那就是关于我女朋友的一些事。"

威尔吉斯坚持说："别给我讲，我不想听。"西克拉只好停住了。威尔吉斯接着说："你要小心你所说的话啊，他们可能在对电话进行录音。下次我给你打电话时，他们可能会录音的。"

西克拉继续说："我打算去找拉扎德兄弟公司的艾伦·麦克法兰。"（麦克法兰是该公司的高级合伙人。）西克拉继续说道："我打算告诉他我是无辜的，只是想向你求助。"然后，他停顿了一下，观察威尔吉斯的反应，接着又说："我可不打算说你的好话。"

威尔吉斯感觉被压垮了，被抛弃了，他说："你怎么想就怎么做，不管怎么说我是完了。"

6月5日，政府的律师都很满意，莱文向他们坦白了一切，这正是他们所需要的。莱文出现在了联邦法庭上，认了罪，接受了那四项罪。记者和摄像师挤满了法庭，甚至都排到了法庭外的楼梯上。莱文似乎非常平静，他身穿黑色西装，看上去略显瘦弱。他面无表情地读着律师给他准备好的声明。

"在技术层面上，同对我的指控相抗争只会延长家人的痛苦，也会传递错误的信息。我已经违法了，我对自己的行为悔恨不已，也不会辩护。"莱文同证券交易委员会的协议公开了，他同意支付1,160万美元的罚金，给自己只留下了一套公寓和一辆汽车，并且声称永远不会再从事证券业。

当威尔吉斯听到莱文认罪的消息时，他正在赫顿公司的办公室上班。他似乎听到了丧钟声，确认了他最担心的事情——莱文已经背叛了他。他冲进纳夫塔里斯的办公室，祈求纳夫塔里斯和政府协商，达成一项协议。但是威尔吉斯的拖延使他原来可能具有的优势荡然无存。由于莱文已经认罪，威尔吉斯基本上没有给政府提供什么新资料。尽管威尔吉斯认为自己的罪责要比莱文轻一些，但是政府却要求他必须和莱文一样接受四项罪名。纳夫塔里斯告诉威尔吉斯，他别无选择，只能接受，然后争取努力同政府合作，威尔吉斯只好同意。接着，在纳夫塔里斯的陪同下，威尔吉斯来到了圣安德鲁斯广场。在卡伯里的办公室里，威尔吉斯哭泣着讲述了他被拖入内幕交易的过程。

威尔吉斯对政府的首要价值是他可以确认莱文关于布斯基和赖克的证词，也可以把西克拉牵连进来。在纳夫塔里斯的指示下，威尔吉斯痛苦地讲述了一遍莱文所告诉他的关于"俄罗斯人"和"沃利"的事情。尽管威尔吉斯从来都不知道他们的名字，但是他的记忆力却非常好，这一点儿曾经让莱文非常恐惧。他的讲述证明了莱文的证词，政府对此似乎非常满意。

威尔吉斯还忠实地到卡伯里的办公室里，给狄龙·里德公司的西克拉打了一个录音电话。威尔吉斯已经警告过西克拉电话被录音一事，因此，毫不奇怪，这个电话最后也没有什么结果。很显然，威尔吉斯给西克拉泄过密。事后，卡伯里给纳夫塔里斯打电话说他非常愤怒。

纳夫塔里斯对威尔吉斯大吼道："你真是个傻瓜，你还想保护那小子。难道你不明白吗？你那样做的话，他们会给你再增加四五年的刑期。你可能会失掉整个认罪协议的。卡伯里现在已经开始反感你了，这可不好啊。"

协助威尔吉斯的政府调查员巴里·戈德史密斯第二天告诉威尔吉斯："卡伯里想杀了你。"卡伯里告诉威尔吉斯，威尔吉斯只是一件"商品"，本来还多少有些价值，但是他却让自己贬值了。卡伯里说："我知道鸡肉沙拉和鸡屎的区别，而你给我的却是鸡屎。"

威尔吉斯惊慌失措，立即绞尽脑汁地思考着补救措施。西克拉曾经告诉过威尔吉斯他用女朋友的名字进行交易。威尔吉斯想起了西克拉女朋友的名字，并且还想到她是在奥兰多的人民捷运航空（People Express）工作。

威尔吉斯把这个信息告诉给了卡伯里，希望以此弥补过失。

他悔恨地说："对录音电话的事情，我很抱歉。"两天后，政府得到了西克拉女朋友的交易记录，并看到西克拉利用她的账户进行内幕交易。面对这些证据，西克拉同意认罪，接受了一项逃税的罪名，因为他内幕交易的收益没有报税，并接受了证券交易委员会的指控，被罚款2.18万美元。西克拉被判6年的缓刑，哈佛商学院也暂停了他的学业，保留了他再申请的权利。

7月，威尔吉斯接受了四项罪名，也接受了证券交易委员会的处罚。他同意缴纳330万美元，公园大道上的公寓也被没收，这套公寓他还从来没搬进去住过。这几乎把他所有的东西都没收了，只允许他保留西78街上的一套公寓、别克汽车和6万美元。最后，威尔吉斯被判1年零1天的有期徒刑，缓期5年执行。

威尔吉斯再也没有和西克拉说过话。当他最后把西克拉也牵涉进来时，戈德史密斯对他说："这个小伙子会憎恨你的，但是他从来都不会知道你为他所做出的牺牲。我不知道你为什么要让他为你做这种事。他比丹尼斯·莱文要惨，他只有22岁啊。"

现在，莱文内幕圈的直系成员只剩下一个了，那就是赖克。对政府的律师们来说，赖克可是一个巨大的挑战。和其他人不同，他没有拿过钱，也没有做过交易，没有书面记录。唯一的证据可能就是莱文的证词，而莱文却有在作证中说谎的记录。相比而言，赖克是一名正直的律师，是纽约一家著名律师事务所的合伙人。因此，卡伯里决定再利用一下莱文。

在7月的第一周，也就是在莱文认罪之后大约一个月，赖克正在忙着帮助律师事务所的客户NL工业公司（NL Industries）应对恶意收购的攻击。NL工业公司原名国家铅业公司（National Lead），是一家著名的企业集团。自从上次在加利福尼亚州企图自杀之后，赖克认识到他和莱文的交易没有直接的联系，因此感到很宽慰。如果需要，他可以否认这一切。为了摆脱痛苦的折磨，他把妻子和孩子送到了汉普顿去避暑，然后更加疯狂地投入工作之中。

一天，当赖克从NL工业公司开完会回到办公室时，他的秘书告诉他说有个很"讨厌"的家伙给他打了三次电话，但是没有说自己的姓名。下午4点半左右，秘书又告诉赖克，那个人又打来了电话，他坚持说赖克认识他。赖克拿起话筒，听到了莱文的声音。莱文有气无力地说："你好，伊兰。"

赖克问道："你怎么样啊？"

莱文说："我在电话亭打电话，你也去找个电话亭给我打过来吧。"

赖克立刻起了疑心，他坚决地说："我不知道你在说什么。"

莱文解释说："政府给我施加了压力，让我说出我们之间的事情，但是我不知道该说什么。"

赖克重复道："我不知道你在说什么。"说完，他立即挂断了电话。然后，他直接就去找一位合伙人，告诉了他莱文打电话的事。

沃切尔律师事务所的律师们给林奇和卡伯里都打了电话，问他们莱文要干什么，他是不是在到处咬人。林奇和卡伯里都模棱两可，吞吞吐吐。接着，律师事务所的高级合伙人赫伯特·沃切尔亲自给他们打电话了解情况。然后，他告诉赖克，卡伯里对莱文的电话"似乎不是很惊奇"，而林奇则保持沉默。他若有所思地说："好像他们知道是怎么回事。"接着，他又安慰赖克说："你做得很对。"但是，他却没有告诉赖克，林奇建议赖克在沃切尔律师事务所之外聘请一位律师。

同一周的星期五，大概在下午3点45分，证券交易委员会的彼得·索南萨尔走进沃切尔律师事务所的接待区，他要求面见赖克或者沃切尔。当接待员有点儿迟疑时，他自己闯进了走廊，根据办公室门上的名字一个接一个地找。不过，该律师事务所的一位合伙人爱德华·赫利希制止了他。赫利希是林奇的朋友，他把索南萨尔带到了自己的办公室里，然后给林奇打了个电话。

他问道："这个家伙来这里干吗？"林奇解释说，索南萨尔的目的是传讯赖克。林奇说："现在我们要调查他了。"

当赖克来到赫利希的办公室时，索南萨尔正在等着给他递传票。赖克吓得哆嗦一下，索南萨尔冷冰冰地看着他。

传票上罗列了102项问题，要求赖克提供电话记录、信用卡账单、经纪账户。此外，上面还写了许多人的名字，要求赖克提供他们的信息。但是，赖克只认识上面的威尔吉斯。

从早上9点一直到午夜，赖克一一回答传票上的问题。其中95%以上的问题他都可以如实回答，这让他信心倍增。他说他认识莱文已经很多年了，两人没有什么深交，在几项业务上合作过。但是，他否认曾经给莱文透露过机密消息。

周一上午11点，赖克刚刚看完NL工业公司公布的一篇新闻，他把脚放在旁边的一张空桌子上，懒洋洋地坐在那里。突然，他的朋友佩德威兹打电话让他过去一下，说一起去会议室开个会。其他三位合伙人已经在那里等着了，他们是伯纳德·努斯鲍姆、沃切尔和艾伦·马丁。这三个人以前都做过检察官。

虽然赖克认识到这些人是不会用"律师/当事人特权"来保护他的，但是他仍然没有理会他们让他聘请一位律师的建议。缺乏支持让他非常伤心。他说他想听听他们所知道的情况。这些合伙人大致给他讲了一下莱文的证词，赖克使劲地在小本子上乱画着。他否认曾经给莱文提供过任何内幕消息，甚至无意走漏的也没有，他坚持说莱文的交易纯属巧合。接着，这三位合伙人又告诉赖克，莱文的另一名同伙已经向政府坦白了，说他知道莱文在沃切尔律师事务所里有一名线人。

赖克听了瞠目结舌。莱文曾经发誓不会透露他的身份，他答应过的啊。他怎么能背叛呢？赖克第一次感到天要塌陷了。他一下子被击垮了，紧张不安起来，接着他开始哭泣。这些合伙人再次督促他去找一位律师。

当他拒绝时，已经该吃午饭了。他们点了三明治，但是赖克一口也没吃。现在，这些人改变了战略。他们提醒赖克，在过去的一周里他们一直都在坚定地支持着他，如果赖克说谎，他们的声誉就会受到影响。他会辜负他们，以及他的导师利普顿，赖克又开始哭泣起来。当他平静下来后，他开始讲述自己年轻时所遇到的麻烦，他在交朋友上的困难。这些合伙人都是他的朋友。最后，他抖擞精神，说他要思考五分钟。他试图在小本子上罗列出讲出真相的有利与不利方面，但是，他一条不利也没有写出来。突然，他意识到，不能再向这些合伙人隐瞒实情了。

大概下午2点半左右，也就是在他们三个多小时的询问和讨论之后，赖克把真相都讲了出来。说完之后，这些合伙人遗憾地问他为什么要这样做。赖克提到了友谊、孤独和金钱，但是他的声音有些缥缈。他真不知道该怎么回答。

赖克最后聘请了一位刑事律师，名叫罗伯特·莫维罗。几年前，沃切尔律师事务所的合伙人卡罗·弗洛伦蒂诺因为内幕交易而被指控时，罗伯特就是他的辩护律师。赖克辞去了他所热爱的律师事务所合伙人的职位。如果说威尔吉斯讨价还价的机会很有限的话，那赖克的就更少了。他也不能告发其他人。他按照自己的说法来解释这个"交易圈子"，但是政府的律师们的答复是："那又怎样了？"似乎大家都不相信赖克没有拿钱，并且在1984年就退出了。

在这几个同谋中，只有赖克接受了大陪审团的审判，被指控两项罪名。一周后，也就是10月9日，他认了罪。对于证券交易委员会的指控，他也同意了，被罚款48.5万美元。他只留下了曼哈顿西区的一座房子、一辆奥兹莫比尔牌汽车和1万美元。同威尔吉斯一样，他被判处1年零1天的有期徒刑，缓期5年执行。他和威尔吉斯一起被判关进丹伯里的联邦监狱。

1987年2月20日，对莱文的审判在纽约郊区怀特普莱恩斯的联邦法庭举行，法官是杰拉德·戈特尔，他刚刚接受任命。上百名记者、摄像师和好奇的旁观者挤满了法庭外的街道。警察骑着马站在人群前维持秩序，为一辆深蓝色的汽车开出了一条道路，车上坐着莱文、他的律师和家人。法庭太小了，容不下太多的人，许多记者只好站在寒气刺骨的法庭外面。

利曼请求宽恕莱文，他说："法官大人，他已经被抛弃，成了一个不受人待见、遭人鄙视的人，他的遭遇是我之前从来都没有见过的。丹尼斯·莱文已经成了内幕交易罪的代名词，总是被人提起。"莱文身穿一件老式的灰色条纹西装，用平静的语调朗读着自己的声明。在声明中他说，"我永远也不会再违法了""我已经接受了教训""我非常抱歉和羞愧"。声明中还提到了他的家人："是他们的爱和支持帮我度过了这段艰难的时光。"

然而，法庭指派的律师谢尔登·戈德法布调查了莱文的资产，并提出了疑问。他审查了莱文过去6年的收入和资产，发现有几十万美元的支出无法解释。莱文称这些钱是在巴哈马赌博时输掉的，但是戈德法布表示这很可疑。据说，莱文哥哥罗伯特陪同他多次到过巴哈马，然而，他却没有想起莱文输过钱的事，而且他说话还含糊其词，吞吞吐吐。莱文自己则拒绝在宣誓后回答关于赌博输钱的问题。在呈报给法庭的最终报告中，戈德法布表示他怀疑莱文想法隐藏了一大笔钱。

然而，公诉人现在对莱文的表现非常满意，戈特尔法官对莱文的合作也很高兴。法官在宣判书中说："他承认犯罪，并且和政府合作，而且他的合作确实非常出色。通过他提供的信息，政府在华尔街发现了一个完整的内幕消息圈。"最后，法官判处莱文两年徒刑，并在证券交易委员会的1,160万美元罚款之外，再罚款36.2万美元。

"游戏"结束了。

1986年7月，在莱文被捕之后两个月，布斯基飞到洛杉矶去见米尔肯。两个人坐在米尔肯家的游泳池边悄悄谈着。莱文的被捕对他们俩都是一个震动，这说明政府对证券业的执法力度要比以前预料得更强。米尔肯提醒布斯基，考虑到当前的形势，媒体和政府全都盯上了证券市场，他们最好限制一下交易。布斯基立即同意了。

他们还谈论了那530万美元的问题，这笔钱被伪装成了咨询费——这可能会成为证据，给他们带来麻烦。他们同意找个办法来支持他们的虚假解释。德崇公司可以多做一些文件，展示一下它对圣巴巴拉财务公司、斯考特·费泽公司和其他一些没有成功的交易所做的研究。但是，他们的账册（也就是瑟恩纳和穆拉迪恩一起对账的资料）怎么办呢？那些东西必须销毁。

8月的第一个星期，布斯基回到了纽约。他一回到曼哈顿的办公室就给穆拉迪恩打电话。

布斯基一反常态，悄悄地说道："我是伊万，你出来一下，咱们见面谈谈吧。"

穆拉迪恩感到很奇怪，不知道布斯基要干什么。他和布斯基一天要打两三次电话，却很少面谈。更奇怪的是，布斯基坚持让穆拉迪恩到西52街的帕斯特拉明·森斯咖啡厅和他见面。这是布斯基和西格尔以前曾经密谈的地方。

虽然店里几乎空无一人，但是，布斯基还是把穆拉迪恩带到地下一层，选择了一个比较僻静的座位。然后，他以近乎听不到的声音告诉穆拉迪恩，他所说的事情必须严格保守秘密，不能走漏一点儿风声，绝对不能告诉第三个人。穆拉迪恩点头表示同意。

接着，布斯基悄声问道："德崇公司的那些账单还在吗？"穆拉迪恩感到这样说话很滑稽，因为房间里根本没有其他人。

"在。"他用正常的语调回答着。

"在家还是办公室？"布斯基仍然悄声问道。

"在我的办公室里。"穆拉迪恩回答。

布斯基俯身把脸贴过来,都快要碰到穆拉迪恩的鼻子了。他说:"销毁它们。"

每年的8月中旬都是华尔街上各公司休假的时候,大部分投资银行家都走了,他们纷纷前往汉普顿、康涅狄格州的乡下或者欧洲,只留下了一些最基层的交易员和后勤人员在坚持工作。林奇和卡伯里感到,如果他们要休假的话,最好也在这个时间。他们认为,八月份不太可能发生什么重要情况。卡伯里和妻子动身到英国的湖区度假,这是他们很早就计划好的,他们打算住在家庭旅馆。林奇和家人一起开车到了迈阿密的友谊城,这是位于佩诺布斯科特湾(Penobscot Bay)的一个小镇,他们在那里租了一个小木屋,以前的暑假他们也来过几次。

自从5月莱文被捕以后,紧张、复杂的事情就不断出现,林奇想借此好好放松一下。但是关于伊万·布斯基的问题总是在他的脑海中回荡,很难摆脱。布斯基一案可能比林奇所想象得更大、更重要。布斯基的名声很大,甚至和股票市场扯不上什么关系的人都知道他,他也了解布斯基的神话,而且现在了解得更多。自从莱文决定认罪以来,他和卡伯里几乎每天都要通过电话联系。他们读过布斯基的书《合并狂潮》,还在电脑上进行了检索,把每一篇关于布斯基的文章都整理了出来,包括《洛杉矶时报》和《财富》杂志上让西格尔惶恐不安的那两篇文章。他们还调查了布斯基所提交的全部13D表。这些调查都是秘密进行的,甚至在联邦检察官办公室和证券交易委员会内部也属于机密。

尽管莱文很合作,但是林奇知道要想指控布斯基仍然会很困难。林奇一直都认为,要想以内幕交易起诉套利人不是件容易的事。他们的交易大都是根据传言或者市场消息进行的。布斯基在多数并购中都大量交易股票,他可以声称自己拥有大量的合法消息,自己是根据这些消息进行交易的。尽管如此,在直觉的驱使下,林奇还是继续进行调查,甚至要立案审查，尽管这可能会一无所获。

证券交易委员会批准林奇对布斯基继续进行调查。第一步，在8月初，证券交易委员会的工作人员针对布斯基和他所控制的各种机构准备了一份详细的传票，并送给了布斯基，要求布斯基接受讯问，并提供各种文件和交易记录。传票上的问题设计巧妙，足以让布斯基明白，莱文已经把他也牵涉进来了。到林奇休假结束回来时，布斯基回复传票的时间也要到了，也许到时可能会出现很有趣的事情。林奇预见到了一场旷日持久、艰苦卓绝、代价高昂的战斗，并且，这种战斗可能是执法处有史以来从未经历过的。

8月26日，星期二，林奇回到了他租赁的小木屋，发现罗伊银行的律师哈维·皮特在电话中给他留了言。他有点儿恼火，心想皮特怎么会把电话打到这里呢。但是他还是立马给皮特回了个电话，皮特正在华盛顿的办公室里。

皮特首先对打扰林奇道了个歉，然后他接着说："我们需要见一见，有重要事情商量。"这次皮特不是谈罗伊银行的事情，他是代表布斯基的。

林奇问道："你打电话是要谈传票的事吗？如果是的话，我就不明白为什么不能等等呢，我正在休假。"

但是皮特坚持说："我们必须现在见面，我们不能等。"

林奇只好同意在中途找个地方见面，最后选定了波士顿。他说："这个地方应该不错的。"

皮特回答说："我不会浪费你的时间的。"

实际上，皮特已经打乱了自己的假期，把家人扔在了弗吉尼亚州的海滩上，自己跑回华盛顿，已经三个星期了，也没有向他们解释为什么。这件事情太有爆炸性了，他不能向任何人透露，甚至他的妻子也不行，而且她也没有必要知道。最初皮特每天都给妻子打个电话，说他要再待一天，也许过一天就可以回去了。后来，不等他说完，他的妻子就打断了他的话。她说:"直接告诉我你不会回来就得了,这样更容易。"

布斯基一接到证券交易委员会的传票,就给皮特打了一个电话,说他们要谈一谈。皮特一点儿也不惊讶,这么多年来,同其他交易量很大、提交报告很多的人一样,他也经常受到证券交易委员会的传票。但是,从布斯基的语气中,皮特明白这次有点儿不同。

皮特很快就明白了其中的缘由。这次传讯要求布斯基提供几乎所有的交易文件和记录,并且政府要求在几周内就做出答复。这可不是常规的调查。

皮特知道证券交易委员会要传讯必须有正式调查令。他给执法处的工作人员打电话,要求得到一份调查令的复印件。让他吃惊的是,执法处的工作人员拒绝了。在他18年的执业生涯中,他还从来没有见过证券交易委员会不提供正式调查令的情况,这也说明这次情况十分严重。

最后,证券交易委员会的律师告诉皮特,他可以到证券交易会查阅这份正式调查令,不过他要保证不能复制。皮特带着三名同事来到证券交易委员会,每个人默记了一页,然后跑出来,根据记忆整理了一份。根据这份复制的调查令,皮特迅速得出两个结论:第一,莱文的证词很明显对布斯基不利;第二,这将是一次大规模的调查活动。皮特认为再找一家律师事务所帮助会更慎重一些,因此,他给西奥多·莱文打了电话。皮特在证券交易委员会工作时和他是同事,他同西格尔也认识,一起参加过几起并购的研讨会。西奥多·莱文现在是华盛顿威凯平和而德律师事务所(Wilmer, Cutler & Pickering)的合伙人,也正在休假。

当听到布斯基也成了被调查目标之后,西奥多·莱文惊呼:"哦,天哪!"他立即中断假期回到了华盛顿。

不到一周,布斯基就把他的首席财务官里德·内格尔叫到自己的办公室里,讨论北景公司几起悬而未决的交易,其中有两起是在一个多星期内就要完成的。布斯基说:"我有些坏消息,我们要取消那些交易。"内格尔在其中的一些交易上已经忙碌了一年多,现在他简直不敢相信布斯基说的话。他要求布斯基给他解释清楚，布斯基说："现在是困难时期，虽然我们没有做什么坏事，但是我们正在接受调查。"

在接下里的那个星期日，皮特、西奥多·莱文和威凯平和而德律师事务所的另外一名合伙人罗伯特·麦考一起飞到了纽约，入住在第42大街的君悦大酒店。随后，迈克尔·劳赫也来了，这是皮特在罗伊银行一案上的搭档。当时，美国律师协会正在这个酒店召开大会，因此这些律师的出现不会引起人们太多的关注。布斯基在第二天和他们见了面。

他似乎比以前更瘦了，犹豫不决、紧张不安。皮特把他介绍给了威凯平和而德律师事务所的律师，然后大家坐下来开始谈正事。

皮特开始说："我可以告诉你我认为政府已经得到了什么，但是只有你知道真相。如果你不给我们讲真话，或者不全讲的话，我们就没法给你提供有效的建议。"他也提醒布斯基，一旦他把实情告诉给了律师，将来在证人席上就不能更改。他们宁愿不做布斯基的代理，也不希望他作伪证。

布斯基不需要太多的劝诱。慢慢地，吞吞吐吐地，他开始讲述他成功中黑暗的一面。这好像是他第一次面对人生中复杂而真实的自己。

皮特感到极其忧伤，他知道自己正在目睹美国金融领域最重要的一个行业的土崩瓦解。皮特在布斯基的全盛时期就认识了他，他相信布斯基是一个天才人物。

布斯基整整讲了两个星期才把真相讲完。皮特等人把谈话地点从君悦大酒店转移到了赫尔姆斯利宫酒店，在这个豪华的酒店租赁了一层，带来了电脑和复印机，并且找来了助手和信使。大量的信息、所有潜在的证据都被收集、整理，这些工作都是在悄悄地进行，不希望引起人们的注意，甚至连法朗克律师事务所的其他律师都不知道。

布斯基向律师们讲述了他和莱文、西格尔、米尔肯、穆赫伦、西海岸的经纪人博伊德·杰弗里斯以及其他许多人的交易情况。听到这些讲述，皮特得出两个结论：第一，政府根据莱文的证词指控布斯基进行内幕交易证据不足，布斯基可能提供的情况更多；第二，布斯基的陈述中有比内幕交易更严重的问题。

很显然，布斯基惧怕米尔肯。他在讲述和米尔肯的交易时，有一种明显的恐惧感，好像他害怕米尔肯也在听着。然而，布斯基似乎对他所讲述的问题的严重性没有什么感觉，皮特对此非常震惊。除了内幕交易外，米尔肯和布斯基还牵涉到了其他多种犯罪活动：违反13D表规定、违法寄存股票以及操纵股票市场。布斯基都是根据米尔肯的指示去做，甚至有时候他都不明白自己的行动是如何符合了米尔肯的计谋。布斯基所揭露的犯罪行为是史无前例的，皮特甚至不敢相信。

皮特立即就认识到，布斯基必须尝试着和政府达成认罪协议。在认罪协议中最重要的两个因素——政府对案情的了解以及被指控人举报他人的能力——都对布斯基有利。皮特知道，他可以把布斯基"卖给"政府，吊吊政府律师们的胃口，仅仅用关于米尔肯的信息就足够了。

皮特告诉布斯基："你必须理解其中的风险，如果你开始同政府合作，你就会有风险。首先，你要向政府坦白，米尔肯他们也违法了。"

他指出，与政府合作将会是痛苦的。他会受到公开指责，对他的罚金也可能很高。皮特不想给客户美化前景。另外，他对布斯基说，如果布斯基决定对抗的话，政府很显然是不会后退的。这样一来，布斯基的案子就会成为轰动全国的大案要案，政府会动用一切力量来对付他的。布斯基会被公开审判，这可能给他带来巨大的精神压力。

布斯基提出了三个主要问题。第一，他的妻子和孩子会怎样？（他们的资产和信托基金，包括由布斯基的非法活动而产生的部分，可能不会受到影响，因为他们是无辜的旁观者。）第二，他的员工和投资人会怎样？（布斯基可能终生不准从事套利业务，那么他的员工可能会失业，不过他的投资人可能不会受到伤害。）第三，他会被判刑吗？（很有可能，但是刑期要比开庭审判判的短得多。在布斯基承认的每一项证券犯罪中，最高刑期都是5年。）

在广泛的讨论之后，布斯基犹豫了一下，一脸严肃，然后看了看房间里的律师们说："我同意认罪。"

皮特感到一刻也不能耽误。他一听到布斯基的决定就立即给证券交易委员会打电话，并且打给了在缅因州度假的林奇。8月27日，斯图克和证券交易委员会的另外一名律师从华盛顿飞到了波士顿，皮特、劳赫、西奥多·莱文和麦考从纽约飞到了波士顿，他们要在这里和林奇会面，地点是证券交易委员会驻波士顿地区办事处一个没有窗子的房间，就在波士顿花园球馆的北面，波士顿花园球馆是凯尔特人队的主场。

皮特没有寒暄、客气，开门见山，并坚持要求这次会谈不能留下任何记录。林奇立即意识到将会发生重大情况。然后，皮特开始宣读一份事先准备好的声明。他告诉林奇，布斯基不能在这么短时间内对证券交易委员会的传票做出回复。他同时表示，只起诉布斯基不符合政府的利益。

他说："如果我们达成协议，政府就可以揭开华尔街的巨大黑幕，甚至能够同佩科拉听证会相媲美，皮克拉听证会曾经在证券市场引起巨大轰动，导致证券法的通过。"他接着说："布斯基是'华尔街上的一面窗户'。他不是一名普通的观察者，他能告诉你这些内幕情况。"

林奇非常震惊，但是却面无表情地坐在那里，不露一点儿声色。他连看斯图克一眼都不敢。

"我们认识到，政府也必须做些表示。"皮特继续说道，把他的协商条件都讲了出来。布斯基自愿退出证券业，同意缴纳巨额罚款，并同政府全力合作。作为回报，他想要免予刑事起诉。

林奇告诉布斯基的律师，他不能替联邦检察官办公室或者司法部做主。很显然，布斯基必须先达成认罪协议，否则谈什么都毫无意义。他说他和同事们将尽力而为。

当皮特和布斯基的其他律师走出去后，证券交易委员会的律师们高声欢呼，互相击掌，差点儿跳到桌子上跳舞。

林奇迫不及待地想把这个消息告诉卡伯里。在劳动节的周末（美国的劳动节为9月的第一个星期一），他给卡伯里的家中打了个电话，卡伯里刚刚从英国回来。林奇在电话中不敢多讲，因此，他同意第二天上午飞到华盛顿，同证券交易委员会的律师和布斯基的律师见面。

同一个周末，布斯基给正在家中的穆拉迪恩打电话。布斯基问道："你把它们销毁了吗？"穆拉迪恩知道他是指那些德崇公司的账务资料，在上次他们在咖啡厅见面之后，他就把那些东西撕碎了。穆拉迪恩回答说："是的，你在说什么呢？当然销毁了。"

布斯基命令道："重新再做一份。"

穆拉迪恩完全糊涂了，他抗议道："伊万，我不可能再做出来了。"

"你必须做出来。"布斯基说道，然后就挂断了电话。

穆拉迪恩心中暗自骂道，把这也算作布斯基的一个不合理要求。他明白自己连那些股票的种类都记不得，更不要说确切的数量了。突然，他想起了玛利亚·特明，就是上次把文件送到佛罗里达的那个年轻女子，她帮他做过一些对账工作。她还有一些工作表。穆拉迪恩还找到了一些他用来计算数据的零碎的原始资料。他和玛利亚一起工作，竭尽全力按照原样做出账本来。

劳动节之后的那个星期二，布斯基的律师、证券交易委员会的律师和卡伯里在华盛顿宾夕法尼亚大街的法朗克律师事务所的办公室见了面。皮特把讲给林奇的话又给卡伯里讲了一遍。

皮特问道："我们能达成协议吗？"卡伯里说他必须和朱利安尼商量一下，不过他也很感兴趣。

回到纽约后，卡伯里去找朱利安尼，朱利安尼给了他5分钟的时间。朱利安尼正在忙着处理斯坦利·弗里德曼的贪污腐败问题，此人原来是纽约布朗克斯区民主党的领导人，这件事情引起了媒体的大肆炒作。朱利安尼决定亲自处理这起案子，并且必须成功，这样才有利于他施展政治抱负。

卡伯里告诉朱利安尼，他还要一到两年时间才能处理布斯基的案子,即使到了那时,他也不能担保一定会给布斯基定罪。相比而言,他认为布斯基的合作可能会引出"有趣的事情"。

在经过短暂的讨论之后,朱利安尼告诉卡伯里可以协商认罪协议。他们一致认为豁免是不可能的,至少要对他提起一项诉讼。他们还想对布斯基处以高额罚款,卡伯里最近注意到证券交易委员会的年预算是1.05亿美元,他认为应该对布斯基罚款1亿美元。这是一个很大的数字,也是估计的,一旦公布肯定会让人们瞠目。他认为这个数字和证券交易委员会的预算比较接近,一对比就会给人们留下深刻的印象。这也表明同布斯基的协议还是很有价值的。卡伯里知道如果协议太宽大仁慈的话,会引起大爆发的。

他也知道,如果布斯基要做秘密线人,那就必须保密。卡伯里相信林奇和他的高级助手,但是,他不了解证券交易委员会的其他人员以及他们是否可靠。卡伯里给林奇打电话,说他已经和朱利安尼协商好了,同时,他也强调一定要注意绝对保密。卡伯里警告说:"我会把任何泄密都看作妨碍司法公正,并且会严肃考虑提起诉讼的。"

林奇只把协商的事情告诉了办公室里的三个人,而卡伯里也只告诉了朱利安尼和刑事处的负责人霍华德·威尔逊。后来,卡伯里还把一些特别详细的秘密告诉了另外一个人,如果他突然被害或者死亡,这个人就可以继续办理此案。所有的会谈都是在法朗克律师事务所的办公室进行的,而不是证券交易委员会或者联邦检察官办公室,因为这些律师的出现可能会引起关注。为了增加保密性,布斯基的名字从来没有被提及,联邦检察官办公室的人称他为"伊戈尔",证券交易委员会的人称他为"欧文"。

布斯基的律师和政府的工作人员立即投入协商之中。他们的时间很紧张,因为布斯基的北景公司11月15日之前需要向证券交易委员会提交披露报表。到时候,案件任何重大的发展都必须披露。他们希望把布斯基做秘密线人的事情也披露出来,这将大大缩短他可以合作的时间。

在协商开始时，卡伯里直截了当地说布斯基必须接受一项最高刑期为5年的罪名。布斯基的律师没有太大的异议，只是要求把刑期缩短为最高3年。卡伯里坚决拒绝了，布斯基的律师只好屈服。但是，他们在讨论布斯基的罪名时颇费周折，讨论了很长时间。可供选择的5年刑期罪名很多。从战略上讲，卡伯里想找一个布斯基可能会被要求作证的罪名，而且他想传递一个信息——这个案子要比内幕交易更大。最后，他选择了证券欺诈罪，这个罪名比较合适，包含了所有方面。

钱的问题更复杂，卡伯里和证券交易委员会的律师提出1亿美元的罚款，其中5,000万美元为布斯基大概的非法收益，另外的5,000万美元是额外的罚金，他们认为这个数目比较合适。他们还认为1亿美元符合他们对布斯基资产净值的估计。但是布斯基的律师认为这个数字太大了，他们自己的计算显示布斯基的收益只有3,000万美元，这是莱文交代的数字。既然证券交易委员会只了解莱文的交易情况，那布斯基就不应该自愿交代更多的违法行为而招致更多的罚款。然而，政府的律师们坚决不动摇，坚持必须罚款1亿美元。

皮特知道，这是布斯基所能容忍的一个数目。政府根本就不知道布斯基通过非法活动获得了多少收益，只有罚款的金额确定了，他们才能发现布斯基的全部违法活动。同时，他们还不能随便收缴布斯基所拥有的一切。罚款要根据违法行为而定。然而后来，政府收到了布斯基的资产账单，结果证明证券交易委员会的估计同实际情况相差不远。这份机密的资料披露，布斯基在1986年1月的资产净值大概是1.3亿美元，包括270万美元的现金、1.15亿美元的有价证券、690万美元的房产、两辆价值10万美元的劳斯莱斯汽车和价值240万美元的艺术品。这份账单还披露布斯基的年收入为700万美元，包括他作为自己公司首席执行官的薪水，不过只有3.5万美元。另外，布斯基的个人年消费据估计大概为600万美元，看来他的生活还是很奢侈的。

在认罪协议中有一个重要的方面，叫"价值估计"，也就是被告人正式向政府预先估计自己与政府合作的价值。在华盛顿第一次见面时，皮特向政府提供了口头的价值估计，大概讲了一下布斯基做证人的价值，比他上次讲述的要详细多了。但是，他没有提到布斯基要供述的人名。然而，在最后一次协商时，协议的其他方面已经谈好了，皮特拿出了一份书面的价值估计，林奇需要这份资料，因为他要用这些资料来取得证券交易委员会的批准。

最后的协商也是在法朗克律师事务所进行的。最后，已经接近凌晨4点了，皮特取出了那份大家一直期盼着的文件，林奇、卡伯里和其他律师迫不及待地翻阅起来。卡伯里感到非常失望，里面的内容比他期望的要含糊，没有写名字，只用甲、乙等指代。而且这些人犯了什么罪也很模糊，没有明确说明。卡伯里放下资料，抬起头来，十分忧虑。

他说："我们搞不清楚是在找替身，还是在找真正的主角。"

皮特坚持说："在没有和证券交易委员会达成协议之前，我们只能做到这些了。"他声称不能透露太多的东西。林奇和卡伯里走出了房间，考虑到布斯基的身份，他们相信拿这些材料来说服证券交易委员会可能会有麻烦。他们必须得到更多的证据证明布斯基所提供的东西很有价值，他们必须有更大的鱼。

在将近早上6点时，卡伯里叫了一辆出租车回到了他所入住的旅馆，这是一家条件很差的旅馆，甚至连前台接待人员都没有。但是，政府提供的补贴只够他住这样的旅馆。他刚刚躺下，电话铃就响了，是林奇打来的。

他兴奋地说："他们想再透露一些东西，皮特刚才打电话说的。"但是卡伯里已经知道了。

他说："我不管他们想要透露什么东西，上午10点之前我什么也不干了。"说完，他翻了个身，然后睡着了。

第二天早上，皮特决定冒险一搏。他决定口头揭露价值估计中提到的每个人的身份，不过不会提供书面材料。接着，皮特说出了一些金融领域声名显赫的大人物：垃圾债券大王迈克尔·米尔肯、德崇公司的明星投资银行家马丁·西格尔、西海岸著名的经纪人博伊德·杰弗里斯以及企业狙击手卡尔·伊坎，听到这些人，政府的律师们目瞪口呆。皮特可以透露更多，但是他希望有所保留，以免将来无法完全兑现时，遭到政府的指责。因此，他没有提到其他人，比如穆赫伦等。

突然之间任何疑问都没有了，证券交易委员会批准了协议。布斯基给他们提供了一个宝藏，远远超出了他们的想象。仅仅在几个月前，当丹尼斯·莱文被捕的时候，证券交易委员会还以为这是他们在20世纪80年代破获的最大的内幕交易案。

卡伯里把达成的协议带给了朱利安尼，当时朱利安尼仍然在忙着处理弗里德曼的案子，不过他迅速同意了这个协议，他们不能放过这个机会。9月10日，林奇把协议带到了证券交易委员会。自从当年夏天立案调查正式批准之后，证券交易委员会还没有收到任何新情况，甚至约翰·沙德主席对此也一无所知。听了林奇的汇报后，他们似乎对披露的情况及其将引发的反应非常震惊。

根据莱文一案上德崇公司的合作情况，林奇和证券交易委员会的其他委员们都很肯定，只要问题被揭露，该公司就会立即开除米尔肯并同意合作的。他们感到，布斯基揭露的问题非常严重，像德崇这样的公司肯定无法从证券交易委员会的执法行动中安全脱身。如果德崇公司想保护米尔肯的话，合法商人怎么还敢和它合作呢？他们认识到，如果布斯基和米尔肯被驱逐出市场的话，经济就会发生深远的变化，对此他们必须慎重应对。并购推动股市达到一次次的高峰，布斯基和米尔肯则是并购领域的两大中坚人物。

即使沙德已经批准了协议，他似乎还不太相信他们已经掌控了布斯基。他几乎每天都要给林奇打电话，似乎在担心证券交易委员会得不到那1亿美元。沙德认为："我肯定伊万会外逃的，他随时都可能逃走。怎样阻止他呢？如果我们没有得到钱怎么办呢？我们现在就必须让他交罚款，我们可以冻结他的资产。"

林奇尽量压制着不耐烦。他说："约翰，他正在和我们合作，我们会得到钱的。如果我们现在就开始对他采取措施的话，大家都会知道的。我们要坚持保密，直到调查完全结束为止。"

林奇意识到，一旦协议被批准，保密问题就会越来越难，随着消息的传播，不可避免会有更多的人知道。西玛的妹妹穆里尔·斯莱特金，也就是比弗利山酒店的共同所有人，已经听说了布斯基被传讯的事。接着，圣地亚哥一家报纸上刊登了布斯基受到传讯的短消息，一下子增加了政府的焦虑。接着，在9月的第一个星期，《今日美国》的一个栏目上也刊登了布斯基接受传讯的事情。每天，政府的律师都在密切关注媒体，查找可能泄密的线索，但是再也没有出现任何新情况，不过他们知道，不能再浪费时间了。

9月17日，星期一，布斯基和证券交易委员会签订了协议，正式成为政府的秘密线人。第二天，他和司法部签署了认罪协议。9月15日晚上，当布斯基和古特曼同其他客人在"伊丽莎白女王二世"号上聚会时，他的律师们正在不分昼夜地同政府的工作人员协商最后的协议。皮特在星期日的晚上只睡了两个小时。

认罪协议除了一项罪名和同政府合作外，还包含严格的规定，要求布斯基必须讲实情：

> 你的当事人必须一直提供完整、真实和准确的信息和证词……你的当事人必须保证不能再犯其他任何罪行。如果你的当事人再有任何犯罪行为，或者本办公室认为你的当事人故意隐瞒事实真相，没有提供完整、真实和准确的信息和证词，或者以其他的方式违反该协议的任何规定，那么，你的当事人就会受到本办公室的起诉。本办公室将根据所了解的情况，依据

联邦刑法提起诉讼，罪名包括但是不仅仅限于作伪证和妨碍司法公正。任何这种起诉都可能会以你当事人所提供的任何信息为前提，而且这些信息可能会被再次利用来起诉他。

在接下来的那个星期日，政府得到了测试布斯基的第一个机会。尽管在过去的四个多月里，布斯基在许多方面都主宰了政府律师们的生活，但是这些人从来还没有见过这位套利人。林奇和斯图克从华盛顿飞到了纽约，布斯基的律师也从华盛顿飞到了纽约。卡伯里和杜南在麦迪逊大道的韦斯特伯里酒店同他们见了面，布斯基在那里租了一个套间。

由于那是个星期天，包括卡伯里在内的多数律师都身穿便装，但是布斯基还和往常一样，穿着一身黑色的三件套西装。他似乎很累。在整个会见期间，他手里不停地转着一个小金属球。他非常拘谨，甚至还有些呆滞。

在每个人都做过介绍之后，卡伯里开始开会，他说："布斯基先生，你唯一的义务就是讲实话，否则我们就会给你判重刑。"卡伯里鼓励布斯基向律师们讲述一下他的犯罪活动，从莱文开始讲起，他想知道布斯基讲述的同莱文的有多少一致性。卡伯里很高兴，因为布斯基没有企图淡化自己的罪行。除了几处细节之外，布斯基讲述的大致和莱文的相一致。

卡伯里引导着布斯基开始讲述西格尔、杰弗里斯、伊坎等人的情况，最后还有米尔肯的情况。在布斯基讲述时，卡伯里没有打断他，也没有探问细节问题。最后，布斯基还用自己的话总结了一下，卡伯里对此非常满意。接着，布斯基又陈述了大概一个半小时。杜南一边记录，一边注意着安排布斯基进行秘密调查的机会。

接着，林奇和斯图克开始问话。由于证券法的范围较宽泛，而且民事案件要求的举证标准比较低，因此他们讯问的范围比较广泛。他们采用了分项提问的办法，把布斯基非法交易中的重大问题（如菲施巴赫公司的交易）一一讲了出来，总计大概持续了三个小时。

　　布斯基的讲述没有仅仅限于"价值估计"中所涉及的人物，他不仅讲了他和伊坎一起去海湾西方石油公司的事，这可能违反13D表披露的规定，而且，他还说海湾西方石油公司操纵股价也涉及穆赫伦。他说穆赫伦替他处理了许多其他交易。此外，布斯基还讲述了"价值估计"中没有提到的交易。另外，他还说他怀疑高盛公司的鲍勃·弗里曼也卷入了内幕交易。

　　卡伯里重新开始钦佩证券法的智慧，尤其是技术层面上的一些规定。布斯基的讲述使卡伯里想起了20世纪20年代秘密权益结合和操纵股价的丑闻，但是布斯基的揭露比这更深入，甚至涉及制造虚假兼并从而威胁和逼迫公司接受兼并的问题。卡伯里从来都没想到证券市场的违规活动是如此猖獗和变化多端。

　　律师们还对布斯基世界的权力等级和影响力感到震惊，他们总是认为布斯基已经是华尔街上的大人物，然而现在，他们也和布斯基的律师一样，得出了一个新结论：布斯基也只是第二级别的人物，他还要依赖米尔肯和德崇公司。

　　布斯基一次次地告诉卡伯里和其他的律师，米尔肯已经成为他生活中最重要的人。他对米尔肯言听计从，因为米尔肯既可以让他变富有，也可以毁了他。

　　政府的传讯工作一直持续了几个星期。为了保守秘密，他们从一个酒店转移到另外一个酒店，大部分都不是在曼哈顿，而是在韦斯特切斯特县，离布斯基的家不远。在讯问期间，布斯基像往常一样，继续到曼哈顿的办公室上班，小心谨慎，以免让他手下的员工发现什么问题。政府的工作人员在布斯基的通信系统中安装了精密的监听设备，使得他们可以了解并记录每次通话的内容。

　　在政府工作人员的要求下，布斯基给和他有牵连的每一个人都打了一个电话。卡伯里等人告诉布斯基不要太急迫，不要逼着目标回话，要尽可能地表现自然。卡伯里告诉布斯基，他做秘密线人越成功，他出庭作为证人的可能性就越小。

布斯基打了两个电话，但是都徒劳无获。接着，他又给西海岸经纪公司的博伊德·杰弗里斯打了个电话，这次成功了，诱使他说出了一些对自己不利的话。然而，西格尔尤其谨慎，甚至都不愿意接布斯基的电话。同米尔肯的谈话非常令人沮丧，米尔肯只要一接到布斯基的电话，就迫不及待地想挂掉，谈话内容也只是直接关切的事情。另外，米尔肯说话总是断断续续，支离破碎，尽管他身边的人都明白其中的含义，但是其他人困惑不已，不得要领。最后，政府的工作人员决定让布斯基和米尔肯当面谈一谈。

当年夏天，布斯基到丹佛参加一个为犹太联合募捐协会（United Jewish Appeal）筹款的会议。他到拉里·米泽尔家里待了一会儿，拉里是MDC公司的负责人，该公司是德崇的客户。在布斯基离开之后，联邦调查局的特工立即就出现了，质问米泽尔到他家的人是谁。当米泽尔确认是布斯基之后，那个特工就要求他提供通话记录。米泽尔给米尔肯的销售明星吉姆·达尔打了个电话。

他气喘吁吁地说："你简直都不敢相信，联邦调查局的特工刚刚从我家离开。"他解释说这位特工要了解布斯基的情况。

达尔把这件事告诉了洛厄尔·米尔肯，洛厄尔把他的哥哥迈克尔·米尔肯从交易桌边拉出来，叫到了自己的办公室里，把达尔的话重复了一遍。迈克尔·米尔肯突然之间吓得脸都白了，就好像见了鬼一样。从那以后，米尔肯就指示手下人和布斯基打交道时要加倍小心，可能和他通话都被监听了。但是，当布斯基给米尔肯打电话约他在10月中旬见面时，米尔肯还是同意了。

不久之后，卡里·穆尔塔什接到了查尔斯·瑟恩纳的电话。卡里·穆尔塔什原来是比弗利山分部的雇员，后来转到了纽约，但是仍然负责处理米尔肯的交易。瑟恩纳负责记录布斯基和米尔肯的交易，他自己把记录都销毁了，而且他打电话告诉穆尔塔什，要求穆尔塔什也把有关的资料销毁。后来，穆尔塔什给瑟恩纳打电话，询问布斯基的"最新情况"，瑟恩纳让他确保记录都已经被销毁了。穆尔塔什问发生了什么事情。瑟恩纳吞吞吐吐地回答了他，提到了米尔肯打算在比弗利酒店和布斯基见面。

第二天，米尔肯给穆尔塔什打电话，说到了他打算和布斯基见面的安排。穆尔塔什说："我认为这是一个很可怕的想法。"米尔肯告诉他不用担心，他说他会小心的，会把这次会面看成是"有录音的"。

10月中旬，布斯基和汤姆·杜南在比弗利山酒店皮特的小房间里见到了皮特。杜南现在负责处理布斯基的案子。他们三个人是分别飞到洛杉矶的，目的是不引人注意。

杜南让布斯基脱下衬衫，以便把小电池和微型麦克风装上去。但是，他发现布斯基昂贵的白色礼服衬衫里面却没有穿背心。杜南不想直接把麦克风绑在布斯基的皮肤上，因此，他脱下自己的背心，让布斯基穿上。布斯基有点儿犹豫，杜南命令他立即穿上。

皮特风趣地说："伊万的皮肤一接触低于250美元以下的背心就会出荨麻疹。"

布斯基只好穿上杜南的背心，然后，杜南把麦克风装到了他的身上。在太平洋时间下午1点钟，布斯基将在一层的套间和米尔肯见面，到时候，麦克风就会把他们的谈话传到皮特房间的录音机中。

布斯基紧张地问道："如果他发现我在录音怎么办呢？"他仍然非常惧怕米尔肯，米尔肯在赌博业有很多密友。布斯基害怕有人会暗杀他，皮特建议道："如果出什么事了，你就赶紧跑。"

布斯基回到了自己的套间，而皮特等人都在等米尔肯，皮特问杜南是否想订饭，服务员可以给送到房间里。当杜南听说比弗利山酒店的一个汉堡都要16美元时，他大吃一惊。根据政府的规定，他不能接受别人的请客吃饭，但是他每天的津贴根本就买不起菜单上的菜。因此，尽管他早就饥饿难耐,但还是拒绝了,只好眼睁睁地看着皮特吃汉堡。

布斯基焦虑地在自己的房间里等着。这时,服务员送来一桌子的食物。过了一会儿,米尔肯来了,布斯基起身相迎。身穿黑夹克的服务员仍在摆弄盘子、银器和冰块,布斯基紧张地踱来踱去,他们不能再浪费时间了。布斯基最后对服务员说:"行了,就这样吧,请你离开这里,行吗?"

布斯基和米尔肯简单谈了谈市场,布斯基看起来似乎很正常,他平常都很紧张和局促,现在,由于监听米尔肯而产生的紧张反而成了一种自然。接着,布斯基把谈话引向了真正的目的。

他向米尔肯坦白说:"证券交易委员会要查我的交易记录,他们已经盯上我了。"他说自己很担心,因此要和米尔肯对一对交易的收益和损失,想确保两人讲的都一致。

米尔肯说:"我的人什么也记不清了,你的人呢?"很显然,他是指瑟恩纳。布斯基认为这样说就是一个含蓄的建议,让穆拉迪恩把记录也销毁。米尔肯和布斯基在屋子里走来走去,布斯基竭力想让米尔肯更为明确地承认他们之间的交易。

布斯基问:"如果问到了那530万美元的事,我们应该怎么说呢?"

米尔肯回答:"我们可以说是投资银行服务费。"

布斯基接着问:"我们能说都有什么服务呢?"

米尔肯开始提到了德崇公司为布斯基所做的一些交易,但是布斯基说他没有任何文件可以支持这种说法。米尔肯说他会给布斯基一些文件,让他存档的。接着,布斯基又把谈话更深入了一步,他说虽然已经还给米尔肯530万美元了,但是他还没有把欠的钱全还清。布斯基说:"你知道,我还欠你不少钱。"

米尔肯谨慎地回答:"别说了。"

在布斯基打算继续深入下去时,米尔肯说出了一句让布斯基大吃一惊的话。米尔肯提醒布斯基说:"你必须小心,窃听器已经非常精密。"

布斯基一下子惊慌失措起来，难道是米尔肯发现问题了？他迅速结束了会谈。

布斯基非常高兴，整个会谈过程还算顺利，没有被米尔肯发现蛛丝马迹。米尔肯所说的话在将来的审判中虽然不是确凿的证据，但是还是很有用的。米尔肯从来没有否认他们之间的计划，也从来没有否认布斯基欠他的钱。关于还钱的讨论，以及如何把它当成一笔投资银行服务费，清楚地表明了这是在掩盖事实。整个讨论几乎没有太大意义，除非布斯基所讲的阴谋确实是真实的。杜南和检察官们对布斯基的策略非常满意，他们感觉这次会面所得到的东西比他们预期的要多。

当然，米尔肯早先已经被米泽尔提醒过，这次会谈只是增加了他的怀疑。从比弗利山酒店出来后，米尔肯给纽约的约瑟夫打电话，他说："布斯基的行为有点儿怪，要当心他。"

让布斯基做政府的秘密线人进行调查的时间不多了。11月15日，北景公司要向证券交易委员会提交报表，披露布斯基正在接受调查的事情。在那之后，就不会有人愿意和布斯基说话了。

证券交易委员尤其担心，布斯基接受调查的传闻被证实之后，股票市场会如何反应。20世纪80年代的大牛市，部分就是由像布斯基这样的套利人制造出来的。他们是通过兼并价值来估计股票的价值，而不是通过更为保守的收益或账面价值进行估计。证券交易委员会采取了一个异乎寻常的举措，它在11月14日周五下午股市闭市后宣布了布斯基被调查的消息，这样可以给投资人一个周末的时间，让他们充分考虑，以免仓促决策。

沙德主席尤其担心1亿美元罚款的问题，这笔钱要取决于布斯基投资组合的价值。证券交易委员会也很担心布斯基可能突然之间抛售手中的股票，造成股市混乱。因此，证券交易委员会指示布斯基在公开宣布之前两个星期就开始陆续将一些股票变现，并允许他继续管理剩下的股票18个月。林奇感到，这些措施可以稳定市场，保护政府的金融利益。

政府的律师还必须考虑将来的调查方式。他们知道，布斯基的认罪协议一公布，可能和他有牵连的人都会开始销赃灭迹。政府的律师们不希望证据被销毁，因此，他们决定立即向潜在的目标和目击证人发送突击传票。一旦传票被送达，毁灭证据的行为就会受到妨碍司法公正的指控。于是，在11月14日下午4点股市闭市之前，送达传票的人就已经在纽约、洛杉矶和其他必要的地方做好准备随时待命，一旦消息公布，他们就立即向西格尔、米尔肯、德崇公司、杰弗里斯、伊坎和其他许多人送达传票。

万事俱备，只欠东风。按照计划，纽约的朱利安尼和华盛顿的沙德在11月14日，星期五下午4点半，同时举行新闻发布会。林奇和卡伯里认为，一切都准备好了，20世纪80年代的执法大战拉开了胜利的帷幕。

当天下午，穆拉迪恩正在查看公司净资本状况，他发现了异常情况。布斯基出售股票只有两个原因：一是在收购成功之后变现获利（或者减少损失），二是满足净资本管理规定。但是布斯基这几个月来一直在减持，并且在过去两周内速度明显加快了。3月21日后，也就是哈得孙基金成功结束之后不久，公司的持股量达到了顶峰，大概价值31亿美元，现在减少到了不足16亿美元。剩下的股票大多是一些大盘股，如柯达和时代生活（Time-Life），而不是布斯基通常喜欢收购的那些股票。穆拉迪恩心想，这可一点儿也不像布斯基的手笔。

布斯基的秘书艾安西·彼得斯给穆拉迪恩和后勤办公室的其他几个人打电话，告诉他们下午3点15分到第五大道650号的公司总部开会。穆拉迪恩断定布斯基打算关闭合伙公司，就像他关闭先前的伊万·F.布斯基公司一样。"就是这样的，我们要倒闭了。"他沮丧地对同事们说，同时，他也希望他的判断是错误的。

当穆拉迪恩、里德·内格尔和在公司总部上班的其他人抵达布斯基那位于34层的大会议室时，里面已经挤满了布斯基手下的其他员工。他们似乎根本没有感觉到末日即将来临，相反，公司的交易主管和执行委员会的成员达维多夫还在开玩笑，并且自信地预言："我们都会得到额外的奖金，我知道的，我们今年的收益很不错，而且我们还从德崇公司得到了一笔新融资。"

穆拉迪恩突然插了一句："你小子是不是疯了？"几个人笑了起来。

3点20分，门开了，布斯基出现了，他看起来非常疲惫和憔悴。他的身后跟着10名律师：皮特、西奥多·莱文，来自法朗克律师事务所和威凯平和而德律师事务所的辩护律师。此外，还有几位是布斯基合伙人投资商的律师，来自波士顿的两家律师事务所。同布斯基关系最密切的维基利和弗雷丁却没有来，他们已经知道了布斯基的事情。布斯基的妻子西玛和孩子们也都已经知道了，全家人都非常震惊。

布斯基手下的员工一看到律师们，就知道会有大问题。接着布斯基开始宣读一份预先准备好的声明，布斯基说过去几周对他是"非常困难"的时候，当时，他不能给大家说任何事情，而且总是回避大家。他提醒说，他现在说的话在4点之前不能外传，在4点15分之前也不能向外面打电话。接着，他顿了一下，深深地吸了口气，然后继续读。他说，他已经和证券交易委员会达成了认罪协议，同意缴纳1亿美元的罚款，而且他要接受证券欺诈的罪名，这个消息将在下午4点以后宣布。

布斯基继续读道，政府"完全有理由拘捕我，但是我的合伙人或者业务实体不用对我的行为负责"。最后，他总结道："对过去的错误，我深表遗憾，并且我知道自己必须为这些行为的后果负责。我的人生将永远改变，但是我希望这最终能换来一些积极的东西。我知道在今天的事件之后，将会有许多的改革。如果我的错误能够引发对我们金融市场的规则和惯例的重新审视，那么也许会产生一些好的结果。"然后，他抬起头看着那些目瞪口呆的员工，让大家提问。

会议室里一片寂静。人们都惊呆了，没有一个人提问。最后，有人问公司是否会关闭，以及何时关闭。布斯基向他们保证，他有18个月的时间来处理公司关闭的事情,因此不会立即解散。他说会尽力帮助大家在其他公司找到工作,最后,布斯基长期以来的专职司机约翰尼·雷站了起来,他说:"让我们都随着这艘船沉下去吧。"

一句话打破了会场的紧张气氛。有人笑了起来,还有几个人哭了。每个人都排着队和布斯基握手,有人还和他拥抱,或者只是祝愿他好运。许多人常常认为布斯基是一个暴君,经常破坏他们的生活,但是现在,突然之间,他似乎变得非常脆弱,要依赖这么多的律师。他似乎已经不再是他们所熟悉的那个残暴的交易商,大部分员工情不自禁地对他产生了一丝怜悯之情。

下午4点28分,惊人的消息开始在股票行情接收机上传播,标题是:证券交易委员会指控伊万·布斯基从事内幕交易。接着,记录纸上开始出现正文:"证券交易委员会指控华尔街的套利人伊万·布斯基利用丹尼斯·莱文提供的内幕消息进行交易。"很快,上面又出现了令华尔街最为震撼的消息:"证券交易委会的官员说,他们将扩大华尔街上内幕交易的调查范围,布斯基同意和证券交易委员会合作。此外,纽约的联邦检察官办公室说,布斯基接受了刑事认罪协议,他将承认一项罪名。

"联邦检察官办公室拒绝透露具体的罪名,该办公室的发言人还说他们正在继续调查丹尼斯·B.莱文内幕交易案所引发的犯罪活动,而布斯基也同意和他们合作。"

金融界几乎每个有头有脸的人物都和布斯基有过联系,恐惧笼罩着整个华尔街。

比弗利山,米尔肯的交易员和销售员在忙活了一周后,正要放松,不过米尔肯仍然坐在交易桌上工作。突然,泰伦·佩泽尔大喊起来:"哦,天哪!"每个人都抬起头来,看见佩泽尔目不转睛地盯着行情接收机,他们也全都匆忙跑过去看看上面是什么。

米尔肯从他的电脑屏幕上看到了这个消息。他一言不发,坐在那里接着电话。他的同事们仔细注视着他，看看他有什么反应。米尔肯似乎正在沉思，但是在其他方面却表现得好像什么事情也没有发生似的。大家都对他的自我控制能力非常惊讶。

在接了三四个电话之后，米尔肯跳了起来，迅速走进他弟弟洛厄尔的办公室。他关上门，在里面待了一个多小时后才出来。

后来，弗雷德·约瑟夫打来了电话，他当天下午从德崇公司的总法律顾问那里获悉，给米尔肯和德崇公司的传票送到了。这些是司法部签署的传票，这就意味着刑事调查正在进行。

米尔肯坚定地说："没有什么好担心的。"他的话听起来没有一点儿担忧，约瑟夫放心了。他心想，米尔肯是不可能做什么错事的，他拥有全国最好的垃圾债券业务。之前，他也接受过一些调查，但是最终都没有什么问题，这次也会这样的。然后，约瑟夫就赶去参加一个晚宴，是为公司的高管和他们的妻子举行的。

那个周末，米尔肯给在家中的吉姆·达尔打了个电话，让他到办公室去一趟。达尔开车过来了，在他的办公桌前坐好，焦虑地等着米尔肯解释原因。米尔肯正在办公室和其他人谈话。最后，达尔终于和他说上了话。

达尔说："你叫我来，有什么事呢？"

米尔肯悄悄地走向男洗手间，示意达尔也跟过去。走进洗手间后，米尔肯把水龙头开到最大，然后开始洗手。伴随着流水声，米尔肯向达尔靠了靠，然后压低声音说："没有什么传票的事，你该怎么做就怎么做。"实际上，他知道传票已经到了。达尔甚至还不明白传票是什么，但是他知道米尔肯的意思：如果他手里有什么不利证据，就立即销毁。

米尔肯也开始着手销毁其他可能的证据。星期一，泰伦·佩泽尔正在办公桌前工作，突然米尔肯问他那个蓝皮本，就是他记录和大卫·所罗门之间交易的那个本子。米尔肯问道："你还有那个和所罗门交易的本子吗？"佩泽尔点了点头。米尔肯接着问道："你为什么不把它交给洛兰·斯珀奇呢？"

第二天上午，佩泽尔示意斯珀奇到交易厅外的小厨房谈谈。他注意到好像每个人都是开着水龙头谈话，可能是害怕办公室里有窃听器，因此，他也打开了厨房的水龙头。然后，他把那个蓝皮本交给了斯珀奇。

他说："迈克尔让我把这个本子给你。"当佩泽尔回到办公桌前时，米尔肯问道："那个本子里的东西都是和芬斯伯里基金有关，对吗？"佩泽尔点头称是。

后来，谁也没有再见过那个蓝皮本，很有可能是被销毁了。

星期五，在布斯基认罪的消息被公布之后，卡里·穆尔塔什预订了飞往洛杉矶的机票，并直接坐车朝肯尼迪国际机场驶去。第二天，他和米尔肯见了一面。

米尔肯直截了当地对他说："你不知道那530万美元的事情。"穆尔塔什不知道该说什么，米尔肯的话是一句陈述，而不是问题。但是实际上他是知道这笔钱的。穆尔塔什问米尔肯十月份和布斯基在比弗利山酒店见面时是否小心谨慎。米尔肯看起来忧心忡忡。他说他认为自己已经很小心了，但是回想起来，他不敢肯定自己做得"足够谨慎"。

米尔肯安排第二天凌晨4点和穆尔塔什见面。当穆尔塔什来到办公室时，他被带到了一个会议室，里面只有米尔肯和他两个人。在整个会谈期间，门口一直站着一个保安。米尔肯拿着一摞文件，穆尔塔什注意到，上面有些通过布斯基交易的股票的名字，这都和那530万美元的付款有关。米尔肯一直都是低声说着，常常把他的问题写在一张黄色的小便笺纸上，而不是说出来，等穆尔塔什回答完后他就擦掉。整个过程都是米尔肯在问穆尔塔什，问他对布斯基所交易的各种股票都知道些什么。当穆尔塔什想谈论具体的某只股票时，他用笔指指清单上的股票名字，从来没有把它说出来。

半个小时后，当穆尔塔什离开时，他把出入证交给了公司门口的保安。保安把它撕成了碎片，然后说："别担心，你从来都没有来过这里。"

约翰·穆赫伦的一个朋友从加拿大给他打电话，向他透露说布斯基就要接受认罪协议，约翰·穆赫伦根本不敢相信。但是，紧接着，消息就从记录纸上传出来了。穆赫伦愣住了。甚至记录纸上的消息还没有接收完，他就给那个加拿大朋友回了电话。他说："真见鬼！你竟然说对了。不过，我还是不敢相信。"他给妻子南希打电话，南希带着孩子们去迪士尼乐园了。他说："你肯定不会相信的，伊万·布斯基竟然是个骗子。"

南希说："我不觉得奇怪。"

穆赫伦的情绪很快就发生了改变。以前，有许多次，当人们批评布斯基时，他都会为他辩护，而现在，布斯基却让他出了丑，成了个傻子。他感到布斯基是在利用他，而他憎恨被人利用。他很难过，因为竟然有像布斯基这样的人。他对人性的认识一下子被击碎了。在某种程度上，他感到他永远也不再是以前的那个人了。

几天后，穆赫伦的律师给他电话说："布斯基的律师打过电话了，他们说你应该辞去布斯基子女受托人的身份。"穆赫伦断然拒绝了，他说："除非布斯基亲自给我打电话，否则我是不会辞掉的。"

但是穆赫伦决定不能再等布斯基给他打电话了，他给布斯基打了过去。他说："我听到你的律师所说的事，不过，如果你的孩子们需要受托人，那就是现在，我很乐意提供帮助。"

布斯基说："你是不会想和诉讼扯上关系的，这很烦人。"他的话听起来很冷淡，还有点儿超然，"你应该退出。"

穆赫伦感觉被欺骗了，但是他仍然愿意提供帮助。他说："这时候是你最艰难的时刻，你需要精神上的帮助，你需要支持。"

"谢谢，谢谢你给我打电话。"布斯基说，听起来他急于结束通话。最后穆赫伦生气了。"我永远都不会原谅你的。"穆赫伦说着，而且渐渐提高了声音，"我永远都不会原谅你对这个行业以及这个行业里的每个人所犯的错误。这永远也无法补救了。你怎么能做出这种事？你怎么能呢？"

布斯基无动于衷地说："这是一个技术性很强的行业，而且里面还有许多灰色地带。"

穆赫伦愤怒地回答说："一派胡言！"

在布斯基的消息公布之后的那个星期引起了媒体的巨大轰动，政府工作人员没有一个对此有所准备。不善于和媒体打交道的查尔斯·卡伯里被记者们缠住了。两家新闻机构的记者试图冲过门卫的阻拦闯进联邦检察官办公室。当卡伯里拒绝回答《纽约邮报》记者的提问时，这位记者甚至威胁说"要把你搞臭"。卡伯里回答说："那你就搞呗。"

那个星期六的午夜时分，卡伯里仍然在看电视，近来，他一直受到失眠的困扰。他看到林奇在哥伦比亚广播公司的节目中谈论布斯基的案子。最近，到处都是布斯基的面孔，《时代周刊》的封面上、各大报纸的版面上、电视里，甚至在午夜新闻里也能看到，就好像蓬勃发展的20世纪80年代的阴暗面最终被"布斯基化"了。

但是，让政府律师们沮丧的是，媒体对他们抓捕布斯基的报道几乎没有称赞的，而是抨击他们对布斯基的处罚力度不够。由于要求采访的电话太多，而且又缺乏公关人员，卡伯里和林奇决定只接受少数记者的采访，这就意味着他们的声音不能得到广泛的报道。

事情继续升级。11月17日，星期一，《华尔街日报》在头版头条刊登了一篇报道，称德崇公司、米尔肯、伊坎、波斯纳和杰弗里斯收到了传票。第二天，该报又刊登了一篇震动华尔街的新闻，说证券交易委员会正式下令对德崇公司进行调查，报道中还指出了被证券交易委员会定为调查目标的12家公司的名字。一天后，该报又报道说德崇公司还是联邦大陪审团刑事调查的目标。

在布斯基的消息公布后的第一个交易日，也就是星期一，股市立即下跌了13个点。德崇公司和米尔肯则是另一回事。交易商们都知道，同布斯基被逐出证券业相比，更大的威胁来自对米尔肯造钱机器的任何威胁。星期二，当《华尔街日报》披露德崇公司成为被调查目标之后，道琼斯工业平均指数下跌了43个点。那些传言将被收购的公司的股票更是猛跌，垃圾债券的价格也开始跳水。德崇公司的一些客户从一些悬而未决的交易中退出。罗纳德·佩雷尔曼突然放弃了由德崇公司支持的对吉列公司的恶意收购，激发了市场的进一步骚动和焦虑。谣言四起，最为流行的一个就是"米尔肯已经辞职"的消息，这个消息在证券交易所几乎每个小时都会引起一阵骚动。

套利人，尤其是负债率很高、大量持有被收购公司股票的人，更是受到了沉重的打击。他们全都谴责政府，理由是政府允许布斯基在消息公布之前抛售股票变现，这是在帮助布斯基进行他职业生涯中最大的内幕交易。这种观点像野火一样，迅速在联系密切的套利人圈子中流传开来。

他们开始四处打电话，向记者和其他感兴趣的人宣传这个理论。这些散播消息的人包括套利人桑迪·路易斯和罗伯特·弗里曼。桑迪·路易斯曾经一直渴望看到布斯基垮台。罗伯特·弗里曼是高盛公司的工作人员，在布斯基告诉检察官他怀疑弗里曼也在从事内幕交易之后，弗里曼也收到了传票。

最后，这些套利人得到了复仇的机会。11月21日，星期五，也就是布斯基的消息被公布之后一个星期，《华盛顿邮报》在头版头条刊登了一篇文章，标题为：华尔街谴责证交会的行为——据说证交会让布斯基事先抛售股票。对证券交易委员会的律师们来说，这篇报道简直就是一场噩梦。

这篇报道开篇写道："华尔街昨天愤怒地表示，证券交易委员会允许股票投机者伊万·F.布斯基在它宣布引发股价猛跌的布斯基受到内幕交易指控的消息之前，抛售4亿多美元的收购目标公司的股票。"报道继续写道:"斯皮尔·利兹·凯洛格公司的首席股票交易员戴维·诺兰说:'证券交易委员会无意之中帮助布斯基进行了有史以来最大的一起内幕交易。'"但是,《华盛顿邮报》的记者并不知道,诺兰也在从事内幕交易,并且不久也被调查。报道继续写道:"证券交易委员会意识到布斯基的交易在华尔街引发了骚动,但是它表示不会对此事发表评论……"

这篇报道迅速被全美各地的报纸、电台、电视台转载,林奇、斯图克和他们的同事都很震惊。他们从来没有想到过这一点,现在,根据事后的情况,他们意识到当时应该想到。他们允许布斯基提前出售股票只是为了促进市场的稳定,并确保证券交易委员会可以得到1亿美元的罚款。他们从来也没有想过这会被解释为帮助布斯基进行内幕交易,而这又正是他打算认罪,接受证券交易委员指控的罪名。

同时,德崇公司和它的同情者也在传播一种观点:布斯基是华尔街的叛徒,他充当政府的线人,设计陷害同人。他们聘请了一位名叫朱尔斯·克罗尔的私家侦探,到处搜集对布斯基不利的信息。他们把布斯基描述成一个不能相信的骗子、一个十恶不赦的罪犯,比政府认为的还要坏。

11月24日,星期一,正当政府的律师们还在为上星期五《华盛顿邮报》上的那篇报道而烦恼时,《华尔街日报》刊登了一篇普里西拉·安·史密斯和比阿特丽斯·加西亚写的文章。他们计算得出,布斯基的实际非法收入高达2.03亿美元,这还是仅仅根据丹尼斯·莱文所提供的内幕消息而得出的,这意味着证券交易委员会对他的处罚不够。文章写道:"这次披露似乎可能激发对证券交易委员会的进一步批评。证券交易委员会之前已经受到了广泛的谴责,因为它允许布斯基在11月14日认罪的消息公布之前秘密出售4.4亿美元的股票,从而筹集1亿美元的罚款。"

这个数字是不公平的,因为布斯基的大部分利润都分给了投资人。作为布斯基非法收益的无意受益人,这些投资人是不会被逼迫交出这些钱的。布斯基在这些收益中所占的份额很小,当时,他的总资产不到2亿美元,证券交易委员会可以把这个情况指出来。然而,这篇文章继续写道:"证券交易委员会的一位女发言人在上周末的电话采访中一直拒绝对此发表评论。"因此,布斯基的实际非法收益远远多于罚款的观点被其他许多媒体转载了,并逐渐流行起来。而且,公众对布斯基非法收益的估计也越来越高,很快就攀升到了3亿美元。

为了继续把公众的注意力从自身转到政府身上,德崇公司不断制造舆论,声称政府的律师不当地向媒体,尤其是《华尔街日报》泄露不利的消息。但是,它没有拿出确凿的证据来支持这种说法。

连续不断的负面报道很快就引发了一片更加严厉的批评之声,多数都是直接针对证券交易委员会的。纽约的国会议员查尔斯·舒默也对证券交易委员会大加斥责。众议院监督与调查委员会主席约翰·丁格尔要求证券交易委员会正式做出解释,并举行公开听证会。他甚至要求布赖恩·坎贝尔作证,此人曾经是美林公司负责罗伊银行交易的经纪人。丁格尔称誉坎贝尔是一个"26岁的天才人物",竟然能够"破译莱文先生的内幕交易密码,并且搭顺风车做了20多起交易",而与此同时,证券交易委员会"尽管拥有各种最先进的技术……竟然毫无察觉"。林奇非常恼火,坎贝尔自己也是一个嫌疑犯,竟然会受到称赞,并且是在证券交易委员会遭到指责的前提下。政府工作人员宝贵的时间没有用到调查活动上,却被用在应对国会的质询上。

更为糟糕的是,证券交易委员会内部也失去了信心。沙德曾经把宣布布斯基认罪协议的新闻发布会看作他职业生涯的顶峰,现在却被负面的报道搞得心力交瘁。他似乎想责怪林奇。林奇认为,证券交易委员会开始拖延批准他进行额外传讯的要求,而额外传讯对继续调查至关重要。他感到他有权力被削弱的危险。

11月24日,也就是《华尔街日报》刊登文章称布斯基的非法收益远远高于罚款的那一天,林奇召集士气低落的下属到会议室开会,试图给他们打打气。这并不容易。他把这种状况比作发现"沙克(Salk)"疫苗。当时,沙克也受到了种种批评,因为他在试验中杀死了许多猴子。林奇自己的情绪也很低落，晚上睡不好觉，他甚至还考虑过辞职的问题。

但是，他也担心辞职后，没有人能继续把案子接过去，调查会半途而废。他知道，犯罪分子罪行严重，非法收益惊人，而且大部分活动都还在继续，他不能坐视不管，任其猖獗。因此，他下定决心，振作起来。他提醒手下的人，很有可能还会有许多负面的报道。这将是一场艰苦卓绝、旷日持久的攻坚战，而现在才刚刚拉开帷幕。

他对他们说："我们正在从事的可能是我们一生中所能遇到的最为重要的事情，我们必须一直战斗到底。"

11. 骑士落马

1986年10月29日晚上6点30分,马丁·西格尔回到家。他走进卧室,把西装扔到床上。此时,正是晚饭时间,能够在这个时候回家吃饭可真是让人欣慰。他走到书桌前,凝望着窗外。书桌紧靠着一个大窗户,从这里可以俯瞰格雷西广场公园的全景。

自从丹尼斯·莱文被捕以后,西格尔几个月来一直都焦虑不安,现在他感觉好多了。莱文被捕的那天,他正在机场的电话亭里,当时他就惊恐不已,第二天,他还去看了医生。他感觉不太舒服,认为自己太紧张了。实际上,他想让医生问他为什么感觉这么糟糕、这么焦虑,他想倾诉一下。然而,医生只是对他快速检查了一番,把他的抱怨晾在了一边。医生说:"你只是太累了,很快就会好的。"

也许医生的话是对的,上个周末,西格尔偕妻子和朋友们到比斯坎岛郊游。他们乘坐一艘双体船在海上游玩,海面风很大,阳光灿烂,西格尔玩得非常高兴。

他微笑着看着窗外,孩子们在游乐场上尽情地玩耍。突然,电话铃响了,打破了屋内的宁静。西格尔心不在焉地拿起话筒,而不是等着保姆多丽丝去接。一个男人的声音打断了他的沉思。

"你是马丁·西格尔吗？"

"是的。"西格尔回答。

"我是比尔。"然后是一阵沉默。星期一，多丽丝告诉西格尔有个叫比尔的人打过电话，但是没有留电话号码。昨天，他又打过来了。而这两天西格尔都像往常一样在8点左右回到家。对这两个电话他没有多想，突然之间他也不知道这个比尔是谁。

"哪个比尔？"西格尔问道。

"你知道的。"对方用一种旁敲侧击的语气说，"比尔。"

"我不知道。"西格尔急躁地回答。这是一个骚扰电话吗？接着又是一阵沉默。

"你收到我的信了吗？"比尔问道。

"没有。"

"你知道我寄的那封信吗？"

西格尔不知道自己为什么不直接挂断电话。他接着回答："不知道，我不知道什么信。你为什么不告诉我呢？"接着又是一阵沉默，然后他说出了一句惊人的话。

"我是指你和那个俄罗斯人的关系。"

西格尔闭上眼睛，只见布斯基的影子在飘来飘去。他竭力镇定自己，平静地说："我不知道你在说什么。"

比尔继续说道："我给你寄了一封信，在信中我告诉你我想跟你见面。"

"可是我不认识你啊。"西格尔说。

"哦，算了吧，别想骗我了。"比尔说着，然后，他的声音变成了威胁性的，"我知道的。"

西格尔再次坚持说他不知道对方在谈什么，然后，比尔明显地表露出了一阵焦虑。他问："你是那个原来在基德尔·皮博迪公司工作，现在跳槽到了德崇公司的马丁·西格尔吗?"

"是的,正是。"西格尔说,然后他感觉已经说得太多了,"不要再给我打电话了,否则我会报警的。"

"我想,你不敢。"比尔讽刺地说。

西格尔挂断了电话,他摇摇晃晃地离开桌子,紧握着拳头。他一直都害怕这件事情会发生,他大喊道:"终于来了!"突然,他感到一阵恶心,赶紧冲到就近的卫生间。

过了一会儿,简进来了,她看到丈夫弯着腰在卫生间里呕吐,非常担心。当西格尔直起身来,竭力振作精神时,她焦虑地问道:"你没事吧?"

他回答说:"肯定是胃病又犯了,有时突然就发作了。"

简一出去,西格尔就立即给马丁·利普顿打电话。从私人和业务两个方面来说,他感到利普顿都是他最可靠的律师。利普顿的秘书说她的上司正在休斯敦出差,不过,她告诉了西格尔一个电话,说打这个电话可以找到他。

西格尔在电话中说:"我是马丁,有人敲诈我。"他把那个神秘电话的情况大致给利普顿讲了讲。利普顿督促西格尔第二天去见见拉里·佩德威兹。佩德威兹原来是联邦检察官办公室刑事处的负责人,曾经为沃切尔律师事务所处理过伊兰·赖克的事件。

第二天西格尔见到了佩德威兹,向他详细讲述了和比尔之间的通话情况,并提到比尔多次说给他寄了一封信,要求和他见面。佩德威兹问道:"你查看康涅狄格家中的邮箱了吗?"

西格尔意识到他和简已经有两个多星期没有去康涅狄格的家了。于是,他开车赶到那里,打开邮箱,一眼就看到了那封信,正躺在一大堆没有开启的信件中。为了保护好指纹,西格尔戴上了塑胶手套,然后,他用颤抖的手打开了信封,匆匆扫了一下那封短信。内容简单而神秘,首先是一句"我知道",然后是要钱。比尔说,如果他没有收到钱的话，就会向国税局举报西格尔。西格尔小心翼翼地把这封信和信封放到了一个大信封里，然后封好，开车回到了纽约。

当佩德威兹看到这个证据时，他感到非常可疑。他怀疑这封信和电话是政府给西格尔精心设计的一个圈套。这好像又不可能，但是在莱文一案之后，政府一直在继续调查，任何事情似乎都有可能发生。尽管这样，佩德威兹建议西格尔等一等，看看是否还有什么其他事情会发生。

接下来的一周，西格尔接到了布斯基的电话，他似乎突然之间急于想和西格尔见个面。西格尔拒绝了，并立即挂断了电话，但是布斯基的电话让他非常不安。接着，在11月10日，国税局的几个工作人员没有提前通知就突然来到了西格尔的办公室，不过西格尔不在。当他听说这件事后，他给佩德威兹打电话，告诉了他这件事。这次，佩德威兹说，他认为最好和联邦检察官办公室联系一下。

西格尔说："那你联系吧，我想把这事弄清楚。"

当天下午，西格尔又接到了佩德威兹的电话，他说："你明天早上先到我这里来一下。"他说话的声音听起来好像很严肃，但是他没有讲具体情况。

第二天早上，佩德威兹告诉西格尔："联邦检察官办公室对那封信的事全都清楚，他们也知道你和布斯基之间的一切情况。"他不用再说下去，西格尔的防线已经崩溃了。他用手抱着头，痛哭流涕起来。

他一边抽噎，一边说："我做过那些事，我有罪，很抱歉，我想改正错误。"

佩德威兹说他已经和律师事务所的合伙人说过这件事了，他们得出结论，沃切尔律师事务所不能做西格尔的代理人，因为该律师事务所已经代理过许多他这样的客户，这些人都受到了同样的指控。但是佩德威兹提出要帮助西格尔再找一位刑事律师。佩德威兹说："有些律师会同政府抗争，而有些律师则会合作。你喜欢哪一种呢？"西格尔说他要先和妻子商量一下，然后再做决定。

他打了一辆出租车回到自己的公寓，西格尔知道不能再对妻子隐瞒下去了，但是，他又非常害怕这种摊牌，担心妻子会离开自己。当时，正好是上午10点左右，是交通的高峰期，出租车在车流中慢慢穿行。坐在车上的西格尔满脑子都是自杀的场景：回去后，不是上楼，而是直接到车库，把家里的厢式货车开出来，离开这个城市，沿着95号州际公路向东开，一直到麦安纳斯河（Mianus River）上的大桥，然后从桥上冲下去。这种死亡的前景似乎非常诱人，但是一想到车毁人亡的痛苦场面，他就吓得脸色煞白。

回到家时，保姆告诉他妻子出去购买圣诞用品了。西格尔在房间里走来走去，他知道自己所拥有的一切很快就会消失。妻子36岁的生日还有两周就要到了，现在，他也要毁了它。接着他听到前门被打开了，他赶紧走到了门厅，只见简拎着大包小包走进来。她看到丈夫在家，大吃一惊，然后兴奋地告诉他她所买的东西，以及她的过节计划。西格尔强迫自己打断了她的话，

"我有点儿事要告诉你。"他一边说着一边把妻子领进客厅。简脱下大衣，在沙发上坐下，西格尔把双层木门关上，然后挨着她坐下来，握住了她的手。他深深地吸了口气，然后开始说："你还记得那封让我心烦意乱的信吗？就是邮到我们康涅狄格的家里的那封。关于那封信有个情况，我犯了一个可怕的错误。我不知道怎样才能让你原谅我。"

简立即哭了起来，她从丈夫的语气和举止中意识到发生了可怕的事情。西格尔继续讲着，快速把他和布斯基的内幕交易大概讲了一遍。他感到极其痛苦。简继续啜泣着，看到自己竟然这么深深地伤害了她，西格尔感到很恐惧，这也是他一生中最痛苦的经历。

他的妻子哽咽着说："你做的事很可怕。"她说，她最大的感受就是觉得自己被欺骗了：这件事情他竟然没有告诉她。她说，西格尔击碎了她对他的信任。

然而，尽管她这样说，她还是意识到了丈夫的痛苦和绝望，她的震

惊很快就被恐惧所替代，她害怕他会自杀。于是，她立即安慰丈夫，支持他坚持下去，这种支持正是他所需要的至关重要的东西。她说："你是个好父亲和好丈夫。"说着，她又忍不住潸然泪下。

大概在下午1点左右，西格尔又回到沃切尔律师事务所见到了佩德威兹。西格尔告诉他："我不想对抗，我要赶紧处理完这件事，我要赎罪。"最后，西格尔聘请杰德·拉科夫做他的代理律师，杰德原来是联邦检察官办公室反证券欺诈处的负责人，后来成了马奇·罗斯·格思里·亚历山大·伏登律师事务所（Mudge Rose Guthrie Alexander & Ferdon）的合伙人。拉科夫从办公室赶来同西格尔和佩德威兹见面，当他来到时，西格尔已经收到了证券交易委员会的传票。佩德威兹给联邦检察官办公室打完电话之后，该办公室就通知证券交易委员会，说西格尔在沃切尔律师事务所，因此传票也发到了这里。

拉科夫很吃惊，虽然西格尔忧心忡忡，但是他没有试图淡化或者否认罪责。他很快就向拉科夫讲述了他同布斯基之间的违法情况，包括最糟糕的方面，如接受现金报酬。此外，他还讲述了他和弗里曼之间的关系。

西格尔尤其担心他在德崇公司的同事，以及他和该公司的关系。在这种情况下，他不能像什么事情都没有发生一样继续工作。他感到必须立即和约瑟夫谈谈。另外，拉科夫想让西格尔保持尽可能多的灵活性，他知道西格尔可能是个很有价值的秘密线人。但是西格尔坚持说，他不能和政府合作，秘密调查德崇公司。他说，自己的违法活动不是在德崇公司进行的，而且他也不知道德崇公司的任何犯罪活动，因此要设计诱捕那里的同事很不公平。拉科夫同意西格尔对约瑟夫说这件事，告诉他传票的事，并且向他请"病假"，准备回答问题。接着，在当天晚上，他还要在马奇·罗斯·格恩里·亚历山大·伏登律师事务所同拉科夫以及另一名合伙人奥德丽·斯特劳斯见面。

西格尔离开沃切尔律师事务所之前，他要求见见利普顿，当时利普顿刚刚从得克萨斯州休假回来。西格尔独自来到了利普顿宽敞的办公室，以前他做投资银行业务时，也经常来这里。利普顿在业务上经常帮助和提携他，现在，坐在这个曾经帮助过他的人面前，西格尔又一次泪流而下。他结结巴巴地重复说："对不起。"也许利普顿已经经历过了太多次这样的梦魇，先是他的两个合伙人弗洛伦蒂诺和赖克，现在又是西格尔，一个他几乎像喜欢自己的儿子一样喜欢的人。利普顿没有安慰西格尔，也没有向他保证什么，他的态度似乎非常冷漠。

在离开沃切尔律师事务所时，西格尔和拉科夫来到了拉科夫的办公室。当天下午晚些时候，佩德威兹打来电话，把股票记录纸上关于布斯基认罪的消息读给了他们。突然之间，事件之间令人迷惑的顺序开始清晰起来。西格尔告诉拉科夫和斯特劳斯："你们不知道事情是么多严重，天都要塌下来了。"

当天下午再晚些时候，西格尔回到了德崇公司，直接来到了约瑟夫的办公室。在听到布斯基出事的消息之后，公司开了一个战略研讨会，约瑟夫刚刚开会回来。他认为西格尔看起来很糟糕，就好像受到了可怕的打击一样。

西格尔说："我想请个假，我收到了一张传票。"听完西格尔的话，约瑟夫哈哈大笑起来，约瑟夫的这种反应让西格尔震惊不已。约瑟夫高兴地说："你加入'俱乐部'了，阿克曼收到一张，米尔肯收到一张，每个人都收到了一张。"已经很震惊的西格尔呆住了：怎么了？这些人都和他有什么关系？他满脑子都在思考着自己的问题，所以他没有考虑过除了他自己以外，布斯基还和其他人有牵连。

约瑟夫打断他的沉思："你做什么错事了？到底怎么回事呢？"

西格尔看着约瑟夫，泪水在眼中打转。他回答说："绝对没有。"拉科夫曾指示他对约瑟夫撒谎，以便在必要时同政府合作。

约瑟夫问道："是证券交易委员会的传票还是大陪审团的传票？"西格尔回答说是证券交易委员会的。这好像减轻了约瑟夫的担忧。他说："别担心，继续工作，没有理由请假。公司会百分之百支持你的。"

西格尔和约瑟夫见面时，拉科夫给卡伯里打了一个电话。拉科夫说："我知道你要给马丁·西格尔发传票，我是他的律师，你发给我吧。"他接着说，他想和卡伯里谈谈西格尔的案子，卡伯里建议他第二天上午再谈。

拉科夫知道他和西格尔必须快速行动，他曾经做过反证券欺诈处的负责人，是卡伯里的上司，他知道卡伯里是一个严肃认真的人，喜欢采用迅速而又强硬的手法对待白领嫌疑人。拉科夫提醒西格尔，如果他想和政府达成协议的话，就应该尽快，尽管这意味着可能要接受刑事和民事惩罚，可能会破坏他的婚姻和家庭生活，甚至可能会破产。拉科夫还说，如果西格尔选择抗争的话，他也会帮他辩护的。

西格尔坚持说："我想认罪，我也想赎罪。我不打算抗争，除非你亲口告诉我让我抗争到底。"

第二天早上，也就是11月15日，星期六，西格尔和简来到了拉科夫的办公室。西格尔感觉比前天好多了。昨天晚上，他又把自己的事情跟妻子倾诉了一番，他认为已经得到了她的承诺，无论发生什么事情，她都会支持他的。他感到身上的重担被卸下来了。他信任政府，他要改正错误。他会受到惩罚，但是，之后一切都会过去的。他认为政府似乎有点儿像他的父母，现在，政府会关心他的。

在拉科夫的办公室，他在西格尔一案上的搭档奥德丽·斯特劳斯提醒西格尔说："马丁，昨天你太低落，今天你又太高兴了。"

拉科夫和斯特劳斯简要给西格尔夫妇进一步介绍了认罪的前景，竭力安慰他们，说事情总是看起来更悲观一些，但是实际上并不是如此。接着拉科夫去见卡伯里，卡伯里开门见山直奔主题。

他坦率地说："我们掌握了西格尔的所有情况，并且还有三个目击证人：伊万·布斯基、送钱的信使和监督信使的人。我们认为西格尔对我们会有些帮助的，我们知道弗里曼的情况。"拉科夫最后一句话提到的这个名字让他大吃一惊，这个名字他刚刚从西格尔的坦白之中听说。拉科夫怀疑卡伯里是不是在虚张声势。

卡伯里继续说："为了便于讨论，我们可以这样假设案情，我准备提出四项罪名。"

拉科夫竭力不做出任何反应，他想多了解一下协议条件，例如，将会遇到什么样的法官？在曼哈顿联邦法庭，接受认罪协议的法官将一直负责该案的审理工作。拉科夫希望西格尔在认罪时选择一个恰当的时机，遇到一个合适的法官，可卡伯里说政府会灵活处理的，但是西格尔应该在政府让他认罪时就认罪。拉科夫问卡伯里是否想让西格尔戴窃听器，卡伯里回答说"是的"。

拉科夫把卡伯里的条件带给了西格尔，西格尔说他同意接受，于是拉科夫给卡伯里提供了一份非正式的价值估计，指出西格尔可以提供华尔街一家大公司套利主管有罪的证据，不过，他没有提弗里曼的名字。作为回报，卡伯里减掉了两项罪名。拉科夫说他们可以达成协议，但是还要根据和证券交易委员会的协商情况而定。

手中握着认罪协议，拉科夫给证券交易委员会的林奇打了个电话。布斯基一案的负面报道仍然刺痛着证券交易委员会，它迫切希望把西格尔当作同布斯基合作的成果来宣传，以表示同布斯基合作还是很有价值的。媒体曾经批评它对华尔街的犯罪活动太手软，因此，它也不敢冒险再遭受进一步指责。拉科夫问证券交易委员会想要什么。

林奇回答说："很简单，除了两座房子以外，我们全都要。"（当拉科夫把这个消息告诉西格尔时，西格尔惊叫道："天哪，我只从布斯基那里拿到了70万美元。"）拉科夫极力辩解说，证券交易委员会这样做很不合理，至少西格尔应该保留他自己在德崇公司挣的钱，这些钱全都是干净的，和这些错事没有一点儿关系。证券交易委员会主要负责协商工作的斯图克最后同意了这个要求，但是沙德和其他委员投票否决了，他们坚持要没收西格尔的一切。他们知道西格尔已经成了瓮中之鳖，而且，他们也决定克服之前媒体上负面报道的影响。他们允许西格尔保留他的养老计划和两套房子，再无其他。西格尔甚至还必须放弃德崇公司1,000万美元的股票和固定红利，证券交易委员会不允许该公司把钱给他。

拉科夫认为他应该就这些苛刻的条件再和证券交易委员会抗争一下，但是西格尔说他不想再争了。到了这个时候，西格尔很吃惊地发现自己竟然对钱已经不在意了。当他的收入达到6位数时，钱似乎非常重要，但是钱从来没有给他带来他所渴望的足够安全感。现在，无论他有多少钱都无所谓，他已经被毁了。因此，如果他什么也没有，那又有什么关系？

他还认为，严厉的惩罚有利于减轻他在公众眼中的罪责。如果这就是改正的代价，他愿意接受。如果他还有什么疑虑的话，那就是他害怕华尔街以前的同事会把他的认罪协议看成是一项"糟糕的交易"。对一个技术高超的交易员来说，这是一件很尴尬的事。

尽管最终细节到10月中旬才出来，但是同证券交易委员会的协议在一周之内基本上就确定了，而认罪协议也很快最终确定了。现在，西格尔开始做政府的秘密线人，就像布斯基以前做的一样。

在感恩节那一周的一个晚上，拉科夫和西格尔来到了宏伟的联邦邮政大楼，就在曼哈顿下城区世贸大厦对面的街上，他们悄悄地从后门进去。此时正是晚上10点。之所以选择这个时间和地点，就是为了保密。西格尔被带到了邮政巡查官的办公室，他要在这里和卡伯里见面，这是他们第一次见面。

西格尔一眼就看到卡伯里的衬衫紧紧裹在他肥硕的腰身上，上面还沾着番茄酱的污渍。西格尔也见到了杜南和罗伯特·帕斯卡尔。在西格尔同政府秘密合作期间，杜南将是他的"负责人"。西格尔仔细地看了看杜南，让他吃惊的是，杜南是一个粗壮的爱尔兰人。他感觉杜南好像有点儿眼熟，但是他肯定以前从来没有见过他。

卡伯里对西格尔印象很深，西格尔是他遇到的第一个"高层"投资银行家。莱文和威尔吉斯当然不是，布斯基更不是，他是一个套利人。

相比而言，西格尔英俊潇洒、泰然自若、富有魅力，甚至心烦意乱时也这样。

拉科夫告诉西格尔："他们会盯着你的眼睛，看看是否能够相信你。回答他们的问题，实话实说。"西格尔把他同布斯基和弗里曼之间的所有交易一五一十地讲了一遍。尽管他是根据记忆讲述的，但是他尽可能做到精确，为了确保细节的准确性，他还参考了一下日记和交易记录。西格尔当天晚上讲了一个半小时，后来类似的会面还进行了几次。有些交易，尤其是和弗里曼之间的交易，例如联合石油公司的交易，非常复杂，因为这起交易要计算复杂的比例；还有斯托勒通信公司，收购工作旷日持久。

西格尔没有企图为自己的行为开脱，没有表示自己也陷入了"灰色"地带。他没有找借口。莱文和布斯基也表示了一些懊悔，但是他们最主要的悲伤是因为自己被抓获了。检察官们认为，西格尔确实认识到了自己的错误，并真心想改正。

证券交易委员会的律师没有参加任何一次讯问。联邦检察官办公室和证券交易委员会之间的关系很不好，西格尔对此感觉很明显。联邦检察官办公室仍然对证券交易委员会的负面报道非常担忧。西格尔被告知不能向证券交易委员会的律师透露任何情况，尤其是关于高盛公司的任何事情，他们担心被泄密。

杜南还对西格尔说："不要和他们讲，他们只会把事情搞砸了。"

最后，1987年1月，证券交易委员会说要找西格尔确认一些布斯基的供述，于是安排西格尔在格拉默西公园酒店（Gramercy Park Hotel）的一个房间同证券交易委员会的律师见面，参加会见的除了王律师之外，另外还有一个律师。但是，联邦检察官办公室只允许西格尔讲和布斯基有关的问题，不让他提弗里曼的名字。

当西格尔同意合作时，拉科夫总是告诉他要接受现实，因为他所熟悉的纽约生活很快就要结束了，而且他现在和过去的生活也都要面临严密的审查。当西格尔认罪时，拉科夫想让他去看看精神病医生或者心理医生。但是，这是不可能的，因为高盛公司可能会找这些医生问话。病人的记录在联邦法庭并不受保护。

拉科夫和斯特劳斯督促西格尔尽快把家搬走，让家人远离这个风暴中心，这样，西格尔公开认罪之前，他们就可以有时间调整心态。简很难接受这个计划，她喜欢康涅狄格的家，这是她和西格尔亲自设计的。离开这里的所有朋友，把孩子们从学校里转走，这种想法让她非常伤心。然而，她既然已经同意支持西格尔，就必须接受这个新计划，迁到其他地方。他们搬到了佛罗里达州，这个州的法律保护被告人的房产不受债权人的侵占。西格尔把康涅狄格州的家和纽约的公寓放到市场上出售，并花了几个周末的时间在佛罗里达州的各个城市看房。他从坦帕市开始，沿着西海岸一直朝南开，然后再沿着东海岸开，最后一直开到了杰克逊维尔。一路上，西格尔又产生了自杀的冲动。在95号州际公路上行驶时，他心想，自杀是多么容易，只要一打方向盘，就可以撞向对面驶来的汽车。但是，一想到这样会引发交通事故，伤及无辜，他就打消了这个念头。

最后，他决定在杰克逊维尔定居，因为坦帕和圣彼得斯堡太沉闷了，迈阿密又太嘈杂，棕榈滩可能会传递一个错误的信息。另外，他不想碰到华尔街和公司的前同事。西格尔喜欢杰克逊维尔浓厚的商业氛围。他心想，一旦熬过了这段痛苦的时光，他可以在这里重新开始职业生涯，希望能有这么一天。他在杰克逊维尔的蓬特韦德拉海滩看上了一栋高高的、现代化的别墅。这座房子共有三层，有三个车库，下面两层住人，装有壁炉，第三层是个小角楼，正好在主卧的上面，视野非常开阔，可以改造成一个非常好的办公室。他把相邻的那部分海滩也买了下来，然后在车库上为孩子们建了儿童房。整座房子、土地和装修共花了西格尔350万美元。

西格尔不费吹灰之力就把康涅狄格的房子卖了350万美元，纽约的那套公寓卖了150万美元。曼哈顿的房地产仍然非常火爆，最后的买主就是第一个看房的人。西格尔卖房所得到的钱几乎全都花在了佛罗里达的房产、税费和律师费上。没有人知道西格尔夫妇要搬到佛罗里达，但是，他们要卖房的消息还是不可避免地被传了出去。邻居们立即得出结论：西格尔和简要离婚。让西格尔恼火的是，一个邻居热切地问他，是否要把水上摩托艇也卖掉。

1987年1月中旬，简带着多丽丝、杰西卡和双胞胎开车前往佛罗里达州的新家，西格尔仍然待在纽约，竭力表现出什么事情也没有发生似的。他想在家人搬到新家的那天赶到那里和他们团聚，但是一场大雪阻止了他从纽约飞过去。当西格尔给他们打电话时，多丽丝说："我们的四周都是荒郊。"在他们搬到新家之后的最初六个月，每次，当他们一家人开车回到新家时，双胞胎之一的斯科特总是问："看门人在哪里呢？"

西格尔孤独地待在纽约，但是他尽量保持着常态，正常上班，回电话。德崇公司没有迫使他进一步解释。公司聘请的卡希尔律师事务所的律师定期给拉科夫打电话，反复询问西格尔是不是真的对公司的不当行为毫无知觉，并且还想多了解一些关于西格尔处境的消息。拉科夫说只有西格尔在德崇公司之前工作的一些情况，但是他拒绝透露详细情况。德崇公司煞费苦心不疏远同政府合作的人。1月，西格尔拿到了300万美元的奖金，把它交给了证券交易委员会。

认识西格尔的每一个人都意识到可能发生了可怕的事情。他的精力、热情和活力烟消云散。他不再参加公司管理委员会的会议，也没有再做成一笔新交易。联邦检察官办公室的律师示意西格尔和拉科夫，为了保护西格尔和政府秘密合作的事，如果必要可以撒谎，但是这种机会很少。

有一天，约瑟夫随意地说："我听说你在合作。"西格尔只是耸了耸肩，约瑟夫就不再追问。

有一次，《纽约时报》的记者约翰·克鲁德尔给西格尔打电话，问他是否遇到麻烦了。

"没有。"西格尔说。

一开始，西格尔拒绝做政府的秘密线人，但是政府的工作人员坚持要求他这么做，他们想监视德农西奥和泰伯尔。他们还告诉西格尔不要再和弗里曼有任何联系。杜南说："我们不想让你和弗里曼接近。"他们要谨慎行事，看看西格尔如何表现，并判断那些和他联系的人的反应。他们不想冒险暗示弗里曼。

调查人员的一个想法是在西格尔身上安装窃听器，让他在和拉尔夫·德农西奥见面时戴上。见面时，西格尔想把谈话的主题引到基德尔·皮博迪以及该公司利用弗里曼进行内幕交易的事情，因为西格尔供述说德农西奥也知道这样安排，他们这样做是想确认西格尔的话。由于德农西奥自己没有从事交易，因此他们需要更多的证据，他们不想只根据西格尔的供词就指控德农西奥。但是，这很显然是不好办的，西格尔不愿意这样做。他认为自己当初在困难时从基德尔·皮博迪公司跳槽到了德崇公司，现在，他这样和德农西奥见面似乎有些不合情理。

杜南和帕斯卡尔的计划是让西格尔给他的好朋友彼得·古德森打电话，他现在是基德尔·皮博迪公司并购部的主管。西格尔要告诉古德森，他想重新回到基德尔·皮博迪公司，因为德崇公司被布斯基的丑闻牵连了。西格尔要让古德森安排他和德农西奥见个面，然后在见面时，他要戴着窃听器。西格尔很不高兴，他是古德森女儿的教父，古德森曾经是西格尔在基德尔·皮博迪公司最好的朋友。但是政府坚决要求他这样做，西格尔别无选择。

西格尔在给古德森家中打电话时，杜南就站在他的身边，他连续打了三次才找到古德森。开始时，古德森似乎相信了西格尔的话，说他会尽力帮着安排会面的。但是最后，这个计划还是泡汤了。古德森回话说德农西奥拒绝了这个想法，很显然，德农西奥还对西格尔的背叛耿耿于怀。德农西奥给西格尔传了一个口信："你是活该如此。"

政府对威格顿没有太大兴趣。他和西格尔没有什么共同点，两个人的关系也很一般，因此很难找到西格尔给他打电话的合理理由。泰伯尔的情况就不是这样了，他是威格顿以前做套利业务时的搭档。杜南立即把他定为潜在的目标。

泰伯尔在西格尔离开基德尔·皮博迪公司之后不久也离开了。同莱文很像，他也利用自己在套利上的些许经验跳槽到了其他公司，获得了高职位和高薪。一开始，他去了化学银行，在那里做套利主管。他打算在该银行创建一个新的套利部，但是这个计划一宣布就引起了对该银行的负面报道，客户们都对它试图从恶意收购中获利感到不满。于是化学银行告诉泰伯尔，他不能投资恶意收购交易，这对任何真正的套利人都是一条荒谬的限制。结果，泰伯尔离开了化学银行，到美林公司当了一名套利人。

联邦检察官办公室相信泰伯尔尤其对起诉的威胁感到害怕。在莱文被捕的消息公布之后，泰伯尔给德崇公司的西格尔打过电话，他问："我们没事吧？"这就表示他知道西格尔对他是一个威胁。西格尔向他保证说他和莱文没有联系。泰伯尔到了美林公司之后，有一次，他又给西格尔打电话，当时，西格尔正在帮助哈夫特家族收购西夫韦公司（Safeway），这是由德崇公司支持的。美林是被收购公司的代理。泰伯尔开始向西格尔透露"美林的防御思想"，包括董事会议的日程安排等机密信息。他所说的话非常接近内幕消息，西格尔相信他是希望建立一种关系，但是西格尔从来没有把他当回事。

西格尔给泰伯尔打电话，说要和他"叙叙旧"，聊聊在基德尔·皮博迪公司工作时的事。泰伯尔似乎非常困惑，便推托了。西格尔只好试试另外一种方法。他说由于德崇公司被布斯基的丑闻牵连了，他想离开这里。他说："也许我们可以一起自己干。"这种方法也毫无结果，因此，西格尔又打了一次电话，他说："也许我可以和你谈谈我去美林公司的事。"

泰伯尔肯定会奇怪西格尔怎么突然之间想和他"聚聚",因为他们在德崇公司共事时就很少交往。当西格尔给泰伯尔打电话时,杜南都在监听着,通常是在他办公室里的另外一个分机监听。

1987年1月11日星期三下午4点半左右,杜南和帕斯卡尔来到西格尔的公寓。虽然这套公寓已经卖出去了,但是手续还没有办完,西格尔仍然住在这里。当天下午,美林公司刚刚把泰伯尔解雇了,因此,这可能会削弱他的抵抗,从而增加和政府进行合作的可能性。西格尔作为秘密线人配合调查却没有什么成效,这让他们非常沮丧,并且也越来越不耐烦。而且,《纽约邮报》上最近刊登了一篇让他们十分焦虑的文章,这篇文章说西格尔可能受到布斯基一案的牵连而陷入了麻烦。他们知道,这只会增加人们对西格尔的怀疑,时间不等人啊。

杜南严厉地对西格尔说:"这是你最后的机会,快找泰伯尔,和他见面。"西格尔拿起电话,打到了泰伯尔的家。他首先对泰伯尔被解雇一事表示同情,然后又提到了和他一起创建公司的事。西格尔建议,他们可以找个地方见见面,讨论一下其中的可行性。这次,泰伯尔断然拒绝了,说他"太忙"了。

杜南在另一个电话里监听着他们的通话,他听到西格尔挂断了电话,接着泰伯尔也把电话挂断了。但是,线路并没有断,他听到泰伯尔公寓有一个男子的声音,那人说:"我现在可以挂断了吗?"杜南非常恼火,他立即意识到泰伯尔也安排人监听了西格尔打给他的电话,他已经觉察到了。

当杜南和帕斯卡尔走出西格尔的公寓时,杜南不祥地说:"我们现在只能按照我们的方式来做了。"

西格尔明白"我们的方式"可能意味着什么。他现在知道杜南能力超强。在他们最初几次谈话之后的几个星期,杜南第一次给西格尔打电话。西格尔感到杜南的声音非常熟悉,突然,他打了个冷战。他想起来了,在那个秋天的夜晚,他走到卧室,正在凝望窗外的游乐场,突然电话响起来了,他拿起话筒。

"你是马丁·西格尔吗?"一个声音问道,"你收到我的信了吗?"就是这个声音毁了他的生活。

杜南就是"比尔"。

在布斯基被调查的消息公布之后约两个星期,米尔肯又找到了吉姆·达尔。达尔仍然不明白到底发生了什么事情。他只知道自从他们上次在卫生间见面之后,米尔肯大部分时间都和他的弟弟洛厄尔待在一起。

米尔肯压低声音说:"你要找个律师。"达尔没有收到传票,但是考虑到他在高收益债券领域的重要性,再加上他和布斯基直接进行交易,他被传唤可能只是早晚的事情。米尔肯强烈建议他聘请爱德华·贝内特·威廉斯作为他的律师,威廉斯是华盛顿威廉斯·康诺利律师事务所(Williams & Connolly)著名的刑事律师。

达尔不用担心律师费,这些费用都将由德崇公司承担,和米尔肯一样。米尔肯解释说他自己也聘请了威廉斯,并向达尔保证说不用担心。他说:"他们想要的只有我。"

达尔不明白和米尔肯聘请同一个律师是否明智。难道米尔肯的利益是首要考虑的?一直到第二个星期,当威廉斯和一个名叫罗伯特·利特的律师来到比弗利山时,达尔还在琢磨这件事,这两位律师是来和潜在的证人谈话的。

威廉斯久负盛名,是律师界的老将,为许多人打过官司,受到了媒体的大肆追捧,达尔对此早有耳闻。他性格倔强,是美国最著名的刑事辩护律师之一,是华盛顿的传奇人物,在政治刑事案件中无人能比。他曾经为许多著名人物做过辩护,如参议员约瑟夫·麦卡锡、提姆斯特公司(Teamster)的老板吉米·霍法、林登·约翰逊的门徒鲍比·贝克尔、金融家罗伯特·韦斯科、前财政部长约翰·康纳利、前国会议员亚当·克莱顿·鲍威尔。威廉斯是巴尔的摩金莺棒球队的所有人,也曾经做过华盛顿红皮队的老板之一,他懂得商业。此外,他现在正遭受癌症的折磨。

威廉斯用沙哑的声音说:"听着,吉姆,一切都会过去的。我们需要做的就是精诚团结、并肩作战,那些政府的律师不堪一击。"威廉斯继续这样说着,话语中还夹杂着粗话。威廉斯和利特向达尔保证,他不是主要对象,也不是被调查目标,他只是一个旁观者,一个可能指证米尔肯的目击证人。威廉斯说:"我们会打败那些狗娘养的,但是我们必须保证团结合作,一致对外。"

控制这些潜在的目击证人对米尔肯非常重要。如果没有其他的证据,布斯基会一直被认为是撒谎者和罪犯,仅仅他的证词是无法证明米尔肯有罪的。米尔肯和他的律师们知道这个道理,检察官们也清楚。然而,如果米尔肯自己团队的成员叛变,那将对米尔肯带来致命的伤害。这种事情是绝不能发生的。

米尔肯自己肯定不会去作证的。他甚至从来都没有考虑过认罪、坦白或者合作。与布斯基和莱文不一样,他没有更重要的人物可以举报了,没法给政府提供情况以获得宽大处理。他是最顶层的人物,是美国金融界最为重要的人物,没有比他"更大的鱼"了。和西格尔不同,米尔肯明显没有懊悔。过去,他曾经多次成功击退证券交易委员会的讯问,这一次他似乎也很有信心。

同皮特和拉科夫不一样,威廉斯没有企图从米尔肯那里获得真相,第一次见面时他没有问,后来也从来没有问过。威廉斯不想知道。威廉斯经常说,他有一条基本原则:"如果有个问题你不知道答案,那就永远不要问。"

11月14日,布斯基一案的消息公布后,米尔肯就立即聘请威廉斯作为他的律师。他好像把威廉斯看作权威人物,对他怀有一种敬畏,对参与调查的其他人他都没有这种感觉。米尔肯是通过德崇公司的一位客户认识威廉斯的。这位客户名叫马文·戴维斯,是丹佛的石油商人,在米尔肯垃圾债券的帮助下,他成了好莱坞的大亨,买下了20世纪福克斯电影公司。威廉斯一直都是戴维斯的代理律师，并且也是米尔肯另外一名客户维克托·波斯纳的代理律师。

当米尔肯聘请威廉斯·康诺利律师事务所时，威廉斯的搭档利特非常吃惊。利特以前在曼哈顿的联邦检察官办公室工作过，他认识卡伯里。在布斯基一案的消息被公布的那个星期五，利特还给卡伯里打过电话，向他表示祝贺。但是，在紧接着的星期天，威廉斯给利特打电话说："我们现在是米尔肯的辩护律师了。"利特立即又给卡伯里打了个电话，对之前的电话表示抱歉，他说他不知道威廉斯·康诺利律师事务所也会被牵涉进来。

同一个周末，米尔肯还聘请了宝维斯律师事务所的合伙人阿瑟·利曼和马丁·弗鲁门鲍姆，他们曾经做过丹尼斯·莱文的代理人。在莱文一案中，利曼作为经济律师的名声要大于刑事辩护律师。此外，他还做过宾州石油公司的代理人，在和德士古公司的战斗中获得了巨大的成功。他还在参议院的"伊朗门"调查中做过法律顾问。

米尔肯也认识利曼，他的很多客户都聘请了宝维斯律师事务所的律师，如三角工业公司（Triangle Industries）的纳尔逊·佩尔茨，以及收购了露华浓公司的罗纳德·佩雷尔曼。米尔肯知道利曼懂得证券法、恶意收购领域以及垃圾债券业务。

威廉斯坚持要做首席律师，米尔肯同意了，而利曼和弗鲁门鲍姆也将密切合作。利曼作出了很大的牺牲，他和他所在的律师事务所将承担大量的幕后工作，而宝维斯律师事务所将拿出大部分时间和精力应付证券交易委员会，这是费时费力、乏味无比的工作。威廉斯一开始就说："我才不在乎证券交易委员会。"他只从威廉斯·康诺利律师事务所抽调了几个律师来处理这件事。这就是他的风格。

宝维斯律师事务所的风格是压倒一切。它是全美最大的律师事务所之一，以"焦土诉讼战略"闻名，可以投入大量的人力和政府对抗。德崇公司也有许多律师，它常常聘用卡希尔律师事务所作为法律顾问，这是纽约的另外一家大型律师事务所。此外，它还聘请了彼得·弗莱明律师，这是一位著名的刑事律师，在一起著名的政府诉讼案中做过日立公司的辩护律师。

然而，在米尔肯的律师团队中，最为重要的一位律师可能就是最不知名的律师，他就是理查德·桑德勒，洛厄尔·米尔肯儿时的朋友，现在是米尔肯的家庭私人律师。他一直在德崇公司的比弗利山分部上班。尽管桑德勒和洛厄尔的关系更密切，但是他似乎一直都很敬重迈克尔·米尔肯，他的业务和生活全都依靠米尔肯。他的热情超出了经济关系，就好像他已经和米尔肯融为一体了。

桑德勒很招人喜欢，精力充沛，大家都称他为"房地产律师"。现在，他突然成了米尔肯圈子中最为重要的人物。他是这起调查活动的信息中枢，不断与潜在的证人和其他律师联系。他专心于案子当中，或者说是在找有利于米尔肯摆脱罪名的证据。他和米尔肯几乎形影不离，米尔肯去哪里，他也跟着去。桑德勒的会议室似乎成了米尔肯的避风港，他一从交易台下来就到这里来，而且他待在这里的时间越来越多。桑德勒也在监督比弗利山分部办公楼二层会议室的建造工作。这个会议室被称为"静锥区"，是隔音的，并且每周都要检查，看看有没有窃听设备。这个会议室是用来进行战略讨论的。

米尔肯和德崇公司的律师同意合作，并签署了一份正式的共同辩护协议，这一点儿也不奇怪。按照协议规定，所有的律师都享受律师与当事人保密特权，并且要求在他们之间实施完全的信息公开。尽管签署了这个协议，但是米尔肯的律师们却不愿意与德崇公司的律师共享一切信息。从一开始，威廉斯就告诉米尔肯和他的律师们，德崇公司最终肯定会屈服的。

威廉斯预计，作为一家证券公司，德崇公司不可能从漫长的刑事调查和证券交易委员的调查中熬过去，它会成为敌人，很有可能会把它在调查过程中从米尔肯那里获得的一切信息都提供给政府。所以，米尔肯的律师所掌握的情况，一点儿也不能透露给德崇公司的职员或者他们的律师。

米尔肯的律师对德崇公司的律师基本上没有什么尊重。有一次，所有的律师都在纽约彼得·弗莱明所在的律师事务所开会。德崇公司的首席法律顾问托马斯·柯宁正在主持一场讨论会。突然，姗姗来迟的利曼推门步入会场，而且一进来就侃侃而谈，打断了柯宁的话，并专横地要求由他来主持会议。柯宁怒火中烧，却不好说什么。

米尔肯的律师团队有时似乎也不太和谐。尽管按照协议威廉斯是首席律师，但是宝维斯律师事务所却在和威廉斯·康纳利律师事务所争夺控制权。在合作之初，威廉斯获悉弗鲁门鲍姆给卡伯里打电话讨论传讯的事，他勃然大怒。虽然这个电话也没有什么害处，但是威廉斯认为，是他负责和联邦检察官办公室的联系工作，他有一个和检察官沟通的具体计划。他给桑德勒打电话，大喊道："如果那个浑蛋小子再敢越轨一步，我就要像捏死臭虫一样捏死他。如果他在我的律师事务所，我会立即让他滚蛋的。"宝维斯律师事务所之外的律师们都认为弗鲁门鲍姆傲慢自大，对他非常讨厌。

让大家一致对外，最容易的方法就是让尽可能多的潜在目击证人找米尔肯的律师团成员做代理人。但是，律师的《职业守则》反对这种做法，它规定律师不能既做被告的代理人，又做证人的代理人，除非他向每一位客户详细解释清楚所有可能的牵连。威廉斯鼓励达尔的做法就越过了这条规定，因为达尔很可能会被要求作证的。但是，达尔当时实际上还没有收到传票，因此威廉斯可以无所顾忌地这样做，并且他的话也起到了作用。达尔非常敬畏威廉斯，迫切地聘请他和威廉斯·康诺利律师事务所做他的代理人。沃伦·特雷普和比弗利山的另外一个人也是这样做的。

然而，威廉斯知道他不能为那些已经收到传票的雇员做代理人，这些人包括洛厄尔、穆尔塔什、瑟恩纳和阿克曼。不过，威廉斯要确保这些证人——有的是潜在的目标——也都是由"友好的"律师顾问做代理人。辩护团队仔细挑选候选律师，寻找可以向这些证人推荐的律师。在选择的过程中，这些律师的能力和声誉当然是重要的因素，不过这些因素不用花费大量时间来讨论，更为重要的因素是律师们在政府诉讼案中的执业记录。威廉斯和公司的律师想找那些喜欢与政府抗争而不是同政府合作的律师。

另外，还有一个重要的因素：这些候选律师和现在律师之间的依赖和义务关系。在最后确认的律师中，有一些已经从威廉斯·康诺利律师事务所、宝维斯律师事务所或者卡希尔律师事务获得过一些业务，因此，在分享信息方面，他们可以信赖。而且，在职业责任范围内，他们可以同米尔肯和德崇公司的律师合作。马克·波梅兰茨承担了米尔肯一名助手的辩护工作，他原来在最高法院工作，和利特是同事；杰克·奥斯皮茨是米尔肯另一位证人的律师，他曾经在宝维斯律师事务所做过合伙人；西摩·格雷恩泽是瑟恩纳的代理人，利曼经常给他介绍业务。这样的例子还有很多。

最后，所有的候选律师都必须接受桑德勒的面试，他对米尔肯的狂热忠诚进一步确保选择的律师可能同政府对抗，而不是合作。

诉讼大战拉开了帷幕。包括达尔在内的证人一开始在证券交易委员会和大陪审团面前有些惊慌，多数人都只是引用了《第五修正案》，拒绝回答任何问题。最初达尔反对这种想法，他感觉他没有什么可隐瞒的。他心想，引用《第五修正案》只会增加政府的怀疑。但是，在利特的强烈要求下，他使用了保持沉默的权利。

另外一个证人，米尔肯的交易员沃伦·特雷普对威廉斯·康诺利律师事务所同米尔肯关系太密切感到担忧，害怕这会损害自己的利益。威廉斯安排威廉·亨德利做特雷普的代理人，这位律师经常从他手中接案。特雷普的背叛最初在米尔肯的阵营激起了不安，但是在亨德利做了特雷普的代理人之后，他说他永远不会再背叛米尔肯，后来，这种不安就逐渐消失了。有一次，在华盛顿棕榈餐厅吃饭时，特雷普告诉亨德利说他永远也不会作证指控客户或者同事，他说："我不是那种喜欢告密的小人。"亨德利回答说："我也没有为告密者辩护的名声。"

在数周之内，米尔肯的律师团就组成了，这是有史以来最大、收费最贵、范围最广的刑事辩护律师团之一，辩护战略也制定好了。从很多方面来说，这一般是不会改变了。此后，米尔肯就被描绘成了卑鄙无耻的布斯基的无辜受害者。他被称为天才，一个不可多得的人才，是美国经济的救世主和经济增长的发动机。然而，在私下里，威廉斯提醒他的一些同事说，随着案情的展开，这种姿态可能需要重新考虑。

米尔肯现在实际上已经被各种各样的专家所包围，但是他和其他人的距离也越来越远。弗雷德·约瑟夫被媒体的大量报道搞得心烦意乱，尤其是《华尔街日报》11月17日的一篇文章，上面说米尔肯也被传唤了。他想自己把事情弄个水落石出，他想让米尔肯亲自给他保证。然而，卡希尔律师事务所的汤姆·柯宁和彼得·弗莱明告诉约瑟夫，他们可以代表他面见米尔肯。当他们抵达时，米尔肯的律师已经在那里等着了。尽管他们口头上说合作，但是，他们拒绝让德崇公司的律师们单独面见米尔肯。

米尔肯的律师告诉柯宁和弗莱明，不允许公司同一位可能会成为调查目标的雇员面谈，这在刑事调查中很"常见"。不过，他们向柯宁和弗莱明保证，德崇公司不用担心什么。他们只好把这些话带给了约瑟夫。约瑟夫没有意识到，作为公司的领导，这是一个关键时刻。当米尔肯的律师坚持说把米尔肯隔离开来是一种"常见"的情况时，他们几乎没有说真话。正相反，在这个时候，许多公司都会立即查清被指控员工的非法行为。如果员工拒绝接受审查，或者回答问题不让人满意的话，他们就会被解雇。米尔肯的律师知道这一点，他们估计过拒绝约瑟夫或者德崇公司律师面谈是有风险的。但是，他们知道米尔肯对公司的重要性。当米尔肯说他是无辜时,约瑟夫相信了他。同时,他也必须对付那些忠诚于米尔肯的公司其他高层人士。如果让米尔肯停职或者开除他,可能在公司内部引起斗争。

德崇公司在11月14日收到了证券交易委员会的传票,接着在12月又收到了大陪审团的传票,从这些传票中可以清楚地看到,米尔肯和布斯基的关系是调查的中心。

传票通常都冗长烦琐、非常详细,而且都有很多页的附件。布斯基和米尔肯密谋的所有交易几乎都包括在内,如菲施巴赫公司、太平洋木材公司和威克斯公司。那530万美元的付款尤其突出。传票要求提供大量的文件资料,并且只给德崇公司30天的时间回复。

在布斯基的消息公布之后,卡希尔律师事务所的律师们在德崇公司立即发起了一场内部调查,在11月15日和16日,利用周末时间询问了德崇公司中和布斯基有联系或者和问题交易有牵连的员工。由于没有接触布斯基或者米尔肯,他们没有找到违法行为的任何直接证据,这也不足为奇。当查到那笔530万美元的付款时,有许多证人,包括戴维·凯,他们都可以证明,德崇公司确实为布斯基做过研究工作。凯尤其喜欢把布斯基称为"只看不买的人",他让德崇公司产生了交易的意图,但是却没有完成交易。

德崇公司的管理人员急切地接受了米尔肯的说法,这笔钱是咨询费。但是问题是,德崇公司通常不给客户开咨询费的账单。3月21日,也就是付款的日期,也极不符合公司的传统。而且,无论德崇公司实际做过多少研究工作,它在哈得孙基金的交易中从布斯基那里获得这么多的咨询费都是会引起争议的。然而,尽管这样,德崇公司的律师们认为,无论这件事多么可疑,都不能肯定这笔钱是违法的。

德崇公司的管理人员和律师们寄希望于米尔肯的律师们给他们看的一份资料。这是瑟恩纳手写的记录,上面标注的日期为"86-3-21",据说这是在布斯基垃圾债券公司关闭时的记录。上面写道:

公司金融部：180万美元

纽约证券资产研究部：200万美元

高收益债券部研究室：100万美元

据说，这就是那笔咨询费的分配情况，大部分都分给了为布斯基做过研究工作的部门。米尔肯的律师们坚持说，这份资料"证明"了那530万美元确实是投资银行服务费，正如在洛厄尔和唐纳德·巴斯勒所签名的一封信中所描述的那样，这封信是布斯基的公司关闭时写的。这些记录显示了那笔咨询费在德崇公司不同部门之间的分配情况，是为了计算奖金的。

柯宁感到是该和证券交易委员会联系的时候了。他计划在感恩节的那个星期与证券交易委员会的斯图克见面，并提议在紧接着的星期六让约瑟夫和他们见面。如果调查活动能够很快达成令人满意的协议的话，他不想让它拖延下去。他曾经在赫顿公司的支票诈骗案中做过代理律师，该公司因此而被搞得臭名昭著。他通过亲身经历感受到，即使声名显赫的证券公司也很容易受到负面报道的伤害。

在华盛顿，林奇也希望快速解决此事。在布斯基的协议受到媒体负面报道的连续猛击之后，他迫切希望得到一些布斯基协议的结果。如果米尔肯和德崇公司正好过来合作的话，他感到证券交易委员会就可以真正揭开证券业的惊人内幕。他认为米尔肯会受到巨大的压力，他预计德崇公司至少会让米尔肯离职，并且积极合作。他没有看到德崇公司还有更多的选择余地。

证券交易委员会的期望和它所管辖的证券公司的期望如此大相径庭，这种情况是非常罕见的。柯宁一提出那530万美元是合理的付款，是过去服务的咨询费时，讨论就没法进行了。这种说法激怒了斯图克。任何人只要听过布斯基那更具说服力的解释，就会认为这种说法确实荒谬可笑。柯宁想知道证券交易委员会"关心"什么。

如果德崇公司打算死扛的话，斯图克就没有兴趣再帮助它了。他冷冰冰地说："证券交易委员会所关心的事情还不能和你分享。"当柯宁表示，证券交易委员会让德崇公司提供的文件太多了，请他们"区分轻重缓急"时，斯图克也拒绝了。并且，当柯宁提出让约瑟夫到华盛顿的证券交易委员会时，又被断然拒绝。斯图克认为一切都很清楚了，尽管德崇公司声称要合作，但是它实际上根本没有准备合作。对柯宁来说，证券交易委员会对德崇公司关于那笔530万美元的解释如此气恼，这让他迷惑不解。

最后，柯宁劝说林奇在华盛顿和约瑟夫见面。如果这次见面同柯宁和斯图克的见面有什么不同的话，那就是这次见面更糟糕。林奇告诉约瑟夫，米尔肯的案子是"铁证如山"，证券交易委员会有当时的文件和证据支持布斯基的说法，德崇公司"为了自己的利益必须立即开始合作"。林奇不知道他还能怎么说才更有震撼力，然而，约瑟夫似乎非常愤慨。他说："我们已经做过调查，你的指控根本就不是真的。布斯基就是一个骗子和罪犯。"林奇对德崇公司所谓的调查不屑一顾——约瑟夫承认米尔肯不愿意和他或者德崇公司的律师面谈，这能叫调查吗？接着，约瑟夫重申了那530万美元咨询费的问题，这让林奇更生气了。约瑟夫坚持说："如果这笔钱是违法的，请给我证据，我们正在想到底做错什么事了。"

林奇认为这是公然企图从证券交易委员会套取信息，而不是向证券交易委员会提供信息。林奇一般情况下是不容易发火的，但是这已经超出了他忍耐的限度，他出离愤怒了，他说："你知道你们做错什么事了。"会见在互相指责中不欢而散。

在约瑟夫走后，林奇对斯图克说："真是不敢相信，他们竟然这样做。他们的意思是：'我们要继续保护米尔肯。'"斯图克点了点头，困惑地表示同意。他们知道米尔肯是该公司的实权人物，但是没有料到他的实力会如此强大。

考虑到布斯基指控的情况非常重要,并且德崇公司和米尔肯不合作,林奇和斯图克得出结论,他们可能要面临一场诉讼大战,这起诉讼的规模之大可以和美国历史上导致美国电话电报公司被拆分的政府反托拉斯案相提并论。他们迅速把负责此案的律师从6个增加到了20个。是证券交易委员会摩拳擦掌、奔赴战场的时候了。

在联邦检察官办公室,卡伯里正在努力工作,确保对德崇公司的指控不是仅仅依赖布斯基的供词。他让两位年轻有为的助理检察官参与到了这起案子中,他们是:31岁的约翰·卡罗尔,纽约大学法学院毕业,在纽约联邦地区法院法官理查德·欧文手下干过;35岁的杰斯·法德拉,哈佛大学法学院毕业,原来是波士顿罗普斯·格雷律师事务所(Ropes & Gray)的合伙人。

自从卡伯里第一次传讯过布斯基之后,卡伯里就发现,这起案子的许多情况都必须再得到确证。布斯基和米尔肯的风格是尽量保持交易的全部保密,只让手下人做一些他们认为无关紧要的工作,充当记录人的角色。卡伯里已经将布斯基的几名手下定为调查目标,尤其是交易主管达维多夫和财务主管穆拉迪恩。

布斯基的几名手下很快就落入了政府的罗网。达维多夫是布斯基手下人中级别最高的,他也涉嫌违法行为。最终,他同意与政府合作,并接受了一项逃避净资产管理规定的罪名。达维多夫向检察官提供了大量布斯基的交易和穆赫伦有关联的证据:寄存安排、偿还方案,以及他和穆赫伦直接联系的详细情况。达维多夫一个人的供词就足以引发对穆赫伦的调查。(穆赫伦不是布斯基价值估计中提到的五个目标之一。布斯基对他提供的关于穆赫伦的消息的价值一直很低调。如果说布斯基在华尔街还有真正的朋友的话,穆赫伦就是和他关系最好的朋友了。)达维多夫指证德崇公司和米尔肯之间的秘密交易没有多大价值,因为他对秘密交易的安排一无所知,他只知道他所负责的一些交易。

另一方面,穆拉迪恩却很有价值。在布斯基的消息被公布之后的第一个星期一,他像平常一样到百老汇11号去上班。办公室里挤满了证券交易委员会的调查人员,他们把各种文件从柜子里取出来,装到了硬纸箱里,然后盖上章,贴上封条。穆拉迪恩还抱着一丝希望,认为公司能存活下去,但是现在看到这种情况,他立即意识到公司基本上已经被解散了。他对同事们说:"我们要被扫到历史的垃圾堆了。"

当天上午晚些时候,穆拉迪恩接到了皮特的电话。皮特问他:"你有律师吗?"这个问题让穆拉迪恩非常不安,像皮特这样重要的人竟然给他打电话问这个问题,更是让他忧心忡忡。对他来说,这都意味着坏消息。

穆拉迪恩回答说:"没有,我为什么要找律师呢?我什么都不知道。"早先的时候,皮特和罗伯特·罗马诺联系过。罗马诺原来是证券交易委员会执法处的律师,现在是美林公司的高管,他曾经负责调查过加拉加斯办事处的匿名信事件。从那之后,罗马诺就离开了美林公司,成了私人执业律师。皮特告诉罗马诺要推荐他做穆拉迪恩的律师。皮特认为布斯基的四名员工需要律师,其中之一就是穆拉迪恩。皮特对穆拉迪恩说:"你最好找个律师。"皮特还建议他跟罗马诺联系一下。穆拉迪恩遵照皮特的话做了,接着他又给妻子打了个电话。

他预言说:"用不了一个小时我就可以谈完,我对内幕交易的事一无所知。"

当天下午,罗马诺来到了布斯基的办公室。罗马诺开始说:"你认为政府想跟你谈什么?"尽管穆拉迪恩声称自己一无所知,但是,他却开始连续不停地讲了起来。

他一上来就先解释了一番他以前被证券交易委员会处罚的事,他说:"你应该知道,我以前也遇到过麻烦。"接着,他说:"我被卷入了德崇公司的事。"他讲述了他为布斯基做交易记录、核对账目以及比弗利山之行的情况。而且,他也告诉了罗马诺那530万美元的付款,以及3月

21日发生的事，当时布斯基对他大吼大叫，说他几乎把德崇公司的融资计划破坏了。另外，他还讲了布斯基后来命令他销毁用来计算那笔付款的文件。

罗马诺问道："你把它们销毁了吗？"

穆拉迪恩说："是的。"罗马诺看到一个可以很好地确证米尔肯非法行为的文件消失了。

第二天，罗马诺找到了卡伯里。卡伯里像往常一样，开门见山地说穆拉迪恩在布斯基篡改和德崇公司非法交易记录上受到了牵连。罗马诺明白自己没有太多的回旋余地，穆拉迪恩昨天所告诉他的大部分情况，卡伯里已经从布斯基那里知道了。罗马诺问道："穆拉迪恩怎样做才能帮你们呢？"

卡伯里列举了一些名字：德崇公司、基德尔·皮博迪公司、塞利格曼·哈里斯（布斯基在伦敦的经纪人）和穆赫伦。

罗马诺回到穆拉迪恩的办公室，他们竭尽全力寻找有价值的东西。穆拉迪恩绞尽脑汁地回忆，最后他想起了布斯基如何命令他销毁文件的具体细节。他们仔细搜索了穆拉迪恩的文件，穆拉迪恩让罗马诺看了看他在布斯基的要求下重新做出的和德崇公司的对账表。但是，对于卡伯里所列举的其他目标，他没有任何发现。

当穆拉迪恩和卡伯里再次见面时，穆拉迪恩说他两手空空，一无所获。卡伯里告诉他，联邦检察官办公室想让他接受一项重罪。穆拉迪恩听到后火冒三丈。

他激动地说："我不是重罪犯，我从来没有从中拿过钱。"在他看来，他只是执行布斯基的命令，他所做的一切都是华尔街上司空见惯的事情。

穆拉迪恩不想充当他所谓的"告密人"。但是罗马诺和卡伯里达成了一项协议，大意是说，联邦检察官办公室将推迟指控穆拉迪恩或者要求他认罪，直到他合作为止。这样，他们就可以评估穆拉迪恩的表现。

如果他们感觉他表现不好，他仍然应该接受重罪，那时他就必须接受。

当穆拉迪恩作为合作证人第一次同卡伯里和其他政府律师见面时，他非常紧张。当他随意地称卡伯里为"查理"时，卡伯里立即打断了他的话。他说："我们这里都称呼姓氏，穆拉迪恩先生。"对穆拉迪恩来说，这次见面的阵势真不小，联邦检察官办公室来了5名律师，证券交易委员会来了8名律师。然而，慢慢地，他对合作产生了兴趣，向他们讲述了和德崇公司的安排，以及他在其中的作用。当谈到3月21日的事情时，他有点儿犹豫，接着，律师们问他，当他因无意之中泄露那笔530万美元而差点儿破坏交易之后，布斯基对他说了什么时，他完全停了下来。

"布斯基对你说了什么？"其中一位律师问道。穆拉迪恩焦虑地看了看房间里的两位女律师。

"他说脏话了吗？"这位律师继续问道。

"你们真想知道吗？"穆拉迪恩紧张地问道，害怕因冒犯别人而受到责备。穆拉迪恩说："他说：'你他妈的是个蠢货！'他反复地骂我。"

穆拉迪恩按照布斯基的命令销毁了那笔530万美元付款的对账表，这份冗长的材料成了调查活动中最为重要的文件。但是，当布斯基改变主意之后，是他继续努力，在玛利亚·特明的合作下，根据他在文件中发现的一些残留记录，想方设法重建了底账。

穆拉迪恩很快就成了本案律师们的非正式顾问。这些律师们大都对金融市场和证券业的运作方式一无所知，甚至一些最基本的卖空或者期货买卖和期货承购（Puts and Calls）都不懂，更不要说布斯基和米尔肯为了实施他们的阴谋而采用的复杂、深奥的战略了。他们对会计工作也不太了解。

穆拉迪恩花费几个小时的时间来给这些律师们讲述，然后仔细讲解交易记录，这些记录显示了数据是如何确证各种策略的。他成了这里最受欢迎的人，脚踏实地，朴实谦逊，渴望取悦他人。穆拉迪恩自己也逐渐明白并体谅到了布斯基打算合作的决定。他认识到，当你处在生死攸关之时，你对合作就会有与众不同的看法。他也看到，如果布斯基撒谎的话，那是徒劳无益的，因为有很多人，包括他在内，都知道实情。

在穆拉迪恩披露的情况的支持下，政府很快就得到了德崇公司会计查尔斯·瑟恩纳以及唐纳德·巴斯勒的合作。这两个人的代理律师都是西摩·格雷恩泽，华盛顿的一位刑事律师，是由彼得·弗莱明和阿瑟·利曼推荐的。从一开始，格雷恩泽就示意他的当事人，如果被问话，就援引《第五修正案》。

瑟恩纳是一位训练有素的会计，可能会因为他在非法交易中的作用而受到指控。然而，他对政府更有价值，因为他和布斯基没有什么关系，对布斯基也无所谓忠诚，他可以确证布斯基的证词。瑟恩纳只是遵照米尔肯的命令行事。巴斯勒被牵涉得更少，他只是一个旁观者。当时德崇公司需要为那笔530万美元的付款提供书面证据，称它是一笔投资银行服务费，当洛厄尔写完信后，需要有人签字，他碰巧遇到了巴斯勒，就强行让他签了字。

卡伯里感到必须从某个地方开始，他可以从豁免权谈起，给予他们豁免权。如果他们想要豁免权，就必须诚实地回答问题。既然他们所说的话不会再用来指控他们，那么他们就没有理由再援引《第五修正案》拒绝开口了。

然而，把这个过程称为合作还是有点儿夸大其词。格雷恩泽在和米尔肯的律师团队谈话时总在强调一个事实，那就是瑟恩纳和巴斯勒作证是被政府强迫的，他们不会牵连任何人的。同穆拉迪恩形成了鲜明对比的是，瑟恩纳自愿提供的东西很少。同布斯基一样，米尔肯在很多事情上都对手下人隐瞒着。米尔肯从来没有告诉瑟恩纳，他为什么让瑟恩纳做各种事情，因此，在确证米尔肯的动机和心态方面，他几乎没有什么价值。有一次，瑟恩纳在作证时说，米尔肯甚至没有要求他保留账单。还有一次，他说米尔肯认为这些账单全都是"一堆废纸"。

瑟恩纳必须谨慎行事，在不说谎的前提下尽量少说。不止一次，检察官们不得不威胁他说，如果他不老实坦白的话，就会用伪证罪起诉他。桑德勒不断和格雷恩泽联系，格雷恩泽吹嘘说瑟恩纳没有给政府提供任何帮助。

然而，政府却对瑟恩纳的证词有不同的看法。他可能是一位不情愿的证人，但是他承认自己毁掉了用来计算那笔530万美元付款的电脑磁盘。尽管他没有说他这样做是受到了米尔肯直接命令的结果，但是他清楚地表明，他是得到了米尔肯的指示才这样做的。他也确认了同穆拉迪恩一起对账的事。重要的是，瑟恩纳作证说，他是在米尔肯亲自指示下制定了那笔530万美元投资银行服务费的分配表，而这份文件正是米尔肯的律师们十分倚重，用来说服德崇公司的律师相信米尔肯所说的这笔款子的说法是正确的。因此，瑟恩纳无法根据自己的认识说明这种分配准确地反映了这笔钱的目的。

这是非常关键的信息，它可能会影响德崇公司对这份证据的看法。但是，当柯宁找到瑟恩纳了解情况，问他都告诉了政府什么情况时，格雷恩泽不让瑟恩纳说出大部分的回答。当柯宁离开时，米尔肯的律师团向他保证说，瑟恩纳没有做任何不利于他们的事情。

米尔肯的律师要求瑟恩纳避免和政府真正合作，这对瑟恩纳产生了巨大的压力。

尽管瑟恩纳的证词似乎对米尔肯或者德崇公司没有什么伤害，但是，比弗利山分部继续保持沉默，这让柯宁感到非常担忧，这些人对传票上罗列的情况都有直接的了解。

接着，4月28日，《华尔街日报》刊登了一篇关于那笔530万美元付款的文章，文中详细地描述了这笔款子是如何计算出来的，并且指出："这笔款子的发票是在已经付款之后才仓促开具的，而且是在布斯基先生的审计员怀疑这笔大额款项缺乏单据时才开的。"柯宁和约瑟夫看到这篇报道后心烦意乱，在这件事情上，记者知道的情况似乎比他们还多。他们担心这篇文章报道的情况可能确实如此。

米尔肯的阵营对此没有这样的疑虑,在德崇公司内部和其他任何愿意听的人面前,他们对媒体的报道都不屑一顾。威廉斯发现自己要不断提醒他们谨慎小心,甚至他自己对这一案件的控制也开始减弱。在1987年年初,威廉斯因癌症而动了手术,这使他的身体和精力明显地衰弱了。他感到这个案子还没到应该考虑和政府合作的时候,并且他知道米尔肯是不会接受这种可能性的。但是,他也知道,和联邦检察官办公室保持联系是很明智的。正如他向利特秘密透露的,随着时间的推移,政府在该案上可能会越来越强势,而不是越来越示弱。

威廉斯做完手术之后不久,他在纽约和卡伯里安排了一次会谈,参与的人还有刑事处的负责人霍华德·威尔逊和另外一名负责此案的检察官。威廉斯是一个人来的,没有带米尔肯辩护团队的其他律师。在他们讨论了这起案子的有限进展之后,卡伯里反复强调,调查活动仍然处于初级阶段,他不愿意说太多的东西。最后,威廉斯问道:"这个案子要持续多久呢?"

卡伯里估计在起诉之前还需要两年的时间。威廉斯停顿了一下,看上去很忧郁。他说:"到那时我恐怕已不在人世了,你们不能快点儿吗?"

1987年2月11日星期三的下午,在离开西格尔的公寓之后,杜南匆忙赶到圣安德鲁斯广场同卡伯里和尼尔·卡图希罗开了一个会。卡图希罗是助理检察官,卡伯里指派他处理由西格尔的调查活动衍生出来的案子。由于泰伯尔显然已经觉察自己成了被秘密调查的目标,时间已经非常紧迫。杜南想在第二天就对弗里曼、威格顿和泰伯尔采取行动,并想让西格尔在那个星期五出庭作证。卡伯里同意了。

卡伯里认为这三个嫌疑人都应该被逮捕,而不是像西格尔和布斯基那样接受传讯或者允许他们前来自首。在对布斯基进行调查时,弗里曼已经被传讯过,但是他断然拒绝了任何合作的建议。不过,卡伯里已经从另外一个律师那里听说,弗里曼现在"紧张得都快要崩溃了"。泰伯尔刚刚被美林公司解雇,也非常脆弱。卡伯里认为,公开逮捕所产生的压力可能会导致他们中的一个或多个屈服和坦白。他得出结论,华尔街上的人犯罪倾向不是很强,他们太在乎自己的声誉和面子。

卡伯里和卡图希罗到楼上同朱利安尼和威尔逊开会研究了一番。卡伯里相信弗里曼肯定参与了交换内幕消息的非法活动。他不仅利用内幕消息进行交易,并且还交换消息,这种违法行为对市场公正的破坏性更大。至于威格顿和泰伯尔,西格尔并没有说他们知道他和弗里曼之间密谋的事。但是西格尔至少有一次向他们提到弗里曼是个消息源,并且卡伯里相信他们肯定知道西格尔在高盛公司有一个线人,这一点从基德尔·皮博迪公司套利部门的交易模式中可以明显地看到。

卡伯里说:"让我们逮捕他们吧。"朱利安尼毫不犹豫就同意了。他们没有讨论可能会引发的公众反应。逮捕嫌疑人是常规的活动。他们从帕斯卡尔记录的西格尔的供词中整理出一份宣誓书,然后让杜南签上名字,这样就有了得到逮捕证的依据。接着,杜南急匆匆地赶往泰伯尔位于上东区的公寓。

事情几乎从一开始就出错了。泰伯尔在公寓大厅里被戴上了手铐并被搜身,然后被允许回到自己的房间拿件上衣,然后在当晚被关在了大都会拘禁中心。检察官们希望他坦白和合作,但是泰伯尔没有服软。卡伯里可能错误地判断了华尔街上许多人的心态和忠诚。布斯基和西格尔愿意坦白和合作,但是他们只是例外,而不是常规情况。华尔街是一个狭小、封闭的世界,里面的人都是靠金钱、互利和强烈的忠诚而驱动的。也许泰伯尔从来没有弄明白西格尔和弗里曼之间的关系,没有什么可以坦白的。泰伯尔在大都会拘禁中心被关一晚如果说有什么作用的话,那就是似乎更增加了他的反抗决心。

第二天早上,下着大雪,雪花纷纷扬扬地飘过金融区的高楼大厦,落到了灰色的地面上。杜南和另外两名邮政稽查官来到百老汇大街高盛公司的总部大楼。杜南对大楼的一位保安说："我们要逮捕罗伯特·弗里曼。"惊慌失措的保安立即顺从地带着他们上楼。

弗里曼的办公室在29层，四周全是玻璃，距公司的大型交易厅不远。当杜南等人走进弗里曼的办公室时，他站了起来，似乎非常震惊，他正在忙着处理一些悬而未决的事情。当天下午他计划出去度总统日的长周末，到落基山脉和家人滑雪。

杜南告诉弗里曼："这是联邦逮捕证，现在，我要逮捕你。"弗里曼遵照杜南的指示，身子向前倾，把手放在桌子上。杜南对他搜身，把他口袋中的东西全都掏了出来。弗里曼一言未发。这件事立即在交易大厅引发了一阵骚动，交易员们纷纷伸长脖子看看究竟发生了什么事。

弗里曼请求用电话给他在高盛公司内部的一位律师打个电话，那位律师匆忙地赶到交易大厅。然后，这位律师又给拉里·佩德威兹打了个电话。自从弗里曼因为布斯基一案被传讯后，佩德威兹就成了高盛公司的代理人。

佩德威兹曾经在联邦检察官办公室工作过，和杜南是同事。杜南给他解释了一下对弗里曼的指控。杜南说他有搜查证，要对弗里曼的办公室和附近的地方进行搜查。接着，两位邮政稽查官押着弗里曼向电梯走去。一到大楼的大厅，他们就给弗里曼戴上了手铐。杜南留了下来，他在弗里曼的办公室里用绳子圈出一大片区域，然后开始仔细搜查办公桌的抽屉和文件柜，并把相关的文件都放到了硬纸箱里。

当这两位邮政稽查官押送着弗里曼走出高盛公司总部大楼时，另外一组联邦执法人员来到了汉诺威广场上的基德尔·皮博迪公司的办公楼。理查德·威格顿正在18层的办公桌前忙碌，突然，他抬起头来，看到公司前台的一位女职员站在他的办公室门口。她说："有位莫雷诺先生要见您。"

威格顿扫了一眼桌子上的日程表，看到2月12日上午没有安排任何约见。现在正是交易的高峰时刻，威格顿不打算放下手中的工作。他告诉前台女职员说："我现在没有时间，他没有提前预约啊。"威格顿心想，可能又是找工作的人。大学毕业生都迫切希望在投资银行找到工作，有的人在华尔街上四处奔波，直接上门求职。威格顿继续工作。

几分钟后，他一抬头，看到那个前台女职员又回来了。她面露焦虑的神色，说："他们现在就要见你，他们说没有什么借口，必须接受。"威格顿认为这真是粗鲁至极，并且太不正常了，不过，他决定到大厅看看究竟是怎么回事。

他大步来到电梯附近的大厅，前台女职员跟在他身后，有几步远。他看到两个执法人员正在等着。突然，他们拿出证件，声明他们是美国政府稽查官，接着开始宣读："你被捕了。"威格顿就这样被捕了。这是开玩笑吗？其中一个人抓住威格顿的胳膊，一把扭到了背后，然后把他猛地推到了墙上。他们很快就对他搜了身，接着把他的胳膊扭到了后面，立即给他戴上了手铐。

然后，这两位执法人员押着威格顿，在公司员工的众目睽睽之下穿过交易大厅，来到他的办公室。目睹了这一过程的一位交易员立即给公司的总裁约翰·罗奇打电话。罗奇接到电话后匆忙赶了过来，他义愤填膺地说："我是公司的总裁，这里发生了什么事？"这两位执法人员解释说，他们刚刚以证券欺诈罪逮捕了威格顿。威格顿仍然感到非常震惊，他呆呆地站在那里。罗奇对执法人员说："请等一下。"然后，他拿起电话，给基德尔·皮博迪公司在苏利文·克伦威尔律师事务所的法律顾问马文·施瓦茨打了个电话。罗奇向威格顿保证说："我们会给你找最好的刑事律师。"

执法人员打开威格顿的手铐，让他穿上外套和大衣。威格顿给妻子辛西娅打了个电话。她焦虑地问道："你还回家吃晚饭吗？"

"我不敢肯定。"他沉重地说。然后，两位执法人员又给他戴上了手铐。

办公室里的大部分交易员此刻都放下了电话，密切注视着威格顿办公室中的动向，为了看得更清楚些，有些人还站了起来。接着，两位执法人员又带着威格顿穿过交易大厅。当他走向电梯时，两个执法人员一边一个，看押着他。威格顿开始流泪，由于双手戴着手铐，他无法擦眼泪，任泪水顺着脸颊淌下。

威格顿和弗里曼在曼哈顿南部的邮政稽查官办公室（西格尔也曾经在这里接受过讯问）待了大概一个小时，然后被分别带到了联邦法院准备接受庭审。在那里，他们见到了泰伯尔。泰伯尔看上去头发凌乱、衣冠不整。他身穿一件白色的开领短袖衬衫和一条卡其布裤子，脚蹬一双运动鞋。

这是三个人第一次聚在一起。弗里曼是套利界的顶尖人物，从来都没有给威格顿回过电话。

"你好。"威格顿说。

"你好。"弗里曼回答。他们似乎无言以对，不知说什么好。

这三个人的律师都倾向于怂恿他们与检察官对抗。在布斯基的事情被公开之后，由于担心基德尔·皮博迪公司可能会受到牵连被卷入丑闻之中，该公司的法律顾问苏利文·克伦威尔律师事务所聘请了一位著名的刑事律师，此人名叫斯坦利·阿金，苏利文·克伦威尔律师事务所的刑事案件常常都由他负责。现在，阿金成了威格顿的代理律师。阿金喜欢和政府对抗。阿金还给泰伯尔推荐了一名律师，安德鲁·劳勒。正如米尔肯的案子一样，律师们之间的经济关系意味着一个核心的辩护团队——在这起由苏利文·克伦威尔律师事务所主导的案子中——将会对事情的发展产生重大的影响。基德尔·皮博迪公司将承担所有的律师费。苏利文·克伦威尔律师事务所在整个交易过程中一直都是基德尔·皮博迪公司的法律顾问，而现在这些交易却被指控有罪。高盛公司的代理律师佩德威兹建议弗里曼聘请保罗·柯伦做代理律师。柯伦以前是联邦检察官办公室的工作人员，现在是凯寿律师事务所（Kaye, Scholer,

Fierma, Hays & Handler)的合伙人。在布斯基的认罪协议中提到弗里曼将被传讯之后,佩德威兹所在的沃切尔律师事务所已经在高盛公司进行了一次调查。那些传票在高盛公司内部没有引起过度忧虑,而且沃切尔律师事务所的调查也表明弗里曼和高盛公司没有什么罪责,他们没有发现高盛有任何违法行为的证据。

弗里曼三人是在2月12日星期四接受庭审的,时间大概是中午时分,审判室只来了一半的人,大部分都是记者。从某种意义上说,弗里曼三人被捕的消息要比德崇公司和米尔肯被指控的消息更具轰动性。虽然他们三个人在权力和影响上都无法和米尔肯相提并论,但是他们所在的公司——高盛和基德尔·皮博迪却是华尔街上鼎鼎有名的大公司。虽然基德尔·皮博迪公司的经营状况不佳,正在苦苦挣扎,但是高盛公司从总体上来说,可是能够号令华尔街的重要公司。这不是一个牵涉到暴发户或者贪婪新人的案件。以内幕交易罪指控这种级别的公司似乎是不可想象的。

逮捕的方式也起到了火上浇油的作用。与逮捕莱文的情况不同,这几个人都是在众目睽睽之下被逮捕的——泰伯尔是在自己公寓楼的大厅里,威格顿和弗里曼都是在公司里——这样做的目的就是让这个消息在华尔街和媒体上广泛传播。这个目的确实达到了,并且还引发了一些夸大不实的报道,例如有的报道说,平常温和无比的威格顿竟然用力击倒了一位执法人员,最后被戴上手铐后才服帖了。华尔街上的许多人都愤愤不平,他们的同行竟然被像普通犯人一样对待。有许多人一再声称,朱利安尼一直都喜欢在媒体上出风头,并且总想往上爬,这次也是为了达到自己的目的而制造轰动效应。尽管逮捕建议是卡伯里提出的,但是听到这些指责的人全都信以为真。

到现在,华尔街上的人们都非常恐惧。说得客气一些,许多人都曾经在机密消息上不太慎重。甚至就在这次逮捕行动之前,许多套利人和交易员还在担心这次调查活动可能会朝哪里发展。他们害怕,证券法中的刑事条款——甚至那些他们长期以来因为技术性问题而不予考虑的方面，如严禁"寄存"的法令——可能真要执行了。现在，两家举国闻名的大公司也受到牵连，许多人认为政府的调查已经失去控制，正在威胁着每一个人的安全。

这次庭审激发了更多的传言、猜测和妄想。政府把指控这三名套利人的证人称为"CS.1"，即为"机密证人1号（Confidential Source One）"，这就意味着可能还有"CS.2"。政府说CS.1在案发期间是基德尔·皮博迪公司的一名职员，但是拒绝透露更为具体的情况，只是说CS.1的"可靠性和确实性"已经得到了"充分的证实"。

根据公开的指控，CS.1曾经在KKR公司收购斯托勒通信公司时向弗里曼透露过消息。而弗里曼当时已经购买了大量斯托勒通信公司的股票，他利用这些内幕消息"来决定在合适的价位出售认购股权"。指控还声称，弗里曼还在布恩·皮肯斯收购联合石油公司期间，将联合石油公司防御战略的关键消息通过电话透露给CS.1。CS.1反过来又把这些消息透露给了威格顿和泰伯尔，这两个人利用这些消息对联合石油公司实施了复杂的交易战略，通过卖出期权非法获益。另外，牵涉到联合石油公司的指控尤其让高盛公司尴尬不已，因为该公司在最近发表的1986年年报中还突出强调了它为联合石油公司制定的防御战略。政府补充说，这种非法活动大概从1984年6月一直持续到1986年1月，牵涉到了"许多具体的重要交易"。

庭审之后，联邦检察官办公室的鲁道夫·朱利安尼举行了一个新闻发布会。他说逮捕行动只是"漫长而重要的调查活动"的开始。在一项明显针对米尔肯、德崇公司、弗里曼、威格顿和泰伯尔，以及其他一些知道自己被牵涉到此案但却没有被点名者的评论中，朱利安尼说："如果他们还有常识和道德感的话，就应该站出来和政府合作，尽力帮助政府收拾这个烂摊子。"

在庭审之后，弗里曼回到高盛公司和该公司的套利部前主管罗伯特·

鲁宾会谈。多年前，鲁宾曾经和西格尔一起参加过一次并购的小组讨论会。鲁宾对布斯基一案引发的传票没有感到忧虑，但是政府的逮捕行动却使情况发生了改变。

弗里曼说："这是一派谎言。"

鲁宾很显然是公司董事长约翰·温伯格的继任者之一，在公司内部他非常欣赏弗里曼。他决定负责这起调查工作，同佩德威兹密切合作。当鲁宾看到政府的逮捕证时，他对广泛密谋的说法不相信。如果弗里曼和西格尔一直都在密谋的话，那么为什么高盛公司实际上在政府指控中没有提到的基德尔·皮博迪公司的交易上会赔钱呢？鲁宾很了解弗里曼，这根本都不是他认识的那个鲍勃·弗里曼。鲁宾对朱利安尼公开羞辱弗里曼和高盛公司的行为感到非常愤怒。作为一名民主党的捐款人，鲁宾不能容忍共和党的朱利安尼通过污蔑高盛公司来取得政治上的收获。

此外，还有一些更有影响的因素。当鲁宾和佩德威兹有机会更加仔细地审查政府的指控时，他们迅速得出结论：政府完全搞错了。杜南签署的宣誓书在描述联合石油公司的情况时，出现了一个差错：它说有关联合石油公司的消息弗里曼在4月就透露给了CS.1，而这起可疑交易的实际时间却是5月。

杜南在抄写帕斯卡尔的笔录时，也犯了一个错误。这种情况政府后来可能会做出解释。实际上也确实如此，政府解释说仓促之间，他们在时间上犯了一些纯粹的技术性错误。但是，对于那些相信弗里曼是无辜的而怀疑政府有错的人，这些解释是不会被理睬的。鉴于高盛公司的强硬态度，政府的错误无论多小，都会损害政府在此案上的可信性。

高盛公司管理委员会当天下午举行了一次非正式的会议，会上全体一致同意支持弗里曼。同时，鲁宾告诉佩德威兹继续进行调查，并且说他想弄清事实真相，查明弗里曼是否确实做过错事。然而，他们关心的焦点问题是政府是否可以排除一切怀疑"证明"这个案子，而不是弗里曼是否做过错事。因此，调查的主要兴趣是为可疑交易寻找貌似真实的借口，而不是确定西格尔是否真的给弗里曼透露过消息。这种处理方法可能也是高盛公司强烈反对政府心态的必然副产品，这是在弗里曼被捕之后开始出现的。

当天晚些时候，当威格顿和他的律师谈完之后，他本能地回到了自己在基德尔·皮博迪公司的办公室。当交易大厅的同事们看到他从门口进来时，全都站了起来，热烈地鼓掌欢迎他。威格顿给妻子打了个电话，向她保证自己可以准时回家吃晚饭。下午5点45分，就像往常一样，威格顿找到了其他两个住在新泽西州的拼车友一起回家。一路上他们讨论着当天的市场活动和周末的度假计划。考虑到对威格顿的尊重，他的同伴没有提到他被捕的事情。威格顿自己也没有提，他认为说这种事会显得他不礼貌。

在威格顿等人被捕和提审的当天，基德尔·皮博迪公司和高盛公司都公开发表了声明，否认自己有违法行为。基德尔·皮博迪公司的一名发言人说："本公司长期以来一直都反对利用内幕消息进行交易，这是公司一贯的政策。据我们所知，公司一直在严格恪守这项政策。"高盛公司的声明更加强烈："根据我们自己内部的审查，我们没有理由相信本公司的套利部主管或者本公司有任何违法活动。"

CS.1当然就是西格尔。在星期四一大早，杜南就往西格尔家里打了一个电话，命令西格尔："今天不要去办公室了，直接去杰德（拉科夫）的办公室。"在路上，西格尔感到杜南是打算让他认罪的。根据他和政府的协议，他知道何时认罪需要听从政府的命令，他无权选择认罪的日期，从而挑选宽容的法官。

当西格尔抵达马奇·罗斯的办公室时，大概是上午10点30分，拉科夫告诉他，秘密行动将被终止，他要在第二天认罪。（"他们可能会让你在黑色星期五，也就是13日认罪。"拉科夫在几个星期前就诙谐地预料说。现在看来，他说得没错。）西格尔给他在德崇公司的办公室打了个电话，告诉他的秘书凯茜他没有去上班。凯茜再次成为重要消息的传递人，她非常兴奋。她说："他们已经逮捕了威格顿、泰伯尔和弗里曼，是给他们戴上手铐铐走的。"她把股票行情记录纸上的消息放在面前，然后读出了逮捕的报道。当然，凯茜认识这三个人：威格顿和泰伯尔来自基德尔·皮博迪公司，弗里曼经常给西格尔打电话。

凯茜继续说着："这里的每个人都很兴奋。"她是指德崇公司的人，她说公司的人知道这个消息后全都非常高兴。西格尔一时有点儿困惑，但是凯茜迅速解释了一番。几个月来，媒体上刊登了无数关于调查的报道，这导致德崇公司受到了巨大的压力，现在，被牵连的不是德崇公司而是其他公司，而且被牵连的不是别人，而是高盛公司，这是华尔街的顶级公司，是德崇公司最为尊敬的公司，也是它一直想超越和取代的目标。

让西格尔吃惊的是，凯茜没有暗示有人怀疑他可能被牵涉进来。在和凯茜谈完之后，他挂断了电话。让他感到难过的是，凯茜对他这么忠诚，但是现在他却要让她震惊。

拉科夫和斯特劳斯帮着西格尔演练了一下第二天将要发生的事情。西格尔认罪的消息和政府新闻稿的副本在当天晚上很晚才到。很显然，事情的发展节奏很快，政府几乎无法跟上这种发展速度了。

在讨论政府将要披露关于西格尔的什么情况时，西格尔和政府在他实际上从布斯基那里拿了多少钱发生了争执。西格尔坚持说只收到70万美元，但是布斯基告诉政府说他给了西格尔80万美元。检察官们似乎对其中的差异非常恼火。他们不想公开揣测他们的两位明星证人中的一位在撒谎，因此，他们给西格尔施加压力让他接受布斯基的说法，因为他们想把这个数字写在新闻报道中。西格尔断然拒绝了，他怀疑钱数之所以不同，是因为送钱人从中私吞了，但是这和他没有任何关系。他只收到了70万美元，他不打算接受其他说法，无论受到的压力多大，他都不会屈服。多年来，他一直生活在谎言之中，他不打算再这样了。最后，政府只好让步。

现在，轮到西格尔做一件他担心是最为困难和耗费精力的事了。在和政府秘密合作期间，除了自己的妻子之外，他不能告诉任何人他出什么事了。现在，他要把实情告诉自己的家人、最亲密的同事和朋友，他要面对这种痛苦。

他给自己的父母打了个电话，他们正在佛罗里达，乘坐他送给他们的旅行汽车旅行。他让他们两个人都来听电话。几周前，当西格尔告诉他们说可能无法参加他父母结婚40周年的纪念活动时，他们心烦意乱。现在，他们的儿子又告诉了他们这个消息，他们几乎要受不了了。他们的儿子曾经取得了他们做梦都没有想到的成功，现在，这个消息更是他们从来没有想到过的。他的母亲啜泣起来。然而，他们最主要的担忧是儿子的幸福。他们想立即见到他，但是西格尔劝说他们不要过来。他向他们解释了几天后将会发生的事情，以此消除他们的疑虑，让他们放心。

西格尔继续打电话。他给弟弟、妹妹和简的父母一一打了电话。几乎每个人在听到这个消息后都是震惊和怀疑，并哭泣起来。接着，他又给自己关系最亲近的客户和同事们打电话。他竭力想找到KKR公司的亨利·克拉维斯，但是一直都没有找到。最后，他只好把电话打给了乔治·罗伯茨。罗伯茨听到后表示非常遗憾，希望他好运。他还给以前的邻居塞缪尔·海曼打了个电话，海曼是GAF公司的董事长。海曼说他试图支持西格尔，说他知道出了问题，但是他没有迫使西格尔和政府对抗。西格尔又给公司公关专家葛森·凯克斯特以及另外一名重要的客户斯托克顿·斯特罗布瑞吉打了电话。他还给彼得·施瓦茨打了个电话，这是西格尔经常乘坐的出租车的司机，后来也成了他的朋友。西格尔说："很抱歉，我让你失望了。"

最后，他给马丁·利普顿打电话。利普顿是他的导师，对他非常重要。西格尔仍然不知道利普顿和他的律师事务所正在做高盛公司的代理，他重复了一遍先前说过的道歉的话，并且一遍遍地说着"对不起"，并且绝望地等待着一些同情或者宽恕。

最后，利普顿说："我要看看能为你做些什么。"即使利普顿冰冷的脸上只露出一丝神采，也会让西格尔大受鼓舞的。

接着，西格尔又给凯茜打了个电话，这次是让她到拉科夫的办公室。当她赶到那里时，西格尔把她领到了一个会议室，然后关上了门。西格尔对她说："我犯了一个可怕的错误。我让你失望了。"他感到好像是在向自己的女儿坦白一样。凯茜似乎还是不太明白，他告诉她说他犯了内幕交易罪。

凯茜突然大哭起来，她哽咽着问："这是为什么？为什么？"

西格尔一时无法回答她的问题。他感到这一天的痛苦和压力快要使他崩溃了，两人一起抱头痛哭。

拉科夫仍然对西格尔的心态很担心，第二天上午，他开车接上西格尔，送他去法院。他不想冒险，因为西格尔在去法院的路上可能会再次产生自杀的念头。西格尔被从侧门带到了法院，然后被带到了一层的大审判室，在这里可以听到诉讼人的请求和抗辩。他身穿一套深灰色的西装，里面是一件蓝衬衫，系着红领带。罗伯特·沃德法官把西格尔的庭审安排在当天日程中的最后一项，这就意味着他必须等待近3个小时。

CS.1即将亮相，并且接受认罪的消息传到了各大媒体，因此审判室里挤满记者，同前一天弗里曼、威格顿和泰伯尔接受审讯时的情况形成了鲜明对比。在整个庭审过程中，人们目不转睛地盯着西格尔。各大电视台的摄影记者挤满了通往审判室的入口和联邦法院大柱子的台阶。最后，沃德法官宣布西格尔出庭受审。

西格尔向法官保证他没有服用药物，也没有在接受精神病医生的治疗。沃德法官问他的教育程度。西格尔犹豫了片刻，他打算说哈佛商学院，这是他的母校，但是他不能这样说。他感到非常羞愧。最后，他回答说："大学毕业。"法官宣读刑事起诉书中的指控，他被控一项违反证券法罪和一项逃税罪，因为他从布斯基那里获得的非法收益没有报税。西格尔几乎没有听到法官在说什么，他只顾着擦去眼中的泪水。

"你有什么申辩的吗?"他听到巨大的法庭里回荡着这句话,然后是一片寂静。

"我有罪,法官大人。"他说,声音轻柔而坚定。沃德法官宣布,将在4月2日宣判,还有不到两个月的时间。

西格尔被带进了被告厅,在那里他和当天上午受审的27名毒贩一起按指印。为了避免记者的围堵,他试图从一个地下室的门走出法院,但是却被国家广播公司的一个记者给堵住了。当西格尔的律师们护着他向一辆等着他们的车走去时,照相机跟着他们一直不停地拍。在上车前,他停顿了一下,在奥德丽·斯特劳斯的面颊上亲了一下,然后他上了车,车门随即关上,直接朝机场开去。

西格尔的认罪以及弗里曼、威格顿和泰伯尔被捕的消息使基德尔·皮博迪公司的新主人通用电气公司大为震惊。基德尔·皮博迪公司的并购部主管听到西格尔的消息后,哭着从交易大厅跑了出来。西格尔仍然有许多仰慕者,尤其是在那些支持他的员工当中。但是,随着真相不断浮出水面,尤其是他曾经从布斯基那里拿过黑钱的事被披露之后,公司内部反对他的情绪日益高涨。对于西格尔跳槽到德崇公司,基德尔·皮博迪公司一直耿耿于怀。现在,这种憎恨更加强烈了。

通用电气公司的高管们获悉这个消息时,他们正在公司位于康涅狄格州的费尔菲尔德总部大楼的餐厅里吃饭。他们原来认为基德尔·皮博迪是一家出色的投资公司,因此向它投入了6.5亿美元,现在,他们意识到这笔投资很危险了,这让他们非常震惊。当天晚上,在曼哈顿的高档餐厅贝纳丁(Le Bernardin),通用电气公司和基德尔·皮博迪公司举行了一个晚宴,庆祝基德尔·皮博迪公司最近刚刚做成的一笔业务,这个晚宴却警醒了他们。

基德尔·皮博迪公司的管理人员和他们的新主人之间一直都有隔阂,而这次逮捕事件更加深了他们之间的不信任。当基德尔·皮博迪的马克斯·查普曼等人替威格顿辩护时，通用电气对此却不以为然。通用电气有应对政府刑事控诉的经验，他们认为没有可靠的证据，政府是不会发起大规模调查活动的，更不要说公开抓人了。他们也知道，在西格尔的合作下，政府会获得强有力的证据来指控基德尔·皮博迪。一个公司通常会为自己员工的犯罪行为负责，而西格尔正在认罪。

在通用电气兼并了基德尔·皮博迪之后，该公司仍然由德农西奥具体负责，通用电气很少插手。然而，认识到目前情况的严峻性之后，通用电气负责处理基德尔·皮博迪公司事务的副总裁兼财务主管劳伦斯·博西迪安排公司的约瑟夫·汉德罗斯负责此案的具体工作。汉德罗斯是通用电气公司的副总法律顾问，富有刑事案件经验。博西迪曾经是一位著名的职业棒球运动员，正直诚实，而且对"过去的"基德尔·皮博迪公司毫无个人感情，他决心迅速修复已经造成的损害。

通用电气已经派自己的一个审计小组进驻基德尔·皮博迪，彻底审查该公司的财务状况和财务管理。现在通用电气立即指示审计小组调整审查方向，进而调查被指控的内幕交易。基德尔·皮博迪也组织自己的工作人员参与其中，包括约翰·戈登、西格尔的朋友彼得·古德森和公司内部的律师罗伯特·克兰茨。随着他们开始工作，恐惧感——大多是不可言喻的恐惧感——弥漫在整个公司之中。西格尔是否会牵连他人，尤其是德农西奥？基德尔·皮博迪的套利部门是怎么运作的？有些人听到该公司有一个套利部门时，都非常震惊。审计小组在审查时，按照"可疑"和"有问题"将交易记录分类整理，并统计出总共的数目。哈尔·里奇了解到，"可疑"交易在几天之内就达到了100多项。

里奇和戈登还有其他担忧的理由。他们在研究政府对弗里曼的指控时，回忆了他们自己在SCA公司交易中的经历。他们当时的怀疑现在似乎都得到了确认。他们不愿承认这个事实，但是政府对弗里曼的指控可以断定是真的。

在西格尔认罪之后的第二天，即星期六，基德尔·皮博迪公司的工作小组被召集到了圣安德鲁斯广场同朱利安尼、卡伯里开会，参加会议的还有刑事处的负责人威尔逊和负责弗里曼一案的检察官卡图希罗。此外，证券交易委员会的林奇和斯图克也参加了，因为基德尔·皮博迪公司的任何决议都必须包含同证券交易委员会的协议。基德尔·皮博迪方面参加的人有苏利文·克伦威尔律师事务所的合伙人马文·施瓦茨（负责人）、克兰兹、汉德罗斯和加里·纳夫塔里斯。纳夫塔里斯曾经是威尔吉斯的律师，后来受到汉德罗斯的聘请出任通用电气公司的法律顾问。

朱利安尼开始说："基德尔·皮博迪公司肯定有违法行为。"但是施瓦茨立即开始反击，他义愤填膺地告诉朱利安尼："你们应该道歉。"并且，他还谴责联邦检察官在办公室逮捕弗里曼、威格顿和泰伯尔的行动。

卡伯里反驳说苏利文·克伦威尔律师事务所存在利益冲突，因为它在其他事务上同时代表了基德尔·皮博迪公司和高盛公司。施瓦茨几乎都要从椅子上跳起来了，他提高嗓音，大声说："我不需要你们来教训我。即使我在职业道德方面需要建议的话，也轮不到你们说三道四。"

政府的律师们几乎都不敢相信这件事。自从维南斯一案之后，他们一直怀疑基德尔·皮博迪公司和它的法律顾问苏利文·克伦威尔律师事务所。维南斯一案已经明确显示出基德尔·皮博迪公司内部缺乏管理、法纪涣散。现在，该公司之前的明星已经坦白承认了在该公司期间的重大犯罪活动，而现在基德尔·皮博迪公司却认为政府应该道歉。

克兰兹心平气和的方式也于事无补。他说："有什么问题呢？请告诉我吧！"说着，他环视着政府的律师们。律师们沉默不语，他继续说道："我真不明白有什么违法行为。"

朱利安尼一直都很平静。现在，他说："我们的认识是基德尔·皮博迪公司有问题，你们越早解决越好。你们必须接受处罚。"接着，卡伯里接过话继续说。他指出基德尔·皮博迪公司要为西格尔的行为承担可能的刑事责任，并提醒他们在维南斯一案中的表现不佳，包括维南斯在一本书中所披露的违规行为。然后，卡伯里又抛出了一枚重磅炸弹：

基德尔·皮博迪公司的问题绝不仅限于西格尔的事。政府还掌握了其他的情况，该公司驻波士顿的经纪人唐纳德·利特尔涉嫌进行股票寄存交易，利特尔和布斯基有联系；并且该公司证券交易部的主管也有问题；更为令人吃惊的是，该公司的总裁杰克·罗奇也被牵涉进来。

卡伯里直截了当地说："我们要起诉你们。"施瓦茨似乎大吃一惊。朱利安尼给他讲述了公司要为员工的犯罪行为承担责任的事，施瓦茨反驳朱利安尼说他不懂常识。在双方的相互指责中，会谈迅速谈崩了。施瓦茨气冲冲地领着基德尔·皮博迪公司的律师团队离开了，留下怒不可遏的朱利安尼等人。

汉德罗斯把这次会谈的情况汇报给博西迪之后，博西迪大吃一惊。在他看来，苏利文·克伦威尔律师事务所这样做真是愚蠢至极。博西迪认为，必须迅速采取措施。他看到了政府起诉赫顿公司所造成的毁灭性影响，他相信如果起诉基德尔·皮博迪公司的话，对该公司的声誉将造成严重的破坏，即使最终能够侥幸获胜，这种损失也是无可挽回的。

通用电气公司的审计小组加快了工作步伐，并向汉德罗斯和博西迪汇报了此事。他们的发现并不令人鼓舞。在他们的调查中，有一些交易，如通用食品公司的交易，是根据公开的消息进行的，可能还有些抗辩的余地。但是大陆集团的交易呢？大陆集团是高盛公司的客户，基德尔·皮博迪公司的套利部门选择购买该公司股票的时机太巧妙了，正好是在"白衣骑士"即将出现之前。此外，还有一些其他类似的"巧合"。纳夫塔里斯向哈德罗斯建议说："一两个这样的情况我们能够容忍，但是五六个就不行了。"

与基德尔·皮博迪公司高管的会谈也无法消除他们心中的疑虑。通用电气公司也愿意相信德农西奥不知道西格尔和弗里曼之间的阴谋诡计，但是，在公司运营中，德农西奥鼓励西格尔给威格顿和泰伯尔提建议。他甚至连表面上的预防措施都没有，甚至没将套利部门和其他部门分隔开来。他疏于管理。通用电气的高管认为，德农西奥对公司的管理非常糟糕。最后，他们还得出结论，公司总裁罗奇（现在正接受调查）和克兰兹甚至更不称职。

在基德尔·皮博迪公司的律师团队同朱利安尼和卡伯里会谈之后两个星期，纳夫塔里斯给卡伯里打了个电话，他告诉这位检察官："通用电气的人想见你，没有基德尔·皮博迪或者苏利文·克伦威尔律师事务所的任何人。"通用电气已经决定控制该公司，而不是仅仅取得这次刑事调查的控制权。苏利文·克伦威尔律师事务所被取消了此案的代理资格，由纳夫塔里斯和他所在的克莱默·莱文·内森·康明·弗兰克尔律师事务所取代。3月7日，博西迪亲自同朱利安尼和卡伯里见了面，他先陈述了15分钟，说话的语气和上次施瓦茨的完全不同。

博西迪讲述了通用电气公司的彻底调查，并承认发现了"严重的"问题，就差承认基德尔·皮博迪公司有罪了。检察官们相信这种调查和高盛公司粉饰太平的调查形成了鲜明的对比。博西迪着重强调说，通用电气刚刚收购了基德尔·皮博迪，对调查中发现的情况一无所知。任何指控都可能导致公司破产，并殃及7,000名员工下岗。

接着，博西迪提出了具体的补救措施：基德尔·皮博迪的高级管理人员，包括德农西奥、洛奇和克兰兹都会被解除职务，如果必要，还可以解雇。基德尔·皮博迪将彻底取消套利业务。博西迪得出结论，投资银行不应该从事套利业务，即使将套利部门隔离开来，也无法确保机密信息不被误用。此外，基德尔·皮博迪还应该和证券交易委员会达成一个妥善的解决方案。

通用电气坦率和大胆的提议给检察官们留下了很好的印象。朱利安尼告诉博西迪，通用电气的做法和其他牵涉到这起丑闻的公司的做法不同，真是"一股清新的空气"——很显然，这个其他的公司就是指德崇公司。自从逮捕事件之后，博西迪和纳夫塔里斯第一次看到了一丝希望，基德尔·皮博迪公司可能不会被起诉。

正当基德尔·皮博迪公司一案发生有利转变时，政府又取得了另一项胜利。杰弗里斯公司是洛杉矶一家大型经纪公司，是场外市场交易的先驱者。1987年4月，杰弗里斯公司的董事长博伊德·杰弗里斯接受了两项罪名，并同意合作。杰弗里斯替布斯基"寄存"过股票，政府已经掌握了布斯基给杰弗里斯支付300万美元的证据。这笔钱的原始发票上写着"投资咨询服务和公司金融服务"，实际上，这是寄存股票的对账单，也确认了布斯基利用虚假发票的事，这和支付给德崇公司530万美元的情况类似。

更令人震惊的是，杰弗里斯还披露了一件和布斯基毫无关系的事。杰弗里斯承认，在一个同谋的要求下，他在运通公司二次发行消防员基金（Fireman's Fund）的股票时操纵股价。这个阴谋也牵涉到了虚开发票的事。当时，那个同谋因为大量购买股票而推高股价时，损失惨重，为了弥补杰弗里斯的损失，他用这种方式偿还了杰弗里斯。同其他被牵连的人不同，杰弗里斯是对华尔街上最为惯常的行为认罪。正如杰弗里斯的律师们对政府所说的，"博伊德是在帮助客户。他是在客户互相帮助的商业氛围中长大的，现在，规则正在发生变化"。

那个让杰弗里斯操纵消防员基金股价的同谋不是别人，正是桑迪·路易斯，他就是在艺人餐厅将穆赫伦介绍给布斯基的那个套利人。后来，路易斯和布斯基吵翻了。路易斯迫切渴望复仇，整个夏天，他几乎一直追着加里·林奇，督促他继续调查布斯基。现在，他的愿望实现了，布斯基被摧毁了，但是笑到最后的却仍然是布斯基。路易斯一直摆出姿态，似乎是华尔街上道德高尚人士的典范，现在，他却愤怒地否认自己有罪。但是，几乎没有人会相信他。他越来越因为伪善而遭到人们的嘲笑。很快，他在华尔街的职业生涯就结束了。

但是，联邦检察官办公室在这些胜利上获得的幸福感很快就烟消云散了。在弗里曼、威格顿和泰伯尔一案的调查上，政府似乎在苦苦地挣扎。在回到佛罗里达州之后，西格尔看到了根据他的供述而签发的逮捕证，一下子就变得心烦意乱。政府在指控中，专门选择了联合石油公司和斯托勒公司通信公司两起交易，这是两起最为复杂的交易。关于这两起交易，杜南仅仅审讯过西格尔一次，当时是帕斯卡尔做的记录。当西格尔读到杜南签署的宣誓书时，他非常震惊。这份宣誓书的要点是准确的，但是正如高盛公司发现的，有些细节是不正确的。

在杜南的宣誓书中，关于联合石油公司股票回购计划的所有联系都发生在四月份的电话中，这是西格尔在塔尔萨的机场给弗里曼打的电话。实际上，这只是一部分。宣誓书上错误地把好多天和好几周的通话给压缩了。西格尔知道实际的交易记录不会支持这种说法的，并且确实如此。政府还披露弗里曼保存了所做交易的全部文件，西格尔对此也非常震惊。他曾经告诉政府的律师，是布斯基保存的交易记录，而不是弗里曼。拉科夫知道好的辩护律师会利用政府的这些错误，对此案提出质疑，使政府尴尬万分。西格尔明白，毫无疑问他会因为说谎而遭到不公正的指责和起诉。拉科夫原来希望政府在逮捕弗里曼、威格顿和泰伯尔之前会向他和西格尔征求意见，但是检察官们太在意保密的问题，他们没有这样做。现在，一切都太晚了。

拉科夫给卡伯里打了个电话，让斯特劳斯在一旁听着。他想明确地表示，西格尔不应该对这些错误负责。卡伯里承认了政府的错误，并说政府会找机会改正错误的。让拉科夫感到宽慰的是，卡伯里没有企图责备西格尔。他似乎对这些问题没有过分担忧。

弗里曼、威格顿和泰伯尔在4月9日被起诉，大概就是在他们被捕之后7个星期。政府没有详细说明，只是简要更改了自己的错误，声称联合石油公司的交易发生在1985年5月15日和17日，而不是4月，斯托勒公司的交易发生在4月，而不是12月。但是，政府保留了针对这两项交易的起诉，对每名被告人提起四项重罪。

值得注意的是，基德尔·皮博迪并没有被起诉，这表明通用电气的官员和朱利安尼之间达成的协议发生了功效。为了遵守它支持政府的誓言，基德尔·皮博迪迅速停了威格顿的职，停发工资，也不再支付他的律师费。基德尔·皮博迪的大部分人都不知道，通用电气甚至还采取了更进一步的措施。通用电气的律师同威格顿的律师斯坦利·阿金见了面，并直截了当地告诉他，威格顿只有确实无罪时，他才可以同政府的指控对抗；如果确实有罪，他就应该认罪，并和政府合作。此外，通用电气说，如果威格顿和政府对抗，并且被判有罪的话，它就会起诉威格顿，让他交回该公司购买基德尔·皮博迪股票时支付的300万美元，并且不再支付仍然欠他的300万美元。

同这形成鲜明对比的是，高盛公司仍然顽固地支持弗里曼，但是它又发表了一份声明，态度比上次的要温和许多。在声明中，该公司是这样评价弗里曼的："我们了解他，并信任他。根据我们所了解的一切，我们继续相信他是无辜的，没有违法行为。"

通用电气公司的措施是正当的。公司的员工被起诉后，应该停职，这完全符合公司的政策。而且，通用电气的高管对威格顿或者泰伯尔确实都不太了解，停职也反映了他们的意见，也就是政府关于西格尔在接收内幕消息上的推测可能是正确的。然而，公司不再支持威格顿的做法让许多员工愤怒异常，尤其是那些对公司的自治权被通用电气这样的工业巨头夺走一事仍然愤慨的人。这些情况对镇定自若的威格顿几乎没有什么影响。对失去公司的支持，他感到非常痛苦，但是仍然坚持己见，认为自己是无辜的。

同一个月之后发生的骚动相比，基德尔·皮博迪公司出现的这些情况要温和多了。5月12日，负责该案的两位检察官卡图希罗（一副疲惫不堪的样子）和约翰·麦坎尼一同出现在了负责该案的法官路易斯·L.斯坦顿面前，他们说需要更多的时间准备此案的审判工作。麦坎尼表示，"事后来看"，政府可能应该等等再进行这些引人注目的逮捕行动，他也承认："如果行动太快的话，我们可能会出错。"

这确实令人震惊，就相当于在这个节骨眼儿上承认政府判断有误，不仅本案，而且包括其他正在进行的调查活动，如米尔肯的案子。通常，被告会要求推迟审理，但是现在，被告的辩护律师们意识到，加快审理工作对他们的当事人有利，因此他们反对推迟。在政府提出推迟建议的第二天，斯坦顿法官支持被告方，援引《第六修正案》要求加快此案的审理工作，否决了这一提议。朱利安尼的发言人对《华尔街日报》说："我不认为这是一个失败。"但是，很显然，被告和他们的支持者有理由欢呼雀跃。

现在，举证的责任落在了政府的身上。是应该继续下去还是选择撤诉呢？很多人都认为撤诉是无法想象的。联邦检察官办公室内部发生了争论，卡图希罗和麦坎尼没有参与做出逮捕的决定，他们坚持认为政府有义务将审判进行下去。尤其是卡图希罗，他在该办公室工作多年，深受朱利安尼前任们的熏陶，深谙这里的传统。这种传统几乎不匆忙逮人，但是一旦被告被逮捕，卡图希罗就严肃坚持他们的权力，迅速消除笼罩在他们声誉上的乌云。

卡图希罗和麦坎尼都相信，他们可以顺利地办理这个案子，并且有很大机会取得成功。他们相信西格尔将是一个非常称职、极其可信的证人。他们从基德尔·皮博迪和高盛搜集到了大量的交易记录，有充分的证据来支持西格尔的供述。但是，他们缺乏一个很好的确证人。如果只有一个主要证人就对被告提起诉讼的话，任何检察官对此案的前景都不会很乐观，更不要说这个证人还是刚刚承认有罪的人。

刑事处的负责人霍华德·威尔逊反对他们的观点，他认为政府现在不应该再鲁莽行事，以免错上加错。他可能还有其他的考虑：威尔逊的部分职责就是保护他的上司朱利安尼，以及他的政治前途。朱利安尼取得了一系列广为人知的成功，包括审理了纽约布朗克斯区民主党的领导人斯坦利·弗里德曼贪污腐败案，这个案子是他亲自办理的，并赢得了许多好评。在此期间，正是同布斯基达成协议的时候，因为这个协议和制裁华尔街，他又进一步获得了赞誉。朱利安尼正处在事业如日中天、官运亨通之时，很有可能轻松问鼎纽约市市长或者州长的宝座。媒体对他的报道几乎全都是正面的。但是，现在该怎么办呢？怎么做才更有利呢？是撤销此案等到以后再起诉（届时朱利安尼可能已经离开了这里），还是今年夏天就冒着尴尬失败的风险而继续进行，从而使朱利安尼遭到指责呢？

现在该卡伯里发表意见了。是他建议逮捕的，他对此案有信心。他不是政治家。作为一位资深的检察官，他不愿意否决对此案尽心尽力的同事们的意见。他同意了卡图希罗和麦坎尼的意见，建议将此案继续下去。

对朱利安尼来说，这是一个艰难的抉择。如果他否决了卡伯里的意见，将会对卡伯里造成毁灭性的影响。但是，朱利安尼在逮捕行动上曾经支持过卡伯里，结果却非常糟糕。朱利安尼最后接受了威尔逊的建议，命令助理检察官们准备一份寻求撤销此案的动议。

到第二天中午时分，谣言就散布出来了，说政府要采取非常措施撤销此案。拉科夫给西格尔打电话，告诉了他这件事，西格尔满怀疑虑地问："会那样吗？"

拉科夫说："那是不可能的！"这是根据他多年来在联邦检察官办公室工作的经验得出的认识。他仍然相信，政府没有确证人是不会随便采取抓捕行动的。他认为政府只会将此案继续下去，即使比检察官们希望的来得更快也会如此。至少，当他在那里工作时，就是这样处理的。

但是，这种"不可能的"事情还是在当天就发生了。5月13日，卡图希罗和麦坎尼出现在斯坦顿法官面前。由于此案迅速成为内幕交易案中第一大引发争议的案子，吸引了媒体的广泛关注，法庭里挤满了记者、其他潜在被告的律师和好奇的旁听者。卡图希罗显然很痛苦，但是精神要比前一天好多了。他对法官说，政府面临着继续在周三进行审判还是撤诉的选择，最后"做出撤诉的决定"。为了淡化这种尴尬决定的影响，他补充说，现在的起诉"仅是冰山的一角"，并且发誓说政府会寻求新的起诉，把内幕交易的指控从两起交易扩展到九种不同的交易。

三名被告都没有出庭，但是他们的律师们却无法掩饰内心的喜悦，他们甚至抓住机会猛烈抨击政府。威格顿的律师讥讽说，政府采用这种花招"很显然是要逃避对此案的快速审理"。泰伯尔的律师说，这"表明政府在此案的证据不足，逮捕的决定是错误的"。同时，媒体上也铺天盖地地发表了各种报道，声称被告被捕后遭到虐待，并被剥夺了宪法所赋予的权利。在多数悬而未决的案子上，辩护律师都会费尽心机避免冲撞检察官，因为检察官在起诉程序上有很大的决定权。但是在这起案子上，辩护律师们却同检察官展开了公开的战斗，而且每战必胜。

该案异乎寻常的变化对重振基德尔·皮博迪公司的士气没有丝毫的作用。威格顿的支持者们却受到激励，开始为威格顿的复职大声疾呼。在政府撤诉之后的第二天，通用电气公司履行了它对检察官的承诺，将德农西奥、洛奇和克兰兹免职，任命通用电气的一名董事、前伊利诺伊工具厂（Illinois Tool Works）的董事长西拉斯·卡斯卡特为基德尔·皮博迪公司的新董事长，这在该公司激起了更大的愤怒。

一位基德尔·皮博迪公司的高管说："几天前我还在想，我们这里需要的是一个听话的老好人。"他的话语中透露出讽刺。博西迪在为通用电气辩护时说，该公司的调查发现，基德尔·皮博迪在财务、行政、管理和信息系统等的控制上存在"重大的缺陷"。

为了安慰基德尔·皮博迪公司的忠诚员工，马克斯·查普曼被任命为首席运营官，他一度和西格尔是德农西奥继任者的竞争人选。但是他被授予了执行副总裁的头衔，直接向卡斯卡特负责。查普曼对《华尔街日报》说："他们要我负责为公司赚钱，而新来的卡斯卡特已经61岁了。"他挖苦卡斯卡特的年迈。毫无疑问，通用电气现在行使了对基德尔·皮博迪的控制权，而在它最开始购买该公司时，并没有认真行使过。它安排忠于通用电气的人员负责高级财务和行政管理工作，并且调派通用电气的一批信贷人员负责公司垃圾债券和杠杆收购领域的工作。通用电气在基德尔·皮博迪有6亿美元的投资，它要竭尽全力保护这笔投资。几个星期后，当证券交易委员会宣布它正在和该公司协商罚款2,530

万美元的事情时，通用电气的战略变得明显了。同时，朱利安尼公开宣布，基德尔·皮博迪公司将不会再被提起诉讼。

对这个结果，通用电气公司没有伤感。博西迪已经达到了他最主要的目标，使基德尔·皮博迪公司免遭起诉。这比赫顿公司的命运要好多了。通用电气虽然有一种损失感，但是更多的是困惑：像基德尔·皮博迪这样历史悠久、声誉卓著的投资银行怎么会落到这样失控的境遇？现在，该公司可以自由地恢复业务了，从二月份逮捕事件以来笼罩在它上空的被起诉的阴云已经消散。

但是，还有什么呢？对基德尔·皮博迪公司的许多人来说，它已经体无完肤、面目全非，变成了通用电气信贷公司的一个微不足道的附属物。威格顿遭停职，以及通用电气公司对待他的方式，已经击碎了人们对公司的归属感。没有人还认为基德尔·皮博迪公司是一个"家庭"了。许多人很快离开了这里，其中就有哈尔·里奇。最后，甚至连约翰·戈登也走了。在一个他们不认可的组织里，他们感到无助和孤独。然而，在沉思冥想时，他们意识到他们所熟悉和热爱的那个基德尔·皮博迪公司早就消亡了。

20世纪80年代是个孕育造钱"明星"的时代，迈克尔·米尔肯、伊万·布斯基和马丁·西格尔这些举国闻名的人物纷纷登上历史舞台，但是，像他们这样的投资银行家最终也摆脱不了灭亡的命运。

12. 不安的华尔街

1987年5月13日,是曼哈顿联邦检察官办公室年度聚会的日子,许多助理检察官和纽约南区的校友纷纷来到公园大道兵工厂大厦参加当年的年会。他们全都穿着深色套装和正式礼服,看上去有点儿呆板。这种年度聚会是曼哈顿联邦检察官办公室长期以来的一个传统,目的是把在那里工作和曾经工作过的律师们召集在一起,以维持一种非正式的校友关系网络。今年的主办人是保罗·柯伦。

这一天正好是政府要求撤销对弗里曼等人诉讼的那天,而弗里曼是柯伦的客户。在聚会的大餐厅里,大家都在议论着这件事,几乎一致地批评该办公室的这种行动。有些人甚至责备高盛公司,说如果被告不是这样有钱有势的话,就不会引发这样的喧嚣,当然也不会引起媒体的关注。但是,持这种观点的人显然寥寥无几。撤诉至少让检察官们非常尴尬,更为糟糕的是,它也反映了该办公室的无能,损害了其声誉。

在当晚的聚会上,杰德·拉科夫来到霍华德·威尔逊的身旁,半开玩笑地对他说:"这是一起前所未闻的大案啊,可是你们却搞砸了。"

威尔逊立即替朱利安尼辩护,他说:"你在说什么呢?是你们那家伙的错，导致我们必须进行大量的确证工作。"他说的那家伙是指西格尔。

拉科夫本来希望友好地讨论，但是现在，威尔逊的话激怒了他。他反驳道："那不公平，我总是说，他能提供的就这么多了。他完全坦白了，撤诉是你先提出来的。"

在联邦检察官办公室，受到打击最大的似乎是卡伯里。他像往常一样神秘莫测，但是似乎缺少了热情。负面报道是令人痛苦的。卡伯里基本上是一个非常害羞的人，甚至正面的宣传也会让他坐卧不安。

在柯伦的聚会之后不久，卡图希罗和麦坎尼在低潮中挣扎着重聚动力和士气，而卡伯里则突然宣布辞职，让同事们大吃一惊。他公开地说，辞职只是因为德崇公司和弗里曼这两起重要的调查可能要耗费好几年的工夫。此外，弗里曼的案子对他来说似乎没有太大的挑战，和米尔肯的案子不同，没有那么复杂，只涉及相对简单的内幕消息交换，只需要做惯常的确证工作就行。不过，他辞职还有其他的原因。卡伯里感到，当1986年他被任命为反欺诈处的负责人时，他在纽约联邦检察官办公室工作的时间太长了，已经超过了通常3~4年的任期。他在这里已经工作了8年，他的亲密朋友已经离开了，现在他也该"活动"一下了。

这些理由都是真实的，但是，卡伯里的许多同事并不认为这就是充分的解释。对他们来说，有一点是很清楚的：朱利安尼已经对卡伯里失去了信任，尽管朱利安尼并不承认。没有了信任会让任何具有卡伯里那样自信和专业知识的人对工作失去热情，无法继续工作下去。

卡伯里还没有找到新的工作，他很害怕到陌生人面前推销自己。然而，最为重要的是，他的朋友们很难相信卡伯里会放弃对米尔肯的调查。他正置身于一场执法行动，而这场行动可能会重塑华尔街的基本态度，整顿全美国的金融市场。米尔肯是这次调查活动的中心，当卡伯里最初取得莱文合作的时候，他就下定决心要将米尔肯这样的顶级人物拿下。现在，他怎么能够中途退出撒手不管呢？

做出这个决定之后，卡伯里立即开始找工作。8月，美国众达律师事务所（Jones, Day, Reavis & Pogue）和卡伯里联系，邀请他到该律师事务所纽约办事处负责白领辩护业务。这是一家大型的全国性律师事务所，总部位于克利夫兰。卡伯里甚至不知道该律师事务所在纽约还有办事处，他立即飞到了克利夫兰，同未来的合伙人见面。他渴望赶紧结束找工作的奔波，没有考虑其他机会就立即接受了他们的邀请。10月，他离开了联邦检察官办公室。原本这应该是一个功成身退，现在看来却似乎更像退却。

朱利安尼立即行动，任命布鲁斯·贝尔德为反欺诈处的负责人，希望借此得到支撑，重获主动。布鲁斯·贝尔德是朱利安尼的高级助理之一，多年前和朱利安尼在司法部是同事，后来在1980年加入了联邦检察官办公室，已经成功地处理过一些有组织的犯罪案件。他先是任缉毒处的负责人，后来又成为刑事处的负责人。他曾经在达维律师事务所（Davis Polk & Wardwell）做过合伙人，对证券法有所了解。达维是一家声望很高的律师事务所，现在同凯寿（Kaye, Scholer）律师事务所一起担任弗里曼的代理。

卡伯里身材肥胖，诙谐幽默，而贝尔德则完全相反，身材高挑、消瘦，严肃认真，说话轻声细语。贝尔德生长在美国的中西部，毕业于威斯康星大学。他的风格比卡伯里甚至还要强硬。由于他曾经在最为艰难的执法领域工作过，因此，他对弗里曼、威格顿和泰伯尔被捕并当众被铐上手铐并没有感到烦恼。他的是非观念极为鲜明，这一点和朱利安尼很相似。

贝尔德毫不犹豫就接受了朱利安尼让他担任证券反欺诈处负责人的要求。他知道，他要在公众的关注之下负责本办公室两起最为重要的案子，也就是弗里曼和米尔肯的案子。他明白，朱利安尼的政治前途和联邦检察官办公室的信誉都将取决于这两起案子的结果。他必须获胜。

然而，当他着手工作时，他才发现胜利的可能性似乎微乎其微。由卡罗尔和法德拉负责的对德崇公司的调查工作似乎停滞不前，对弗里曼的调查也毫无进展。华尔街是团结起来和政府对抗。

贝尔德立即发现内幕交易案的调查同他处理过的黑手党案件之间具有相似性。和有组织犯罪分子一样，华尔街上的嫌疑人也珍视沉默和忠诚，完全抛弃了讲述真相和根除腐败的职责。例如，如果高盛公司的一名合伙人犯了罪，他宁愿自己去坐牢也不愿把公司的其他合伙人牵涉进来。此外，在有组织犯罪活动的调查中，有许多相互关联的案子，但是因为缺乏足够的人手，无法追踪所有的线索。贝尔德画了一个图表，把嫌疑人的名字写下来，并用方框圈了起来。接着，他根据关联性把这些方框连在一起。当他完成时，已经画了将近20个方框，大概形成了一个圆。不是所有的线索都能查到什么。米尔肯位于最上方，德崇公司位于靠近中心的地方。

12月，贝尔德和他的同事们偶然发现了一些可以指控米尔肯的重要证据。在辛辛苦苦审查关于布斯基交易的所有文件时，调查人员从布斯基的一份个人文件中发现了一个文件夹，上面标记为"DBL计划"。这个文件夹显然是由布斯基的秘书保管的，看起来很像穆拉迪恩制作后又遵照布斯基的命令销毁的对账表。卡罗尔立即把穆拉迪恩叫来辨认。

穆拉迪恩一看到这些资料，就大喊道："就是它，这就是我在佛罗里达州做的东西。"很显然布斯基早就忘了，他在把原始文件还给穆拉迪恩之前，命令秘书复印了一份德崇公司的持股记录。

现在，穆拉迪恩就不用再重新补做这份文件了。政府不仅仅有了原始文件的副本——这份证据更有价值——而且里面的数字也确证了穆拉迪恩根据记忆讲述的证词。

在穆拉迪恩的文件被找到之后不久，米尔肯和弗里曼的案子又出现了一个重大突破。在贝尔德任职之后，他就同卡图希罗和麦坎尼坐下来讨论弗里曼的案子。考虑到该案引发了糟糕的负面报道，朱利安尼明确表示此案要优先处理。他们面临着巨大的压力，因为在撤销起诉时，他们说这只是冰山的一角，并发誓要找到更多的证据来确证。但是，到哪里找额外的证据来确证呢?

卡图希罗想起来,西格尔在供述中说,他记得在斯托勒公司一案中曾经和弗里曼谈过话。弗里曼向西格尔保证说他知道科尼斯顿合伙公司正在囤积股票,并且准备"认真地"推动一起重大交易。西格尔问弗里曼是怎么知道的,弗里曼回答说:"我同给科尼斯顿公司买股票的人关系很密切。"

卡图希罗认为西格尔想到的这个情况很有价值,因为它显示弗里曼除了西格尔以外,还有内幕消息源。但是西格尔想不起来那个人的名字了,因此他怀疑弗里曼是否向他讲过这个人的名字。然而,卡图希罗通过调查,迅速解开了这个谜团。科尼斯顿公司通过一个名叫奥克利·萨顿(Oakley-Sutton)的公司囤积斯托勒公司的股票,而这家公司的人员和经营普林斯顿·纽波特合伙公司的是同一群人。该公司的负责人詹姆斯·里甘和弗里曼在达特茅斯学院上学期间是室友。当然,这就是那个透露消息的人。在弗里曼被捕和西格尔认罪之后大概两个星期,里甘和普林斯顿·纽波特合伙公司受到了传讯。交易记录显示了斯托勒公司股票的预期交易情况,而且电话记录也显示,在交易期间,里甘和弗里曼经常通电话。

贝尔德认为普林斯顿·纽波特合伙公司可能是一个很有价值的可以进一步调查的目标。也许,该公司的负责人是弗里曼的同谋,他们本身就可以被提起诉讼,或者他们可以与政府达成认罪协议,也可以通过提供弗里曼有罪的证据和证词而祈求豁免。然而,贝尔德需要更多的信息,他不想打草惊蛇,让该公司意识到已经成为政府的调查目标,因此贝尔德采用了传统的调查方法:寻找一名对公司不满的雇员,一般很可能是前雇员。很快,他就找到了一个这样的人。

在弗里曼一案调查工作的压力下,卡图希罗将普林斯顿·纽波特合伙公司员工的交易记录收集起来,然后花费大量时间仔细审查。这项工作虽然单调乏味,但是却有所回报。他发现一个名叫威廉·黑尔的员工的交易记录有些可疑,涉嫌内幕交易。当检察官们寻找黑尔时,他们得知他已经不在普林斯顿·纽波特合伙公司工作了,他被解雇了。黑尔也是达特茅斯学院的毕业生。

检察官向黑尔发了传票,但是,这种方法却失败了。黑尔说他不会自愿和政府合作的。他还聘请了一位律师。检察官希望和他的律师达成某种协议,并且暗示他们想得到一份价值估计,尤其是如果黑尔能够揭发普林斯顿·纽波特合伙公司有违法行为的员工。很快检察官收到了回话,黑尔的律师说,黑尔拒绝提供价值估计。检察官们只好采用最后的办法——让黑尔在大陪审团面前接受讯问,迫使他在取得豁免的前提下作证。这是有风险的,但是,他们知道可能之后黑尔会面临起诉,但是他们感到别无选择。

1987年11月,黑尔前来作证。他是一个身材高挑的年轻人,棱角分明,深金色头发,似乎没有感到紧张。贝尔德亲自讯问,正如他所预料的,黑尔含糊其词,不愿回答,讯问似乎毫无结果。接着,贝尔德转到了一个似乎无关紧要的问题上,问黑尔为什么离开普林斯顿·纽波特合伙公司。黑尔只是稍微犹豫了一下,然后就坦白地回答说:"不是我要离开的,我是被解雇的。"

贝尔德问道:"为什么?"他本能地抓住机会利用黑尔突然出现的坦诚。但是,紧接着的回答让他震惊不已,在他作为检察官的职业生涯中,他还从来没有遇到过这种事。

黑尔回答说:"我不能容忍他们正在做的各种违法行为。"

当黑尔突然开始谈起普林斯顿·纽波特合伙公司的各种违法活动时,贝尔德几乎无法压制心中越来越强烈的兴奋。这种事情远远超出了检察官们的想象,他们全都喜不自禁。似乎政府现在不仅可以对普林斯顿·纽波特合伙公司及其高管立案调查,并且,根据黑尔所讲,该公司的主要同谋不是别人,正是德崇公司比弗利山分部。突然之间,普林斯顿·纽波特合伙公司的活动看起来像是连接反欺诈处两起最大案件之间的关键一环。

根据黑尔的讲述，普林斯顿·纽波特合伙公司经常在德崇公司和美林公司"寄存"股票，制造虚假的损失，从而欺骗国内税务局。在德崇公司的联系人是布鲁斯·纽伯格，他是比弗利山分部的交易员，就是有一次把电话线咬断的那个人。为了制造损失，达到避税的目的，普林斯顿·纽波特合伙公司常常以亏本价将证券"卖给"德崇公司的高收益证券部，不久之后再以同样或者稍高的价格"买"回来。黑尔说，这种交易确实是虚假的，因为德崇公司不承担所有权的任何风险。德崇公司这样做，只是帮普林斯顿·纽波特合伙公司的忙，目的是让该公司成为受它控制的客户，当德崇公司的销售人员推销垃圾债券时，普林斯顿·纽波特合伙公司就会乐意，甚至迫切渴望购买。

黑尔解释说，当他在普林斯顿·纽波特合伙公司时，他的上司保罗·伯克曼就指派他负责处理所谓的"避税寄存"交易，这使他非常担忧，因为这中间存在着明显的潜在的法律问题。但是伯克曼对他的担心满不在乎。在一次由公司其他人员参与的会议上，伯克曼毫无顾忌地说："国内税务局根本没有人力来分辨这些交易，也没有能力将它们弄清楚。"伯克曼指示黑尔先将一些证券卖出去，然后再以稍微不同的价格买回来，以此达到"掩盖"这种计划的目的。他还告诉黑尔把数量和价格记录下来，做成他所谓的"寄存清单"。

黑尔告诉贝尔德，当他不愿意执行这种计划时，他就被解雇了。

虽然黑尔并没有向检察官们提供关于里甘和弗里曼之间关系的情况，但是，他突然之间成为调查活动中最为意外的证人，给检察官们提供了更多可供追查的线索。他说，在德崇公司，纽伯格毫无疑问是一个获悉内情的参与者。并且，纽伯格还有一个助手，叫莉萨·安·琼斯，她可能会确证黑尔所讲述的大部分情况，因为她常常帮纽伯格处理交易。此外，黑尔还披露了一个情况，关于寄存交易计划的谈话很有可能被无意之中录了音。黑尔解释说，普林斯顿·纽波特合伙公司保持着一种录音制度的习惯，常常将公司交易员的谈话录制下来，尽管他们不是公司的高管。这样的制度在许多公司都很常见，常常是为了解决和客户之间关于命令和执行情况的纠纷。

贝尔德和卡图希罗决定，要在黑尔被豁免并作证的消息传出去之前，对他提供的信息迅速展开调查。幸运的是，他已经被解雇了，这就让他和以前的同事们疏远了很多，因此，他自己向别人透露他和政府合作的风险几乎没有了。然而，信息在辩护人律师之间的传播将会很快。检察官们尤其担心那些磁带。黑尔说，按照惯例他们一般在6个月之后销毁磁带，如果普林斯顿·纽波特公司知道黑尔泄露情况的话，可能会提前销毁磁带。

尽管联邦检察官办公室在逮捕弗里曼、威格顿和泰伯尔一事上招致了负面报道，但是检察官们并没有对再次实行强硬打击而有所畏惧。根据黑尔披露的情况，他们迅速获得了搜查普林斯顿·纽波特合伙公司办公室的搜查证，理由是涉嫌偷税漏税，但是没有提到德崇公司或者弗里曼。贝尔德的执法手段更加强硬，这可以从检察官们的行动中得到印证。从他们现在的行动中似乎可以看出，以前抓捕弗里曼等套利人的问题并不在于检察官办公室过于严厉，相反，问题是他们还不够强硬，没有对嫌疑人产生震慑，迫使他们认罪和合作。作为曾经办理过黑手党和毒品案的检察官，贝尔德明白，他的嫌疑目标明白什么是强力。在朱利安尼的批准下，贝尔德计划实施一次大搜查，同这次行动相比，逮捕弗里曼、威格顿和泰伯尔的行动简直不可同日而语。

黑尔在大陪审团面前接受讯问之后几个星期，也就是12月中旬的一天，几辆警车停在了新泽西州普林斯顿市中心一座很不显眼的办公楼前，这座楼依稀看来像是殖民地时代的风格，这就是普林斯顿·纽波特合伙公司的办公楼。圣诞节即将来临，楼前街道两边的商店橱窗装饰一新，不远处就是普利斯顿大学的大门口，里面是宁静的校园。警车停稳后，50名联邦执法官从车上跳了下来，他们全副武装，身穿防弹背心。

这些执法人员蜂拥进入电梯，然后从普林斯顿·纽波特合伙公司的玻璃门冲进办公室。在出示了搜查证之后,他们纷纷进入各个办公室,而员工们全都惊呆了,恐慌地坐在办公桌前。在执法人员搜查完毕之前,任何人不准离开办公室。执法人员打开文件柜和办公桌抽屉,把里面的东西全都装进纸箱子里。到下午结束搜查时,他们运走了300多箱文件和记录,其中就包含最为重要的东西——他们所能找到的所有录音带。

贝尔德和卡图希罗还邀请他们的高级调查员托马斯·杜南参与此案。在普林斯顿·纽波特合伙公司被搜查的当天,杜南飞到了加利福尼亚州,然后驱车来到莉萨·琼斯的家。她住在洛杉矶北部一座现代风格的公寓楼里,当杜南到她家门口时,已经接近晚上10点了。

琼斯从14岁就离开了新泽西的家,来到加利福尼亚州,通过虚报年龄在一家银行找到了一份年薪5,000美元的工作。她参加进修课程获得了高中文凭。现在,她只有25岁,年薪就已经达到了11.7万美元,是德崇公司比弗利山分部的交易助理。琼斯在布鲁斯·纽伯格手下工作,而且她的办公地点距米尔肯只有一步之遥。琼斯每天早上5点半就来到办公室,整天的工作就是为纽伯格写指令,并发给不同的交易所。有时,她要同时接听3个电话。她工作非常努力,已经过上了一种舒适和安全的生活,这是她以前从来没有想过的。她属于那种米尔肯喜欢雇用和提拔的人。

杜南按响了琼斯家的门铃,琼斯打开门。她身材矮小,深褐色卷发。杜南礼貌地问道:"我可以和你谈谈吗?"然后,他介绍了自己的身份和此行的目的,并且说带给了她一份联邦传票。琼斯请杜南进屋,杜南迅速简要讲述了德崇公司和普林斯顿·纽波特合伙公司之间的交易,并且表示他已经对相关的情况有所了解。一开始,两人的谈话还很顺利,琼斯坦白地确认了她与纽伯格和普林斯顿·纽波特合伙公司之间的关系以及相关的各种细节。接着,杜南谈到了问题的关键所在。

"你们在为他们做寄存交易吗?"杜南问道。

"是的。"琼斯犹犹豫豫地回答说。

"是为了避税吗？"杜南继续问道。琼斯突然之间好像有点儿惴惴不安。

"不，不是。"她开始说，但是，接着她的声音几乎小得听不见了。接着她说："我要和律师谈话。"杜南叹了一口气，但是他没有逼迫她说。

"我们一直都希望你会愿意在这次调查中同我们合作。"杜南遗憾地说。他把大陪审团的传票交给她，然后离开了。琼斯突然害怕家中电话被窃听了，她立即找到一个投币电话，给她唯一认识的律师打电话。

回到纽约联邦检察官办公室，调查人员开始分类整理查获的资料，并检查磁带的内容。许多都是日常事务，对政府没有什么用。但是，卡图希罗发现了一个特别的情况：由于某种原因，显然是由于涉及与一个客户的纠纷，1984年12月有几天的录音资料没有被销毁。当他听这些录音时，其中几段谈话让他激动万分。他立即把贝尔德叫了过来。

很快，他们就把20多段谈话转录到了一盘磁带上。贝尔德把负责弗里曼、德崇和米尔肯案的检察官们都召集过来，一起听这些录音。听完后，他们全都异常兴奋，就好像这些密谋正在普林斯顿·纽波特合伙公司展开一样。这些重要的录音谈话，大部分发生在纽伯格和查尔斯·扎尔热茨基之间。扎尔热茨基是普林斯顿·纽波特合伙公司的交易员和高级合伙人。另外，他们还有一个意外的收获，在录音中发现了一段可以证明德崇公司的卡里·穆尔塔什有罪的证据。很显然，在纽伯格不在时由他负责处理相关事务。这可能成为击垮穆尔塔什的确凿证据，因为他一直在顽固抵抗，拒绝和政府合作。

负责德崇公司一案的检察官约翰·卡罗尔那天因感染流感而在家休假，同事们禁不住也给他打电话通报了这个幸运的发现，他们甚至还把录音通过电话放给他听。

在其中一段录音中，里甘和纽伯格因为寄存股票的"存放"成本发生了口角。纽伯格说："我已经为你存放了许多股票，万一你没有变现的话，我会一直都向你收取存放费的。"

里甘回答说："我也为你存放了股票。"他的话似乎清楚地承认，德崇公司的股票寄存在普林斯顿·纽波特合伙公司。

这是一个不同寻常的发现，也是自从撤诉以来6个月内检察官们所取得的最大突破。这些录音带是违法活动的铁证，所暴露的问题比黑尔讲述的还要多。除了涉及普林斯顿·纽波特合伙公司寄存股票避税外，这些谈话还披露了普林斯顿·纽波特公司遵照德崇公司的要求为它的非法活动提供帮助的问题。它在1985年曾经寄存过美泰玩具公司的股票，并实行了操纵股价的计划。这些录音带显示，德崇公司曾经利用普林斯顿·纽波特合伙公司操纵一只场外交易的股票的价格。这就是C.O.M.B.公司，它是一家位于明尼阿波利斯的公司，当时德崇公司正在为它承销证券。检察官们心想：如果这是普林斯顿·纽波特合伙公司和德崇公司在任意几天内就做成的交易，那么这两家公司可能还犯过其他什么罪行呢？贝尔德立即意识到，只凭这些录音资料就可能给德崇公司定罪。弗雷德·约瑟夫反复说他想要公司违法的证据——现在，他可以亲自来听听这些录音。

但是，在所有对话的录音中，有两段给检察官们留下了深刻的印象。这两段之所以引人注意，不仅仅是因为它们作为证据的价值（若单独拿出来，它们不能指控任何犯罪活动），并且还因为它们揭示了20世纪80年代中期华尔街上的一种流行心态。

在第一个对话中，是弗里曼和扎尔热茨基在交谈。弗里曼用一种留恋的语气告诉扎尔热茨基，他最近刚刚去了一趟大西洋城，并且说当他年轻的时候，他很喜欢到拉斯维加斯去赌博，但是现在他不喜欢这些了。他说："这不再有意思了，我想可能是我在这一行干得太久了吧。我习惯于具备优势。"在第二个对话中，扎尔热茨基和比弗利山分部的纽伯格在交谈。在安排了他们之间的一起虚假交易之后，纽伯格对扎尔热茨基说："你是一个大骗子啊。"

扎尔热茨基回应说："是你教的我啊，大哥。嘿，听着，笨蛋……"

纽伯格打断了他的话，嘲讽地笑着说："欢迎来到这个骗子的世界。"

尽管丑闻不断爆出，但是20世纪80年代的大牛市仍然在继续。1986年5月12日，莱文被捕的那天，道琼斯工业平均指数超过了1,800点。很少有人能从一个不知名的投资银行家的被捕中看到不祥的征兆。到11月，当布斯基接受认罪时，道琼斯指数已经接近1,900点。在经历了最初的震荡（主要是在股票交易和套利业务方面）之后，股市重新恢复了攀升的势头。弗里曼、米尔肯和高盛公司以及德崇公司的抵抗如果有什么影响的话，那就是消除了投资者的顾虑，让他们认为兼并狂潮的发动机将会继续运转。

德崇公司全力支撑着让人们继续保持这种印象。尽管笼罩在政府调查的阴影下，但是该公司仍然能够继续利用客户的忠诚维持自己的业务和市场份额，甚至接近了历史最高水平。德崇公司可能是华尔街上独一无二的一家公司，因为它能够抵御对其业务合法性的攻击。毕竟，当它的许多大客户，如波斯纳等，遇到麻烦而无人愿意支援时，是它站出来支持它们的。现在，该轮到它们帮助德崇公司了。

这些客户们纷纷做出了反应。尽管德崇公司随时都可能被指控或者被提起诉讼，但是它仍然完成了一系列给人留下深刻印象的大宗垃圾债券交易。政府不能指望通过德崇公司的客户给它施加压力，迫使它合作；相反，在许多情况下，这些客户都会像米尔肯一样和政府大胆对抗。考虑到米尔肯对许多客户仍然有着控制能力，这些客户别无选择。

然而，德崇公司的新业务却受到了影响。该公司失去了它那令人难以置信的动力。它不得不放弃了购买世贸中心7号楼作为自己办公楼的计划，它憎恨的对手所罗门兄弟公司买到了这座大楼。德崇公司支持的恶意收购的报价也失去了其心理影响力。佩雷尔曼退出了对吉列公司的收购，伊坎收购USX公司的失败被看作德崇公司的失败。但是，德崇公司迫切希望与恶意收购中备受争议的角色拉开距离。在1987年的大部分时间里，它没有再支持任何一起恶意收购活动。

在布斯基出事的消息被披露之后，约瑟夫就聘请了威嘉律师事务所（Weil, Gotshal & Manges）的高级合伙人伊拉·米尔斯坦做他的私人律师，该律师事务所是纽约一家著名的大型律师事务所。米尔斯坦迅速得出结论：约瑟夫个人不会承担刑事责任。然而，从个人层面而不是法律层面来说，他提醒约瑟夫，米尔肯可能会遇到严重的麻烦，对约瑟夫来说最佳的策略就是从德崇公司辞职。约瑟夫听到这个建议后大吃一惊。这种情况是不可想象的。他坚持向米尔斯坦说，米尔肯非常富有，这样一个人堕落到犯罪是无稽之谈。

在紧接着的几个星期里，约瑟夫似乎决定把他和公司的命运更紧密地绑在米尔肯的身上。甚至早在布斯基的丑闻公开之前，约瑟夫就希望G.克里斯蒂安·"克里斯"·安德森所率领的以纽约为基地的投资银行集团可以发展成为一支东海岸客户开发小组，从而和米尔肯的西海岸小组相抗衡。但是，这个希望却没有实现。因此，米尔肯坚持要把唐纳德·恩格尔召回来，以重新恢复德崇公司的客户开发能力。恩格尔对米尔肯极为忠诚，因为道德缺失而被约瑟夫解雇。

约瑟夫一开始不同意，巴彻勒和安德森一派也对此表示强烈反对。然而，米尔肯强调说，在艰难时期，"客户关系"最为重要。米尔肯说他自己的关系正在拯救公司，并且补充说恩格尔似乎是德崇公司中除他之外唯一一个懂得如何培养客户忠诚的人。很显然，这是对巴彻勒、安德森以及他们东海岸公司金融部人员的侮辱。

就像在其他方面一样，这次，约瑟夫又向米尔肯的阵营妥协了。约瑟夫告诉恩格尔："迈克尔想让你做这件事，我们需要你。"恩格尔同意在1987年1月回到投资银行业务部，担任联合主管。他还想法保持了他的补偿协议，并坚持直接向约瑟夫汇报，而不是名义上和他平起平坐的巴彻勒或者安德森。

恩格尔一胜利回归就把投资银行集团更名为"客户关系集团"，并且没有和安德森等人协商。安德森怒气冲冲地跑到约瑟夫的办公室，威胁着要辞职。斯蒂芬·温罗思一开始就反对恩格尔的回归，他也威胁要离开。东海岸派系的其他成员也纷纷效仿。

在恩格尔回归之后还不到一个月，约瑟夫就劝说他从联合主管的职位退出，重新做顾问。毕竟，恩格尔现在仍然负责捕食者大会的工作，这个会议现在是前所未有的重要，因为政府正在对德崇公司进行调查，这种会议可以显示它的实力。

当1987年的"捕食者大会"在4月的第一个星期召开时，会场弥漫着一股恐惧的气息。每天都有谣言说，政府要发动大规模的突然查抄，弗里曼、威格顿和泰伯尔的被捕让这些传言似乎更加可信。然而，恩格尔对此根本不害怕，他挺身而出应对这些挑战。1987年的高收益债券大会是有史以来规模最大的一次，吸引了2,500多名参与者，充分展示了客户对德崇公司的忠诚。

很显然，这次会议的真正听众不是在比弗利山分部，而是在国会，甚至在全美国。今年的会议论调和往年截然不同。认为任何事情都是可能的那种无拘无束、无所不能的感觉随着愉快兴奋一起消失得无影无踪。恩格尔8号别墅的聚会仍然只允许男客参与，这和随后在蔡森餐厅举行的晚宴，与往年比起来都有点儿呆板。耀眼炫目的摇滚录像也没有了，取而代之的是一部名叫《德雷克塞尔公司帮助美国》的类似纪录片的片子，里面出现了德崇公司大客户的员工，他们对垃圾债券大加颂扬，并满怀深情地盛赞该公司。

该公司在宣传公关。当片中斯通集装箱公司的一位员工说他愿意和任何拥护垃圾债券的人"握手"时，观众中一位愤世嫉俗的人脱口说道："我们给那家伙付了多少钱？"在片子结束时，解说员说出了德崇公司因政府调查而确定的新主题："高收益债券融资和德崇公司——帮助美国运转。"观众爆发出了雷鸣般的掌声。

米尔肯也讲述了类似的主题,并且开始推销他作为"国家财富"的新形象。在开幕词中,他没有提到恶意收购,而是重点讲述了垃圾债券是如何促进中等规模企业的成长以及如何保持美国的竞争优势的。布恩·皮肯斯原来计划把为并购激情辩护和股东民主作为演讲的关键词。德崇公司审查了他拟定的发言稿,没有通过,他就改变了主题,索然无味地谈了谈石油和天然气行业的经济形势。

会议的基调应该是暗示,政府的调查对德崇公司和米尔肯是无关紧要的。然而,很显然,在负面报道的共同影响下,这样做正在付出代价。约瑟夫面容憔悴,而穆尔塔什甚至更为糟糕。相比而言,米尔肯的一切——他的精力、他的行为举止、他的一直在场——都在传达着一种信心。一位参会人员告诉《华盛顿邮报》的记者:"在我看来,米尔肯根本没有一丝问心有愧的感觉。我认为,这就是说,他要么无罪,要么就是毫无良知。"

同以前一样,这次大会也禁止媒体采访,但是许多记者仍然来到了比弗利山希尔顿酒店。他们没有遭到驱逐,但是却被密切监视着,不允许进入会场。只有指定的参会者,如鲜果布衣公司(Fruit-of-the-Loom)的总裁威廉·法利才允许向记者发表评论,而且评论内容必须由德崇公司仔细审核,以突出该大会的主题。

这是刑事调查案件中一个私人被告发起的最大规模的媒体攻势,这次大会只是这一攻势中的一个组成部分。它的主要目的是转移人们对米尔肯被指控的违法行为的注意力,并树立他在全国的声誉。公众舆论可以用来左右刑事调查的结果,但是其影响究竟多大,这将是一次前所未有的检验。

在垃圾债券大会之后不久,德崇公司就在整个公司发起了一个长达两周的垃圾债券庆祝活动,包括举行体育比赛、举办演讲和放映电影等,极力吹捧垃圾债券的光辉业绩和它们对美国的贡献。在大会上,该公司首次宣布了一项改变政策的决议。长期以来,德崇公司一直想用流行的"高收益"一词替代"垃圾"一词，但是现在，它放弃了这种想法，并且决定对"垃圾"一词突出宣传。员工们收到了公司的徽章，上面印着：垃圾债券让美国健康成长。在一个片子中，约瑟夫和公司的董事长罗伯特·林顿一同唱出了一句歌词："艰难之路，唯德崇行。"

该公司还在报纸上登了整版的广告，展现了垃圾债券所谓的受益人。当然，受益人不是米尔肯自己或者他的支持者，如卡尔或者斯皮格尔，而是一个朝气蓬勃的年轻男子和他怀孕的妻子，以及他们的孩子，他们全家站在一座即将完工的新家面前。这个幸福家庭的场景和垃圾债券有什么关系呢？原来，该新家的建筑商霍范尼安公司（Hovanian）是德崇公司的一个客户。广告上声称，在垃圾债券的支持下，该公司能够为"5万人提供住房，帮助2万人谋生"。此外，德崇公司还投入400万美元在电视上展开广告攻势。广告设计得同样煽情，里面展示了一座位于路易斯安那州维代利亚市的发电厂，该厂是由德崇公司的垃圾债券资助建造的。据说，该厂吸纳了贫困的维代利亚市的大量失业工人，降低了失业率。《华尔街日报》的记者劳丽·科恩指出，这则广告根本就不是在维代利亚市拍摄的，该厂的大多数工人都居住在其他地方，而且，路易斯安那州的劳动部门也对广告所声称的该厂降低了失业率的说法提出了质疑。科恩的这篇文章见诸报端之后，德崇公司的许多员工都愤怒不已。

电视广告只是媒体攻势的一部分。理查德·桑德勒和公司中米尔肯阵营的其他人都开始对米尔肯在媒体中形象的各个方面实施控制。他们对报道米尔肯的每个记者都进行"分析"，然后，根据他们对米尔肯的支持程度和可能被操控的程度对他们"评级"。米尔肯的阵营把记者大致分为两大类别：理论主义者和实用主义者。理论主义者可以指望支持米尔肯，因为他们持有类似的政治观念；实用主义者需要米尔肯阵营提供帮助，因为他们无法独自获得新闻。

米尔肯的团队最喜欢的理论主义记者就是爱德华·J. 爱泼斯坦，他是《曼哈顿公司》（Manhattan Inc.）的专栏作家，也是第一批撰文支持米尔肯的记者之一，他曾经报道说米尔肯正在遭受检察官们的不公正追查。爱泼斯坦所表现的主题激发了里根执政时期放宽管制政策和供应经济学派支持者们的强烈共鸣。在经过威廉斯的面试之后，爱泼斯坦成为第一个获准采访米尔肯的记者。但是，米尔肯不允许爱泼斯坦对调查提出任何问题。

《华尔街日报》的社论版作者成了支持米尔肯路线的最强有力的代言人。他们似乎支持反正统流派的"创造性破坏"，他们相信其中有米尔肯的功劳，并且对证券法表现出了几乎毫无掩饰的蔑视，认为这是政府对革新和企业家精神的不必要的限制。

随着1987年盛夏的逐渐退去，一种不安的平静降临华尔街。合作的时期显然已经结束，这种合作以布斯基和西格尔的认罪协议为高潮。现在，对弗里曼、威格顿和泰伯尔的新起诉似乎更为遥远。除了在继续调查中直接牵涉到的事情外，这个丑闻似乎已经隐退到了历史之中。

套利人们又一次开始庆祝。布斯基的认罪导致股市下跌，给套利人造成了巨大的损失，现在大部分都已经弥补回来了。他们所拥有的资金甚至比以前更多，他们纷纷把这些资金投入实际的或者是预期的收购目标公司的股票。股市上涨得更高，在8月初，道琼斯工业平均指数超过了2,700点。小道消息称，到年底道指将会达到3,000点。

约瑟夫竭力提醒德崇公司的员工们要警惕不断高涨的市场热潮，尤其是小心股东们在公司兼并和杠杆收购中得到的令人难以置信的高价。那年秋天，他同米尔肯和比弗利山分部的其他员工见了面，告诉他们德崇公司必须准备接受垃圾债券市场巨大份额的萎缩。约瑟夫督促说："让其他人做这些交易吧。你们必须让订单和客户到其他地方去。"大家似乎都点头表示了同意，包括米尔肯，尽管"放走"客户的想法让他痛恨不已。

美国股市不久之后就施行了自我制约。第一次震荡是在10月14日出现的，当天从华盛顿传来谣言说，国会即将立法，准备限制恶意收购融资中利息的扣除。许多股票的价格原来在人们对收购的期望下被推到了过高的水平，现在这些股票似乎都陷入了危险之中。有人开始低价抛售，最初是慢慢地，因为有些套利人介入进来以低价收购股票。但是，紧接着，抛售就更为迅速起来，因为一些投资机构为了锁定未实现的利润开始迅速清仓。10月15日和16日（即星期四和星期五），股市每天都下跌100多点。

那两天，米尔肯都坐在交易桌前，他向德崇公司的客户保证，现存的垃圾债券不会受到被提议的立法的直接影响，并继续做市。然而，他要为市场的震荡承担间接的责任，因为是他表示并购可以以前所未有的价格得到融资。股市震荡之前的道琼斯工业平均指数已经上升到了2,700点以上，这是由股价的大幅上升而造成的，而米尔肯正是幕后的推手，他的影响力远远超过了其他人。

接着，在10月19日（黑色星期一），股市大跌，跌幅超过了500点，创有史以来单日损失的纪录。投资者们开始疯狂地抛售，几乎每只股票都在猛跌，收购目标公司和最为安全的蓝筹股公司的股票也是如此。市场接近崩溃，尤其是在10月20日星期二，股市进一步下跌，只是下午有所止跌回升。纽约证券交易所的许多做市商都缺乏资金来收购遭抛售的股票。美联储不得不拿出大笔现金来救市。

同1929年的大崩溃不同，1987年的黑色星期一没有造成全国性的经济萧条。这只是一种心理上的崩溃，而不是经济崩溃。公司收益仍然非常可观，美国公众继续消费，甚至股市自身也从低谷中开始反弹。垃圾债券在经历了最初的暴跌之后，却成了更为安全的国债，恢复的速度更快，部分是因为米尔肯不辞辛劳地宣传垃圾债券仍然是可靠的投资。确实，他告诉他的大客户们介入进来，并购买更多的垃圾债券，而他们也按照他的话做了。米尔肯对他巨大客户网的影响力使他在恢复人们对市场的信心中起到了独特的作用。

然而，市场的暴跌却造成了实际的破坏。小投资者们损失惨重，许多人都对这次经历痛不欲生，决定永远退出股市。这些投资者已经对市场的公正充满了怀疑，现在他们也相信股市是受到专业人士操纵的游戏。投资者的这种态度最终将会严重地损害国家的融资体系——正如证券法起草者所担心的那样。

华尔街上到处都是受害者。从深远的程度上来说，人们的心态在一夜之间发生了改变。人们不再像以前那样挣大钱了，他们也不再那样期望了，工作也失去了乐趣。

套利人是借贷投资时代的第一批受害者。在模仿布斯基时，没有任何群体能够这样疯狂地信奉借贷的理念，也没有任何人为此付出过这样沉重的代价。在大批套利人垮台的惨痛经历中，股市暴跌给了人们一个重要教训：高回报并不一定是市场异象，而是更高风险的衡量标准。这一点对垃圾债券购买者本来应该是很明显的，他们的回报远远高于风险，似乎已经不成比例。然而，大部分人仍然对比弗利山他们心中的"太阳王"顶礼膜拜。

也有个别人发出了警告。奥马哈的伯克希尔·哈撒韦公司的董事长沃伦·巴菲特就不断警告垃圾债券的危险。沃伦·巴菲特被认为是美国最为精明的投资家之一，他对《华盛顿邮报》的记者说："当你给不合格的司机做保险时，你赚到的保费要比给合格的司机做保险时高。有的人在这方面做得很好，但是有的人则命丧黄泉。"

12月20日，满脸憔悴、面色极其苍白的伊万·布斯基出现在了曼哈顿的联邦法庭，此时，他所熟悉的那个套利世界仍然处在股市暴跌的混乱之中。警方不得不竖起路障维持秩序，数百名文字记者、摄影记者、摄像记者和好奇的旁观者挤满了法庭的台阶。法庭外面也挤满了记者和律师，但要进入法庭必须经过法警的同意。当布斯基站起来向联邦法官莫里斯·拉斯克陈述时，人群安静下来，聚精会神地听着布斯基的话。

布斯基轻声地说道："我深感惭愧，对自己的行为很不理解。去年，我花费了一年的时间来思考我是怎样偏离正道误入歧途的。我很想利用这个机会来为自己救赎，在这个世界里留下一个好名声。这就是我想要做的。"

在这一天宣判是布斯基自己请求的。一般来说，同政府合作的证人，为了保证他们继续合作，要到作证结束时才能进行宣判。布斯基是米尔肯一案的主要证人，在结案前也不能宣判。但是，检察官们却允许对布斯基进行宣判，因为审判米尔肯似乎还要好几年的时间，如果布斯基必须蹲监狱的话，他想尽早进去。他也越来越担心自己的安全问题。他厌倦了漫长的等待。在此期间，他到圣约翰大教堂从事慈善工作，并在犹太神学院学习。这些努力对公众舆论几乎没有什么影响。

允许布斯基接受宣判是检察官们将会后悔的一个决定，但是在当时，布斯基给检察官们提供的资料已经很多了，让他接受宣判似乎也没有太大的损失。在判决之前的一个听证会上，检察官约翰·卡罗尔声称布斯基的合作是"证券法历史上最为不同寻常的"。他补充说："在我们看来，更大的犯罪是布斯基先生主要在他人的指示下参与的犯罪。我们正在应对一个非常系统性的问题，一个在根基处损害金融世界的系统性腐败，不幸的是，这样说并不是夸大其词。"考虑到华尔街上后来其他人向政府的挑战，布斯基的忠诚似乎更为不同寻常。

法官拉斯克称赞布斯基的合作。同联邦检察官办公室一样，他称这种合作是"前所未有的"。他表示了一些同情，并说："毫无疑问，布斯基已经受到了羞辱，遭到了污蔑，身份也被贬低了。以前，他是一个知名人士，现在却生活在这样一种闻所未闻的处境之中。"

布斯基仅仅承认了一项重罪，结果，他要面临最高5年的刑期。马上就要宣判了，法庭中弥漫着紧张的气息。最后，拉斯克法官宣判布斯基入狱3年。尽管这个判决立即遭到了米尔肯阵营的攻击，声称判决太宽容，不过这个判决比布斯基可以接受的最高刑期的一半要多。这也是到目前为止，这起仍然在继续的丑闻中最为严厉的判决。

"必须传递出去一个信号，"拉斯克法官总结说，很显然他对所获悉的华尔街上非法活动的规模感到极为不安，"这一刻已经来临，法庭完全不能接受监狱对白领被告是不可想象的想法……为了保护金融市场的实际公正，以及表面上的公正，任何犯罪行为都不会无人监管、放任自流，布斯基先生的结果就是证明。"

布斯基想通过后门离开法院，从而躲避媒体的围追堵截。但是，当他走到人行道上时，等待在那里的记者蜂拥而上。他们爬上停在路边的汽车上，拿着照相机和摄像机，不停地拍着。第二天的报纸上全都是布斯基的特写镜头，他一脸恐惧地钻进了一辆等候的汽车中。

1988年2月18日星期四，天气阴沉寒冷，新泽西州北部地区即将面临大雪的威胁。当约翰·穆赫伦从他那座维多利亚风格的别墅的前门出现时，他的心情就像天气一样糟糕。他把一个运动包放到了汽车的后座上。在包中，穆赫伦放了一把0.233英寸口径的以色列加利尔突击步枪和一套军装，这把枪是他两周前刚刚买的。他还有一箱子弹，共计300发。另外，他的车里已经有一把9毫米的半自动手枪，一把0.357英寸口径的马格南手枪和一把12口径的手握式猎枪——他的汽车都快要成为一个武器库了。

政府调查的压力不断增加，穆赫伦已经快要崩溃了。他极其沮丧。前一天晚上，他几乎没有睡觉，一直坐在那里看电视，电视里连续不停地播放着电影，但是他甚至连电影的名字都没有记住。他已经不再服用那种含锂的药物。昨天，他的律师告诉他，他可能也要被起诉。更让他沮丧的是，他的律师还告诉了他一个事实，他应该认罪。

穆赫伦坐上车，发动起来，将车倒出来，然后沿着长长的、弯曲的车道驶向北区大道。他的使命是去杀死一个人，这个人导致了他所有的痛苦，然而，这个人还曾经被他认为是最好的朋友之一。这个人就是伊万·布斯基。接着,"猎头行动"就会结束,他后来就是这样称呼的。

也许,这是不可避免的,即使在白领丑闻中,暴力也会发生。涉及的金钱和权力都是巨大的,许多人都为了小事去杀人和被杀。西格尔害怕布斯基会杀了他,而布斯基害怕米尔肯会杀了他,现在,穆赫伦却要真的去杀布斯基。

自从布斯基的认罪协议击碎了穆赫伦的人性观之后,他的精神状况几乎在不断地恶化。在获悉布斯基这个他仍然认为是朋友的人可能会把他牵连进去(穆赫伦称这是"背叛"他)之后,他的精神状况更为糟糕。

在去年的1月,穆赫伦收到了和布斯基有关的传票,上面清楚地罗列了被指控的寄存交易安排,最开始的就是联合石油公司的股票,这是穆赫伦在1985年替布斯基做的。穆赫伦的反应是:"那又如何呢?"他认为这是在帮布斯基的忙,谁会在乎这呢?当然,这也不是犯罪。

穆赫伦只是不能相信布斯基或者达维多夫竟然会说他的坏话。但是,他听说穆拉迪恩正在和政府合作。穆赫伦用来向布斯基支付被指控的寄存股票的收益时所使用的发票在传票中显得非常突出。穆赫伦猜想可能是穆拉迪恩向政府透露的这些情况。

1987年2月,穆赫伦又收到了一张传票,上面问到了海湾西方石油公司的股价被操纵的问题,当时,布斯基和伊坎曾经联合威胁过该公司。这也没有困扰穆赫伦。当他的律师肯尼思·比亚尔金拒绝让他作证时,他不理解为什么要这样做。比尔亚金提醒他说:"这是一种政治迫害。"比尔亚金坚持让穆赫伦再咨询一下刑事律师,并向他推荐了奥托·奥伯迈尔。

但是,并不是每个人都像穆赫伦一样满不在乎。他的一些投资人都很担心,并问了一些烦人的问题,如他们可能会有什么情况"被曝光"。律师们不断来找他,而穆赫伦对律师们并不怎么有好感。但是,这一年即将结束,而政府的调查活动并没有什么明显的进展。

从经济上来说,穆赫伦在10月之前都很不错,收益很多。布斯基脱离套利界增加了他的获利机会,因为竞争减少了。1987年的前9个月,穆赫伦的账面收益为1.2亿美元。他做得比布斯基给他提供内幕消息时还要好。

接着就是10月19日的股市暴跌。同其他的套利人一样，穆赫伦也受到了沉重的打击，仅现金损失就高达8,000万美元。和他的许多同事不同，他似乎对身边的动荡、混乱和恐慌非常激动。当股市暴跌时，他在交易大厅跳来跳去，大喊道："我们要把损失弥补回来。"他之所以非常激动，是因为这种暴跌给了他一个新的挑战、新的机会，使他可以赚到更多的钱，击败更多的对手。穆赫伦经常喜怒无常，即使对他这一点早已习惯的人看来，他这种反应似乎也有点儿不太合适，毕竟一下子损失了8,000万美元啊。然而，穆赫伦却以全新的激情重新投入工作当中，大胆出手，将剩余的资金投到股市，而他的对手们正在收拾行装准备撤退。当年结束时，他的回报率高达18%，这是一个不同寻常的收益。

然而，即使在十二月份穆赫伦的业务恢复得很顺利，他也仍然表现得非常怪异。在此期间的一个星期六的晚上，穆赫伦和他的朋友布鲁斯·斯普林斯廷吃晚饭。斯普林斯廷刚刚完成一张新唱片，为了配合唱片的发行，他计划举行巡回演出，他兴奋地和穆赫伦谈论着。接着，穆赫伦提到，他在《时代》杂志的封面上看到过巴拿马铁腕总统曼努埃尔·诺列加（Manuel Noriega）的照片。穆赫伦说："诺列加是美国压迫的受害者。"斯普林斯廷似乎非常困惑。接着，穆赫伦提到了美国犹他州的辛格案，在该案中，州政府的警察包围了摩门教堂爆炸案一个嫌疑人的家。穆赫伦说："这个州是专制统治。"斯普林斯廷没有理会这些煽动性的话。

不久，穆赫伦就开始带着一把装了子弹的武器外出，无论去哪里都带着。他现在得出结论，警察和政府的检察官是一伙的，都在试图把他牵涉到布斯基的丑闻之中。穆赫伦感到他应该武装起来，以便警察杀他时可以自卫。他现在深信所有的警察都企图杀他，以至于当他看到警察朝他走来时，都会迅速跑到旁边去。

12月的一个星期五，穆赫伦没有出现在办公室里。他的同事们得知，他按时乘直升机来上班了，然后在曼哈顿南部的炮台公园停机坪降落，接着就不知所终了。

穆赫伦身穿平常穿的卡其布裤子和T恤衫，没有穿外套，从曼哈顿南端的炮台公园徒步走到了北端的哈莱姆和华盛顿高地。穆赫伦也解释不清自己为什么要这样做，以前从来没有发生过这样的事情。他已经不再服用以前定期服用的含锂药物了，因为这种药对身体的副作用比较大。他感到想自杀。他意识到，这可能是四年一个周期的"黑色情绪"又开始困扰他了。

然而，穆赫伦似乎已经从这些异常行为中恢复过来了。然后，在1988年1月，有消息传来，达维多夫同意合作，并承认一项重罪。现在，穆赫伦可能也会被达维多夫牵涉进去。他从律师那里获悉，是布斯基把达维多夫牵涉进去的，这就意味着布斯基可能也把他牵涉进去了。更为糟糕的是，达维多夫所承认的那项罪名就是通过寄存计划逃避净资产管理规定，而这正是穆赫伦坚持认为不能算作犯罪活动的指控。

穆赫伦再次陷入了绝望之中，郁闷地沉思着他以前这些朋友最近对他的这种严重的背叛。实际上，他是顶着压力在作证时没有出卖朋友、以前在斯皮尔·利兹·凯洛格公司的同事，以及贝尔兹伯格家族。他什么也没有说。

2月15日星期一，穆赫伦的心情非常糟糕，他甚至没去上班。星期二，他的情绪又转到了另外一个极端，极其兴奋，过于活跃。他一早就去找牙医，然后又兴高采烈地去办公室。他告诉同事们说，大家工作一直都很努力，值得放松一下。穆赫伦租赁了下周一的5架直升机，然后他对大家说，下周一股市一闭市，他就会带着大家飞到大西洋城，尽情赌博和狂欢，想玩多久都行，第二天早上股市开盘前飞回来，所有的费用都由穆赫伦承担。即使按照穆赫伦的标准来看，这也是一种极大的慷慨。

2月17日星期三，穆赫伦的情绪又低沉下来。他尖叫着向牙医说他牙疼得厉害，医生只好给他开了可待因（Codeine）。然而穆赫伦还不知道,他的最大厄运即将来临。

贝尔德在接任卡伯里的职务之后,就把穆赫伦的案子分派给了罗伯特·盖奇。盖奇是联邦检察官办公室一位经验丰富的检察官,去年才加入反欺诈处,就是为了加强该处的力量。穆赫伦一案同弗里曼或者米尔肯的案子不同,这是布斯基的认罪协议衍生出来的最为一目了然的案子,相对而言也是比较容易审理的。在这个案子上,政府有两个主要的合作证人——布斯基和达维多夫。在一月份,布斯基在陪审团面前做了不利于穆赫伦的陈述,讲述了他和穆赫伦之间的交易,包括股票寄存、操纵股价和透露股票的内幕消息。例如,布斯基作证说他曾经告诉穆赫伦说"推高"海湾西方石油公司的股价,而穆赫伦回答说:"我明白你是什么意思。"

布斯基在陪审团面前的大部分供述都和穆赫伦被调查的各种犯罪活动的因素非常接近。在1月13日,盖奇追问布斯基的动机,问他为什么要和穆赫伦从事这些非法活动。布斯基的回答反映了20世纪80年代华尔街全盛时期所特有的心态,当时,犯罪活动似乎已经内化到了人际关系的组织结构中。

布斯基对这个问题似乎有一点儿吃惊,他回答时说话的速度也比以往慢了许多。布斯基说起了他和穆赫伦,他说:"我们之间的友谊已经有许多许多年了,互相支持,互相帮衬,一起致富,需要时互相救助,并且两家人的关系也很不错,我们都对慈善事业很感兴趣。"他停顿了一下,思考片刻,然后简单地做了个总结:"我们是朋友。"在布斯基的世界里,金钱和帮助——尤其是消息的交换——就是友谊的实质。他同西格尔和米尔肯的关系就是这样的,同穆赫伦的关系尤其如此。

2月17日下午晚些时候,当穆赫伦仍然在忍受牙疼的折磨时,他的刑事律师奥伯迈尔直接到他那豪华的办公室里来了。当天下午早些时候,盖奇给奥伯迈尔打电话,告诉了他一个不祥的消息:他打算要求大陪审团起诉穆赫伦,罪名是寄存交易和操纵股市。盖奇说,政府现在已经有足够的证据支持这项起诉。除了布斯基的证词之外,政府还有书面的佐证,包括虚开的对穆赫伦极其不利的发票。盖奇强调说,如果穆赫伦希望得到政府的宽大处理,就必须在诉讼被公开之前认罪,现在就是最佳时机。但是盖奇还明确表示,穆赫伦至少要接受一项罪名,豁免是根本不可能的。

奥伯迈尔得出了一个显而易见的结论:为了穆赫伦自己的利益,他必须说服穆赫伦认真考虑认罪的问题。政府所指控的事实基本上没有什么争议,交易记录印证了所有股票的交易。穆赫伦可以证明他自己的心态——他相信他为布斯基声称"寄存"的股票承担了风险,而且他对布斯基操纵海湾西方石油公司股价所获得的利益一无所知——但是,大陪审团必须相信穆赫伦,还必须超过对布斯基和达维多夫的信任,而且旁证也非常重要。

奥伯迈尔向穆赫伦讲了他和盖奇之间通话的主要内容,简要分析了政府在该案上的优势和薄弱之处,然后他提出了同政府合作的可能性,这正是穆赫伦长期以来一直顽固拒绝的。奥伯迈尔问道:"为什么不了结此事呢?"他竭力让语气轻松一些,就好像这并不是世界的末日,"去认罪吧。如果你不去的话,他们就会毁掉你的生活。"穆赫伦满怀疑虑地听着。

穆赫伦生气地大喊道:"我什么事也没做。"他一直坚持说他所做的一切只是帮了布斯基几个忙。

奥伯迈尔建议道:"收起你的这套理论吧!"这句话把穆赫伦给逼急了。

穆赫伦差一点儿就要咆哮起来:"我不去认罪,我才不管他们怎么对我。"向政府压力低头的想法激起了穆赫伦对当局的根深蒂固的憎恨,而且他的反应也因为躁狂状态而更加激烈。

奥伯迈尔继续说道:"坐牢也不是太糟糕的。"很显然,他没有注意穆赫伦不断积聚的愤怒,"你可以辞职不干了。"

穆赫伦忍耐不住了。他一跃而起，大声尖叫，咆哮着。他告诉奥伯迈尔要辞退他，并且对他破口大骂。最后，他说："奥托，我怎么会需要你这种浑蛋律师？"穆赫伦怒不可遏地从办公室走了出去。

在奥伯迈尔离开之后不久，焦躁不安的穆赫伦给肯尼斯·比亚尔金打了个电话，这是他原来的律师，就是肯尼思建议他聘请的刑事律师，现在他仍然参与这个案子。比亚尔金竭力劝说穆赫伦平静下来，这却让穆赫伦更生气了。穆赫伦大喊道："你们这群律师全都他妈的一个德行！"并且说他也要炒掉比亚尔金。说完，穆赫伦就摔掉了电话。比亚尔金和奥伯迈尔对穆赫伦的行为和脾气毫无办法，当晚，他们想找穆赫伦的心理医生谈一谈。但是，这位医生正在加勒比海度假，无法联系上。

当天夜里，穆赫伦一夜未睡，一直坐在那里看电视上的电影。他感到自己正处在生死攸关之时：他的生活正在被摧毁，他是一个受害者。

第二天，也就是2月18日，穆赫伦的精神状态继续恶化。他也越来越焦虑和好斗，颠来倒去地说着布斯基和达维多夫对他的背叛。他说他想杀掉他们。最后，他的妻子南希给当地的警察打了个电话，说她非常担心丈夫的情绪状态和行为举止，因为他手里有武器，并且说他似乎被布斯基搞得非常焦躁不安和苦恼。警方派出一辆巡逻车，停在了北区大道穆赫伦家的院子大门口附近。

不一会儿，穆赫伦从房子里出来了。他上了汽车，朝着大门口开来。警察把车往前开了开，在大门口处挡住了穆赫伦的路。然后，警察从车里下来，来到穆赫伦的车旁，立即就看到了后座上的手枪。警察把枪拿走了，但是没有逮捕穆赫伦，因为穆赫伦有持枪证，并且他也没有将武器带出自己的家。穆赫伦似乎极为愤怒焦躁，但是他开车回去了。

当天下午晚些时候，穆赫伦又从家里出来，匆匆上了汽车，带着他的运动包，里面装着突击步枪和军装。这次，他猛踩油门，直接冲到了大街上，警车没有来得及堵住他。当穆赫伦加速前进时，又来了一辆警车。追了没多远，警车就把穆赫伦给逼停了。

警察朝着穆赫伦的车走过来，大喊道："你想让我开车直接撞你吗？"

穆赫伦认识这两个警察，他们负责这片地区的治安。他们过来之后，穆赫伦就开始唠唠叨叨地谴责布斯基和达维多夫，他说"如果没有布斯基和达维多夫，就不会有猎头行动"。他咆哮着说，他对司法制度已经失去了信心，要"用自己的方式来解决问题"。他声称前几天已经到达维多夫家里探过路，希望找机会干掉他。现在，他要去找布斯基。当警察询问他的精神状态时，穆赫伦说他"足够聪明"，可以假装精神错乱，一旦被释放出来，他还会去杀布斯基和达维多夫。警察逮捕了他，指控他没有带持枪证就把步枪带出家门。

穆赫伦被指控谋杀未遂。考虑到他的精神状态，警察很难弄清楚他真正想干什么。也有可能是他想被抓起来，也许他希望待在监狱里，这样相对安全些。穆赫伦没有把步枪藏起来，他承认把枪带到外面是违法的。实际上，当警察考虑以什么理由逮捕他时，是穆赫伦自己建议警察这样指控他的。尽管穆赫伦说他前几天到达维多夫的家中探过路，但后来他说他没有去过。他只是吹牛，说说气话，他说他在躁狂抑郁症发作时经常这样。然而，穆赫伦的行为不能完全用精神问题而导致的结果来开脱。他已经被布斯基和达维多夫牵连进去了，他们很可能成为对他不利的证人。他打算杀死他们，这是完全可能的，而且有很多这样的犯罪先例。

当天晚上，警方把穆赫伦关到了蒙莫斯县的监狱。他们还通知了曼哈顿的联邦检察官办公室，布斯基正在那里接受传讯。布斯基听到事情的奇怪发展之后，吓得倒吸了一口冷气。他原来就对自己的安全非常担心，现在他甚至更加恐惧了。他问道他是否可以立即开始服刑，他认为在监狱中可能会更安全些。

第二天早上，穆赫伦被带到了新泽西州的一个临时法庭，他的左手腕和其他十几个嫌疑犯被铐在一起。南希和他的父母都来旁听，穆赫伦被指控两项和武器有关的罪名，保释金为1.75万美元，相对还是比较少的。同一天，联邦检察官办公室也拿到了逮捕穆赫伦的逮捕证，指控他威胁和企图威胁一个联邦案件的证人。穆赫伦在新泽西提出了保释申请，并被带到了纽约大都会拘禁中心。在他被捕之后数日，他的杰米证券公司开始进入正式解散程序。该公司曾经让华尔街无比敬畏，它的客户包括显赫的蒂施家族（Tisch）和贝尔兹伯格家族。无论穆赫伦一案的法律诉讼结果如何，他在华尔街的事业似乎就要像流星一样陨落了。

与莱文和泰伯尔不同，穆赫伦在大都会拘禁中心不是待了一天就被释放了。联邦检察官办公室极力反对批准穆赫伦的保释申请，他们声称穆赫伦对布斯基和达维多夫仍然是个危险人物，应该被继续拘禁起来。在保释穆赫伦的听证会上，检察官告诉法官："这是一起最严重的企图妨碍司法的案子。"听证会一连持续了好几天，穆赫伦在戒备森严的情况下被带到了法庭，他的妻子和其他亲属们把法庭挤得满满的，他不时向他们挥挥手，勉强微笑一下。

在大都会拘禁中心，穆赫伦非常高兴，因为他身材高大，体格强壮，而且他很庆幸曾和斯普林斯廷在一起健身。他的身边都是一些顽固的要犯，包括纽约西帮（Westies）和孟山都帮（Monsanto）的成员。拘禁中心没有牢房给他了，他只好睡在过道的一个简易小床上，他感到在这里尤其容易受到攻击。除星期天外，每天早上他都在5点半被叫醒，先洗漱，然后和其他犯人一起被带到囚车上，在上面等着出庭受审，通常要一直等到9点半或者10点。由于穆赫伦重新开始服药，他的抑郁症得到了缓解。他成了囚车中最受欢迎的人，常常和其他的囚犯一起打牌、聊天，消磨时间。很快，他就成了安东尼·萨莱诺面前的红人。安东尼·萨莱诺绰号"胖托尼"，据说是黑手党的大佬。穆赫伦还和姆舒卢·沙库尔建立起了一种关系。沙库尔自称是一个革命者，也是布林克斯抢劫案的被告。穆赫伦仔细地聆听他讲述激进的左翼政治理论，一听就是好几个小时。沙库尔声称，自己过去常常用抢来的钱救济穷人。穆赫伦对他说，自己非常敬佩他的这种奉献精神。

穆赫伦每被关押一天，他认罪的压力就增加一分。奥伯迈尔不断向他建议，劝他屈服和认罪，这让穆赫伦非常烦恼。政府表示，如果穆赫伦愿意承认寄存股票的罪名，并同政府合作的话，就会被撤销关于武器和证人的罪名。穆赫伦拒绝了。现在，他的精神状态比以前好多了，这使得他更为坚定地反对承认一项他认为没有犯的罪。最后，穆赫伦在监狱中被关了近两个星期之后，奥伯迈尔同政府达成了协议，政府同意释放穆赫伦，让他到监管最严的卡里尔中心（Carrier Facility）接受治疗。这是新泽西州一个私人精神病院，声誉很高。

在穆赫伦离开大都会拘禁中心时，萨莱诺走到他的身边，祝他万事如意。萨莱诺说："你不会有事的。"说着，他亲切地拍着穆赫伦的后背，"你是华尔街上唯一的正人君子，不是告密者。"

穆赫伦坚决声明："但是我什么也不知道，我没有什么坏事要告诉他们。"

"哦，是的。"萨莱诺一边带着夸张的讽刺意味咯咯笑着，一边转动着眼睛，"对的。"

13. 突破米尔肯阵营

1988年3月24日,惊恐万分的伊万·布斯基来到了位于南加利福尼亚州的隆波克联邦监狱(Lompoc Federal Prison Camp),开始他3年的刑期。这座监狱属于劳改监狱,防范设施是最低级的。尽管这里不是"乡村俱乐部",不过,还是有网球场和室外活动场。来这里服刑是布斯基自己选择的,他的认罪协议允许他自己选择监狱。现在,布斯基在监狱中服刑,穆赫伦在卡里尔精神病院中接受治疗,一种令人不安的宁静笼罩着这起调查。

证券交易委员会的加里·林奇逐渐不安起来。他和同事们已经停止了对弗里曼的调查,在联邦检察官办公室撤诉的惨败之后,他们非常高兴没有被牵涉进去。尽管这样,他们还是受到了巨大的压力——有来自证券交易委员会自身的压力,还有来自国会监督委员会以及公众和德崇公司的压力。布斯基案引发的负面报道仍然让他们心有余悸,因此,他们迫切希望抓到目前为止最大的目标——德崇公司和米尔肯,以此证明布斯基的帮助的价值。

到1988年春末,他们的调查活动陷入了困境。德崇公司的抵抗非常顽固，这让他们气愤不已。德崇公司的律师提出抗议，他们认为准备传讯的文件是一项过于繁重的工作，但是林奇认为他们是在故意拖延。传讯行动必须不断催促。德崇公司还通过公关活动给调查工作设置障碍，这反而增加了证券交易委员会对它的不信任。证券交易委员会的许多工作人员相信，德崇公司的员工大都想保护米尔肯，许多人都援引《第五修正案》拒绝回答问题，有些人，如彼得·加德纳，甚至愿意作伪证。

加德纳三十出头，红色头发，有点儿秃顶，是德崇公司的销售员。卡里·穆尔塔什在1985年调到纽约之后，他就接替了穆尔塔什的工作。他在可兑换证券交易台工作，是艾伦·罗森塔尔的助手，而罗森塔尔是米尔肯最亲密的盟友之一。

加德纳在证券交易委员会关于维亚康姆公司股票的讯问中有作伪证的嫌疑。维亚康姆是一家位于纽约的大型有线电视娱乐公司，证券交易委员会芝加哥执法处在之前的调查中发现，德崇公司对维亚康姆公司股票的交易很可疑。1986年，维亚康姆公司的管理层决定聘请米尔肯和德崇公司为一项拟定的杠杆收购活动融资，米尔肯亲自同维亚康姆公司的首席执行官洽谈。当时，米尔肯获悉维亚康姆公司可能会发起一场杠杆收购活动，德崇公司抛售了自己持有的近30万股股票——它认为这只股票的价格要下跌。然而，在米尔肯和维亚康姆公司的首席执行官谈过之后，德崇公司立即就停止了抛售，并且开始大量买进。在证券交易委员会看来，很显然，德崇公司利用了米尔肯的内幕消息，确信维亚康姆公司的股票即将上涨。而事实也确实如此——6天后，当拟定的杠杆收购计划被公开之后，该公司的股价在一天之内每股就上涨了5美元。这看起来明显像是典型的内幕交易。

加德纳是德崇公司比弗利山分部的交易员，从表面上来看，是他在当天处理维亚康姆公司股票的交易，因此证券交易委员会迫切希望讯问他。在宣誓后，加德纳最初说他记不清维亚康姆公司股票的具体交易情况了，并为自己的行为开脱，认为这只是常规的买卖交易。当证券交易委员会从交易记录中发现德崇公司实际抛售过并且后来又再次买进时，加德纳改变了他的证词。他承认了这种转变，但是他说，是他自作主张这样做的，他根本就不知道拟定的杠杆收购计划，而且他也没有跟米尔肯谈过这件事。

接着，证券交易委员会获悉在交易发生的当天，加德纳根本不在比弗利山分部，他那天正好要动身去英国度假。加德纳说在去伦敦的路上，他在纽约停了一下，在纽约做的这笔交易。但是，他无法提供任何纽约的旅行或者花费的记录资料，也说不清他在纽约德崇公司总部的办公室里见过谁或者和谁说过话。他也解释不清为什么突然做出决定，停止抛售而大量买进。

证券交易委员会的工作人员认为加德纳是一个厚颜无耻的骗子，他们深信维亚康姆公司的交易是米尔肯亲自做的，或者是除加德纳之外的某个人遵照米尔肯的命令而做的。尽管如此，加德纳也是没什么大用处了。很显然，他在他们对主要目标进一步调查上没有任何帮助，而证券交易委员会也不能对他采取什么措施。缺乏批准豁免的权力，证券交易委员会只好把他交给了联邦检察官办公室，由该办公室对可能的伪证罪提起诉讼。由于加德纳在明显作伪证，即使他以后所提供的供词都是真的，也可能会被削弱，价值也会大受影响。

尽管存在这种障碍，但是林奇感到依据布斯基的证词，对德崇公司和米尔肯提起诉讼已经初步可行。林奇想向联邦法庭提起控告，以便法官监管后续调查活动，并定期加强传讯的执行工作，如果德崇公司再故意拖延，就可以威胁指控它蔑视法庭。1988年1月，林奇开始了这一程序，也给德崇公司提供了一个机会，让他们提出所谓的"威尔斯申请"（Wells Submission），这是一种正式的书面声明，阐明自身情况并陈述不应被指控的事实和理由。德崇公司的律师们提出了许多项申请，成功地说服证券交易委员会放弃了对杠杆收购西夫韦公司中所指控的违法活动的调查。这是KKR公司所做的一项交易，主要由德崇公司提供融资服务。虽然证券交易委员会放弃了对这项交易的指控,但是还有其他许多指控,包括那些和布斯基相关的指控。德崇公司继续坚持声称那笔530万美元的款项是投资银行服务费,并且指责布斯基是一个习惯性说谎者,这让证券交易委员会的工作人员怒不可遏。

德崇公司的辩护继续让林奇困惑不已。威尔斯申请常常是开始认真协商谈判的信号。指控被提出之前,德崇公司都可以坚持说自己是不负责任的报道和毫无结果的调查的目标,其实它一直都在这样做;但是一旦指控被实际提出,就表明调查活动已经完成,一个重要的监管机构已经审查过这些指控,并且发现指控是有依据的——这一步是大多数公司都竭力去避免的。然而,德崇公司同证券交易委员会之间仍然存在巨大的分歧。约瑟夫对公司的员工发表了一个措辞尖锐的讲话,在讲话中他没有承认任何谈判,他告诉德崇公司的员工,德崇公司不会和证券交易委员会在罚金数目问题上达成任何协议。如果这样做的话,公司会被认为承认有罪。听到这些话,米尔肯的支持者们非常高兴。

由于没有太多选择的余地了,6月1日,林奇将证券交易委员会拟定的160页的诉讼书提交给了委员会,他们一致同意提起控诉。一般情况下,证券交易委员会会立即提起控诉,然而这次,它却采用了前所未有的举措,决定暂时不提起控诉,而是无限期地向后拖延。证券交易委员会没有公开披露它的行动,但是德崇公司再次重申它的无辜,并谴责布斯基是一个"被判了重罪的犯人和公开承认的说谎者"。该公司在焦虑地等待着证券交易委员会对它提起控诉,它知道这个打击是确信无疑的了。但是控诉却没有发生,于是人们纷纷猜测证券交易委员会的意图,认为它试图给德崇公司最后和解与合作的机会。

实际上,这种异常的拖延是证券交易委员会和曼哈顿联邦检察官办公室之间严重分歧的结果,这种分歧在调查过程中常常会引发破坏性的后果。同曼哈顿联邦检察官办公室的朱利安尼相比,证券交易委员会的林奇对德崇公司一案的沮丧感还是比较轻微的。在发现普林斯顿·纽波特合伙公司的录音带之后，联邦检察官办公室的人员欣喜若狂，但是随后的一个又一个线索却不断碰壁，导致他们的士气不断低落。一切都变得更令人费解：看似孤立的调查活动互相纠缠在一起，贝尔德不得不在他画的案情图上添加新的连线。现在，已经很清楚了，普林斯顿·纽波特合伙公司是通过斯托勒公司的交易和弗里曼联系上的。更为重要的是，它通过詹姆斯·里甘、布鲁斯·纽伯格、莉萨·琼斯和卡里·穆尔塔什同米尔肯和德崇公司联系起来。所有这些联系都被记录在了录音带中。

二月份，《华尔街日报》的头版刊登了一篇文章，分析了该报记者对弗里曼的调查结果。这些调查的详细程度让检察官们大为吃惊，记者揭露的许多交易都是检察官们正在调查的，而且记者还发现了检察官们所不知道的信息。文章还讲述了比阿特丽斯公司的交易，在交易中弗里曼向西格尔寻求确认交易条件被改变的消息。文章写道："弗里曼先生给西格尔先生打了一个电话，在电话中西格尔先生告诉弗里曼先生：'你小子鼻子够灵的啊。'"

贝尔德对这一段反复阅读，他非常震惊。尽管西格尔的记忆力惊人，但是他从来没有提过这件事。在贝尔德的要求下，拉科夫讯问了西格尔。西格尔说他不记得确实说过那些话，但是这却提醒了他，让他想起了他曾经谈过KKR公司的情况，确认了巴尼·拉斯克的信息。弗里曼先给拉斯克打电话得到了这个消息，然后不久就给西格尔打电话，西格尔想，他可能就是在那时说了"你小子鼻子够灵的啊"这句话的。

这似乎是另一个内幕交易的例子。很糟糕的是，西格尔的记忆力似乎不太可靠了，但是贝尔德有一种预感，《华尔街日报》上的文章是真实的，他要从其他潜在的消息源进行确证。

然而，米尔肯和弗里曼周围的壁垒似乎非常坚固。普林斯顿·纽波特合伙公司的负责人詹姆斯·里甘被检察官们叫来亲自听那些录音带。贝尔德心想，这是一个很好的机会，面对这个不利的证据，他可能会屈服投降并同政府合作。但是恰恰相反，里甘对此却表现出满不在乎的态度。

他身穿休闲服、戴着棒球帽就来了，帽子上面还印着两个字：倒霉。他听了录音带，然后一言未发就走了。他的律师告诉检察官们，随便，想起诉就起诉。贝尔德威胁说要根据RICO法案起诉普林斯顿·纽波特合伙公司。RICO法案是1970年制定的《反诈骗腐败组织集团犯罪法》（*Racketeer Influenced and Corrupt Organizations Act*），旨在打击有组织犯罪活动，对违法者实施严重惩罚。里甘似乎对此毫不惧怕，发誓战斗到底。

里甘告诉他的同事们，他是无辜的，他只是因为认识弗里曼和米尔肯才受到了这样的压力，他的案子"太复杂"，陪审团是搞不清楚的。他非常自信他会被宣布无罪的。他拒绝考虑同政府合作，他不想背叛像弗里曼这样的达特茅斯学院的室友。在1988年德崇公司的捕食者大会上，里甘只是一个小有名气的人物。现在，他却受到了米尔肯忠实支持者的欢迎和拥戴，他们对里甘在面对政府压力时的反抗精神感到兴奋。检察官们利用RICO法案威胁普林斯顿·纽波特合伙公司之后，米尔肯的公关小组立即抓住时机，把它作为一个政府滥施刑罚的新主题大肆渲染，希望利用公众舆论影响检察官们。

纽伯格和穆尔塔什继续援引《第五修正案》，拒绝合作或者作证。莉萨·琼斯在开始时作证了，但是最后也援引《第五修正案》拒绝作证。因为琼斯在承担责任的顺序上非常靠后，检察官们立即给了她豁免权，迫使她作证。他们向她保证，只要她坦白交代，政府就不会起诉她。这和对威廉·黑尔采取的策略相同，而且在黑尔身上也很有效。

琼斯唯一的风险就是作伪证。尽管检察官们已经做出了保证，而且她最初也向杜南承认过"寄存"股票交易，但是她现在仍然否认各种交易的存在，否认曾经同纽伯格或者其他任何人讨论过"寄存"的事情或者相关的费用，她也否认为被寄存的股票做过记录的事。琼斯不知道政府得到了普林斯顿·纽波特合伙公司的录音带，里面有她和该公司员工的对话。在讯问休息时，负责的检察官马克·汉森警告她的律师，她在作伪证。汉森来自卡希尔律师事务所，而该事务所是德崇公司的代理。

随着担忧的增加，约瑟夫和卡希尔律师事务所的律师们督促她说实话。2月23日，琼斯收到了一封信，信中警告说她可能会因作伪证而被起诉。这个时候，德崇公司为她聘请了另外一个律师。在纽伯格和米尔肯的蒙蔽下，琼斯仍然拒绝坦白交代。

像琼斯一样，德崇公司的其他员工在检察官的高压之下也非常顽固。这在一定程度上表明米尔肯已经在他的员工中赢得了一种非同寻常的忠诚。但是，这也很有可能反映了员工们对自己经济利益的精明计算。当年1月，当米尔肯召开奖金分配大会时，潜在的证人们发现，他们的奖金数目可能会猛增。例如达尔，1986年他在高收益证券部的收益最好，奖金也仅有1,000万美元；而现在，他分到的奖金为3,500万美元，令人惊骇不已。

尽管琼斯明显在作伪证，但是德崇公司仍然给她发工资，支付各种法律费用，还给她分配了巨额的奖金。约瑟夫担心，1988年米尔肯在高收益证券部门给潜在的证人分配巨额奖金，可能会使人们认为德崇公司是在收买人心。但是，约瑟夫决定不干预此事，因为按照德崇公司的奖金制度，该部门的奖金由米尔肯分配，多年来一直如此，他也没有理由出面干涉。

自从1988年年中以来，尽管来自证券交易委员会和其他方面的压力不断增加，但联邦检察官办公室的调查活动几乎全都停滞了。朱利安尼悄悄地盯着参加政治竞选的可能性，这个职位可能是纽约市市长。这个职位的竞选要在1989年11月举行，只剩一年多一点儿的时间了。为了参加竞选，他必须在1988年年底或者之后不久从纽约的联邦检察官办公室辞职。弗里曼、威格顿、泰伯尔以及德崇公司的认罪，或者至少是对他们很有把握的起诉，都会给他带来明显的政治优势。

另外，他还要为合作证人的事担忧。西格尔现在背井离乡待在佛罗里达州，失业在家，无所事事，只等着宣判。像布斯基一样，他也请求尽快宣判，及早服刑。但是贝尔德不断许诺说，很快要对弗里曼等人提起新的诉讼了，需要西格尔作证，而他的作证将对宣判非常有利，可以减刑。贝尔德不想失去西格尔这个重要人证。

贝尔德不断坚持向证券交易委员会的林奇说，检察官办公室的调查活动只需要多一点时间。他和朱利安尼急于劝阻证券交易委员会，让他们不要继续深入调查。他们害怕米尔肯和德崇公司的律师团队根据司法程序发现政府的证据，并把目标对准布斯基的证词。他们感到，在时机不成熟时披露调查情况会对政府的继续调查产生不利影响。贝尔德和朱利安尼都顶着压力，拒绝草率行事。他们还没有试过给米尔肯团队的重要成员提供豁免的策略。如果没有预先做出真正合作的承诺，他们不会再冒险提供豁免了，莉萨·琼斯的情况已经给了他们一个教训。而且，如果他们不慎豁免了某个人，这个人后来却被发现是一个主要罪犯的话，肯定会引起强烈反对，他们要小心避免出现这种情况。因此，他们现在主要是继续对米尔肯的关系网中比较薄弱的证人施加压力。

贝尔德和朱利安尼反复向林奇陈述了他们的理由，此时，林奇受到证券交易委员会和国会的压力也不断增加。德崇公司坚持强调一点，就是它没有被给予在法庭上为自己辩护的机会。林奇对朱利安尼提出的理由进行反驳，他说联邦检察官办公室总能为它不想披露的消息获得保护法令，起诉的拖延似乎只能加强德崇公司的对抗能力，并使它不断认识到政府在此案上没有确凿的证据。林奇也被利曼激怒了，尤其是被一些间接消息搞得火冒三丈。这些消息说利曼正在游说朱利安尼阻止证券交易委员会提起控诉，并声称林奇和斯图克"太难以驾驭"了，必须加以限制。但是，林奇再次让步了，他同意再给朱利安尼和贝尔德一个月的时间。然而，这个月很快就过去了，仍然没有明显的进展，双方又开始争论起来。最后，1988年7月，林奇给朱利安尼打电话，宣布证券交易委员会决定继续调查，而不再管朱利安尼是否同意，政府的整个调查几乎就是自我毁灭。

朱利安尼生气地在电话中大喊道："你们不能这样做。"

林奇坚持道："我们就要这样做。"

朱利安尼憎恨别人的挑战，于是他性格中冲动的一面展现出来。朱利安尼威胁说："如果你们起诉的话，我们就会和被告站在一起。我们将支持一项动议驳回你们的行动。"

林奇几乎不敢相信他所听到的话。朱利安尼真会与德崇公司和米尔肯站在一起，在法庭上驳回证券交易委员会的诉讼吗？林奇向朱利安尼转交过莱文和布斯基，帮助朱利安尼创建了在华尔街上严打的声誉，却在布斯基协议的问题上承受了责难和批评。朱利安尼现在怎么能这样对他呢？林奇把电话"砰"地挂断了。

面对这种严重的威胁，证券交易委员会决定让步，同意再给朱利安尼一个月的时间。他们决定，无论如何都不能刺激朱利安尼做出对德崇公司和米尔肯一案不利的事情。朱利安尼平静下来，并用自己的方式向林奇道歉。他对林奇说林奇误会了他的意思，他绝对不会和米尔肯的阵营联合反对证券交易委员会。联邦检察官办公室和证券交易委员会之间的关系很快就恢复了，但是林奇永远也忘不了朱利安尼的威胁。

随着政府调查工作的曲折进行，米尔肯逐渐加快了他的反击工作。1988年3月，在亚瑟·利曼的建议下，米尔肯聘请了一个公关公司——罗宾逊·雷克·利勒尔·蒙哥马利公司（Robinso, Lake, Lerer & Montgomery，以下简称罗宾逊公司）。该公司刚刚成立不久，有强烈的进取心。该公司的负责人叫琳达·戈斯登·罗宾逊，是20世纪80年代公关领域的杰出代表。她来自南加利福尼亚州，父亲弗里曼·戈斯登是个演员，曾经在情景喜剧《阿莫斯和安迪》（Amos'n'Andy）中扮演阿莫斯。罗宾逊小的时候曾经在罗纳德·里根的膝上玩耍，当时，里根也是个演员。罗宾逊是个金发碧眼的漂亮女子，在20世纪70年代曾经做过针灸治疗师。1980年，她帮助里根竞选总统，接着做交通部长德鲁·路易斯的助手。当路易斯转到华纳爱美克斯有线电视公司时，她也随他去了那里。华纳爱美克斯有线电视公司是一家合资公司,是由华纳音乐集团和美国运通公司合资建立的。在这里,她同美国运通公司的董事长詹姆斯·罗宾逊以及华纳音乐集团的董事长史蒂夫·罗斯的接触很多。最后,她嫁给了罗宾逊,把自己的公关公司搬到了华纳公司纽约总部的大楼里。她通过罗斯认识了利曼,罗斯是利曼的客户。在宾州石油公司和德士古公司的漫长斗争中,罗宾逊是德士古公司的代理人,利曼是宾州石油公司的代理人,他亲眼目睹了罗宾逊的出色表现。罗宾逊三十多岁,已经成为一个必须应对的人物,既有强大的男人——她的丈夫、利曼和罗斯的支持,同时,她自身也很有能力。

罗宾逊在公司的公关活动中采用了共和党式的"攻击"和负面宣传的策略。她非常聪明、大胆和强硬,甚至最出色的记者也把她当作劲敌。她虽然魅力非凡,但是却非常固执、专横,那些和她意见相左的人——特别是社会地位和能力比她低的人——都深深地体会到了这一点。她有两个秘书帮她处理纷繁复杂的社交和业务工作,包括协调直升机送她和丈夫回到康涅狄格的家,照料他们曼哈顿博物馆大楼豪华公寓里的鲜花,提醒她法兰克·辛纳屈等名人朋友的生日,或者照看她的三只查尔斯王猎犬(名字是根据《阿莫斯和安迪》中主人公的名字而来的)或者她无数的马匹。她常常在一份波道夫·古德曼百货公司(Bergdorf Goodman)的商品目录上把想要的东西圈出来,然后派一位秘书去购买。她公司的员工流动性非常高。

爱德华·贝内特·威廉斯一直都坚决反对聘请她或者其他公关顾问。他公开瞧不起"宣传工作",他自己的公关方法对他就非常有效。他常常回避媒体,必要时甚至非常粗鲁。他很少接受记者的采访,无论是代表自己还是客户。但是利曼竭力劝说他,最后米尔肯自己也坚持要聘请罗宾逊。

罗宾逊立即飞到华盛顿和威廉斯见面。威廉斯把她带到了威廉斯·康诺利律师事务所的会议室,让她坐在长长会议桌的一端,威廉斯自己则坐在了另一端。坐定之后，威廉斯开门见山地对她说，他认为公关活动就是浪费时间和金钱。他认为让她处理米尔肯和德崇公司的事情也无妨，但是却不让她插手此案。尽管他抱病在身，但是却怒目而视，用手指对着她乱指点。他大喊道："离这个案子远点儿。"罗宾逊气急败坏地抗议，但是威廉斯没有改变主意。罗宾逊只好离开，很显然，这次遭遇对她打击很大。

然而，她仍然参与了进来。不久，罗宾逊公司组成了一个小组，在肯尼思·利勒尔的率领下来到了比弗利山，开始策划战略方案。利勒尔以前在华纳爱美克斯有线电视公司时是罗宾逊的助手，现在是她的主要合伙人。罗宾逊以前都把客户限定为有名望的公司客户。利勒尔曾经为前美国小姐贝丝·迈尔森组织过竞选参议员的活动。迈尔森后来被卷入了纽约市的"贝丝事件"，被指控企图通过不正当的方式影响法官审判她情人的离婚案，后来被宣告无罪。

在比弗利山，利勒尔和同事与米尔肯一起坐下来，共同协商。他们让米尔肯把自己的主要成就罗列出来，然后根据这些为他选择公关"定位"。米尔肯取出纸和笔，开始写起来。他从一年级开始写起，他提到在五年级时曾经获得过舞蹈比赛的冠军。他继续沿着这个思路写下去，一直写到最为高潮的时候，也就是他被评为最受欢迎的人，并被选为高中的舞会王子。接着，他停下了。他没有提到德崇公司或者垃圾债券。

罗宾逊公司的两位员工互相看了看，然后转了转眼睛。但是，他们很清楚，米尔肯是认真的。他们意识到要把米尔肯捧为美国公认的英雄人物将是一件充满挑战的工作，这比他们预想的要艰难许多。利勒尔勉强笑了笑，然后提示说，他们要找的是和他在德崇公司的工作更直接相关的东西。利勒尔的同事说："你真是一种国家资源。看看你所取得的成就，这才是你的定位依据。"利勒尔补充说，他看到米尔肯的工作主题就是"创造价值"，或许他们可以从这里入手，深入挖掘。

米尔肯毫无反应，只是茫然地看着他们，好像他从来都没有想过这些概念一样，尽管他的律师长期以来一直把他描述为"国家财富"。然而，这却激发了其他人的热情。桑德勒反复说："你是一种国家资源。"有人提到米尔肯真是一个"天才"。米尔肯反对这种说法，他说他知道许多人都比他更聪明，他只是工作更努力。桑德勒、利勒尔和其他人对他的谦虚置之不理。逐渐地，米尔肯似乎明白了，点头表示同意，但是他好像还在思考这些概念。很快，"创造价值"一词就成了米尔肯辩护工作中的术语。

罗宾逊公司坚持认为米尔肯不能再与世隔绝，他必须接受一些媒体的采访。米尔肯对媒体持怀疑态度，他甚至把所有通讯社拥有的他的照片的版权都买了下来。一开始桑德勒也反对这个主意，他担心米尔肯没有应对媒体的经验，如果采访者不是像爱德华·爱泼斯坦那样精心挑选出来的，采访就可能会有风险。然而，公关人员向他们保证，采访是在严格的控制下进行的，是利用机会向公众展示米尔肯的"人情味"，宣传对他的辩护有利的主题，最后，桑德勒和米尔肯同意试一试。

罗宾逊和利勒尔开始安排记者对米尔肯进行采访，他们严格挑选记者，任何关于调查的问题都不能提。尽管如此，利勒尔夸口说，记者们全都对这个机会"垂涎欲滴"。作为交换条件，记者的报道必须被米尔肯认为是"公正的"，否则以后所有的采访机会都将被拒绝。一群记者蜂拥到了比弗利山，其中包括《华盛顿邮报》的戴维·万斯、《纽约时报》的库尔特·艾肯沃德和《洛杉矶时报》的斯科特·帕尔特罗。米尔肯向他们讲述了家庭的重要性、垃圾债券的价值、保持美国竞争力的必要性和第三世界的债务问题。

利勒尔经常给这些记者打电话，有时是在办公室里一边玩游戏一边打电话，有时是在开车时打电话，他把公关小组构思的主题告诉他们。他偶尔向这些人透露一些"独家"消息。利勒尔曾经把这种方式称为给记者们"喂奶"。利勒尔经常鼓励他的员工，称他们是在"尽力把水中的战舰掀翻"。他还有另外一个比喻，"一垒安打和二垒安打"。偶尔,他们也会击出一个他们认为的"全垒打",如《商业周刊》的记者克里斯·威尔斯曾经发表了一篇文章,批评证券交易委员会向《华尔街日报》泄露消息。

相比而言,《华尔街日报》的新闻版和《财富》杂志被认为是不受欢迎的。罗宾逊亲自到《华尔街日报》面见了该报的编辑和记者,并威胁他们说,当米尔肯和德崇公司被确定无罪(他们对此深信不疑)时,这个消息将可能会透露给该报的竞争对手《纽约时报》,作为对《华尔街日报》不友好的报复。米尔肯阵营的人员还试图拉拢《华尔街日报》洛杉矶记者站的一位记者,意欲在该报制造分裂,但是却以失败而告终。《财富》杂志在报道中称米尔肯的公关活动是"不适当的"之后,便被禁止参与采访了。

罗宾逊公司可以更为轻松地利用报纸的专栏。由于米尔肯的许多客户都愿意听从他们的调遣,公关小组炮制了大量支持米尔肯主题的赞誉文章,如《垃圾债券使美国更具竞争力》。这些文章签上米尔肯客户的名字,然后再署名发表。这些客户都是声名显赫的人物,如比阿特丽斯国际公司的总裁雷金纳德·路易斯、MCI公司的董事长威廉·麦高文、英格索尔公司的总裁拉尔夫·英格索尔等。发给媒体编辑的评论或者信件虽然签署的是这些人的名字,但是实际上都是由罗宾逊公司的人操刀,并且通常都要经过利曼所在的宝维斯律师事务所的律师们的审查,并且还由米尔肯亲自加工。

公关人员还炮制了他们所谓的"谈话要点"和"标记词语"。"谈话要点"短小精悍、简练含蓄,是支持米尔肯的关键语句,供米尔肯的忠实拥护者在接受采访时引用。"标记词语"甚至更为简短,如"创造价值""国家财富"等。

然而,有些努力不可避免也会白费心机。例如,有一次,利勒尔花费大量时间写成了一篇宣传米尔肯的专栏文章,然后拿去让华纳集团的董事长史蒂夫·罗斯签名,但是却被罗斯拒绝了,尽管他和罗宾逊的私人关系非常好。

最让人尴尬的是拉尔夫·英格索尔在电视上的表现。当时，他要和朱利安尼进行辩论。考虑到英格索尔对米尔肯非常忠实，并且希望在电视上表现一下，因此被选中了。英格索尔要说的话全都是罗宾逊公司精心准备好的，最后，他的核心思想是："我们生活在一个什么样的社会里，竟然指控一个它本应该称赞的人？"在排练时，英格索尔表现很不错，但是在电视中他的实际表现实在是太差了，公关小组在看电视时震惊不已。英格索尔在电视上磕磕巴巴，只谈要点，断章取义，似乎完全忘了他的核心思想。结果，他被朱利安尼轻松地驳斥得无言以对。

罗宾逊公司的公关活动意欲确保全国公众都能不断收到相同的语句和关键词，从而获得和广告宣传同样的效果。罗宾逊和利勒尔告诉他们的同事们，他们的目的是把公众舆论对米尔肯的态度由愤怒转为中立，再到接受，并最终转为赞扬。这种活动取得了显著的效果。证券交易委员会的工作人员和联邦检察官办公室的助理检察官们在向媒体讲话时受到了严格的限制，他们也害怕被指责向媒体泄露了消息，因此他们只好垂头丧气地看着支持米尔肯的声音逐渐汇聚成大合唱。

整个公关活动给罗宾逊公司带来了丰厚的收益。仅该公司每个月要求的聘用费就高达15万美元，而且实际开支还常常超过这个数。公司的合伙人沃特尔·蒙哥马利对公司为米尔肯做公关活动表示担忧，他说为一个声称是罪犯的著名人士做代理可能会玷污公司的声誉，但是却无人理会他。同米尔肯的辩护团队一样，公关小组从来不考虑米尔肯做过错事的可能性——这种想法在这里是歪理邪说。罗宾逊偶尔会突然测验一下员工们对米尔肯的认识，他们称之为"忠诚测验"。一天下午，一位名叫戴维·吉尔曼的员工正在和利勒尔协商，突然罗宾逊走了进来，专注地盯着吉尔曼。

"米尔肯是无辜的还是有罪的？"她问道。

"当然是无辜的。"吉尔曼迅速回答说。罗宾逊看上去不太满意，因此他又用更为肯定的语气重复说："他是无辜的。"

"正确。"罗宾逊回答说。

1988年的捕食者大会是四月份在比弗利山希尔顿酒店举行的，这次会议基本上成了米尔肯的一次大型公关活动。在罗宾逊公司的要求下，媒体人士受邀来聆听米尔肯关于第三世界债务和公共教育的演讲。米尔肯的忠实客户，如史蒂夫·罗斯和纳尔逊·佩尔茨等，不断热情赞扬米尔肯。

但是，在此次大会之后不到两周，米尔肯就遇到了第一个敌意的听众：美国国会。众议院监督与调查委员会主席约翰·丁格尔召集委员们开会，调查德崇公司的私人合伙公司奥特克里克公司，该公司是德崇公司投资国家制罐公司时的工具。该委员会向米尔肯和弗雷德·约瑟夫发送了国会传票。丁格尔是密歇根民主党人，因手下一群勇猛无比的调查干将而名扬四海。

这是米尔肯第一次同他所鄙视的政府进行直接对抗，这使他感到非常不安。米尔肯一直过着深居简出的生活。他和威廉斯以及无所不在的理查德·桑德勒一走上国会大厦的台阶来到高大的听证室，就被记者们包围住了。在听证会开始前，米尔肯等人等了半个小时。在此期间，记者们不断地拍照，闪光灯一直闪个不停，米尔肯勉强露出了一丝微笑。

威廉斯的第一条正式声明是援引一条极少使用的国会规则，要求把所有的照相机和录音设备都从听证室里清除出去。丁格尔为了表示对身患重病的威廉斯的尊重，同意了他的要求，把所有的摄像和摄影记者全都从听证室里清除了出去。

当丁格尔开始问米尔肯是否在奥特克里克公司有经济利益时，听证室的气氛立即转变了。米尔肯援引《第五修正案》拒绝回答。丁格尔又问了一个问题，米尔肯做出了同样的反应。威廉斯说："他听从了我的建议，不会回答你的任何问题。"

丁格尔宣布休会，接着举行了一场新闻发布会，披露了监督与调查委员会的怀疑：德崇公司的私人合伙公司牺牲德崇公司的利益，广泛进行各种投资中饱私囊。丁格尔说："关于这种活动已经引发了许多问题……是否属于内幕交易、老鼠仓……市场操纵应该如何界定。"

德崇公司迅速发表了一个声明，说："我们全力支持迈克尔·米尔肯。他是我们的同事、朋友，也是为国家的金融事业做出巨大贡献的人。"但是，无论德崇公司说什么，也无法弥补米尔肯援引《第五修正案》拒绝回答问题所造成的损害。公众在想，如果米尔肯像他所声称的那样是无辜的，那他为什么要援引《第五修正案》拒绝回答呢？当然，他这样做是宪法赋予他的权利，正如公众产生疑虑一样，这是他们天性的冲动使然。

当天晚上，米尔肯的团队集中精力帮助约瑟夫做准备工作，因为他第二天要去作证。约瑟夫不会援引《第五修正案》。他认为自己没有被起诉的风险，并且想避免公众对德崇公司进一步丧失信心。不幸的是，约瑟夫遇到了一个严重的障碍：他对米尔肯合伙公司的操作活动几乎一无所知，甚至不知道这些公司的存在。米尔肯的律师们跟约瑟夫一起为作证做准备，一直忙到凌晨两点。他们用假设的问题轮番轰炸他，并且教他如何回答。他们甚至要求约瑟夫向委员会提交一份声明，里面的一些信息他认为是虚假的。

第二天上午，当听证会举行时，米尔肯看上去精神饱满，而约瑟夫则满脸憔悴，紧张不安。丁格尔很快就抢占了上风，把约瑟夫驳斥得哑口无言。他的问题主要集中在比阿特丽斯公司的交易上，丁格尔和同事们指控德崇公司把自己员工合伙公司的利益置于公司客户的利益之上，并且进行自我交易，让客户用高价从这些合伙公司购买垃圾债券。约瑟夫一度不得不承认："我想我是被搞糊涂了。"他心想：这用的是哪部证券法啊？一位国会议员在总结当天的听证会时对约瑟夫说："公众的认识是，你的表现没有通过测验。"

约瑟夫感到非常羞愧，对着律师们大发雷霆。回顾导致这次听证会失利的各种事件，他开始怀疑米尔肯的律师们给他提的建议。他是被欺骗了吗？米尔肯的律师们到底是为谁的利益服务呢？以米尔肯为首的合伙公司到底做过什么事情？第一次，约瑟夫开始怀疑米尔肯以及他的动机。在约瑟夫的顾问当中，只有他的私人律师伊拉·米尔斯坦曾经提醒过他，米尔肯可能有罪。当约瑟夫拒绝米尔斯坦的建议时，米尔斯坦非常生气，甚至威胁辞去他的私人律师一职。约瑟夫现在想来，米尔斯坦说得没错。

在国会听证会场的前排，距米尔肯只有几英尺远，坐着一位身穿亮丽黄色衣服的女士，此人是《大西洋月刊》的记者康妮·布鲁克，曾经写过关于布斯基的人物报道。现在，她正在撰写一本关于德崇公司和米尔肯的书。1986年2月，布鲁克告诉了米尔肯她的计划，请求他合作。米尔肯回答说："我不想让你写这本书。"然后，他提出要购买她的出版合同。"你的出版商付给你多少钱，我们就付给你多少钱，只是我们付钱给你是不让你写这本书的。我们也可以按照你写完出版后所售的册数付钱。"

到1988年夏天，布鲁克的书稿已经完成了。根据早先和布鲁克的协议，约瑟夫得到许可可以阅读书稿，并做出评论，但是他不能复印。他一看到书稿，立即就意识到可能会有麻烦。书名是《捕食者大会：垃圾债券帝国及其缔造者》（*The Predator's Ball: The Junk Bond Raiders and the Man Who Staked Them*），书中全面而仔细地研究了德崇公司、米尔肯以及公司的一些客户，这是一本对米尔肯垃圾债券帝国进行开创性调查研究的书。

书中写到了德崇公司在捕食者大会上雇用妓女。书中还说到米尔肯刚刚加盟德崇公司时的情况，他乘坐班车上下班时都戴着一个矿工的安全帽，以便在黑暗中阅读招股说明书。书中还披露说，这位垃圾债券大王还曾经试图收买她不让她写这本书，更为糟糕的是，这本书给人一种强烈的印象，即布斯基的辩解同米尔肯所培养的价值观和修养完全相同。

尽管布鲁克的出版商西蒙舒斯特出版社预先采取了谨慎的防范措施，但是没多久利曼还是设法搞到了手稿的一份副本，并且很快在宝维斯律师事务所的复印机上进行复印。米尔肯的辩护律师团队迅速开始计划一次全面的反击。似乎这个庞大的律师团队最后终于找到了一个具体的攻击目标，尽管它只是一本书，而不是大陪审团的指控。

宝维斯律师事务所召开了一个高层会议专门研究此事，参会者有罗宾逊、利勒尔和该公司其他几个人员，以及利曼、弗鲁门鲍姆、桑德勒和米尔肯。利曼和米尔肯来得比较晚，其他人在等待时就先仔细看了书稿的复印件。桑德勒立即就被激怒了，他大喊道："根本就没有矿工安全帽。"接着，他又迅速改口说："这是一个礼物，是一位眼科医生送的。他从来没有戴过。哦，不，他只戴过一次。"

当利曼和米尔肯到了之后，米尔肯坐下来开始看书稿。他边看边摇头，脸色逐渐阴沉起来。他生气地说："这本书是要把我变成一个滑稽小丑。"他抱怨说这本书要把他写成一个自私自利的人，实际上，没有人称他为"垃圾债券大王"。最后，他气愤地说："我要让这本书销声匿迹。"

有些顾问提醒米尔肯，他们这样做可能会给这本书做宣传，引起公众的注意，并且说这本书即使出版了也可能没什么人会看的。（利勒尔向他保证说："美国人都不喜欢读书的。"）他们还提醒他，他曾经拒绝接受布鲁克的采访，因此他的意见没有被反映出来，这并不能全都怪她。米尔肯对这些全都置之不理。他要让这本书销声匿迹，最好是在它出版前就夭折。尽管利曼和罗宾逊都对米尔肯的想法满腹疑虑，但是他们都表示支持他。利曼在过去曾经成功地打过图书官司，其中最著名的就是哥伦比亚广播公司的董事长威廉·佩利传记的那场官司。于是，米尔肯的团队开始针对布鲁克和她的书展开了一场大规模的诋毁运动，全然不顾这样做可能会给这本书的销售产生积极的影响。

在利曼和罗宾逊的指示下，罗宾逊公司的员工开始尽职尽责地对书稿逐字逐句地分析研究，称有些地方"不实""不准确"，竭力挑刺儿。他们计划向全美国的每一位书评家送一份"勘误表"，希望能够以此摧毁该书的可信性。利勒尔大声说："这个勘误表将比书还长，这真是棒极了！"

罗宾逊公司给这本书挑刺儿的几位工作人员后来被称为"真相小队"。他们花费了整整一个月的时间，企图诋毁这本书。不幸的是，他们发现要证明布鲁克一书中的错误越来越困难了。例如，尽管米尔肯坚持声称他的一些客户从来没有称他为"垃圾债券大王"，但是他的客户实际上这样说过，甚至试图证明此事有误的罗宾逊公司的员工在谈话中也这样说过。不过，他们都非常小心，竭力不让米尔肯注意此事。因此，勘误表只好用一些明显是微不足道的所谓不准确的东西来填充。

这并没有让米尔肯有任何犹豫。虽然诋毁这本书准确性和公正性的效果不佳，但是他仍然想阻止这本书。利曼给德崇公司的首席法律顾问托马斯·柯宁打电话，说这本书对米尔肯"十分有害"，如果出版了，米尔肯就不可能得到公正的审判。利曼命令道："进一步采取措施阻止它的出版。要么和该书的出版商西蒙舒斯特出版社联系，要么上法庭。"柯宁听到这个要求后大吃一惊，利曼当然知道，要预先对媒体实施限制只有在极其罕见和迫切的情况下才会被批准。

卡希尔律师事务所的合伙人和著名的《第一修正案》律师弗洛伊德·艾布拉姆斯同柯宁一起劝告利曼，说他们绝对不能去说服法官禁止该书的出版。利曼似乎非常恼怒，他威胁说要告诉约瑟夫卡希尔律师事务所"不支持米尔肯和德崇公司"。然而，柯宁等人坚持自己的意见。利曼说："如果我们想这样做的话，我们就应该做到。"他再次声称应该首先满足米尔肯的愿望。

柯宁劝告约瑟夫，认为这种诉讼会伤害德崇公司。约瑟夫同意这种看法,他认为这是一个非常荒谬的想法,也是利曼把米尔肯的利益置于德崇公司利益之上的又一个例子。约瑟夫认为,从这件事中可以看出,尽管利曼这样说和做,但是米尔肯和他的律师们却不愿意自己提起这样的诉讼。在这一方面,利曼真是绝顶精明。

最后,这场运动几乎没有什么收效。《捕食者大会》一书按照预期出版了。书评者们困惑不已,他们不是事实调查员。在事实面前,米尔肯所声称的许多情况都"不能使人信服"。这场运动反而为这本书做了一次出版前的巨大宣传活动,包括《华尔街日报》都在头版刊登了一篇关于此书的文章。

爱德华·贝内特·威廉斯曾经提醒检察官们,他可能活不到米尔肯调查活动的结束。当他说这句话的时候,他知道自己可能正在同癌症进行最后的搏斗。罗伯特·利特知道威廉斯已经身患重病。有一次,在去证券交易委员会开会时,威廉斯对利特说:"最好你来讲吧。"利特听了大吃一惊,一般在这种情况下都是由威廉斯主讲。当他们抵达证券交易委员会大楼的走廊时,威廉斯几乎快要走不动了。

1988年初,威廉斯让律师事务所的著名合伙人文森特·富勒开始参与米尔肯的案子。但是富勒和米尔肯似乎从来都没有达成一种默契。米尔肯非常尊敬威廉斯,他感觉没有人能够替代他。威廉斯一犯病,利曼、弗鲁门鲍姆和宝维斯律师事务所的律师们就开始排挤威廉斯·康诺利律师事务所的同行们。无论威廉斯的思想对米尔肯可能会有什么影响,现在全都消失了。

当米尔肯到国会出席听证会时,威廉斯勉强打起精神前去参加,但是,他的脸色仍然苍白憔悴。不过,这是威廉斯最后一次代表米尔肯公开露面,四个月后的8月13日,他溘然长逝。米尔肯飞到华盛顿参加他的葬礼,在葬礼上,他掩面而泣,痛心不已。

1988年8月的第一个星期，布鲁斯·贝尔德和他的同事们邀请莉萨·琼斯和她的新律师布赖恩·奥尼尔一同到他们的办公室。他们到了之后，检察官们没有浪费时间，立即打开录音机，播放录音带。他们看着琼斯和她律师们的反应。这是琼斯第一次听到自己和普林斯顿·纽波特合伙公司的黑尔安排非法交易的谈话。她被吓得脸色煞白。

在会见后，奥尼尔立即给政府起草了一封信，信中说，听这些录音帮助琼斯"恢复"了记忆。考虑到对她的豁免规定，她现在愿意承认参与了这些交易，并且同黑尔谈过此事。检察官们对此事丝毫不感到奇怪。但是，让他们吃惊的是，琼斯继续拒绝承认除录音带之外的任何事情。她以前撒过谎，很显然，她还在撒谎。检察官们理所当然地认为伪证是一种威胁司法程序的严重犯罪活动，这种信息必须传递出去。尽管琼斯很年轻，尽管她早年的生活非常艰辛，尽管她在德崇公司并不是身居高位，但是她的豁免权还是被撤销了。

同时，检察官们还加紧对普林斯顿·纽波特合伙公司施加压力。贝尔德披露政府准备要求大陪审团用RICO法案提起诉讼。这是该法案第一次被用来起诉证券公司的人员。

RICO法案是政府可以用在案件中的最为严厉的法律武器。该法案于1970年生效，主要是为了打击有组织犯罪和毒品犯罪。该法案规定，任何个人或者组织如果犯了两种或者两种以上重罪，并且几项罪名之间表现出一定"模式"的相互关联性，那么就可以被指控为欺诈。该法案对违法者施以重罚，包括长达20年的刑期，并没收全部财产和非法收入。RICO法案有一个对应的民事条款，允许私人原告提起3倍赔偿的诉讼请求。

尽管RICO法案的指控对普林斯顿·纽波特合伙公司可能是毁灭性的，但是这种威胁对潜在的被告却没有太大的影响。普林斯顿·纽波特合伙公司只是一个外壳，是无数相互关联的实体之一，它的资产可以轻松地通过合伙关系转走，使公司瓦解。詹姆斯·里甘仍然大胆对抗，而他的律师西奥多·威尔斯也抨击政府企图用RICO法案"威胁"他的当事人，坚持说他的当事人是无辜的，并决心和政府对抗到底。他说："事情似乎已经很清楚了，这是在一个更大的棋盘上下棋，而里甘先生只是其中的一个棋子。"

在这一点上，威尔斯说得很对。尽管以RICO法案提起诉讼的直接意图是对里甘和普林斯顿·纽波特合伙公司施加压力，但是真正目的却是针对德崇公司。如果普林斯顿·纽波特合伙公司这样的小公司就因自身的非法交易而面临RICO法案的起诉，那么像德崇公司这样有更多交易被怀疑的大公司就更容易被起诉了。

双方企图达成协议的最后努力毫无结果。8月4日，大陪审团以伪证罪起诉莉萨·琼斯，以欺诈罪起诉里甘、扎尔热茨基、普林斯顿·纽波特合伙公司的其他主要当事人以及德雷克塞尔公司的纽伯格。政府为时两年半的调查活动终于提起了第一起诉讼，一场可能的持久战拉开了帷幕。

使米尔肯核心圈内人士感到震惊和担忧的是，在普林斯顿·纽波特合伙公司的案子中，被告人名单上没有卡里·穆尔塔什。

和纽伯格一样，穆尔塔什也出现在了录音带中。他曾经强烈抗议检察官们把他作为调查目标，他认为这不公平，因为在录音当天他只是临时替纽伯格做交易。但是，没有一个检察官认为这种说法有说服力。确实，就在起诉前一天，穆尔塔什接到了通知，他也被包括在了起诉名单中。

这就意味着他可能面临两项指控：一项是他与普林斯顿·纽波特合伙公司的交易，另一项是他同米尔肯和布斯基的交易。检察官们认为穆尔塔什只是米尔肯圈子中意志最为薄弱的人，这种看法确实很准，因为穆尔塔什已经开始动摇了。当年年初的一天下午，他来到华盛顿辩护律师里德·温加滕的办公室，说想聘请他做代理律师，取代他当时的律师查尔斯·斯蒂尔曼。斯蒂尔曼是他在米尔肯阵营的建议下聘请的。穆尔塔什说他担心斯蒂尔曼可能和米尔肯关系太密切了。温加滕劝阻穆尔塔什不要这样做，说他知道斯蒂尔曼是一位优秀的律师。但是，穆尔塔什坚持说："我想独立聘请一位律师。"

温加滕接手了这个案子，他立即发现米尔肯辩护律师团队非常傲慢。不久，温加滕就开始和联邦检察官办公室洽谈，但是几乎没有什么进展。朱利安尼希望穆尔塔什接受两项重罪。不过，洽谈是建设性的。在普林斯顿·纽波特合伙公司被起诉的前夕，温加滕设法说服政府把穆尔塔什的名字暂时删掉。穆尔塔什愿意合作。接着，政府可以评估他的合作情况，再决定是否要求他认罪。这种安排同政府和穆拉迪恩的律师达成的协议类似。检察官们同意了这个协议，之所以如此是因为他们信任温加滕。

尽管穆尔塔什从来都不是一个热心的证人，但是他在8月开始向政府坦白交代。他供出了自己在那笔530万美元付款中的所作所为，确证了布斯基的证词，另外他还叙述了在布斯基出事之后他曾经被召唤到比弗利山以及同米尔肯见面的情况。他也供述了一些关于瑟恩纳的很有价值的信息。瑟恩纳是米尔肯的会计，他也参与了那笔530万美元付款的事情，然而他却不愿意作证。现在，政府从穆尔塔什的供述中得到了更多的证词。

在温加滕的坚持下，穆尔塔什决定悄悄地从德崇公司辞职。他痛苦地抱怨说，这将会使他至少损失200万美元的奖金。但是，他还是找到了约瑟夫，宣布了辞职的决定。对于辞职的理由，他说得非常含糊，他只字未提同政府达成协议的事，只是说起了他对家庭、妻子的责任。约瑟夫基本上没有怎么听，这些话似乎非常熟悉，以前莱文和西格尔也说过类似的话。穆尔塔什一离开，约瑟夫就给卡希尔律师事务所的柯宁打电话，他说："穆尔塔什正在和政府合作。"

当吉姆·达尔在比弗利山的公寓门前背着包掏钥匙时，他听到了屋里的电话铃声。这是1988年9月初的一天，达尔刚刚从佛罗里达州杰克逊维尔附近的海滩度假归来，那个地方离他的家乡不远，他经常到那里度假。他的皮肤比往常更黑，头发也更黄。度假后，他感觉重新恢复了活力。当达尔走进屋子时，电话铃声还在响着，于是他拿起了电话。

电话是威廉斯·康诺利律师事务所的律师鲍勃·利特打来的。这个电话把达尔的好心情完全搅乱了。利特说："我不知道怎么对你说，我这里有你一封信，你成了调查目标。我非常震惊。"

达尔更为震惊。利特同威廉斯·康诺利律师事务所的律师们曾经审查过达尔所做的每一项交易，并得出结论，他没有什么可担心的。他们不断向他保证说米尔肯是调查目标，而他不是。利特和威廉斯以前也曾经提醒过他，说政府可能会企图对他施加压力，但是他从来没有想过要面临指控。

前景非常可怕，达尔确实很担心。在每年年底的时候，按照米尔肯的指示，达尔都会同哥伦比亚储蓄与信贷银行的负责人托马斯·斯皮格尔进行寄存交易，为该银行制造虚假税收亏损，从而帮它偷税。斯皮格尔是米尔肯的朋友，也是他最为忠实的客户和垃圾债券的买主。达尔基本上没有把这件事放在心上，比弗利山办公室也没有专门把这些交易定为保密交易。他的办公桌上放着一个账本，上面记载着同哥伦比亚银行寄存交易的情况。现在，这个账本已经记载了5年的非法交易，是他们被指控违法的书面证据。很有可能比弗利山办公室里的其他人也都知道他一直在干这些事。

自从调查活动开始以来，达尔第一次怀疑他的律师真正是在代表谁的利益。是他的？还是米尔肯的？达尔一直都自愿保护米尔肯，米尔肯也会这样保护达尔吗？他不敢肯定。

达尔一挂断电话，就给他在佛罗里达州的一位好朋友打了个电话。这位朋友名叫史蒂夫·安德鲁斯，是一位法官的儿子，是个律师，身材高大魁梧。他和达尔以前曾经是佛罗里达州兄弟会的成员，现在在佛罗里达州的首府塔拉哈西做律师。尽管安德鲁斯并不是证券业的律师，但是他也了解这一领域。他从纽约大学获得了税务学位，曾经在佛罗里达州的一家小证券公司做过负责人。更为重要的是，他远离曼哈顿、华盛顿和比弗利山这个三角地带及米尔肯的世界，对事情会有更清醒的判断。达尔感到他可以信赖安德鲁斯。

安德鲁斯只需要听到两个事实：在米尔肯调查案中，达尔收到了政府的质询信；达尔的律师和米尔肯的律师是同一群人。安德鲁斯指示达尔说："给你找一位新律师，现在就找，尽快。"达尔想聘请安德鲁斯，安德鲁斯同意了，但是他坚持让达尔在纽约再聘请一位。

达尔接着又给利特打去电话，告诉了他这个消息：他要再聘请一位律师，一位不是同时在为米尔肯做代理的律师。利特立即明白了达尔自己聘请律师的潜在重要性。他坚持说达尔不需要再聘请律师，如果他们团结一致，对他们都会更好。这次，尤其是因为没有了威廉斯来确证这些信息，达尔没有被说服。而且，这种战略并没有让他避免成为政府的调查目标。

利特想拖住他，说他要为达尔可能考虑的律师人选列出一个单子。但是，他并没有立即列单子，好像希望达尔改变主意。因此，达尔给卡尔·林德纳打了一个电话，林德纳是他主要的债券客户之一。林德纳推荐达尔聘请他的律师彼得·菲什拜因，菲什拜因是纽约凯寿律师事务所的律师，这个事务所就是为弗里曼做代理的那一家。直到达尔告诉利特他打算聘请菲什拜因时，利特才给他罗列出了达尔应该考虑聘请的律师名单。一点儿也不奇怪，上面罗列的律师全都是宝维斯律师事务所和威廉斯·康诺利律师事务所的律师，包括那些已经在代理唐纳德·恩格尔和米尔肯的客户弗雷德·卡尔的那些律师。达尔和这些人见面谈了谈，但是，他对他们的忠诚更为怀疑。最后，他还是决定聘请菲什拜因做他的律师。

菲什拜因和安德鲁斯立即飞到了加利福尼亚州同达尔见面。两位律师都很担心他们当事人所做的交易可能暴露。他们认为哥伦比亚储蓄与信贷银行的斯皮格尔也会被调查，考虑到他和米尔肯的关系密切，他们担心斯皮格尔可能会在达尔和政府达成协议之前攻击达尔，并把他牵连进去，把这作为认罪协议的一部分。达尔不相信斯皮格尔会保护他。

达尔对米尔肯的信心也发生了严重的动摇。当达尔和他的新律师们最后审查政府的质询信时，他们吃惊地发现，上面没有提到达尔和哥伦比亚储蓄与信贷银行之间的交易。相反，上面提到了达尔的交易记录中包含的一系列同布斯基之间的股票交易——这些交易是资金偿还计划的一部分，那笔530万美元的付款达到了顶峰。达尔想不起来这些交易了，他认为这很奇怪，因为达尔只是处理和布斯基之间的债券交易，从来都没有做过股票交易。这些交易都是由米尔肯亲自处理的。

进一步调查显示，被调查的交易票据上的笔迹实际上都不是达尔的。根据交易单据上面的日期，有两次交易发生时达尔甚至都不在比弗利山。其中一张单据的下面写着"M. M."。达尔一看到这些单据，就明白是怎么回事了：米尔肯让达尔的交易助理将这些交易输入了达尔的交易记录中。达尔断定，政府找错了人，他可以证明自己没有牵涉进这些交易。他确信米尔肯会支持他的说法。

达尔立即找到了利特，并对他说："我没有做那些交易——是迈克尔做的。"达尔期盼着利特会对这个消息感到兴奋，因为他可以被证明无罪了。利特坚持说："那些交易没有什么问题，没有什么可担心的。"但是达尔不同意，他建议让米尔肯写一份宣誓书，证明交易是他自己做的。达尔相信，一旦政府看到这份宣誓书，他们就会放弃对他的调查。如果这些交易没有问题，正如每个人所说的那样，那么米尔肯就不会有什么损失。利特似乎对达尔的要求不太热情，但是他说他会对米尔肯说这件事的。安德鲁斯就此案向理查德·桑德勒施加压力，桑德勒也坚持说这些交易没有问题。安德鲁斯反驳说："如果是这样的话，那么迈克尔怎么不直接说是他做的这些交易呢？"

一个星期后，利特把米尔肯的答复告诉了达尔：米尔肯拒绝写宣誓书，也不承认这些交易是他做的。而且，达尔的交易助理也说想不起这些交易了，因此，她也不能为他作证。达尔非常震惊，他大喊道："迈克尔知道是他做的这些交易,布斯基也知道是迈克尔做的这些交易。告诉政府,去问问布斯基是谁做的这些交易。"

利特回答说他无权要求政府去讯问证人。利特再次坚持说:"如果你保持沉默,并且坚持到底的话,问题很快就会过去。"同时,他也强烈要求达尔和他的新律师,不要再向政府说达尔是否做过这些可疑交易的事。

由于达尔明显动摇了,米尔肯阵营加紧对他施加压力。一天,米尔肯把达尔叫到了一边,然后告诉他,安德鲁斯不安好心,净给他出坏主意,他应该再换一个律师。达尔拒绝了,他说他信任安德鲁斯,想继续聘请他。接着,米尔肯和桑德勒又试了试别的策略,他们建议安德鲁斯搬到比弗利山办公,在德崇公司的大楼里同桑德勒一起开一个律师事务所,并且暗示这将会给他带来丰厚的利润。安德鲁斯明白,他们是在企图收买他,因此他严词回绝了。

由于安德鲁斯和菲什拜因没有忠于米尔肯利益的任何义务,因此他们建议达尔尽快和联邦检察官办公室联系。对达尔来说,这是一个艰难的抉择,尽管他感到米尔肯背叛了他,拒绝承认和布斯基所做的交易,反而嫁祸于他,但是,他不想伤害米尔肯。毕竟,是米尔肯让他的财富数倍于百万富翁。不过,达尔不想去坐牢,或者为他并没有做过的事而遭起诉。达尔不想让斯皮格尔抢先一步,和政府达成认罪协议将他供出来。于是,他授权他的新律师们同政府联系。

大概与此同时,1988年9月,弗雷德·约瑟夫来到了比弗利山,参加该公司高级员工的年度聚餐,米尔肯和比弗利山分部的所有员工几乎都参加了。在对高收益证券部门的表扬中,约瑟夫把每个优秀员工的名字都说了出来,称他们在公司遇到困难的一年中做出了巨大的贡献。约瑟夫从来都不喜欢达尔,并且律师们提醒他说达尔正在动摇。因此,约瑟夫决定不再表扬他,达尔的名字没有出现在当天的表扬中。

这是一个战略上的错误。达尔非常生气,他感到受了伤害。他一直都是公司里最优秀的员工，他把自己的一切都奉献给了公司。公司的官方立场一直要求他说实话，正因为这样他才打算把事情说清楚，但是现在却得到了这样的下场。他得出结论：约瑟夫不值得他效忠了。

在当月的晚些时候，一个信使来到了圣安德鲁斯广场，送来了5份材料。这些材料是菲什拜因和他的同事们一起准备的，里面包含一些书面证据，可以证明达尔并没有做政府所指控的那些交易。达尔和他的律师们焦急地等待着政府的回应，但是一个星期过去了仍没有动静。最后，约翰·卡罗尔给菲什拜因打电话。他说："我相信了。"他现在相信达尔并没有做这些交易。但是，谈话并没有就此打住。菲什拜因仍然担心那些储蓄与信贷交易被披露，如和哥伦比亚储蓄与信贷银行所做的那些交易。菲什拜因暗示，如果达尔得到了足够好的合作条件，他将和政府合作，这对政府将会非常有价值。他只是这样暗示，并没有做出明确的承诺。

卡罗尔明白了他的意思。作为米尔肯的高级销售人员，达尔可以向政府提供许多很有价值的关于米尔肯非法活动的信息。此外，他也非常熟悉米尔肯是如何工作的。从心理原因来说，达尔对政府甚至更重要。检察官们知道在米尔肯周围有一面沉默的墙，一旦打开了缺口，就很有可能坍塌。

检察官们也意识到，给达尔豁免可能要冒很大的风险。如果他被豁免了，最后却发现他有严重的违法行为并且还可以保有巨额非法所得的话，那么公众对政府的不满就会非常强烈，而且，米尔肯的公关小组肯定也会借机大肆炒作，兴风作浪。然而，检察官们没有发现确凿的证据可以证明达尔有罪。他们仔细审查了斯塔利大陆公司的交易案，当时达尔试图强迫该公司接受杠杆收购。他们发现达尔的威胁非常令人反感，但是不一定就是犯罪。达尔非常幸运，因为到目前为止，检察官们对哥伦比亚储蓄与信贷银行的交易还一无所知。不管怎么说，他们必须集中精力对付他们的终极目标：米尔肯。达尔则是通向米尔肯的主要一环，这一点超越了其他所有的风险。1988年10月，对达尔的豁免被批准了。

不久之后，他就来到了圣安德鲁斯广场开始接受第一次讯问。后来，这种讯问还发生了许多次。

米尔肯阵营的"帐篷"，虽然经过威廉斯·康诺利律师事务所以及宝维斯律师事务所的精心搭建和密封，最终还是被吹破了。

达尔叛变的消息在米尔肯和德崇公司的辩护团队中引起了震动。员工和律师们出现了分歧，有的人坚持认为达尔没有什么可以告诉政府的（因为米尔肯当然从来没有做过任何错事），还有的人试图恫吓达尔。达尔也许是因为天真，还打算在德崇公司继续工作下去。但是，他被从比弗利山分部五层的交易大厅赶了出去，搬到了二层。公司的解释是，公司无法确保达尔的安全，因为其他的交易员对他义愤填膺。后来，公司大幅削减了达尔的薪水，他的收入从1988年的2,300万美元减少到了500万美元。洛厄尔·米尔肯也不再和他说话。

这些对策毫无成效。达尔成了德崇公司第一个真正同政府合作的证人。这位曾经的销售大师很快就博得了检察官们的青睐，就像他曾经博得无数债券买主的青睐一样。达尔比政府所希望的更为有用。他亲眼目睹了戴蒙德·沙姆洛克公司和西方石油公司未遂合并案中的内幕交易，他还讲了米尔肯在洗手间用流水声作掩护，给他发布指示的事。他对米尔肯和储蓄与信贷银行的交易非常清楚，为本案开启了一个全新的调查视角。达尔没有丝毫的保留，他耐心地引领着卡罗尔和杰斯·法德拉走进神秘的不为人知的垃圾债券交易世界。

正如政府所希望的，达尔的倒戈激发了其他证人的合作高潮，他们迫切希望同政府达成协议。在达尔和政府达成合作协议之后，检察官们趁机又发出了一些传票和质询信，传讯的对象包括米尔肯的助手泰伦·佩泽尔和沃伦·特雷普。

把佩泽尔定为传讯目标是政府最为幸运的举措之一。佩泽尔是米尔肯同大卫·所罗门之间非法交易的中心人物，他就是那本足以证明米尔肯违法的蓝皮本的保管者，后来这个本子被交给了洛兰·斯珀奇。同达尔相比，他甚至是更为重要的潜在证人，不过政府当时并不清楚这一点。佩泽尔非常容易受到政府压力的影响。他在1985年才到该公司工作，还是一个相对比较新的员工。作为最底层的销售员，他害怕如果米尔肯决定坦白的话，那他就会成为第一个牺牲品。尽管佩泽尔常常和米尔肯击掌庆贺，并且不断拍米尔肯的马屁，深受米尔肯的喜爱，但是他也不得不先考虑自己的利益。

佩泽尔一收到传票，就聘请了一位华盛顿的律师柏拉图·卡切里斯，此人以前是特雷普的律师威廉·亨德利的合作伙伴。卡切里斯当时刚在"伊朗门"丑闻中做过富恩·霍尔的辩护律师。佩泽尔到华盛顿和卡切里斯见了面，并且带去了一些他秘密隐藏的文件，这些文件都来自比弗利山办公室。佩泽尔说："这些文件都是真正具有毁灭性的，我想和政府达成协议。"他的话语中透露出一种不同寻常的坚信和目的感。卡切里斯问道："为什么？"佩泽尔说，他相信如果他不先供出米尔肯的话，米尔肯就可能会供出他。

当卡切里斯查看佩泽尔的文件时，他意识到这些文件对政府来说是弥足珍贵的证据。在这些文件之中，有所罗门公司和德崇公司之间的对账单，佩泽尔说上面的笔迹是洛厄尔·米尔肯的。据佩泽尔所说，整个所罗门公司的交易——包括芬斯伯里的交易全都是由洛厄尔负责监管的。佩泽尔也可以把米尔肯同这些交易联系起来。有一次，当佩泽尔问米尔肯关于这些安排的事时，米尔肯曾经说过："去问问洛厄尔，他会给你解释的。"佩泽尔和洛厄尔谈过两三次，并且每次都做了笔记。当米尔肯问佩泽尔那个蓝皮本是不是记录了所罗门公司的所有交易时，佩泽尔点头表示同意。后来，米尔肯授意佩泽尔把这个本子交给洛兰·斯珀奇。但是，佩泽尔精明地私自保留了一些最具毁灭性的证据。

佩泽尔还想起了他和米尔肯之间的一个对话，这个对话也表明米尔肯有罪。一天下午，当佩泽尔在翻办公桌的抽屉时，米尔肯问他："你在做什么呢？"佩泽尔回答说："遵照传票找文件。"然后，他看到米尔肯打开了自己的抽屉，里面是空的。米尔肯说："如果你什么文件都没有，你就不用遵照传票的要求去做。"佩泽尔没有把最具毁灭性的材料交给公司的律师们，也没有销毁。现在，他可以提供给政府了。

卡切里斯立即同联邦检察官办公室取得了联系，披露了佩泽尔的文件。佩泽尔能够证实米尔肯和所罗门之间的整个非法交易，这些非法交易同布斯基所供述的情况是完全不相干的犯罪活动。对检察官们来说，佩泽尔的价值真是高得令人难以置信。他几乎立即就得到了豁免。

现在，佩泽尔的工位也被调整了，他从米尔肯身边被赶到了另外一个楼层。和达尔一样，他也被剥夺了交易员的资格。当达尔逐渐不再来上班时，佩泽尔则比较顽固，他拒绝接受这样的命运。每天上午，他都准时出现在办公室里，并且给特雷普打电话问道："今天你有什么工作要我做吗？"

同佩泽尔形成鲜明对比的是，米尔肯最早的助手之一特雷普继续对抗政府的压力，维护他早期形成的对米尔肯的忠诚。然而，他也有自己的原则：他不会为了米尔肯而作伪证。因此，当1988年初他被传讯时，他就援引《第五修正案》拒绝回答问题。桑德勒向特雷普的律师亨德利抱怨说："我不明白沃伦为什么不愿意作证。"亨德利竭力想让米尔肯的阵营面对政府关于寄存交易的证据不断增多的事实。他知道，如果米尔肯屈服了，特雷普的压力可能就会消失。

桑德勒回复说："比尔（亨德利的昵称），迈克尔对寄存的看法和政府的不同。"

由于手下员工的叛变，米尔肯非常痛心，有一种被出卖的感觉。他的情绪很糟糕。尽管他没有直接提到达尔和佩泽尔同政府合作的事，但是他对和他打交道的每一个人几乎都看不顺眼。1988年9月底，达尔正在纽约，打算飞回洛杉矶去。正在此时，米尔肯把电话打到了他所入住的酒店的房间。米尔肯对达尔说他在华盛顿，并建议达尔飞到华盛顿，他可以搭乘米尔肯的飞机一起飞回洛杉矶。达尔考虑到可以借此机会和米尔肯达成和解，于是接受了这个建议。

达尔抵达机场后，他和米尔肯来到了机库，一起登上了米尔肯的湾流IV型私人飞机。机上配有服务员，还有一个巨大的电影屏幕。米尔肯几乎一句话都不和达尔说，这让达尔感到非常尴尬。飞机起飞后，米尔肯选了一部电影《夺宝奇兵》，并且把音量开到了最大，把达尔的耳朵震得快要受不了了。达尔说："迈克尔，即使我们不打算说话，你至少也应该把声音调小些吧。"米尔肯不理睬他，继续以震耳欲聋的声音看电影。一路上，米尔肯一句话都没有和达尔说，甚至连看都不看他。达尔逐渐明白了，这次旅行只是要明确一个意思：对米尔肯而言，达尔已经不存在了。

14. 最糟糕的交易

到1988年8月,约瑟夫听米尔肯的律师们说让他放心的话已经接近两年了;他也听彼得·弗莱明说过这样的话,弗莱明是他请来为德崇公司做顾问的刑事律师;他还听桑德勒、琳达·罗宾逊说这样的话——每个人都向他保证说米尔肯是无辜的,布斯基是个说谎者,并且说德崇公司不用担心什么,只是检察官们太忌妒米尔肯的成功了。约瑟夫相信了这些话,他还告诉手下的高管利昂·布莱克、彼得·阿克曼、约翰·基西克和董事会,只要他相信米尔肯是无辜的,他就绝不允许德崇公司背叛米尔肯。

现在,约瑟夫经常咳嗽,似乎无法治愈。在夏天即将结束时,他看上去脸色苍白而憔悴,也睡不好觉。即使在新泽西州西北部的农场,远离了华尔街的喧嚣,他似乎也无法摆脱纠缠着他的与日俱增的末日感。他的律师伊拉·米尔斯坦再次建议他从该公司辞职,这次,约瑟夫没有立即拒绝。但是,现在他想不出谁能代替他来掌管公司。他的命运似乎已经和公司的命运密不可分了。

1988年9月7日,证券交易委员会提起了期盼已久的对德崇公司的诉讼。起诉书长达184页，被列为被告的包括德崇公司、迈克尔·米尔肯和他的弟弟洛厄尔·米尔肯、穆尔塔什、高收益部门的另一名员工帕梅拉·梦泽特，以及米尔肯的客户菲施巴赫公司的波斯纳。起诉书除了陈述一系列同布斯基相关的违法活动（包括被指控的菲施巴赫公司的阴谋）外，还援引了另外两起内幕交易的案子，包括加德纳参与的维亚康姆公司的交易。

德崇公司竭尽全力让员工和公司的客户做好应诉的准备工作，同时它还对外声称这是一个很不错的机会，公司可以借此在法庭上澄清一切。在为米尔肯辩护时，宝维斯律师事务所的马丁·弗鲁门鲍姆发表了一份声明，声明中说："该起诉几乎全都是根据伊万·布斯基的诬告。很显然，布斯基是受到诱导而撒谎并做出诬告的。"然后，越来越明显的是，这种"显然"似乎只是对弗鲁门鲍姆和米尔肯核心圈内的其他人员而言。德崇公司共同努力试图说服证券交易委员会指控毫无价值，希望他们放弃诉讼，但是很显然，证券交易委员会没有改变主意。这个案子中存在许多利害攸关的情况，因此，他们是不会轻率行事的。

德崇公司在法庭上的辩护迅速变成了该公司和米尔肯律师们对联邦地区法官的指责。他们说米尔顿·波拉克法官没有资格审理此案，因为他之前主持审理过一些起诉布斯基的私人民事诉讼案，对本案中的许多基本情况都比较熟悉。这位81岁的老法官立即反驳了他们的要求，甚至称利曼的理由"非常荒谬"。后来，波拉克法官说他对米尔肯和德雷克塞尔的律师们的行为"极其震惊"。

他们的做法不仅激怒了法官（他的决定得到了支持），而且也激怒了证券交易委员会的律师，更为重要的是，还惹恼了证券交易委员会的委员们，他们拥有对德雷克塞尔处罚决定的最后批准权。许多观察者感到奇怪：米尔肯和德崇公司是无辜的，并且迫切希望上法庭辩护，那么他们为什么不直接对诉讼提出质疑，而是攻击一位德高望重、刚正不阿的法官呢？

朱利安尼的办公室还没有行动起来。约瑟夫和他的律师们正在加紧努力，企图劝阻检察官们对公司提起刑事指控。一天晚上，约瑟夫和柯宁同证券交易委员会的贝尔德进行了一次艰苦卓绝的谈话，力图使他们相信他们的指控是毫无意义的。大概8点半左右，贝尔德插话说："你们要求看看违法的证据，我想，我们可以让你们看看。"

约瑟夫和柯宁不知道会看到什么，他们跟着贝尔德、卡罗尔和法德拉来到了法院，走进了配备有视听设备的法官室。他们戴上耳机，检察官们从普林斯顿·纽波特合伙公司的录音带中摘选了15分钟播放。听完后，柯宁和约瑟夫的耳边还不断回荡着"欢迎来到这个骗子的世界"这句话。

贝尔德问约瑟夫："你有什么感想？难道你没有焦虑不安吗？"

柯宁让约瑟夫不要回答。他问道："你们还有什么其他的吗？里面还涉及公司的其他人吗？"

贝尔德回答说："是的。"

柯宁问道："莉萨·琼斯？"检察官没有回答。

约瑟夫受到了极大的震动，他和柯宁当晚一直讨论到了深夜。对于录音带，没有什么可争辩的。约瑟夫现在确切地知道正在发生什么了，并且他也知道这是违法犯罪行为。他告诉柯宁："纽伯格做这件事，米尔肯不会不知道的。"他明白，这件事的背后肯定是米尔肯。

录音带还引发了对米尔肯的新的怀疑。通过宝维斯律师事务所的律师们，米尔肯一直坚持说对他的唯一指控人就是布斯基，而布斯基是个大骗子，他可以轻松驳倒他。然而，同普林斯顿·纽波特合伙公司的交易和布斯基毫无关系。

第二天早上，当德崇公司的律师们就录音带的事情要求米尔肯做出解释时，他的律师们坚持说米尔肯对纽伯格的活动一无所知，纽伯格因为普林斯顿·纽波特合伙公司的案子而受到起诉，这并不能说明什么。另外，他们还向约瑟夫保证，政府所得到的可以支持布斯基关于那笔530

万美元付款的证据文件是"重新做出来的",在法庭上可以轻松被认定无效。当政府邀请约瑟夫去看看这些文件资料时,他吃惊地发现,那些文件全都是原始文件,是穆拉迪恩保存的记录。更为糟糕的是,文件清清楚楚地记录了各种计算,而这种计算只有在寄存交易中才会出现。

柯宁给弗鲁门鲍姆打电话,向他通报了最新的情况。弗鲁门鲍姆沾沾自喜地回答说:"我们都料想到了。"他似乎一点儿也不担忧。

"那寄存费用呢?原始文件呢?"

"我们都料想到了。"弗鲁门鲍姆重复说。

柯宁愤愤地想,如果是这样的话,米尔肯的律师们知道的情况比他们和公司的律师们所分享的信息要多,这就违背了他们所签订的联合辩护协定。柯宁和弗莱明坚持要同利曼和弗鲁门鲍姆见面谈谈。他们每提出一个关键问题,就被漫不经心地搪塞过去,称这些是"毫无意义""没有什么危害""是有利的""我们都料想到了",或者说米尔肯对此一无所知。关于寄存费用,弗鲁门鲍姆坚持说:"那只是一种记账方式。"柯宁怒火中烧,气愤不已,他立即中断了会面,以免忍不住发火。

当年的秋天,克雷格·考古茨在比弗利山他和理查德·桑德勒共用的办公室里处理米尔肯领导的合伙公司的分红工作。其中,他尤其担心麦克弗森合伙公司(MacPherson Partners)。米尔肯成立这个合伙公司是为了控制认股权证,然后来购买斯托勒通信公司的股票,这是该公司杠杆收购交易的一部分。而该公司的杠杆收购交易曾经让西格尔、弗里曼、KKR公司、米尔肯和德崇公司收益颇丰。

KKR公司在收购成功后,向德崇公司发放了认股权证,以激励该公司的客户购买斯托勒公司的垃圾债券。这些认股权证被转交给了米尔肯,然而,考古茨却发现,它们并没有落到德崇公司的客户手中,而是最后到了麦克弗森合伙公司。该公司的合伙人似乎就有米尔肯和他的家庭成员,甚至更让人忧虑的是,许多共同基金经理也是受益人。既然现在KKR公司已经将斯托勒通信公司的有线电视台出售，并获得了巨额的利润，这些认证股权也可以变现了，所得的收益应该分发给参与者。考古茨感到非常不安。麦克弗森合伙公司的付款看起来很像是米尔肯在做自我交易，或者更糟糕的，像是向基金经理们行贿。

考古茨在1984年加入了米尔肯的内部律师事务所，该事务所的名字被重新命名为维克托·考古茨·桑德勒律师事务所。他从来没有想过这是一个真正意义上的律师事务所。德崇公司、米尔肯和他的家人都是该事务所最主要的客户，并且事务所的办公室也在德崇公司比弗利山分部办公楼的三层，而这栋办公楼的所有者又是米尔肯兄弟。考古茨本来希望从事风险投资和避税的业务，但是最后所做的大部分工作却是替洛厄尔·米尔肯监管合伙公司的所有活动。

在布斯基同政府达成协议的消息公布之后，考古茨同意让纽约的刑事律师迈克尔·阿姆斯特朗做他的代理人，而此人也是洛厄尔的律师。但是，像穆尔塔什和达尔一样，考古茨也很担心他代表几个不同的当事人，而他们之间的利益可能会发生冲突。洛厄尔的利益肯定要优先于考古茨的利益，因为他的利益和米尔肯的密切相关。1988年初的一天，当阿姆斯特朗拿来一份宣誓书让他签名时，他的忧虑更是增加了。这份宣誓书是要证明洛厄尔是无罪的，里面内容是根据考古茨所做的事实陈述。考古茨仔细读了读，发现只有一个问题：这些事实都不是真的。他生气地拒绝签字，并开始寻找新的律师。最后，他在洛杉矶聘请了两位律师，汤姆·波拉克和泰德·米勒。1988年9月，考古茨提交了一份宣誓书。

在11月初的一天，在德崇公司位于纽约的办公楼里，考古茨遇到了约瑟夫，当时约瑟夫正急着去上洗手间。考古茨对约瑟夫说想和他说句话，约瑟夫示意考古茨跟他走。

考古茨压低声音说："有一个合伙公司，我想你可能不知道。"约瑟夫看着他，一脸困惑。考古茨补充说："你不会喜欢这件事的。"

约瑟夫问道："为什么呢？"

考古茨回答说:"基金经理们都得到了认证股权,迈克尔的孩子们也有认证股权。"

约瑟夫又问道:"基金经理们都做这项交易了?"

"是的。"

约瑟夫说:"我们最好把律师叫来。"他警惕地意识到,里面可能牵涉到了贿赂。至少,这种合伙公司违反了德崇公司的内部管理制度。

多年来,米尔肯一直都向约瑟夫寻求建议和指导,询问某些交易是否合法,而这些交易通常也都是合法的。这种交流使约瑟夫对米尔肯产生了信任,他认为米尔肯本身就是一个非常小心谨慎的人。突然,约瑟夫感到,这可能是一种精心制造的错觉,米尔肯给他打电话请教可能就是为他公然违法作掩护。

约瑟夫直接走进了公司董事长罗伯特·林顿的办公室,把他从考古茨那里听到的全都讲了一遍。林顿听完后,禁不住骂道:"可恶。"约瑟夫立即给卡希尔律师事务所的律师们打了个电话。

他命令道:"现在就处理这事。"

考古茨和他的新律师们也向利曼和弗鲁门鲍姆披露了麦克弗森合伙公司的情况,并且说他们打算主动把这个情况汇报给政府。弗鲁门鲍姆听到后勃然大怒,他叫道:"不!你们不能这样做。他们永远也不会发现这件事的。"但是利曼制止了他,无可奈何地说:"没有办法,随他们去吧。"

约瑟夫一直都认为米尔肯是无辜的,并且以此为基础精心制定了防御战略,但是这种信任和战略在11月末的一个雨夜被彻底击碎了。那天下午五六点钟的时候,柯宁打来电话,说有要事和他私下谈谈。约瑟夫当晚要参加市中心一个正式的晚宴,因此他建议开车去接柯宁,然后两人在路上谈。于是,约瑟夫穿着短礼服,系着黑领带,开车经过几个街区来到卡希尔律师事务所,接上柯宁。此时,小雨已经变成了倾盆大雨。他们很快就陷入了车流之中。

柯宁说:"看起来西海岸的那些家伙在做一些他们不应做的事情。"他把最近的麻烦事悉数讲了一遍,并着重提到他重新查看了同所罗门公司的交易记录,印证了被指控的问题。他想让约瑟夫认识到:现在有违法活动的证据,而且这种证据还在增加,并且都是至关重要的,和布斯基没有任何关系。现在,米尔肯周围的沉默之墙已经被打开了缺口,很有可能会有越来越多的人倒戈。而且,德崇公司甚至都不了解整个情况,而且也不可能再从米尔肯阵营以前的盟友那里了解整个情况。

约瑟夫问了一些问题,并感谢柯宁为他做的分析。当他抵达目的地——纽约时代广场的万豪酒店时,大雨仍然在继续下着,他只好冒雨下车。现在,他相信德崇公司和它的一万名员工全都被米尔肯出卖了。他正是依赖这个人把公司建设成了他所梦想的样子。他曾经愿意为米尔肯做任何事情,因为他相信米尔肯是无辜的。但是,他不能说现在还能那样相信米尔肯。

约瑟夫并不是唯一一个对米尔肯失去信任的人。在洛杉矶,达尔和利特在四季酒店见了一次面。达尔告诉他:"迈克尔必须认罪。"然后他提到了自己最为致命的证据。利特回答说:"必须有人去告诉他。"他也不再像以前那样坚持说米尔肯是无辜的了。

利特说:"我不打算去做这件事。"

很显然,其他人也不会去做。利特在米尔肯辩护律师团的地位很不稳定,威廉斯·康诺利事务所也是如此。自从威廉斯去世之后,宝维斯律师事务所已经夺取了主导权,把威廉斯·康诺利律师事务所晾在了一边。接替威廉斯的文森特·富勒没有机会和米尔肯或者桑德勒建立和谐的关系,这两个人主要依靠利曼。

但是富勒认为还是应该有人来做认罪协商工作的,虽然这是一个不受人欢迎的选择,但至少应该有人试探一下政府,看看它要求什么。富勒同卡罗尔、法德拉、贝尔德都谈了谈,最后甚至还和朱利安尼谈了谈。富勒发现检察官们的要求极其合理，合理得有点儿让人吃惊。他们拒绝了米尔肯和德崇公司之间的联合解决方案，该方案提出对他们处罚10亿美元。这不是个小数目，但是米尔肯还是能够轻松应对的，尤其是至少有一半都要由德崇公司负担。但是，钱从来都不是问题的真正所在。罪责才是真正的问题。富勒首先要求进行无罪的抗辩，然后再接受一项重罪。检察官们表示，他们可能接受米尔肯承认两项重罪，这已经是相对很宽大的处理了。

联邦检察官办公室做事的风格一直都是谨慎的乐观。最后，达成协议的希望出现了。他们相信，米尔肯承认有罪，并同政府合作——这样一来调查就可以进入下一个阶段。这里面只有一个问题：检察官们不清楚富勒是否可以得到米尔肯其他律师的支持，更不能确定他是否可以代表米尔肯本人。从米尔肯公开的姿态来看，看不出一丝他愿意妥协或者认罪的迹象。公关活动仍然在继续着，这让负责本案的检察官们大为恼火。在以前，他们还从来没有遇到潜在的被告这样大张旗鼓的。

利曼一直都清楚富勒同政府的协商活动，但是罗宾逊公司的人并没有被告知，他们继续断然地否认同政府和谈的想法。1988年捕食者大会上公关活动惨败之后，该公司拓宽了活动范围，着重宣传米尔肯的慈善活动（包括印制突出显示米尔肯基金会受益者情况的昂贵挂历），并抨击政府打算以RICO法案起诉德崇公司的做法。罗宾逊公司在全美各地的媒体上发表了许多关于反RICO法案的信件和专栏文章，声称RICO法案在审判之前就要剥夺被告人的资产。他们精心炮制了这些东西，以激发公众对米尔肯的同情心。罗宾逊公司还为米尔肯起草演讲稿，让他给商业团体发表演讲，并继续允许他们信任的媒体记者采访米尔肯，但是在采访中仍然不允许提问和调查活动有关的任何问题。当米尔肯听到他和公司被证券交易委员会正式起诉的消息时，他正在接受《时代周刊》记者的采访。

曼哈顿陪审团总是有许多黑人陪审员，因此，米尔肯开始寻求黑人的支持。他的公关人员开始把注意力更多地集中在当地的报纸上，如《纽约邮报》《每日新闻》和《阿姆斯特丹新闻》，这些报纸的黑人读者比《华尔街日报》或者《纽约时报》的都要多。米尔肯同黑人组织联系的都是一些头面人物，其中包括洛杉矶市的市长汤姆·布拉德利、比阿特丽斯国际公司的总裁雷金纳德·路易斯（也是米尔肯的垃圾债券买主）和曼哈顿区的前行政长官珀西·萨顿。他们还帮助米尔肯结识了杰西·杰克逊。在米尔肯被布斯基的丑闻牵连出来后不久，布拉德利（《洛杉矶时报》报道说，他从米尔肯阵营收到了7万美元的公关费）称赞米尔肯是一个"天才人物，有勇气、有远见、有信念"。

尽管米尔肯在过去对民权问题几乎没有什么兴趣，但是现在却突然积极起来，还为洛杉矶一所黑人中学的学生举办了一场晚会。在晚会上，他说："我要给你们介绍一位我最亲密的朋友。"说着，杰西·杰克逊走上台来。在纽约的一个会议上，杰克逊和华纳通信公司的董事长史蒂夫·罗斯（也是利曼的客户）都极力称赞米尔肯。米尔肯还同残疾儿童和贫困儿童合影，大部分都是黑人和拉美裔的儿童。罗宾逊甚至还聘请了一位黑人公关专家玛丽·海伦·汤姆逊，她以前是俄亥俄州众议员路易斯·斯托克斯的新闻秘书。汤姆逊主要向国会的黑人小组宣传支持米尔肯。米尔肯受到了"百名黑人协会"（One Hundred Black Men Society）的称赞，这是一个全国性的组织，成员都是成功的黑人，包括萨顿。

1988年9月的一个下午，米尔肯率领1,700名贫困儿童，大部分都是少数民族的儿童，来到谢亚体育场（Shea Stadium）做游戏，这后来成为他最为著名的形象重塑活动。虽然米尔肯的公关人员后来坚持说这次活动并不是有意要公开宣传的，但是在当天中午该公司董事长林顿举行宴请记者（有些是罗宾逊公司邀请的）的午餐会上，他恰巧提到了这个活动。于是，在游戏场上，电视摄像机对准了米尔肯，他戴着一顶漂亮的棒球帽，竭力显示出放松的样子。这次活动之后，利勒尔告诉《华尔街日报》的记者："我们从来没有给他的日程里增加一项公关活动，一个也没有。"

很快,米尔肯的公关人员就把注意力集中在了朱利安尼身上,他宣布了辞职参加纽约州长竞选的计划。这是一项政治活动,媒体记者们都迫切希望获得朱利安尼的消息,这也是对他所办理的米尔肯一案掀起批评的理想时机。这也意味着联邦检察官办公室可能会出现一个新的、不确定的时期。

这是达成协议的有利时机。朱利安尼也意识到,如果在他离职之前能够把米尔肯这个美国最有权力的人捉拿归案,对他会有明显的政治好处。弗里曼等人的事情在他的记录中会留下污点,但是如果米尔肯认罪,就很有可能消除这个错误。朱利安尼、贝尔德、卡罗尔和法德拉开始认真考虑接受富勒的认罪建议,他将承认一项重罪。

但是协议的许多细节还没有确定,如米尔肯弟弟洛厄尔将会被怎样处理,米尔肯是否会合作等。如果米尔肯和他的律师们行动迅速的话,他们本来是可以敲定细节的,但是他们却没有这样做。很显然,富勒从来都没有得到过当事人的支持,并且他在宝维斯律师事务所的同行们也都不赞成达成协议的想法。当富勒把协议的情况披露给米尔肯阵营的其他成员时,他差一点儿被斥责为异端。宝维斯律师事务所的律师们反对任何认罪协议,桑德勒也是如此。

很快,接受一项重罪的认罪机会消失了。随后,达尔和佩泽尔同政府合作的成果越来越多,对米尔肯的指控也越来越有力,检察官们放弃了让米尔肯接受一项重罪的想法,认为这太便宜米尔肯了。贝尔德认为,如果只让米尔肯接受一项重罪,公众会抨击他们,说这是米尔肯的胜利,从而无法起到震慑作用以阻止证券业的其他犯罪活动。对朱利安尼来说,他作为检察官的首要职责要高于他作为政治家的雄心壮志,这样才会得到颂扬。如果他不得不在米尔肯和弗里曼的案子悬而未决时辞职,那他就会这样做的。

至于富勒,他基本上退出了米尔肯的律师团队,留下他的搭档利特来履行威廉斯·康诺利律师事务所的义务。桑德勒和利曼几乎完全控制了米尔肯的辩护工作。现在,米尔肯再也不会听到任何异议,即使他对现实的看法越来越孤立,也不会有人再提醒他了。

正当秘密认罪的谈判被搁置之时,华尔街的注意力被转移到了20世纪80年代最大、最为喧闹的杠杆收购大战上,这就是克拉维斯和KKR公司以250亿美元竞购工业巨头雷诺·纳贝斯克公司(RJR Nabisco)的交易。由于牵涉到数百万美元的服务费,华尔街上的几乎每家大公司都参与其中,雷诺公司的一方由希尔森·雷曼兄弟公司(琳达·罗宾逊在幕后忙着筹划工作)、所罗门兄弟公司、高盛公司和第一波士顿银行支持;KKR公司一方由瓦瑟斯坦·佩雷拉公司(Wasserstein Perella & Co.)、摩根士丹利公司和德崇公司支持。

对德崇公司来说,这不仅是当时的最大一笔交易,更是一场生死大战,借此向世人证明它将在政府的调查中幸存下来。KKR公司是德雷克塞尔公司的老客户,是公司的一块大业务。如果德崇公司失去了这次融资业务,那它在垃圾债券市场的份额就会萎缩,它在华尔街上的特权也会遭到破坏。

对约瑟夫来说,雷诺·纳贝斯克公司一案也是对德崇公司能力的重要检验,可以判断出离开了米尔肯它是否可以继续生存。约瑟夫现在已经认识到,失去米尔肯将是不可避免的了。德崇公司在比弗利山分部的高收益业务已经发生了重要的改变,曾经主宰这里的米尔肯越来越不见踪迹了,他正在同公关顾问和律师们疲于应对。领导权落在了彼得·阿克曼身上,这让人们非常担忧。阿克曼是一位哲学博士,口才很好,善于开发客户,但是却缺乏交易的技能。约瑟夫承担了许多以前由米尔肯负责的工作。正当政府的调查活动取得最为重要的进展而情况对德崇公司越来越不利时,约瑟夫亲自拜访了克拉维斯,劝说他聘请德崇公司负责融资服务。

克拉维斯几乎立即就同意了，主要是因为他对米尔肯还保持着忠诚。在以前，一个很有声望的公司是不可能把50亿美元的债券融资业务委托给一个正因证券欺诈和其他罪名而受到证券交易委员会指控的证券公司，这将是不可想象的事。但是，时代已经改变了，克拉维斯从德崇公司和米尔肯那里受到过恩惠。德崇公司给他带来了斯托勒通信公司，并且帮他融资25亿美元收购了比阿特丽斯公司。结果是最重要的。

约瑟夫向克拉维斯保证说，即使德崇公司被起诉，也要帮助KKR公司完成这项交易。虽然以前，只要有德崇公司"高度自信"的声明就足够了，但是现在，该公司同意，如果必要可以提供一项15亿美元的过渡性贷款，这也是用自己的资金来完成交易的承诺。星期六，在确定收购雷诺·纳贝斯克公司以及融资工作的会议上，克拉维斯只问了约瑟夫一个问题："弗雷德，你保证德崇公司将会完成融资工作，是吗？"约瑟夫回答说："是的。"为了以防万一，KKR公司还聘请美林公司进行联合融资工作。但是，约瑟夫发誓说要让美林公司站在一边观看。

德崇公司发起了有史以来规模最大的一次融资工作。它先后组织了20场销售会议，也就是所谓的"路演"，针对从东京到苏黎世的潜在客户。为了吸引富有的个人和机构，这次，它向购买者提供股权，而不是把它们留给米尔肯的合伙公司。在这次融资中，德崇公司想尽了一切办法。它甚至向买主赠送雷诺·纳贝斯克公司的产品——麦片、花生、奥利奥饼干和凯尔富丽口香糖，以及印着雷诺公司标志的T恤和运动衫。约瑟夫知道公司的未来取决于这次交易。

尽管约瑟夫向KKR公司做了保证，但是他认为实际上德崇公司很难免于刑事诉讼，更不要说紧接着而来的漫长而又危害巨大的审判了。他和柯宁在车中会谈之后不久，约瑟夫抓紧时间同公司董事会成员和其他高级管理人员进行协商。开始他还没有透露具体细节或者详细解释，只是说让他们不要再相信米尔肯是无辜的。

1988年11月底，司法部批准了对德崇公司和米尔肯的RICO法案指控，这是提起诉讼的最后一步。如果政府提起了诉讼，那么德崇公司就必须立即缴纳保证金。让约瑟夫更为愤怒的是，贝尔德和他的同事拒绝告诉德崇公司政府要求多少钱。约瑟夫认识到，这种经济的不确定性可能会让公司瘫痪。像德崇这样的证券公司主要依赖获得短期贷款和发行商业票据（多数是向大银行）的能力而生存。在最开始同银行协商时，银行警告说他们不能向一个可能受到RICO法案指控的公司提供贷款。德崇公司夸口说在规定的要求之外它还有超过10亿美元的资金，并且还有5亿多美元的诉讼准备金。但是，公司的首席财务官向约瑟夫报告说，如果公司受到了RICO法案指控，至多可以支撑一个月。约瑟夫把这个可怕的预测通报给了公司的高级管理人员和股东们。

他们的反应代表了各自的经济利益。公司注重现金薪酬和奖金制度而不是股权分配，这使得公司的股权主要掌握在欧洲合伙人布鲁塞尔·兰伯特集团（Groupe Bruxelles Lambert）以及高级管理人员伯纳姆和坎特手中，他们对公司近些年来的成功贡献很小。他们优先考虑的是保护他们的股权利益，他们支持同政府和解诉讼问题。

同他们针锋相对的是像利昂·布莱克之类的人，他们对自己股权的价值不是很关心，但是似乎对保有巨额的现金流非常关心——1989年他的现金收益为2,000万美元。他清楚地表示，米尔肯最终是有罪还是无罪，他毫不在意，他只想让公司的造钱机器尽可能持久地运转下去。布莱克和他的同盟者们支持任何延缓米尔肯离职的策略，反对任何要求他辞职的提议。

最后，还有一种人就是忠于米尔肯的热心人士——阿克曼、基西克和弗雷德·麦卡锡。他们似乎根本不害怕德崇公司的倒闭，甚至还有点儿欢迎这种结果，他们认为如果公司倒闭了，可以使朱利安尼受到谴责。他们相信届时势必会激起强烈的抗议，从而会削弱政府指控米尔肯的决心。他们的口号是："宁死不屈。"

这种分裂引发了严重的问题。虽然公司的保守派控制着董事会，并且支持同政府达成和解,但是米尔肯的支持者却是公司未来成功和存活的关键。如果他们背叛了,就没有谁能够拯救德崇公司了。

在新泽西州的农场度过了一个不平静的感恩节之后,约瑟夫和德崇公司的律师们投身到了紧张的谈判之中。他们和联邦检察官办公室的朱利安尼、贝尔德及其他人举行了一系列洽谈。限定性因素非常简单:只要约瑟夫和他的顾问们认为政府的要求可以使公司存活下去,公司就会认罪。这实际上就意味着两点意思:

第一,高级管理人员不会认为德崇公司是和米尔肯翻脸;第二,财务负担不能严重到将公司压垮。如果情况如此的话,德崇公司倒不如继续顶下去,接受起诉,最后被迫破产。

约瑟夫试图让检察官们理解公司微妙的苦衷,但是公司几年来对政府的蔑视和对抗现在得到了恶报,搬起石头砸了自己的脚。检察官们对米尔肯支持者极为不齿。让他们气愤不已的是,甚至在投降前夕,德崇公司仍然坚持对米尔肯的罪责低调处理。该公司拒绝公开承认那笔530万美元付款是布斯基非法活动的一部分——因为米尔肯坚持说它不是。该公司也不想开除米尔肯,并且在当年仍然要给米尔肯2亿美元的薪水。

在激烈的争论中,贝尔德猛地把拳头砸在了桌子上,然后说:"不要再讨论钱的问题了,我要谈的是正义。"

约瑟夫也火了,他说:"我不是代表教堂来的,公司的1万人都要吃饭穿衣。"

德崇公司的认罪协议开始看起来是不可避免了。12月1日星期四,约瑟夫向公司的全体员工发布了一份备忘录。在备忘录中他说:"我在此特将公司最近被调查事宜的最新情况通报给诸位同人。最近几周来,我们已经同政府进行了洽谈,现在已经到了关键时刻。如果我们不同意和联邦检察官办公室达成协议,他们就会起诉我们的公司(和公司的某些员工),包括以所谓的RICO法案进行起诉。无论是哪种结果,我们都希望尽快结束。"

聪明的人一眼就看出了其中的端倪，这份备忘录详细表明了遭起诉的危害和达成协议的益处。备忘录说，起诉"会给公司和公司的业务带来巨大的压力，并且在最后的判决之前，我们还要在法庭上面临一场艰苦卓绝的战斗（很不幸，还有媒体的负面报道）……如果我们达成了协议，我们就可以把这种对公司持续不断的攻击抛至脑后，但是达成协议就要求认罪"。

约瑟夫还第一次试图把公司被调查以来的损失进行计算："我们相信，在过去的两年中，由于被调查，公司损失了15亿美元的潜在收益，我们的直接花费已经超过了1.75亿美元。我们的精神损失更大……我们想要让过去两年的创伤成为历史，但是，这必须是建立在对公司和员工有利的基础之上的。"

毫不奇怪，备忘录的暗示对米尔肯的支持者是非常清楚的，他们对事情的发展感到惊恐不安。其中最为不安的就是唐纳德·恩格尔，他几乎对每一步的发展都很清楚，因为董事会的弗雷德·麦卡锡是他主要的盟友，一直在向他透露情况。在12月初的一个周日，董事会召开了一次会议，会后，麦卡锡立即给在家中过周末的恩格尔打电话，告诉了他一个不利的消息。麦卡锡说："我有种不祥的预感，他们要出卖迈克尔。"

当恩格尔和布莱克在接下来的星期同约瑟夫见面时，他的担心增强了。恩格尔知道约瑟夫喜欢通过试探大家达成一致，在会上约瑟夫说他很担心，如果公司不和政府达成协议的话，某些员工可能就会被起诉。约瑟夫问道："如果你们俩、阿克曼和基西克都被起诉了，你们会感觉如何呢？"

恩格尔回答说："他妈的，让他们起诉吧。"约瑟夫意识到他就是这样想的。

贝尔德现在威胁说，随时都会向大陪审团指控德崇公司。他给约瑟夫发出了最后通牒：德崇公司必须承认六项重罪，并支付巨额罚金。约瑟夫生气地看到了《纽约时报》12月14日刊登的一篇文章，上面说德崇公司已经预留了7亿美元的应急基金——这比政府所意识到的要多。贝尔德立即要求把罚金的数额从4.5亿美元增加到了7.5亿美元。但是，现在并不是钱的问题了。德崇公司能够负担得起这个罚款。即使到了这个最后的阶段，在谈判中最为重要的人物仍然是在幕后的米尔肯。

为了抚慰米尔肯的盟友们，约瑟夫仍然在努力避免将和米尔肯有关的证据提交给政府，并且阻止将他辞退，还坚持在当年付给他巨额的薪水。他甚至极力避免提到那笔530万美元付款的事。

12月15日星期五，为了获取支持同政府达成协议，约瑟夫进行了最后一轮斡旋活动。当天下午大概5点钟左右，约瑟夫来到了宝维斯律师事务所同利曼会谈。然后，他打算去找恩格尔。尽管恩格尔并不是董事会的成员，甚至不是公司的正式员工，但是约瑟夫认为他就是支持米尔肯一派的领头羊。

在约瑟夫来到利曼的办公室之前，利曼已经非常清楚最新的进展。约瑟夫竭力向利曼解释，他认为德崇公司最危险的选择是什么，强调说如果公司被起诉，目前可怕的信贷情况就会无法收拾，并且说他也一直在努力保护米尔肯。利曼似乎不为所动，相反，他开始训诫约瑟夫，讲了一大堆关于正义原则、哲学和是非观念的道理。接着，使约瑟夫震惊的是，他把约瑟夫的决定比成是纳粹迫害犹太人。他声称约瑟夫是在剥夺米尔肯的权力，而米尔肯还没有受到审判呢。利曼说："那是走向集中营的第一步，没有人可以剥夺其他人的自由。"

约瑟夫简直没法听下去了。他非常震惊，利曼竟然不公正地指责他，并且企图操控他的情绪。约瑟夫回答说："迈克尔明白他做了什么事情，在对他的诉讼上，我们不能施加任何影响。我到这里来不是想审判迈克尔·米尔肯的。"

约瑟夫说他已经决定了，但是他不能代表董事会说话。也许他的决定在董事会上会被否决。利曼似乎感到非常失望和无奈，他也放弃了纳粹的说法。接着，当他打算离开时，约瑟夫补充了一句，几乎是在事后才想起的,他说:"迈克尔无论如何都是要去认罪的。"这确实激怒了利曼。"不,绝不!"他一边坚定地说着,一边把约瑟夫送到了门口。

约瑟夫一走,利曼立即就给恩格尔打电话,通报了他和约瑟夫会谈的情况。利曼一脸严肃地说:"多尼,他要出卖迈克尔了。"

约瑟夫从利曼的办公室出来之后就直接朝恩格尔在公园大道570号的公寓走去。他到那里时已经大概是晚上7点了。两个人在恩格尔的书房坐下来喝饮料。恩格尔发觉,约瑟夫已经明显衰老了,并且还在咳嗽。尽管如此,他表面上看起来礼貌得体,不过他已经决心同约瑟夫大干一场了。

当恩格尔充满深情地替米尔肯辩护时,约瑟夫打断了他的话。约瑟夫说:"我知道你很忠心,我也很欣赏这一点。"但是,紧接着他的语气转变了,他说,"但是你不要再蒙骗我了。"

恩格尔反驳道,他别无选择,只有和其他人一起为米尔肯辩护,同约瑟夫对着干。恩格尔说:"他是我们的兄弟,你必须和政府战斗,一个黑手党的律师也不会这样做的。"恩格尔继续说着,对他看到的软弱的约瑟夫非常愤慨。

约瑟夫回答说:"我们不是黑手党公司,多尼。"接着他继续用一种更为委婉的语气说,"不要轻率行事,你要记住,我们还要考虑公司的一万人呢!"恩格尔气得火冒三丈,几乎从椅子上跳了起来。他叫道:"你在说什么呢?我们不用考虑一万,我们只考虑一个!"

12月17日星期六,恩格尔飞到加利福尼亚州去参加米尔肯儿子的受戒仪式,并借此机会同也去参加的彼得·阿克曼和利昂·布莱克商议对策。约瑟夫没有受到邀请。在聚会上,恩格尔想办法让阿克曼谈起了米尔肯和约瑟夫。恩格尔说:"那个老东西要出卖迈克尔了,只有一个办法可以制止他。"接着,他讲出了自己的计划。他说:"星期一,你要站在桌子上,大声宣布:'中止雷诺公司的交易。'销售人员就不会再销售债券了。"为雷诺公司融资的业务决定了公司的未来(有或者没有米尔肯），这个方法是一个大胆的冒险，可能使这项交易以失败而告终。恩格尔相信，仅仅这个威胁就可以迫使约瑟夫中止同政府的和解谈判。

阿克曼却不可思议地回答说："让它完成吧。"但是恩格尔坚持说："你是唯一一个可以实施这个方法的人。"

布莱克、恩格尔和阿克曼在受戒仪式上密谋的消息和威胁的谣言一起在公司里传播开了。谣言说，他们威胁说，如果德崇公司同政府达成了协议，那么他们就辞职。罗宾逊公司的工作人员，甚至罗宾逊本人也借机煽风点火，火上浇油，向记者发布消息，声称德崇公司正在酝酿一场反对同政府达成协议的抗议活动。米尔肯的支持者甚至还透露说，约瑟夫在谈判中把自己的豁免作为了协议的内容之一，把自己的利益置于公司和米尔肯的利益之上。这种说法很显然是捕风捉影，毫无根据，但是也发到了报纸上。约瑟夫从来都不是调查的目标，也从来没有谈过他的豁免问题。那年9月，当约瑟夫到公司的比弗利山分部视察时，他的谈话竟然被秘密录音了，在谈话中他发誓要支持米尔肯。现在，洛厄尔的律师迈克尔·阿姆斯特朗却威胁说要把这些录音带公布出去。约瑟夫非常震惊，自己的员工竟会对他偷偷录音。

把这些为阻止公司同政府达成协议的种种阴谋诡计联系在一起，就可以看出米尔肯的阵营对约瑟夫的攻击是多么险恶。米尔斯坦非常担心，因此，他给利曼打了个电话，以纽约律师界的一位专业人士对另外一位专业人士的口气说："我当然希望这不会变成一种公关竞争。"利曼拒绝承认在针对约瑟夫实施公关活动。但是，米尔斯坦打过电话之后，对约瑟夫的攻击也偃旗息鼓了。

布莱克和阿克曼虽然威胁说，如果公司同政府达成协议，他们就会辞职，但是他们实际上并没有这样做，只是把这种可能性悬在了那里。约瑟夫最终还是取得了他们对公司的忠诚，他所能用的唯一的办法就是：收买。约瑟夫保证在雷诺公司的交易之后，给阿克曼支付1亿美元的报酬，而布莱克和基西克也被许诺给以巨额的奖金。

阿克曼还把恩格尔企图阻止雷诺公司交易一事告诉了约瑟夫。当星期一恩格尔给约瑟夫打电话时，他愤怒不已，几乎是在对恩格尔怒吼："你在煽动员工闹事，必须立即停止。"恩格尔也同样愤怒，他回应说："你告诉政府我们要破产了吗？如果没有，那你就不能去和他们谈判。你必须这样说：'给你们钥匙，这里归你们了。'你这样说了吗？"约瑟夫回答说："没有。"恩格尔"砰"地把电话挂断了。

当天下午，德崇公司的董事会开会，再次否决了政府的提议，认为条件过于苛刻了。恩格尔和他的盟友们相信他们占据了上风。当天晚上，德崇公司金融部的经理人偕配偶或者朋友来到纽约的华尔道夫·阿斯托里亚酒店，他们匆忙穿过酒店的旋转门，走进酒店的大舞厅，参加金融部在这里举行的年度圣诞晚会。大厅里装扮得非常漂亮，圣诞树上灯光闪烁，香槟酒四处飘香，似乎往日那个充满自信的德崇公司又回来了，至少今晚上是回来了。

公司董事长林顿登上舞台，演唱了一首《红鼻子驯鹿鲁迪》（*Rudy the Red-Nosed Reindeer*），以此攻击朱利安尼。然后，约瑟夫走上台去，站在了林顿的身边，大声宣布：公司董事会下午召开了会议，一致决定拒绝政府提出的协议。他大喊道："我们要战斗。"大厅里的几百人都跳跃起来，欢呼着鼓掌，还有人敲打桌子以示欢迎，似乎大家都兴奋到了极致。

但是，这种快乐感没有持续多久就消失了。在晚会后德崇公司的一位副总裁问道："在战争就要结束前，他们还在柏林开舞会，是吗？"第二天上午，当德崇公司的一些主管们还沉浸在昨天晚上舞会的欢庆气氛时，柯宁接到了美国联邦检察官办公室的电话，是卡罗尔打来的。两人同意也许双方应该再进一步做出妥协。当天晚上，他们之间的分歧稍微减少了一些：德崇公司不用必须承认米尔肯有罪，它可以说它"无法证明"政府对米尔肯和公司的指控是"虚假的"；德崇公司不用必须放弃他的"律师·当事人特权"，但是它必须同政府合作，调查米尔肯；

它必须接受六项重罪，包括许多同布斯基有关的违法活动，并且要缴纳6.5亿美元的罚款。在最后一点上政府坚决不动摇：德崇公司不允许向迈克尔·米尔肯和洛厄尔·米尔肯发放当年的奖金，兄弟二人必须离开公司，或者自愿离职，或者被辞退。

卡罗尔明确表示，这是政府的最终条件，德崇公司不要再指望能够得到进一步的妥协，他们冒险一搏的想法必须中止。他还告诉柯宁，如果政府得不到该公司进一步的答复，他们就会在第二天的下午向大陪审团提起诉讼，指控德崇公司。

12月21日星期三中午时分，约瑟夫再次召开了董事会会议。选择尽管很痛苦，但是已经很清楚了。如果受到RICO法案起诉的话，公司可能连一个月都支撑不下去。柯宁估计，公司可能要缴纳高达10亿美元的罚款，公司的信誉会立即消失。另一方面，同政府的协议虽然苛刻，但是只要公司全体员工一致支持这个决定，至少不会让它立即垮台。柯宁建议接受协议，欧文·施奈德曼和约瑟夫的私人律师米尔斯坦也同意这个建议。施奈德曼是卡希尔律师事务所的合伙人，也是该公司长期以来外聘的主要法律顾问。

然而，彼得·弗莱明却公开反对，他和米尔肯的支持者站在了一起。约瑟夫和柯宁知道，一段时间以来，弗莱明同米尔肯阵营的人关系越来越近。他的话听起来更像是米尔肯的律师，他声称政府的证据并不全都是致命的。实际上，在德崇公司同政府达成协议的事情上，他早已经和米尔肯辩护律师们的立场一致了。作为一名刑事律师，而不是公司的律师，他不认为RICO法案会毁灭公司。他对董事会说，德崇公司应该拒绝和政府达成协议，接受起诉，然后看看会发生什么。

布莱克、基西克和巴彻勒迅速站在了弗莱明的身后。布莱克平常是一个反复多变的人，现在似乎对公司可能要抛弃米尔肯感到非常烦恼。下午4点钟，争论仍然没有解决。这时，卡罗尔打来了电话，他对柯宁说："你们马上就要被起诉了。"

大陪审团即将投票表决确定起诉的消息使德崇公司的董事们非常恐慌。伯纳姆亲自出马试图拯救德崇公司，公司的名字里就包含了他的姓。但是，现在他对公司的情况基本上不怎么了解。他非常激动，几乎是歇斯底里，要求董事会立即投票表决。

公司的16名董事支持同政府达成协议，其中包括林顿、坎特、伯纳姆和布鲁塞尔·兰伯特集团的所有六名董事代表。基西克、布莱克、巴彻勒和另外两人投了反对票。由于结果已经非常明确，约瑟夫投了最后一票。尽管他是一直赞同和政府达成协议的人，但是他却做了最后的、显然是虚伪的努力，他试图借此弥补他和米尔肯支持者之间的裂痕。他投票反对认罪协议。

当董事会成员们闷闷不乐地走出会议室时，约瑟夫回到了自己的办公室，打了一个电话，这是他职业生涯中最为艰难的一个电话。这个电话是打给比弗利山的米尔肯的，在电话中，他们谈了大约10分钟。当约瑟夫把董事会的投票结果告诉米尔肯时，米尔肯说他已经从其他律师那里知道了。米尔肯气势汹汹地问道："还没有证明就说我有罪？这还是不是一个自由的国家呢？"

约瑟夫发誓他不再参与讨论纳粹德国或者道德的问题。约瑟夫说："很抱歉，迈克尔，董事会已经投票表决了。这是最终决定，希望你能理解。"

尽管很早以前爱德华·贝内特·威廉斯就提醒米尔肯这一天早晚会来，但是他似乎仍然很震惊，说他对失去公司的支持非常失望。他说："我想我只好自己战斗、自己做决定了。"

又花了几天时间双方才将协议的最后细节敲定，协议最终确定了，这个消息要在圣诞节前公布。德崇公司将会接受什么罪名没有具体公布，米尔肯将会如何处理也没有披露。但是德崇公司作出了一个关键的让步，它承认将配合政府继续调查——这对米尔肯的重要性是显而易见的。正如南卫理公会大学（Southern Methodist Univesrity）证券法教授艾伦·布隆伯格在《华尔街日报》上发表的评论所说："这是朱利安尼所实施的一项非常精明的指控，这是向被告施加压力以获得更高层被告罪证资料的典型案例。"

约瑟夫的判断至少在两个方面被证明是正确的：一是德崇公司经受住了认罪后的首次打击；二是公司的高层人员没有一个辞职。阿克曼进入了董事会，同基西克和布莱克一样成为董事会的成员，他们三人一起投身到了悬而未决的雷诺公司的交易之中。雷诺公司的收购案现在成了对德崇公司的测试，检验该公司在后米尔肯时代是否可以存活。1989年1月18日，德崇公司在圣迭戈开始了全国路演活动。后来，数百名潜在的购买者来到了纽约的赫尔姆斯利宫酒店（Helmsley Palace）舞会大厅，参加由德崇公司举行的早餐会。到1月末时，欢欣鼓舞的德崇公司的经理人可以大胆地说这次融资工作已经取得了巨大的成功。购买者非常多，销售金额已经超过了50亿美元，最后不得不增发。德崇公司赚到了2.5亿美元的服务费，并且，像以前一样，它把美林公司排斥到了整个融资活动之外。

甚至恩格尔也同意履行他原来的职责，组织1989年的捕食者大会，尽管对德崇公司同政府达成协议一事他非常沮丧。他坚持认为德崇公司宁可破产也不能抛却米尔肯，但是雷诺公司交易上的成功似乎给了他些许安慰。

恩格尔飞回比弗利山分部同大会的组委会开会，并筹划第一个没有米尔肯参与的捕食者大会。他坚持认为没有人能够填补米尔肯的空缺，甚至约翰·基西克也不行。约瑟夫已经任命基西克做米尔肯的继任者。在考虑人选时，约瑟夫也考虑过阿克曼和特雷普，但是阿克曼太好制造分裂，而特雷普则缺乏必要的风度和管理能力（和基西克不同，阿克曼和特雷普也受到了调查，约瑟夫不想再看到有人被起诉，导致比弗利山分部的业务再次遭到干扰）。恩格尔下令，再也不能有人像米尔肯以前那样在每天的会议上发表例行演讲，确定会议内容的基调。作为替代的是，会议上将播放以颂扬米尔肯精神为主的录像资料。其实，这次垃圾债券大会的主题就是慷慨而又热情地称赞米尔肯。

接着，约瑟夫发布了一个备忘录，命令公司的员工不要再和米尔肯有进一步的联系，这激怒了组委会的成员。约瑟夫还禁止在大会上播放赞颂米尔肯的录像。这让米尔肯的助手洛兰·斯珀奇忍无可忍，她甚至对录像的事歇斯底里，她、罗伯特·达维多夫（高收益部门的一位高层人士）和哈尔·霍罗威茨（米尔肯的儿时好友）一起威胁说，如果约瑟夫不允许在大会上播放录像，他们就要破坏这次大会。约瑟夫坚决不退让，他说公司和证券交易委员会的谈判正处在一个敏感的阶段，他不希望这次大会上出现任何引起证券交易委员会不满的事情。

3月，郁闷的组委会成员——恩格尔、霍罗威茨、达维多夫和斯珀奇——一起聚集在比弗利山分部五楼的会议室开会。他们的筹划工作毫无目的地进行着。恩格尔提不起一点儿兴趣，几乎不想再继续做下去，正在考虑退出。突然，门开了，米尔肯走了进来，带着想法和活力来了。他一在桌子旁坐下，就立即针对大会的筹备工作讲了起来，好像什么都没有改变，好像他还在领导这次会议的组织工作，正在台上介绍当年的特邀名流一样。他列举了德崇公司主要客户详细的最新财务数据，特别提到了MCI通信公司和20世纪福克斯公司最近刚刚取得的成功；他也讲了在会议上如何向参会者介绍这些情况。

就像突然进来一样，米尔肯突然又走了。不管怎么说，恩格尔意识到，这是米尔肯最后一次帮他们策划大会。他热泪盈眶地环顾四周，看到其他人也是正在竭力克制感情。但是，他们的劲头重新恢复了。他们要向世界展示，会议要继续进行下去，他们还要在会上播放录像，不管约瑟夫怎么说，他们都要这么做。他们是为了米尔肯的客户，也是为了米尔肯。

德崇公司同美国检察官办公室达成的认罪协议要根据该公司同证券交易委员会达成的协议而定。在华盛顿，证券交易委员会仍然对德崇公司耿耿于怀，该公司在布斯基一案上对它大肆抨击，并且引发了随之而来的种种批评指责，现在是它复仇的时候了。

约瑟夫在公司里受到了恩格尔和其他人的批评，说他在同联邦检察官办公室的谈判中被朱利安尼和贝尔德击得一败涂地，对此他非常郁闷，因此，这次同证券交易委员会谈判时，他组织了一支新的团队。他把柯宁和弗莱明撤换了，因为这两人让证券交易委员会非常恼火，林奇坦率地承认他"讨厌这两个人"。约瑟夫让卡希尔律师事务所的另外一名合伙人杰拉尔德·坦嫩鲍姆参与进来。他还把约翰·索特也加了进来，他是公司金融部的管理人员，温文尔雅，为人谦逊，并且和米尔肯的违法活动毫无牵连。不幸的是，约瑟夫把利昂·布莱克也放到了谈判小组，没多久布莱克就激起了证券交易委员会律师们的新一轮愤怒。

1989年1月，当德崇公司的谈判小组抵达华盛顿时，林奇、斯图克和证券交易委员会的其他人员都期待着他们最后会以恳求者的姿态出现，寻求怜悯。毕竟这家公司刚刚承认了六项重罪，并且同意缴纳证券法颁布以来最高额的罚金。谈判一开始，林奇就明确地表明，只有德崇公司承认违法活动，否则不可能达成任何协议。然而，布莱克用他惯有的鼻音声称："我不知道德崇公司有什么问题。"证券交易委员会的律师们全都目瞪口呆。布莱克又反复说他没有看到公司违法的任何证据，他还补充说，在达成协议之前，"我们"需要证券交易委员会提供更多的证据。在证券交易委员会的律师们看来，这真是傲慢自大。

布莱克的姿态不仅激怒了执法处的人员，也激怒了委员们。证券交易委员会决定以牙还牙，对该公司实施重罚，除了其他要求之外，它还特别提出：将米尔肯和洛厄尔开除，德崇公司禁止从事垃圾债券承销业务两年，关闭公司比弗利山分部，该业务部门搬回纽约——这个要求使布莱克怒不可遏。对林奇来说，除了开除米尔肯之外，他本来对其他要求并不在乎，他只是把它们当作谈判的筹码。但是，证券交易委员会的委员们现在怒火中烧，他们较真起来，拒绝在这些要求上做出任何让步。

布莱克继续嚣张地负隅顽抗，证券交易委员会认为他的目的就是破坏达成协议，这样就可以导致该公司同联邦检察官办公室达成的认罪协议无效。但是约瑟夫不敢肯定，他认为这是布莱克一贯采取的谈判风格，就是尽可能地冒犯攻击谈判对手。但是，在谈判即将破裂时，约瑟夫到华盛顿去见林奇。

约瑟夫现在是最为理智的时候。他厌倦了所有这些对抗，想让公司摆脱噩梦的纠缠。他开口说道："加里，你要老实告诉我，你们是想把德崇公司搞垮吗？或者你们想重建新的监管标准——可以为整个行业树立一个标本？因为，如果你们决心把我们搞垮的话，我们就不会和鲁迪·朱利安尼达成协议了。我们就会接受RICO法案起诉，随便怎么着都行。但是，如果你们想树立一个监管标本，那也是我们的目标。因此，到底是怎么回事呢？"

林奇回答说："后者，我们不想把你们从这个行业赶出去，我们不想再进一步惩罚你们。"约瑟夫同意将布莱克从谈判小组中撤出去，并加紧努力同证券交易委员会达成协议。林奇和约瑟夫之间的关系现在看起来非常和谐，非常具有建设性，每个人都在想，如果在两年前他们第一次谈判时就采取这种姿态，整个事情的发展可能就会完全不同，但是在那次谈判时，他们相互指责攻击导致谈判不欢而散。

在林奇和约瑟夫和谐新关系的帮助下，布莱克也退出了，谈判在心平气和中不断发展。索特和坦嫩鲍姆设法让林奇和他的同事们相信德崇公司的内部情况已经动荡不安，对米尔肯的任何惩罚都可能摧毁公司员工支持同证券交易委员会达成协议的脆弱基础。证券交易委员会同意做出让步，放弃了要求比弗利山分部迁回纽约的条件，也不再禁止该公司从事垃圾债券的承销业务。然而，在米尔肯兄弟的命运上面，他们绝不手软：在和证券交易委员会达成协议之前，他们必须离开公司。在这个问题上，约瑟夫有权自己处理。他认识到，到了该把这个消息告诉米尔肯的时候了。当董事会对认罪协议进行表决之后，约瑟夫给比弗利山的米尔肯打了个电话。

米尔肯一拿起电话，就向约瑟夫诉苦，说他现在过得非常艰辛，他的孩子们在学校遭人殴打，还被人耻笑，说他们有个罪犯爸爸。在这个时候，约瑟夫不知道是否应该相信米尔肯，他说："迈克尔，我知道你有很多忧虑。"但是，接着他就说到了关键的问题，他说："在我看来，你最好自己辞职，不要等着被解雇。不过，这还要看你自己怎么选择。你打算怎么处理呢？"

米尔肯似乎非常震惊，尽管他的离职很显然是和政府达成认罪协议的一个条件。他柔和地说："我想我会永远在这里工作的。"他的声音听起来有点儿伤感。但是，他同意和洛厄尔去休假，最后辞职，不用麻烦约瑟夫来解雇他们。他们同意让律师们来商议具体的细节，然后，他们挂断了电话。这是他们最后一次通话。

在联邦检察官办公室，空气中弥漫着一种改变和新的紧迫感。朱利安尼马上就要离开了，他想把弗里曼和米尔肯的案子处理完。他对贝尔德说，弗里曼的案子没有取得更多的进展，他感到非常沮丧。弗里曼的律师们在紧逼着政府达成协议，提出的条件是政府放弃刑事指控，只在和证券交易委员会的协议中体现相关的指控。朱利安尼提醒布鲁斯·贝尔德，说他会认真考虑这个提议。在弗里曼一案上的损失同米尔肯的判罪相比，得远远大于失。

卡图希罗、卡罗尔和其他负责此案的检察官们疑虑重重。普林斯顿·纽波特合伙公司的案子还没有进行审判，如果政府在弗里曼一案上取得成功，很有可能会迫使里甘、纽伯格和其他的被告屈服并最终合作。那就意味着借助弗里曼一案寻求突破的一切可能全都消失。但是，在米尔肯的案子上，卡罗尔同意再和米尔肯的阵营进行接触，尽管他们仍然在公开对抗。卡罗尔同威廉斯·康诺利律师事务所的利特联系了一下，并开始进行初步的协商。在协商中，利曼也参与进来，这让卡罗尔备受鼓舞。这就意味着，米尔肯在认真考虑谈判的问题，这对他来说，可能还是第一次。

但是，谈判陷入了僵局，因为米尔肯坚持要给洛厄尔豁免，并把这作为协议的一部分。朱利安尼极其失望。他急于在离职前抓紧时间解决这个案子，这样会增加他的声望。米尔肯没有被定罪，弗里曼的案子就不能再考虑妥协解决。朱利安尼在1989年1月末从联邦检察官办公室离职，随后立即就受到了米尔肯公关人员的攻击，指责他处理米尔肯案子的方式。随着米尔肯公关活动的展开，这几起案子成了朱利安尼许多办案记录中遭到恶意炒作的污点。

米尔肯和政府谈判的消息被泄露给了《华尔街日报》，而米尔肯的律师们还继续向约瑟夫和柯宁说没有进行什么谈判。米尔肯的律师们发表了一个声明："检察官们和辩护律师们的讨论在任何刑事案件中都是常规的活动，尤其是司法部已经批准了（以RICO法案）提起指控。在本案中，检察官们同我们进行联系，提出了一些建议，但是被我们拒绝了。现在，我们同联邦检察官办公室之间没有任何讨论。米尔肯先生和他的律师正在为辩护做准备。如果米尔肯先生被起诉了，他将不会认罪，并全力为自己辩护。"

但是联邦检察官办公室的临时检察官贝尼托·罗马诺就职后，米尔肯的律师们几乎立即就恢复了认罪协议的谈判，以测试这位新负责人的决心。罗马诺以前是朱利安尼的助理，后来做了私人律师，此次是应朱利安尼之请出任联邦检察官办公室的检察官。双方对达成认罪协议的期望非常强烈，对检察官们来说，尽管他们对米尔肯一案很有信心，但是经过长达两年半的调查，他们已筋疲力尽了，而且，此案还要面临漫长而又复杂的审判。这种复杂的金融诈骗案以前还从未在大陪审团面前审判过。对米尔肯来说，如果他打算认罪的话，很显然，在被起诉之前认罪对他最为有利，这样可以避免将整个案情全部公开。卡罗尔再次给威廉斯·康诺利律师事务所的利特打电话，开始进行谈判。

谈判一直持续了几个星期。当桑德勒亲自从西海岸飞到纽约的圣安德鲁斯广场同贝尔德谈判时，检察官们知道米尔肯是在认真考虑谈判。贝尔德对桑德勒的角色感觉很好奇。尽管米尔肯已经同时聘请了宝维斯律师事务所和威廉斯·康诺利律师事务所（这是美国经验最为丰富的两家刑事律师事务所），但是最终拍板决定的似乎还是桑德勒。桑德勒在谈判时很少发言，他似乎在试图估计贝尔德的实力和诚意，而不是政府在此案上的优势。他的行为好像是在怀疑政府的整个调查活动，认为政府起诉米尔肯的威胁只是虚张声势。贝尔德竭尽所能向他表示，政府希望达成协议并不是政府在此案上软弱的标志，如果米尔肯拒绝达成协议，那么政府就会毫不犹豫地提起诉讼。

到3月底时，检察官们已经提出了大致的协议条件。许多细节仍需进一步敲定，如罚金的数额等，但是米尔肯对此从来没有担忧过，这个问题可以轻松地解决。考虑到佩泽尔和达尔最近的供述，这个协议还是相对比较有利于米尔肯的：只需要承认两项重罪，如果将洛厄尔豁免的话则必须承认三项。但是，按照大多数认罪请求的惯例，米尔肯必须承认违法活动，并且同意和政府合作。

贝尔德、卡罗尔和法德拉以及参与此案的多数检察官们都对这个协议大伤脑筋，他们担心这些条件对米尔肯太有利了。他们还有许多值得追踪的调查线索，但是，他们提出了这个协议，米尔肯的律师们也暗示可以接受。尽管弗鲁门鲍姆和桑德勒表面上仍然坚称米尔肯是无罪的，但是利曼和利特似乎仍然赞同达成认罪协议。然而，只有得到米尔肯的正式同意，一切才能最后确定。政府给米尔肯的最后期限是3月29日星期三下午3点，如果过了这个时限，他就会被起诉。

这一天很快就来到了，但是比弗利山仍然没有消息传来。联邦检察官办公室的复印机开始高速运转起来，因为对米尔肯的起诉书很长，涉及98项罪名,这些材料都必须复印出来。另外,关于起诉的新闻发布会的稿子也需要准备好。起诉书最让人震惊的不是它的长度或者内容。起诉书中的大多数指控都和证券交易委员会的指控相同,着重强调了同布斯基的非法交易和那笔530万美元的付款,以及同普林斯顿·纽波特合伙公司的非法交易。里面没有提到达尔和佩泽尔所披露的情况,这些情况大部分仍然在调查中。起诉书中最引人注目的可能就是涉及的金额了。起诉书中说,米尔肯一年中从公司(起诉书中称之为"欺诈勒索型公司")牟取的非法所得就高达5.5亿美元。这个情况是第一次披露。根据RICO法案规定,政府要求米尔肯缴纳12亿美元罚款。

在星期三下午,卡罗尔和法德拉来到了圣安德鲁斯广场罗马诺的办公室,他们要等待米尔肯的律师打来电话。大陪审团已经在法庭准备就绪,等候下午3点的最后期限。时间慢慢过去,而米尔肯还没有传来消息。法德拉立即离开办公室,到法庭去见大陪审团。陪审员们已经知道政府保留了其他的证据,法德拉向他们简要回顾了一下整个案子。现在,就等着他们投票表决了。

利特期盼着米尔肯的案子能够以达成协议而告终,他已经计划和家人去迪士尼乐园游玩,他坐在电话旁静静地等待着消息传来。利曼已经定好了去法国旅游,他也在等着比弗利山的消息。上午的时间一分分地过去了,仍然没有米尔肯的电话。据说,他正和妻子在密室中商议。

利特看着时间过了中午,便给其他律师打电话,想看看他们那里的情况,但是电话一直占线。他还给卡罗尔打了个电话,卡罗尔提醒他说最后期限没有推迟。最后,他打到了比弗利山,米尔肯接了电话。

米尔肯说:"我不能决定啊,我有些担忧……"

利特不耐烦地打断了他的话:"你必须做出决定,他们去找大陪审团了。"米尔肯仍然犹豫不决。最后,到了下午3点,最后期限过去了,米尔肯还没有决定。利特万分绝望,他给罗马诺的办公室打电话,说他们似乎没法达成协议了。

卡罗尔听到后垂头丧气。他疲惫不堪，但是又无可奈何，只好离开了罗马诺的办公室，亲自去把这个消息告诉了法德拉。法德拉最后请大陪审团投票表决，结果是起诉米尔肯。

然而，政府还没有立即采取行动。原定下午4点在圣安德鲁斯广场举行新闻发布会，现在也被推迟了。当天下午晚些时候，起诉书的副本开始散发，新闻发布会也开始举行。贝尔德来到罗马诺的办公室讨论接下来的行动。此时，罗马诺的电话铃响了，是利曼打来的。他的声音非常急促，他是从肯尼迪国际机场打过来的，他正在等着坐飞机去法国。

米尔肯终于做出了决定。利曼说："米尔肯愿意接受协议。"

罗马诺说："很遗憾啊。"接着，他停顿了一下，甚至没有和贝尔德商议，他又补充了一句："太迟了。"

15. 法网恢恢

米尔肯刚刚做出了他职业生涯中最糟糕的一笔交易，罗马诺和贝尔德对事情的变化非常诧异，他们甚至在想米尔肯的脑子里究竟在琢磨什么。也许，作为一名交易员，米尔肯只是相信一笔更好的交易可以通过蔑视最后期限而达成。

两位检察官紧绷的神经松弛了下来，最后期限终于过去了。他们一直担心这份认罪协议太宽大仁慈，那天上午他们已经协商好，最后期限一过，协议就将收回。他们不会再重新考虑它了。然而，他们没有说起利曼打电话的事，甚至对他们的同事也没有说。利曼也没有把这件事告诉米尔肯阵营的其他人。

当新闻发布会最终开始时，已经是下午5点15分了。罗马诺在会上宣布米尔肯已经被起诉，罪名共98项，其中包括RICO法案的指控。他指出，对米尔肯的罚金也是有史以来政府对个人处罚最高的一次。正如米尔肯已经同意的，他已经从德崇公司休假，并发表了一份声明。声明说："在美国，起诉标志着诉讼程序的开始，并不是结束。在经历了两年半的谣传和曲解之后，我现在迫切希望可以公开并公正地将所有的事实告知天下。对于指控,我坚决否认,并且要奋力抗争。我坚信最后我终将被证明是无辜的。"

两周后,米尔肯秘密地来到了曼哈顿的联邦法院接受提审。他提前三个小时就来到了法庭,当轮到他时,他拒不接受指控。这是他第一次和负责审理他的法官金巴·伍德见面。伍德最近刚刚被里根总统任命为法官,她温柔可亲,思维敏捷,黑发飘飘。从她的履历中几乎看不到她将如何审判一起重大的证券欺诈案。

米尔肯晒得有点儿黑,不过看起来很放松。他站在伍德法官的面前,利曼和弗鲁门鲍姆分别站在他的两边。他的妻子洛丽和桑德勒坐在旁听席的第一排,就在他的身后。法庭里挤进来了几百人,大部分都是记者。伍德法官问道:"你今天身体感觉如何?"米尔肯回答说:"很好,法官大人。""你看内科医生或者精神病医生了吗?"米尔肯回答说:"没有,法官大人。"确实,他的律师们甚至也认为他现在的精神状态要比最近几周来都要好。诉讼反而让他如释重负,尤其是诉讼主要是依赖布斯基的供述。米尔肯再一次相信他会赢得这场审判。伍德法官问道:"你想如何辩护呢?"米尔肯坚定地回答说:"无罪,法官大人。"

米尔肯现在得到了曾经专属于布斯基的恶名。当他离开法庭匆忙钻进等候的汽车时,大批的旁观者和电视记者朝他涌过来,但是却被一群全副武装的警察挡住了。数百名米尔肯的支持者也来到了法庭外面,他们身穿T恤,头戴棒球帽,上面还印着"迈克尔·米尔肯,我们相信你"。米尔肯的主要客户们也在《华尔街日报》《纽约时报》和其他的报纸上刊登整版的广告,上面重复登着一句话:"我们相信你。"用这种方式来支持被指控重罪的人,这是一个先例。

但是,米尔肯的公关活动甚至离事实更为遥远。米尔肯被起诉之后,又有一些指控米尔肯的证人同政府达成了协议。大卫·所罗门可能是最具毁灭性的,他向政府供述了他和米尔肯之间的非法交易,包括芬斯伯里基金和麦克弗森合伙公司的非法活动,此外,他还供出了其他的犯罪活动。里德·哈蒙是比弗利山的另一名员工，他也参与了同布斯基的非法交易，他获得了政府的豁免，并出庭作证。米尔肯同哥伦比亚储蓄与信贷银行的交易，包括非法逃税的交易，都在紧张的调查中。

1989年3月，政府开始以伪证罪起诉莉萨·琼斯，这是从莱文和布斯基供述中引发的第一起庭审案。她的律师布赖恩·奥尼尔没有什么可辩护的，只是呼吁陪审团同情这位曾经积极进取的年轻姑娘。琼斯被带到了被告席上，她哭泣着对陪审团说："我当时在大陪审团面前非常惊恐，我只是想我回答得不太准确，因为我想不起来了。"陪审团只花了四个小时就宣告琼斯有罪，所有的罪名成立：五项伪证罪和两项妨碍司法公正罪。当法庭宣布判决时，琼斯禁不住哽咽起来。罗马诺补充说，琼斯一案表明政府对伪证罪的指控是"非常严肃"的，这句话很显然是在向其他潜在的证人暗示。

然而，一个更为重要的审判即将开始，这就是对里甘和他在普林斯顿·纽波特合伙公司一案中其他共同被告的审判。米尔肯阵营经常说他们认为陪审团是不会搞清楚这么复杂的金融案的。审判于六月份开始，一直持续了5个星期，指证工作经常是乏味而又复杂的。陪审团听了检察官们在突击检查普林斯顿·纽波特合伙公司总部时查获的众多录音带。威廉·黑尔，就是被普林斯顿·纽波特合伙公司解雇的那位员工，也出庭作证了。更为重要的是，弗雷德·约瑟夫也出庭作证了。作为一名政府的证人，约瑟夫解释了德崇公司自己制定的禁止对公司客户的证券进行交易的规则。

陪审团只用了不到两天的时间就完成了审议工作，对于一个牵涉到了64项重罪的复杂案子来说，这个时间确实比较短。被告们认为这就是宣告他们无罪的标志，尤其是詹姆斯·里甘，他一直都认为任何陪审团都会判决他无罪的，这种念头他从来都没有动摇过。正如卡图希罗在诉讼结论中所说的，这些被告全都是一群"傲慢自大的人，认为他们所做的一切极其复杂和巧妙，无人能够参透其中的奥妙"。

7月31日,当陪审员们在审议结束列队回到法庭时,其中一位被告扎尔热茨基,也就是在录音带中非常突出的那个人,竟然春风满面,笑容可掬,并向旁听者竖起了大拇指。但是,当陪审团主席宣读判决书时,气氛突然改变了。审议的结果是:64项罪名中的63项成立。许多被告的妻子一下子就哭泣起来。

　　罗宾逊公司的人员听到审判结果时,非常郁闷。尤其是肯尼思·利勒尔,似乎对这个结果非常震惊。许多人都曾经信誓旦旦地预言陪审团将会宣告被告无罪的,最坏的情况就是无效审判,在这些人中,利勒尔是最为突出的。

　　然而,对检察官们来说,这个决定性的有罪判决并没有给他们带来更为直接的他们所希望的突破。尽管增加了新的压力,但是纽伯格和里甘仍然拒绝认罪。这两名被告最可能向政府提供关于米尔肯和弗里曼的很有价值的信息。

　　由于里甘仍然在负隅顽抗,弗里曼一案的每一条调查线索几乎都被堵死了,负责此案的卡图希罗和麦坎尼基本上没有什么进展。高盛公司密不透风,没有人"叛变投降",这也反映了该公司的组织文化,这种文化要求公司的利益高于单个合伙人的利益,并且已经经过了好几代人的锤炼。检察官们根据《华尔街日报》上的一篇文章追踪到了比阿特丽斯公司的收购案,并讯问巴尼·拉斯克关于他给弗里曼打电话的事。拉斯克声称他想不起来这件事了。检察官们日益绝望,为了寻找突破口,他们竟然提出给泰伯尔豁免权,以换取进一步指证弗里曼的证词。但是,泰伯尔拒绝了,因为他感觉到政府的调查可能没有取得任何进展。威格顿几乎都被遗忘了。

　　西格尔独自待在佛罗里达的家中,焦急地等待着自己的案子尽快宣判,他越来越忧虑。弗里曼、高盛公司和德崇公司联手聘请了朱尔斯·克罗尔私家侦探公司(Jules Kroll),对西格尔的所有活动进行跟踪调查。一次,西格尔在杰克逊维尔市为孩子们组织计算机训练营活动。有一天，西格尔正在一位潜在捐款人的办公室洽谈，突然电话铃响了。打电话的人自称"菲尔·斯彭斯"，是美联社的自由记者。他告诉那位商人他正在写一篇关于"伊万·布斯基和马丁·西格尔关系的文章"，他问这位商人，西格尔是否在他的公司有"隐藏的利益"。当"菲尔"拒绝进一步透露自己的身份，或者留下电话号码时，这位商人把电话挂断了，最后，他也拒绝为西格尔的计算机训练营活动提供赞助。

西格尔和拉科夫就这件事向卡图希罗抱怨，卡图希罗进行了追查，最后发现美联社根本就没有一个叫"菲尔·斯彭斯"的人，这个打电话的人实际上是朱尔斯·克罗尔私家侦探公司的侦探。这个自称菲尔的人也给西格尔以前在康涅狄格州居住时的邻居打了电话。当西格尔到纽约拜会朋友时，"菲尔"给西格尔的这位朋友也打了电话。他上来就说："我知道你是在帮助马丁·西格尔藏钱。我们知道这件事的。"后来，一个人到了西格尔这位朋友的家中，声称自己是纽约州警察局的侦探，并且亮出了自己的徽章。这位朋友让他进了屋，那人进屋后四处看了看。后来，这位朋友给警察局打电话，却发现那里根本就没有这个侦探。根据那个人的徽章牌照，联邦检察官办公室追查到这个人就是朱尔斯·克罗尔私家侦探公司的人。

检察官们非常恼火，他们威胁说要起诉朱尔斯·克罗尔私家侦探公司，告他们妨碍司法公正和骚扰联邦证人。该公司同意停止活动。接着，该公司的侦探又开始采取其他方式活动，他们同和西格尔的孩子们一块儿拼车的孩子的家长联系。一名侦探甚至还用50美元贿赂西格尔家雇用的16岁的小保姆，问她西格尔是否给她支付现金报酬，是否看见西格尔吸食大麻。西格尔夫妇还经常在半夜三更接到骚扰电话，他们不得不三次更换电话号码。检察官们再次警告朱尔斯·克罗尔私家侦探公司，此后，这些骚扰活动才逐渐消失。

尽管朱尔斯·克罗尔私家侦探公司对西格尔的骚扰让他十分不舒服，但是弗里曼、高盛公司和德崇公司花了150万美元聘请该公司，最后却没有得到任何结果，只是落得让人耻笑的地步。现在，西格尔在想他还能再容忍多久。每一次，当媒体上提到弗里曼一案时，西格尔都被讥讽为说谎者。1989年1月，他到纽约找到了贝尔德，请求对他进行审判。贝尔德再次劝他回去再等等。

弗里曼的律师罗伯特·B.菲斯克（来自达维律师事务所）和保罗·柯伦（来自凯寿律师事务所）以及高盛公司的佩德威兹继续同政府进行卓有成效的会谈。和米尔肯的律师不同，他们从来不声称弗里曼是无辜的，也从来不说西格尔是说谎者或者弗里曼是国家财富，并以此贬低检察官们的才智和判断力。相反，他们只是不断进行大量的调查工作，以表明弗里曼和西格尔的交易信息可能存在其他的来源，而不是内幕消息。他们从来没有声称这些调查是真实可靠的，他们只是强调他们的调查能够激发陪审团的疑虑。由此可以看出，起诉专业套利人进行内幕交易的案子是多么困难，即使有像西格尔这样的合作证人也是艰难无比。

然而，贝尔德和他的同事们还是准备将此案提交给陪审团。他们认为可以依据西格尔的有力证据和其他的确证文件证据提起诉讼。接着，案情终于出现了一个幸运的突破。

在对西格尔的证词进行最后确证时，检察官们对弗里曼的高级助手弗兰克·布罗森斯提出了豁免，并把他带到了大陪审团面前。布罗森斯是高盛公司套利部的员工。最开始时，布罗森斯没有提供任何新的或者有价值的情况。接着，就在大家都要放弃时，麦坎尼问他："你还记得其他什么事吗？"布罗森斯似乎非常不安，他问是否可以和他的律师协商一下。传讯暂时中止了，他得到许可去和律师协商。

当布罗森斯回来时，他回答说："是的。"接着，让检察官们惊喜的是，他承认弗里曼在比阿特丽斯公司的交易中给西格尔打过电话。弗里曼在打完电话后，情不自禁地重复了西格尔确认巴尼·拉斯克的消息的那句话："你小子鼻子够灵的啊。"这证明是弗里曼的一个致命的轻率之举。

最后，政府得到了些许确证情况，这产生了超预期的惊人效果。布罗森斯立即被高盛公司和弗里曼的律师们召去汇报情况，他把对政府坦白的情况重复了一遍。他们全都惊呆了。当《华尔街日报》在一年多前刊登那篇包含"鼻子够灵"那句话的文章时，他们就认为政府的检察官们是故意把这个情况透露给《华尔街日报》，希望借此给弗里曼施加压力。他们推断，这就说明政府有一个消息源——可能就是西格尔——而这个人可以证明同弗里曼交换情报的谈话。

然而，直到1989年6月，检察官们才向西格尔讯问"鼻子够灵"那句话的事，他再次被带到了大陪审团面前。当被问道在比阿特丽斯公司的收购案和"鼻子够灵"这句话时，西格尔回忆说那天他给亨利·克拉维斯和弗里曼打过电话，但是他已经想不起来说过什么了，只是好像有这句话。他想不起来这句话了，也想不起来在比阿特丽斯公司的收购案上曾经给弗里曼提供过内幕消息。

弗里曼的律师们陷入了米尔肯和德崇公司的律师们曾经陷入的一个陷阱中：他们简单地认为记者可以从任何人那里获取信息，但是政府除外。他们从来没有考虑过政府对"鼻子够灵"这句话原本是一无所知，也是从《华尔街日报》上才获悉的。他们猜测西格尔将为这段对话作证，并且，他们现在认定——错误地认定——政府有两个证人，不只是布罗森斯。

高盛公司的联合董事长罗伯特·鲁宾是弗里曼长期以来的支持者，最后也对此案的看法产生了动摇。他总是认为弗里曼的案子是一个"可以裁判的"案子，一个很有机会获胜的案子。然而，在对潜在的陪审团组成人员进行研究后，他发现结果并不乐观。公众显然认为套利人都不是什么"好鸟"，并且弗里曼还从中获取了高额的利润。对普林斯顿·纽波特合伙公司的裁决证实了鲁宾的忧虑，公众对腰缠万贯的华尔街经理人都怀有恶感。

再者，弗里曼并没有对比阿特丽斯公司的收购案提出辩解。他从来没有否认巴尼给他提供消息一事，也没有否认是根据这些消息进行交易的。对普林斯顿·纽波特合伙公司的裁决对弗里曼尤为残酷。有位律师认为，在里甘被定罪后，"弗里曼再负隅顽抗就没有意义了"。

鲁宾自己现在也认为弗里曼的"判断有误"，正如他给高盛公司的同事们所说的那样。如果这个曾经被政府指控为大规模阴谋的违法活动现在被简化为一句话"你小子鼻子够灵的啊"，那么鲁宾确信，这个案子最终可能会以对高盛公司损害最少的方式而解决。实际上，政府可能会成为一个笑柄。

弗里曼的律师们同贝尔德和其他检察官进行接触，并且表示愿意考虑认罪协议，接受一项罪名，承认在比阿特丽斯公司的交易案中进行内幕交易。这立即在检察官当中引起分歧：卡图希罗和麦坎尼坚决反对这样的协议，因为这明显有利于弗里曼，他们愿意继续追查下去；但是，贝尔德认为这个协议还是有许多可取之处。根据协议，弗里曼将承认有罪，被禁止再涉足证券业，并有可能被判入狱。其他未尽事宜可以由证券交易委员会提起民事诉讼进行解决。

贝尔德认为不能总是拖延西格尔，他等待审判已经两年多了。此外，和米尔肯不同，弗里曼的案子并不会随着时间的推移而增加新的有力的证据。贝尔德曾经发誓要把弗里曼一案追查到底，但是现在他迫切希望离开联邦检察官办公室，尽快自己开业当律师。

对罗马诺来说，这个协议也是为他的朋友兼导师朱利安尼帮忙的机会。朱利安尼竞选市长的活动正处在白热化阶段，如果现在解决了弗里曼的案子，就会为他的竞选铺平道路，因为该案的解决可以说明朱利安尼逮捕弗里曼是因为他有罪，而不是像朱利安尼的批评者所指责的那样，认为弗里曼是无辜的受害者。因此，罗马诺支持贝尔德。尽管卡图希罗和麦坎尼继续抱怨不停，但是他们最终还是被说服了，因为他们得到了许诺，可以在弗里曼的宣判听证会上提交他其他违法活动的所有证据。

8月17日，弗里曼出现在了联邦法庭，同意接受一项重罪。同时，他宣布从高盛公司辞职。在辞职时他说，19年来，这个公司一直都是"我生活中密不可分的一部分"。在给高盛公司资深合伙人约翰·温伯格的辞职信中，弗里曼承认在比阿特丽斯公司的收购案中有罪，但是他没有道歉。他坚持说自己在整个职业生涯中再没有其他任何违法行为，并说政府的调查活动对他和他的家人都是一场噩梦，并暗示他之所以认罪，主要是为了早日结束调查活动。弗里曼的认罪协议没有要求他和政府合作，因此，他也从来没有和政府合作过。

高盛公司竭力淡化此事的影响，并抓住机会抨击检察官，而不是批评一个刚刚承认有罪的合伙人。在给公司全体员工的一份声明中，高盛公司说："鲍勃曾经被捕过，后来检察官们认为是一个错误；曾经被起诉过，后来又被撤销了。检察官们发誓要对鲍勃重新进行指控，并进行了长达两年的调查。他们还对鲍勃进行了一系列公开的指控和诽谤，而这些远远超出了他实际的所作所为。"

但是在高盛公司内部，有些人对弗里曼的认罪所暴露的问题深感忧虑。从弗里曼的供述中可知，作为高盛公司的高级套利人，他经常可以得到其他投资者所无法获取的市场信息。例如，在比阿特丽斯公司的收购案中，他承认曾经和亨利·克拉维斯谈过交易的事；他知道理查德·奈在出售比阿特丽斯公司的股票，因为高盛公司是为奈处理交易的；他向奈披露过相关情况；拉斯克打电话告诉他比阿特丽斯公司的交易出现了问题，然后他又给西格尔打电话求证。

即使这种机密消息的自由交换不是犯罪活动，但是这些消息也是其他投资者所无法获悉的，这种行为至少也是很可耻的。这种情况表明，允许大的投资银行从事套利业务是非常危险的。尽管如此，高盛公司的套利部门仍然存在，并且是华尔街上最为活跃和利润最丰厚的部门之一。这和基德尔·皮博迪公司的举措截然不同，该公司在断定套利业务会引发公司内在的利益冲突之后，自愿放弃了套利业，撤销了该部门。

对威格顿和泰伯尔的调查也结束了。威格顿对他最初被逮捕一事非常淡然，处变不惊，一直表现出沉着坚定的神态，这也是他所熟悉的基德尔·皮博迪公司的精神所在。当弗里曼的认罪听证会开始时，检察官也同时宣布对他的调查结束。当时，威格顿正在健身房锻炼，他留言说不想被打扰，因此没有立即听到这个消息。在得到这个消息之后，他继续到乡村俱乐部打高尔夫球。后来他说，他感到检察官们很"绅士"。

西格尔现在成了家庭"主夫"，他刚刚购物回来，正在厨房忙碌。突然，电话铃响了，是他的律师奥德丽·斯特劳斯打来的，告诉了他弗里曼认罪的消息。西格尔大为震惊，他简直不能相信这一切——他经受了这一切折磨，最后却换来弗里曼只接受一项罪名。实际上，他已经开始期盼着作证。他知道自己所说的都是实话，并且他肯定陪审团会相信他的。最后，公众会看到他已经尽力在做正确的事情。

西格尔曾经认为政府会解决一切事情，但是弗里曼一案的结束击碎了他对政府的信任。更为糟糕的是，他还不能被宣判，因为他还要继续等待，可能会在弗里曼的宣判听证会上作证。西格尔痛苦地向卡图希罗抱怨，卡图希罗告诉西格尔，他会竭尽全力争取让弗里曼至少再接受两项重罪。卡图希罗告诉西格尔和拉科夫："有句话我不能在法庭上公开说，但是，我们对此事的处理是完全不当的。"

在米尔肯被起诉之后一周，3,000多名支持米尔肯的人云集比弗利山的希尔顿酒店，参加1989年的捕食者大会。米尔肯的支持者在洛兰·斯珀奇的带领下，正在约瑟夫的房间里和他交涉，他们要求在会上播放颂扬米尔肯的录像。他们威胁说，如果不播放录像，他们就退出大会。约瑟夫又一次陷入了困境，在这个由米尔肯控制的公司中，他经常遇到这种情况。像以前那样，他这次又妥协了。在星期四的晚上，会场开始播放热情颂扬米尔肯的录像，还配有米尔肯的画外音和激动人心的音乐。尽管米尔肯没有参与这次捕食者大会，但是他似乎仍然是会场的明星。

在会场的上面悬挂着一条巨大的横幅，上面写着：德崇公司将成为

2089年高收益债券之城。横幅的下面是一个可旋转的空间站模型,上面展示了公司客户的产品。但是,唐纳德·恩格尔有一种不祥的预感:这可能是最后一次举行捕食者大会了。晚会上的特邀明星似乎也只是二流的,这次邀请的是希娜·伊斯顿(Sheena Easton)。在介绍雷诺公司的收购案时,没有了米尔肯在身边,恩格尔感到非常孤独无助。晚会结束后,大家纷纷离开大厅回房间去了。恩格尔低下头,不由自主地哭泣起来。

在大会结束之后不久,德崇公司最终宣布同证券交易委员会的谈判结束,双方达成了协议,并对外宣布了协议的条款。根据协议,证券交易委员会几乎完全控制了德崇公司。其中最令人震惊的一个条件就是,最近刚刚退休的证券交易委员会主席约翰·沙德出任德崇公司的董事长。约瑟夫将继续担任公司的首席执行官。经证券交易委员会批准,德崇公司的官员将严格监管该公司的所有业务活动。该公司比弗利山分部的高收益债券部门继续运营,但是,米尔肯和洛厄尔仍然要接受惩罚,协议要求德崇公司将他们的股权全部赎回,不能再和他们有任何联系。

约瑟夫告诉公司的员工:"假如这些条件及时得到批准,我们仍然可以继续我们的生活和职业。我想我们都会非常自豪的,因为我们从困难中挺了过来。公司96%的骨干力量都保存了下来。我想这是一个非常了不起的成绩。"

德崇公司同意向米尔肯支付7,000万美元,以赎回他在该公司的股权。米尔肯宣布,他已经成立了一个新的公司——国际资本投资集团(International Capital Access Group)。他发表了一篇新闻稿,是由罗宾逊公司起草的,里面称这个新的公司将用自己的资源为"员工、少数族裔和工会创造所有权的机会"。利勒尔否认米尔肯这是在试图向潜在的蓝领和少数族裔陪审员示好。

支持米尔肯的力量在德崇公司仍然是个问题。为了挽留公司的骨干员工,约瑟夫继续用慷慨的奖金收买他们的忠诚。他向每个人保证1989年的薪水至少是1988年的75%,不管公司的赢利情况如何,都要保证这一点。例如，布莱克的收入将为2,000万美元，基西克为1,100万美元。基西克接替米尔肯负责高收益债券部门，布莱克成了公司金融部的联合主管。布莱克和基西克原来都是公司证券承销助理委员会的成员，这个委员会主要是评估潜在交易的风险。现在，他们离开了这个委员会，由公司资历较浅的员工接替。这些员工既没有经验也没有什么地位，无论有些交易的风险明显有多高，他们也无法质疑资深的高级经理人。这就为公司埋下了无穷的后患。

布莱克和彼得·阿克曼似乎都在专心致志地做交易，一门心思赚取预付费，根本不管将来的风险和后果，他们甚至在公司同政府达成认罪协议之前就开始这样做了。1988年的秋天，在布莱克的坚持下，德崇公司同意支持威廉·法利对西点佩珀雷尔公司（West-Point Pepperell）发起恶意收购。法利是米尔肯的忠实客户，他所拥有的鲜果布衣公司就是在德崇公司的支持下购买的。在这项交易中，德崇公司帮他发行了大量的垃圾债券进行融资。1989年1月初，阿克曼接手了一项由布斯基以前的投资人梅苏莱姆·里克里斯提议的交易，用1.75亿美元收购特兰斯资源公司（Trans Resources），该公司旗下包括以色列海法化学工业公司（Haifa Chemical Co.）。

公司承销助理委员会的成员斯蒂芬·温罗思曾经反对给布斯基融资，现在当听到公司接手西点佩珀雷尔公司和特兰斯资源公司的交易后，他极为震惊，并坚决反对，但是却被布莱克和阿克曼制止了。布莱克和阿克曼强行通过了这两项交易，委员会中资历较浅的成员只能温顺地坐在那里。温罗思怒不可遏，他拒绝参加此类会议。他也没有得到约瑟夫的关注。当时，约瑟夫正在忙着同政府达成协议，试图重整公司。

新的交易表明，没有米尔肯来销售债券——必要时贿赂买主——仅靠比弗利山的力量根本连市场都找不到。米尔肯强迫忠实客户购买的时代已经一去不复返了。现在，潜在的买主们实际上已经开始审查由德崇公司支持的垃圾债券的交易条款，对有些情况，他们甚至非常震惊。

最后，德崇公司不得不用自己的资金购买大部分债券，使公司持有的债券比例越来越高。仅仅在法利的交易中，公司就拿出了2.5亿美元——几乎占到了公司股本资本的1/4。到夏天即将结束时，德崇公司已经持有许多公司的大量垃圾债券，这些公司包括：休闲国际公司（Resorts International）、布兰尼夫综合资源公司（Braniff Integrated Resources）、SCI控股公司（SCI Holdings）、吉列控股公司、希普利斯蒂-帕滕服装公司（Simplicity Pattern）、统一石油天然气公司（Consolidated Oil and Gas）、希尔斯伯勒公司（Hillsborough）和索斯马克公司（Southmark）等，德崇公司为这些公司的交易提供了大量的融资。

约瑟夫非常担忧，他设法阻止布莱克为公司的客户贝内特·勒博收购普赖姆电脑公司（Prime Computer）的交易提供具有毁灭性的高报价融资工作。而且，在阿克曼私下同派拉蒙石油公司交易而导致德崇公司损失5,000万美元之后，约瑟夫竭力约束他的行动。阿克曼非常生气，尽管约瑟夫保证要给他1亿美元的奖金，他却实际上放弃了工作。他转到了伦敦办事处，从表面上看是为了开拓欧洲的业务机会，其实，阿克曼告诉同事们，他计划写一本书。在比弗利山，一幅关于阿克曼的漫画在四处传播，漫画上的阿克曼背着一大袋钱，趁着黑夜翻墙逃走了。

尽管许诺了高额的奖金，但是阿克曼并不是唯一的问题。洛兰·斯珀奇和鲍勃·达维多夫仍然对约瑟夫阻止他们向米尔肯表达敬意一事非常生气，从公司辞职了，并撤出了他们的股权。其他忠于米尔肯的员工也纷纷离职，公司的许多业务部门都受到了影响，尤其是零售经纪网络。随着个人投资者因受到德崇公司认罪协议的困扰而离去，该公司不得不向经纪人支付越来越高的薪水，以吸引他们留在公司。即使有丰厚的报酬，经纪人的数量也大量减缩，从1,400人减少到了1,200人。招聘新的经纪人是不可能的，因为没有人愿意到该公司工作。此外，公司开支不断增加，而规模经济效益逐渐下降。仅仅在1989年一年，德崇公司零售部门的损失就高达4,000万~6,000万美元。

到1989年4月的捕食者大会时，约瑟夫已经知道公司必须立即进行大规模的重组。经纪部门曾经是公司的基础，现在必须大幅削减。约瑟夫感到非常难受。在整个调查过程中，他一直呼吁公司的经纪人要忠心，而多数人也都毫不犹豫地同意了。约瑟夫一再发誓说要"永远"保留零售经纪业务。然而，在4月中旬的一次讲话中，他说："世界已经改变了，德崇公司要重新审视所有的业务。"经纪人都站起来表示欢迎，约瑟夫不明白这是为什么。

几天后，也就是4月18日，约瑟夫宣布公司要放弃零售经纪业务，同时还要放弃市政债务和外国证券业务。约瑟夫一直都梦想着打造一个全方位业务公司，希望与高盛公司相匹敌，但是这个梦想现在破灭了。公司原来有1万多名员工，约瑟夫在和政府协商时，总是提及这1万多名员工的生计，现在也被削减到了5,000多人。经纪人突然之间失去了工作，他们非常痛苦，都感到自己遭到了背叛。对约瑟夫来说，这个决定非常痛心但是却也无奈：公司已经到了生死攸关的危急时刻。

当约瑟夫正在全力应付公司不断出现的管理问题时，更多具有威胁性的趋势开始在米尔肯庞大的垃圾债券帝国出现。在过去，每当公司的债券发行者威胁说要拖欠债券款项时，米尔肯只用安排进行交换收购、重组债务即可，通常是更高的杠杆融资。这个过程就像金字塔骗局一样，掩盖了信贷问题，最后使德崇公司的债券拖欠率达到了一个低得令人羡慕的水平。现在，比弗利山分部的销售人员发现，发行新债券偿还旧债是不可能的。垃圾债券业务上的任何纰漏都可能导致可怕的后果，因为米尔肯的大客户——从像哥伦比亚储蓄与信贷银行一样的银行到执行人寿公司这样的保险公司——全都已经持有了大量的垃圾债券，这些垃圾债券投资组合的价值出现任何下跌，都会抑制它们进一步吸收更多债券的能力。

当纰漏出现时，也就是大地震了。在米尔肯于1989年6月正式辞职之后没几天，综合资源公司开始拖欠支付利息。综合资源公司是避税业务合伙关系的推销者，一直在从事多种经营业务，在米尔肯的帮助下融资发行了20亿美元的垃圾债券，成为一个拥有150亿美元的保险和房地产业巨头。该公司是依赖米尔肯而成功的典型，它发行垃圾债券，并且投资债券，最后成了米尔肯最为忠实的大客户之一。该公司吸引了大量的资金，许多不知情的投资者也纷纷投资其金融产品。它的股价从1981年的7美元猛涨到了1983年的46美元。尽管1986年的税务改革法案阻止了它通过避税业务而赢利，但是米尔肯的债务却推动它不断开拓新的业务领域。该公司的高级管理人员和主要所有者——齐斯家族（Zises）的成员——给自己支付了高额的薪酬。

但是，由于该公司潜在的业务缺陷，它注定是一个纸糊的房子，这是整个垃圾债券帝国的缩影。新债务的注入可以掩盖其财务恶化的状况，这种情况持续时间太久了。在意识到了这种情况后，米尔肯亲自于1988年12月安排了一次股本注入，让他的另一个忠实客户——一家位于路易斯维尔的保险公司ICH公司（ICH Corporation）取得它的控制权。这是米尔肯为了应对债券发行者遇到问题所采取的典型办法，但是，政府的调查以及德崇公司同政府达成的认罪协议阻止了米尔肯进一步完成这一笔交易。ICH公司的交易从来都没有完成。离开了米尔肯，比弗利山分部的销售人员不可能销售出综合资源公司的更多垃圾债券，该公司不可避免地陷入了资金短缺的危机之中。

1990年2月，综合资源公司申请破产，它所有垃圾债券的价值彻底被摧毁，包括德崇公司还没有销售出去的大量债券。数千名受害者包括投资人、投保人和公司的员工，多是美国人，他们中的大多数人根本不知道综合资源公司和德崇公司还有联系。

综合资源公司的破产引发了金融界的巨大震荡，尤其是在米尔肯以前的许多客户之中，他们不得不注销了手中综合资源公司债券的价值。紧接着，在九月份，震荡变成恐慌，当时零售业的巨头康波公司（Campeau Corporation）披露自己出现了现金流危机。这就意味着该公司无法履行它所发行的数十亿美元垃圾债券的债务，这些债券是该公司先后在收购联合百货公司（Allied Department Stores）和联邦百货公司（Federated）时发行的。康波公司的危机非常令人惊愕，因为全美国的经济仍然在持续增长之中。如果这件事发生在经济低速增长或者衰退时，那么这些依靠大量债券融资的公司将会怎样呢？

就好像全美国的投资者都从长达10年的美梦中惊醒了，他们最终认识到了高回报并不能通过低风险而获得。尽管德崇公司并没有被牵涉到康波公司的危机之中，该公司的业务是由第一波士顿的明星投资银行家布鲁斯·瓦瑟斯坦负责运作的，但是，投资者们现在都抢着将他们手中的垃圾债券清仓，甚至不惜以任何价格出售。于是，债券的价值飞速下跌，影响到了德崇公司信用最为良好的客户，也损害了德崇公司自己的垃圾债券组合的价值，而这些债券的数量非常庞大，一旦抛售，肯定会充斥整个市场，进一步拉低垃圾债券的价格。而且，德崇公司的垃圾债券投资组合在公司整个资产中所占的比重非常大，大到了非常危险的地步。

德崇公司在向政府支付了5亿美元的罚款（占总罚款6.5亿美元的大部分）之后，它的资金更为短缺。另外，随着向米尔肯和洛厄尔签发期票赎回他们手中的公司股票，以及赎回离开公司的米尔肯支持者手中的股权，公司的资金形势更为严峻。为了阻止员工跳槽，约瑟夫禁止公司的管理人员一次性提取所有的股本权益。

约瑟夫还采取了另外一个具有重要象征意义的举措：他控制了米尔肯和洛厄尔的律师费。就像当初许诺支付米尔肯的巨额薪酬一样，约瑟夫感到他有义务遵守他们最初达成的协议：公司支付米尔肯的律师费。甚至在德崇公司和政府达成认罪协议之后，公司仍然继续支付米尔肯的律师费，包括给罗宾逊公司的公关费，而他们却用这些钱来破坏公司同政府达成协议。米尔肯的律师费每月高达300万美元，其中给宝维斯律师事务所的费用大概为200万美元。当约瑟夫对账单的数目表示质疑，并要求宝维斯律师事务所拿出各项费用和开销的清单时，利曼却断然拒绝了。

尽管约瑟夫没有违背当初的协议，停止支付米尔肯的律师费，但是他现在对这笔费用做出了限定，每月最多125万美元。正如约瑟夫所说的，米尔肯可能有权得到金钱所能买到的最好的法律辩护，但是他却无权得到金钱所能买到的全部的法律辩护。利曼知道后勃然大怒，他对一个记者说："迈克尔·米尔肯所能得到的辩护的质量不会受到德崇公司所支付的律师费用多少的影响。"

很快，约瑟夫还和米尔肯就律师费问题发生了争吵。在同政府达成认罪协议之后，约瑟夫重新计算了公司当年的奖金分配，要求米尔肯的高收益债券部门承担一定比例的律师费，这些钱从奖金中扣除。尽管米尔肯已经不在公司工作了，尽管政府阻止向他发放奖金，尽管可能还有更为重要的事情要做，但是，他仍然就律师费的分摊问题固执地同约瑟夫争个不停。德崇公司和米尔肯的律师们从来都没有达成一致。

随着内部争吵的不断升级，德崇公司的资金却越来越少，从1989年1月的15亿美元减少到了10月份的不足7亿美元。到了10月中旬，该公司遭到又一起它无法掌控的事件的沉重打击。联合航空公司（UAL）宣布无力完成一项将其股价推升到200美元以上的杠杆收购业务。该公司的失败明确了垃圾债券市场的健康与发起引发股市上扬的收购活动之间的共生关系。谨慎的投资者都不愿意再购买垃圾债券，没有了垃圾债券市场，股票就不能攀升到极高的价格。1989年10月13日，泡沫破灭了，成为1987年黑色星期一的小规模重演。由于和收购相关的股票价格猛跌，股指下跌了近200点，成为有史以来股市单日第二大跌幅。

10月的这次事件很快就震动了整个华尔街，被称为"小崩溃"。同1987年10月的那次崩溃相比，这次崩溃的征兆更长久。它以综合资源公司的破产和康波公司的危机拉开序幕，接着，开始出现类似的事件，垃圾债券的发行者开始放弃履行责任。在融资量巨大的交易中，尤其是在1987年股市崩溃之前的疯狂时期完成的这些交易，支付条款都在想方设法隐藏这些投资的潜在问题，一般都是通过发行所谓的"零息债券""实物支付"和"重新设定"等,几年来,这些方式都不需要任何付款。最后,垃圾债券业必须自食恶果。当许多公司像综合资源公司一样承认它们无法履行几年前迫切做出的许诺时,整个垃圾债券市场开始崩溃。

垃圾债券业的许多人士,甚至包括米尔肯的支持者都在日益产生一种怀疑,这种怀疑就是:米尔肯反复宣扬的"投资者从低等级债券上获得的收益比从高等级债券上获得的收益好"。当1989年的金融数据被收集和分析之后,这种怀疑被证实了。获得高额回报的都是犯罪分子。根据利普分析中心(Lipper Analytical Service)的报告,20世纪80年代,投资于垃圾债券的资金平均增长了145%。实际上,这比投资于股票的收益增长率(207%)差很多,比投资于米尔肯经常嘲笑的投资级公司债券的收益增长率(202%)低,也比投资于美国财政部发行的国债的收益率(177%)低,这大致等于投资于低风险的货币市场基金的回报率。在20世纪80年代的最后一年,垃圾债券的回报率为-11.2%。

事后看来,米尔肯的"天才"似乎在于他吸引人的魔力,他竟然使许多人相信他的"低风险高收益"的信条。正如米尔肯的一个大客户,远西金融服务公司(Far West Financial Services)垃圾债券投资组合经理戴维·沙伊贝尔1991年对《华尔街日报》的记者所说的,"无论迈克尔·米尔肯说什么,有些人都会相信"。但是,事实证明,"债券持有人得到了所有的风险,却几乎没有什么收益"。

数据也击垮了罗宾逊公司所声称的米尔肯筹集的资金是企业和小公司救星的说法。邓白氏公司(Dun & Bradstreet)的报道称,自从1977年到1990年,共有104家公司通过德崇公司发行了不可兑换的垃圾债券,其中24%的公司拖欠债务或者破产,是同类公司拖欠债务或者破产率的5倍。

在沉重债务的重压下,米尔肯的一些大客户开始以惊人的速度垮台。拉尔夫·英格索尔失去了对美国报业帝国的控制权,因为他无法偿付由德崇公司发行的垃圾债券。威廉·法利也无法完成对西点佩珀雷尔公司的收购。甚至米尔肯的忠实信徒，哥伦比亚储蓄与信贷银行的托马斯·斯皮格尔也被从银行驱逐出去了，该银行也被政府接管。最后，几乎米尔肯债券的每一个主要购买者都宣布无力偿还债务而宣布破产，最后被政府接管。

德崇公司自身能够幸存吗？约瑟夫知道情况已经到了非常严峻的时候，他已经感受到了德崇公司失去独立性的征兆。9月，甚至就在垃圾债券和股市发生10月崩溃之前，他秘密给华尔街上每一家大公司的高管打电话，寻求资金注入或者合并的伙伴。作为公司的首席执行官，这是一种很丢脸的经历，因为他所打电话的那些公司都曾经遭到德崇公司的恐吓。许多公司甚至不给他回电话，即使那些回电话的一般也都拒绝了他的请求，他们借口说德崇公司仍然可能受到投资者的民事起诉，这样就会为合并增加不确定性。事实可能更为糟糕：德崇公司的声誉和它的认罪让竞争对手们非常憎恶，尽管它们仍然垂涎该公司在垃圾债券业的余威。多年来，该公司一直傲慢自大，坚决垄断市场，拒绝同其他公司分享承销费用，现在约瑟夫迅速尝到了这种行为的恶果。德崇公司在华尔街没有什么朋友。

尽管公司的情况越来越危急，但是约瑟夫却面临着兑现1989年承诺的奖金不少于1988年的75%的承诺。这个承诺现在看来是有点儿鲁莽，但是约瑟夫感到，如果他食言的话，他就会失去所有的信用，从而导致大量的员工跳槽，使公司垮台。因此，他想出了一个办法，找公司的高级管理人员谈话，劝说他们在领取1989年的奖金时不全部都要现金，而是领取一部分公司的优先股。这是第一次，约瑟夫呼吁员工把公司的生死存亡置于个人的经济利益之上。他认为，公司的高级管理人员没有一个人真正急需更多的现金，毕竟，他们已经非常富有了。

令人惊讶的是，约瑟夫误解了德崇公司的企业文化。公司培育了一种思想观念，即公司只是为个人谋利的工具。这种观念在米尔肯身上得到了具体的体现。当约瑟夫要求他的明星业务员们少领一些现金奖金时，布莱克和他的同盟者们立即起来抗议。最后，约瑟夫劝说布莱克接受了一些优先股，不过，他们因具体的数量而吵翻了天。基西克要顺从多了，他想法让比弗利山的人员都同意了。约瑟夫把自己250万美元的奖金全都换成了优先股。尽管如此，平均下来，他只能说服员工们把18%的奖金换成优先股。公司只节省了6,400万美元的现金，而它急需的资金超过了2亿美元。

随着1990年的开始，德崇公司的问题更为明显，短期借贷人拒绝再向它提供贷款，公司也不能再出售短期商业票据。因此，当以前的短期贷款到期时，它只好用自己日渐减少的资金来支付，不能通过融资的方式缓解债务。到1990年2月，德崇公司仅仅用于支付商业票据的资金就高达5.75亿美元。

约瑟夫相信公司仍然有10亿美元的资金，主要是积压在了滞销的垃圾债券投资上和杠杆收购业务的股本权益上。他开始计划某种形式的资金注入，也许是通过整体出售公司最好的杠杆收购业务的股份，也可能是从它所控制的经纪券商分公司向控股公司转移3亿美元的资金。

但是，这条路也被堵死了。2月9日星期五，证券交易委员会和纽约证券交易所通知德崇公司，不允许它削减它所控制的分公司的资金。约瑟夫非常震惊——他知道基德尔·皮博迪公司就允许在从通用电气公司获得资金注入之前的资金量远远低于监管所需的最低资金量。但是，基德尔·皮博迪已经得到了通用电气的许诺。监管人员认为约瑟夫的筹资计划简直就是在做白日梦，他们对该公司资产的评估远远低于公司自己的评估。又一次，约瑟夫低估了公司顽固抵抗和认罪所带来的危害。同德崇公司不同，基德尔·皮博迪公司和政府合作了。没有人愿意为德崇公司提供优惠待遇，甚至都没有人暗示这样做。

德崇公司以惊人的速度走向灭亡。那个周末，破产律师入驻该公司。2月12日星期一，约瑟夫给纽约联邦储备委员会的负责人杰拉尔德·科里根（Gerald Corrigan）打电话，迫切希望科里根向他所管辖的纽约各大银行施加压力,要求它们给德崇公司提供紧急贷款。下午4点,银行的代表们来到德崇公司开会,商讨为该公司提供贷款的事宜。由于是仓促之间发起求救,约瑟夫根本没有准备好回答这些银行代表们所提出的问题。尽管他提出以极低的价格——8.5亿美元——将公司的债券贴现,但是他仍然没有说服他们相信这些债券在以后会产生可观的价值。最后,银行的代表们离开了,双方没有达成任何约定。

当天晚上11点左右,约瑟夫又给科里根打电话。难道纽约联邦储备委员会不会帮这个忙吗?科里根说他是不会告诉约瑟夫该怎么办的,他只是模棱两可地说:"如果我是你的话,我就会直接与这些银行的高管们谈。"约瑟夫似乎要抓住一根稻草,他认为这暗示科里根已经向他们施加了压力。

他立即开始打电话,但是却一无所获。当他催问这些银行的负责人,联邦储备委员会是否鼓励他们帮助德崇公司时,他没有得到什么令人鼓舞的答复。逐渐地,他意识到,联邦储备委员会根本就没有做过什么事。

现在,约瑟夫简直要疯了,他又给科里根打电话,已经是午夜时分了。约瑟夫问道:"是不是有什么误会?这些银行什么都没做。"

科里根叹了口气,然后回答说:"我给财政部打个电话问问,恐怕我们的日程不同啊。"

约瑟夫知道他的末日快要到了。财政部长不是别人,正是狄龙·里德公司的前总裁尼古拉斯·布雷迪。约瑟夫相信他可能永远都不会原谅德崇公司的,因为该公司曾经支持对联合石油公司发起恶意收购,而狄龙·里德公司正好是联合石油公司的最大客户之一。

凌晨1点,科里根给约瑟夫回了电话。他们同证券交易委员会的新主席理查德·布里登开了个电话会议,科里根对约瑟夫说,他们也代表财政部长布雷迪说话。科里根直截了当地说:"我们看不到隧道尽头的一丝亮光。"科里根补充说,如果德崇公司自愿进入破产程序,那么政府不会插手，也不会控制该公司和清算它的剩余资产。他们让约瑟夫在早上7点之前答复。

早上6点，约瑟夫匆忙召开了紧急董事会议。他告诉那些忧郁和绝望的董事们："四大最有影响力的监管者——财政部的布雷迪、联邦储备委员会的科里根、证券交易委员会的布里登和证券交易所的费伦——建议我们关门停业。"

约瑟夫意识到，他和董事会在过去三年所争取的一切及他们整个职业生涯所努力打造的一切，现在全都要灰飞烟灭了。德崇公司的认罪让公司苟延残喘了一年，但是米尔肯——这个曾经塑造了德崇公司的人，最终也毁掉了这个公司。

1990年2月13日星期二午夜11点15分左右，德崇公司宣布申请破产保护。

1990年春天，莱文、西格尔、布斯基、弗里曼、里甘，甚至伟大的德崇公司全都从华尔街上消失了，但是米尔肯却比他们支撑得更长久。

负责米尔肯一案的两位政府高官也已经离开。在前一年的夏天，联邦检察官办公室的布鲁斯·贝尔德和证券交易委员会的加里·林奇分别在弗里曼认罪和德崇公司同政府达成协议后宣布辞职。

这两人已精疲力竭，尤其是林奇，自从四年前对罗伊银行的调查开始以来，他一直全身心地扑在案子上。这两人都遭受过势力强大的对手所实施的令人无法容忍的公开攻击。他们长期领着政府的低薪，但是却尽心尽力地履行着自己的职责。接替他们的人已经到位，他们就要转为私人开业了，现在正是最佳的时机。

尽管他们最大的目标米尔肯仍然逍遥法外，但是他们知道一些很少有人知道的情况：米尔肯已经屈服了，他的律师们现在又在寻求同政府达成认罪协议，迟早，他都会被定罪的。这个案子已经快要定案了，他们的大部分工作已经完成。他们没有公开炫耀，而是悄悄地退了出来，把案子留给了继任者。在联邦检察官办公室,贝尔德的继任者是约翰·卡罗尔、杰斯·法德拉;在证券交易委员会,林奇的继任者是艾伦·科恩。证券交易委员会的约翰·斯图克同意留下来完成该案的后续工作,尽管他没有被考虑晋升为执法处的主任,填补林奇离开所造成的空缺。

米尔肯的公关团队仍然在继续宣传。罗宾逊公司的员工按照米尔肯的要求将出版一本书,该书主要讲述依靠米尔肯垃圾债券成功的公司的故事。但是,该书的执笔人每写完一个公司,如英格索尔通信公司,该公司就威胁着要拖欠债务了。甚至利勒尔也对这项计划绝望了。

米尔肯团队的绝望也许可以从他们对一封信的处理方式得到最好的体现。这是隆波克监狱的一名犯人写来的,他和布斯基同住一室。这封信同时寄给了利曼和托马斯·普西奥(穆赫伦的律师,布鲁克林的前检察官)。这封信耸人听闻地声称布斯基曾经贿赂狱警,从而得到批准在监狱中拥有一名男性情人,并且还和狱中的其他囚犯发生性关系,他还让狱警把其他女人送进监狱,寻欢作乐。尽管这封信是由一名重罪犯所写的,但是信中所披露的情况激起了利曼的兴趣,他认为也许可以再次提审布斯基(此时,布斯基仍然在期盼成为政府的明星证人),因此,他给普西奥打了个电话。普西奥认为指控布斯基的性取向或者乱性行为同当前的案子没有什么关联,并且他也对信中所描述情况的准确性表示质疑,但是利曼却对他的反对置之不理。宝维斯律师事务所不惜花费重金聘请洛杉矶的一家侦探公司对这封信进行调查。他们不惜花费巨资查清一切。普西奥也竭力独立查清信件的真实性。可以预见,这些指控都不会被证实的。

甚至现在利曼也明显意识到米尔肯的审判不会主要依赖布斯基的证词。在1990年的前几个月,检察官们还增加了更多的证人。他们威胁说要提起新的诉讼,这次将把重点放在和布斯基无关的交易上:米尔肯操纵储蓄与信贷机构、贿赂基金经理、赚取高额利差和欺骗德崇公司。新的起诉将会更彻底地展现米尔肯的违法活动。检察官们在谈判中的态度也比去年更强硬。当时，他们愿意只让米尔肯接受两项重罪；现在，他们增加到了六项重罪，并处以6亿多美元的罚款。

尽管要接受六项重罪，米尔肯仍然可能会被判处近30年的徒刑（在审判中可能还会随着问题的暴露而增加更多的重罪），但是米尔肯的律师们把他可能接受的刑期减到了最低。利曼召集米尔肯的律师们开会，包括弗鲁门鲍姆、桑德勒、阿姆斯特朗和利特，并且让每位律师估计，如果米尔肯被审判并定罪，在接受六项重罪后，可能的刑期是多长。除了利特和弗鲁门鲍姆之外，最保守的估计是，如果米尔肯被审判并定罪的话，刑期为1年。弗鲁门鲍姆估计是5年。利特的估计最为引人注目，他说如果米尔肯被审判，可能会被判处15~20年的监禁，如果他同意认罪的话，可能会被判到3~10年。利特咕哝着说："他的刑期绝不会比布斯基的短。"

认罪协议谈判同去年一样艰苦和棘手。利曼和弗鲁门鲍姆同卡罗尔和法德拉的关系非常紧张，因此，他们不得不让另外一名律师参与进来，此人名叫史蒂夫·考夫曼，专门负责同联邦检察官办公室的联络工作。谈判从1989年秋到1990年春一直处于僵局，甚至米尔肯的世界崩溃时也没有打破这种状态。最后，双方达成了妥协：检察官们同意不再起诉洛厄尔，尽管有大量证据表明他有罪。检察官们还允许对米尔肯的审问，也就是他的"合作"，在他被判刑之后再开始。放弃对洛厄尔的起诉对检察官们来说是一个最困难的决定。很显然，洛厄尔是米尔肯的中流砥柱，一直在忠实地执行米尔肯的各项计划。

至于合作，如果被告仍然打算对抗，那合作就没有任何意义，从米尔肯的种种表现可以看出他还要对抗。但是，检察官们采取了史无前例的方式，他们同意米尔肯的认罪协议继续有效，即使他在合作阶段仍然撒谎。相比而言，布斯基和西格尔的认罪协议就没有这么宽大，如果他们说谎，认罪协议就会被"废除"，这样他们的供述本身就比米尔肯的更为可信。

作为回报，检察官们得到了一个对他们非常重要的让步：米尔肯公开承认他所做的是错误的。他们不能让米尔肯声称虽败犹荣。

卡罗尔和法德拉提出了最后的条件：六项重罪，6亿美元的罚款，不指控洛厄尔，宣判之后再合作。他们给米尔肯规定了最后期限，4月20日星期五下午3点。4月19日的晚上，当利勒尔和罗宾逊一脸严肃地到密室中协商时，罗宾逊公司的员工们知道即将发生一些事情。桑德勒一直都无法接受米尔肯的认罪协议，因此，他极为震惊。

最后期限的那一天是去年情景的可怕回放。卡罗尔和法德拉期盼着达成协议，但是他们知道不能掉以轻心。随着最后期限的临近，他们还没有得到任何回信。

米尔肯又在家同妻子洛丽密商。自从早上很早他们就开始协商，没有接过任何电话。她建议他坚持说是无辜的，他的弟弟洛厄尔告诉他不要为了自己去认罪，他的母亲也告诉他不要妥协。

利曼、弗鲁门鲍姆、利特、桑德勒和米尔肯的其他律师都来到纽约利曼办公室旁边的大会议室，等待电话。只有利特建议接受认罪协议，但是在私下里，他们中的许多人都认为米尔肯无法在审判中撑过去。近来，米尔肯被从交易台上赶走之后，似乎成了一个潦倒绝望的人。

在下午3点之前，卡罗尔和法德拉来到了科恩的办公室，坐在四年多前莱文被搜身的那个桌子前，一起等待电话。他们已经疲惫不堪，开始一起协商召集大陪审团对米尔肯的新起诉进行投票表决。

最后，宝维斯律师事务所的电话终于响了。利曼拿起办公室的电话，其他律师也拿起分机接听。米尔肯做出了决定，他说："我接受协议。"他的声音很平静。

利曼立即给圣安德鲁斯广场打电话。科恩按下了免提键，这样卡罗尔和法德拉也能听见。利曼开始说道："他同意认罪。"检察官们几乎没有听他后面说什么，已经结束了。卡罗尔和法德拉高兴得跳了起来，互相拥抱以示庆贺，他们很少采用这种方式表达感情。

在下个星期二，也就是4月24日，数百人聚集在曼哈顿联邦法院最大的审判庭，大楼外面聚集了更多的人，电视摄像记者和旁观者挤满了法院门前宽阔的台阶。米尔肯坐着黑色轿车来了，和上次不同，他没有走后门，而是从正门的台阶进入了法庭，警察竭力阻止人群往前挤。米尔肯看起来脸色苍白，眼窝深陷，似乎消瘦了不少。

法庭里弥漫着一股重逢的气氛。里面挤满了米尔肯的支持者，包括他的家人和唐纳德·恩格尔。恩格尔还召集以前的同事和客户们来给米尔肯打气。此外，一大批为此案呕心沥血的律师们也来了。记者们更多，他们甚至挤到了陪审团的席上。许多人都互相认识，毕竟他们追踪报道这起丑闻已经四年多了。

法官金巴·伍德对米尔肯说，如果他雇不起律师的话，法庭可以给他指定一个。听到这句话时，有人笑了起来。接着，气氛突然变得严肃起来，因为米尔肯开始读一份详细的供述，承认六项重罪：与布斯基的阴谋活动；在菲施巴赫公司的交易中帮助和怂恿出具虚假报告；帮助和怂恿逃避净资本的管理规定；隐藏MCA股票的所有权，实施证券欺诈；用邮件欺骗芬斯伯里基金会的投资者；帮助大卫·所罗门提交虚假的报税表，实行逃税计划。

尽管如此，米尔肯依然坚持维护他曾经努力塑造的公共形象。他声称自己的认罪并不是对"我们所从事的专业的垃圾债券市场的反省，这个市场从根本上说是健全和完整的，它所提供的资金使数百家公司得以存活、扩张和繁荣"。接着，他读了他的最后陈述。

"我认识到，我的行为伤害了那些同我关系最为亲密的人。"说着，他哽咽起来，"我真心感到抱歉……"说着，他突然开始向前倒。利曼和弗鲁门鲍姆赶紧走过去扶住他。米尔肯用手掩面，哭泣起来。在高高的法庭下，突然之间，他似乎变得非常脆弱。

那天晚上，为这一天付出了艰苦努力的政府律师们远离了电视镜头和访谈节目，来到西18大街的哈维切尔西饭店（Harvey's Chelsea）举行第一次，也是唯一一次庆祝活动。这是一家风格古老、价格低廉的饭店。参加聚会的一些律师实际上从来都没有在一起工作过。卡伯里、林奇和贝尔德都回来了，和卡罗尔、法德拉、斯图克、科恩、卡图希罗以及其他的人一起庆祝。但是朱利安尼和罗马诺没有来。这是为那些一直在幕后默默努力的人而开的庆祝会。

米尔肯公关团队的攻击让他们之间建立了一种不同寻常的情谊。联邦检察官办公室和证券交易委员会的人士气高昂，两种信念在支持着他们：政府的事业是正义的，政府必胜。在米尔肯的案子中，这两个信念受到了猛烈的打击。不可避免地，人们有时会对此产生怀疑。在这种时候，律师们只能互相支持。

当账单出来后，现在私人执业的律师们把钱付了。尽管他们共同努力让美国的国库增加了10亿多美元的罚金，但是纳税人却不能为他们的一顿庆祝聚餐付钱——甚至是一次非常简单的聚餐也不行。

米尔肯的突然屈服把人们对约翰·穆赫伦的注意力转移了，但是他的压力并没有减少。穆赫伦成了仍然在等待审判的最后一个主要目标。穆赫伦仍然断然否认接受一项重罪的协议。5月，对他的审判开始了，布斯基出庭作证，他的罪名包括股票寄存、税务欺诈、逃避净资本管理规定和操纵股价。

5月22日，布斯基身穿黑西装和白衬衫，头发整齐。这是他首次作为证人出庭，自从1986年认罪以来，他一直在为这个角色做准备。他的表现非常糟糕，他有点儿拘谨、尴尬和含糊其词。他的记忆力也很差。检察官们第一次审问他时他清楚记得的事情现在全都想不起来了。布斯基在服刑18个月后，于1989年12月从隆波克监狱被转移到了布鲁克林的过渡教习所，4个月后被释放。检察官们认为，允许布斯基去服刑，使得他们失去了对他的影响力。普西奥可以根据布斯基现在的证词和以前向检察官们供述的证词之间的偏差盘问他，从而对他的可信性提出质疑。但是，几乎在每一项证据上，他以前的证词都对穆赫伦的危害更大。

在法庭上，布斯基尽量不看穆赫伦。此时，穆赫伦身穿牛仔裤和他标志性的马球衫。布斯基声明，他曾经被认为是穆赫伦的"密友"。这导致人们的猜疑，布斯基可能仍然在采用一切方法保护穆赫伦，作伪证除外。如果是这样的话，这种努力似乎给穆赫伦没有留下什么印象。

在一次庭审的休息期间，穆赫伦对一位记者说："当你听到我的证词时，你就会明白他根本算不上一个朋友。"

普西奥迫切希望交叉盘问不会危害布斯基那脆弱的可信性。尽管米尔肯的律师们聘请克罗尔私人侦探公司对布斯基进行过调查，尽管几年来他们一直在详细调查布斯基的私人生活，但是那些被布斯基牵连的律师们也没有发现什么特别的破绽。普西奥审查了布斯基的罪行和许多他承认撒谎的事件，但是这些都是广为人知的。

不管怎样，正如米尔肯一案的审判情况一样，布斯基并不是关键的证人。对穆赫伦危害更大的证人是达维多夫，以及一个来自穆赫伦的公司同政府合作的证人。

审判席上还缺席了一个人，他的缺席非常引人注意。这个人就是那个曾经令人畏惧的企业狙击手卡尔·伊坎。他曾经被怀疑参与了海湾西方石油公司操纵股票的案子，也是布斯基在一开始和政府谈判时供出的嫌疑人之一。但是，伊坎从来没有被指控过有罪，因为对他的调查一直没有结果。检察官们从来都不能在证券法的范围内证明伊坎和布斯基是"一伙"的，当时他们正在联手威胁海湾西方石油公司，尽管他们的行为表明他们几乎就是串通一气的。

穆赫伦在法庭上痛痛快快地承认了这些对他最为不利的事实，例如他和布斯基通过虚开发票偿还欠钱。穆赫伦说："我把账单上的数字增加了，这是为了帮他的忙。"但是，他坚持说这不是非法寄存交易，他认为他按照布斯基的要求交易是承担了一定风险的。他还说他感到在海湾西方石油公司的交易上自己也是受害者，他并没有试图推高股价，也不知道布斯基是在利用他得到更高的价格。

在这起内幕交易丑闻的所有被告当中，穆赫伦是可信性最高的。然而，在经过六天半的审议之后，陪审团判定他操纵海湾西方石油公司的股价，犯了证券欺诈罪。据说陪审团对关于股票寄存的26项罪名无法做出裁决，法官在7月22日宣布这些罪名的审判为无效审判。但是，穆赫伦仍然面临着其他指控的审判，政府保留了对股票寄存指控再次进行审判的权力。当判决书宣读时，穆赫伦似乎泰然自若。他说："竟然这样结束，真是太让我吃惊了。"不过，起码他一直都在坚持原则。

那年夏天的6月，马丁·西格尔最终结束了漫长的等待，回到了曼哈顿的联邦法庭接受审判。在弗里曼认罪之后，检察官们又花了大量的时间来争论是否要在弗里曼的听证会上提交关于弗里曼其他违法活动的证据。该案的法官最终还是拒绝了这个想法，尽管这种做法并不常见。他在判决中说，弗里曼的律师们可能会在法庭上提供更多的证据，导致宣判听证会持续很长时间。

自从1987年2月以来，西格尔一直被作为潜在的证人而保留着。终于，在1990年4月13日，弗里曼被宣判了。他接受了一项重罪，被判处4个月的监禁，并处以100万美元的罚款，这是相对比较宽大的。法官皮埃尔·勒瓦尔说："内幕交易已经在套利界司空见惯。"

最后，所有的拖延都给西格尔带来了好处。经过多年的调查，检察官们断定，在这起丑闻中被抓的所有人当中，西格尔几乎是唯一一个真正悔过的人。他竭尽全力坦白一切，花费大量时间给检察官们解释股票市场的运作，指导他们查看数量繁多、错综复杂的交易记录。实际上，他几乎都快成为检察官们中的一员了。

在同主审法官罗伯特·沃德举行的预审听证会中，拉科夫请求对西格尔宽大处理，沃德似乎也很赞同。卡图希罗也给西格尔说好话。在联邦检察官办公室的一份报告中，检察官们也为西格尔说好话，甚至比拉科夫说的还要多，这真是史无前例的。政府称赞西格尔是一个"可信而可靠"的证人，尽管受到了"恶意的诽谤和污蔑"，但是仍然坚持同政府合作。

6月18日，西格尔从杰克逊维尔飞到了纽约，出现在曼哈顿的联邦法院接受审判。他和简仍然是一对完美夫妻，他们的皮肤都晒得黝黑。简穿着一件简朴的蓝色衣服，戴着一条珍珠项链。西格尔仍然健康匀称，穿着深色的西装。站在法官沃德的面前，他显得焦虑和悔恨。

法官详细陈述了西格尔合作的重要性，并且表示需要对这种坦白行为给予奖励。但是，他仍然坚持要对他判刑以震慑白领犯罪分子。法官沃德说："在布斯基接受了3年的刑期之后，我就开始考虑西格尔先生的判决。那时，我认为18个月或者两年是比较合理的。"但是，他又考虑了西格尔的合作情况，以及弗里曼没有合作却被轻判的事实。他说，他最后得出结论，对西格尔的判决应该比"弗里曼先生轻许多"。

沃德法官宣布判处西格尔两个月的监禁，缓期5年执行，在杰克逊维尔他所建立的儿童计算机训练营工作。沃德法官宣布刑期之后，西格尔过了一会儿才明白过来。然后，简紧紧地拥抱了他一下，接着两个人便匆忙离开了法庭，脸上露出了明显的轻松神态。

到1990年11月，尽管米尔肯的团队仍然竭尽全力为米尔肯做宣传，但是公众舆论却对米尔肯大加鞭挞，就好像罗宾逊公司所极力阻挡的负面宣传一下子被释放了出来。人们指责米尔肯要为美国经济的所有衰退负责。那年的夏天，美国的经济就开始萧条，20世纪80年代的经济繁荣结束了。储蓄和信贷业出现了崩溃，导致纳税人损失了数十亿美元，而造成这种危机的主要原因就是垃圾债券。米尔肯现在取代布斯基，成为贪婪十年的缩影。

1990年11月21日星期三上午，米尔肯回到了他认罪的那个审判庭接受宣判。他的妻子、母亲、弟弟洛厄尔、肯尼思·利勒尔和理查德·桑德勒都坐在旁听席的第一排,就在米尔肯的身后。米尔肯坐在那里静静地听着,偶尔会擦擦眼泪,利曼宣读了详细的辩护词,请求法庭宽大处理米尔肯。法德拉代表政府要求给米尔肯判处足以震慑其他潜在犯罪分子的刑期。在判决备忘录中,检察官们叱责米尔肯是"有预谋的欺诈、欺骗和贪污,已经达到了令人难以忍受的程度",并且"米尔肯的罪行是贪婪、傲慢和背叛",是"获取权力和攫取财富的总计划"的一部分。

当伍德法官开始镇定地、抑扬顿挫地宣读判决书时,法庭上的气氛更紧张了。她强调了这次审判的"特别意义所在",并且说她要澄清几个错误的想法,其中包括米尔肯应该为经济的衰退和储蓄信贷业的崩溃受到惩罚的想法。她也拒绝了因米尔肯在经济繁荣中的作用而对他进行宽大处理的请求。她提到了一个"合理"的原则,也就是"任何人,无论贫富贵贱,都必须守法。我们的金融市场有许多并不富有的投资人,他们把积蓄都投入进来,我们不允许有人在秘密操控这个市场。这是法庭应该考虑的一个公平问题"。

法官伍德虽然很和蔼,但是她并没有隐藏事实,她在宣判中一点点地摧毁了米尔肯的伪装。她明确地指出,对客户的过度热心并不能作为借口。她还说米尔肯避免无耻地犯罪可能暗示了他"蓄意只从事那些不容易被侦查的违法活动"。她说她已经发现了米尔肯妨碍司法公正的证据。另一方面,米尔肯虽然声称他所做的交易大部分都是诚实的,但是相关的证据却"非常少,而且还模棱两可"。

米尔肯似乎茫然地坐在那里听着,甚至当伍德法官的话语变得更为尖锐而有倾向性时,他依然如此。她继续说道:"作为一位在金融界颇具实力的人,你曾经是国家最重要的一家投资金融公司最重要部门的负责人,为了让自己和富有的客户获取更大权力和攫取更多的财富,你一再地违法,或者阴谋违反证券法和税法,从事尤其难于侦破的金融犯罪活动,因此,必须对你实施重罚,以震慑其他人。你滥用自己的领导权力,教唆手下的员工帮你违法,这属于严重的犯罪活动。这种行为必须受到严厉的惩罚,备受人们的责难,并且从社会上清除出去。"

伍德法官最后命令道:"米尔肯先生,请起立。"

米尔肯站了起来,利曼和弗鲁门鲍姆走到他的身边,利曼扶着米尔肯的胳膊肘,准备搀扶他。

伍德法官盯着米尔肯说:"你毫无疑问是一个很有才干的人,也很勤奋努力,那些比你不幸的人也一直以你为榜样。因此,我希望在今后的生活中你会兑现你在职业生涯早期所做的承诺……

"然而,由于上述的各项原因,我宣判你总共10年徒刑。"法庭上的人全都惊得倒吸了一口冷气,"从第二项到第六项罪名,每项刑期两年,连续服刑……现在你可以坐下了。"

当法官起身准备离开法庭时,米尔肯毫无反应——但是他的家人和朋友们看起来极度忧伤。他们冲到了米尔肯的身边,把他和记者们隔开,然后护着他迅速朝着通往法官接待室的法庭后门走去。

当米尔肯和他的人聚在外面的走廊时,法庭沉重的大门紧紧地关上了,阻止人们进入。米尔肯依然一言未发,他看起来非常困惑和混乱。然后,他转向了利曼。他问:"我被判了多少年?两年?"好像他没有听到伍德法官的宣判一样。

众人全都哑口无言。米尔肯的律师们突然意识到,米尔肯听到他每项罪名被判两年,但是他好像没有明白是连续服刑。利曼把消息告诉了他,他轻声说道:"10年,迈克尔。判决是10年。"

米尔肯的脸上立即失去了血色,他抓住了洛丽的胳膊,两人一起走到了走廊尽头一个很小的证人等候室,然后把门关上了。

过了片刻,先是洛丽,然后是米尔肯,接二连三地发出了令人毛骨悚然的尖叫声。桑德勒冲进等候室,只见米尔肯瘫倒在椅子上,急促地喘着粗气。一名联邦法警赶紧跑去求助,有人大喊道:"氧气!"

尾声

1991年3月3日,迈克尔·米尔肯进入加利福尼亚州的普莱森顿监狱(Pieasanton)服刑。该监狱位于旧金山市的市郊,是一座防范等级最低的监狱。在这里,米尔肯每周要工作37个小时,从事维修和建筑工作。他常常戴着一顶棒球帽,因为监狱规定不允许戴假发。到1993年3月,米尔肯才会第一次被允许考虑假释。伍德法官建议他至少要服满36~40个月的刑期。

对米尔肯来说,他的判决和入狱并不是结束,而是继续,是他蔑视控诉人、维护自己惊人财富的斗争的继续。这场斗争用米尔肯的金钱做支撑,几乎涉及各个方面,而且只要米尔肯活着,可能就会一直继续下去。

米尔肯的律师和公关顾问队伍已经非常庞大,但是他又聘请了一个著名的刑事律师,这就是著名的艾伦·德肖维茨,曾经为克劳斯·范·布洛和地产女大亨里昂娜·赫姆斯利(Leona Hemsley)做过辩护律师。为布洛的辩护成功了,但是为赫姆斯利的辩护却失败了,这是他最为著名的两起辩护。米尔肯的律师们请求伍德法官减轻米尔肯的刑期,而德肖维茨则考虑其他的策略,包括请求撤销米尔肯的认罪,理由是这项罪名是检察官非法强迫的。德肖维茨还公开发表其他的声明,声称米尔肯是反犹太主义的受害者,并且说米尔肯"绝对不是受到金钱驱使的"。

尽管米尔肯被监禁着，但是他一直在密切地参与继续为他进行法律和公关活动的各个方面。他那架湾流飞机经常载着他的访问者进出普莱森顿地区。米尔肯自己曾经对以前的同事们说，认罪就是一个错误，他现在不再认为自己做过错事。

罗宾逊公司继续帮助米尔肯开展凌厉的公关攻势。在经过仔细协商后，《福布斯》杂志得到允许来到普莱森顿，通过电话对米尔肯进行采访。这篇"问答式"报道成为该杂志1992年的封面文章之一。在接受采访时，米尔肯没有说十足蔑视政府的话，没有坚持说自己没有做什么错事，也没有说他是为了摆脱政府无休止的烦扰才认罪的。（如果他这样说的话，可能会使他的减刑机会消失殆尽。）但是，这次采访毫无疑问让人们想到，他在将来可能会说这些话。确实，米尔肯在长篇大论、东拉西扯地为垃圾债券和他在经济中的作用辩护，这明显表示他毫无悔过之意，好像过去5年中的所有事件——股市的崩溃、垃圾债券市场的覆灭、他的许多客户的破产，甚至他自己被判有罪和入狱——没有在他的心中留下任何痕迹。米尔肯在采访中时不时抛出一些精心挑选的词语，如"价值创造"和"节约劳力"等，就好像1992年还是1986年一样。米尔肯的代理人也在同美国广播公司的芭芭拉·沃尔特斯商讨对米尔肯进行电视采访的事宜，他们打算发起一场获取全国人民同情的行动，而这次采访将是行动的中心工作。

到90年代中期为止，米尔肯的律师和公关团队的努力还没有收到什么成效。伍德法官拒绝为米尔肯减刑，说要等着看看米尔肯和检察官们的合作情况而定。根据协议规定，米尔肯要和政府合作，政府的检察官们与米尔肯谈了几个小时，但是却非常沮丧，怀疑米尔肯没有坦白说出他所知道的所有情况，或者没有说出对执法具有实际价值的东西。根据这些理由，检察官们坚决反对给米尔肯减刑，他们打算在1992年5月起诉米尔肯的盟友艾伦·罗森塔尔。罗森塔尔是米尔肯多年的朋友，从来没有背叛过他，这次是因为所罗门公司的交易而被起诉的。

在审判罗森塔尔时，米尔肯作为政府的证人必须出庭作证。伍德法官说她要在米尔肯作证之后再对他的申请进行裁定，目的是看看米尔肯作为证人的价值和他的合作情况。这是对米尔肯的一个重要考验。面对这种压力，米尔肯会承认自己的犯罪活动，并且供出这位密友，还是会援引沉默法案闭口不答？他以前曾经要求身边的人都援引这条法案，拒绝回答任何问题，而罗森塔尔就这样做了。

当米尔肯继续在和检察官们斗争时，一出更为引人注目的好戏开场了，米尔肯又卷入了一系列民事诉讼中。在米尔肯认罪后不久，许多公司都对他发起了民事诉讼，其中最为重要的就是联邦存款保险公司（Federal Deposit Insurance Corporation）和德崇公司的两起诉讼。前者声称米尔肯在储蓄和信贷危机中的影响使该公司损失了纳税人数十亿美元的资金，而后者则指控米尔肯应该为公司所造成的灾难性后果负责。这两家公司都采取了不同寻常的举措，它们都聘请了凯威律师事务所的律师托马斯·巴尔和戴维·博伊斯作为它们的代理人。这家律师事务所是美国公认的可以和宝维斯律师事务所相抗衡的少数几家律师事务所之一。米尔肯的律师团队是一支力量强大的联合队伍，由宝维斯律师事务所、艾伦·德肖维茨和许多其他律师组成。从某种意义上说，这个时代是在周而复始地循环：20世纪80年代初期，巴尔和博伊斯曾经作为IBM公司的辩护律师，在声势浩大的反托拉斯案中击败政府，这一胜利开创了80年代的兼并热潮；现在，他们反过来作为政府的律师代表，要同米尔肯对抗，而米尔肯却是80年代兼并热潮过度高涨中的标志人物。

米尔肯和他的律师团队咄咄逼人地做出了回应，断然否认任何违法行为。米尔肯甚至还说他期盼着上法庭，到时候，他将最终证明政府的指控全都是无稽之谈。

然而，对巴尔和博伊斯来说，一个完全不同的米尔肯很快就要出现了，他几乎会迫切希望达成协议，以阻止公众获悉更多关于他那个曾经庞大的垃圾债券帝国的各种错综复杂的关系。例如，凯威律师事务所的律师们从采访米尔肯以前的客户获悉，米尔肯随意代表忠实的客户进行交易，既当卖主又当买主，而这种客户并不仅仅局限于弗雷德·卡尔和他的第一执行公司。他们认为，这种模式甚至还扩展到了托马斯·斯皮格尔和哥伦比亚储蓄与信贷银行以及其他的一些大客户。他们得出一个结论，米尔肯实际上是在贿赂这些大客户，使他们自愿接受他的控制。他们认识到，这个情况可以把米尔肯同储蓄与信贷的崩溃联系起来，这种联系极具爆炸性。储蓄与信贷的崩溃在美国公众心目中的影响更大了。当然，米尔肯不是唯一一个应该为这次丑闻而受到指责的金融家，或者甚至不是罪魁祸首。但是，垃圾债券难逃其责，它在储蓄与信贷银行的投资中占到了很高的比例，仅仅第一执行公司和哥伦比亚储蓄与信贷银行所持有的垃圾债券就高达100多亿美元。

1991年初，凯威律师事务所的律师们修改了对米尔肯的起诉，指控他参与了一项非法的联合计划，控制哥伦比亚储蓄与信贷银行以及其他的储蓄与信贷银行，并鼓励这些银行的高管滥用他们对银行的控制权。与此同时，律师们开始正式传讯米尔肯以前在比弗利山的同事们。

第一个被审讯的证人是理查德·伯格曼，这是德崇公司比弗利山分部员工投资合伙公司的会计。对他的审讯持续了8天，但是基本上一无所获。他回答问题时总是说"我想不起来了"，这句话他恐怕说了有1,200多遍。不过，凯威律师事务所查阅文件的请求得到了满足。法官下令米尔肯的律师们将许多同合伙公司相关的文件都交出来，这些律师们一直竭力避免上交这些文件。

接着被讯问的是洛厄尔·米尔肯，他的宣誓被录了像，尽管他反对这样做。洛厄尔在作证中说，迈克尔·米尔肯告诉他做什么，他就做什么，从来不问为什么。他说他第一次意识到迈克尔可能做了错事，是在"我哥哥认罪的前夜"。弗雷德·约瑟夫和克雷格·考古茨（也就是揭露麦克弗森合伙公司存在问题的德崇公司比弗利山分部的律师）也作了证。他们所讲的许多情况都是老调重弹，以前已经对政府讲过了。但是考古茨补充了一个了解米尔肯动机的情况。考古茨说，在他到比弗利山分部参加求职面试时，洛厄尔实事求是地告诉他："米尔肯家族想成为美国最富裕的家族。"

也许，最为重要的证词就是詹姆斯·达尔的证词，但是他从来没有作过证。达尔是负责同林肯储蓄与信贷银行（现在已经臭名昭著了）交易的销售人员，他经常充当米尔肯和查尔斯·基廷的中间人，在米尔肯同该储蓄与信贷银行的交易中，他是核心人物。没有人确切知道达尔可能会说什么，但是每次安排好他来作证时，他总是找各种理由拖延。米尔肯的律师从来不表示反对。的确，政府的律师很快就明白，米尔肯的律师最不希望看到的事情就是达尔把所知道的坦白讲出来。

因此，虽然只完成了四个人的作证，但是博伊斯和巴尔显然已经认识到米尔肯就要屈服了。在考古茨作证之后不久，博伊斯来到宝维斯律师事务所的会议室，同阿瑟·利曼和理查德·桑德勒商谈。博伊斯直截了当地对他们说："你们承担不起这种审判的，赔偿太高了，这种行为太坏了。"这一次，米尔肯的两位律师都没有同意。

尽管米尔肯继续公开故弄玄虚，但是他的斗志已经消失。他希望从进一步起诉的威胁中摆脱出来，他想尽可能多地保留自己的财富。到目前为止，他一直想方设法隐瞒自己的实际财富，但是凯威律师事务所的律师们精明地提起了一项正式的申请，要求米尔肯披露他的个人资产。1992年1月，法官对这项提议做出裁决之前，博伊斯同宝维斯律师事务所的另外一个合伙人马克·贝尼克会谈，他取出了一个黄色的便笺本，然后写下一组数字，加起来大概为13亿美元。博伊斯说："我想这个数字可以达成协议。"贝尼克回答说："我也是这样认为的。"对米尔肯的罚款数目就用这种平淡、几乎是随意的方式确定了。

最后的谈判并不是一帆风顺的，有时也会发生不快。有一次，桑德勒把一瓶苏打水摔在了会议室的墙上，瓶子摔碎了。但是，最后协议的数字同博伊斯第一次写出来的数字非常接近。1992年3月，政府公布了这个协议。协议要求米尔肯除了缴纳6亿美元的刑事罚款外，还要再缴纳5亿美元的罚款，其中1.9亿美元为现金，其余的用合伙资产在三年内缴纳。米尔肯获准继续在狱中管理这些合伙资产，以使它们获得最大的价值。其他曾经在德崇公司工作的员工，包括洛尼尔·米尔肯、彼得·阿克曼、利昂·布莱克和沃伦·特雷普被处以总计3亿美元的罚款，其中对阿克曼的处罚最高。保险公司支付了1亿美元，再加上米尔肯已经赔偿的4亿美元，总数大致同博伊斯所估计的13亿美元不相上下。

在许多方面，这个协议都是有史以来对个人被告处罚最高的一次，是政府的重大胜利，也是6年前丹尼斯·莱文被捕拉开帷幕的一场大战的高潮。政府从中获得的罚款和赔偿比以前任何案子中所获得的都多。然而，这个协议也留下了许多令人困扰的问题，其中第一个就是：米尔肯缴纳了十多亿美元的罚款之后，他到底还有多少财富？

作为协议的结果，米尔肯想方设法对这个问题的答案保密。然而，无数的线索表明，米尔肯的剩余资产仍然足以让他实现富有的梦想，即使不能让他成为美国最富有的人，至少也可以让他的家族成为美国最富有的家族之一。当米尔肯出狱后，他将仍然是一个令人畏惧的金融寡头。

凯威律师事务所的律师和其他律师们从来没有见过米尔肯家族财产的详细清单。但是，在谈判中，米尔肯的律师们向他们和负责本案的法官表示，米尔肯在缴纳了额外的5亿美元罚款之后，仍然还有大约5亿美元的个人资产。他们说，其中的2亿美元在米尔肯的账户和合伙资产中，另外的3亿美元在米尔肯妻子和孩子们的名下。在达成协议时，米尔肯同意，日后如果发现有隐瞒资产，就将被罚没。

因此可知，米尔肯仍然保留了巨额的财富，这些财富仍然可以使他跻身美国最富有的人之列，他自己也承认了这一点。然而，还有充足的理由相信，米尔肯的剩余资产要远远高于5亿美元。例如，他的合伙资产就极其难以估价。凯威律师事务所的律师们被错综复杂的股票所有权和证券持有量搞得晕头转向，最后，他们不得不求助于所罗门兄弟公司。

在谈判中，有一点是非常清楚的，米尔肯企图尽可能地用合伙资产的形式支付罚金，这样他可以选择把以后升值可能性最小的资产交出去，从而保留那些升值潜力最大、前景最好的资产。因为米尔肯对那些合伙资产的价值非常熟悉，他可以操控估价过程。而且，这些合伙资产的估价是在垃圾债券市场最为低迷的时候进行的，它们的价值后来已经极大地恢复。

公平地说，到1991年年底的时候，那3亿美元的垃圾债券资产已经升值了大概20%，也就是6,000万美元。这样一来，假如米尔肯对他所保留的合伙资产采用了最低的估值，假如那些资产已经升值，那么到1992年年中的时候，即使采用最为保守的估计，他的这些资产也将达到6亿美元。

米尔肯还控制着米尔肯家族的基金，这些基金不受协议的影响。在达成协议时，该基金的资产价值大约为3.75亿美元。

此外，还有洛厄尔的资产。考虑到他们的关系，由于米尔肯救了洛厄尔，使他免遭起诉，因此洛厄尔欠米尔肯一个人情，洛厄尔的财富也可以被认为是米尔肯财富的一部分。洛厄尔在德崇公司工作期间赚到的薪水和奖金超过了1亿美元，他在合伙公司里的股份，如果同米尔肯的比例相同，总数至少也可以达到2.5亿美元。这样，他的税后收入大概就能达到3亿美元。即使他和阿克曼等人共被罚款3亿美元，其中他的罚款是5,000万美元——这个数字已经很不少了——但是洛厄尔大概还保有2.5亿美元的资产。

这样，只考虑米尔肯及其直系亲属的资产，再加上基金资产，米尔肯控制的财产大概为12亿美元。如果管理得当的话，这笔资产在米尔肯服刑期间还会继续升值，正如大卫·所罗门的律师马丁·奥尔巴克在获悉协议条款时所说的，"这样坐牢还是不错的啊"。

伊万·布斯基的情况如何呢？他的涉案金额数目可能比较小，但是他的胆大妄为却和米尔肯不相上下。1992年5月，在遭受了多年谣传的折磨和长久的分居之后，西玛·布斯基向纽约州法院提起诉讼，要求和布斯基离婚。让布斯基周围的许多人感到吃惊的是，西玛甚至出现在了美国广播公司的电视节目《20/20》中，同芭芭拉·沃尔特斯讨论她丈夫的丑闻给她造成的痛苦。她透露说，当她发现布斯基包养了一个长期的情妇之后，她最终决定离开他。不过有一点她没有说，那就是这个情妇是她一位好朋友的女儿。

为了反击妻子对他的诉讼，布斯基要求妻子每年向他支付100万美元的赡养费。据熟悉布斯基计划的人称，他可能还会援引纽约州的公平分配法案，要求分得妻子的一半财产，并把这作为最后离婚协议的一部分。

在布斯基同政府达成协议时，他曾经向政府提交了一份秘密报告，在报告中，布斯基表示在缴纳1亿美元的罚款之后，他大概还有2,500万美元的财产。尽管从任何标准来看，布斯基都是一个富人，但是他的许多财产都是房地产，如他和哈桑·维基利在蔚蓝海岸一同购买的度假别墅、在巴黎的一套公寓，以及1986年他和政府达成认罪协议之前在火奴鲁鲁用290万美元购买了一套公寓。布斯基说，自从披露资产以来，他大概已经支付了500万美元的律师费，现在他失业了，剩余财产的收入已无法使他过上20世纪80年代那种他所习惯的舒适生活。

在布斯基同政府达成的协议中，有一点不太引人注意，那就是西玛和布斯基孩子们的财产受到了保护，政府不能以布斯基的违法活动为借口处理他们的财产。因此，布斯基利用非法内幕交易为妻子和孩子们所创造的任何财富政府都无权索要。这包括布斯基的家人在布斯基合伙公司中的股份，该公司在1986年德崇公司为布斯基提供新融资之后解散了，西玛是该公司的最大个人投资者。该公司在20世纪80年代初期和中期从布斯基的内幕交易中获得了巨额的利益。西玛和布斯基孩子们的收益从来都没有被披露过，熟悉这些账务的人说西玛是资金数额大约为1亿美元的信托业务和账户的受益人，在布斯基同政府达成协议时，布斯基孩子们的收益已经达到了9,600万美元。

西玛·布斯基的财产还包括在1986年出售比弗利山酒店时获得的收

益，这个酒店当时以1.35亿美元售出，西玛拥有该酒店47%的股份，因此获得的收益大概为6,500万美元。这样，西玛仅仅在布斯基合伙公司和比弗利山酒店的出售上就可以得到1.65亿美元的收益。

如果伊万·布斯基成功得到了她的一半资产，那么他就不仅仅是一个更为富有的人，他还可以成功地把自己合伙公司的5,000万美元交易利润装进自己的口袋中，而这个合伙公司正是他违法犯罪的工具，这些收益可以说也是非法所得。当然，在和布斯基达成协议时，政府肯定没有预料到会出现这种结果。

迈克尔·米尔肯可能是一个极端的例子，但是这些犯罪活动中的主要犯罪分子全都成了富翁，至少按照普通美国人的标准是这样的。这样的结果使许多人都会不由自主地提出许多问题：正义是否得到了伸张？潜在的犯罪分子是否得到了震慑？

自从20世纪80年代末期以来，华尔街发生了深远的变化。在经受了大规模的裁员、经济萧条和这起丑闻带来的灾难性后果之后，华尔街已经受到了严厉的惩戒。个人可能经受住了这次丑闻，但是他们所在的公司却无法摆脱覆灭的命运。德崇公司宣告破产，艰苦挣扎的基德尔·皮博迪公司也被通用电气公司悄悄地卖掉了；所罗门兄弟公司陷入了国库券丑闻，最后被罚款2.9亿美元，不得不为了生存而苦苦挣扎。新出现的重大证券指控案子已不多了，孕育了许多犯罪活动的恶意收购也基本上从金融市场上消失。人们至少形成了这样一种认识：内幕交易和邪恶的证券欺诈极大地减少了。

然而，历史却很少安抚人们。正如著名的英国法学家爱德华·柯克爵士早在1602年所说的一句话："如今欺诈猖獗，甚于往昔。"米尔肯、布斯基等人一直在用一种观念蛊惑人们，那就是回报不一定要伴随着风险。华尔街自身也表现出很容易受到这种观念的影响。也许从今以后，再也没有人能够像米尔肯和他的垃圾债券一样统治金融界了。但是，花言巧语、诡计多端的骗子肯定还会在某个地方出现。

随着时间的推移，金融市场显然复苏了，并且显示了一种遏制自己过度行为的能力。然而，它仍然很容易从内部腐烂。最起码20世纪80年代这些丑闻的发生，凸显了完善证券法和加强执法力度的重要性。华尔街上的犯罪分子对风险进行了完美的估算，正如他们所算计的，如果他们犯事，被抓的可能性非常小。

政府的起诉记录也无法改变人们对华尔街的一种普遍看法，人们认为多数证券犯罪都是发生在执法力量无法触及的方面。对普林斯顿·纽波特合伙公司的部分裁决，包括RICO法案定罪，在上诉时被撤销了，对穆赫伦的定罪则全部撤销。对穆赫伦操纵股价的指控在被撤销时法庭说："任何理性的审判者都无法找到指控这些犯罪活动的证据，他们对这种指控的合理性表示怀疑。"对穆赫伦判处一年徒刑和处以150万美元罚款的判决也被驳回了。穆赫伦的这个结果是不足为奇的。从事件本身就可以明显地看到，是布斯基在操控穆赫伦，而不是穆赫伦在操控股市。如果说穆赫伦有什么罪行的话，那就是在寄存交易上，但是陪审团对此无法达成一致。对普林斯顿·纽波特合伙公司的部分裁决的撤销，以及对其他一些证券案件中指控的撤销，主要是因为技术原因。然而，在面对华尔街上史无前例的大规模犯罪活动时，检察官们极度渴望以任何理由提起诉讼。在有些案子中，他们做得有些过头了。

这些结果并没有改变华尔街上犯罪活动泛滥的事实。但是，它们确实使人们对证券法的刑法化产生了疑虑。国会应该针对最为严重的证券欺诈违规活动制定一部更为严厉而又精确的刑事证券法，并且要把净资本管理规定之类的执法活动交给证券交易委员会执行。

至少，国会应该对内幕交易做出法律上的界定，应该把"团伙"定为禁止虚假披露持股情况的刑事禁令的一部分，因此，伊坎和布斯基之间的"安排"就必须被公开。证券公司应该被禁止从事套利业，自我监管显然是失败了。基德尔·皮博迪公司认识到了这一点，于是撤销了套利部。法院应该继续明确地界定邮件和电子欺诈。正如麦克诺滕勋爵（Lord MacNaghten）在19世纪和20世纪之交所预言的那样，欺诈活动是"形式多样、无穷无尽"的。

历史学家和哲学家们要为米尔肯、布斯基、西格尔、莱文及其盟友的案子争论多年，他们争论的焦点在于这些惩罚是否同罪行相符合。事后来看，检察官们和证券交易委员会应该对这些犯罪分子施加更为严厉的惩罚。尽管对他们的罚款确实不少，但是这永远也弥补不了给投资人、纳税人和无辜劳动者造成的损失。

但是，在1986年没有人能够预想到这一点，做到事后聪明。人们所知道的就是一个毒瘤正在蚕食华尔街和美国经济的道德基础。这个毒瘤被当机立断切除了，主要的违法分子被抓住了。他们所有的金钱和权力也无法换取他们所渴望的结果。市场存活了下来，甚至更为繁荣。到1992年年中，美国经济多少显现出了复苏的迹象。也许，最为重要的是，正直似乎又重新回到了美国人生活的中心，在价值观念中占据一席之地。

20世纪20年代华尔街的丑闻同80年代的丑闻，相隔60年之久。如果华尔街的正直再次遭受主要威胁的时间能够比这个时间再长一半的话，那么，以米尔肯的垮台和入狱为高潮的这场行动就是很有历史价值的。

1987年3月27日，伊兰·赖克和罗伯特·威尔吉斯在同一天来到了康涅狄格州的丹伯里联邦监狱报到，开始服刑。在莱文的消息圈垮台之后，他们还是第一次见面，共同的经历可能会使他们建立一种友谊。但是，两个人在监狱中的反应完全不同：赖克变得更加冷漠和孤僻，而威尔吉斯则非常开朗、外向，积极参加各种健身活动。

两人的刑期都是1年零1天，但是在服刑8个月后，他们就被释放了。从那以后，他们再也没有见过面。赖克开始在纽约为一个房地产开发商做法律顾问。威尔吉斯则在娱乐界找到了新工作，帮着安排一起交易，为纽约无线电城音乐厅（Radio City Music Hall）的"复活节演出"筹集资金。

穆拉迪恩因为同政府合作而获得了豁免。他接受了证券交易委员会的处罚，并被禁止从事证券业一年。他在找工作时非常困难。1990年的春天，他离婚了，并且不得不将新泽西州的房子卖掉。他从倒闭的原布斯基的公司购买了一台二手的IBM个人电脑，并开始自学电脑操作。

詹姆斯·达尔卖掉了比弗利山的房子，在杰克逊维尔购买了一块地，自己建造了一座新房子，离西格尔的家不远。尽管他发誓说要远离商界，但是他却成了一个家族的法律顾问，该家族控制着温迪克斯连锁超市。他花费了大量的时间准备作证，但是让他感到宽慰的是，这从来都没有发生。即使在缴纳了同德崇公司和米尔肯有关的各项罚款之后，他至少仍然是个百万富翁。

穆赫伦甚至在定罪被撤销之前，仍然可以轻松地从贝尔兹伯格家族和蒂施家族等主要投资人那里筹集到资金。他成立了一家新的合伙公司——野牛合伙公司（Buffalo Partners），这个名字起源于他在弗吉尼亚所养的一群野牛。公司的办公地点位于曼哈顿中心的布罗德街，每天他都往返于公司和他在新泽西州的家，继续实践着他那引人注目的投资风格。根据同证券交易委员会达成的协议，他不能为自己进行交易，但是他只需通过美林公司和贝尔斯登公司就可以进行交易。

罗伯特·弗里曼在监狱中服满了4个月的刑期，于1990年8月30日被释放。他的认罪协议没有要求他必须和检察官合作。他仍然是一个积极的投资人，从外表上看，他几乎没有什么变化。在1991年的夏天，他和朋友詹姆斯·里甘、亨利·克拉维斯参加了一个高尔夫球赛，是由格拉尼特资产公司（Granite Capital）主办的。该公司是弗里曼在高盛公司的一位前同事卢·艾森伯格创办的合伙公司。

丹尼斯·莱文在宾夕法尼亚州中部的刘易斯堡联邦监狱服刑时，主要从事园艺工作。他抱怨说受到了狱友的排挤，被称为"背叛分子"。

他在曼哈顿的过渡教习所完成了刑期,于1988年9月8日被释放。

随后,莱文迅速成立了自己的金融顾问公司——阿达撒集团(Adasar Group),并且决心进一步引起公众的注意。1990年5月19日,他在《财富》杂志上发表了一篇讲述自己经历的文章,他还请人代写了一本名叫《洞彻内幕》(Inside Out)的书。

莱文企图登上《时代周刊》的封面,但是没有成功。紧接着,他还得到一个更为理想的机会——《60分钟》节目对他安排了一次采访,正好在他的新书于九月份发行的时候。莱文一定期盼着借此机会把自己打造成一个正面人物。但是,他没有想到,这是一个经典的电视调查节目。该节目的记者埃德·布拉德利调查了莱文新公司的运营情况,发现莱文向那些打算通过他的公司获得融资的人收取预付费,但是却没有给人提供服务。他所谓的贷款公司原来是一家位于巴拿马的骗子公司,并且,他向潜在借款人所介绍的投资银行家根本不是德崇公司的员工,而是他在刘易斯堡监狱服刑时同住一室的狱友。节目里还播放了对莱文两个客户的采访,他们声称被莱文欺骗了。当莱文在镜头前面对这些指控时,他那兴高采烈的劲头立刻消失了。

《60分钟》节目的一位制片人后来说,还有许多其他的受害人都感觉很尴尬,因此不愿意在电视上承认他们被莱文欺骗的事。莱文又受到了一连串民事诉讼的指控。他的新书在全美的巡回签售活动也突然取消,《洞彻内幕》一书在书店销声匿迹。莱文也基本上从公众的视野中消失了。到那时之前,还有人发现他在四季酒店吃午饭,在滑雪胜地维尔同家人滑雪,好像内幕交易的丑闻从来没有打击过他。很显然,他也不在公园大道的公寓居住了,打到那里的电话一直无人接听,只有语音提示让人拨打长岛的区号和电话号码,那是他新地址的电话交换台发出的提示。他的新家在华盛顿港,纽约郊区的一个富人区。

在隆波克联邦监狱服刑的伊万·布斯基于1989年12月15日被转移到了布鲁克林的一个过渡教习所,三个半月后被释放。这样,他总共3年的刑期，只服满了两年就被释放。在狱中，他蓄着长长的白胡和齐肩的长发。在穆赫伦一案作证时，他承认在监狱中从不洗衣服，而是掏钱让他的室友给自己洗。同莱文一样，他也被认为是"背叛分子"而遭到其他人的排挤。狱友们画漫画嘲笑他，并把漫画贴到监狱的布告栏上。

自从被释放以后，布斯基似乎在竭力找寻自我。他寻找潜在的投资者，打算组建一个国外的投资有限合伙公司。然而，同穆赫伦和弗里曼不同，他们没有供出华尔街上的其他人，而布斯基因牵连到了许多人，在华尔街备受富有投资人的冷遇。

1991年，布斯基来到了莫斯科。当时的俄罗斯正在向市场经济转变，布斯基声称作为俄罗人的后裔，自愿为俄罗斯提供服务，但是他却被婉言拒绝了。布斯基还告诉朋友，他正在考虑做戏剧制片人。他的儿子比利编写并制作了一部非百老汇的戏剧，名叫《堕落天使》（*Fallen Angel*），讲述了一个父亲去坐牢的人的故事。

布斯基的之后大部分时间是在法国度过的，主要是在巴黎和蔚蓝海岸，维基利经常和他在一起。西玛·布斯基继续住在基思科山的别墅里。布斯基仍然乘坐专门司机驾驶的豪华轿车外出开会，并且在巴黎和纽约的高档餐厅用餐。他又把胡子刮得干干净净，穿得整整齐齐。他重新穿上了他的标志性的黑色套装，但是在曼哈顿的市区剧院除外，在这里他常常穿着黑色T恤和牛仔裤。

1992年4月，在一次民事诉讼中，布斯基出庭作证，他拒绝说他住在哪里或者披露他的净资产。当对方的一个律师问他是否有专职司机时，他停顿了一下，然后说："没有，你想做吗？"

1991年6月1日，在罗森塔尔受审时，迈克尔·米尔肯出庭作证，这是自从他被监禁以来第一次公开露面。由于没有戴黑色的卷曲假发——为了安全起见，联邦监狱禁止戴假发或者帽子——人们几乎都认不出他了。他的头发中掺杂着白发，似乎苍老了许多。除此以外，他看起来还很健康，也很轻松，甚至迫切等待着出庭。曼哈顿法庭里挤满了人，许多旁听者被赶到了门外。

人们都心存一个悬念：米尔肯会不会为了讨好伍德法官而背叛他的前盟友罗森塔尔？但是，这种悬念很快就消失了。在很大程度上，米尔肯把这次作证当成了另一次为自己和垃圾债券辩护的机会。他承认了自己的罪行，但是却抓住每一个机会淡化其严重性。他把检察官们所说的回扣和贿赂说成"赊购"，把帮助客户逃税说成"账户融通"。他从来没有用过"垃圾债券"一词。

尽管米尔肯是政府的证人，但是他似乎更像被告的证人，尤其是罗森塔尔的律师是彼得·弗莱明，正是德崇公司以前的律师，但是他一直都是米尔肯的支持者，甚至在德崇公司认罪之后加入了米尔肯的辩护团队。米尔肯似乎放弃了讨好政府的企图。当他被问到是否会因为作证而得到回报时，他耸了耸肩膀，然后说："在经过了这5年半之后，我不肯定还能期盼什么。"

米尔肯似乎是从长远着想，看到了刑期结束以后的事情，而他的刑期可能还要再持续两三年。他出来时将是一个极其富有的人，并且他还将拥有一批富有和有影响力的朋友，这些人他本来是可以供出来的，但是他没有这样做。毫无疑问，他的身边仍将有一个人数虽少，但是影响力巨大的核心崇拜圈子，这些人都是美国商界和媒体界的精英。他们将在米尔肯的号召下，为改写历史的定论而战斗。

在这些忠实的人员中就有洛兰·斯珀奇。她成立了一家名叫"为美国梦而奋斗"的组织，并担任主席。该组织的唯一目的似乎就是全力颂扬米尔肯，其董事会成员包括为米尔肯辩护的经济学家乔治·吉尔德、西夫韦公司的董事长彼得·马格温、新闻评论员祖德·万尼斯基。

让罗宾逊公司的许多人大费周折的关于米尔肯客户的书终于在1991年6月出版，书名为《美国梦写真》（*Portraits of the American Dream*）。斯珀奇和她的组织成员写了许多封信，为他们颂扬米尔肯的工作筹集资金，其中一封信中这样写道："统治20世纪80年代的是同情而不是贪婪，像迈克尔·米尔肯这样的人就是鲜活的证据。"

马丁·西格尔于1990年7月1日进入佐治亚州杰瑟普的联邦监狱服刑，8月24日被释放。他在狱中把监狱停车场的停车线刷了一遍，并且帮助将狱中的图书馆实行电脑化。

西格尔以前在康涅狄格州居住时的邻居菲尔·多纳休以475万美元的价格将西格尔以前的房子买了下来，然后把房子拆掉，以扩大自己的院子。

西格尔为杰克逊维尔的贫困中学生建立了一个计算机训练营，现在，他全职在这里工作，并把这作为他两年社区服务刑期的一部分。这个项目是为了帮助提高杰克逊维尔地区工人的培训水平，它得到了佛罗里达州立社区大学杰克逊维尔分校和该大学城市资源中心的资助。参与者从最初的8个人增加到了150多人。

自从被宣判以后，西格尔一直在做着一个梦：他像投资银行家一样，身穿老式的套装，走进了他以前的导师马丁·利普顿的办公室。在梦中，利普顿站起身来，朝着他走过来。

利普顿拥抱着他，然后说："我原谅你了。"

年 表

1986年5月	证券交易委员会和联邦检察官起诉丹尼斯·莱文在内幕交易中非法获利1,260万美元。
1986年11月	伊万·F.布斯基同意缴纳1亿美元的罚款，并同证券交易委员会达成认罪协议，接受了内幕交易的指控。检察官披露他配合政府进行了秘密调查。德崇公司和迈克尔·米尔肯收到了传票。
1987年2月	莱文被判两年徒刑。
1987年2月	罗伯特·弗里曼、理查德·威格顿和蒂莫西·泰伯尔因内幕交易的指控被逮捕。马丁·西格尔承认从事内幕交易，并配合政府进行调查。
1987年5月	对弗里曼、威格顿和泰伯尔的指控被撤销，检察官发誓要寻求新的指控。
1987年10月	股市崩溃。
1987年12月	布斯基被判3年徒刑。
1988年2月	约翰·穆赫伦被捕，因为他携带武器，并扬言企图谋杀布斯基。
1988年9月	证券交易委员会起诉德崇公司、米尔肯和其他被告人，罪名为内幕交易、操纵股票、欺诈和违反证券法的其他规定。
1988年12月	德崇公司同证券交易委员会达成认罪协议，同意接受六项重罪，并缴纳6.5亿美元罚款。
1989年3月	米尔肯和他的弟弟洛厄尔被指控98项诈骗和证券欺诈罪。

1989年8月	弗里曼认罪，接受了一项内幕交易的重罪。对威格顿和泰伯尔的调查中止。
1989年10月	垃圾债券市场崩溃。
1990年2月	德崇公司申请破产保护。
1990年4月	米尔肯承认六项重罪，并缴纳6亿美元罚款。
1990年6月	西格尔被判入狱两个月。
1990年7月	穆赫伦被定罪，后来罪名被撤销。
1990年11月	米尔肯被判10年徒刑。

 扫描二维码，关注读客图书官方公众号，更多经管书籍免费试读，并有机会参加活动，赢取免费实体书。

回复 领导力 参与领导力自我测试；

回复 摩根财团 试读美国国家图书奖获奖作品，亚投行秘书长金立群两年校译金融巨著；

回复 参与感 试读传统企业互联网转型第一书，小米4年600亿背后的理念、方法和案例；

回复 小败局 试读《创业家》杂志5年精华，借鉴创业公司长演不衰的21种经典死法；

回复 零售 试读7-Eleven便利店创始人亲笔撰写，亚洲最大零售王国的经营秘诀。

图书在版编目（CIP）数据

贼巢：美国金融史上最大内幕交易网的猖狂和覆灭 / （美）斯图尔特著；张万伟译. -- 北京：北京联合出版公司, 2016.3（2017.5重印）
ISBN 978-7-5502-7211-8
Ⅰ.①贼… Ⅱ.①斯…②张… Ⅲ.①金融—经济犯罪—案例—美国②金融市场—经济史—美国 Ⅳ.①D971.24②F837.129
中国版本图书馆CIP数据核字(2016)第039773号

Simplified Chinese Translation copyright © 2016 by Shanghai Dook Publishing Co., Ltd
DEN OF THIEVES Original English Language edition Copyright © 1991,1992 by James Stewart
All Rights Reserved. Published by arrangement with original publisher, Simon & Schuster, Inc.

中文版权 ©2016 上海读客图书有限公司
经授权，上海读客图书有限公司拥有本书的中文（简体）版权
图字：01-2016-1956 号

贼巢：美国金融史上最大内幕交易网的猖狂和覆灭
作者：詹姆斯·B.斯图尔特
责任编辑：李征
选题策划：读客图书 021-33608311
特约编辑：姜一鸣 王韵霏
封面设计：陈艳丽
版式设计：余晶晶
责任校对：绳刚 张新元

北京联合出版公司出版
（北京市西城区德外大街83号楼9层 100088）
北京中科印刷有限公司印刷 新华书店经销
2016年4月第1版 2017年10月第6次印刷
字数467千字 710毫米×1000毫米 1/16 35.5印张
ISBN 978-7-5502-7211-8
定价：139.90元

如有印刷、装订质量问题，请致电 010-85866447（免费更换，邮寄到付）